Anton Meyer / J. Hugh Davidson

Offensives Marketing

Gewinnen mit POISE:

Märkte gestalten – Potenziale nutzen

Haufe Mediengruppe
Freiburg · Berlin · München

Die Deutsche Bibliothek – CIP-Einheitsaufnahme

Meyer, Anton:
Offensives Marketing : gewinnen mit POISE: Märkte gestalten, Potenziale nutzen / Anton Meyer; J. Hugh Davidson. – 1. Aufl.. – Freiburg i. Br. : Haufe, 2001
ISBN 3-448-04093-2

ISBN 3-448-04093-2 Bestell-Nr. 00064-0001

Postanschrift: Postfach, 82142 Planegg
Hausanschrift: Fraunhoferstraße 5, 82152 Planegg
Telefon (0 89) 8 95 17-0, Telefax (0 89) 8 95 17-2 50
Internet: http://haufe.de, E-Mail: online@haufe.de

Umschlagentwurf: Atelier Höpfner-Thoma, 81679 München, unter Verwendung eines Bildes von ZEFA, Düsseldorf
Satz und Grafik: Satzstudio „Süd-West“ GmbH, 82166 Gräfelfing
Druck: J.P. Himmer GmbH, 86167 Augsburg

Ca. ein Drittel des Textes von „Offensives Marketing – Gewinnen mit POISE“ stammt aus der Übersetzung von „Even more Offensive Marketing (Autor: Hugh Davidson)“ durch Bea Reiter. E-Mail: beareiter@aol.com
Zur Herstellung der Bücher wird nur alterungsbeständiges Papier verwendet.

Für Kim, Nicola und Julian
AM

To Sandra
HD

Inhaltsverzeichnis

Vorwort der Autoren

Die Entwicklung des Marketing ist eine Erfolgsgeschichte, die ihren Höhepunkt noch lange nicht erreicht hat. Marketing war schon immer spannend, interessant und innovativ. Neu ist: Marketing entscheidet immer mehr! Das Gedankengut des Marketing rückt immer mehr ins Zentrum der Unternehmensführung, weil es entscheidende Unternehmenswerte schafft. Diese Werte konkretisieren sich z.B. in Markenwerten, Markt- und Kundenwissen und im Aufbau und Ausbau von Kunden-, Mitarbeiter-, Lieferanten und Aktionärsbeziehungen. Die Gründe dafür sind vielfältig: globale Marktplätze, Individualisierung der Kundenwünsche, Deregulierung, Aufmerksamkeit als knappes Gut usw.

Offensives Marketing zeigt Ihnen, wie Sie in dieser Situation die gesamte Kraft und das umfassende Potenzial des Marketing nutzen können. Marketing als Denkhaltung, Führungsfunktion und Aktivität durchzieht und betrifft alle Köpfe und Herzen, Prozesse, Abteilungen und Bereiche Ihres Unternehmens. Das Ergebnis: In Ihrem Unternehmen ist es schwer zu sagen, welche Mitarbeiter zur Marketing-Abteilung gehören und welche nicht.

Das vorliegende Buch ist die grundlegend überarbeitete und erweiterte deutsche Ausgabe eines englischsprachigen Bestsellers. Der Titel der von Hugh Davidson verfassten und 1997 erschienenen Originalausgabe lautet „Even More Offensive Marketing". In vielen Diskussionen und auf Basis unserer Gedanken haben wir dieses Werk weiterentwickelt, ergänzt, aktualisiert und auf den deutschsprachigen Wirtschafts- und Kulturkreis abgestimmt. Bis zum Redaktionsschluss wurden neueste Entwicklungen, z.B. in den Bereichen Internet und E-Commerce, berücksichtigt. Dabei wollten wir den zahlreichen Lehrbüchern zum Marketing kein weiteres hinzufügen. „Offensives Marketing" ist ausdrücklich nicht als Lehrbuch oder wissenschaftliche Abhandlung gedacht. Unsere Absicht war es von Anfang an, ein Buch zu schreiben, das möglichst viel Nutzen für die Leser stiftet, perspektivisch, führungs- und anwendungsorientiert und leicht lesbar ist und vor allem unsere gemeinsame Begeisterung für das Marketing ausdrückt.

Angesprochen werden mit diesem Buch deshalb alle, die mit Marketing zu tun haben – Geschäftsführer, Aufsichtsräte und Vorstände, Marketing-Verantwortliche und Marketing-Treibende, Werber, Berater und Verkäufer, aber auch Controller und Finanzleute. Genauso wichtig waren uns Studenten, Techniker, IT-Manager, Naturwissenschaftler, Anwälte, Ärzte und Steuerberater, die sich erstmals mit Marketing beschäftigen wollen oder müssen. Unsere Ausführungen sind wo immer möglich mit aktuellen, erfolgreichen und vor allem „offensiven" Beispielen hinterlegt, um Ihnen Anregungen zu geben.

Den Anstoß zu diesem Buch hat Herr Manfred Scheske – damals Geschäftsführer bei SmithKline Beecham Deutschland – gegeben, als er uns beide zusammengeführt hat, weil er wusste, dass wir die gleiche offensive „Marketing-Denke" haben. Herzlichen Dank für diese Geburtshilfe. Die Arbeiten zu diesem Buch haben dann im Sommer 1998 begonnen und seitdem haben zahlreiche Mitarbeiter des Instituts für Marketing an der Ludwig-Maximilians-Universität München, Kollegen und Freunde dabei geholfen, es fertig zu stellen, und uns mit Anregungen und Hinweisen versorgt.

Ganz besonderer Dank gilt, stellvertretend für alle Mitarbeiter des Instituts für Marketing, Herrn Dr. Christian Blümelhuber, Herrn Dipl.-Kfm. Florian Dullinger, Frau Dr. Brigitte Lehman-Fiala, Frau Dipl.-Kfm. Kerstin Oppermann und Herrn Dipl.-Kfm. Tobias Schnitzer. Ganz besonders möchten wir auch Herrn Hermann Hinterhölzel von HDM Direktmarketing danken, der uns unablässig mit Anregungen zur Gestaltung und Vermarktung des Buches unterstützt hat, und ohne dessen professionellen Rat das Buch nicht verwirklicht worden wäre. Auch dem Verlag gebührt selbstverständlich Dank, vor allem den Herren Helmuth Hopfner und Dr. Harald Henzler mit ihren Mitarbeitern, die sich sehr für das Zustandekommen dieses Buches eingesetzt haben. Unserem Kollegen Herrn Professor Dr. Wolfgang Ballwieser von der Ludwig-Maximilians-Universität München und seinem Mitarbeiter Herrn Dr. Rainer Doll danken wir für die Hilfe bei der Überarbeitung des zweiten Kapitels, ebenso wie Herrn Dr. Manfred Lange, dem derzeitigen Präsidenten des ZAW und der IVW in Bonn, für seine kritischen Anregungen zum ersten Kapitel. Ein ganz besonderes „Dankeschön" für ihre herzliche Fürsorge geht auch an die Schwestern des Instituts der Englischen Fräulein in Haag/Oberbayern, vor allem an Sr. Waltraud Rößner. In ihrem Kloster haben wir die Ruhe und Abgeschiedenheit gefunden, die nötig waren, um neue Ideen für dieses Buch zu gewinnen.

Als Leser sind Sie herzlich zum Dialog aufgerufen. Schreiben, faxen oder mailen Sie uns Ihre Anregungen, Ihre Kritik und Ihre Verbesserungsvorschläge, oder besuchen Sie die Website zu diesem Buch unter **www.offensivesmarketing.de**. Vielleicht kann einer Ihrer Beiträge die nächste Auflage bereichern.

Herzlichst,

München und Oxford im September 2000

P.S.: Nicht ohne Grund haben wir uns auf dem Cover dieses Buches für den Geparden entschieden, den schnellsten Jäger der afrikanischen Savannen. Der Gepard glänzt mit Geschwindigkeiten von bis zu 120 km/h und zählt damit zu den schnellsten Säugetieren überhaupt. Ebenso wie im Tierreich ist auch auf den Märkten schnelles Agieren und Reagieren oft überlebensnotwendig. Wir geben Ihnen mit **POISE** ein „Erfolgsrezept" zur Hand, durch das Sie mit allen Herausforderungen mühelos Schritt halten!

Sie erreichen uns unter:

Prof. Dr. Anton Meyer
Institut für Marketing
Ludwigstraße 28 RG
80539 München
+49-89-2180-3321
+49-89-2180-3322 (Fax)
meyer@bwl.uni-muenchen.de

Prof. Hugh Davidson
Oxford Corporate Consultants
Chilswell Edge, Hinksey Hill
Oxford, OX1 5BN
England
+44-1865-735397
+44-1865-326341 (Fax)
hughdavidson@compuserve.com

Weitere Ideen, Links und aktuelle Ergänzungen zum Offensiven Marketing sowie die Möglichkeit zum Dialog mit den Autoren finden Sie unter: www.offensivesmarketing.de.

Inhaltsnavigator zum Offensiven Marketing

- **Warum Sie dieses Buch lesen sollten**
- **Die Idee des Offensiven Marketing: Der POISE-Ansatz (Kap. I)**
- **P Profitabel**
  - Profitabel durch Offensives Marketing (Kap. II)
- **O Offensiv**
  - Die Offensive Einstellung entscheidet (Kap. III)
- **I Integrativ**
  - Mit Integriertem Marketing alle einbeziehen (Kap. IV)
- **S Strategisch**
  - Die Offensive Geschäftsanalyse als strategische Basis (Kap. V)
  - Nicht ohne die Zukunft planen (Kap. VI)
  - Strategien offensiv entwickeln und ausrichten (Kap. VII)
  - Das Zielgruppenprogramm offensiv gestalten (Kap. VIII)
  - Ein Offensives Leistungsprogramm entwerfen (Kap. IX)
  - Leistungen offensiv positionieren (Kap. X)
  - Strategien in einem Offensiven Marketingplan konkretisieren (Kap. XI)
- **E Effektiv umgesetzt**
  - Offensive Marktforschung (Kap. XII)
  - Offensive Kommunikation (Kap. XIII)
  - Offensives Absatzkanalmanagement (Kap. XIV)
- **Die Zukunft: Kunden betreiben Offensives Marketing (Kap. XV)**

Warum Sie dieses Buch lesen sollten

Der POISE-Ansatz

Die Entwicklung des Marketing ist eine Erfolgsgeschichte. Heute behauptet wohl jedes Unternehmen, Marketing zu betreiben. Die Orientierung des Denkens und Handelns an den Wünschen der Kunden ist in vielen Unternehmensgrundsätzen verankert und diese Rhetorik geht auch Vorständen, Geschäftsführern und Managern zunehmend leicht über die Lippen. Selbst Rechtsanwälte und Behörden, Vereine, Parteien und Hilfsorganisationen versuchen, sich an dieser Leitlinie zu orientieren, nicht zuletzt, weil sie erkennen mussten, dass Marketing, so wie wir es verstehen, ein – wenn nicht der – entscheidende Erfolgsfaktor ist.

Marketing ist allgegenwärtig!

Marketing entscheidet immer mehr und ist immer entscheidender für den Erfolg eines Unternehmens. Damit rückt es immer stärker ins Zentrum der Unternehmensführung. Gleichzeitig dominieren die Marketing-Ausgaben und -investitionen (entsprechend unserer Marketing-Definition) die Budgets von immer mehr Unternehmen und werden zum wichtigsten Treiber der Unternehmenswerte.

Marketing entscheidet!

Obwohl das Schlagwort „Marketing" in aller Munde ist, bleibt das dahinter stehende Prinzip oft im Vagen. Man konzentriere sich darauf, die Kundenwünsche zu befolgen und die maßgeblichen Marketing-Instrumente Produkt (*product*), Preis (*price*), Kommunikation (*promotion*) und Distribution (*place*) – also die berühmten „vier P" – Gewinn bringend einzusetzen – so ist häufig zu hören und zu lesen. Ein solches Verständnis greift aber viel zu kurz und wird den Möglichkeiten, der Kraft und Stärke des modernen Marketing nicht gerecht. Lassen Sie uns deswegen unser umfassendes Verständnis von Marketing in einer klaren, kurzen und eindeutigen Definition den folgenden Ausführungen voranstellen:

Definition Marketing:

Marketing bedeutet, unter Beteiligung aller Mitarbeiter auf effiziente Art und Weise einen überlegenen Kundennutzen zu schaffen, um überdurchschnittliche Gewinne zu erzielen.

Vielleicht sind auch Sie bereits dieser Meinung. Dann wird Ihnen dieses Buch dabei helfen, Ihre Meinung im Unternehmen erfolgreich durchzusetzen. Sollten Sie noch der veralteten Meinung sein, dass Marketing nur in der Marketing- oder Werbe-Abteilung stattfindet, hoffen wir, dass dieses Buch Ihre Meinung radikal verändert. Und wenn Sie jetzt zum ersten Mal ein Marketing-Buch zur Hand nehmen, dann wird Ihnen unser Buch die Erfolgsgeschichte des Marketing näher bringen und die gesamte Welt des Marketing eröffnen.

Zur Konzeption des Buches

Ein perspektivischer, führungs- und managementorientierter Wegweiser

Wir wollen den zahlreichen Lehrbüchern zum Marketing kein weiteres hinzufügen. Unser Ziel ist es vielmehr, Ihnen einen perspektivischen, führungs- und managementorientierten Wegweiser durch die faszinierende Welt des Marketing an die Hand zu geben.

Wir haben auch kein Buch für die Wissenschaft bzw. für Wissenschaftler geschrieben, sondern für alle, die mit Marketing zu tun haben – für Marketing-Verantwortliche und Marketing-Treibende ebenso wie für Geschäftsführer und Vorstände, für Controller und Ingenieure. Steuerberater werden ebenso wertvolle Anregungen und interessante Ideen finden wie Ärzte, Friseure, Standesbeamte oder IT-Manager.

Unsere Marketing-Definition gibt nicht nur zentrale Ziele und entscheidende Aufgabenbereiche vor, sie positioniert das Marketing auch im Zentrum der Unternehmensführung und im Kopf jedes Mitarbeiters.

Marketing führt und betrifft alle

Die Gewinnerzielung wird als zentrales und finales Ziel des Marketing herausgestellt. Und dieses Ziel werden Sie langfristig nur dadurch erreichen, dass Sie den Kunden Angebote mit einem überlegenen Kundennutzen liefern. Daran müssen alle Mitarbeiter Ihres Unternehmens mitwirken – vom Pförtner bis zum Vorstand, vom Brand-Manager bis zum Leiter der Rechtsabteilung. Sie alle sind *part-time*-Marketer, sie alle profitieren seit jeher davon und werden in zunehmenden Maße auch daran gemessen.

Ein so verstandenes und in diesem Sinne auch umgesetztes Marketing ist die Basis für dauerhaften Markterfolg, ist Ihre Eintrittskarte in die Champions League, sei es auf lokaler oder globaler Ebene. Die ***Direkt Anlage Bank*** und ***Nokia***, ***Ferrero***, ***Henkel*** und ***Nestlé***, ***Kärcher*** und die ***Teletubbies***, ***Beate Uhse*** und ***AOL***, ***OBI*** und ***Wal Mart***, ***Sony*** und ***Swatch***, ***Effem*** und ***The Body Shop***, ***Disney*** und ***Virgin*** sind einige prominente Beispiele für die Kraft eines so verstandenen, erfolgreich umgesetzten Marketing. Aber leider sind diese Beispiele noch die Ausnahme.

Vorbilder

Warum ist Offensives Marketing so selten?

Marketing nutzt seine Potenziale vielfach nicht aus!

- Viele professionelle Marketer haben es nicht geschafft, ihre Ideen im eigenen Unternehmen durchzusetzen oder sind am Widerstand der Finanzleute gescheitert.
- Sie haben es versäumt, alle relevanten Stakeholder (also auch Mitarbeiter, Lieferanten, Partner und Aktionäre) als Zielgruppen zu begreifen.
- Sie haben sich zu stark auf das eigene Unternehmen und die eigene Branche fokussiert und Kooperationen insbesondere auch mit Wettbewerbern vernachlässigt.
- Sie haben sich in ihrer Marketing-Abteilung „versteckt“, anstatt das gesamte Unternehmen und damit alle Mitarbeiter mit dem Marketing-Gedanken zu „infizieren“.
- Sie haben ihre Ideen und Erfolge nur auf Marketing-Konferenzen und in ihren eigenen Berufsvereinigungen vorgestellt und zelebriert, die Welt der Kapitalgeber und Unternehmer aber sträflich vernachlässigt.
- Anstatt Märkte selbst aktiv zu gestalten, imitieren sie ihre Wettbewerber und laufen den Kundenwünschen hinterher.
- Bewusst oder unbewusst geprägt von Marketing-Mix-Denken haben sie einzelne Maßnahmen optimiert, ohne sie miteinander zu verbinden. Die fehlende Abstimmung zu einem Ganzen hat oft dazu geführt, dass die Kunden Informationen und Maßnahmen aus der Presse und die Mitarbeiter diese von den Kunden erfahren haben.
- Sie betreiben Marketing, wie es historisch einmal richtig war, als eine *end-of-pipe*-Technologie, anstatt es als Querschnittsfunktion frühzeitig in Beschaffungs-, Entwicklungs- und Produktionsprozesse zu integrieren.

Wenn Sie Ihr Unternehmen oder sich selbst zumindest einmal in dieser Liste wieder finden, schöpfen Sie das gesamte Potenzial des Offensiven Marketing noch nicht aus.

Dem Offensiven Marketing gehört die Zukunft

Offensives Marketing

Offensives Marketing bedeutet, das gesamte Potenzial des Marketing zu erschließen und auszuschöpfen.

Offensives Marketing verlangt ein zielgruppenorientiertes Denken und Handeln des gesamten Unternehmens und die konsequente Ausrichtung aller unternehmerischer Aktivitäten an den Wünschen und Erwartungen der unterschiedlichen Zielgruppen.

Warum und wie Sie Offensives Marketing betreiben sollen, will Ihnen dieses Buch vermitteln. Richtig umgesetzt erzielen Sie nicht nur überdurchschnittliche Gewinne, sondern begeistern auch Ihre Kunden, Mitarbeiter und Aktionäre. Der Weg hin zum Offensiven Marketing führt über fünf Stufen, die wir in der Formel ***POISE*** zusammengefasst haben. ***POISE*** steht für die Anfangsbuchstaben der Eigenschaften, die unserer Meinung nach erfolgreiches Marketing ausmachen: ***P***rofitabel, ***O***ffensiv, ***I***ntegrativ, ***S***trategisch ausgerichtet und ***E***ffizient umgesetzt.

POISE – Die fünf Schlüsselprinzipien zum dauerhaften Markterfolg:

Profitabel: ausgewogenes Verhältnis zwischen den Gewinnzielen des Unternehmens einerseits und den Kundenbedürfnissen andererseits herstellen

Offensiv: Marktführerschaft anstreben, Risikobereitschaft zeigen und Konkurrenten in die Nachahmerposition zwingen

Integrativ: Marketing-Ansatz verfolgen, der das gesamte Unternehmen einbezieht

Strategisch: Entwicklung Offensiver Strategien und entsprechender Marketing-Pläne

Effektiv umgesetzt: Die Umsetzung Offensiver Strategien effektiv managen

In dem Akronym POISE stecken nicht nur die fünf Schlüsselprinzipien des Offensiven Marketing, sondern auch die fünf Hauptabschnitte dieses Buches.

Im englischen Original ergeben diese Buchstaben sogar noch einen zusätzlichen tieferen Sinn: Das englische Wort *poise* meint in seiner Verwendung als Substantiv „Selbstvertrauen" oder „Selbstsicherheit", als Verb bedeutet es „balancieren". In diesem Sinne soll auch die Umsetzung des POISE-Leitgedankens zeigen, wie sich der manchmal nicht ganz einfach zu haltende Mittelweg zwischen der Erfüllung von Kundenwünschen und der Erreichung der notwendigen finanziellen Ziele „ausbalancieren" lässt.

Überblick: Roadmap durch das Offensive Marketing

P **Profitabel**	**Kapitel II** legt dar, dass die traditionelle finanzwirtschaftliche Sichtweise des Unternehmensgewinns veraltet ist, und beschreibt, wie Offensive Marketer Messgrößen entwickeln können, die der heutigen Unternehmenspraxis besser entsprechen. Es zeigt, wie Offensive Marketer die Gewinne maximieren können, indem sie ihre Vermögenswerte mit den interessantesten Chancen für das Unternehmen bzw. die Produkte und Marken abgleichen. Ein solcher effektiver Abgleich ermöglicht es dem Unternehmen, sowohl einen überlegenen Netto-Kundennutzen als auch überlegene Gewinne zu generieren.
O **Offensiv**	Das **Kapitel III** veranschaulicht dem Leser die Bedeutung von Visionen, Einstellungen und Werten, wenn es darum geht, die richtige Unternehmenskultur für ein Offensives Marketing zu schaffen. Die besten Marketer werden scheitern, wenn die Einstellungen des Vorstands, der Führungskräfte und aller Mitarbeiter gegenüber Qualität, Service, Investitionen und Innovationen nur halbherzig sind.
I **Integrativ**	Das **Kapitel IV** ist wohl das wichtigste Kapitel des gesamten Buches. Es zeigt auf, warum in einem Offensiven Marketing-Unternehmen jeder Mitarbeiter ein Marketer ist und welche praktischen Schritte unternommen werden müssen, damit dies auch Realität wird.
S **Strategisch**	Der Abschnitt „Strategisch" besteht aus sieben Kapiteln, die die wichtigsten Elemente zur Vorbereitung und Entwicklung von Offensiven Strategien aufzeigen und darstellen, wie solche Strategien in effektive Pläne umgesetzt werden. **Kapitel V**: Die **Offensive Geschäftsanalyse** stellt die Anforderungen an eine effektive Analyse dar und schlägt einen Fünf-Stufen-Plan zur Umsetzung vor.

Kapitel VI: Das Kapitel **„Nicht ohne die Zukunft planen"** zeigt Ihnen auf, wie Marketer die Zukunft einschätzen und die Entwicklung der strategischen Pläne steuern können.

Kapitel VII: Das Kapitel **„Strategien offensiv entwickeln und ausrichten"** beschreibt die verschiedenen Arten von Wettbewerbsvorteilen und wie Sie diese in erfolgreiche Strategien umsetzen können.

Kapitel VIII: Die **Offensive Gestaltung des Zielgruppenprogramms** erklärt, wie Sie basierend auf einer Segmentierung des relevanten Marktes ein umfassendes Zielgruppenprogramm aufbauen und Offensive Bearbeitungsstrategien für diese Zielgruppen entwickeln.

Kapitel IX: Das **Offensive Leistungsprogrammdesign** wird Ihnen umfassend vorgestellt. Dabei werden die zentralen Bereiche Innovationsmanagement, Preispolitik und Markenpolitik vertieft.

Kapitel X: Das Kapitel **Offensive Leistungspositionierung** stellt die Grundlagen und Arten der Positionierung vor und erläutert Offensive Positionierungsstrategien.

Kapitel XI: Der **Offensive Marketing-Plan** vermittelt Ihnen, wie Strategien in Marketing-Pläne umgesetzt werden. Wie dies genau funktioniert, wird an mehreren Beispielen verdeutlicht.

E

Effektiv umgesetzt

Die **Kapitel XII–XIV** vermitteln Ihnen, wie Offensive Marketing-Strategien und -Pläne umgesetzt werden. Jedes Kapitel behandelt ein Thema. Die Prinzipien jedes Themas werden jeweils dargestellt und anschließend wird Schritt für Schritt erklärt, wie diese implementiert werden können.

Es gibt drei „Best-Practice-Guides":

- **Kapitel XII: Offensive Marktforschung**
- **Kapitel XIII: Offensive Kommunikation**
- **Kapitel XIV: Offensives Absatzkanalmanagement**

Das wichtige Thema des Relationship-Marketing wurde absichtlich nicht in einem eigenen Kapitel behandelt, weil es den ganzen Offensiven Marketing-Ansatz durchzieht und folgerichtig in den meisten Kapiteln auftaucht.

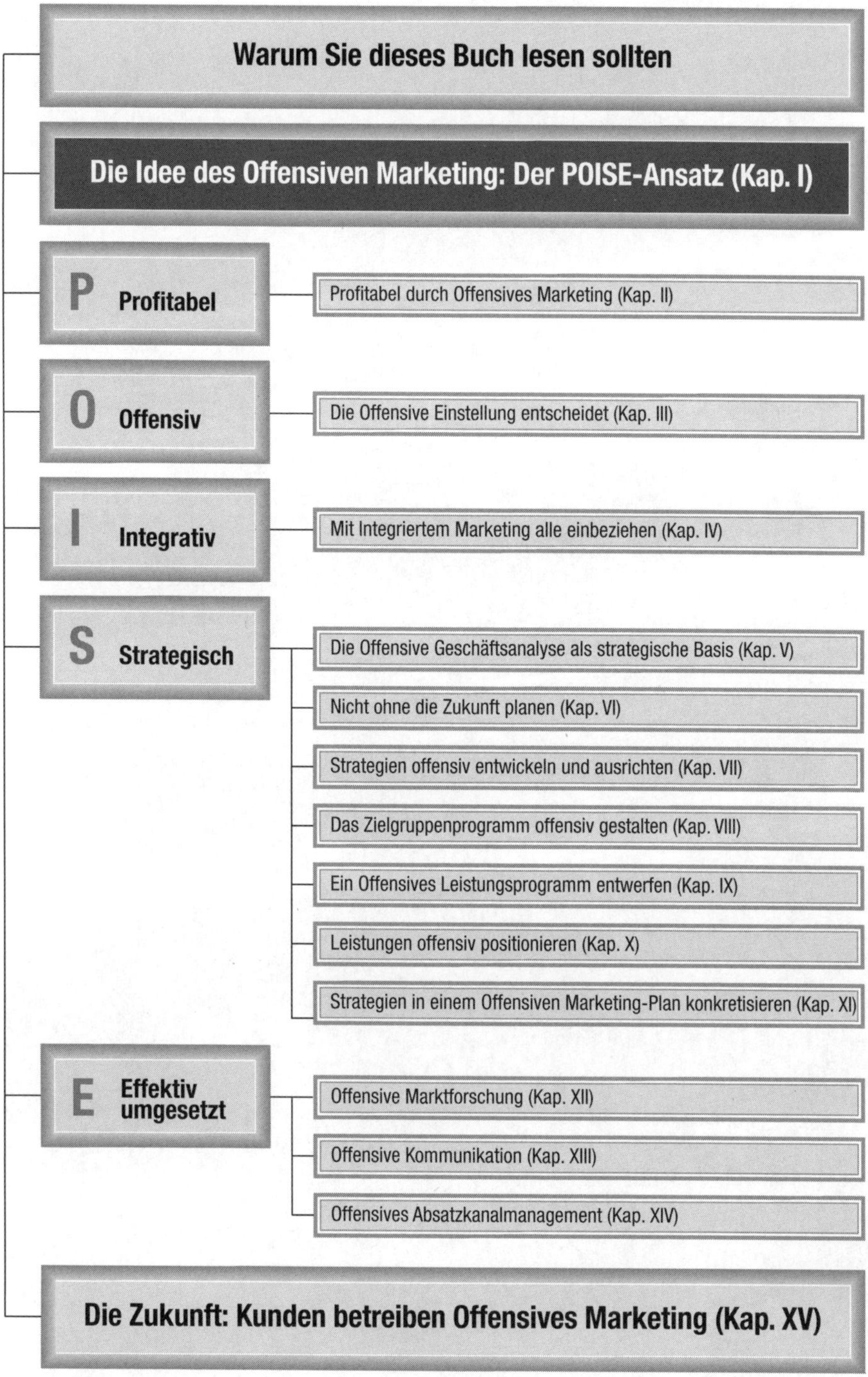
Warum Sie dieses Buch lesen sollten
Die Idee des Offensiven Marketing: Der POISE-Ansatz (Kap. I)
P Profitabel
Profitabel durch Offensives Marketing (Kap. II)
O Offensiv
Die Offensive Einstellung entscheidet (Kap. III)
I Integrativ
Mit Integriertem Marketing alle einbeziehen (Kap. IV)
S Strategisch
Die Offensive Geschäftsanalyse als strategische Basis (Kap. V)
Nicht ohne die Zukunft planen (Kap. VI)
Strategien offensiv entwickeln und ausrichten (Kap. VII)
Das Zielgruppenprogramm offensiv gestalten (Kap. VIII)
Ein Offensives Leistungsprogramm entwerfen (Kap. IX)
Leistungen offensiv positionieren (Kap. X)
Strategien in einem Offensiven Marketing-Plan konkretisieren (Kap. XI)
E Effektiv umgesetzt
Offensive Marktforschung (Kap. XII)
Offensive Kommunikation (Kap. XIII)
Offensives Absatzkanalmanagement (Kap. XIV)
Die Zukunft: Kunden betreiben Offensives Marketing (Kap. XV)

I. Die Idee des Offensiven Marketing: Der POISE-Ansatz

Kapitelüberblick

Was kann das Marketing wirklich leisten? Wieso brauchen wir eigentlich eine Marketing-Abteilung? Und was sind die Aufgaben der Marketer?

Mit solchen Fragen sieht man sich zunehmend konfrontiert, wenn man im Marketing tätig ist. Und die Kritiker des Marketing fahren schwere Geschütze auf. Sie führen die mangelnde Innovationsfähigkeit in den Unternehmen, die hohen Flopraten bei der Lancierung neuer Produkte und das Unvermögen vieler Unternehmen, dauerhafte Wettbewerbsvorteile zu generieren, ins Feld. Gleichzeitig werden aber branchenübergreifend immer mehr Mitarbeiter für das Marketing eingestellt, und fast jedes Unternehmen nimmt für sich in Anspruch, Marketing zu betreiben, und erklärt die Wünsche und Erwartungen seiner Kunden zur Maxime seines Handelns. Einerseits heftige Kritik, andererseits ein klares Bekenntnis zum Marketing. Wie soll man sich diesen Widerspruch erklären?

Wir denken, dass eine zentrale Antwort darin zu sehen ist, dass sogar die Unternehmen, die von sich selbst behaupten, marketingorientiert zu sein, es in Wirklichkeit gar nicht sind.

Sie mögen auf den ersten Blick einen engagierten Eindruck machen, bei näherem Hinsehen treten sie mit *me-too*-Leistungen und -Positionierungen aber auf der Stelle – weil sie im Marketing fälschlicherweise ein Allheilmittel sehen, mit dem sie innerhalb kürzester Zeit und ohne viel Aufwand einen größtmöglichen Erfolg erzielen können. Solche Unternehmen haben oft nicht die leiseste Ahnung davon, wie ihre Zukunft aussehen wird; es mangelt ihnen an Zielstrebigkeit und am Durchsetzungsvermögen, wirklich erfolgreiche Strategien zu entwickeln und zu implementieren. Vor allem aber überschätzen sie ihre tatsächliche Leistung. Oft ist es auch die Organisationsstruktur dieser Unternehmen, die eine umfassendere Sichtweise des Marketing unmöglich macht. Teilweise definieren aber auch die Marketing-Abteilungen selbst ihre Rolle zu eng, sind zu sehr mit sich selbst beschäftigt und versäumen es so, die Unternehmensvision und -strategie aktiv zu beeinflussen.

Dennoch: Die Chance für das Marketing war noch nie so groß wie heute. Denn die meisten Unternehmen haben erkannt, dass Innovation, Kundenbindung und profitables Wachstum erstrebenswerte Ziele sind, die nur mit Hilfe eines Offensiven Marketing erreicht werden können. Viele Unternehmen haben dementsprechend über finanzielle Kennzahlen hinausgehende, ausgewogenere Kennzahlensysteme (z.B. die Balanced Scorecard) eingeführt, die diese Ziele abbilden.

Offensives Marketing: Ihr Weg zum Markterfolg

Wir wollen Ihnen nun dabei helfen, diese Chancen zu nutzen. Dazu haben wir mit dem „Offensiven Marketing" einen Ansatz entwickelt, der Ihnen den Weg weist, Potenziale umfassend zu nutzen und Märkte zu gestalten. Dieses Konzept, das wir Ihnen im Laufe des Buches vorstellen werden, ist aus verschiedenen Einstellungen, Prozessen und Ansätzen komponiert. Einige äußerst erfolgreiche Unternehmen setzen schon heute auf das „Offensive Marketing". Profitieren nun auch Sie von unserer Sichtweise des Marketing.

Das Beispiel Southwest Airlines:

www.iflyswa.com

SOUTHWEST AIRLINES
A SYMBOL OF FREEDOM®

Am 20. Februar 1968 genehmigte die Texas Aeronautics Commission einer gewissen ***Southwest Airlines***, den Flugverkehr zwischen San Antonio, Dallas und Houston aufzunehmen. Drei Jahre und einige von den Konkurrenten angezettelte Gerichtsprozesse später hob die erste Boeing 737 der Southwest Airlines dann auch tatsächlich ab. Inzwischen ist die kleine Regionallinie zu einer der erfolgreichsten und beliebtesten Fluggesellschaften Amerikas aufgestiegen:[1]

- Während der Großteil der Konkurrenz rote Zahlen schreibt, weist der texanische Carrier seit Jahren Gewinne aus – die höchsten der Branche. Und auch wenn es um Qualität und Zufriedenheit geht, ist Southwest nicht zu schlagen.

---

[1] Zur Erfolgsgeschichte von Southwest Airlines vgl. Freiberg, K./ Freiberg, J.: Nuts!, Austin 1996 und Meyer, A./ Blümelhuber, C.: No Frills – oder wenn auch für Dienstleister gilt: Less is more, in: Handbuch Dienstleistungs-Marketing, hrsg. v. A. Meyer, Stuttgart 1998, S. 747 ff.; www.iflyswa.com/programs_services/factsheet.html.

- Im fünften Jahr hintereinander gewinnt Southwest Airlines 1996 den so genannten *Triple Crown Award*, einen Preis, der Gepäckhandling, Pünktlichkeit und Zufriedenheit bewertet.
- In einer von Turbulenzen geprägten Branche mit harter Konkurrenz gelingt es dem Carrier also, sowohl Gewinne einzufliegen als auch dem Kunden überlegene Leistungen zu bieten.

Southwest Airlines versucht, nicht lediglich einzelne Instrumente und Werkzeuge des Marketings einzusetzen und erfolgreich zu kombinieren. Southwest geht einen wichtigen Schritt weiter und versucht, das gesamte Potenzial des Marketing auszuschöpfen. Damit erfüllt diese Fluggesellschaft die zentralen Ziele und Aufgaben eines Offensiven Marketing.

Betrachten wir das Erfolgsrezept von Southwest Airlines noch etwas genauer und präsentieren einige Prinzipien dieses Musterbeispiels:

Volle Konzentration auf den Kundennutzen: Southwest Airlines bietet ein interessantes Konzept, das zwar von vielen anderen Fluggesellschaften nachgeahmt, in seiner Rigorosität aber nicht erreicht wird. Die zentralen Prinzipien dieses Southwest- oder *No-Frills*-Konzepts sind *günstigste Preise* (das Durchschnittsticket kostet 59 US-Dollar), ein eingeschränkter Service und ein innovatives Leistungs-Design. Southwest verzichtet darauf, den Kunden unnötig zu „verhätscheln" und eliminiert viele branchentypische Services. Es gibt kein teures Reservierungssystem; Menüs oder Entertainmentmöglichkeiten werden dem Kunden ebenfalls nicht geboten – dafür aber ein konkurrenzlos günstiger Preis und höchste Standards hinsichtlich Pünktlichkeit, Freundlichkeit, Gepäckhandling und Sicherheit.

Unternehmenskultur als wichtiger Vermögenswert: Southwest Airlines ist ein Vorbild, was Führung, Leadership, Innovation, Mitarbeiterführung und nicht zuletzt die Unternehmenskultur angeht. „*Fun*" – also Spaß – ist das Motto.

März 1992 in einem *wrestling palace* irgendwo in Texas: Im Armdrücken stehen sich Southwest Airlines, vertreten durch Herb Kelleher, und Steven Aviations in der Person von Kurt Herwald gegenüber. Der Anlass ist eine Streitigkeit um das Urheberrecht am Slogan „*Plane Smart*". Die beiden Vorstände haben sich darauf geeinigt, den Streit nicht vor Gericht auszutragen, sondern vor Mitarbeitern, Publikum und laufenden Fernsehkameras. Und an Stelle von Paragraphen entscheiden die Muskeln der Vorstände. Der Sieger der drei Durchgänge – Kurt Herwald – erlaubt dem Verlierer anschließend dann doch noch, den Slogan zu verwenden. Diese kleine Episode ist mehr als ein netter PR-Gag, sie zeigt den Geist des Unternehmens, die Kultur wird fassbar.

Mitarbeiter als zentraler Erfolgsfaktor: Southwest Airlines hat eine unglaublich motivierte und produktive Mannschaft aufgebaut. Allen Mitarbeitern wird ihr Beitrag zum Erfolg des Unternehmens verdeutlicht; eingestellt werden nur solche Bewerber, die sowohl zur Kultur des Unternehmens als auch zu den Kunden passen. So wird die Mitarbeiterauswahl nicht nur von der Personalabteilung vorgenommen. Im „Auswahlkomitee" sitzen nämlich auch zukünftige Kollegen und Kunden – und entscheiden gleichberechtigt mit.

1 Offensives Marketing

Mit dem Ausdruck „Offensives Marketing" wollen wir uns deutlich von solchen Konzepten abgrenzen, die das Marketing nur abteilungsbezogen betrachten und unter dem Schlagwort „Marketing" nur ein Sammelsurium einzelner Instrumente zusammenfassen. Offensives Marketing ist kein fertiges Konzept, dessen Inhalte sich so einfach in einen Satz bringen lassen. Es beschreibt vielmehr bestimmte Einstellungen und Methoden, die das gesamte Spektrum des unternehmerischen Handelns betreffen. Deshalb sind seine Grenzen auch nicht scharf umrissen, sondern eher fließend. Im Wesentlichen geht es darum, aktiv und innovativ auf Märkten zu agieren, diese zu beeinflussen und zu prägen. Das bedeutet, eine konkrete Strategie zu entwickeln und diese mit Einsatz und Beharrlichkeit umzusetzen. Der Ansatz des Offensiven Marketing verlangt, künftige Bedürfnisse zu antizipieren, schneller und besser zu erfüllen als die Mitbewerber und darüber hinaus enge Beziehungen zu den Kunden aufzubauen. Kurz: Offensives Marketing schöpft das volle Potenzial des Marketing aus!

Was Offensives Marketing *nicht* ist ...

... lässt sich vielleicht anhand einiger Sichtweisen und Definitionen veranschaulichen, von denen einige mehr, andere weniger ernst gemeint sind:

- Marketing ist eine weiterentwickelte Form des Verkaufs. Viele Verbraucher und manche Journalisten glauben immer noch, dass das Marketing die Kunden manipuliert, ihnen das

Geld aus der Tasche zieht und die Preise in die Höhe treibt. Und „Mehrwert" bzw. *added value* bedeutet, noch ein paar Kinkerlitzchen hinzuzufügen und den Preis zu verdoppeln. Natürlich ist der „Verkauf" ein wichtiger Teil des Marketing; gleichsetzen darf man die beiden Begriffe aber nicht. Peter Doyle, Marketing-Professor an der University of Warwick, drückt den Unterschied folgendermaßen aus: Verkauf ist, die Kunden dazu zu bringen, das haben zu wollen, was man hat; Marketing hingegen bedeutet, das zu verkaufen, was die Kunden haben wollen.

- Marketing ist Werbung, Absatzförderung, Verkauf, PR, Direktwerbung und Marktforschung. Sicherlich würden nur wenige Marketing auf diese Art und Weise definieren. Trotzdem wird noch häufig – beispielsweise im Finanzdienstleistungsbereich und in der Energiewirtschaft – einem solchen Verständnis gemäß gehandelt. Man glaubt, dass man schon Marketing betreibt, wenn man nur jemanden mit einem Marketing-Studium einstellt. In Wirklichkeit werden hier nur einige wenige Aspekte des Marketing mit einem insgesamt kosten- oder produktionsorientierten Ansatz verknüpft.
- Marketing ist das, was die Marketing-Abteilung macht. Das ist in vielen Unternehmen die Sicht der anderen Abteilungen, beispielsweise Produktion oder Finanzen. An dieser – natürlich viel zu engen – Definition von Marketing sind die Marketing-Experten selbst nicht ganz unschuldig, denn paradoxerweise können viele von ihnen selbst nur sehr schlecht erklären und verständlich machen, was sich hinter dem Begriff „Marketing" tatsächlich verbirgt.
- Marketing sind die vier P's – *product* (Produkt), *price* (Preis), *promotion* (Kommunikation) und *place* (Distribution). Diese Definition wird häufig auch als „Marketing-Mix" bezeichnet und nimmt für sich in Anspruch, einfach und konkret zu sein. Obwohl diese in Theorie und Praxis sehr populäre Sichtweise erkennt, dass Marketing auch außerhalb der Marketing-Abteilung betrieben wird, ist sie doch viel zu einseitig und oberflächlich. Marketing wird in diesem Sinne lediglich als ein Werkzeugkasten aus verschiedenen Instrumenten verstanden – das grundlegende, integrative Verständnis und die Ziele des Marketing bleiben völlig im Dunkeln. Die damit einhergehende, oft einseitige Entscheidungsorientierung führt dazu, dass die Umsetzung häufig vernachlässigt wird.[2]
- Der Zweck des Marketing besteht darin, Kundenbedürfnisse zu erfüllen und dabei Gewinn für das Unternehmen zu ma-

[2] Meyer, A.: Integriertes Marketing: Abschied vom Marketing-Mix und Ressortdenken, in: absatzwirtschaft 09/1994, S. 94–101 und 10/1994, S. 102–106.

chen. Diese an sich einfache und auf den ersten Blick einleuchtende Definition ist weit verbreitet. Leider basiert sie auf einem kleinen Missverständnis. Denn sie übersieht, dass die Erfüllung von Kundenbedürfnissen und die geforderte Gewinnerzielung in erheblichem Widerspruch zueinander stehen können. Sicher muss jedes Unternehmen, um überleben zu können, beide Ziele verfolgen; aber wie kann es das richtige Verhältnis zwischen beiden Zielen finden? Soll es nach einer Gewinnmaximierung streben oder soll es sich – wie viele erfolgreiche Unternehmen – darauf konzentrieren, einen „angemessenen" Gewinn zu erzielen? Unternehmen müssen ständig darüber entscheiden, ob Erträge in Gewinne umgewandelt oder dazu verwendet werden sollen, Mehrwert für den Kunden zu generieren. Hier das richtige Verhältnis zu finden ist eine zentrale Aufgabe des Marketing. „Kundenbedürfnisse erfüllen und Gewinn für das Unternehmen machen" ist als Definition also zu ungenau, weil die Höhe des Gewinns nicht in Betracht gezogen wird.

Warum lässt sich „Marketing" so schwer definieren?

„Und was machen Sie beruflich?" Jeder von uns kennt diese Frage und musste sie schon unzählige Male beantworten. Als Mitarbeiter in einer Finanzabteilung, im Vertrieb, in der Produktion oder auch im Personalbereich hat man damit auch keinerlei Probleme. Wenn man allerdings im Marketing tätig ist, wird es schon schwieriger. Oft gerät das Gespräch schon nach einigen Minuten Small Talk ins Stocken, weil beim Gesprächspartner immer noch ein gewisses Unverständnis herrscht. Es ist nicht leicht, eine einfache, konkrete und knappe Erklärung dafür zu liefern, was Marketing ist und was Marketing ausmacht. Das ist wahrscheinlich auch einer der zentralen Gründe dafür, warum das Marketing häufig so gründlich missverstanden und der Begriff selbst so falsch angewandt wird – nicht zuletzt auch von den Marketern selbst.

Marketing meint zweierlei

Marketing ist deshalb so schwer zu definieren und zu erklären, weil es zweierlei meint. Zuerst versteht man unter Marketing eine Denkhaltung, nach der alle Mitarbeiter eines Unternehmens handeln sollten; und dann wird mit Marketing auch noch eine spezialisierte Abteilung bezeichnet, in der Mitarbeiter arbeiten, die zu Marketing-

Experten ausgebildet wurden. Diese **Marketing-Experten** und die **Marketer** werden deshalb ständig miteinander verwechselt.

Aber „Marketing" geht nicht nur die Marketing-Experten etwas an, genauso wenig wie der Gewinn des Unternehmens nur die Mitarbeiter in der Finanzabteilung etwas angeht. Mitarbeiter verstehen in der Regel problemlos, welchen Teil sie zur Gewinnerzielung beitragen. Dass sie alle aber auch ihren Beitrag zum Marketing leisten – also auch Marketer sind – ist viel schwieriger zu vermitteln, vor allem solchen Mitarbeitern, die keinen direkten Kontakt zum (externen) Kunden haben. Dies liegt zum Teil daran, dass das Marketing an sich komplex und häufig recht vage ist, Geld (Finanzabteilung) oder Menschen (Personalabteilung) dagegen nicht. Manchmal liegt es auch daran, dass die Marketing-Abteilungen zu sehr darauf erpicht sind, die Lorbeeren für einen Erfolg selbst zu ernten, oder dass sie es versäumt haben, im Unternehmen klar zu machen, dass bei der Umsetzung des Marketing wirklich jeder Mitarbeiter eine wichtige Rolle spielt.

Alle Mitarbeiter sind Marketer!

Wir brauchen ein neues Wort für „Marketing"

Ist Marketing nun eine unternehmerische Denkhaltung oder die Marketing-Abteilung? Tatsächlich verstehen die meisten unter „Marketing" heute in der Regel beides, was bei allen Beteiligten zu einer gewissen Verwirrung führt. Im Finanzbereich ist die sprachliche Abgrenzung klar: Mit „Finanzen" oder „Finanzwesen" bezeichnet man die Abteilung bzw. die organisatorische Einheit – „Profit" oder „Gewinn" sind dagegen die Bezeichnungen für die finanzwirtschaftliche Orientierung des Unternehmens. Analog hierzu scheint der Begriff „Marketing" eine durchaus akzeptable Bezeichnung für eine Abteilung im Unternehmen zu sein. Für die Denkhaltung, also die Vision des Marketing bzw. auch für die Zielgrößen des Marketing brauchen wir ein völlig neues Wort.

Uns scheint dafür ein Begriff besonders gut geeignet: **effektives Kundennutzen-Management**. Mit diesem Begriff sollte sich jeder Mitarbeiter, unabhängig von seiner jeweiligen Aufgabe, identifizieren können. Er gibt jedem Mitarbeiter eines Unternehmens eine klare Vorstellung über seine Ziele und seine Verantwortung. Der Begriff „Kunde" bezieht sich dabei nicht nur auf die externen Kunden im

Marketing als effektives Kundennutzen-Management

engeren Sinne (die Abnehmer von Produkten und Dienstleistungen), sondern auch auf Aktionäre, Lieferanten etc. und auf die internen Kunden des Unternehmens, also die Mitarbeiter, die von ihren Kollegen mit Dienstleistungen oder Informationen versorgt werden. Kurz: „Kunde" steht für alle relevanten Anspruchsgruppen des Unternehmens. „Nutzen" steht für die Notwendigkeit, ein überlegenes Preis-Leistungs-Verhältnis zu erbringen, also einen optimalen Wertgewinn (siehe hierzu Abbildung 1-1) für Kunden zu erreichen.

Kundennutzen durch Kundenorientierung

„Großartige Unternehmen konkurrieren über den Wert und nicht lediglich über den Preis. Einer der größten Fehler vieler Manager ist der Irrglaube, dass Wert und Preis für den Kunden das Gleiche bedeuten. Richtig ist: Der Preis ist zwar eine Komponente, ein Teil des Wertes, ist aber nicht identisch mit dem Wert."[3]

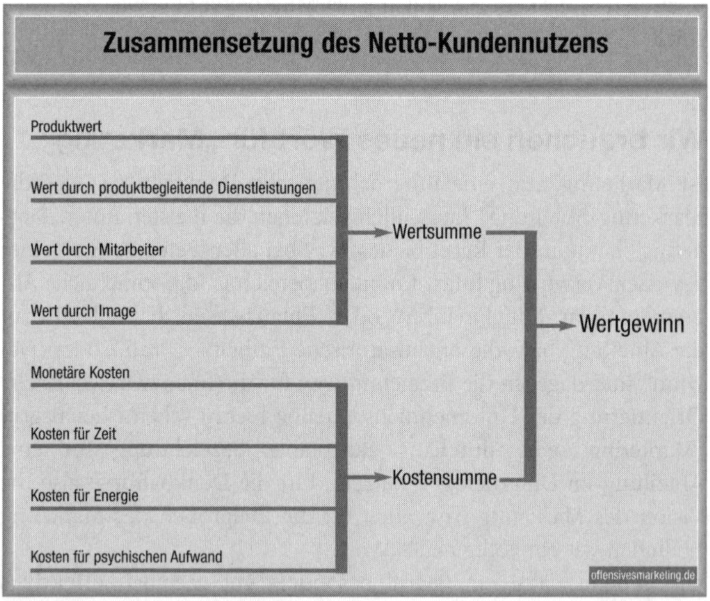

Abbildung 1-1

[3] Berry, L.L.: Der Bravo-Faktor, in: Handbuch Dienstleistungs-Marketing, Bd. 1, hrsg. v. A. Meyer, Stuttgart 1998, S. 156.

Das Wort „Management“ beschreibt den Prozess, der zu diesem Kundennutzen führt. Was bei dieser Definition noch fehlt, ist lediglich der Hinweis auf Rentabilität bzw. Gewinnorientierung – für unseren Marketing-Ansatz ist eine solche Orientierung unerlässlich. Diese Funktion wird jedoch indirekt von dem Wort „effektiv“ übernommen, das eine effiziente und Gewinn bringende Steigerung des Kundennutzens andeutet.
Lassen Sie uns diese Überlegungen nun in zwei Definitionen zusammenfassen und somit verdeutlichen, was wir unter Marketing und Offensivem Marketing verstehen:

Definition von Marketing

Definition von Marketing

Marketing bedeutet, unter Beteiligung aller Mitarbeiter auf effiziente Art und Weise einen überlegenen Kundennutzen zu schaffen, um überdurchschnittliche Gewinne zu erzielen.

Definition von Offensivem Marketing

Offensives Marketing

Offensives Marketing bedeutet, das gesamte Potenzial des Marketing zu erschließen und auszuschöpfen.

Unsere Marketing-Definition umfasst also drei Schlüsselelemente, nämlich die Konzentration auf den Kundennutzen, die Gewinnorientierung und die Beteiligung aller Mitarbeiter. Dieses Verständnis gilt zunächst einmal für privatwirtschaftliche Unternehmen.

Erweiterung für den Non-Profit-Bereich

Versteht man „überdurchschnittliche Gewinne“ jedoch als „Wertgewinne“ (Wertzuwächse) und „Kundennutzen“ als Nutzen für die unterschiedlichen Anspruchsgruppen einer Organisation, dann ist diese Definition allgemein gültig und lässt sich sowohl auf öffentliche Unternehmen und Non-Profit-Organisationen als auch auf privatwirtschaftliche Unternehmen, die nicht nur einseitig auf monetäre Gewinnerzielung ausgerichtet sind, übertragen. Damit ergibt sich folgende erweiterte Definition des Marketing:

Erweiterte Definition von Marketing

Marketing bedeutet, unter Beteiligung aller Mitarbeiter auf effiziente Art und Weise überlegene Nutzen für die unterschiedlichen Anspruchsgruppen einer Organisation zu schaffen, um so überdurchschnittliche Wertzuwächse zu erzielen.

Genauere Betrachtung der einzelnen Bestandteile dieser Definition:

„... unter Beteiligung aller Mitarbeiter ..."

Jeder Mitarbeiter betreibt Marketing, d.h. er ist zumindest ein *part-time*-Marketer, ob er sich dessen bewusst ist oder nicht. Und wenn Sie in der Marketing-Abteilung arbeiten, ist es Ihre Aufgabe, allen Mitarbeitern Ihres Unternehmens diese Tatsache klar zu machen und den Beitrag aller Mitarbeiter zum Marketing einzufordern und zu würdigen. Die Aufgaben jedes Mitarbeiters sollten dementsprechend an den folgenden beiden Dimensionen – die natürlich gleichzeitig auch Ansatzpunkte bei der Leistungsbeurteilung der Mitarbeiter sind – ausgerichtet werden:

- Beitrag des Mitarbeiters an der Erbringung eines nachhaltigen Kundennutzens
- Beitrag des Mitarbeiters an der Erwirtschaftung eines überdurchschnittlichen Gewinns.

Das Beispiel Topdeq:

www.topdeq.de

Topdeq

Topdeq ist ein international tätiges Handelsunternehmen im Bereich Büromöbel und –ausstattung. Bereits bei der Gründung im Jahre 1989 erkannte man, dass der allein stehende Wettbewerbsvorteil dieses neuen Unternehmens die unübertroffene Qualität des Dienstes am Kunden sein muss.

Um diesen Wettbewerbsvorteil auch in der Praxis umsetzen zu können, betreibt das Unternehmen Offensives Marketing. Es verlässt sich nicht darauf, dass einzig und alleine die Marketing-Abteilung für die unübertroffene Qualität sorgt. Am Kundenservice sind alle Abteilungen vom Produkt-Marketing über die Logistik, Personal, Recht und Versicherung, Montage, Außendienst, Finanzwesen, Verwaltung bis hin zur Geschäftsleitung beteiligt. Also nur dadurch, dass jeder Mitarbeiter, egal in welchem Bereich des Unternehmens er arbeitet, sich auch als Teilzeit-Marketer versteht, kann der Erfolg des Unternehmens gesichert werden.

Gerade der Geschäftsleitung kommt hier eine Schlüsselposition zu, denn sie lebt diese Prinzipien den Mitarbeitern aktiv vor und sorgt dafür, dass alle Vorhaben kompromisslos hinsichtlich des Aspekts: *„Wie profitiert der Kunde?"* hinterfragt werden. Bei Topdeq wird auch durch eine Erfolgsbeteiligung darauf geachtet, dass sich der Kundenservice und damit die Betätigung jedes Einzelnen als *part-time*-Marketer für die Mitarbeiter lohnt. Der Nutzen dieser echten Kundenorientierung von Topdeq zeigt sich in den loyalen Kunden, in einer preiswerten Neukundengewinnung durch Weiterempfehlung, im Kunden-Feedback als objektivem Messkriterium für den Erfolg der Mitarbeiter und in einem geringen Preisdruck.

Jeder Mitarbeiter kann also als Teilzeit-Marketer interpretiert werden. Zum besseren Verständnis wollen wir Ihnen nun zwei Beispiele von Mitarbeitern vorstellen, die nicht in der Marketing-Abteilung arbeiten – ja nicht einmal Kontakt zum Kunden haben –, aber trotzdem Marketer sind:

Erstes Beispiel: Ute Russler ist Schichtleiterin einer Fabrik. Sie ist 28 Jahre alt und hat Elektrotechnik studiert. Sie arbeitet neun Tage Schicht, bevor sie dann vier Tage frei hat. Abbildung 1–2 vergleicht die Fabrik ihres Unternehmens (A) mit der des größten Konkurrenten (B). Unternehmen A arbeitet profitabler, gewinnt zunehmend Marktanteile und hat noch nicht einmal eine eigene Marketing-Abteilung. Unternehmen B hat zwar eine Marketing-Abteilung, ist aber trotzdem dabei, laufend Marktanteile zu verlieren. Für welches Unternehmen würden Sie lieber arbeiten? Betreibt Unternehmen B Offensives Marketing? Die eindeutige Antwort auf die zweite Frage lautet: „Nicht in absehbarer Zeit". Dieses Unternehmen würde wohl selbst dann kein Offensives Marketing betreiben, wenn Herb Kelleher oder Bill Gates in der Marketing-Abteilung angestellt wären.

Vergleich zweier Unternehmen

Unternehmen A	Unternehmen B
Kann über weltweite Beschaffungskanäle Rohstoffe 10% billiger einkaufen als die Konkurrenz	Leistungsfähige Mitarbeiter mit eindeutigen, aber eng gefassten Zielvorgaben
Ist gut informiert über die Bedürfnisse der Kunden	Nur wenig Marktkenntnis
Betreibt hervorragendes Prozess-Managment	Maschinen und Prozesse nur unzureichend aufeinander abgestimmt
Hat Entwicklungsteams für Einkauf, Vertrieb, Neuprodukt-Management	Betriebsgrößeneffekte werden nicht genutzt
Lohnkosten pro Tonne nur halb so hoch wie in der besten Fabrik des Konkurrenten	Viele, häufig wechselnde Produktionszyklen mit geringen Stückzahlen
Wenig Produktlinien mit langen Produktlebenszyklen	Wenig Kenntnis über Wettbewerbsstärke und -kraft, Lohnniveau und Ausstattung der Konkurrenz

offensivesmarketing.de

Abbildung 1-2

Die in der Produktion tätigen Mitarbeiter gehören zu den wichtigsten Marketing-Fachleuten der Unternehmen überhaupt, denn sie sind es, die das Leistungsangebot für den Kunden schaffen, gleichgültig, ob es sich dabei nun um Flugreisen, Tiefkühlkost, Versicherungen oder langlebige Gebrauchsgüter handelt.

Nehmen wir als zweites Beispiel den Buchhalter in der Finanzabteilung einer international tätigen Fluggesellschaft. Er versorgt all seine internen Kunden rechtzeitig mit den richtigen Daten. Aber nicht nur das: Er erstellt auch noch Prognosen über zukünftige Kosten und vergleicht seine Fluglinie anhand verschiedener Kennzahlen mit dem Wettbewerb. Und darüber hinaus engagiert sich dieses Musterexemplar eines tüchtigen Angestellten zusammen mit einigen Kollegen der Marketing- und Vertriebs-Abteilung und der Verwaltung auch noch in einem Projekt, das erstmals eine Statistik über den Zusammenhang von Kundenbindungsmaßnahmen und Rentabilität des Geschäftes getrennt nach Buchungsklassen (First Class, Business Class, Economy Class) und Kundentypen erarbeiten soll.

Zwei Beispiele für Offensives Marketing – was haben sie gemeinsam? Die Mitarbeiter sind beteiligt. Sie verstehen die Vision und Strategie ihres Unternehmens und wissen, wie sie zur Implementierung und Umsetzung beitragen können. Man muss nicht unbedingt Marketing studiert haben, oder in einer Marketing-Abteilung arbeiten, um ein Offensiver Marketer zu sein.

„… auf effiziente Art und Weise …“

Diese Formulierung hat mehrere Bedeutungen. Zum einen sagt sie, dass Unternehmen ihre Stärken mit den Marktchancen und spezifischen Marktgegebenheiten in Einklang bringen sollen. Unternehmen, denen hier eine effiziente Abstimmung gelingt, werden zufriedene Kunden und zufriedene Aktionäre haben. Zum anderen müssen sie mit geringstmöglichen Kosten operieren, hohe Produktivität aufweisen und kontinuierlich überprüfen, ob alle Kostenbeiträge wirklich zur Wertschöpfung beitragen. Japanische Unternehmen wie ***Toyota, Canon*** und ***Olympus*** sind mit Hilfe von Sollkostenrechnungen und Wertanalysen sehr erfolgreich auf diesem Gebiet. Wenn ein Unternehmen seine Leistungen im Vergleich zur Konkurrenz zu kostenintensiv erstellt, kann es keine überlegene Leistung erbringen – zumindest nicht profitabel.

Ein nachhaltiger strategischer Wettbewerbsvorteil entsteht durch eine Überlegenheit des Unternehmens in solchen Leistungsmerkmalen, die für die Kunden relevant sind. Dieser Wettbewerbsvorteil ist

„... überlegenen Kundennutzen ..."

z.B. dann erreicht, wenn die Kunden eine Kombination aus Qualität, Service, Information und Preis erleben, die den Angeboten der Wettbewerber überlegen ist. Solche Wettbewerbsvorteile können auf sehr unterschiedliche Art und Weise erreicht werden – beispielsweise indem man bessere Qualität bei gleichem Preis anbietet oder eben eine vergleichbare Qualität zu einem niedrigeren Preis. Manchen gelingt es sogar, eine hohe Qualität in der Kernleistung zu einem äußerst günstigen Preis anzubieten. Unternehmen wie die schon angesprochene ***Southwest Airlines***, aber auch ***Aldi*** oder die ***Direkt Anlage Bank*** setzen ein solches No-Frills-Prinzip sehr erfolgreich um.

No-Frills – oder: Höchste Qualität zu niedrigsten Preisen

No-Frills-Konzepte setzen an der berühmten Formel *„Weniger ist mehr"* an und verzichten auf jeglichen überflüssigen Zierrat, auf jegliches additive Service-Ornament, um – quasi im Gegenzug – günstigste Preise anbieten zu können. Die Kernleistung wird dabei selbstverständlich weiterhin in höchster Qualität erbracht.

Die zentralen Bausteine eines solchen *Light*-Konzeptes sind

- günstige und faire Preise,
- eine hohe Qualität der Kernleistung,
- schlanke Leistungsbündel und
- eine hohe Transparenz von Leistung und Gegenleistung.

Deutlich wird dabei, dass nicht das perfekte, höchstmögliche Leistungsniveau die Maxime für ein erfolgreiches Agieren ist, sondern vielmehr die Orientierung an den vom Kunden gesetzten Maßstäben.[4]

Es ist sehr schwierig, einen strategischen Wettbewerbsvorteil aufzubauen; noch schwieriger ist es allerdings, diesen auch dauerhaft aufrechtzuerhalten. Wettbewerbsvorteile bestehen zunächst einmal in einer Überlegenheit von Leistungen; und dann muss diese Überlegenheit von den Kunden auch wahrgenommen werden. Denn was nützt es, besser als die Konkurrenz zu sein, wenn der Kunde es nicht bemerkt?

[4] Zum No-Frills-Konzept vgl. Meyer, A./ Blümelhuber, C.: No Frills – oder wenn auch für Dienstleister gilt: Less is more, in: Handbuch Dienstleistungs-Marketing, hrsg. v. A. Meyer, Stuttgart 1998, S. 747 ff.

Strategischer Wettbewerbsvorteil

Ein strategischer Wettbewerbsvorteil zeichnet sich durch eine dauerhafte und wahrnehmbare Überlegenheit in einem für den Kunden relevanten Leistungsmerkmal aus.

Um einen einmal erreichten Wettbewerbsvorteil auch dauerhaft aufrecht erhalten zu können, ist eine kontinuierliche Verbesserung der Leistung erforderlich. Denn die Konkurrenz schläft nicht und jede Innovation wird früher oder später erfolgreich kopiert. Wettbewerbsvorteile sollten zunächst gegenüber der direkten Konkurrenz etabliert werden, später wird man sich dann auch an Wettbewerbern anderer Branchen orientieren, denn: Die Erwartungen der Kunden entstehen vielfach branchenübergreifend und können zu einem allgemein ansteigenden Erwartungsniveau führen, auf das man reagieren muss.

Kunden zum Beispiel, die aus den Fastfood-Restaurants an eine schnelle und freundliche Bedienung gewöhnt sind, werden schnell ungeduldig, wenn sie an der Kasse eines Supermarktes oder beim Einwohnermeldeamt länger warten müssen. Oder denken Sie an Faxgeräte: Im Vergleich zu den neuen, schnellen Kopiergeräten wirken sie unerträglich langsam.

„... schaffen ..."

Das Ziel Offensiver Marketing-Spezialisten ist es tatsächlich, Werte zu schaffen – und nicht etwa, Löhne zu kürzen, Arbeitsplätze wegzurationalisieren oder *asset stripping* zu betreiben. Natürlich sind eine hohe Produktivität und ein kostengünstiger Betrieb des Unternehmens anzustrebende Ziele, allerdings nur, um auf dieser Grundlage herausragende Leistungen mit besonderem Wert für die Kunden zu erbringen.
Hierdurch und durch die Fähigkeit, wachsende Marktsegmente zu identifizieren und zukünftige Kundenbedürfnisse zu antizipieren, sind Unternehmen in der Lage, Gewinnsteigerungen zu erzielen. Viele Unternehmen haben in den letzten Jahren systematisch eine Strategie der Rationalisierung verfolgt. Viele von ihnen mussten deshalb Marktanteilsverluste hinnehmen. Und den Mitarbeitern, die geblieben sind, fehlt oft der Spaß an der Arbeit; sie sind überfordert, Überstunden sind die Regel. Solche Unternehmen befinden sich in einem Teufelskreis von weiteren Kostensenkungen und zusätzlichen Investitionen, und ringen sich mühsam unsichere und auf Dauer nicht haltbare Gewinne ab.

Zusammenhang zwischen Kundennutzen und Gewinn

Kommen wir nun zum Zusammenhang zwischen einem überlegenen Kundennutzen und dem Gewinn: Zwischen der Erbringung einer überlegenen Leistung für den Kunden und der Höhe des Gewinns besteht eine enge Verbindung. Unternehmen, denen es gelingt, dauerhaft überlegene Leistungen anzubieten, werden mit hoher Loyalität und Kundenbindung belohnt. Untersuchungen der Harvard Business School haben ergeben, dass die Unternehmen mit der höchsten Kundenbindung auch die Unternehmen sind, welche die höchsten Gewinne erzielen.

Die „Juroren", die darüber entscheiden, ob ein Unternehmen überlegene Leistungen anbietet, sind nicht die Marketing-Leiter oder Geschäftsführer und auch nicht eifrige Journalisten oder Verbraucherschützer. Es sind ganz allein die Kunden. Sie urteilen darüber, ob ein Unternehmen ihnen einen attraktiven Wert bietet und ob sie deswegen bereit sind, sich langfristig an dieses Unternehmen, seine Produkte und Marken zu binden. Was zählt, ist alleine die Meinung der Kunden.

„... um überdurchschnittliche Gewinne zu erzielen."

Wenn wir in unserer Definition überdurchschnittliche Gewinne verlangen, so meinen wir damit, dass ein Unternehmen hinsichtlich verschiedener Kennzahlen wie z.B. *return on sales* (ROS), *return on capital employed* (ROCE) oder *economic value added* (EVA)[5] besser abschneidet als der Branchendurchschnitt. Gewinn ist die Belohnung für ein Unternehmen, das effizient arbeitet und überlegene Leistungen erbringt. Lassen wir hier John Young, den ehemaligen CEO von ***Hewlett Packard***, zu Wort kommen:

> „Gewinn ist natürlich ein Eckpfeiler unserer Tätigkeit – war aber nie der eigentliche Unternehmenszweck. Im Grunde genommen geht es eher ums Gewinnen. Ob man gewinnt, hängt von den Kunden ab und davon, ob man etwas tut, worauf man stolz sein kann."

Offensives Marketing konzentriert sich vor allem darauf, ein langfristiges Wachstum des Gewinns zu erzielen. Unternehmen, die kontinuierlich in neue Produkte und Dienstleistungen investieren, Risiken durch die genaue Prüfung von Alternativen begrenzen und Kosten mit eiserner Hand kontrollieren, werden es aller Wahrscheinlichkeit nach schaffen, überlegene Leistungen für die Kunden zu erbringen, und werden sowohl kurz- als auch vor allem langfristig ein Gewinnwachstum erreichen können.

---

[5] Diese Kennzahlen werden in Kapitel II näher erläutert.

Kurzfristige Herausforderungen für Offensive Marketer

Man könnte nun einwenden, dass die meisten Unternehmen eher kurzfristige als langfristige Probleme mit Umsatz und Gewinn haben. Und man könnte auch die Meinung vertreten, dass bei der Definition des Offensiven Marketing das ständige Spannungsfeld zwischen kurzfristiger und langfristiger Orientierung nicht ausreichend berücksichtigt wird. Eine Frage, die viele Marketing-Fachleute häufig stellen, lautet etwa so:

> **Frage:** Wir haben von Offensivem Marketing gehört und würden dieses Konzept auch gern in unserem Unternehmen, den Vereinigten Freizeitparks (VF), einführen. Aber die Leitung unseres Unternehmens betont immer wieder, dass wir uns das nicht leisten können. Was sollen wir tun? Trotz unserer Bemühungen wird viel zu wenig in die Erholungsflächen, in neue Attraktionen und neue Dienstleistungen investiert. Der Großteil unserer Attraktionen ist dringend renovierungsbedürftig und auch das Werbebudget hat man uns immer weiter zusammengestrichen. Die Eintrittspreise wurden erhöht und so ist es eigentlich kein Wunder, dass wir immer mehr Kunden verlieren. Unser Umsatz ist die letzten Jahre über weitgehend konstant geblieben und aufgrund von Einsparungen konnte VF den Gewinn sogar steigern. Diese kurzfristigen Gewinne bewertet die Unternehmensleitung viel zu hoch, deshalb investieren wir nicht in die Zukunft. Wir arbeiten 60 Stunden die Woche und bewegen uns doch nicht von der Stelle.
>
> **Antwort:** Im Grunde genommen hat VF mit der aktuellen Strategie keine Zukunft. Irgendwann wird das Unternehmen einen neuen Besitzer oder Geschäftsführer bekommen. Dadurch erhält es die Chance, durch Umstrukturierungen und Investitionen auf einen Teil der Gewinne für einige Zeit zu verzichten. Dann hätte VF die Mittel und den Spielraum, Offensives Marketing doch noch einzuführen … vorausgesetzt, es ist so klug, das zu tun.

Kurzfristige und langfristige Ziele in Einklang bringen

Offensives Marketing ist ein langfristiger Ansatz, der Jahre brauchen kann, bis er voll zum Tragen kommt. Die Realität sieht jedoch meist so aus, dass Marketing-Experten – wollen sie die Früchte ihrer Projekte noch selbst ernten – sich in erster Linie auf die Erfüllung kurzfristiger Ziele konzentrieren müssen. Die Unternehmensleitung ist oft nicht besonders beeindruckt von Mitarbeitern, die ihre Gewinnvorgaben seit zwei Jahren nicht erfüllen können, und, darauf angesprochen, statt dessen auf ihren brillanten Fünf-Jahresplan verweisen.

Weitblick ist gefragt

Offensive Marketing-Spezialisten dürfen also auch die kurzfristigen Ziele nicht aus den Augen verlieren, sie sollten eine gute Taktik verfolgen und in der Umsetzung professionell agieren. Es gibt Einiges, was man tun kann, um kurzfristige Gewinne zu erzielen, ohne dabei gleich die Zukunft des Unternehmens aufs Spiel zu setzen. Langfristig braucht der Offensive Marketing-Experte dagegen Weitblick und strategische Fähigkeiten. Er muss kurzfristig *und* langfristig denken können. Das ist auch der Grund dafür, warum in diesem Buch Strategie und Umsetzung eine gleichermaßen große Rolle spielen. Es gilt also, Zielkonflikte und *trade-offs* zwischen kurzfristigen und langfristigen Projekten zu erkennen. Im folgenden Abschnitt soll deshalb das Dilemma erläutert werden, in dem sich ein Offensiver Marketer befindet, wenn er langfristige Änderungen anstrebt.

Festgefahrene Einstellungen innerhalb eines Unternehmens verändern sich nicht von heute auf morgen. Häufig braucht es eine Vorlaufzeit von mehreren Jahren, um Denkweisen auch wirklich verändern zu können und um die Kundenorientierung und die Wertschöpfung des Unternehmens zu verbessern. Auf keinen Fall kann man grundlegende Veränderungen innerhalb eines Geschäftsjahres erwarten. In der Regel kommt es in der Umstellungsperiode auch zu Gewinneinbußen, weil zuerst Investitionen getätigt werden müssen, bevor sich Ertragssteigerungen realisieren lassen. Um hier einen Ausgleich zu schaffen, müssen die Marketing-Fachleute in der Lage sein, kurzfristig Gewinnsteigerungen zu erzielen.

Das Beispiel Southwest Airlines:

www.iflyswa.com

SOUTHWEST AIRLINES
A SYMBOL OF FREEDOM®

In der Vergangenheit hat sich ***Southwest Airlines*** geradezu als Musterbeispiel und Vorbild für ein Unternehmen erwiesen, das die präsentierten Prinzipien höchst erfolgreich umsetzt:[6]

„... unter Beteiligung aller Mitarbeiter ...“

Mitarbeiter von Southwest Airlines treten sehr engagiert auf, wissen um ihre Bedeutung für den Unternehmenserfolg und handeln dabei stets kundenorientiert. Die Mitarbeiter werden ermutigt, authentisch zu sein; die Individualität eines jeden Mitarbeiters begründet – so die Firmenphilosophie – die Einzigartigkeit von Southwest. Spaß und Humor sind wesentliche Grundlagen der Arbeit – darauf wird schon bei der Einstellung geachtet: *„Hire for*

[6] Freiberg, K./ Freiberg, J.: Nuts! Southwest Airlines´ Crazy Recipe for Business and Personal Success, Austin 1996.

attitude, train for skills" lautet das Motto. Jeder Mitarbeiter wird angehalten, wie ein Eigentümer zu handeln und Eigeninitiative zu übernehmen, wenn es um die Verbesserung des Angebots, um die Reduktion von Kosten oder um Produktivitätssteigerungen geht. Natürlich soll man sich nicht nur als Eigentümer fühlen, sondern auch tatsächlich Eigentümer sein. Southwest Airlines war 1973 das erste Luftfahrtunternehmen, das einen Beteiligungsplan für seine Mitarbeiter einführte. Und natürlich hält heute jeder Mitarbeiter Aktien an seinem Unternehmen.

„... überlegenen Kundennutzen ..."

Southwest Airlines hat von Beginn an auf ein Konzept vertraut, das heute Vorbild für zahlreiche Nachahmer ist. So bietet man höchste Qualität in den Kernleistungen – Sicherheit, Pünktlichkeit, Gepäckhandling – und verzichtet gleichzeitig auf jeden Schnickschnack und auf viele branchenübliche Zusatzservices. Deswegen kann man den Kunden einen konkurrenzlos günstigen Preis bieten. Um dieses No-Frills-Konzept herum ist das gesamte Leistungsdesign konzipiert. So schaffen beispielsweise die Boden-Crews deutlich kürzere Stoppzeiten zwischen den einzelnen Flügen als die Konkurrenz. Die Vorgabe lautet: „Andocken, Be- und Entladen, Reifenwechsel, Ölkontrolle und Abdocken in höchstens zehn Minuten". Dadurch können die Kosten gesenkt und die günstigen Preise erreicht werden. Der Erfolg der Maßnahmen zeigt sich an diversen Auszeichnungen und in den Werten des *American Customer Satisfaction Index*.

„... um überdurchschnittliche Gewinne zu erzielen ..."

An einem Erfolg in diesem Bereich kann es nicht den geringsten Zweifel geben. Während viele andere Fluggesellschaften Verluste einfliegen, gelingen Southwest Airlines beeindruckende Gewinne – und dies trotz der günstigen Flugpreise.

Erfolgreiche Offensive Marketer müssen – genau wie ***Southwest Airlines*** – der Entwicklung des Marktes voraus sein: Sie stellen sich aufkommenden Problemen, sie sind entscheidungsfreudig, sie investieren und gehen Risiken ein. Sie schließen keine Kompromisse, veranstalten keine Ausweichmanöver, schieben Probleme nicht auf die lange Bank.

2 Warum ist nicht jeder ein guter Marketer?

Offensives Marketing ist ein Best-Practice-Ansatz; nur wenigen Unternehmen wird es gelingen, die Ideen voll und ganz umzusetzen. Die Messlatte liegt hoch und ist für viele Unternehmen sicherlich nie ganz zu erreichen. Was uns allerdings überrascht, ist, dass so wenige Unternehmen überhaupt versuchen, Offensives Marketing zu betreiben.

Der Ausspruch Theodore Levitts ist leider noch immer beängstigend aktuell:

> „Wenn es heute um Marketing geht, scheinen Wort und Tat häufig durch eine massive Wand voneinander getrennt. Trotz guter Absichten und engagierter Versuche vieler sehr fähiger Leute gelingt es häufig einfach nicht, das Marketing effektiv in einem Unternehmen umzusetzen."

Nach wie vor ist Offensives Marketing eher die Ausnahme als die Regel. Woran kann das liegen?

Den meisten Unternehmen fehlt eine klare Vision oder Strategie. Man hastet mehr oder weniger hektisch von einem Geschäftsjahr zum nächsten, ohne sich dabei an einer langfristigen Zukunftsvision zu orientieren oder einen dauerhaften Wettbewerbsvorteil aufzubauen. Man versucht, die anfallenden Kosten in Grenzen zu halten, verschiedene „Projekte" durchzuführen und alles in allem vernünftig zu wirtschaften. Wahrscheinlich wird man unnötige Risiken ebenso meiden wie größere Investitionen, wird die Konkurrenz beobachten, damit man nicht den Anschluss im Markt verliert, und man wird auch seine Führungskräfte überdurchschnittlich gut bezahlen. In einem normalen Jahr kann man damit wahrscheinlich sogar Erfolg haben. Aber wehe, wenn sich die Rahmenbedingungen ändern, etwa weil Märkte dereguliert werden – wie in Deutschland in den vergangenen Jahren etwa in der Telekommunikation oder der Energiewirtschaft geschehen – oder wenn plötzlich völlig neue Marktteilnehmer die Arena betreten. Dann werden diese Unternehmen ihr „blaues Wunder" erleben – und sich hoffentlich zukünftig am Offensiven Marketing orientieren.

Kurzsichtigkeit. Ausgehend von Großbritannien und den USA ist die Kurzsichtigkeit in geschäftlichen Belangen inzwischen eine weit verbreitete Krankheit. Damit für Aktionäre und/oder Pensionsfonds hohe Renditen erzielt werden können, zählt für kurzsichtige Unternehmen nur das aktuelle Geschäftsjahr oder Quartal; schon mittelfristige Zeiträume von drei bis fünf Jahren sind uninteressant. Ausgaben, die sich erst nach einem Jahr oder noch später amortisieren, werden deswegen nur äußerst ungern getätigt. Wertpapieranalysten sind für solche Unternehmen wichtiger als die Kunden. Selbst ein Unternehmen wie ***Coca-Cola*** scheint vor dieser Kurzsichtigkeit und der einseitigen Ausrichtung auf die Aktienkurse nicht gefeit zu sein:

Das Beispiel Coca-Cola:

www.coca-cola.com

Die Entwicklung von **Coca-Cola** in den letzten Jahren deutet in diese Richtung. Im Jahresbericht 1997 von Coca-Cola, Atlanta, hieß es noch:

„Obwohl unsere Produkte 1997 täglich über eine Milliarde Mal getrunken wurden, wurden auf dieser Welt jeden Tag noch 47 Milliarden Mal andere Getränke konsumiert. Unsere Zukunft beginnt also erst noch."[7]

Coca-Cola verfolgte 1997 eine offensive Vision und Strategie, um seinen rund zweiprozentigen Bedarfsdeckungsanteil kräftig zu erhöhen. Zwei Jahre später teilt das Unternehmen mit, dass es 6.000 von 129.000 Stellen weltweit einsparen will, nachdem trotz 11% Umsatzwachstums im ersten Quartal 1999 ein Verlust von 45 Millionen US-Dollar (entspricht zwei Cents pro Aktie in diesem Quartal) entstand. Kein Wort mehr von den ehrgeizigen Plänen des Jahres 1997, obwohl das Unternehmen trotz des schlechten ersten Quartals für das Kalenderjahr 1999 immerhin noch einen Netto-Gewinn von 2.431 Millionen US-Dollar ausweist.

Mangelndes Verständnis des Offensiven Marketing. Entweder verstehen die Unternehmen nicht, wie wichtig es ist, hohe Kundenzufriedenheit und -bindung durch überlegenen Kundennutzen in den Mittelpunkt unternehmerischen Denkens und Handelns zu stellen, oder sie wissen nicht, wie sie das auf Gewinn bringende Art und Weise bewerkstelligen sollen.

---

[7] Pressemitteilungen Coca-Cola.

Charakterschwäche. Immer mehr Unternehmen verstehen zwar die Ideen des Offensiven Marketing, haben aber nicht den Mut, die Zielstrebigkeit, die Ausdauer oder die Risikobereitschaft, diese auch tatsächlich umzusetzen. Beim Offensiven Marketing geht es weniger um Intelligenz und Know-how (in den meisten Unternehmen ist beides reichlich vorhanden), sondern vielmehr um Denkhaltungen und Strategien. Offensives Marketing besteht aus einem System gemeinsamer Normen und Werte, die aus dem Commitment heraus entstehen, mit einfachen Mitteln überlegenen Kundennutzen zu erbringen.

Fehlgeleitete Marketing-Abteilungen. Das traditionelle Marketing ist häufig Opfer des eigenen Erfolgs. Mit steigender Akzeptanz im Unternehmen hat sich das Aufgabengebiet der Marketing-Abteilung immer weiter ausgedehnt; die tägliche Arbeitsbelastung und der ständige Zeitdruck sind deswegen oft so groß, dass für wirkliche Neuerungen überhaupt keine Zeit mehr bleibt. In vielen Unternehmen ist die Marketing-Abteilung deshalb weit davon entfernt, Anstöße für Innovation und unternehmerische Kreativität liefern zu können. Vielmehr agiert sie selbst bürokratisch, produziert Unmengen an Papier und fungiert hauptsächlich als passiver Koordinator.

3 Versagt das klassische Marketing?

Diese Frage wird immer häufiger gestellt – meist von der Unternehmensleitung oder vom Controlling. Manchmal steht sie auch unausgesprochen im Raum, vor allem dann, wenn über langfristige Investitionen in F&E, Werbung oder neue Produkte, oder über Verbesserungen des Kundenservices oder langfristige Garantien diskutiert wird – alles Themenbereiche, die in der Regel mit „Marketing“ assoziiert werden. Auch wenn die Leitideen des Marketing nur selten kritisiert werden, die hohen Implementierungskosten und der erforderliche Implementierungsaufwand werden von vielen Unternehmen als ungerechtfertigt hoch eingeschätzt. Mit folgenden Argumenten sieht man sich als Marketer immer wieder konfrontiert:

„Marketing kann die Zukunft nicht vorhersagen. Wir geben eine Menge Geld für die Marktforschung aus, aber deshalb wissen wir auch nicht mehr über die Zukunft. Die Nachfrager können nicht artikulieren, welche Bedürfnisse oder Prioritäten sie zukünftig haben werden, vor allem dann nicht, wenn sie noch weniger über die zukünftigen technologischen Entwicklungen und die damit verbundenen Möglichkeiten wissen als wir. Ich fürchte, die Flut von Informationen, die wir über die Vergangenheit haben, ist eher hinderlich, als dass sie uns weiterbringt."

„Unsere Konkurrenten überraschen und überlisten uns immer wieder. Sie kommen früher als wir mit ihren neuen Produkten auf den Markt und wir laufen hinterher, um den Anschluss nicht zu verpassen. Wir haben eigens ein Programm zur Entwicklung neuer Produkte eingeführt, aber die Floprate der neuen Produkte ist immer noch unglaublich hoch – dabei bringen wir sogar schon Produkte heraus, die noch nicht einmal voll ausgetestet sind. Wir sind ständig hintendran."

„Ich bin nicht davon überzeugt, dass marketingorientierte Unternehmen zwangsläufig auch die erfolgreichsten sind. Einige der erfolgreichsten Unternehmen der letzten Jahre sind nur durch Übernahmen, Absprachen und aufgrund schneller Reaktionen auf die Marktverhältnisse entstanden. Ihre Produkte oder Dienstleistungen sind gar nichts Besonderes, aber diese Firmen werden noch von echten Unternehmern geführt."

„Wir geben gewaltige Summen für die Werbung aus. Und trotzdem jammern die Marketing-Abteilung und ihre Werbeagentur und meinen, wir sollten noch viel mehr in Werbung investieren. Dabei können sie noch nicht einmal das aktuelle Ausgabenniveau begründen und uns über den Werbeerfolg aufklären."

„Die Anbieter von *fast moving consumer goods*, die das Marketing ja quasi erfunden haben, haben ihre führende Rolle anscheinend an den Einzelhandel abgegeben. Viele dieser Unternehmen kämpfen auf gesättigten Märkten mit undifferenzierten Marken und einige sind gezwungen, mit minimalen Gewinnspannen Eigenmarken für den Handel zu produzieren, um überhaupt überleben zu können. Was um alles in der Welt sollen wir denn von solchen Unternehmen lernen können?"

Was halten Sie von diesen Argumenten? Welche sind am wirkungsvollsten? Sind die Argumente fair? Wie können wir ihnen begegnen? Hierzu einige Anmerkungen in der folgenden Abbildung 1–3.

Typische Argumente gegen das Marketing – und einige Anworten

Die Aussage ...	...und was man ihr entgegenhalten kann
„Marketing kann die Zukunft nicht vorhersagen"	Das kann keiner. Aber das Marketing kann Daten liefern, auf deren Basis Extrapolationen und Prognosen möglich sind und Szenarien aufgezeigt werden können.
„Unsere Mitbewerber überraschen und überlisten uns immer wieder"	Das passiert, wenn man der Konkurrenz hinterherrennt, anstatt den Markt zu führen. Die Bemerkung über die hohe Floprate neuer Produkte ist allerdings ein durchschlagendes Argument. Hier kann die Marktforschung helfen.
„Ich bin nicht überzeugt davon, dass marketingorientierte Unternehmen zwangsläufig die erfolgreichsten sind"	Immer mehr Untersuchungen weisen darauf hin, dass Unternehmen mit einer starken Kundenorientierung langfristig gesehen überdurchschnittliche Gewinnspannen und überdurchschnittliches Wachstum erzielen.
„Wir geben gewaltige Summen für Werbung aus, aber ich habe Zweifel an den Evaluationsmethoden"	Die Instrumente zur Werbeerfolgskontrolle sind in den letzten Jahren erheblich verbessert worden. Offensichtlich kommen sie in Ihrem Unternehmen noch nicht zum Einsatz.
„Die Anbieter von fast moving consumer goods, die das Marketing ja quasi erfunden haben, haben ihre führende Rolle anscheinend an den Einzelhandel abgegeben"	Solche Unternehmen sind vor allem auf gesättigten Märkten, im Food- oder Haushaltswaren-Bereich tätig. Die meisten klassischen Markenartikelhersteller – Firmen wie Procter & Gamble, Henkel, Kraft Jacobs Suchard, Kellogg's, SmithKline Beecham, Mars, Nestlé und Heinz – sind auch heute noch sehr erfolgreich. Viele ihrer Imitatoren kommen dagegen nur mühsam über die Runden.

Abbildung 1-3

Der beste Beweis dafür, dass Marketing „funktioniert", ist die Geschwindigkeit, mit der sich das Marketing und die damit verbundene Denkhaltung inzwischen in Unternehmen fast jeder Branche durchgesetzt haben: bei Finanzdienstleistern genauso wie im Freizeitmarkt, bei Automobilherstellern und bei Herstellern von Kopiergeräten, bei Fluggesellschaften, im Immobilienbereich und sogar im Handwerk. Man kann auch nur schwerlich ein Geschäftsmodell ablehnen, das sich in erster Linie auf die Verfolgung zweier miteinander verknüpfter Ziele konzentriert – nämlich die Kosten zu minimieren und den Wert für den Kunden zu maximieren. Der größte Teil der Kritik am Marketing richtet sich im Grunde genommen nicht gegen das Marketing an sich, sondern gegen die Marketer, die Marketing-Abteilungen oder konkrete Umsetzungen im Marketing.

Ist die Marketing-Abteilung überhaupt notwendig?

Religionen gedeihen auch ohne Kirchen, wenn es sein muss sogar ohne Priester. Wieso können aber nur wenige Unternehmen Marketing ohne Hilfe einer Marketing-Abteilung erfolgreich umsetzen? Es gibt einige sehr gute Gründe dafür, eine Marketing-Abteilung im Unternehmen zu haben. Hier sind die wichtigsten:

Gründe für eine Marketing-Abteilung

Schnittstellenfunktion. Die Marketing-Abteilung ist – sofern sie sich als Querschnittsfunktion versteht – die einzige Abteilung im Unternehmen, die ein klares Bild sowohl von den Bedürfnissen der (externen) Kunden als auch von den (internen) Fähigkeiten des Unternehmens hat. Für den unternehmerischen Erfolg ist es unerlässlich, alle Seiten zu kennen und aufeinander abzustimmen. Der Trend zu netzwerkartigen Strukturen (zum Beispiel bei dot.coms) und die zunehmende Integration von Kunden, Lieferanten und Kapitalgebern macht diese Abstimmungs- und Integrationsaufgabe noch wichtiger und komplexer. Finanz- und Personalabteilung etwa können zwar die innerbetrieblichen Abläufe des Unternehmens beurteilen, wissen aber nur wenig über Kunden und deren Bedürfnisse.

Input für Strategie und Planung. Vor der Implementierung erfolgreicher Unternehmensstrategien steht die möglichst genaue Definition des relevanten Marktes und der Bedürfnisse der Kunden auf diesem Markt. Diese Bedürfnisse werden vom Unternehmen dann unter Einsatz seiner individuellen Fähigkeiten erfüllt. Gerade die Marketing-Experten sind bestens dazu geeignet, die Unternehmensstrategie mitzubestimmen, denn sie sind mit den Bedürfnissen der Kunden vertraut, können künftige Entwicklungen antizipieren und besitzen objektive Kenntnisse über die Fähigkeiten des Unternehmens.

Prioritäten setzen. Die Marketing-Abteilung kann beurteilen, welche Märkte und Marktsegmente das größte zukünftige Potenzial bieten, welche fallen gelassen werden sollten und wie die vorhandenen Ressourcen am besten auf Märkte und Produkte verteilt werden sollen.

Koordination und Projekt-Management. Die meisten größeren Verbesserungen und Innovationen erfordern eine abteilungsübergreifende Zusammenarbeit und betreffen oft auch externe Agenturen. Die Marketing-Abteilung kann das Zusammenspiel proaktiv koordinieren und Planungsmodelle einsetzen, vor allem wenn es um internationale oder globale Projekte geht.

Sortiments- und Produkt-Management. Irgendjemand muss das sortiments- bzw. produktbezogene Tagesgeschäft (z.B. die Überarbeitung von Produkten) planen, abwickeln und überwachen, ohne dabei den Kunden aus den Augen zu verlieren. Abhängig vom jeweiligen Unternehmen kann diese Aufgabe zum Beispiel auch die Erstellung von Absatzprognosen und Support-Programmen, den Kundenservice, die Ergebniskontrolle oder die Durchführung von Konkurrenzanalysen umfassen.

Expertenwissen. Marketer müssen spezielle Fähigkeiten besitzen, darunter:

- die Fähigkeit, aufgrund ihrer Kenntnisse über den Markt und die technischen Entwicklungen zukünftige Kundenbedürfnisse zu antizipieren;
- die Fähigkeit, den Einsatz von Ressourcen zu bewerten – also z.B. zu beurteilen, was einzelne Elemente der vom Unternehmen erstellten Leistung zur Wertschöpfung beitragen, und die entstehenden Kosten dazu in Bezug zu setzen;
- Kenntnisse über Geschäfts- bzw. Marktanalysen und Strategieentwicklung;
- die Fähigkeit, auch diejenigen Mitarbeiter zu motivieren und zu führen, über die sie eigentlich keine Weisungsbefugnis haben;
- die Fähigkeit, Chancen zu identifizieren und Unternehmensressourcen auf die erfolgversprechendsten Bereiche zu verteilen.

So gesehen nimmt die Marketing-Abteilung also eine einzigartige und äußerst wichtige Stellung im Unternehmen ein. Allerdings verwenden viele Marketer den größten Teil ihrer Zeit für das operative Tagesgeschäft und vernachlässigen (häufig unfreiwillig) die längerfristigen Herausforderungen der strategischen Planung oder der Innovation. Wenn die Marketing-Abteilungen ihr Potenzial in Zukunft wirklich voll ausschöpfen wollen, sind das die Problembereiche, die zuerst angegangen werden müssen.

4 Die Zukunft gehört dem Offensiven Marketing!

Viele betreiben Marketing; das volle Potenzial des Marketing zu nutzen gelingt aber nur den wenigsten. Genau dies ist aber die Aufgabe des Offensiven Marketing. Auch Philip Kotler betont mit seinen beiden Marketing-Definitionen in seinem neuesten Buch diese Offensive Ausrichtung des Marketing.

Marketing-Definitionen nach Philip Kotler:

„Marketing is the art of finding, developing and profiting from opportunities."[8]

„Marketing is the science and art of finding, keeping and growing profitable customers."[9]

Offensives Marketing besteht aus einer ganzen Reihe von Einstellungen, Grundsätzen und Prozessen, die das volle Potenzial des Marketing freisetzen und so grundlegende Veränderungen im Unternehmen erreichen können. Es wurde konzipiert, um Ihre Wettbewerber in die Rolle der Folger zu drängen und Ihrem Unternehmen dauerhaften Erfolg zu ermöglichen.

Offensives Marketing

Offensives Marketing ist keine Formel, keine Modeerscheinung und sicher auch keine wissenschaftliche Theorie. Es ist vielmehr ein anspruchsvolles, praxisnahes Konzept zur Unternehmensführung, das Mut, Ausdauer und Zielstrebigkeit erfordert.

Und genau hierin liegt wohl auch der Grund dafür, warum Offensives Marketing bislang nur in verhältnismäßig wenigen Unternehmen realisiert worden ist. Das Offensive Marketing beinhaltet fünf Schlüsselprinzipien, die sich im Aufbau dieses Buches widerspiegeln: Es ist **P**rofitabel, **O**ffensiv, **I**ntegrativ, **S**trategisch und **E**ffektiv umgesetzt.

[8] Kotler, P.: Kotler on Marketing – How to create, win and dominate markets, New York 1999, S. 36.

[9] Ebenda, S. 121.

POISE		
P	Profitabel	Ausgewogenes Verhältnis zwischen den Gewinnzielen des Unternehmens einerseits und den Kundenbedürfnissen andererseits herstellen
O	Offensiv	Marktführerschaft anstreben, Risikobereitschaft zeigen und Konkurrenten in die Nachahmerposition zwingen
I	Integrativ	Marketing-Ansatz verfolgen, der das gesamte Unternehmen einbezieht
S	Strategisch	Entwicklung Offensiver Strategien und entsprechender Marketing-Pläne
E	Effektiv umgesetzt	Die Umsetzung Offensiver Strategien effektiv managen

offensivesmarketing.de

Abbildung 1-4

Hier nun ein kleiner Überblick über die einzelnen Elemente des Offensiven Marketing:

- **Profitabel:** Ziel des Marketing ist es nicht alleine, Marktanteile zu gewinnen oder überlegene Leistungen für den Kunden zu erbringen, sondern natürlich auch, den Gewinn des Unternehmens zu steigern. Offensive Marketer stehen darum vor einem Zielkonflikt, wenn sie einerseits Kundenbedürfnisse erfüllen sollen und andererseits das Unternehmen wirtschaftlich zu führen versuchen. Es gehört zu ihren Stärken, einen Abgleich zwischen diesen Gegensätzen zu schaffen, die bisweilen unvereinbar scheinen.

- **Offensiv:** Den Markt anführen zu wollen, Risiken einzugehen und die Wettbewerber in die Nachahmerposition zu zwingen – ein solcher Offensiver Ansatz gründet auf einer Denkhaltung und der Bereitschaft, unabhängig und objektiv zu entscheiden, was für das Unternehmen am besten ist, und nicht darauf zu warten, was die Konkurrenz tun wird.

- **Integrativ:** Integriertes Marketing durchdringt das gesamte Unternehmen. Es fordert **alle** Mitarbeiter dazu auf, ihre Tätigkeit in Beziehung zu den Anforderungen und Wünschen der verschiedenen Anspruchsgruppen bzw. Märkte zu sehen und mit dem Gewinnstreben des Unternehmens in Einklang zu bringen.

- **Strategisch:** Erfolgreiche Strategien können nicht ohne gründliche Analysen und sorgfältiges Abwägen von Alternativen entwickelt werden. Ein Unternehmen, das sich nur um das operative Tagesgeschäft kümmert und langfristige Ziele und Strategien vernachlässigt, ist deshalb meist eher ein Nachahmer als ein Marktführer.
- **Effektiv umgesetzt:** Kein noch so intelligenter Ansatz kann etwas bewirken, wenn er nicht effektiv umgesetzt wird. Dieses Umsetzen erfolgt nicht nur durch die Marketing-Abteilung, sondern durch alle Mitarbeiter. Von entscheidender Bedeutung sind deshalb vor allem auch die Beziehungen der Marketing-Abteilung zu den anderen Abteilungen des Unternehmens und die Frage der Existenz gemeinsamer Überzeugungen, Ziele und Strategien.

5 Die neuen Herausforderungen des Marketing

Die auf die klassischen „vier P"-Entscheidungen ausgerichteten Marketing-Abteilungen werden sich in den nächsten Jahren radikal ändern müssen, wenn sie in Zukunft effektiv handeln und konstruktive Antworten auf die zum Teil heftige und auch durchaus berechtigte Kritik an ihrem Marketing finden wollen. Vorbildliche Marketer zeigen uns bereits heute, an welchen Fronten sich das Marketing der nächsten Generation abspielen wird:

5.1 Organisation

In „klassischen" Marketing-Abteilungen verbringen die Mitarbeiter zwischen 80 und 90 Prozent ihrer Zeit mit dem operativen Tagesgeschäft. Eigentlich sollten sie sich aber auf strategische Marketing-Aktivitäten konzentrieren und eine Dienstleistungsfunktion im Unternehmen einnehmen. Zu häufig versäumen sie es auch, sich an der Planung der Unternehmensstrategie zu beteiligen – eine Aufgabe, für die die Marketing-Abteilung durch ihre Schnittstellenfunktion zwischen externen und internen Zielgruppen des Unternehmens eigentlich hervorragend qualifiziert ist. Statt dessen überlässt man diese Rolle dann oft der Finanzabteilung, was vor dem Hintergrund der dann fehlenden Kundenperspektive für das Unternehmen zu negativen Konsequenzen führen kann.

Typische Zeitaufteilung in einer „klassischen" Marketing-Abteilung

Grundsätzliche Entwicklungsaufgaben	Tagesgeschäft
■ Strategieentwicklung	■ Interne Kommunikation
■ Innovative Marktforschung/ Informationsmanagement	■ Planung von Sonderaktionen
■ Neuproduktentwicklung	■ Laufende Analysen
■ Verbesserung der Wertschöpfung	■ Budgetierung
■ Management der Vertriebskanäle	■ Berichterstattung
■ Relationship-Marketing	■ Verwaltung
■ Integrierte Kommunikation	■ Absatzförderung
	■ Laufende Werbung
	■ Laufende Marktforschung
	■ Preisbildung und Konditionen
	■ Erstellung von Absatzprognosen
	■ Sortimentsplanung
	■ Ergebnisüberwachung
20 %	80 %

offensivesmarketing.de

Abbildung 1-5

Strategische Fragestellungen ins Zentrum rücken!

Um dieses Problem in den Griff zu bekommen, müssen die Marketer zwei Dinge tun: Erstens ist die Marketing-Abteilung so umzustrukturieren, dass die fähigsten Marketer genug Zeit haben, sich auch mit strategischen Aspekten zu beschäftigen und ihr Wissen in der Linie weiterzugeben. Unnötige und ineffiziente Verwaltungsaufgaben sollten – soweit möglich – an andere Abteilungen oder Bereiche abgegeben werden. Zweitens sollte das Marketing auch seine Beziehungen zu den anderen Abteilungen des Unternehmens überdenken, denn deren Arbeit trägt ja entscheidend zum Erfolg des Offensiven Marketing bei.

Es ist erstaunlich, wie introvertiert ausgerechnet Marketer sein können. Viele verbringen unglaublich viel Zeit in Seminaren, um zu lernen, wie sie das Beste aus ihren Werbeagenturen herausholen können, machen sich aber kaum Gedanken darüber, wie sie das Beste aus ihren Kollegen, etwa dem Finanzwesen, dem Vertrieb oder der Produktion, herausholen können. Vor allem sollten sie mehr Zeit damit verbringen, wirklich Kontakt zu den Kunden und den anderen relevanten Zielgruppen des Unternehmens zu halten.

Zeitaufwand nach Kontaktpunkten

Kontakt mit ...	Tätigkeit	% der Zeit[10]
externen Agenturen	Werbung, Direkt-Marketing, Verpackungsgestaltung, Absatzförderung, Research	26 %
anderen Mitarbeitern der Marketing-Abteilung	Besprechungen mit Kollegen	26 %
alleine im Büro	Analyse, Planung, Koordination, Verwaltung	25 %
anderen Abteilungen (Vertrieb, Produktion etc.)	Routinetätigkeiten 18%, strategische Tätigkeiten 2%	20 %
Kunden und anderen relevanten Zielgruppen	Identifikation von Kundenbedürfnissen	3 %

offensivesmarketing.de

Abbildung 1-6

Es liegt auf der Hand, dass die grundsätzlichen Entwicklungsaufgaben der Marketing-Abteilung vom Tagesgeschäft getrennt werden müssen. Eine Möglichkeit wäre es beispielsweise, Marketing-Manager mit Ergebnisverantwortung einzusetzen, die sich in erster Linie auf das Management der folgenden sechs Aufgaben konzentrieren:

[10] Schätzung der Autoren.

Aufgaben von Marketing-Managern

- Entwicklung eines tiefgehenden Verständnisses der Kundenbedürfnisse und des Kundenverhaltens, Aufmerksamkeit gegenüber zukünftigen Trends und technischen Entwicklungen
- Entwicklung unternehmensweiter Strategien und Zielfestlegung
- Innovation/Leistungsentwicklung
- Investitionen in Fertigung, Leistungsverbesserungen und Kundenbeziehungen; Priorisierung und Überwachung dieser Investitionen
- Bewertung von sämtlichen Produkt- oder Serviceaufwendungen im Verhältnis zum wahrgenommenen Kundennutzen
- Abteilungsübergreifendes Durchsetzen des Offensiven Marketing-Ansatzes und Identifikation der auszuschöpfenden Kernkompetenzen des Unternehmens

offensivesmarketing.de

Abbildung 1-7

Das Tagesgeschäft kann von Spezialisten in einer zentralen Serviceabteilung erledigt werden, die eng mit den Marketing-Managern zusammenarbeitet. Dort können wichtige Aufgaben wie Absatzprognosen, Kontakt zu den Absatzmittlern, Absatzförderung, Direkt-Marketing und Routine-Kommunikationsaufgaben effizient bearbeitet werden.

In den letzten Jahren wurde in vielen Unternehmen die Stabsstelle „Marketing-Services" personell verkleinert oder sogar ganz abgeschafft, was dazu geführt hat, dass die Marketing-Manager zusätzliche Aufgaben mit übernehmen mussten. Um die Flut der verschiedenen Aufgaben überhaupt noch bewältigen zu können, konzentrieren sich die überlasteten Mitarbeiter logischerweise auf die dringlichsten Probleme – und das sind die gerade aktuellen, also die kurzfristigen. Kein Wunder, dass in dieser Situation strategische Tätigkeiten vernachlässigt werden.

Um diesem Kreislauf zu entrinnen, müsste die Anzahl der Mitarbeiter in den Serviceabteilungen einfach erhöht werden, damit die Marketing-Manager wieder das tun können, wofür sie am besten qualifiziert sind, nämlich strategisch die Zukunft zu planen. In einigen Unternehmen führte eine solche neue Struktur dazu, dass zusätzliche Mitarbeiter für das Marketing eingestellt werden; in anderen Unternehmen zu einer effizienteren Auslastung der vorhandenen Mitarbeiter, die nun ihren Fähigkeiten entsprechend eingesetzt werden.

Zur Bedeutung und Organisation von Marketing und Vertrieb bei Underberg:[11]

www.underberg.com

Marketing hat bei ***Underberg*** einen ganz zentralen Stellenwert und zeichnet sich durch das Schlagwort „integriert“ aus: Die führende Rolle des Marketing manifestiert sich in einer einzigartigen Organisationsstruktur, die die Integration von Marketing und Vertrieb/Verkauf auf der einen Seite sowie die Integration von strategischen und operativen Aufgaben in den Organisationseinheiten des Marketing auf der anderen Seite ermöglicht.

Das Produkt- bzw. Markenmanagement ist auf die einzelnen Kompetenzzentren von Underberg verteilt (z.B. die Marke Underberg in Dietlikon/Zürich, Schweiz; die Marke ***Pitú*** in Rheinberg, Deutschland; die Marke ***Schlumberger*** in Wien, Österreich). Das dort jeweils ansässige Markenmanagement übernimmt die strategische „Lead-Funktion“ für einzelne Marken. Gleichzeitig betreut diese Organisationseinheit auch operative Aufgaben für andere Produkte und Marken, wie z.B. die spezifische Anpassung und Umsetzung der globalen Markenstrategie bezogen auf einzelne Regionen oder Länder. Beispielsweise führt das Kompetenzzentrum Dietlikon das operative Marketing für die Marke Pitú in Italien, Rheinberg managt das operative Marketing für die Marke Underberg in Deutschland. Dieses Vorgehen birgt einen ganz wesentlichen Vorteil: Durch die Konfrontation aller Marketing-Mitarbeiter mit strategischen und umsetzungsorientierten Aufgaben entsteht keine „Zwei-Klassen-Gesellschaft“ im Marketing, sondern eine enge Verzahnung zwischen der Strategie und der operativen Umsetzung im Markenmanagement.

Alle Abteilungen sind gleichermaßen marktorientiert. Im internationalen Vertriebsbereich werden Area-Management-Funktionen auch vom Marketing und Controlling mit wahrgenommen. Mit dieser Verzahnung verschiedener Aufgabenbereiche wird die in vielen Unternehmen weit verbreitete Kluft zwischen Vertrieb und Marketing, Controlling etc. verhindert und eine abteilungsübergreifend durchgängige Kundennähe in der Organisation erreicht. Das Prozessmanagement – orientiert am Markt – ist somit essentiell etabliertes Gedankengut in der Einstellung aller Mitarbeiter und auch täglich gelebtes marktorientiertes Verhalten.

Die strategische Verantwortung der Markenführung und die täglichen operativen Notwendigkeiten einer optimalen Vermarktung zeigen allen Mitarbeitern zielführend kurz-, mittel- und langfristige positive Bilanzierungseffekte auf die Markenguthaben aller Marken. Jeder weiß, welchen Beitrag er zum Gesamtergebnis des Unternehmens beisteuert.

---

[11] Wir danken für die freundliche Unterstützung durch Herrn Rainer Bentele, Managing Director Underberg AG, Dietlikon/Zürich, Schweiz.

5.2 Relationship-Marketing

Eine der größten zukünftigen Chancen für das Marketing liegt im Beziehungs- oder Relationship-Marketing.

Grundlagen

Eingehen auf die individuellen Bedürfnisse und Wünsche

Zu einer Zeit, da die meisten Leser dieses Buches vermutlich noch gar nicht geboren waren, haben kleine Einzelhändler schon voll und ganz auf dieses Konzept vertraut – freilich ohne einen speziellen Namen dafür gehabt zu haben. Die einzelnen Läden unterschieden sich hinsichtlich ihres Produktsortiments, der angebotenen Marken oder der Preisstruktur nicht wesentlich voneinander; ihr zentrales Differenzierungsmerkmal war das „Beziehungs-Marketing". Dazu gehörte, dass der Händler die individuellen Bedürfnisse jedes einzelnen Kunden kannte und genau auf diese Bedürfnisse einging.

Er wusste also zum Beispiel, dass Frau Müller den Schinken, den sie kaufte, immer gut durchwachsen und hauchdünn geschnitten wünschte, und dass sie stets zu einem kleinen Schwätzchen bereit war, vor allem, wenn es dabei um ihre Hunde ging. Es war ihm auch bekannt, dass Frau Müller nicht sehr preisbewusst war, nur beste Qualität kaufte und für zusätzliche Empfehlungen sehr empfänglich war. Von Frau Schmidt hingegen wusste er, dass sie nur streng nach Einkaufsliste kaufte, besonders preisbewusst und hauptsächlich an Sonderangeboten interessiert war. Sie war im Gegensatz zu Frau Müller immer in Eile und legte keinen Wert auf „unnutzes Geschwätz".

Es geht also darum, auf die Wünsche und speziellen Bedürfnisse von Kunden einzugehen und ihnen auch Vorteile für ihre Treue zu bieten, also ihre Bindung an das Unternehmen zu belohnen:

Loyale Kunden belohnen!

Was erwartet ein loyaler Kunde?

- geringeren Zeitaufwand
- geringere Ausgaben
- geringere Risiken
- weiß, was er erwarten kann
- Optimierung seiner Kundenzufriedenheit
- Vorzugsbehandlung
- freundschaftliche/familiäre Beziehung
- mehr Vertrauen

Relationship-Marketing ist heute ein branchenübergreifendes Thema: Nicht nur Anbieter hochwertiger Güter (wie Autos, Kreditkarten oder Finanzdienstleistungen) nutzen die Chancen; auch die Anbieter einfacher *convenience goods* oder *fast moving consumer goods* erkennen das Potenzial, das im Relationship-Marketing steckt, und versuchen, davon zu profitieren.

Relationship-Marketing heute:

Sie kommen als *„Frequent Traveller"* einer Fluggesellschaft zum Check-in an den Schalter und erfahren, dass man für Sie – wie üblich – einen Gangplatz in einer der ersten vier Reihen sowie eine vegetarische Mahlzeit vorgesehen hat. Außerdem stehen Sie bereits auf der Warteliste für ein Upgrade von der Business in die First Class. Möglicherweise weist man Sie auch noch auf ein Sonderangebot für Ihren Ehepartner hin. Auf der Basis vorliegender Kundendaten und geäußerter Vorlieben und Wünsche kann die Fluggesellschaft datenbankgestützt jedem Kunden seinen Vorstellungen entsprechende, individualisierte Angebote und Leistungen anbieten und erbringen. Das Relationship-Marketing ist also nicht mehr durch *one-to-all*-Strukturen geprägt; vielmehr dominieren *one-to-many*- oder gar *one-to-one*-Beziehungen.

Nicht umsonst haben z.B. ***Procter & Gamble*** in den USA eine riesige Datenbasis aus 44 Millionen Haushalten zusammengetragen. Und auch ***Kraft*** verfügt über eine umfangreiche Datenbank von rund 40 Millionen Haushalten. Mit der *payback*-Initiative in Deutschland, an der u.a. die Unternehmen ***DEA, Apollo-Optik, Europcar, Kaufhof, Palmers*** und ***real*** beteiligt sind, werden branchenübergreifend ähnliche Ziele verfolgt.

www. payback.de

PAYBACK

Natürlich ist eine solche Datenbank per se noch kein Erfolgsgarant und in einigen Bereichen werden die Einsatzmöglichkeiten des Database-Marketing sicher auch überbewertet, doch das Relationship-Marketing ist zweifelsohne eines der Gebiete, die das Marketing heute und in Zukunft maßgeblich prägen werden. Lassen Sie uns noch einige Fakten präsentieren, die diese Aussage unterstützen:

Warum wird Relationship-Marketing immer wichtiger?

- **Sinkende IT-Kosten.** In den letzten Jahren sind die Kosten für die Entwicklung und Pflege von Datenbanken stark gesunken. Dieser Trend dürfte sich noch weiter fortsetzen. Und auch die Kosten für Telekommunikation spielen aufgrund der Deregulierung der Märkte eine immer geringere Rolle.

- **Qualitativ hochwertige Datenbanken.** Unternehmen, die sich Mailings, Fragebögen und spezieller Werbeaktionen bedienen oder einfach nur jeden einzelnen Kunden individuell behandeln wollen, brauchen hochwertige Datenbanken. Diese können sehr detaillierte Informationen enthalten – wie z.B. Modell und Alter des Autos, Größe und Lage des Eigenheims, Haustiere, Häufigkeit und präferierte Ziele von Urlaubsreisen, bislang genutzte Unternehmensangebote und Reaktionen auf Marketing-Aktivitäten.

Der Kunde als Global Player

- **Der Kunde hat die Macht.** Heutzutage bestimmen die Kunden den Markt. Sie besitzen erhebliche Verhandlungsmacht, denn die meisten Märkte sind inzwischen Käufermärkte mit einem Angebotsüberhang, d.h. die Kunden können aus den Angeboten vieler verschiedener Anbieter das für ihre Bedürfnisse am besten geeignete auswählen. Sie sind auf der Suche nach Zusatznutzen und wollen als Individuen behandelt werden, nicht als Nummern oder als anonyme Bestandteile des Massenmarktes.
- **Der Kunde übernimmt die Initiative.** Durch die neuen Medien, nicht zuletzt durch das Internet, verfügen immer mehr Kunden über die Möglichkeit, sich auch weltweit zu informieren und einzukaufen. Sie können sich zu virtuellen Einkaufsgemeinschaften zusammenschließen („*power-shopping*"), ihre Produkterfahrungen, Konsumerfahrungen und Preiskenntnisse austauschen und sich nicht zuletzt auch im Beschwerdefall gemeinsam zur Wehr setzen. Die Initiative in vielen Märkten geht damit immer mehr von den Kunden aus und führt zu kundengetriebenen Wertschöpfungsprozessen.

Kundenplattformen im Internet

Shopping-Plattformen	Informations-Plattformen
www.powershopping.com	www.dooyou.de
www.letsbuyit.com	www.ciao.de
www.priceline.com	www.epinion.com
www.ihrpreis.de	www.nametheprice.com
www.hagglezone.com	www.investorworld.de

offensivesmarketing.de

Abbildung 1-8

Wer auf diese Trends nicht nur reagieren will, sondern ihnen proaktiv begegnen möchte, muss aktives Relationship-Marketing betreiben. Kunden werden nicht länger nur nach einzelnen Transaktionen beurteilt. Das Denken in langfristigen Kundenbeziehungen steht im Vordergrund. Im *Business-to-Business*-Bereich ist dies vielfach schon Standard.

Die Realität im *Business-to-Consumer*-Bereich

Die Realität im *Business-to-Consumer*-Bereich sieht vielfach allerdings immer noch anders aus. Erschreckend viele Unternehmen haben die Vorteile eines aktiven Relationship-Marketing noch nicht begriffen. Sie legen den Schwerpunkt ihrer Marketing-Aktivitäten auf ein undifferenziertes Massen-Marketing und versuchen durch hohe Aufwendungen für Werbung und Distribution zum Markterfolg zu gelangen. Die Zukunft liegt aber sicherlich im Angebote maßgeschneiderter Leistungen für den Kunden und in einem intensiven Dialog mit ihm. Dies verdeutlicht sehr anschaulich Abbildung 1-9.

Abbildung 1-9

Wenn Offensive Marketer erfolgreiches Relationship-Marketing in ihrem Unternehmen institutionalisieren wollen, stehen ihnen zwei Wege offen, das vorhandene Marketing-Potenzial voll auszuschöpfen. Der eine Weg hin zu einem zukunftsweisenden Individualmarketing kann über die Fertigung maßgeschneiderter Leistungen für den Konsumenten führen. Obwohl die technischen Möglichkeiten zur kundenindividuellen Massenfertigung (Mass Customization) in vielen Branchen häufig noch übertrieben positiv dargestellt sind, werden inzwischen doch immer bessere Verfahren zur wirtschaftlichen Fertigung kundenspezifischer Produkte – auch bei niedrigen Stückzahlen – entwickelt.

Mass Customization

Dieses Konzept versucht, die Kostenvorteile der Massenproduktion mit den Vorteilen einer individuellen Kundenansprache zu verbinden. Der Kunde hat die Möglichkeit, sich aus einer Vielzahl alternativer Leistungsmerkmale ein „maßgeschneidertes" Produkt zusammenzustellen. Dieses Produkt wird dann nach Auftragseingang individuell für den Kunden gefertigt.

Bei einem Fahrrad könnten zum Beispiel verschiedene Lenkerformen, Rahmenhöhen, Bereifungen, Lackierungen, Schaltungen, Bremsanlagen und Klingeln zur Auswahl stehen, aus denen der Kunde nach seinen speziellen Wünschen und Anforderungen wählt.

Ein Mass Customizer nutzt die während der Interaktion zwischen Abnehmer und Hersteller bzw. Händler gewonnenen Informationen zum Aufbau einer dauerhaften Kundenbeziehung, von der auch der Abnehmer profitieren kann. Massenfertigung und Mass Customization schließen sich natürlich nicht gegenseitig aus. Ein Mass Customizer kann durchaus weiterhin Standardversionen eines Produktes für einen homogenen Massenmarkt fertigen und gleichzeitig eine kundenindividualisierte Version des Produktes anbieten.
Besonders deutlich ist diese Entwicklung in der Automobilindustrie, wo es zu jedem Basismodell unzählige Ausstattungsmöglichkeiten und -varianten gibt. Trotzdem sollte man diesem Trend mit Vorsicht begegnen. Der grundsätzlichen technischen Machbarkeit einer kundenindividuellen Produktfertigung muss die Unternehmenspraxis entgegengehalten werden, in der sich immer noch die massenhafte Fertigung einer begrenzten Produktpalette in hohen Stückzahlen als die effizienteste Lösung erweisen dürfte. Dienstleistungen lassen sich in der Regel sehr viel einfacher den Bedürfnissen bestimmter

Kundengruppen oder einzelner Kunden anpassen, weil sie per Definition im direkten Kundenkontakt erbracht werden.
Maßgeschneiderte Leistungen für die Kunden anzubieten ist sicherlich ein Schritt in die richtige Richtung, allerdings liegt hier der Fokus immer noch sehr stark auf der angebotenen Leistung.
Ein Offensives Marketing darf aber nicht nur die Leistung in den Vordergrund stellen, sondern es muss ebenso dafür Sorge tragen, dass es eine maßgeschneiderte Interaktion mit den Kunden gibt.
Dies ist der zweite Weg, auf dem ein Unternehmen das vorhandene Marketing-Potenzial noch effektiver ausschöpfen kann. Hier liegt der Schwerpunkt nicht so sehr auf der angebotenen Leistung, sondern vielmehr auf einem individuellen Dialog des Unternehmens mit seinen Kunden. Dies ist eine äußerst wichtige Voraussetzung für die Schaffung eines effektiven Relationship-Marketing. Der Kunde steht ganz klar im Mittelpunkt der Aktivitäten. Er wird direkt und persönlich angesprochen und es wird ihm aktiv die Möglichkeit zu einem Feedback an das Unternehmen gegeben. Dieses Feedback kann oftmals wertvolle Hinweise für das Unternehmen enthalten: wo seine Schwachstellen liegen und was noch weiter verbessert werden kann.
Doch weder der Fokus auf die angebotene Leistung wie bei der Mass Customization noch die alleinige Konzentration auf den Kunden werden dem Unternehmen zu einem echten Offensiven Marketing verhelfen.
Das volle Potenzial des Offensiven Marketing kann nur ausgeschöpft werden, wenn es dem Unternehmen gelingt, ein Individualmarketing zu betreiben. Sowohl die Intensität der Kundenbeziehung als auch die Leistungsindividualisierung nehmen einen hohen Stellenwert ein und ermöglichen so ein umfassendes Individual-Marketing. Es werden so genannte *learning relationships* angestrebt, bei denen durch den ständigen Kontakt mit den Kunden und die effektive Auswertung der verfügbaren Daten maßgeschneiderte Leistungen angeboten werden können. Ein *learning relationship* bietet die Möglichkeit, dauerhafte Kundenbeziehungen aufzubauen und somit einen beständigen Wettbewerbsvorteil zu generieren und die Kundenbeziehung zu individualisieren (*one-to-one*). Die Beschaffungsmühe für den Kunden wird dabei verringert, da durch die längerfristige Kundenbeziehung Kundenwünsche, -bedürfnisse und -profil bereits bekannt sind. *Learning relationships* definieren sich über die Zeit. Im

besten Fall werden dem Kunden durch umfassende Kenntnis seines bisherigen Kaufverhaltens und seiner Wünsche proaktiv maßgeschneiderte Leistungen zu einem Zeitpunkt angeboten, zu dem er seinen Bedarf noch überhaupt nicht artikuliert hat.

Zitat:

„I know you. You tell me what you want. I make it. I remember next time." (Don Peppers)

Durch *learning relationships* den Kunden vom Markt abkoppeln: Das Beispiel Streamline

www.streamline.com

streamline

Wenn Sie an Einkaufen denken: Wäre es nicht schön, einen Lebensmittelanbieter für das ganze Leben zu haben? Sie müssen sich nicht mehr um den Markt und den Wettbewerb kümmern – Sie entscheiden sich einmal und koppeln sich damit ab von Markt und Wettbewerb. ***Streamline*** ist im Grunde ein Heimdienst für den täglichen Bedarf.

Die Zielgruppe von Streamline sind die so genannten *„busy suburban families"* mit zwei Berufstätigen, gutem Einkommen und zwei Kindern – also wenig Zeit. Das sind ungefähr 25 Prozent aller Amerikaner. Diese geben aber 73 Prozent für Lebensmittel, Reinigung, Videos und Kosmetik aus; das heißt, mit diesen 25 Prozent werden schon 3/4 des Marktes abgedeckt. Diese Zielgruppe wohnt in den klassischen amerikanischen *neighbourhoods* mit großen Garagen, die durch einen Code-Sender zu öffnen sind. Und die wenige freie Zeit, die dieser Familie zur Verfügung steht, möchte sie nach Möglichkeit nicht fürs Einkaufen verwenden.

Dazu hat Streamline sich etwas sehr Praktisches einfallen lassen – die so genannte Streamline Service-Box. Diese Service-Box besteht aus einer Kühlschrank-Tiefkühl-Kombination, einem Regal und einem Kleiderständer. Sie wird in der erwähnten Garage platziert. Streamline besitzt den Code von der Garage und hat damit Zugang zu der Service-Box. Einmal in der Woche liefert Streamline der *busy suburban familiy* automatisch Lebensmittel und Kosmetik, bringt verschmutzte Wäsche in die Reinigung und eine Woche später gereinigt wieder zurück, versorgt sie mit Leihvideos und holt sie wieder ab – und das alles über die Garage.

Was hier passiert, ist klar: „Normale“ Einkäufe müssen nicht mehr getätigt werden. Wer will schon Windeln kaufen? Wer will schon Toilettenpapier kaufen und all die anderen Dinge des täglichen Bedarfs? Wer hat denn Lust dazu, die Leihvideos zurückbringen und dabei auf Einhaltung der Leihfristen zu achten? – All das erledigt Streamline und Sie müssen dafür noch nicht einmal zu Hause sein. Und noch besser: Sie können jederzeit über das Internet Ihre Einkaufsliste einsehen und ergänzen oder im Call-Center anrufen. Streamline macht automatisch einen Bestellvorschlag für die nächste Woche, ausgehend von den vorausgegangenen Bestellungen. Der Kunde kann diese vorgeschlagene Bestellung natürlich jederzeit abändern. Er bekommt somit immer genau das, was er gerade braucht.

Das ist ein Paradebeispiel für ein *learning relationship*. Wenn neue Produkte herauskommen, werden Sie informiert, Sie können sie testen usw. Der durchschnittliche Einkauf bei Streamline summiert sich auf 110 US-Dollar pro Woche, und das in 45 Wochen im Jahr. Dabei ist Streamline nicht übermäßig teuer, das kann sich das Unternehmen auch nicht erlauben, denn der Kunde hat einen totalen Preisvergleich. Schließlich kann er genau verfolgen, was er vor einem Jahr für ein Produkt gezahlt hat. Aber dem Kunden wird das Leben vereinfacht, er kann Golf spielen oder mit den Kindern wandern gehen und muss seine kostbare Freizeit nicht mit Einkaufen verbringen.

www.1to1.com

www.mass-customization.de

Wie man aus diesem Beispiel erkennen kann, betont ein kundenindividuelles Marketing nicht nur die Individualität der Leistung und der Kommunikation, sondern auch die hohe Individualität der gesamten Kundenbeziehung. Hierzu noch ein paar Erfolgsbeispiele aus den unterschiedlichsten Branchen auf der folgenden Seite.

Erfolgreiche One-to-One-Marketer

Business-to-Business-Bereich	
■ Motorola Paging Products Group www.motorola.com	■ Anderson Corp. www.andersoncorp.com
Business-to-Consumer-Bereich	
Bekleidungsindustrie	■ Nike iD „Build a Shoe" mit individuellem Design *www.nike.com/idstart/index.html* ■ Levis Individual Jeans www.levi.com
Nahrungsergänzungsmittel	■ Acumin – Individuelle Vitaminkombinationen *www.more.com/acumins/index.html*
Informationsdienste, Buchhändler und Verlagshäuser	■ Amazon.de – Persönliche Buchempfehlungen im Internet *www.amazon.de* ■ Wall Street Journal Interactive *interactive.wsj.com* ■ News Edge *www.individual.com* ■ My Launch *www.launch.com* ■ Paperball *www.paperball.de* ■ Haufe Mediengruppe *www.haufe.de* ■ Druck- und Verlagshaus Oldenbourg *www.oldenbourg.de*
Supermärkte	■ Streamline *www.streamline.com/current/index.html* ■ Peapod *www.peapod.com*
Produkte	■ Customdisc *www.customdisc.com* ■ Dell – Build-to-Order *www.dell.com* ■ National Panasonic Bicycles *www.panabyc.co.jp* ■ Vobis AG *www.vobis.de*

Abbildung 1-10

Zentrale Kennzahlen des Relationship-Marketing

Das Beziehungs-Marketing kennt zwei zentrale Kennzahlen: den langfristigen Kundenwert und den *share of customer* (Kundenanteil).

1. Was ist Ihr Kunde wert?

Der **Kundenwert** lässt sich auf verschiedenste Arten berechnen. Ein Rechenansatz lautet folgendermaßen: Zuerst wird geschätzt, wie lange ein Unternehmen einen bestimmten Kunden voraussichtlich an sich binden kann; im nächsten Schritt wird aufgrund dieser Schätzung der Wert der zukünftigen Käufe des Kunden (vgl. Umsatzwerte aus Abbildung 1-11) abzüglich der im entsprechenden Zeitraum angefallenen Aufwendungen für die Kundenbindung berechnet. Zu diesem Wert addiert man schließlich einen Bonus für die Weiterempfehlungen durch den Kunden.

Berechnung des Kundenwerts

Umsatzwert einer Kundenbeziehung – Durchschnittskunde –

Welcher Umsatzverlust kann aus der Abwanderung eines Kunden entstehen?

	Durchschnittlicher Jahresumsatz pro Nachfrager (in DM)	Potenzieller „Lebensumsatz" pro Nachfrager (in DM)	Durchschnittliche Dauer einer Kundenbeziehung zu einem Anbieter (in Jahren)	Durchschnittlich realisierbarer Wert (Umsatz) pro Anbieter (in DM)
SB-Warenhaus	**5 179**	**290 000**	**12**	**63 043**
Pkw[1]	**3 750**	**210 000**	**20**	**67 000**
Telekommunikation[2]	**2 780**	**155 680**	**12**	**33 360**
Supermarkt	**2 643**	**148 000**	**12**	**32 000**
Stromversorger	**1 080**	**60 480**	**14**	**15 120**
Tageszeitung (Abo)[3]	**1 300**	**72 800**	**17**	**22 100**
Bier[1]	**357**	**20 000**	**4**	**2 000**

Quelle: Eigene Schätzungen basierend auf Erhebungen des Deutschen Kundenmonitors und sonstigen Marktstudien
1 Eigene Schätzungen basierend auf einer unveröffentlichten Studie von Boston Consulting (bezogen auf US-amerikanische Verhältnisse
2 Festnetz, Mobilfunk, Internetzugang und Kabelfernsehen
3 inkl. Verlust aus sinkenden Auflagen

offensivesmarketing.de

Abbildung 1-11

Dieser langfristige Kundenwert wird manchmal auch als *Lifetime Customer Value* (LCV) bezeichnet. Abbildung 1-12 veranschaulicht am Beispiel eines Automobilherstellers, wie eine Berechnung in der Praxis aussehen kann. Dabei wird von einer durchschnittlichen Kundenbindung über einen Zeitraum von 20 Jahren ausgegangen.

Der Umsatz-LCV eines Privatkunden in der Automobilbranche[12]

Jahr t	Preis Neuwagen in DM	Preis Sonderausstattung in DM	Preis Zubehör in DM	Service/ Ersatzteile	Teil-LCV in DM	Kummulierter LCV in DM
1	40.000	10.000	200	185	50.385	50.385
2				386	396	50.781
3				196	196	50.977
4				600	600	51.577
5				208	208	51.785
6	46.371	11.593	232	214	58.410	110.196
7				473	473	110.668
8				228	228	110.896
9				697	697	111.593
10				241	241	111.834
11	58.757	13.439	269	249	67.713	179.547
12				548	548	180.095
13				264	264	180.359
14				808	808	181.167
15				280	280	181.447
16	62.3198	15.580	312	288	78.498	259.945
17				635	635	260.580
18				306	306	260.886
19				936	936	261.822
20				324	324	262.147
LCV	**202.446**	**50.612**	**1.012**	**8.077**	**262.147**	

offensivesmarketing.de

Abbildung 1-12

Der Käufer einen Autos ist für ein Unternehmen daher nicht – wie man vielleicht meinen könnte – nur die 50.385,- DM wert, die er bei dem Kauf seines ersten Autos ausgibt. Wenn das Beziehungs-Marketing funktioniert und der Kunde langfristig an das Unternehmen gebunden wird, dann steigt sein Wert im Laufe der Beziehung mit dem Unternehmen auf das fünffache der einmaligen Transaktion.

Dies müssen Sie erst einmal allen Mitarbeitern Ihres Unternehmens klar machen. Das erfordert vielfach eine grundlegende Veränderung der Einstellung vieler Mitarbeiter den Kunden gegenüber.

[12] Schemuth, J.: Möglichkeiten und Grenzen der Bestimmung des Wertes eines Kunden für ein Unternehmen der Automobilindustrie, München 1996, S. 105.

Auf Basis solcher Umsatzberechnungen nach Abzug der kundenspezifischen Ausgaben und unter Berücksichtigung der zeitlichen Verteilung dieser Einnahmen und Ausgaben lassen sich Anhaltspunkte darüber gewinnen, welches Budget das Unternehmen für die Gewinnung und Bindung solcher Kunden verwenden sollte. Generell belegen verschiedene Studien, dass es rentabler ist, Kunden zu binden, als Neukunden zu akquirieren. Sie belegen aber auch, dass Unternehmen in der Regel zu wenig in ihren Kundenbestand investieren. Eine der bekanntesten Studien in diesem Bereich zeigt, dass eine Verringerung der Kundenabwanderungsquote um nur 5% zu Gewinnsteigerungen (auf diesen Zeitraum bezogen) in einer Spanne zwischen 25 bis zu 85% führen kann (jeweils auf den Zeitraum einer durchschnittlichen Kundenbeziehung bezogen und je nach untersuchter Branche).[13] Selbstverständlich sollte jedes Unternehmen für jede Kundengruppe seinen eigenen Kundenwert ermitteln. In ihrem Buch „The One to One Future" beschreiben die Autoren, dass die meisten Unternehmen pro Jahr 25% ihrer Kunden verlieren, und trotzdem sechsmal so viel Aufwand für die Gewinnung von Neukunden wie für die Bindung vorhandener Kunden aufwendenbetreiben.[14] Man sollte diese Aussage ein paar Mal wiederholen. Denken Sie eine Weile darüber nach.

Nutzen der Kundenbindung für das Unternehmen:

Gebundene und treue Kunden sind oft die profitabelsten, denn:

- sie verursachen keine Akquisitionskosten,
- sie kaufen häufiger die gleichen oder weitere Leistungen eines Anbieters, weil sie diese kennen und schätzen,
- sie verursachen weniger Verwaltungskosten, weil sie wissen, wie das Unternehmen arbeitet, und sich deshalb effizient in den Leistungserstellungsprozess integrieren können und
- sie empfehlen den Anbieter und dessen Produkte an andere Kunden weiter.

[13] Reichheld, F.: The Loyalty Effect, Harvard 1996, S. 134 f.

[14] Peppers, D./ Rogers, M.: The One to One Future, New York 1997, S. 52.

2. Wie hoch ist Ihr Anteil bei Ihren Kunden?

share of customer

Angenommen, Ihr Unternehmen ist nicht in die „Akquisitionsfalle" getappt und kann hohe Kundenbindungsraten vorweisen – wie sieht es mit dem *share of customer*, dem Kundenanteil aus? Diese Kennzahl steht ergänzend neben dem Marktanteil und gibt an, wie stark die Bindung des Kunden an das Unternehmen ist. Sie kann als Anhaltspunkt dafür verwendet werden, ob sich der Umsatz des Unternehmens mit dem bestehenden Kundenstamm noch erhöhen lässt.

Share of Customer

Der *share of customer* ist sozusagen der Marktanteil eines Unternehmens beim einzelnen Kunden.

Ein Beispiel zur Erläuterung: Diejenigen Kunden, die ihre Einkäufe häufig mit Kreditkarte bezahlen, die so genannten *heavy users,* besitzen im Schnitt 6,2 Kreditkarten. Als Kreditkartenorganisation sollte man sich fragen, welche dieser im Schnitt 6,2 Kreditkarten von den Kunden am intensivsten genutzt wird. Anders ausgedrückt: Welcher Anteil der mit diesen Kreditkarten getätigten Umsätze entfällt auf die Kreditkarte des eigenen Unternehmens und ist dieser Anteil steigend oder sinkend? Wichtig ist dabei auch die Definition des relevanten Marktes. In unserem Beispiel etwa müsste festgelegt werden, ob z.B. auch Barzahlungen bzw. Zahlungen mit der EC- oder der Geldkarte in die Berechnung des Kundenanteils mit einfließen sollen oder nicht.

Wie der *share of customer* definiert wird hängt sehr eng mit der Abgrenzung des relevanten Marktes zusammen. Je offensiver ein Unternehmen ist, desto weiter wird es den Markt definieren, auf dem es tätig ist. Eine Metzgerei definiert ihren Markt traditionell als Markt für Wurst- und Fleischwaren und befindet sich damit nur in direkter Konkurrenz mit anderen Metzgereien. Damit bezieht sich der *share of customer* nur auf den Anteil der Wurst- und Fleischwaren, die ein Kunde kauft. Wenn nun die Metzgerei ein Offensives Marketing betreibt und ihren *share of customer* als Anteil am Magen des Kunden definiert, dann befindet sie sich auf einmal im Wettbewerb mit allen Anbietern von Lebensmitteln wie Supermärkten, Fastfood-Restaurants, Gasthäusern und Bäckereien. Der relevante Markt, den diese Metzgerei zu berücksichtigen hat, ist damit um ein Vielfaches größer geworden. Im Folgenden nun einige Möglichkeiten, den *share of customer* offensiv zu definieren:

Verschiedene Definitionen des Kundenanteils

Branche	*share of customer*
Metzgerei	„Anteil am Magen" des Kunden
Damenoberbekleidung	„Anteil am Kleiderschrank" der Kundin
Medienunternehmen	„Anteil an der Freizeit" des Kunden
Heimdienst	„Anteil am täglichen Bedarf" des Kunden

offensivesmarketing.de

Abbildung 1-13

Welche Strategischen Handlungsoptionen hat eine Offensive Sichtweise des „Anteils am Magen" also für eine Metzgerei, die bislang nur Wurst, Fleisch und Käse über die Theke verkauft hat?

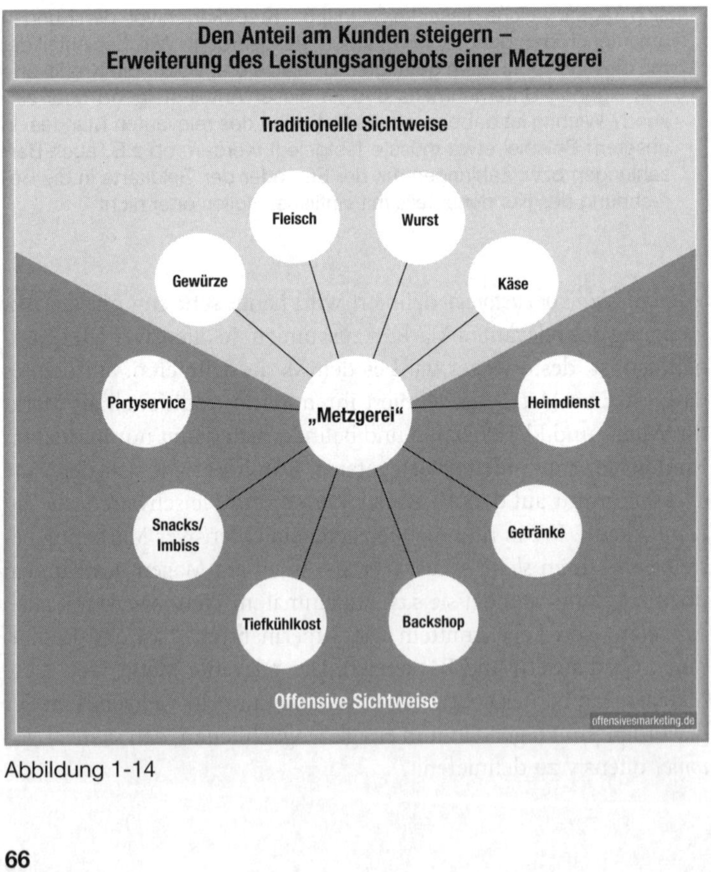

Abbildung 1-14

Als Offensiver Marketer dieser „Metzgerei" müssen Sie sich der Herausforderung stellen und langfristig über den „Tellerrand" Ihres traditionell eng definierten relevanten Marktes hinausblicken. Was passiert, wenn Sie Ihren Markt plötzlich sehr breit definieren? Auf der einen Seite stehen Ihnen nun viele neue Wettbewerber gegenüber, die Sie u.U. früher gar nicht als solche identifiziert haben. Aber wenn Sie sich nicht selbst belügen möchten, müssen Sie so vorgehen, denn Ihre Kunden denken nicht in einzelnen Branchen. Ganz im Gegenteil, sie vergleichen alle Möglichkeiten, die sich ihnen bieten, um ihren Hunger zu stillen und ihren Magen zu füllen.
Für kunden- bzw. kundengruppenspezifisches Beziehungs-Marketing genügt es jedoch nicht, nur zu wissen, wie hoch der *share of customer* (mengenmäßig und in seiner Zusammensetzung) ist. Zur Beurteilung der Kundenloyalität und für gezielte, individuelle Maßnahmen sind noch weitere Informationen wichtig:

- Wie lange liegt der letzte Einkauf zurück?
- Wie häufig kauft der Kunde bei uns ein?
- Wie viel gibt er pro Einkauf aus?
- Empfiehlt uns der Kunde aktiv weiter?
- Wie reagiert dieser Kunde auf Sonderangebote?

Dieser kurze Überblick sollte deutlich machen, welche Bedeutung das Beziehungs-Marketing für die Zukunft haben wird und welche Chancen es birgt. Es beeinflusst jeden Aspekt des Marketing, vor allem aber die Kundenintegration, die Ressourcenallokation, die Marktsegmentierung, die Marken- und Kommunikationspolitik sowie die Absatzwegewahl.

5.3 Aufbau und Ausbau von Kompetenzen

Zur Zeit fehlt es einigen Marketern noch an grundlegenden Fähigkeiten, die nötig sind, um effektiv arbeiten zu können. Schwächen dieser Art werden in Zukunft erbarmungslos bloßgestellt werden.

Die Marketing-Experten von morgen müssen ...

- zumindest Grundlagenkenntnisse über Produktion und Organisation sowie über das Management der Vertriebs- und Beschaffungskanäle besitzen;
- in der Lage sein, die wichtigsten Technologien ihrer Branche zu verstehen;
- Kenntnisse im Finanzwesen sowie in den Informations- und Kommunikationstechnologien besitzen;
- Erfahrung in Projektplanung und -Management haben;
- erstklassige Markt-, Branchen- und Unternehmensanalysten sein, um nackte Zahlen in kreative Maßnahmenpläne umsetzen zu können;
- fähige Manager, Vorbilder und Motivatoren für die vielen Mitarbeiter innerhalb und außerhalb des Unternehmens sein, die zur Implementierung des Marketing beitragen können und
- Experten im Erkennen neuer Geschäftsgelegenheiten, in der Entwicklung neuer Geschäftsideen, in der Marktforschung, der Werbeplanung und -kontrolle, im Direkt-Marketing und im Kundenservice sein.

Aus- und Weiterbildung im Marketing

Diese Liste ist erheblich länger als das typische Anforderungsprofil an einen Mitarbeiter im Marketing. Aber wenn die Marketer wirklich dazu beitragen sollen, das volle Potenzial des Marketing auszuschöpfen, dann müssen auch mehr Mitarbeiter eine vernünftige Ausbildung in Marketing und dazu einen technischen, finanzwirtschaftlichen oder auch geisteswissenschaftlichen Hintergrund haben. Das Klischee des Marketers, der nonchalant sein Desinteresse an Technologie, Fertigung und Organisation zur Schau trägt und darüber hinaus auch keine Führungskompetenz hat, wird zukünftig keine Rolle mehr spielen. Es wird deutlich, dass eine Entwicklung weg vom reinen Marketing-Management hin zur marktorientierten Unternehmensführung zu erwarten ist.

Offensive Marketer werden sowohl die heute als auch die zukünftig geforderten Fähigkeiten entwickeln müssen. Dennoch muss man diese Anforderungen im Kontext betrachten. In der Finanzabteilung oder der Logistik wird man von einem Mitarbeiter der Marketing-Abteilung sicher nicht erwarten, aktiv an der Entwicklung eines neuen Systems zur Kosten- oder Lagerbestandskontrolle mitarbeiten zu können, hierzu sind Spezialisten nötig. Aber man kann von ihm erwarten, dass er die grundlegenden Prinzipien versteht, damit er intelligente Fragen stellen und seine Forderungen konkret formulieren kann.

5.4 Prozess-Management im Marketing

Mitarbeiter in Logistik, Fertigung und Vertrieb – und bis zu einem gewissen Grad auch im Finanzwesen – arbeiten seit vielen Jahren nach dem Konzept des Prozess-Managements. Ihre Tätigkeiten sind in eine Reihe einzelner Prozesse zerlegt, die einfach zu verstehen sind und ganz eindeutig bewertet werden können. Mitarbeiter in der Fertigung zum Beispiel können nach der Anzahl der Transaktionen oder der produzierten Einheiten, nach der Qualität, Pünktlichkeit oder nach den von ihnen verursachten Kosten bewertet werden. Mitarbeiter im Vertrieb werden nach Umsatz, Umsatzaufwendungen, Kundendeckungsbeitrag und Qualität der Kundenbeziehung beurteilt. Außendienstmitarbeiter außerdem nach der Anzahl der geführten Kundengespräche, nach den Aufträgen pro Tag, nach Absatz, Serviceniveau und so weiter. All diese Tätigkeiten werden quantitativ bewertet. Die erbrachte Leistung kann mit den Zielvorgaben und den Ergebnissen des Vorjahres, mit anderen Unternehmensbereichen oder Ländern und sogar – im Sinne eines externen Vergleichs – mit fremden Unternehmen der gleichen oder einer anderen Branche verglichen werden. In der Produktion oder im Vertrieb werden solche Tätigkeiten meist sehr diszipliniert ausgeführt, sie folgen bestimmten festgeschriebenen, über mehrere Jahre hinweg entwickelten und verbesserten Abläufen. Diese Entwicklung scheint – von einigen wenigen Ausnahmen abgesehen – am Marketing komplett vorbeigegangen zu sein.

Fragen Sie einen Manager bei ***McDonald's***, was er morgen vorhat, wird er Ihnen ganz genau sagen, was er zu erreichen gedenkt – vielleicht einen Umsatz in Höhe von 1.800 Euro, mit vier Vollzeit- und sechs Teilzeitmitarbeitern, zu Kosten von X und zwar innerhalb von 14 Stunden Öffnungszeit. Fragen Sie irgendwelche Mitarbeiter aus dem Marketing, was sie morgen vorhaben: Natürlich wird jeder etwas anderes sagen, aber im Grunde genommen ist es eine Mischung aus Besprechungen, Telefongesprächen, Berichten, die zu schreiben sind und anderem Papierkram. Und wie gehen sie dabei vor? Gibt es dafür festgelegte Prozesse – wie für den Manager bei McDonald's, der alles in seinem Handbuch für Arbeitsabläufe nachlesen kann? Wahrscheinlich nicht. Die Entwicklung neuer Produkte, die Bewertung von Werbemaßnahmen, die Suche nach Marktlücken und eine ganze Reihe anderer Aufgaben werden in jedem Unternehmen und von jedem Mitarbeiter anders angegangen.

Wie soll man die Leistung beurteilen?

Und wie soll man die Leistung der Mitarbeiter im Marketing beurteilen? Über den Marktanteil vielleicht?

„Gut, unser Marktanteil ist gesunken, aber die Konkurrenz hat auch viel mehr Geld für Werbung ausgegeben als wir und wir konnten unseren Gewinn trotzdem steigern, weil wir die Kosten gesenkt und den Preis erhöht haben."

Oder über die Anzahl der Innovationen?

„Innovation ist ohnehin nur schlecht messbar – die Anlaufzeiten sind lang und Mitarbeiter im Marketing wechseln schnell mal die Stelle oder den Aufgabenbereich. Der Erfolg stellt sich erst Jahre später ein!"

Vielleicht über die Qualität der Werbung?

„Wir haben den Werbedruck in diesem Jahr erheblich erhöht – Nein, der Umsatz ist nicht mit gestiegen ... wir können uns auch nicht erklären, woran das liegt."

Vielen Marketing-Fachleuten ist es bis jetzt ganz gut gelungen, einer Rechenschaftslegung und der disziplinierenden Wirkung eines Prozess-Managements aus dem Weg zu gehen, weil ihre Tätigkeiten komplex, oft wenig vorhersehbar und vor allem im Ergebnis schwer zu bewerten sind. Das Prozess-Management wird häufig mit der Begründung abgelehnt, es würde „die Kreativität ersticken." Marketer sind meistens nicht gerade auf den Mund gefallen und viele von ihnen arbeiten lieber in den elitären Höhen von Intuition und persönlicher Urteilskraft als auf dem niederen Boden langweiliger quantitativer Bewertung. Das alles wird sich ändern, und zwar schnell. Das

Marketing wird wissenschaftlicher, fundierter, prozessorientierter und auch rechenschaftspflichtig werden. Die erfolgreichsten Marketing-Spezialisten zeigen uns bereits den Weg dorthin und die Unternehmensleiter werden, unterstützt von Finanzverantwortlichen, darauf bestehen, dass diese Veränderung auch wirklich stattfindet. In Abbildung 1-15 sind die wichtigsten Änderungen im Marketing-Management zusammengefasst.

Zukünftige Veränderungen im Marketing-Management

	Gestern	Heute	Morgen
Management	intuitiv	geplant	strategisch
Verantwortlichkeit	niedrig	mittel	hoch
Bewertbarkeit	schlecht	mittel	gut
Fokus	Verkauf und Werbung	Abteilungs-übergreifende Koordination	Abteilungsübergreifendes proaktives Management

offensivesmarketing.de

Abbildung 1-15

5.5 Neue Prioritäten

Veränderungen in der Marketing-Organisation und ein disziplinierterer, prozessorientierter Managementstil werden für die Mitarbeiter im Marketing eine Gelegenheit sein, ihre Leistungsfähigkeit um ein Vielfaches zu steigern. Diese Veränderungen werden aber auch dazu führen, dass neue Prioritäten gesetzt werden müssen (vgl. Abbildung 1-16).

Vor allem muss das Marketing alle Mitarbeiter auffordern, den Kontakt mit den Kunden zu suchen.

Zukünftige Prioritäten der Marketing-Abteilung

Priorität	Umsetzung
Entwicklung der Unternehmensstrategie	■ Neue Strukturen einführen ■ Neue Aufgabenbereiche übernehmen ■ Abteilungsübergreifenden Fokus einnehmen
Erweiterung der Aufgabenbereiche	■ Anforderungen an Personal erweitern: neue Selektionskriterien für neue Mitarbeiter entwickeln ■ Mitarbeiter im Marketing bzgl. technischer, IT- und finanzwirtschaftlicher Kenntnisse schulen ■ Einführung einer abteilungsübergreifenden Job-Rotation
Unternehmesweite Umsetzung des Offensiven Marketings	■ Regelmäßige Marktanalysen werden in verständlicher Form allen Abteilungen zur Verfügung gestellt ■ Führungskräfte anderer Abteilungen werden zu Vertriebsbesprechungen, externen Seminaren etc. eingeladen ■ Marketer müssen lernen, andere zu motivieren, am Marketing-Erfolg mitzuarbeiten
Stärkung der führenden Rolle des Marketing	■ Alle Führungskräfte werden zu regelmäßigem Kundenkontakt verpflichtet ■ Das Marketing identifiziert und nutzt Kernkompetenzen des Unternehmens
Stärkere Ausrichtung der Marketing-Abteilung nach außen	■ Mitarbeiter aus dem Marketing müssen mehr Zeit mit Kunden und mit Mitarbeitern anderer Abteilungen verbringen ■ Mitarbeiter des Marketing müssen den Beitrag anderer Abteilungen zum Erfolg des Marketing erkennen und honorieren

offensivesmarketing.de

Abbildung 1-16

6 Vorsicht vor den Pseudo-Marketers!

Als Kontrast zu dem Weg, den die Offensiven Marketer in Zukunft einschlagen werden, sollen hier nun einige andere Einstellungen zum Marketing dargestellt werden, die sowohl das Verständnis für den Kern des Marketing als auch seine effektive Umsetzung gefährden können. Fünf typische Vertreter anderer Sichtweisen des Marketing haben wir uns als Beispiel herausgesucht. Die „Marketokraten", die wir als erstes erläutern wollen, sind nicht zwangsläufig schlecht. Jedes Unternehmen braucht ein paar von ihnen. Sie werden erst dann zu einem Problem, wenn sie in einer führenden Position oder wenn zu viele von ihnen in einem Unternehmen tätig sind. Die anderen vier Typen von Mitarbeitern üben jedoch wirklich einen schlechten Einfluss aus und sind ein echtes Hindernis für das Offensive Marketing.

Die „Marketokraten“

Auf den ersten Blick erkennt man sie oft nicht. Denn die Marketokraten sind eine Mischung aus echten Marketern und Bürokraten. Abbildung 1-17 zeigt uns einige Unterschiede zwischen „Marketokraten“ und echten Marketing-Experten auf:

... eine Mischung aus Marketern und Bürokraten

Marketokraten vs. Marketer

Offensive Marketer	„Marketokraten“
■ streben nach profitablem Wachstum	■ optimieren lediglich den Satuts Quo
■ haben eine Vision	■ wollen Erreichtes konsolidieren
■ sind innovativ	■ sind konservativ
■ arbeiten abteilungsübergreifend	■ arbeiten funktionsorientiert
■ arbeiten prozessorientiert	■ arbeiten effizient

offensivesmarketing.de

Abbildung 1-17

Marketokraten sind nicht dumm; im Gegenteil: Oft sind sie sehr kompetent. Bei Besprechungen fallen sie nicht weiter auf und von Vorständen und Vorgesetzten werden sie wegen ihrer umsichtigen Art und ihrem ausgeprägten Gewinnstreben geschätzt. Marketokraten gehen gern Kompromisse ein, konzentrieren sich vor allem auf kurzfristige Ergebnisse und versuchen, Risiken oder grundlegende Veränderungen möglichst zu vermeiden. Häufig sieht man die Finanzleiter beifällig in ihre Richtung nicken und hört sie dabei „... sehr vernünftig“ murmeln. Für einen Offensiven Marketer gibt es wahrscheinlich keine schlimmere Beleidigung, als ihn „vernünftig“ zu nennen.

Die „neuen Ludditen“[15]

Produktion als minderwertige Tätigkeit

Die Wurzeln des Marketing reichen in eine Zeit zurück, in welcher der Fokus auf der Produktion lag und der Markt dementsprechend nicht von den Kundenbedürfnissen her, sondern allein von Kapazitäten diktiert wurde. Während die Vertreter einer solchen Produk-

[15] Ludditen [benannt nach dem Engländer Ned Lud]: Maschinenstürmer; Arbeiter, die zu Beginn des 19. Jh. in Großbritannien aus Furcht vor Arbeitslosigkeit durch Industrialisierung und Rationalisierung Maschinen zerstörten.

tionsorientierung einseitig die Belange der Produktion herausstellten, schlagen die neuen Ludditen ins andere Extrem um und verstehen die Produktion als überholte und minderwertige Tätigkeit. Im Extremfall vertreten sie sogar die Meinung, dass Produktion unwichtig und wertlos ist und keinen Kundennutzen hat. Wenn sie über „produktionsorientierte" Unternehmen sprechen, bekommen sie einen verächtlichen Blick; sie gehen davon aus, dass die Produktion dem Marketing untergeordnet sein sollte, damit das Unternehmen nur ja nicht in die dunklen Zeiten der Produktionsorientierung zurückfällt. Genau diese Einstellung ist häufig Schuld an der mangelnden Zusammenarbeit, den überflüssigen Streitereien und Missverständnissen zwischen der Produktions- und der Marketing-Abteilung. Die Haltung der neuen Ludditen ist ziemlich wirklichkeitsfremd, denn das Marketing kann nur dann seine volle Wirkung entfalten, wenn auch die Produktion stimmt. Schöne Werbung, guter Kundenservice oder eine optimale Produktplanung werden nichts nützen, wenn das Produkt oder die Dienstleistung zu teuer oder ganz einfach qualitativ schlecht sind. Und auch das Potenzial zu Kostensenkungen und Gewinnsteigerungen kann häufig erst in Zusammenarbeit mit der Produktion genutzt werden.

Die „Geltungssüchtigen"

Egoistische Führungskräfte

Diese Spezies finden wir häufig an der Spitze der Unternehmen wieder. Wir haben es hier mit Top-Führungskräften zu tun, die hauptsächlich daran interessiert sind, ihren Status zusätzlich aufzublasen und noch weitere Vergünstigungen zu erhalten. Die Zukunft des Unternehmens ist ihnen dabei herzlich egal. Sie haben keine Hemmungen, den Kunden zu schröpfen, die Zukunft des Unternehmens aufs Spiel zu setzen und auch kompetente Mitarbeiter zu entlassen, solange sich dadurch nur die finanzielle Situation verbessern lässt. Das geübte Auge kann diese Spezies leicht erkennen:

Besonders anfällig für diese Krankheit sind die Wissenschaftler aus der Forschungs- und Entwicklungsabteilung. Sie verfügen über herausragende theoretische Kenntnisse und interessieren sich hauptsächlich für technisch anspruchsvolle Projekte. Der kommerzielle Nutzen dieser Projekte ist für sie dabei nur zweitrangig. Hier muss man unbedingt gegenlenken; denn in erster Linie sollen ja solche Projekte bearbeitet werden, die auch einen ökonomischen Gewinn versprechen.

Auch viele so genannte „Kreative" aus der Werbeabteilung oder der Werbeagentur lassen sich mitunter nur schwer von den Grundsätzen des Offensiven Marketing überzeugen. Ihnen geht es eher darum, Auszeichnungen für ihre Kampagnen einzufahren, als um eine Steigerung des Umsatzes ihrer Auftraggeber. Selbstverständlich wissen sie, wie sie ihre tatsächlichen Absichten im Gespräch mit dem Kunden erfolgreich verbergen können.

Interne Bürokraten, die sich nur dafür interessieren, ob den Vorschriften entsprochen wird. Die Bedürfnisse des Kunden sind ihnen völlig egal. Sie richten schon genug Schaden innerhalb des Unternehmens an, aber wenn sie dann auch noch auf die Kunden losgelassen werden – beispielsweise im Dienstleistungsbereich –, kann das katastrophale Folgen haben.

Die „Melker"

Heute und jetzt statt morgen

Die „Melker" sind Führungskräfte, die glauben, dass sie ohnehin nicht mehr lange in ihrer jetzigen Position bleiben werden. Es kann sich dabei z.B. um Geschäftsführer eines internationalen Unternehmens handeln, die von einem Geschäftsbereich zum anderen geschickt werden, oder um Produkt- oder Brand-Manager, die ohnehin im Drei-Jahres-Rhythmus die Stelle wechseln. Dieser Typ geht folgendermaßen vor: Er kürzt sämtliche Ausgaben – einschließlich des Werbebudgets –, so dass er innerhalb kurzer Zeit einen drastisch gestiegenen Gewinn vorweisen kann. Inwieweit er dadurch die langfristigen Aussichten des Unternehmens oder den Markenwert aufs Spiel setzt, ist zu diesem Zeitpunkt noch nicht erkennbar. Und wenn dann nach einem Jahr die Folgen seines Handelns sichtbar werden, hat bereits der Nächste seine Stelle übernommen, und muss sich nun für die sinkenden Umsatzzahlen verantworten.

Die „rasenden Zwerge"

Nur das Marketing zählt!

Die „rasenden Zwerge" sind karrieresüchtige Mittzwanziger, die schon ungefähr vier Jahre Marketing-Erfahrung haben. Sie sind der Meinung, dass das Marketing die einzige Abteilung ist, die wirklich zählt, und jede andere Abteilung im Unternehmen nur dazu dient, der Marketing-Abteilung zuzuarbeiten. Die Zeit ist das Einzige, was zwischen ihnen und einem Vorstandsposten steht. Aber seien Sie sicher, es wird nicht sehr lange dauern, bis die „rasenden Zwerge" die Vorstandsebene erobern.

7 Dauerhaftigkeit des Offensiven Marketing

Es ist nicht leicht, ein Offensiver Marketer zu werden. Viele Finanzdienstleister, Handelsunternehmen, Versorgungsunternehmen oder Eisenbahngesellschaften haben es bis heute nicht geschafft. Oberflächlich betrachtet scheint es einfacher, ein Offensiver Marketer zu bleiben, als einer zu werden, weil jeder Offensive Marketer noch eine gewisse Zeit von den mutigen Investitionen der Vergangenheit und der Zielgerichtetheit der Strategien profitieren kann.

Zwei Fallen für Offensive Marketer

Die größten Fallen für Offensive Marketer sind deshalb Selbstzufriedenheit und Fehleinschätzungen künftiger Kundenbedürfnisse. ***IBM*** hat beide Fehler gemacht.

Das Beispiel IBM:

www.ibm.com

Den ersten großen Einbruch musste ***IBM*** Ende der siebziger Jahre hinnehmen, als seine PCs im Markt nicht den gewünschten Erfolg erzielten. Und obwohl das Unternehmen in den achtziger Jahren dann jährliche Nettogewinne zwischen fünf und sechs Milliarden US-Dollar erzielen konnte, verlor es doch immer weiter an Schwung. Zwischen 1991 und 1993 musste IBM dann Verluste von insgesamt 16 Mrd. US-Dollar ausweisen. 1990, als der Nettogewinn noch bei sechs Milliarden US-Dollar lag, waren im Jahresbericht keinerlei Anzeichen für die drohende Absatzflaute zu erkennen. Einige Zitate aus dem Jahresbericht:

„Der Markt für Großrechner wird auch in Zukunft von einem gesunden Wachstum gekennzeichnet sein."

„Unsere Strategie ist unkompliziert und konsequent: Wir wollen unseren Kunden die besten Lösungen anbieten, die Wettbewerbsfähigkeit unserer Produkte und Dienstleistungen stärken und unsere Leistungsfähigkeit verbessern."

„Wir bieten heute die erfolgreichste Produkt- und Dienstleistungspalette unserer Firmengeschichte an."

Nur wenige Geschäftsberichte enthalten so oft das Wort „Kunde" wie der Geschäftsbericht von IBM aus dem Jahre 1990. Einige Jahre später sagte Lou Gerstner, der jetzige Vorstandsvorsitzende: „Der Grund für unsere Schwierigkeiten war ganz einfach: IBM hat es versäumt, mit den drastischen Veränderungen in der Branche Schritt zu halten. [...] Unsere Einstellung war zu bürokratisch und zu engstirnig. Wir haben zu lange gebraucht, um unsere Produkte auf den Markt zu bringen."

Innerhalb einiger weniger Jahre wurde aus dem *bluechip*-Unternehmen IBM ein manövrierunfähiger Riese. Man hatte zwar jahrelang nur die besten Hochschulabsolventen eingestellt und es hatte sich auch eine starke Unternehmenskultur herausgebildet, die Leistung belohnte. Man vertraute allerdings nur auf den Status quo und war misstrauisch jedem Wandel gegenüber. In der F&E-Abteilung, aus der heraus sich praktisch die gesamte Computerbranche entwickelt hatte, saßen mehrere Nobelpreisträger, aber die interessierten sich eher für neue Technologien als dafür, einen Kundennutzen zu generieren. Dem Unternehmen standen ungeheure Ressourcen zur Verfügung, aber es schätzte die Zukunft falsch ein und investierte zu wenig in die eigene technologische Ausstattung – eigentlich unvorstellbar für ein Unternehmen aus der Computerbranche.

Inzwischen hat IBM aus diesen Fehlern gelernt und ist nun auf dem besten Weg, ein Offensiver Marketer zu werden.

8 Testen Sie Ihr Unternehmen

Hier einige Unternehmen, die in der Vergangenheit bewiesen haben, dass sie Offensives Marketing betreiben.

Einige Unternehmen, die dauerhaft Offensives Marketing betreiben

3M *www.3m.com*	**FC Bayern München** *www.fcbayern.de*	**LEGO** *www.lego.de*
Amazon.de *www.amazon.de*	**Ferrero** *www.ferrero.de*	**Nestlé** *www.nestle.de*
AOL *www.aol.com*	**Globus** (St. Wendel) *www.globus.net*	**OBI** *www.obi.de*
Barbie *www.barbie.com*	**Henkel** *www.henkel.de*	**Sixt** *www.sixt.de*
Cisco *www.cisco.com*	**IKEA** *www.ikea.de*	**SmithKline Beecham** *www.sb-online.de*
Dell www.dell.com	**Kärcher** *www.kaercher.ch*	**Southwest Airlines** *www.iflyswa.com*
DirektAnlageBank *www.diraba.de*	**Lands' End** *www.landsend.com*	**Tesco** *www.tesco.co.uk*
EM.TV *www.em-ag.de*	**L'Oreal** *www.loreal.de*	**Underberg** *www.underberg.com*

offensivesmarketing.de

Abbildung 1-18

Um die Frage beantworten zu können, ob auch Sie sich in diese Reihe einordnen sollten, werden wir Ihnen nun ein einfaches Kriterienraster präsentieren. Bewerten Sie selbst, inwieweit Ihr Unternehmen erfolgreich Offensives Marketing betreibt. Selbstverständlich wird – wie bei jedem Unternehmensvergleich – die Bewertung subjektiv gefärbt sein. Und natürlich kann unser Raster auch nicht über jede Kritik erhaben sein. Als erster Anhaltspunkt zur Beantwortung der oben aufgeworfenen Frage kann es aber sicher verwendet werden (Abbildung 1-19).

Kriterien zum Unternehmensvergleich nach den Grundsätzen des Offensiven Marketing

	Max. Punkte	Ihre Punkte
Klar abgegrenzte Marktstellung	15	
Fähigkeit, schnell auf Trends zu reagieren	8	
Erfolg bei der Einführung erfolgversprechender Innovationen	7	
Erfolgreiche Erschließung neuer Märkte in den letzten zehn Jahren	7	
Starke Kundenorientierung im gesamten Unternehmen, einschließlich der Bereiche Produktion, Vertrieb und Finanzen	15	
Starke Gewinnorientierung im gesamten Unternehmen, einschließlich der Bereiche Marketing und Vertrieb	10	
Konkret formulierte, langfristige Strategie mit dominanter Rolle des Marketing	8	
Verpflichtung zur kontinuierlichen Verbesserung von Qualität und Preis-Leistungs-Verhältnis	10	
Effizientere / kostengünstigere Prozesse als die Konkurrenz	12	
Investitionsniveau im Vergleich zur Konkurrenz (Anlagen, Databases, Technologie, Werbung, F&E, Fortbildung)	8	
Gesamt	**100**	

offensivesmarketing.de

Abbildung 1-19

1997 bewerteten 32 Mitglieder einer Marketing-Vereinigung ihre Unternehmen anhand der obigen Kriterien. Der Durchschnittswert der Bewertungen lag bei 61 von 100 Punkten und das Ergebnis streute zwischen 31 und 82 Punkten. Ein Unternehmen, das weniger als 60 Punkte erreicht, gilt als gefährdet und sollte schnellstmöglich und mit Nachdruck entsprechende Verbesserungsmaßnahmen ergreifen.

Flow-Chart Kapitel I	
Hindernisse des Offensiven Marketing	■ Keine konkrete Vision oder Strategie ■ Kurzsichtigkeit und einseitige, kurzfristige Ausrichtung aller Aktionen am Aktienkurs ■ Zu wenig Mut, mangelnde Entschlusskraft ■ Fehlgeleitete Marketing-Abteilung
Kritik am Marketing und den Marketern	■ Schlechte Leistung bei Planung, Erstellung von Prognosen und im Projektmanagement ■ Hohe Flopraten bei Neuprodukteinführungen ■ Zukünftige Veränderungen werden nicht antizipiert ■ Unbefriedigende finanzwirtschaftliche und analytische Fähigkeiten ■ Investitionen können nicht gerechtfertigt werden
Marketing-Abteilungen spielen eine wichtige Rolle ...	■ Schnittstellenfunktion ■ Kundenorientierte Unternehmensstrategie ■ Know-how ■ Projekt-Management ■ Leistungsprogramm-Management
... aber sie haben ihr Potenzial noch nicht voll ausgeschöpft.	■ Risikoavers, institutionalisiert ■ Zu starke Konzentration auf das Tagesgeschäft
Die Zukunft gehört dem Offensiven Marketing	■ Profitabel ■ Offensiv ■ Integrativ ■ Strategisch ■ Effektiv umgesetzt
Die Marketer als Pioniere für Offensives Marketing	■ Struktur, die sich auf sechs Entwicklungsfaktoren konzentriert ■ Fokus auf Beziehungs-Marketing ■ Neue, breiter gestreute Fähigkeiten ■ Diszipliniertes Prozess-Management ■ Neue strategische Prioritäten
Vorsicht vor den Pseudo-Marketers	■ Fünf Einstellungs-Typen, die die Umsetzung des Offensiven Marketing gefährden: „Marketokraten“, „neue Ludditen“, „Geltungssüchtige“, „Melker“ und „rasende Zwerge“
Dauerhaftigkeit des Offensiven Marketing	■ Die größten Fallen für Offensives Marketing sind Selbstzufriedenheit und Fehleinschätzung der Zukunft.
Bewertung des Offensiven Marketing	■ Stellen Sie fest, ob Sie ein erfolgreicher Offensiver Marketer sind!

Lese-Tipp:

- Freiberg, K./ Freiberg, J.: Nuts! Southwest Airlines' Crazy Recipe for Business and Personal Success, Austin 1996.
- Kaplan, R./ Norton, D.: Balanced Scorecard, Boston, Massachusetts 1996.
- Kotler, P.: Kotler on Marketing – How to create, win and dominate markets, New York 1999.
- Meyer, A./ Fend, L./ Specht, M. (Hrsg.): Kundenorientierung im Handel, Frankfurt 1999.

Abschnitt 1: Profitabel

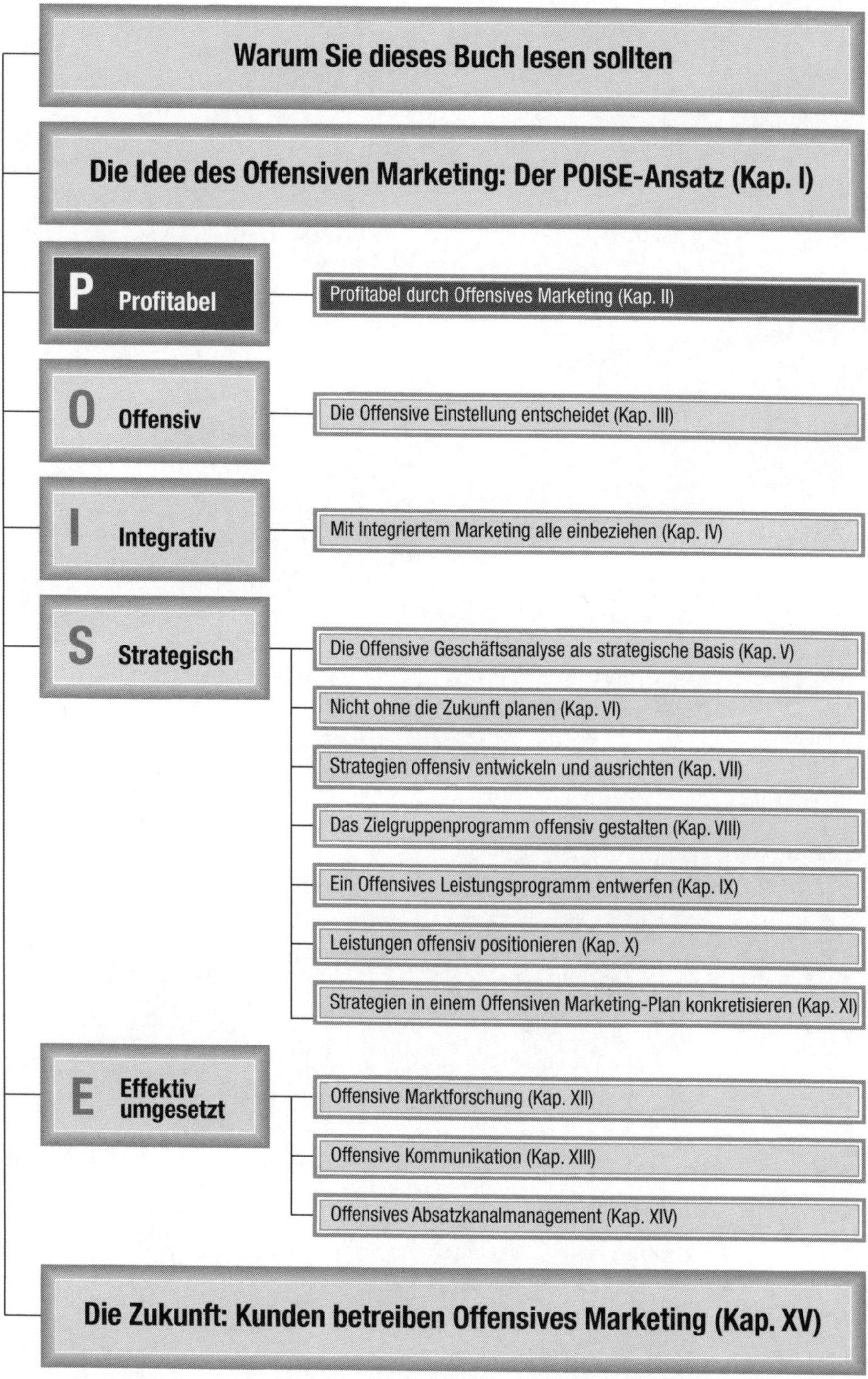

II. Profitabel durch Offensives Marketing

Kapitelüberblick

Offensives Marketing – P O I S E		
P	Profitabel	Ausgewogenes Verhältnis zwischen den Gewinnzielen des Unternehmens einerseits und den Kundenbedürfnissen andererseits herstellen
O	Offensiv	Marktführerschaft anstreben, Risikobereitschaft zeigen und Konkurrenten in die Nachahmerposition zwingen
I	Integrativ	Marketing-Ansatz verfolgen, der das gesamte Unternehmen einbezieht
S	Strategisch	Entwicklung Offensiver Strategien und entsprechender Marketing-Pläne
E	Effektiv umgesetzt	Die Umsetzung Offensiver Strategien effektiv managen

offensivesmarketing.de

Abbildung 2-1

Im ersten Kapitel haben wir die Abstimmung zwischen der Gewinnerzielung und dem Erreichen eines hohen Kundennutzens als zentrale Aufgabe des Marketing kennengelernt. Es wurde deutlich, dass zwischen den beiden Zielen ein enger Zusammenhang besteht, sich diese beiden Größen wechselseitig beeinflussen, die Ziele quasi „vernetzt" sind. In diesem Kapitel betrachten wir das Marketing nun vor allem unter dem Gewinnaspekt. Dabei werden wir insbesondere aufzeigen, wie Gewinn und Kundennutzen zusammenhängen. Dafür haben wir das Kapitel in zwei Abschnitte gegliedert:

Finanzwirtschaftliche Perspektive

Im **ersten Abschnitt** soll die Größe „Gewinn" etwas näher betrachtet werden. Dazu werden wir die finanzwirtschaftliche Perspektive erläutern und kritisch hinterfragen. Wir werden Anregungen geben, wie diese Perspektive ergänzt werden sollte, um allen Anspruchsgruppen solche Informationen bereit zu stellen, die es ermöglichen, ein den tatsächlichen Verhältnissen entsprechendes Bild des Unternehmens zu erhalten. Wie das folgende Zitat zeigt, sind die meisten Unternehmen davon allerdings noch ziemlich weit entfernt:

Zitat

„Unternehmen im Informationszeitalter verwenden ... immer noch veraltete Bilanzierungsmodelle." (Robert Kaplan, David Norton)

Weil man in vielen Ländern beispielsweise nicht verpflichtet ist, immaterielle Investitionen (also z.B. Investitionen in Werbung, F&E, Schulung, Innovation oder Kundenbeziehungen) offen zu legen und eine Aktivierung von immateriellen Werten wie Marken oder Kundenbeziehungen – sofern sie nicht entgeltlich erworben sind – sogar verboten ist, können die traditionellen Rechnungsabschlüsse in der Regel kein „wahres" und „objektives" Bild vermitteln. Oder anders formuliert: Zentrale Leistungen des Marketing schlagen sich im traditionellen Rechnungswesen nur unzureichend nieder. Hier ist das Offensive Marketing gefordert!

Im **zweiten Abschnitt** beschäftigen wir uns dann mit der entscheidenden Frage, wie – mit Hilfe des Marketing – überdurchschnittliche, langfristige Gewinne erzielt werden können. Um die Rentabilität eines Unternehmens zu maximieren, gilt es, seine Fähigkeiten mit den zukünftigen Marktchancen in Einklang zu bringen. Eine effektive Abstimmung schafft maximale Überschüsse, die dann wiederum zur Schaffung eines überlegenen Kundennutzens und damit zur Erzielung überdurchschnittlicher Gewinne genutzt werden können.

marketing alignment process

Auf der Grundlage dieser auch als *marketing alignment process* (MAP) bezeichneten Abstimmung sucht sich ein Unternehmen genau diejenigen Märkte aus, auf denen es sich langfristig behaupten möchte. Die fünf Stufen des MAP werden wir ausführlich beschreiben.

Nun ist es häufig aber auch notwendig, kurzfristige Gewinne zu generieren, um langfristige Investitionen finanzieren zu können. Deswegen werden wir Ihnen abschließend einige Möglichkeiten präsentieren, wie durch Offensives Marketing die auch notwendigen kurzfristigen Erfolge erzielt werden können, ohne dabei gleich die Zukunft des Unternehmens aufs Spiel zu setzen.

1 Unternehmenswert und Marketing im traditionellen Rechnungswesen

Marketing als Kostentreiber?

Wenn es um Werte und Gewinne geht, haben Mitarbeiter aus der Marketing-Abteilung und dem Finanzwesen oft erheblich unterschiedliche Ansichten. Viele Finanzleute neigen dazu, Marketing-Abteilungen mit Argwohn zu betrachten. Für sie sind diese Abteilungen ein Tummelplatz für Geldverschwender, die ihre Ausgaben noch nicht einmal rechtfertigen können. Das Marketing wird – wohl auch deswegen, weil die Leistungen in der Bilanz normalerweise nicht auftauchen – als reiner Kostentreiber verstanden, der „Wert" oder „Erlösbeitrag" des Marketing wird oft nicht gesehen.
Viele Marketing-Experten sind deswegen frustriert – auch angesichts der oft sehr kurzfristigen Planung ihrer Unternehmen: Sobald sich finanzielle Engpässe abzeichnen, werden kurzerhand die Ausgaben für Werbung, Forschung, Investitionen und Produktentwicklung gekürzt. Offensive Marketer denken eher langfristig, trotzdem werden ihre Pläne laufend von kurzfristigen Profitforderungen durchkreuzt. Was kann man nun dagegen tun? Oder: Wie aussagekräftig sind Informationen über Aufwendungen, Erlöse und Gewinne wirklich? Und welche Zusatzinformationen sind notwendig, um die veröffentlichten Zahlen auch einordnen zu können?

Der schillernde Begriff „Gewinn"

Der Begriff „Gewinn" ist ein zentrales Fundament der Ökonomie[1], die langfristige Maximierung des Gewinns gilt als entscheidendes Ziel jeglicher wirtschaftlichen Aktivität[2].

[1] In der Tradition des Marketing und der konventionellen Ökonomie gehen wir davon aus, dass Erlöse, Kosten und Gewinne in Geld bewertet werden. Gerade in der sog. *new economy* sind aber auch weitere Formen denkbar. Insbesondere die Aufmerksamkeit, Prominenz und Ruhm werden als mögliche Einkommens- und Gewinnarten diskutiert. Vgl. hierzu Blümelhuber, C.: Rechte als zentrale Wirtschaftsgüter der e-conomy, München 2000, Kap. 14.

[2] Am Ziel der Gewinnmaximierung wird natürlich auch laut Kritik geübt. Die Einwände richten sich hier aber meist nicht gegen das Ziel als solches, sondern gegen die Ausschließlichkeit, mit der sich die Ökonomie an diesem Ziel orientiert. Selbstverständlich sollte und kann die Gewinnmaximierung nur unter bestimmten Nebenbedingungen – man denke beispielsweise an die Einhaltung ethischer und sozialer Normen – erreicht und angestrebt werden.

In der Erfolgsrechnung stellt die Größe Gewinn nichts anderes als das Ergebnis eines Rechenvorgangs dar: Die Erlöse werden den Aufwendungen einer Periode gegenübergestellt. So einfach die mathematische Lösung ist, so schwierig ist die Interpretation des Ergebnisses. Denn der Gewinnermittlung liegen unterschiedlichste Bewertungsvorgänge zu Grunde.

Wir haben uns also die Frage zu stellen, wie aussagekräftig eine solche Größe sein kann. Und weiter: Welche Bedeutung können die Kennzahlen des traditionellen Rechnungswesens für einen Offensiven Marketer überhaupt haben?

Bewertung der *dot.coms*

Denken wir einmal an erfolgreiche *dot.coms*, also junge Internet-*start-ups*. Deren Bewertung an den Finanzmärkten scheint vom unternehmerischen Erfolg, wie er sich in der Kennzahl „Gewinn" ausdrückt, völlig abgekoppelt zu sein.

market-to-book ratio

Oder nehmen wir die *market-to-book ratio*, also (vereinfacht ausgedrückt) das Verhältnis zwischen Markt- und Bilanzwert. Wenn Baruch Lev, Professor für Rechnungswesen an der Stern Business School in New York für 500 Top-Unternehmen der USA eine durchschnittliche Ratio von sechs bis sieben errechnet[3], so bedeutet dies, dass nur rund 15 Prozent des Börsenwertes durch die Bilanz erklärt werden können. Die restlichen 85 Prozent sind durch das traditionelle externe Rechnungswesen nicht zu belegen.

knowledge capital

Baruch Lev erklärt diese Lücke über das sog. *knowledge capital*, das sich insbesondere aus dem Markenwert, aus dem Human- und Strukturkapital (z.B. Allianzen, Prozesse) sowie aus dem Bereich F&E/Lernen zusammensetzt. In seinen Untersuchungen wird deutlich, dass der Wert dieses „Wissenskapitals" den Buch-, also den Bilanzwert eines Unternehmens zum Teil deutlich übertrifft. Diese Aussage gilt – wie die folgende Abbildung aufzeigt – sowohl auf Branchen- als auch auf Unternehmensebene. Besonders wichtig ist das *knowledge capital* für die prominenten Unternehmen der so genannten *new economy*: Bei ***AOL*** beträgt das Verhältnis zwischen *knowledge capital* und Buchwert beispielsweise 76: das bedeutet, dass das *knowledge capital* um den Faktor 76 höher ist als der Buchwert des Unternehmens. Die Höhe des *knowledge capital* von AOL beläuft sich auf über 45 Milliarden US-Dollar!

[3] Vgl. hierzu die Studien von Baruch Lev unter www.stern.nyu.edu/~blev.

Bedeutung des *knowledge capitals*: Ausgewählte Branchen im Vergleich[4]

Branche	Verhältnis *knowledge capital* zu Buchwert
Software	11,48
Kosmetik	9,31
Computer	5,39
Telekommunikation	5,02
Getränke	4,39
Entertainment	3,55

Abbildung 2-2

Das Rechnungswesen versagt

Fazit: Das traditionelle Rechnungswesen versagt weitgehend, wenn es darum geht, ein Unternehmen umfassend zu bewerten und die Leistungen des Marketing abzubilden. Diskutieren wir nun also die Probleme des Rechnungswesens aus der Perspektive eines Offensiven Marketers.

1.1 Das traditionelle Rechnungswesen

Viele Grundsätze heutiger Bilanzierungsrichtlinien stammen aus der ersten Hälfte des letzten Jahrhunderts, aus einer Produktions- und Produktwelt, in der materielle Werte und deren Bewertung im Vordergrund standen. Es gibt zudem auch kein Verfahren, mit dem das Investitionsniveau für neue Produkte, Prozesse oder Dienstleistungen ausgewiesen und überprüft werden kann. Veraltete Bilanzierungsmodelle ersticken Innovationen und langfristige Investitionen oft im Keim. Sie unterstützen die bereits erwähnten „Melker" – also jene Führungskräfte, die bildlich gesprochen das „Familiensilber" eines Unternehmens verkaufen, indem sie Mitarbeiter entlassen und langfristige Investitionen verhindern, um kurzfristige Erfolge für sich selbst verbuchen zu können.

---

[4] Vgl. Mintz, S.L.: The Second Annual Knowledge Capital Scoreboard, CFO Magazine, Feb. 2000, www.cfonet.com/html/Articles/CFO/2000/00Feakno.html.

Wenn also die Finanzabteilungen unter Beachtung der geltenden Vorschriften Abschlüsse erstellen, die von externen Prüfern bestätigt werden, sieht das Ergebnis zwar exakt und logisch aus, tatsächlich erhält man aber nur sehr eingeschränkte und meist auch viel zu oberflächliche Angaben darüber, warum bestimmte Dinge passiert sind. Und auch über die zukünftigen Aussichten und Möglichkeiten des Unternehmens finden sich nur wenig brauchbare Informationen. Solche Abschlüsse vermitteln allenfalls einen kurzfristigen und oberflächlichen Überblick.

Zentrale Kennzahlen des traditionellen Rechnungswesens

Kennzahlen

Lassen Sie uns zunächst einige Kennzahlen vorstellen, die das Rechnungswesen zur Verfügung stellt:

Die wichtigsten Elemente der finanzwirtschaftlichen Scorecard

Kennzahl:	Basis:	Aussage der Kennzahl:
Absatzsteigerung	Jährliche Umsatzsteigerung in %	Entwicklung der Nachfrage der Kunden
return on sales (ROS)	Gewinn in % des Umsatzes	Fähigkeit zur Wertschöpfung
return on capital employed (ROCE)	Gewinn in % des Anlage- und Umlaufvermögens abzüglich kurzfristiger Verbindlichkeiten	Kapitalrentabilität

offensivesmarketing.de

Abbildung 2-3

Absatzsteigerung

Eine Absatzsteigerung kann sich durch Veränderungen im gesamten Marktvolumen oder auch durch Erhöhung des eigenen Marktanteils ergeben. Der Marktanteil wird maßgeblich vom Wert, den Produkte oder Dienstleistungen für die Kunden besitzen, von der Erhältlichkeit der Leistungen oder der allgemeinen Markenbekanntheit bestimmt.

ROS

Der *return on sales* (ROS) spiegelt das Verhältnis der Kosten, die im Rahmen der Förderung des Kundenwerts sowie der Verfügbarkeit und Bekanntheit der Leistungen und Marken entstehen, zu den im Markt erzielbaren Preisen wider. Es ist möglich, die Konkurrenzpreise zu unterbieten, mitunter geht dies aber auf Kosten des erzielbaren Gewinns.

Zitat

„Gewinnmaximierung bei gleichzeitiger Befriedigung der Bedürfnisse und Wünsche des Kunden – darum geht es in der Wirtschaft." (Dr. Kazuo Inamori)

ROCE

Der *return on capital employed* (ROCE) zeigt, wie Gewinn bringend das Kapital eingesetzt wird. Finanztechnisch gesehen besteht das Nettogesamtvermögen aus folgenden Elementen:

Der finanzwirtschaftliche Standpunkt – Zusammensetzung des Vermögens nach §266 HGB

Aktivseite der Bilanz	Passivseite der Bilanz
A) Anlagevermögen I. Immaterielle Vermögensgegenstände II. Sachanlagen III. Finanzanlagen **B) Umlaufvermögen** I. Vorräte II. Forderungen und sonstige Vermögensgegenstände III. Wertpapiere IV. Schecks, Kassenbestand, Sichtguthaben **C) Rechnungsabgrenzungsposten**	**A) Eigenkapital** I. gezeichnetes Kapital II. Kapitalrücklage III. Gewinnrücklagen IV. Gewinnvortrag/Verlustvortrag V. Jahresüberschuss/Jahresfehlbetrag **B) Rückstellungen** **C) Verbindlichkeiten** **D) Rechnungsabgrenzungsposten**
Saldo	Saldo

offensivesmarketing.de

Abbildung 2-4

Möglichkeiten der Bilanzkosmetik

Bewertung und Kosmetik

Wir alle wissen, dass zahlreiche Bewertungsvorgänge notwendig sind, um zu diesen Kennzahlen zu gelangen. Unter dem Stichwort „Bilanzkosmetik" werden solche Kennzahlen selbst von äußerst soliden Unternehmen geschönt, um ein positiveres Bild des Unternehmens zu schaffen, das dennoch als „den tatsächlichen Verhältnissen entsprechend" angesehen werden kann. Einige Beispiele und Möglichkeiten hierzu finden Sie in der folgenden Abbildung:

Bilanzkosmetik

Kennzahl	Grad der Manipulierbarkeit	Kosmetische Maßnahmen/Tricks
Umsatzerlöse	mittel	■ Auslieferung von Fertigerzeugnissen vor Bilanzstichtag Gewinnrealisierung)
Anlagevemögen	niedrig	■ Niedrige oder hohe planmäßige Abschreibung
Liquide Mittel	null	■ Kein Spielraum
Forderungen aus Lieferungen und Leistungen	mittel	■ Niedrige oder hohe Abschreibungen auf Forderungen
Lagerbestände	hoch	■ Niedrige oder hohe Abschreibung auf Vorräte ■ Niedrige oder hohe Bestandsbewertung für fertige oder unfertige Erzeugnisse.
Kurzfristige Verbindlichkeiten	hoch	■ Hohe oder niedrige Bewertung der Rückstel lungen für Garantien, Kulanzen und drohende Verluste

offensivesmarketing.de

Abbildung 2-5

Der Begriff „Bilanzkosmetik" wird von Finanzabteilungen selbstverständlich nicht verwendet. Dort spricht man lieber von „Bewertung" oder „Kreativität". Natürlich soll hier nicht dazu angeregt werden, Unternehmensabschlüsse systematisch zu schönen. Dass dies aber relativ einfach möglich ist, muss jedem Offensiven Marketer klar sein, wenn er diese Informationen als Entscheidungsbasis verwendet.

Reserven bilden

In Deutschland ist es zum Beispiel üblich, gute Jahre zur Bildung von Reserven zu nutzen, um damit Gewinneinbrüche in schlechten Jahren etwas zu „glätten". Infolge steuerlicher Abschreibungsmöglichkeiten und der strikten Befolgung des Anschaffungswertprinzips bei der Anlagebewertung können in der Bilanz eines deutschen Unternehmens stille Reserven in beträchtlicher Höhe enthalten sein. Ein Beispiel:

www. deutsche-bank.de

Die ***Deutsche Bank*** war das erste deutsche Finanzinstitut, das für seine Rechnungslegung die *international accounting standards* (IAS) verwendete. Dabei stellte sich heraus, dass das Finanzinstitut stille Reserven in Höhe von 10,4 Milliarden Euro besaß, mit denen es Gewinnschwankungen ausgleichen konnte. Diese Reserven bestanden aus unterbewerteten Immobilienbeständen, unter Marktwert geführten Wertpapieren und aus zu hohen Abschreibungen auf Forderungen.

Im Vergleich zur Bilanzierung nach IAS bedeutet dies, dass die Deutsche Bank ihr Nettogesamtvermögen zu niedrig und daher ihren ROCE zu hoch ausgewiesen hatte.

Die Umsätze der *dot.coms*

Kommen wir noch einmal auf die so genannten *dot.coms* zurück: Joanne O'Rourke Hindman, die frühere Chief Financial Officer der Website ***iVillage.com***, wurde gefeuert, weil sie darauf hingewiesen hatte, dass in ihrem Unternehmen viel zu hohe Umsätze ausgewiesen wurden – teilweise wurden sogar schon Umsätze ausgewiesen, bevor auch nur ein *letter of intent* mit den Partnerunternehmen unterzeichnet war. Dies ist kein Einzelfall. In vielen amerikanischen Unternehmen besteht – um die hohen Unternehmensbewertungen auch rechtfertigen zu können – durchaus ein starker Anreiz, besonders hohe Umsätze auszuweisen. Vor diesem Hintergrund greifen manche Unternehmen auf zweifelhafte Methoden zurück:[5]

So nennen zahlreiche Internet-Unternehmen den Bruttopreis, den ein Kunden auf ihrer Seite bezahlt, wenn sie Einnahmen ausweisen – auch wenn ihnen tatsächlich nur ein kleiner Prozentsatz dieser Größe zusteht. Nehmen wir das Beispiel ***Priceline.com***: 152 Millionen US-Dollar wurden im dritten Quartal 1999 an Einnahmen ausgewiesen. Diese Zahl konnte erreicht werden, weil man die vollen Preise, die die Kunden für Tickets, Hotelzimmer oder Mietautos bezahlt haben, aufaddierte. Man hat quasi den Bruttoumsatz, der über die Internetseite generiert wurde, als Einnahmen des Unternehmens ausgewiesen. Nun darf Priceline selbst natürlich nur einen kleinen Prozentsatz dieser Einnahmen behalten. Die Differenz ist dabei nicht nur akademischer Natur: So standen den ausgewiesenen 152 Millionen US-Dollar lediglich 18,2 Millionen US-Dollar tatsächliche Einnahmen gegenüber. Ähnliches ist beispielsweise auch bei Auktionshäusern oder Rechtevermittlern möglich.

Eine andere beliebte Methode, hohe Umsätze auszuweisen, ist es, im Falle von *discounts* den vollen Preis als Basis der Bewertung bzw. des Umsatzes heranzuziehen. Der *discount* wird dann als Marketing-Aufwand verbucht. Diese Praktik verändert zwar nichts an der Gesamtbewertung, bläht aber die Umsatzzahlen deutlich auf: Das Unternehmen wird größer und erfolgreicher gemacht, als es in Wirklichkeit tatsächlich ist.

Selbst die scheinbar zu objektiven Kennzahlen des traditionellen Rechnungswesens sind also immer mit Vorsicht zu genießen!

[5] Vgl. hierzu Kahn, J.: Presto, Chango! Sales are Huge!, in: Fortune, March 20, 2000, S. 90-96.

In der Bilanz nicht ausgewiesene Vermögenswerte

Wichtige Vermögenswerte fehlen in der Bilanz

Neben dem Bewertungsproblem wollen wir noch einmal auf ein zweites, gerade in unserem Zusammenhang wesentliches Problem der rein finanziellen Sichtweise hinweisen. Viele aus der Sicht des Offensiven Marketing zentrale Vermögenswerte und Marketing-Ausgaben werden bedauerlicherweise überhaupt nicht in der Bilanz aufgeführt. Hierzu zählen:

- Investitionen in das Kundenverständnis und in Kundenbeziehungen,
- Investitionen in die Entwicklung neuer Marken und Produkte oder auch
- Aufwendungen zur Förderung von Kompetenzen der Mitarbeiter und Kunden.

Mit den heute allgemein anerkannten Bilanzierungsgrundsätzen lassen sich also – und darauf macht insbesondere Baruch Lev, ein prominenter Promoter eines „modernen" Rechnungswesens, aufmerksam – die für den unternehmerischen Erfolg wesentlichen Faktoren nicht erfassen: Investitionen in immaterielle Vermögenswerte wie Kompetenz, Patente, Produkte und Kundentreue[6].

Fassen wir – bevor wir auf Verbesserungsmöglichkeiten zu sprechen kommen – die Probleme abschließend noch einmal zusammen:

Schwächen der Bilanzierungsrichtlinien

Auch wenn ein herkömmlicher Jahresabschluss eines Unternehmens den Bilanzierungsvorschriften entspricht und insofern „korrekt" ist, vermittelt er häufig – vom Standpunkt des Marketing aus betrachtet – kein den wirklichen Verhältnissen entsprechendes Bild. Den größten Teil der Buchhaltungs- und Bilanzierungsrichtlinien gab es schließlich schon lange bevor das Wort „Marketing" erfunden wurde. In Abbildung 2-6 werden die größten Schwächen einer rein finanzwirtschaftlichen Bilanzierung erläutert.

[6] Vgl. hierzu das Interview der Zeitschrift Fast Company mit Baruch Lev: Webber, A. M.: New Math for a New Economy, in: Fast Company, Jan./Feb. 2000, S. 214-224.

Schwächen des finanzwirtschaftlichen Bilanzierungsansatzes	
Einfluss der aktuellen immateriellen Investitionen auf die Ertragslage in der Zukunft wird nicht berücksichtigt	Weitgehende Vernachlässigung von: ■ Neuen Marken und Produkten ■ Entwicklung von Kompetenz ■ Werbung ■ F&E ■ Kenntnis des Marktes ■ Kundenbeziehungen
Schwerpunkt auf Sachanlagen – Gebäude, Ausrüstung und Geräte, Kassenbestand	Keine Berücksichtigung von: ■ Produktstärke ■ Kundenwerten ■ Markenwerten ■ Goodwill des Händlers ■ Kompetenz und Motivation der Mitarbeiter
Berücksichtigt keine Ursachen von Entwicklungen	Keine Angabe von Daten über: ■ Markttrends ■ Marktanteile ■ Relative Preisbildung ■ Kundenbindung

offensivesmarketing.de

Abbildung 2-6

Unvollständiges und vergangenheitsorientiertes Bild

Wie wir gesehen haben, vermittelt die rein finanzwirtschaftliche Sicht ein nur unvollständiges und kurzfristiges Bild des Ergebnisses für ein Geschäftsjahr und liefert auch nur wenige Anhaltspunkte für die Zukunft. In Kapitel I wurde bereits erwähnt, dass ***IBM*** in seinem Geschäftsbericht 1990 Zahlen und Formulierungen veröffentlichte, die nur eins bedeuten konnten: Alles ist in schönster Ordnung und das wird auch in Zukunft so bleiben. Trotzdem wurde im folgenden Jahr statt eines Gewinns von 6 Milliarden US-Dollar ein Verlust von 3 Milliarden US-Dollar ausgewiesen.

Wenig Erkenntnisse über die Qualität der Erträge

Darüber hinaus liefert die finanzwirtschaftliche Sicht nur wenige Erkenntnisse über die „Qualität“ der Unternehmenserträge. So wird nicht differenziert zwischen einem Unternehmen A, das sich seine Zukunft verbaut hat und in seiner Bilanz ebenso einen Gewinn von 100 Millionen Euro ausweist, und einem Unternehmen B, dessen ausgewiesener Gewinn allerdings einen erheblichen Anteil an langfristigen und zukunftsträchtigen Investitionen umfasst. In Kapitel I wurde dies durch einen Vergleich zweier Firmen veranschaulicht, die beide eine Umsatzrendite von 14% vorweisen können und bei genauer Betrachtung dennoch sehr unterschiedliche Zukunftsaussichten haben.

Kurzfristige Betrachtungsweise

Abgesehen von Sachanlagen – Fertigungsstätten, Grundstücken, Gebäuden usw. – wird bei der Bewertung des Gewinns aus finanzwirtschaftlicher Sicht der zukünftige Wert von Investitionen, die sich erst nach dem aktuellen Geschäftsjahr amortisieren, nicht wirklich berücksichtigt:

Amortisationsdauer von „immateriellen Investitionen"

Aktivitäten:	∅ Amortisationsdauer in Jahren:
Werbung für neue Produkte	1–3
Ausweitung der kommunikativen Maßnahmen	4–6
Einführung einer neuen Marke – Konsumgüterbereich	3–10
F&E (Grundlagen- oder angewandte Forschung)	1–3
Marktforschung	2–5
Veränderungen der Unternehmenskultur	1–2
Aus- und Weiterbildung der Mitarbeiter	2–5
F&E (Marketing)	0–3
Neukundenakquisition	0–3

offensivesmarketing.de

Abbildung 2-7

Werbung: Werbung für neue Produkte oder eine starke Erhöhung der Ausgaben für die Werbung verursachen zwar zunächst Kosten in beträchtlicher Höhe, machen sich jedoch nicht selten in weniger als einem Jahr über erhöhte Umsätze und Gewinne wieder bezahlt (Werbung als Investition).

Neue Produkte: Bei *fast moving consumer goods* zahlen sich Produkte in günstigen Fällen erst nach fünf Jahren aus. D.h., Anfangsinvestitionen in F&E, Anlagen, Werbung und Markteinführung werden erst im fünften Jahr durch Gewinne wieder ausgeglichen. Im Gesundheitswesen amortisieren sich neue Produkte sogar erst nach sieben Jahren, bei Arzneimitteln kann es unter Umständen noch länger dauern.

Grundlagenforschung: Nach IAS sind unter bestimmten engen Bedingungen Entwicklungskosten aktivierbar; nach deutschem Recht allerdings nicht.

Grundlagenmarktforschung: Umfasst Forschung über Verbrauchereinstellungen oder -gewohnheiten bzw. Marktforschung für neue Produkte und Dienstleistungen.

Marketing-Forschung: Umfasst Aktivitäten, mit denen Veränderungen der Verbrauchereinstellungen, Technologien, Services und Kommunikationsmöglichkeiten in den nächsten Jahren identifiziert, getestet und kapitalisiert werden. Procter & Gamble z.B. gibt sehr viel Geld aus, um im Bereich neuer Kommunikationsformen eine führende Rolle einzunehmen. Das Unternehmen hat kürzlich ein teures Testprogramm zu interaktiven Medien, virtuellen Einkaufsmöglichkeiten und dem Internet gestartet, das sich erst in einigen Jahren amortisieren wird.

Entwicklung von Kompetenz, Veränderung der Unternehmenskultur, Schulung: Unerlässlich für jedes Unternehmen, aber insbesondere für solche, bei denen die Mitarbeiter einen wesentlichen Teil der Wertschöpfung erbringen, also z.B. im Reise- und Freizeitbereich oder der Gastronomie. Die Entwicklungskosten können hier mitunter recht hoch sein und die Wirkung zeigt sich unter Umständen erst nach längerer Zeit.

Neukundenakquisition: Amortisation und Ausgaben variieren je nach Markt. Im Konsumgüterbereich können Neukunden nicht selten mit relativ wenig Aufwand akquiriert (aber nicht unbedingt gebunden) werden. Die Akquisition von Firmenkunden im Investitionsgüterbereich ist dagegen mit einem größeren Aufwand verbunden, der sich unter Umständen erst nach längerer Zeit bezahlt macht.

Zukunftsorientierte Daten im Jahresabschluss

Spielt es denn tatsächlich eine so große Rolle, ob nun wichtige Ausgaben, die im aktuellen Geschäftsjahr anfallen, aber erst in einigen Jahren einen Nutzen stiften, im aktuellen Jahresabschluss zukunftsorientiert berücksichtigt werden oder nicht? Die Antwort ist hier ein klares „ja", denn zur Zeit werden ganz deutlich diejenigen Unternehmen benachteiligt, die aktiv in ihre Zukunft investieren.

Fazit: In der Bilanz werden also viele „kriegsentscheidende" Bereiche nicht berücksichtigt. Eine Ausnahme sind hier Vermögensgegenstände wie Marken oder Kundendateien, die dann bilanziert werden dürfen, wenn sie entgeltlich von einem Dritten erworben wurden.[7]

Wie soll man sich ein umfassendes Bild über ein Unternehmen machen können, wenn – denken wir noch einmal an die *market-to-book ratio* zurück – nur ein kleiner Teil des Unternehmenswertes vom heutigen Rechnungswesen abgebildet und veröffentlicht wird; wenn zentrale Werte also nicht (v)ermittelt – vielleicht nicht einmal wahrgenommen – werden?

[7] Zum Problem der Bilanzierung von Marketing-Ausgaben vgl. Ballwieser, W.: Marketingausgaben im Bilanzrecht, in: Handbuch Dienstleistungs-Marketing, Stuttgart 1998, hrsg. v. A. Meyer, S. 105-118.

1.2 Den Zielgruppen relevante Informationen über das Unternehmen liefern

Offensiven Marketern stellt sich also die wichtige Frage, ob internes und externes Rechnungswesen den unterschiedlichen Interessenten – beispielsweise Kapitalgebern, Mitarbeitern, Kunden, Finanzämtern – wirklich ein den tatsächlichen Verhältnissen entsprechendes Bild ihres Unternehmens liefern. Oder anders formuliert: Kann das Rechnungswesen Entscheidungsträger wirklich mit relevanten, auch zukunftsgerichteten Informationen versorgen oder begnügt es sich mit einer rein rückwärts-, d.h. vergangenheitsorientierten Sichtweise? Und weiter: Sind nun nicht wir Marketer gefordert, das Rechnungswesen zu verbessern, so dass beispielsweise auch die Leistungen des Marketing ihren Niederschlag finden?

Stärkere Offenlegung

Um die Informationsangebote zu verbessern, werden sich Offensive Marketer insbesondere

- für eine stärkere Offenlegung der Attraktivität für den Kunden,
- für eine Verdeutlichung immaterieller Werte und Investitionen in die Zukunft und
- für eine Hervorhebung von Innovation im Unternehmen

einsetzen. Sie werden also versuchen, ein den tatsächlichen Verhältnissen entsprechendes Bild zu zeichnen und Informationen bereit zu stellen, die eine Prognose ermöglichen.

Wie Offensive Marketer die rein finanzwirtschaftlichen Informationen ergänzen sollten

Es gibt bereits erste Anzeichen für einen Wandel. Geschäftsberichte werden immer klarer und informativer und oft enthalten sie auch konkrete Angaben über Markttrends, Marktanteile und neue Produkte.

Die Forderung nach stärkerer Offenlegung ist natürlich gerechtfertigt. Trotzdem sind damit einige Probleme verbunden: Die Auswirkungen „immaterieller Investitionen“ in Werbung oder F&E im aktuellen Geschäftsjahr lassen sich nicht so einfach in Form einer künftigen Umsatzsteigerung quantifizieren. Das sollte jedoch kein

Grund für ein Unternehmen sein, diese nicht deutlicher im Jahresabschluss auszuweisen. Investoren können sich so ihr eigenes Bild machen. Und Unternehmen, die den aktuellen Gewinn heute durch Ausgaben für morgen schmälern, werden in Zukunft vermutlich bessere Ergebnisse vorweisen können als jene, die überhaupt nicht investieren.

Ein weiteres Problem ist die Geheimhaltung von Informationen. Kein Unternehmen möchte Informationen über die Entwicklung neuer Produkte und geplante Markteinführungen oder vertrauliche Daten zu Verfahrenstechnik und zum Kundenservice preisgeben. Andererseits liefern viele Unternehmen bereitwillig äußerst detaillierte Angaben zur aktuellen Situation und zu künftigen Strategien. Gerade im Informationsmaterial für Wertpapieranalysten wird eine Fülle von Daten preisgegeben, die auch für die Konkurrenten interessant sind. Fast jede gestellte Frage wird mit großer Offenheit beantwortet. Viele Top-Manager sind also bereit, auf das Informationsbedürfnis von Analysten und Investoren detailliert einzugehen. Diese Bereitschaft sollte auch für andere Zielgruppen erkennbar sein.

Wie genau sehen nun die Forderungen des Offensiven Marketing in Bezug auf die Finanzabschlüsse von Unternehmen aus? Wie sollten Investitionen, Gewinne und Wettbewerbspositionen eingeschätzt werden?

Kernfragen

Um ein vernünftiges Bild zu bekommen, werden Informationen benötigt, mit denen man zwei Kernfragen beantworten kann: „Warum?“ und „Wie sehen die Zukunftsaussichten aus?“.

Wichtige Kennzahlen

Folgende Kennzahlen könnten – in Verbindung mit entsprechenden Branchenvergleichszahlen und Entwicklungsdaten im Zeitablauf – vor diesem Hintergrund besonders interessant sein:

Drei zusätzliche Kennzahlen

Bereich:	Bewertungsgröße:
Netto-Kundenwert	Produktwert, Markenwert, Beziehungswert
Investitionstätigkeit	Gesamtinvestitionen in % des Umsatzes (I/S-Quote)
Innovationstätigkeit	*innovations in process* (IIP)

offensivesmarketing.de

Abbildung 2-8

Abbildung 2-9 enthält Details zu den einzelnen Kennzahlen, die allen Interessierten zugänglich gemacht werden sollten:

Details der drei ergänzenden Kennzahlen für Finanzabschlüsse

Bereich:	Kennzahlen:
Netto-Kundenwert	■ Produktwert ■ Markenwert ■ Beziehungswert
Investitionstätikgkeit	■ Neue Anlagen ■ Werbung ■ Kunden-Database ■ Marktforschung ■ Schulung/Weiterbildung der Mitarbeiter ■ F&E
Innovationstätigkeit	■ In den letzten 5 Jahren neu auf dem Markt eingeführte Marken, Produkte oder Dienstleistungen in % des Umsatzes ■ Gewinn aufgeteilt nach Produkten älter und jünger als 5 Jahre ■ Liste der Produkte in der Innovationspipeline *innovations in progress* (IIP)

offensivesmarketing.de

Abbildung 2-9

Spätestens hier werden die Verantwortlichen, die sich schon aus Prinzip gegen jede Veränderung wehren, laut aufschreien: „Naiv! Unpraktisch! Manipulierbar!“ Hierzu einige Anmerkungen:

Viele Unternehmen wissen viel zu wenig über den Netto-Wert ihrer Kunden. In diesem Fall wird es höchste Zeit, dass sie es herausfinden. Denn Kundenwerte treiben – folgt man dem interessanten Ansatz der amerikanischen Forschertroika Rust/Zeithaml/Lemon – ganz maßgeblich den Unternehmenswert. Zudem sind die Kunden eines Unternehmens die sicherste und verlässlichste Quelle für zukünftige Umsatzerlöse.[8]

Aus welchen Komponenten setzt sich dieser Netto-Kundenwert denn nun zusammen? Drei Treiber des Kundenwertes haben wir zu unterscheiden (vgl. auch Abbildung 2-9): Produktwert, Markenwert und Beziehungswert.

[8] Vgl. Rust, R./ Zeithaml, V./ Lemon, K.: Driving Customer Equity, The Free Press 2000, S. 4ff.

Produktwert

Der **Produktwert** wird hauptsächlich durch die Wahrnehmung der Kunden bzgl. der Leistungen, der Preise und der Bequemlichkeit gebildet.

Markenwert

Der **Markenwert** ist im Gegensatz zum Produktwert stärker emotional, subjektiv und irrational. Der Schutz der Marke, ihre Bekanntheit, die Einstellungen der Kunden zur Marke und die Wahrnehmung der Ethik der Marke sind hier die entscheidenden Treiber. Dass der Markenwert eine beeindruckende Größe sein kann, zeigt die folgende Abbildung:

TOP-Marken[9]

Rangliste	Marke	Markenwert (in Mio. $)	Markenwert in % der Marktkapitalisierung
1	Coca-Cola	83,845	59%
2	Microsoft	56,654	21%
3	IBM	43,781	28%
4	General Electric	33,502	10%
5	Ford	33,197	58%
6	Disney	32,275	61%
7	Intel	30,021	21%
8	McDonald´s	26,231	64%
9	AT&T	24,181	24%
10	Marlboro	21,048	19%
12	Mercedes	17,781	37%
22	BMW	11,281	77%
31	Volkswagen	6,603	30%
40	Adidas	3,596	nicht messbar

offensivesmarketing.de

Abbildung 2-10

Beziehungswert

Der **Beziehungswert** kann insbesondere durch Loyalitätsprogramme (vgl. beispielsweise Miles-and-More, Payback etc.), durch eine Vorzugsbehandlung loyaler Kunden oder durch Community-Programme aufgebaut und gestärkt werden.

[9] Die stärksten Marken der Welt, bewertet von Interbrand: www.interbrand.com/league_chart.html

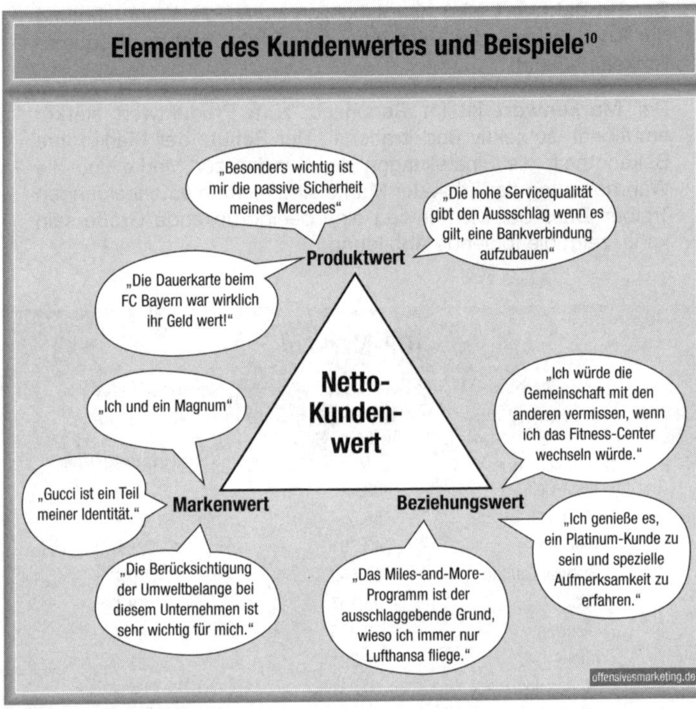

Abbildung 2-11

Zusammen machen diese Elemente den Kundenwert aus. Natürlich ist die Bedeutung dieser Komponenten abhängig von der jeweiligen Branche. So wird der Beziehungswert insbesondere bei Fluggesellschaften hoch sein; der Markenwert hat eine besondere Bedeutung im Falle der *fast moving consumer goods* und der Produktwert findet beispielsweise bei Autovermietungen eine hohe Ausprägung.

Warum spielen Investitionen in % des Umsatzes (I/S-Quote) eine Rolle? Sie sind deshalb so interessant, weil sie den Gewinn des aktuellen Geschäftsjahres verringern, aber gleichzeitig der Motor für das Wachstum in der Zukunft sind. ***Gillette*** bezeichnet solche Investitionen als „Wachstumsfaktoren“ und versucht, diese mindestens genauso stark zu erhöhen wie den Umsatz.

[10] Vgl. hierzu Rust, R./ Zeithaml, V./ Lemon, K.: Driving Customer Equity, New York u.a., S. 57ff.

Die Ausgaben für die Werbung variieren von Jahr zu Jahr, abhängig davon, ob neue Produkte eingeführt werden oder nicht. Stimmt. Ausgaben dieser Art hängen vielfach eng mit den unterstützenden Maßnahmen zur Einführung von Produktinnovationen zusammen.

Ein Unternehmen könnte seine Innovationsquote erhöhen, indem es nur ganz leicht verbesserte Produkte als Innovationen ausgibt. Wie bereits deutlich wurde, ist auch bei der traditionellen Bilanzerstellung durchaus Spielraum für rechtlich zulässige „Manipulationen" vorhanden. Unternehmen, die gezielt irreführen wollen, werden jedoch nicht selten schnell von Analysten durchschaut und aufgedeckt.

Was sind *innovations in process* (IIP)? Diese hängen eng mit Testmärkten oder Testländern zusammen. Wenn ***Disney*** größere Expansionspläne für Themenparks im asiatisch-pazifischen Raum realisiert und bereits zwei Parks in Thailand und Südkorea eröffnet hat, müssen die Investoren wissen, wie erfolgreich die Konzepte sind. IIP könnten auch neue Kundenserviceprogramme, neue Produkte, Programme zur Weiterbildung der Mitarbeiter oder Initiativen zur Pflege der Kundenbeziehungen umfassen.

In Abbildung 2-12 finden Sie ein Beispiel dafür, welche Elemente ein fortschrittlicher Geschäftsbericht der (erfundenen) ***Universal-Leisure-Company*** im Jahr 2021 enthalten könnte. Das Unternehmen fokussiert sich auf den Betrieb von Casinos, Hotels, Unterhaltungsstätten in Großbritannien, USA und Deutschland.

Universal Leisure Company 2021	Casinos	Hotels	Unter-haltung
Marktgröße (Mrd. €) Marktanteil (%)	140 10	300 2	60 5
Nettoumsatz (Mrd. €)	14	6	3
Kundenwert			
Durchschnittliche Zufriedenheit der Kunden (Skala 1=vollkommen zufrieden; 5=unzufrieden)	2,20	2,36	2,55
Relativer Preis im Vergleich zum Marktdurchschnitt	105	125	80
% der Kunden aus dem letzten Jahr, die dieses Jahr auch kaufen	65	70	35
Relativer Produktwert	0,7	1,2	0,4
Relativer Markenwert	1,5	0,5	0,3
Relativer Beziehungswert	0,8	1,2	0,5
Rentabilität			
Betriebsergebnis (Mrd. €)	3,5	0,9	0,3
ROS (%)	25	15	10
ROCE (%)	20	15	10
Investitionen (% des Umsatzes)			
Neue Anlagen, Sanierung, Ausrüstung, Geräte	5	5	15
Werbung Marktforschung Schulung, Weiterbildung F&E	2 0,3 1,0 0,5	2 0,9 1,0 0,4	4 1,5 1,5 4,0
I/S-Quote (% des Umsatzes)	8,8	9,3	26,0
Innovationen			
In den letzten 5 Jahren neu auf dem Markt eingeführte Produkte/Dienstleistungen in % des Umsatzes	10	15	40
Neueröffnungen der letzten 5 Jahre in % des Umsatzes	25	10	20
% des Betriebsergebnisses aus Produkten, Dienstleistungen und Einrichtungen, die jünger sind als 5 Jahre	20	5	30
innovations in progress (Anzahl der Projekte, die zur Zeit entwickelt werden)	15	5	25

Abbildung 2-12

Wettbewerbsposition und Zukunftsaussichten

Was genau sagt nun diese Aufstellung für das Jahr 2021 aus?

Wenn die Aufstellung mit dem Abschluss für das letzte Geschäftsjahr verglichen wird, vermittelt sie ein einigermaßen klares Bild der Wettbewerbsposition des betreffenden Unternehmens und seiner Zukunftsaussichten. Ein solcher Trendvergleich würde dann auch wichtige Informationen liefern, die der Bewertung der folgenden Kriterien dienen:

- Marktwachstum, differenziert nach Sparte und Land.
- Marktanteil und relative Preistrends. Unser Beispielunternehmen senkt die Preise im Unterhaltungsbereich. Sind die Ergebnisse in den letzten zwei Jahren schlechter geworden oder gibt es Anzeichen für eine Erholung?
- Relative Produkt-, Marken- und Beziehungswerte.
- Trends bei Investitionsausgaben und Innovationen.
- Trends bei der Kundenbindung und Vergleiche mit Branchenmittelwerten. Ein Beispiel: 35% Wiederholungsgeschäft können für den Unterhaltungsbereich ein gutes Ergebnis darstellen, 70% Wiederholungsgeschäft wäre hingegen für eine Businesshotelkette ein eher schlechtes Resultat.

Der Abschluss 2021 enthält viele wichtige Informationen, die in den aktuellen, stark finanzorientierten Abschlüssen nicht deutlich werden. Es ist zum Beispiel klar ersichtlich, dass die verhältnismäßig niedrigen Gewinne von Universal Leisure im Unterhaltungsbereich von hohen Investitionen als Prozentsatz des Umsatzes (I/S-Quote von 26%, doppelt so hoch wie der Firmendurchschnitt), vor allem durch die Entwicklung neuer Fahrgeschäfte und Attraktionen verursacht wurden. Mit einem Blick in den Berichtsbereich *innovations in progress* ließe sich nun zudem feststellen, wie effektiv diese Investitionen gewesen sind. Zentrale Marketing-Probleme werden ersichtlich durch die Zahlen zum Kundenwert. Hier wird deutlich, dass die Sparte „Unterhaltung“ im Wettbewerb aufholen muss, um vor zukünftigen Problemen gewappnet zu sein.

Wir haben den Gewinn nun als komplexe und auch relativ kritische Größe kennen gelernt. Damit sind wir gewappnet für die entscheidende Frage, wie Gewinne nun auch erreicht werden können. Dazu der nächste Abschnitt.

2 Abstimmung von Ressourcen und Marktanforderungen

Im letzten Abschnitt wurde erläutert, warum und inwiefern Offensive Marketer die gängige Bilanzierungspraxis ändern sollten. In diesem Abschnitt wird in groben Zügen dargestellt, wie ein ausgewogenes Verhältnis zwischen dem Anspruch der Kunden und dem Anspruch des Unternehmens nach Gewinnerzielung gefunden werden kann.

Veränderungen in der Wirtschaft und im Verständnis des Marketing haben dieses Verhältnis in den letzten Jahrzehnten neu geprägt. Das klassische, in den sechziger Jahren entwickelte Marketing-Modell konzentrierte sich beispielsweise in erster Linie darauf, die Bedürfnisse der Nachfrager zu erfüllen und dabei gleichzeitig Gewinn zu erzielen. Der gezielten, effizienten Nutzung der unternehmerischen Stärken – in Form von Vermögenswerten und Kompetenzen – wurde dabei nur wenig Bedeutung beigemessen. Hier wollen wir ansetzen und ein Marketing-Verständnis präsentieren, das sowohl die Kundenwünsche als auch die Vermögenswerte und Kompetenzen des Unternehmens berücksichtigt.

Vermögenswerte, Kompetenzen und Kundenwünsche als Ausgangspunkt

Unser Marketing-Ansatz stimmt also Vermögenswerte und Kompetenzen in einem Unternehmen auf passende Gelegenheiten am Markt ab. Dies erfordert eine überaus genaue Auswahl und Eingrenzung von Märkten, Segmenten, Absatzwegen und Kunden. Das Ziel eines weitsichtigen Marketing-Spezialisten besteht dann darin, die Aktivitäten des Unternehmens auf Bereiche zu lenken, in denen Vermögenswerte und Kompetenzen voll und ganz genutzt werden können. Dadurch können Ressourcen auf attraktive Märkte gelenkt werden, zu deren Bearbeitung man die richtigen Fähigkeiten besitzt. Auf diese Weise gelingt es, attraktive Werte für den Kunden zu schaffen und überdurchschnittliche Gewinne zu erzielen. Und genau darum geht es beim Offensiven Marketing.

Natürlich ist dieser Ansatz nicht revolutionär. Betrachtet man allerdings die Entwicklung des Marketing, so stellt man fest, dass es damit gelingt, bislang unterschiedliche Sichtweisen zu kombinieren.

Exkurs: Die Entwicklung des Marketing

Produktionsorientierung

Die Entwicklung des Marketing hat sich in mehreren Stufen vollzogen. Die ersten Ansätze eines systematischen Marketing finden sich bereits zu Beginn dieses Jahrhunderts, als mit der Industrialisierung auch die Massenproduktion begann. Ziel des Marketing in einem damals rein **produktionsorientierten** Verständnis war die Steigerung der Effizienz der Leistungserstellung und die flächendeckende Distribution der produzierten Güter. Es wurde unterstellt, das Interesse der Kunden würde sich lediglich auf den Erwerb von Gütern zu möglichst günstigen Konditionen richten. Diesen Effekt versuchten die Unternehmen zu erreichen, indem sie den Ausbau der Produktion mit dem Ziel einer Fixkostendegression vorantrieben.

Verkaufsorientierung

Erst mit zunehmenden Sättigungserscheinungen in der Nachfrage und dem Wandel der Märkte von Käufer- zu Verkäufermärkten wurde dieses Produktionskonzept des Marketing zunehmend durch eine eher **verkaufsorientierte** Sichtweise ersetzt. Kritischer gewordene Kunden wurden nun aggressiv umworben, um die Nachfrage zu forcieren. Marketing ist in diesem Verständnis gleichbedeutend mit intensiver Werbung und Absatzförderung. Der isolierte Einsatz dieser Instrumente erfolgte jedoch nach Maßgabe der Produktion, anstatt umgekehrt die Produktion an den Absatzmöglichkeiten auszurichten, und mit dem erklärten Ziel, den Kunden im Sinne des Marketing treibenden Unternehmens zu beeinflussen.

Was versteht man unter einem Käufermarkt?

Etwa ab Mitte der 60er Jahre diese Jahrhunderts vollzog sich branchenübergreifend ein Wandel der Marktstrukturen, der sich als Übergang von Verkäufer- zu Käufermärkten bezeichnen läßt. **Verkäufermärkte** sind dadurch gekennzeichnet, dass auf ihnen das Angebot kleiner als die entsprechende Nachfrage ist. Dagegen übersteigt auf **Käufermärkten** das Angebot die Nachfrage. Die Nachfrager können nun aus dem Angebot verschiedener Anbieter das aus ihrer Sicht beste auswählen. Auf Käufermärkten sind also die Nachfrager in der dominanten Position und der Absatz wird zum kritischen Engpassfaktor der Unternehmen: Die Anbieter müssen sich bemühen, den Wünschen der Nachfrager möglichst genau zu entsprechen.[11]

Produktorientierung

Mit der zunehmenden Dynamisierung der Märkte, technischem Fortschritt, kürzeren Produktlebenszyklen, breiteren Sortimenten, hoher Konkurrenz und schneller Nachahmbarkeit der Produkte durch die Konkurrenz ergibt sich eine dritte Sichtweise des Marketing. Hierbei konzentrieren sich die Aktivitäten des Unternehmens fast ausschließlich auf Maßnahmen der Produktpolitik. Unter Vernachlässigung der tatsächlichen Bedürfnisse der Märkte wird davon ausgegangen, der Kunde bevorzuge solche Produkte, die ein Höchstmaß an Eigenschaften und Leistungen bieten. Diese **produktorientierte** Sichtweise versteht die Leistungen des Unternehmens als Ausgangspunkt des Marketing. Man bezeichnet dies als die *inside-out*-Orientierung im Marketing. Die Gefahr, „am Markt vorbei" zu produzieren, ist groß. Das haben viele deutsche Unternehmen in der Vergangenheit erkennen müssen.

---

[11] Vgl. Becker, J.: Marketing-Konzeption, 6. Aufl., München 1998, S. 1.

Absatzmarkt-orientierung

Völlig anders stellt sich das Marketing in der **absatzmarktorientierten** Sichtweise dar. Der Schlüssel zum Unternehmenserfolg liegt in diesem Verständnis allein in der konsequenten Orientierung an den Bedürfnissen der Kunden. Ziel des Marketing ist es hier, die Kunden des Unternehmens und ihre Bedürfnisse zu identifizieren, um dann die Instrumente der Produkt- und Preisgestaltung, der Distribution und Kommunikation an den spezifischen Gegebenheiten des Absatzmarktes auszurichten und koordiniert einzusetzen. Dabei wird dem Ziel der Erhaltung der Kundenzufriedenheit und der Kundenbindung in aller Regel ein höherer Stellenwert eingeräumt als der Neukundenakquisition. Marketing ist in diesem Verständnis ein Synonym für kundenorientierte Verhaltensweisen. Man verfolgt einen so genannten *outside-in*-Ansatz.

Integrierte Marketing-Orientierung

Dieser wird in der so genannten **Integrierten** Marketing-Orientierung sogar noch erweitert. Das unternehmerische Handeln orientiert sich hier nicht mehr alleine an den Bedürfnissen des Absatzmarktes, sondern an den Bedürfnissen aller relevanten Zielgruppen auf allen Teilmärkten, mit denen das Unternehmen in Interaktion steht. Die Maxime der kundenorientierten Unternehmensführung wird somit abgelöst durch das Postulat der markt- oder zielgruppenorientierten Unternehmensführung.[12]

Externe und interne Ausrichtung des Marketing

Wenn man heute über Marketing spricht, so meint man in der Regel diese externe Sichtweise, wie sie in der Absatzmarktorientierung und der Integrierten Marketing-Orientierung zum Ausdruck kommt. Die Wünsche und Erwartungen der Kunden und aller weiteren Anspruchsgruppen werden zunehmend in den Mittelpunkt des Denkens und Handelns gerückt. Der Siegeszug dieses *outside-in*-Denkens führte letztlich auch zum Niedergang des *inside-out*-Ansatzes, dem heute kein besonders gutes Image anhaftet. Wir wollen hier nun eine Sichtweise einnehmen, die diese externe Orientierung mit einer stärker nach innen gerichteten versöhnt. *Outside-in* und *inside-out* werden kombiniert: Neben den Wünschen und Erwartungen der Kunden nehmen wir dabei explizit Bezug auf die Vermögenswerte und Fähigkeiten eines Unternehmens:

[12] Die hier dargestellten Entwicklungsstufen sind annähernd, aber nicht notwendig chronologisch zu verstehen. Zweifellos stellt die letzte Stufe, das Integrierte Marketing, eine sehr fortgeschrittene Sichtweise dar. Dennoch gibt es auch heute noch Unternehmen, die sich eher produktions- oder verkaufsorientiert verstehen und verhalten.

Zitat

„Marketing auf der Grundlage von Vermögenswerten ist kein Ersatz für Kundenorientierung, sondern eine Ergänzung derselben. Neben Maßnahmen, um Kunden zu identifizieren und deren Bedürfnisse zu verstehen, sollten auch die Vermögenswerte des Unternehmens sowie seine Möglichkeiten, diese effektiver auf dem Markt einzusetzen, untersucht werden.“ (Alan Wolfe)

Die zentrale Aufgabe des Marketing

Aufgabe des Marketing ist es nun, den besten Mix zu erzielen – indem Vermögenswerte und Kompetenzen des Unternehmens in einen Gesamtwert für den Kunden umgesetzt werden. Dieser Prozess besteht also aus zwei Teilen: Zum einen werden die Vermögenswerte und Kompetenzen eines Unternehmens gefördert und genutzt. Zum anderen führt das Marketing eine ideale Verbindung von Vermögenswerten, Kompetenzen und Märkten herbei.

Offensives Marketing ...

... schafft also überdurchschnittliche Gewinne, indem die nutzbaren Vermögenswerte und die Kompetenz eines Unternehmens auf künftige Marktchancen und Kundenwünsche hin abgestimmt werden.

Abbildung 2-13 zeigt die Wechselwirkung zwischen Vermögenswerten und Kompetenzen auf der einen und Marktchancen auf der anderen Seite auf:

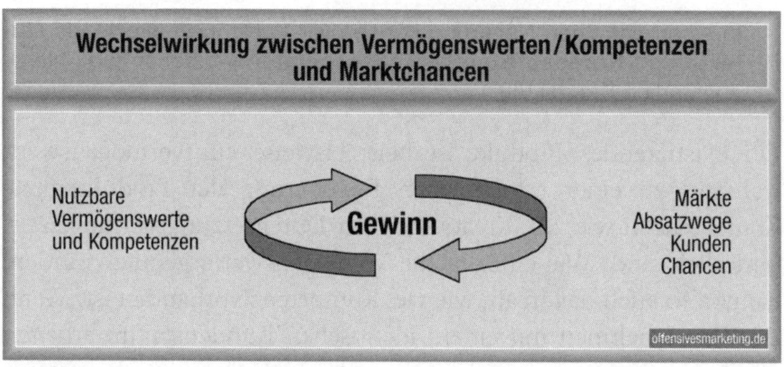

Abbildung 2-13

Hier ist es die zentrale Aufgabe der Marketing-Abteilung und der Geschäftsleitung, stimmige Kombinationen vorzuschlagen und umzusetzen. Niemand im Unternehmen ist dazu besser geeignet als gerade die Mitarbeiter der Marketing-Abteilung, denn sie besitzen umfassende Kenntnisse über die Bedürfnisse der externen Kunden und über die vorhandenen internen Kompetenzen. Dieser Ausrichtungsprozess fokussiert ein Unternehmen auf die Bereiche, die zu ihm passen. Für ein anderes Unternehmen sind diese Bereiche unter Umständen völlig ungeeignet. Hier gilt die Maxime „Des einen Freud, des andern Leid", was heißen soll, dass nicht jeder alles gleich gut bewältigen kann.

Unser Beispielunternehmen Universal Leisure hat mit seinen Discotheken, Nightclubs und Vergnügungsparks großen Erfolg. Obwohl man in den Betrieben von Universal Leisure auch essen gehen kann, würde das Unternehmen nie auf die Idee kommen, als Nahrungsmittelverarbeiter tätig zu werden; hierfür fehlen ihm die entsprechenden Kompetenzen.

Vermögenswerte und Kompetenzen

Nutzbare Vermögenswerte und Kompetenzen

Was ist ein nutzbarer Vermögenswert? Was eine nutzbare Kompetenz? Wie unterscheiden sie sich? Spielt diese Unterscheidung überhaupt eine Rolle? Gibt es Vermögenswerte, die nicht nutzbar sind? Und was ist eine Kernkompetenz? Diese Fragen müssen nun geklärt werden. Damit schaffen wir die Grundlage für den im Folgenden zu behandelnden *marketing alignment process* (MAP), der unerlässlich ist, um überdurchschnittliche Erfolge zu erzielen.

Eine einfache Definition

In einer einfachen Näherung können wir **Vermögenswerte** als **Objekte** und **Kompetenzen** als **Eigenschaften** verstehen (vgl. hierzu ausführlich Kapitel VII).

Vermögenswert

Ein existierendes Produkt ist beispielsweise ein Vermögenswert, während zu einer erfolgreichen Erweiterung der Produktpalette Kompetenzen wie z.B. Kreativität oder Durchsetzungsvermögen erforderlich sind. Wie effizient die Vermögenswerte genutzt werden, hängt also auch davon ab, wie viel Kompetenz vorhanden ist. Wenn zwei Unternehmen mit einem identischen Kundenstamm arbeiten würden, könnte es sein, dass eines der Unternehmen weitaus geschickter agiert und diesen Vermögenswert besser zum Aufbau von Kundenbeziehungen nutzen kann als sein Konkurrent. Das gleiche gilt für Grundstücke, Gebäude und alle sonstigen Vermögenswerte wie beispielsweise Rechte, Produkte, Produktionsanlagen und Vertriebsstellen.

Wenn ein Unternehmen aus dem Bereich der Energieversorgung beispielsweise ein Kraftwerk stilllegen muss, hat es nach der Abschaltung keine Verwendung mehr dafür. Ein Unternehmen aus der Unterhaltungsindustrie könnte in diesem nicht mehr genutzten Gebäude jedoch ein äußerst Gewinn bringendes Casino eröffnen. Das Energieversorgungsunternehmen selbst ist dazu wahrscheinlich nicht in der Lage, weil ihm die notwendige Kompetenz fehlt.

Ein ähnliches Beispiel ist der Münchener ***Kunstpark Ost***. Hier wurde auf dem ehemaligen Produktionsgelände der Pfanni-Werke eine regelrechte Entertainmentinfrastruktur mit Nachtlokalen, Bars, Konzerträumen und Kulturveranstaltungen, die von unabhängigen Pächtern und Unternehmern betrieben werden, etabliert. Der Vermögenswert eines Nahrungsmittelproduzenten wird hier durch Kompetenzen von Entertainmentfachleuten Gewinn bringend genutzt.

www.kunstpark-ost.de

Kompetenzen können also den Wert von Vermögenswerten erhöhen. Im Grunde genommen lässt sich jeder Vermögenswert geschickt nutzen.

Kompetenz

Unilevers Vertriebssystem für Eiscreme, das aus zahlreichen firmeneigenen Gefriertruhen an Impulsverkaufsstellen in ganz Europa besteht, stellt z.B. einen enormen Vermögenswert dar. Wenn ***Mars*** im Besitz dieses Vertriebsnetzes wäre, könnte Mars einen sehr viel größeren Anteil am weltweiten Eiscreme-Markt einnehmen.

Disneys Mitarbeiterschulung hingegen stellt eindeutig eine Kompetenz dar, die von Mitarbeitern erbracht wird. Das Unternehmen ist dadurch in der Lage, die Erträge aus den teuren Vermögenswerten, den Themenparks, zu maximieren.

Ist es überhaupt wichtig, zwischen Vermögenswerten und Kompetenzen zu unterscheiden? Ja, denn Kompetenzen sind die Mittel, mit denen die beste Rendite aus Vermögenswerten erzielt werden kann. Vermögenswerte haben zu einem bestimmten Zeitpunkt einen bestimmten Wert. Selbst immaterielle Vermögenswerte wie Lizenzen können oft scheinbar befriedigend quantifiziert werden. Ihr tatsächlicher Wert für das jeweilige Unternehmen kann in der Zukunft jedoch zu- oder abnehmen, je nachdem wie effektiv das Unternehmen seine Kompetenzen auf die Vermögenswerte anzuwenden versteht. Die Vermögenswerte von heute spiegeln frühere Kompetenzen wider. Die Vermögenswerte von morgen werden durch die aktuellen

Kompetenzen bestimmt. Vermögenswerte und Kompetenzen haben gemein, dass beides potentielle Stärken des Unternehmens sind und jeweils schlecht oder gut genutzt werden können.

Kernkompetenz

Die Kernkompetenz schließlich ist eine besonders interessante Form der Kompetenz. Es handelt sich dabei um ein Bündel zusammenhängender Fähigkeiten, die zu einem Schlüsselvorteil für den Verbraucher führen und es dem Unternehmen ermöglichen, sich eindeutig von der Konkurrenz abzuheben.

Beispiel FedEx

www.fedex.com

FedEx

Bei ***Federal Express*** beispielsweise stellt die pünktliche Lieferung der Sendungen einen Schlüsselvorteil für den Kunden dar. Die Kernkompetenz konzentriert sich hier auf logistische Aspekte, z.B. das *tracking* einzelner Sendungen. Sie besteht aus einem Bündel zusammenhängender Kompetenzen, wie etwa dem Einsatz von Barcodes und drahtloser Kommunikation.

Beispiele für Kernkompetenz: Federal Express

Schlüsselvorteil:	Kernkompetenz zur Bereitstellung des Vorteils:	Bündelung von Fähigkeiten, aus denen die Kernkompetenz besteht:	
Pünktliche Lieferung	Logistikmanagement zur Verfolgung der Sendungen	Barcode-Technologie Netzverwaltung	Drahtlose Kommunikation

offensivesmarketing.de

Abbildung 2-14

Fassen wir kurz zusammen: Um überhaupt Gewinne erzielen zu können, ist sowohl eine Orientierung an Vermögenswerten als auch an Kompetenzen nötig. Vermögenswerte und Kompetenzen sind maßgebliche Treiber des unternehmerischen Erfolges.

2.1 Die fünf Schritte des *marketing alignment process* (MAP)

Der MAP implementiert das Offensive Marketing und zwar durch die Abstimmung von Vermögenswerten, Kompetenzen und Märkten. Damit trägt er ganz entscheidend zur Gewinnerzielung bei. Die Formulierung „trägt dazu bei" wurde hier mit Absicht gewählt, denn mit MAP lassen sich nur dann überdurchschnittliche Gewinne erzielen, wenn auch alle übrigen Forderungen des Offensiven Marketing erfüllt sind; d.h. die Mitarbeiter müssen beteiligt werden, es muss ein attraktiver Wert für den Kunden geschaffen und ein hohes Maß an Effizienz erzielt werden. Die einzelnen Bestandteile hängen eng miteinander zusammen. Der MAP fördert den Wert für den Verbraucher und die Effizienz, indem er die Ausrichtung eines Unternehmens in diejenigen Bereiche lenkt, die am besten zum Unternehmen passen.[13]

In diesem Abschnitt wird anhand von Beispielen erläutert, wie der *marketing alignment process* angewendet werden kann. Er besteht aus insgesamt fünf Schritten, die nacheinander erläutert werden.

Schritt 1: Nutzbare Vermögenswerte identifizieren

Besser sein als der Wettbewerb

Damit eine Liste der Vermögenswerte des Unternehmens zusammengestellt werden kann, muss die Marketing-Abteilung andere Abteilungen des Unternehmens gründlich und objektiv analysieren. Nutzbare Vermögenswerte sind diejenigen Bereiche des Unternehmens, in welchen man besser ist oder zumindest besser werden kann als der Wettbewerb. Einige der wichtigsten Arten von Vermögenswerten sind in der folgenden Abbildung 2-15 zusammen gefasst:

[13] „Most organizations engage in an ongoing process of evaluating their purposes – questioning, verifying, and redefining the manner in which they interact with their environments. Effective organizations carve out and maintain a viable market for their goods and services. Ineffective organizations fail at this market alignment task. […]"
Miles, R.; Snow, C.: Organizational Strategy, Structure and Process, New York 1978, S. 3; S. 29 ff.

Mögliche Vermögenswerte eines Unternehmens	
Betriebskapital	■ Höhe ■ Verfügbarkeit ■ Kreditrahmen
Produktion (Anlagen, Prozesse, IT-Systeme)	■ Relative Modernität ■ Unternehmensspezifische Besonderheiten ■ Flexibilität ■ Größenvorteile ■ Kapazitätsauslastung
Grundstücke und Gebäude	■ Art ■ Standort ■ Ausbaumöglichkeit ■ Qualität/ Bausubstanz
Attraktivität für den Kunden	■ Markennamen ■ Databases ■ Kundenbeziehungen ■ Besondere Produkte/Dienstleistungen ■ Patente
Netz Vertrieb/ Distribution/ Service	■ Größe ■ Funktionsfähigkeit ■ Abdeckung ■ Beziehung zu externen Distributoren
Größenvorteile	■ Marktanteil ■ Relative und absolute Mediengewichtung ■ Geographische/ internationale Abdeckung ■ Vertrieb/Distribution/Service (siehe oben) ■ Spezielle Fähigkeiten aufgrund Größe (z.B. Marktforschungskapazitäten)
Beziehungen zu Dritten	■ Lieferanten ■ Finanzinstitute ■ Joint Ventures ■ Vereinbarungen mit Dritten (z.B. Nutzung von Technologie oder Marke)

offensivesmarketing.de

Abbildung 2-15

Das Beispiel *Rowntree/Nestlé*:

www.nestle.com

Nestlé

Nestlé hat für die Übernahme von ***Rowntree*** einen hohen Preis gezahlt. Rowntree war vor allem wegen seiner Markenprodukte (Schokolade und Produkte auf Zuckerbasis) attraktiv. Geographisch gesehen war Rowntree vor allem in Nordeuropa und im früheren Commonwealth stark vertreten.

Eine der Kernkompetenzen von Nestlé liegt im globalen Marketing – der Fähigkeit also, ein weltweites Vertriebssystem aufzubauen, Marken auf Märkte zuzuschneiden und weltweit Franchise-Unternehmen zu gründen. Nestlé konnte die Markenprodukte von Rowntree effektiv ausnutzen, indem es seine eigene Kernkompetenz in Lateinamerika und im asiatisch-pazifischen Raum einsetzte. Nestlé dominiert beispielsweise bereits das Lebensmittelgeschäft in Brasilien, die Produkte von Rowntree waren dort jedoch völlig unbekannt. Als Rowntree zum Verkauf stand, war dieses Unternehmen Nestlé deshalb mehr wert als allen anderen Kaufinteressenten, weil Nestlé aufgrund seiner Kernkompetenz die Marken von Rowntree weiterentwickeln konnte.

Schritt 2: Nutzbare Kernkompetenzen identifizieren

Wettbewerbsvorteile durch Kompetenz

Nutzbare Kompetenzen zeichnen sich durch die Möglichkeit aus, mit dieser Kompetenz einen Wettbewerbsvorteil gegenüber der Konkurrenz entweder bereits zu besitzen oder noch entwickeln zu können. Es ist ratsam, eine Liste solcher Kompetenzen für das gesamte Unternehmen zusammenzustellen. Auf diese Weise lassen sich auch gleich wichtige Aufgabenbereiche definieren, in denen noch Verbesserungspotenzial besteht. Solche Listen können je nach Unternehmen, Abteilung und Markt ganz unterschiedlich aussehen. Abbildung 2-16 enthält einige Beispiele für nutzbare Kompetenzen.

Beispiele für nutzbare Kompetenzen

Unternehmen	Nutzbare Kompetenz
■ Walt Disney	■ Kundenservice
■ Nike	■ Markenpositionierung
■ Procter & Gamble	■ Globale Markenentwicklung
■ Toyota	■ Verfahrenstechniken
■ Marks & Spencer	■ Lieferantensteuerung
■ Citizen Watch Kundenservice	■ Kostenmanagement

offensivesmarketing.de

Abbildung 2-16

Welche Kompetenzen besitzt Ihr Unternehmen? Einen ersten Anhaltspunkt zur Beantwortung dieser ganz entscheidenden Frage liefert Ihnen sicherlich unsere kurze Auflistung möglicher Kompetenzen in der folgenden Abbildung.

Mögliche Kompetenzen		
Marketing	■ Entwicklung neuer Produkte ■ Geschäftsanalyse ■ Besondere Verfahren der Marktforschung ■ Planungskenntnisse	■ Werbung ■ Kundenservice ■ Kundenbeziehungen ■ Tests/Design ■ Database-Management ■ Markenwertmanagement
Vertrieb	■ Account-Management ■ Entwicklung von Kundenbeziehungen ■ Supply-chain-Management ■ Kundenservice ■ Aufbau von Partnerschaften ■ Anzeigenmanagement	■ Merchandising ■ Präsentationsfähigkeiten ■ Verhandlungsfähigkeiten ■ Preisbildung und Absatz förderung ■ Handels-Marketing/Beziehungen
Produktion (Anlagen, Prozesse, IT-Systeme)	■ Arbeitgeber-Arbeitnehmer-Beziehungen ■ Verfahrenstechnik ■ Lagerbestandskontrolle ■ Produktivitätsverbesserung ■ Kostenmanagement ■ Entwicklung neuer Anlagen ■ Gesundheit und Sicherheit ■ Schulung und Weiterbildung	■ Flexibilität ■ Reaktionsgeschwindigkeit ■ Total Quality Management ■ Einkauf ■ Kapazitätsauslastung ■ Zahlungssysteme ■ Verwaltung von Grundstücken und Gebäuden ■ Lieferantenmanagement ■ Globale Organisation

offensivesmarketing.de

Abbildung 2-17

Schritt 3: Attraktivitäten der vorrangigen Geschäftsfelder bewerten

Attraktivität

Bei diesem Schritt wird die Attraktivität von Märkten, Absatzwegen und Kunden festgestellt. Die Tatsache, dass ein Markt attraktiv ist, muss nicht zwangsläufig bedeuten, dass ein Unternehmen auch qualifiziert genug ist, um auf diesem Markt zu konkurrieren. Das Ziel der Analyse besteht also auch darin, die Aktivitäten eines Unternehmens auf diejenigen Märkte und Absatzwege zu konzentrieren, die am besten für das Unternehmen geeignet sind – und dazu muss zunächst eine möglichst objektive Einteilung erfolgen.

Portfolioanalyse

Am besten ist hierfür eine Portfolioanalyse geeignet, die in Kapitel VII noch detaillierter erklärt wird. An dieser Stelle genügt zunächst eine etwas allgemeinere Behandlung dieses Verfahrens. Um die quantifizierte Portfolioanalyse zu erläutern, untersuchen wir in unserem Beispiel nun nicht den Absatzweg oder die Kundenattraktivität, sondern den Markt. Grundsätzlich kann das Verfahren jedoch auf alle drei Bereiche angewendet werden.

Für eine Analyse von Märkten ist es erforderlich, eine Liste mit Bewertungskriterien zu entwickeln. Diese Kriterien werden nach ihrer Bedeutung gewichtet, um dann damit Märkte und Segmente entsprechend zu bewerten. Dieses Vorgehen hat den Vorteil, dass alle Märkte nach einheitlichen Kriterien verglichen werden können und durch die quantifizierte Bewertung die Objektivität erhöht wird. Darüber hinaus können mit diesem System Märkte über Geschäftsbereiche und über verschiedene Länder hinweg beurteilt werden. Die genauen Auswahlkriterien und ihre Gewichtung variieren je nach Markt. In der Regel sind es die folgenden neun Kriterien, die für die Bewertung eines Marktes relevant sind:

Marktbewertung

Neun Kriterien zur Marktbewertung	
1. Größe des Marktes	Je größer der Markt, desto besser wird er bewertet. Märkte sollten nach ihrem Wert in € und nicht nach Einheiten bewertet werden. Es kann vorkommen, dass ein Markt zwar vom Volumen her gesehen wächst, der Durchschnittspreis pro Einheit jedoch rückläufig ist (so geschehen z.B. bei Mikrochips, Computern und vielen Gebrauchsgütern). Das Volumen ist daher weniger relevant als der Wert.
2. Wachstum des Marktes	Hier wird in erster Linie das inflationsbereinigte reale Wachstum des Marktes untersucht. Der Einfluss von Konjunkturzyklen (z.B. in der Hotelbranche), Mode (z.B. Bekleidung) oder Wetter (z.B. Getränke, Eiscreme) auf die Märkte sollte ebenfalls berücksichtigt werden.
3. Rentabilität des Marktes	Dies bezieht sich auf die Rentabilität des gesamten Marktes, nicht nur auf den Marktanteil Ihres Unternehmens. Schätzungen können in der Regel über Informationen zu Konkurrenzunternehmen, veröffentlichte Abschlüsse und eigene Prognosen zur Rentabilität von Konkurrenten erstellt werden.
4. Reale Preisentwicklung	Dies ist auch ohne Erläuterungen verständlich und bezieht sich natürlich auf den gesamten Markt. Sie sollten feststellen, ob und inwieweit reale Preisänderungen von einer echten Preisschwankung oder von Änderungen beim Produktmix ausgelöst werden (beispielsweise kann ein schnelles Wachstum des Volumens in hochpreisigen Sektoren den realen Wert des gesamten Marktes steigern, obwohl es gar keinen Preisanstieg gegeben hat).
5. Wettbewerbsdruck	Dieses Kriterium berücksichtigt in der Regel drei Elemente: Wettbebewerbsstruktur, Qualität der Konkurrenten und deren Engagement. Es gibt verschiedene Meinungen darüber, wie eine attraktive Wettbewerbsstruktur auszusehen hat. Was ist attraktiver – gegen vier große Unternehmen, von denen jedes einen Marktanteil von 15% besitzt, oder gegen zwei Marktführer mit 40 bzw. 20% Marktanteil zu konkurrieren? Man könnte hier argumentieren, dass die erste Struktur weniger attraktiv ist, da alle vier Unternehmen mit Ausgaben in beträchtlicher Höhe versuchen werden, sich als Marktführer

	zu etablieren, weil sie davon ausgehen, dass der Markt langfristig gesehen nur Platz für zwei oder drei große Unternehmen bietet. Im Falle der beiden Marktführer mit einem Anteil von 40% bzw. 20% ist die Hackordnung bereits klar. Für einen Außenseiter könnte dies der attraktivere Markt sein, da beide Konkurrenten in der Zwischenzeit vielleicht zu selbstzufrieden geworden sind. Im Allgemeinen sieht die ideale Wettbewerbsstruktur für ein Unternehmen, das den Markteintritt plant, folgendermaßen aus: ▪ viele kleinere Marken und Unternehmen, die nicht dominieren ▪ Unternehmen von mittlerem Format ▪ beschränktes langfristiges Marktengagement seitens vorhandener Konkurrenten
6. Risiken in der Zukunft	Bei diesem Marktkriterium werden zukünftige gesetzliche Bestimmungen (z.B. im Gesundheitswesen oder Getränkesektor), staatliche Eingriffe (z.B. Privatisierung oder wirtschaftspolitische Maßnahmen für den Wettbewerb), neue Gesetze auf lokaler oder EU-Ebene, zukünftige Produktverfügbarkeit (z.B. Fisch, Kunstgegenstände für Auktionshäuser) etc. berücksichtigt.
7. Möglichkeiten zur Differenzierung	Wird im Markt über Preis oder Zusatznutzen und Qualität konkurriert? Preiswettbewerb ist oft weniger attraktiv.
8. Segmentierung	In der Regel gilt folgendes: Je mehr Segmente ein Markt hat, desto attraktiver ist er für innovative Marketer.
9. Händler- oder Einzelhandelsstruktur	Wie groß ist die relative Verhandlungsstärke von Lieferanten und Händlern? Wie sieht der Trend aus? Wie hoch sind die Händlergewinne, wie werden sie sich entwickeln? Wie gut sind die Leistungen der Händler für Lieferanten und Verbraucher? Wie sehen die Absatzwege aus, welche Trends gibt es hier? Welche Möglichkeiten gibt es, um den Verbraucher direkt zu erreichen? Für den Lieferanten ist die attraktivste Struktur meist ein Netz aus wenigen, weit verstreuten Händlern, die kaum Verhandlungsstärke besitzen, gute, preisgünstige Leistungen für den Kunden erbringen, keine eigenen Händlermarken vertreiben und Innovationen des Lieferanten bereitwillig übernehmen. offensivesmarketing.de

Abbildung 2-18

Unter Umständen müssen weitere Kriterien hinzugefügt werden. So kann beispielsweise in Bereichen, in denen Grundstücke und Gebäude eine große Rolle spielen (z.B. im Einzelhandel) die Standortfrage sehr entscheidend sein. Die einzelnen Bereiche sind nun ihrer speziellen Bedeutung nach zu gewichten. Abbildung 2-19 zeigt beispielhaft den Ansatz zur Bewertung des Marktes für Tiefkühlkost. Die Zahlen geben Auskunft über die maximale Gewichtung der Schlüsselkriterien.

Bewertung der Marktattraktivität: Maximale Gewichtung der neun Schlüsselkriterien

Kriterien	Max. Bewertung %
1. Marktvolumen	8
2. Marktwachstum	15
3. Rentabilität des Marktes	20
4. Reale Preisentwicklung[14]	10
5. Wettbewerbsdruck	10
6. zukünftige Risiken	6
7. Differenzierungsmöglichkeiten	10
8. Segmentierung	9
9. Einzelhandelsstruktur	12
10. Summe	**100 %**

offensivesmarketing.de

Abbildung 2-19

Nachdem die maximale Gewichtung der Schlüsselkriterien festgelegt wurde, können einzelne Märkte verglichen werden. Bei Tiefkühlkost gibt es beispielsweise über sechzig Produktsegmente, also Erbsen, Pizza, chinesische Fertiggerichte usw. Sie müssen nun entscheiden, in welchem der Produktsegmente das Unternehmen konkurrieren soll. Denn kein Anbieter ist in allen Produktsegmenten aktiv. Die Mehrheit der Hersteller von Tiefkühlkost ist in weniger als zehn dieser Segmente tätig.

Wie werden die einzelnen Segmente bewertet?

Ein Scoring-Plan zur Bewertung

Hierzu kann ein schriftlicher Scoring-Plan nützlich sein. Damit fällt es leichter zu entscheiden, ob in einem bestimmten Segment für das Kriterium Marktwachstum beispielsweise die maximale Bewertung von 15 oder eine schlechtere Bewertung gegeben werden soll. Soll für eine Wachstumsrate von 5% pro Jahr die maximale Bewertung vergeben werden? Grundsätzlich sind solche Entscheidungen davon abhängig, in welchem Markt man sich gerade bewegt: 5% Mengenwachstum pro Jahr in einem gesättigten Sektor wie beispielsweise dem Markt für Nahrungsmittel ist ein Riesenerfolg; im Softwarebe-

[14] Die reale Preisentwicklung wird definiert als Preisänderung ohne Berücksichtigung der Inflation.

reich wäre dies allerdings ein deprimierendes Ergebnis. Abbildung 2-20 enthält die Bewertungstabelle für die beiden Tiefkühlbereiche „grüne Bohnen“ und „Pizza“. Aus der Abbildung wird ersichtlich, dass sich der Markt für TK-Bohnen gesättigt und relativ unattraktiv darstellt und eine Differenzierung kaum möglich scheint. Entsprechend liegt die Gesamtbewertung lediglich bei 34. TK-Pizza hingegen ist ein verhältnismäßig attraktiver Bereich, obwohl hier ein scharfer Wettbewerb herrscht und freie Kapazitäten vorhanden sind. Die Bewertung dieses Sektors läge bei respektablen 60.

Bewertungstabelle für die Attraktivität des Tiefkühl-Marktes: grüne Bohnen und Pizza

Kriterium	Max. Bewertung (%)	Grüne Bohnen	Pizza
Marktvolumen (Mio. €)	8	2	8
Prognostiziertes Marktwachstum (% reale Änderung pro Jahr)	15	4	12
Rentabilität des Marktes (% ROCE vor Steuern)	20	5	12
Reale Preisentwicklung (%)	10	4	5
Wettbewerbsdruck	10	4	5
Zukünftige Risiken	6	5	5
Möglichkeiten zur Differenzierung	10	3	6
Segmentierung	9	3	5
Einzelhandelsstruktur	12	3	3
Summe	**100**	**34**	**60**

Abbildung 2-20

Wie lässt sich dieses Modell praktisch anwenden? Ein Unternehmen, das bereits auf dem Markt für Tiefkühlkost tätig ist, würde mit diesem Verfahren Anhaltspunkte dafür erhalten, auf welche der über sechzig Produktsegmente es sich in Zukunft mit seinen Investitionen und Aktivitäten konzentrieren sollte. Ein Unternehmen, das sich neu auf diesem Markt engagieren möchte, könnte herausfinden, in welchen Segmenten ein Markteintritt lohnend scheint und in welchen nicht. Es würde sich vermutlich nicht gerade im Bereich grüne Bohnen engagieren (es sei denn, mehrere Unternehmen beabsichtigen, sich aus gerade diesem Segment zurückzuziehen).

Schritt 4: Vermögenswerte und Kompetenzen auf Märkte, Absatzwege und Kunden abstimmen

Abstimmung

Dieser Schritt dient der Koordination der Schritte 1 bis 3. Es soll festgestellt werden, in welchem Bereich sich ein Engagement des Unternehmens in Zukunft am meisten lohnen wird. Eine Klassifizierung nach Prioritäten erhöht dabei die Chance, attraktive Werte für die Kunden zu schaffen und außerordentliche Gewinne zu erzielen.

Ihnen liegen jetzt drei Datensätze vor: Nutzbare Vermögenswerte, nutzbare Kompetenzen und die relative Attraktivität der verschiedenen Marktsektoren, auf die diese angewendet werden können.

Implementierung des MAP

Nun können Sie den *marketing alignment process* (MAP) implementieren. Um die Vorgehensweise bei diesem Prozessschritt zu erläutern, werden wir Prioritäten für Märkte setzen. Beim Absatzweg oder Kunden verfahren Sie dann ebenso.

Die unten abgebildete Portfolioanalyse bezieht sich auf zwei Achsen: zum einen die Stärke der Vermögenswerte und Kompetenzen, welche wie dargestellt aus den Schritten 1 und 2 abgeleitet werden; zum anderen die relative Attraktivität des Marktes, ermittelt in Schritt 3. Die Analyse liefert nun Anhaltspunkte für die Gewichtung von Investitionen und hilft dabei, die Aktivitäten des Unternehmens auf diejenigen Marktsegmente zu konzentrieren, in denen ein attraktiver Kundenwert geschaffen und überdurchschnittliche Gewinne erzielt werden können. Auch werden auf diese Weise Märkte identifiziert, die entweder von vornherein nicht attraktiv oder für das betreffende Unternehmen ungeeignet sind. Abbildung 2-21 erläutert die Investitionsstrategien, die einer MAP-Analyse zugrunde liegen.

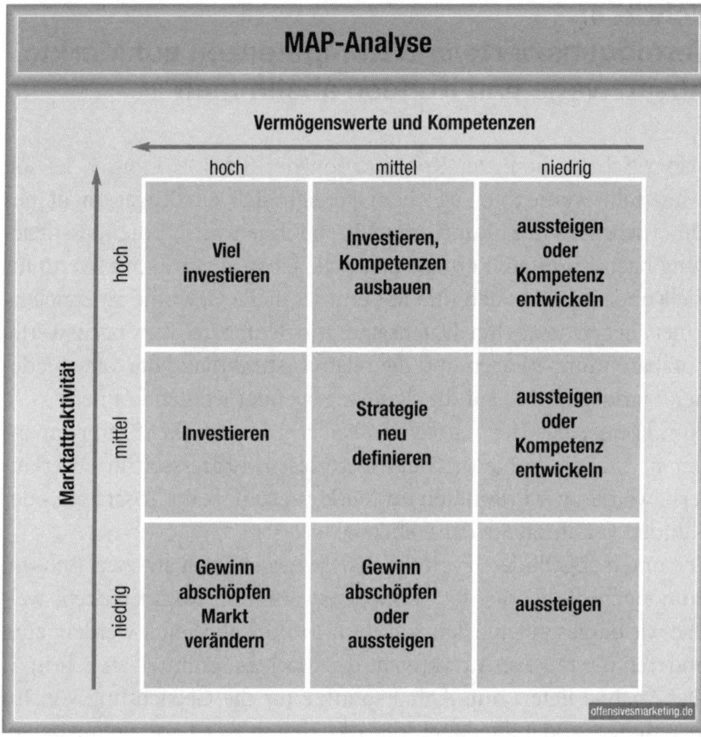

Abbildung 2-21

- Wenn ein Markt an sich nicht attraktiv ist, das betreffende Unternehmen aber starke Vermögenswerte und Kompetenzen in diesem Bereich besitzt (dies ist bei unserem Beispiel im untersten Feld der ersten Spalte der Fall), muss man sich zunächst die Frage stellen, inwiefern aus diesem Bereich ein attraktiver Markt entwickelt werden könnte.

www. yamaha.com

Yamaha ist dies mit dem Piano- und Orgelmarkt gelungen, indem es ein praktisches, einfach zu bedienendes Musikinstrument entwickelt hat, das auch für Kunden ohne musikalische Ausbildung attraktiv ist.

- Sofern ein Unternehmen nicht daran glaubt, durch den Einsatz von Kompetenzen eine solche Marktveränderung erreichen zu können, sollten in diesem Bereich die Ausgaben reduziert bzw. die Rentabilität des Bereichs erhöht werden (siehe Kästchen unten Mitte).

- Im umgekehrten Fall kann es aber auch so aussehen, dass ein Markt objektiv gesehen sehr attraktiv ist, aber nicht zu den Vermögenswerten und Kompetenzen eines Unternehmens passt. In diesem Fall muss entschieden werden, ob es zweckmäßig ist, diese durch interne Maßnahmen zu entwickeln und zu fördern oder durch eine Übernahme anderer Unternehmen zuzukaufen. (siehe Kästchen rechts oben).

Sehen wir uns nun einige Beispiele für eine gute bzw. schlechte Ausrichtung am Markt an. Zwei davon stammen von Unternehmen, die eigentlich für ihre herausragenden Marketing-Leistungen bekannt sind: ***Sony*** und ***Bic***.

Das Beispiel Sony:

www.sony.com

SONY

Ende 1989 stieg ***Sony*** in das amerikanische Film- und Fernsehgeschäft ein und übernahm für 3,4 Milliarden US-Dollar ***Columbia Pictures Entertainment Inc.*** Dieser Schritt scheint jedoch eher von Sonys Vision der Zukunft als von einer genauen Ausrichtung der Stärken und Möglichkeiten bestimmt gewesen zu sein. „Um unser Hardware-Geschäft auch in Zukunft zu entwickeln, ist es notwendig, den Anteil unserer Musik-Software mit bildorientierter Software zu erhöhen", gab Sony als Grund für die Übernahme von Columbia an. Vermutlich waren damit Filme gemeint.

Sony fehlten entscheidende Kompetenzen für den Erfolg im amerikanischen Filmgeschäft – Kenntnisse der englischen Sprache, Erfahrung in der Unterhaltungsindustrie und Kontakte in der Branche. All dies wollte man offensichtlich durch Übernahmen erwerben. Das Ergebnis für Sony war enttäuschend: 1995 schrieb Sony 3 Milliarden US-Dollar des Geschäftswertes aus dem Unternehmensbereich Film ab und wies Verluste in Höhe von 562 Millionen US-Dollar aus. 1996 waren die Einnahmen aus dem Filmgeschäft noch immer auf dem Stand von 1992.

Das Beispiel Bic:

www.bicworld.com

Bic war unter der Leitung von Baron Bich weltweit äußerst erfolgreich mit preisgünstigen Kugelschreibern. Die wahrscheinlich wichtigste Kompetenz war die Fähigkeit des Unternehmens, kleine Plastikartikel in hohen Stückzahlen zu geringen Stückkosten herzustellen und dabei dennoch einen guten Qualitätsstandard einzuhalten.

Bic wollte neue Konsumgütermärkte erschließen, auf welchen es sein Know-how in der Kunststofftechnologie innovativ einsetzen konnte. Nach der Analyse zahlreicher Konsumgüterkategorien nahm das Unternehmen schließlich den Markt für Nassrasierer ins Visier. Dieser wurde von der Firma ***Gillette*** dominiert, die seine Kunden damals mit immer ausgefeilteren und teureren Produkten umwarb. Bic brachte daraufhin seinen preisgünstigen Einwegrasierer heraus, der in Multipacks verkauft wurde und vor allem in Supermärkten zu finden war.

Wie vorherzusehen war, reagierte das Konkurrenzunternehmen Gillette nur sehr langsam, da es durch die neue Situation im Grunde vor einem Dilemma stand: Würde es ebenfalls einen erfolgreichen Einwegrasierer auf den Markt bringen, würde dies den Wert des gesamten Marktes herabsetzen. Würde es gar nicht reagieren, würde dies zum Verlust von Marktanteilen führen. Gillette führte dann schließlich doch noch einen erfolgreichen Einwegrasierer ein, konnte aber nicht mehr verhindern, dass Bic in vielen Ländern bereits als starker Wettbewerber etabliert war.

Schritt 5: Vermögenswerte und Kompetenzen identifizieren, die noch verbessert werden müssen.

Zukünftige Möglichkeiten

Der letzte Schritt beim MAP besteht darin, Vermögenswerte und Kompetenzen des Unternehmens hinsichtlich zukünftiger Möglichkeiten zu analysieren.

Bei den Schritten 1 bis 4 wurden attraktive Märkte, Absatzwege, Kundengruppen oder andere Möglichkeiten identifiziert, die nicht genutzt werden können, weil es dem Unternehmen an den entsprechenden Kompetenzen mangelt. In einem solchen Fall muss man sich entscheiden, ob die erforderliche Kompetenz ausgebildet werden kann oder durch Übernahmen erworben werden muss. Es könnte natürlich auch sein, dass bei der Überprüfung von Vermögenswerten und Kompetenzen kritische Schwächen entdeckt werden, die korrigiert werden müssen. Dazu sind dann unter Umständen Änderungen in der Struktur oder beim Personal bzw. bei Schulungs- und Weiterbildungsprogrammen erforderlich.

Zwar ist Schritt 5 der letzte Schritt des MAP, der Prozess sollte dennoch kontinuierlich weitergeführt werden. Aufgrund von Änderungen im internen und externen Geschäftsumfeld können sich neue

Möglichkeiten ergeben, die dann wiederum eine veränderte Marketing-Ausrichtung erfordern.

Achtung:

Der *marketing alignment process* schafft lediglich die *Möglichkeit*, eine überdurchschnittliche Rentabilität zu erzielen. Um eine solche Rentabilität tatsächlich zu erreichen, müssen diese Möglichkeiten genutzt, erfolgreiche Strategien entwickelt – „S" – und diese dann auch effektiv umgesetzt werden – „E". Diese Bereiche werden in den noch folgenden Kapiteln erläutert. Der MAP bietet also keine Gewähr für hohe Gewinne – aber er zeigt Ihnen interessante Möglichkeiten auf, wie Sie hohe Gewinne erreichen können.

Offensives Marketing – P O I S E

P	Profitabel	Ausgewogenes Verhältnis zwischen den Gewinnzielen des Unternehmens einerseits und den Kundenbedürfnissen andererseits herstellen
O	Offensiv	Marktführerschaft anstreben, Risikobereitschaft zeigen und Konkurrenten in die Nachahmerposition zwingen
I	Integrativ	Marketing-Ansatz verfolgen, der das gesamte Unternehmen einbezieht
S	Strategisch	Entwicklung Offensiver Strategien und entsprechender Marketing-Pläne
E	Effektiv umgesetzt	Die Umsetzung Offensiver Strategien effektiv managen

offensivesmarketing.de

Abbildung 2-22

3 Kurzfristige Gewinne schaffen

Der *marketing alignment process* (MAP) wurde in erster Linie für die Maximierung der mittel- bis langfristigen Rentabilität entwickelt. Für ein Krisen-Marketing, das auf kurzfristige Gewinne zielt, ist er hingegen weniger geeignet.
Wie sollte nun ein Offensiver Marketing-Fachmann reagieren, der den Gewinn bereits in den nächsten sechs bis zwölf Monaten steil nach oben treiben muss? Zunächst einmal muss man sich fragen, wie das Unternehmen in diese Situation geraten ist. Handelt es sich

um eine Ausnahmesituation, die im Unternehmen nur selten vorkommt? Oder kommt so etwas mangels einer konkreten Strategie und fehlendem Engagements für die Zukunft jedes Jahr vor?
Ein Offensiver Marketer wird eine Lösung finden, die die langfristige Zukunft des Unternehmens nicht gefährdet. Die meisten Marketing-Experten werden die Erfahrung machen, dass man ihnen im Laufe ihrer Karriere mindestens einen dieser „hoffnungslosen" Fälle aufs Auge drückt. Das im Folgenden genannte Beispiel kann deshalb durchaus als typisch bezeichnet werden:

Beispiel

Umsatz und Marktanteil für ein bestimmtes Shampoo sind rückläufig. Infolgedessen wurden die Werbeausgaben gesenkt, so dass der Markt jetzt von der Werbekampagne eines großen Konkurrenten beherrscht wird, der gerade ein qualitativ besseres Produkt herausgebracht hat. Neue Produktentwicklungen kann Ihr Unternehmen nicht vorweisen. Für die Marke sind erhebliche Ausgaben im Bereich der Absatzförderung angefallen, insbesondere für „Treue-Coupons", bei denen der Kunde nach Einsendung einen Teil des Kaufpreises zurückerhält. Allerdings zeigen weder Werbung noch Absatzförderung die erhoffte Wirkung. Daher ist mit weiteren Kürzungen des Ausgabenbudgets für die Marke zu rechnen. Um das Planziel noch erreichen zu können, müsste der Preis erhöht werden. Einige Händler drohen bereits damit, die Marke aus dem Sortiment zu nehmen. Die Unternehmensleitung beschließt, dass Sie genau der Richtige sind, um das Problem im Handumdrehen zu lösen und das Planziel doch noch zu erreichen.... Was tun Sie in einer solchen Situation?

Sie müssen den Gewinn innerhalb kurzer Zeit erhöhen, ohne dabei die Zukunft der Marke zu gefährden, und gleichzeitig eine stabile Basis für einen Erfolg in ein oder zwei Jahren aufbauen. Ein Kinderspiel? Mit der rechten Hand kümmern Sie sich um den kurzfristigen Gewinn, mit der linken sichern Sie die Zukunft der Marke. Abbildung 2-23 enthält eine Checkliste mit verschiedenen Stellschrauben zur kurzfristigen Steigerung des Gewinns:

Checkliste zur kurzfristigen Steigerung des Gewinns

Ansatzpunkte:	Entscheidende Fragen/ Aktivitäten
Qualität	■ Entspricht die Qualität den Anforderungen? ■ Können Kosten gesenkt werden, ohne die Qualität zu mindern? ■ Kann die Qualität wesentlich verbessert werden, ohne dass dadurch die Kosten drastisch steigen?
Absatzförderung	■ Sind die Ergebnisse der Vergangenheit gründlich analysiert worden? ■ Welche Art von Absatzförderung funktioniert auf den Zielmärkten am besten bzw. am schlechtesten? ■ Ist die Absatzförderung auf Zielgruppe, Vertriebsweg und Handelspartner abgestimmt?
Werbung	■ Wie ist die Werbewirkung? Wurde ein Pretest durchgeführt? ■ Welches Werbebudget ist kurz- bzw. langfristig gesehen optimal? ■ Wie einfallsreich ist der Einsatz von Kommunikation und Medien?
Produkt-entwicklung	■ Hat die F&E-Abteilung Ideen für potenzielle Sortimentserweiterungen? ■ Könnten solche Sortimentserweiterungen schnell entwickelt werden? Was machen andere Anbieter, was passiert in ausländischen Märkten?
Preisbildung	■ Mit Hilfe von Regressionsanalysen und Modellierungsverfahren Preiselastizitäten bestimmen
Absatzwege	■ Sollten neue Absatzwege genutzt werden? ■ Ist die Händlerauswahl zu überdenken? ■ Händlerentwicklungsprogramme starten
Kundenservice	■ Kann die Qualität verbessert werden? ■ Können Serviceleistungen erweitert werden?

offensivesmarketing.de

Abbildung 2-23

Sehr kurzfristig gesehen sind vor allem die Bereiche Absatzförderung und Kundennutzen (einschließlich Preisbildung) für schnelle Gewinnsteigerungen geeignet. Änderungen bei Werbung, Qualität, Kundenservice und Direkt-Marketing brauchen in der Regel länger, bis sie entwickelt sind und Wirkung zeigen. Und was hat der „Feuerwehrmann" in unserem Shampoo-Beispiel unternommen? Hier seine Antwort:

„Bisher wurde zuwenig in die Marke investiert und der Umsatz ging drastisch zurück. Das große Plus der Marke war ihre Unverwechselbarkeit, aber dieses Potenzial wurde bis jetzt nicht ausreichend genutzt. Zum Glück hatte ich mich mit dieser Marke schon in anderen, kleineren Ländern beschäftigt, so dass ich bereits konkrete Vorstellungen hatte, als ich meine neue Aufgabe übernahm.

Qualitätssicherung

Das erste Problem war die Qualität, die ziemlich unbeständig war. Das Qualitätsproblem hatten wir innerhalb weniger Wochen im Griff und dem Handel gegenüber haben wir die erzielten Verbesserungen immer wieder betont. Dann habe ich mir die Bereiche angesehen, in denen wir große Summen ausgegeben und nicht viel damit erreicht haben.

Kundentreue stärken

Bei der Absatzförderung zielte die Strategie darauf ab, Kundentreue aufzubauen, was vom Ansatz her völlig richtig war, aber leider nicht gekonnt umgesetzt wurde; die Ausgaben je Fördermaßnahme waren viel zu gering. Wir änderten das und konzentrierten uns auf wenige Maßnahmen, die dann aufwendiger durchgeführt wurden. Darüber hinaus haben wir die Coupons abgeschafft, die für Probekäufer attraktiver sind als für treue Kunden.

Händlerspezifische Aktionen

Im Gegensatz zu Großbritannien gab es bei uns weniger individuelle Verkaufsaktionen für bestimmte Händler, deshalb haben wir acht verschiedene Angebote entwickelt, durch die der Produktionsprozess nicht unterbrochen wurde. Wir boten jedem Handels-Kunden verschiedene Aktionen an, die er frei wählen konnte, so lange feste Bestellungen mit zwölf Wochen Vorlauffrist bei uns eingingen. Der Umsatz schoss zwar nicht gerade in die Höhe, aber wir erreichten dadurch ein rentables Verkaufsförderungsvolumen und kamen den Händlern entgegen.

Sortimentserweiterung

Mittelfristig gesehen bestand unser wichtigstes Projekt darin, das Sortiment um hochpreisige Produkte zu erweitern, die zu unserer Kernstrategie für die Marke passten und zusätzlichen Umsatz bringen sollten. Diese Produkte haben sich schließlich als sehr rentabel erwiesen.

Zwei Jahre nach Beginn meines „Rettungseinsatzes“ steigt der Marktanteil der Marke wieder, und die Gewinne liegen um 45% höher. Trotzdem wäre es mir lieber, wenn ich so etwas nicht noch einmal machen müsste.“

Dieser Offensive Marketer hat die Fallen vermieden, in die man gerne tappt, wenn man unter hohem Erfolgsdruck steht:

- Trotz interner Aufforderung hat er die Preise nicht erhöht. Bei einer Marke mit rückläufigen Umsatzzahlen wäre dies mittelfristig ein schlechter Schachzug gewesen, obwohl es bei einem Zeithorizont von sechs Monaten vielleicht Gewinn gebracht hätte.
- Er hat zwar die Qualität im Vergleich zur Konkurrenz erhöht, dies jedoch nicht als Basis für eine „Pseudo“-Neueinführung ohne echte Substanz verwendet.
- Er hat die Ausgaben für die Werbung trotz starken Drucks nicht weiter gesenkt und eine intelligentere Strategie implementiert, die effektiver umgesetzt wurde. Die Ausgaben für die Werbung wurden letzten Endes sogar erhöht, was durch

den Wegfall der Verkaufsförderung für kleinere Größen und der Coupons finanziert wurde.
- Er hat die Ausgaben für Absatzförderung gesenkt, die Effektivität jedoch drastisch gesteigert.
- Am wichtigsten war, dass er „mit beiden Händen" gearbeitet hat, also sowohl kurz- als auch langfristig gedacht hat. Im ersten Jahr war der neue Ansatz für die Absatzförderung der entscheidende Faktor dafür, dass die Planzahlen doch noch erreicht wurden. Darüber hinaus hat er im ersten Jahr auch in die Produktqualität und die Werbung sowie in eine erfolgreiche Sortimentserweiterung investiert, was der Marke im zweiten Jahr den erforderlichen Auftrieb brachte.

Kurz- und mittelfristiges Denken kombinieren!

- Er hat in keinem Bereich den Kundennutzen gesenkt, obwohl er aktiv nach Möglichkeiten zur Kosteneinsparung suchte. Im Gegenteil, seine Strategie bestand darin, den Kundennutzen auf kostengünstige Art und Weise zu gewährleisten.

Im letzten Teil dieses Kapitels geht es besonders um zwei Bereiche, in denen kurzfristige Gewinne realisiert werden können. Die meisten dieser Bereiche wirken sich auch positiv auf den langfristigen Gewinn aus. Kurzfristig besteht ihre besondere Attraktivität darin, dass sie sich sehr schnell positiv auf den Ertrag auswirken, ohne zusätzliche Kosten zu verursachen, und damit einen Gewinnüberschuss für das laufende Geschäftsjahr erwirtschaften können.

1. *Value Engineering* (VE)

Wertanalyse

VE wird auch als „Wertanalyse" bezeichnet. Beim VE geht es vor allem um folgende Fragen: „Welchen Wert für den Kunden hat ein bestimmtes Element eines Produktes oder einer Dienstleistung und wie ist dieser in Zusammenhang mit seinen Kosten einzuschätzen?" und „Wie können wir Kosten in einen höheren Wert für den Kunden umsetzen?" VE ist ein Kern des Offensiven Marketing und balanciert das wechselnde Verhältnis von Kosten und Nutzen aus, zum Wohle der Nachfrager und der Anbieter.

VE schon bei der Entwicklung anwenden!

Die Wertanalyse ist am effektivsten, wenn sie bereits in der Entwicklungsphase des Produktes oder der Dienstleistung eingesetzt wird, weil bis zu 90% der Produktionskosten auf die Entwicklung entfallen. Die Wertanalyse ist jedoch auch für bereits vorhandene Produkte oder Dienstleistungen von Bedeutung, da damit kurzfristige Gewinne erzielt werden können. Genaue Kenntnisse darüber, aus welchen Schlüsselelementen der Wert eines Produktes oder einer

Dienstleistung für den Verbraucher besteht, sind wichtig für eine effektive Wertanalyse. Die Marketing-Spezialisten müssen die Leistung aus Kundensicht nachvollziehen können, diese in die einzelnen Wertelemente aufschlüsseln und die relative Bedeutung der einzelnen Elemente bewerten.

Bei einer Fluggesellschaft beginnt die Leistung beispielsweise mit der Überlegung, eine Reise zu buchen, und endet mit der Ankunft am gewählten Reiseziel. Sie besteht daher aus den Elementen Buchung, Fahrt zum Flughafen, Reservierung, Warten, Sicherheitsvorkehrungen, Check-in, Boarding, Flug, Landung, Gepäckausgabe und so weiter.

Der gesamte Prozess des *Value Engineering* muss auf abteilungsübergreifender Basis, unter Beteiligung von Mitarbeitern aus Finanzwesen, Organisation, Fertigung und am besten unter der Leitung der Marketing-Abteilung erfolgen.

Feststellung der Kosten

Sobald die Aufschlüsselung des Wertes erfolgt ist, müssen die Kosten der einzelnen Elemente festgestellt werden, i.d.R. durch eine Kostenbewertung nach Aktivität. Danach setzen Sie die Werte zueinander in Beziehung und suchen nach Bereichen mit hohen Kosten/geringem Wert (Kostensenkung nach Aktion) oder niedrigen Kosten/hohem Wert (Investition nach Aktion zur Ertragssteigerung). Abbildung 2-24 enthält ein fiktives Beispiel für eine Versicherung. Versicherungsgesellschaften verkaufen Versicherungen, die Kunden dagegen kaufen Vertrauen – sie vertrauen darauf, dass die Versicherungsgesellschaft sie fair behandeln wird. In der Grafik sind im linken Block die Schlüsselelemente aufgeführt, die zum Kundennutzen beitragen – in diesem Fall Vertrauen im Vergleich zum Preis. Vertrauen wird durch ein klares Angebot, Kundenservice und die eigentliche Schadenregulierung geschaffen. Im rechten Block werden diese Elemente nach Kosten aufgeschlüsselt. Anschließend werden die beiden Blöcke verglichen. Der Preis hängt von der Risikoübernahme ab, die Klarheit des Angebots steht im Vergleich zu den Kommunikationskosten und so weiter. Welche Elemente mit geringen Kosten und hohem Wert können Sie in der Grafik erkennen. Welche Maßnahmen würden Sie ergreifen?

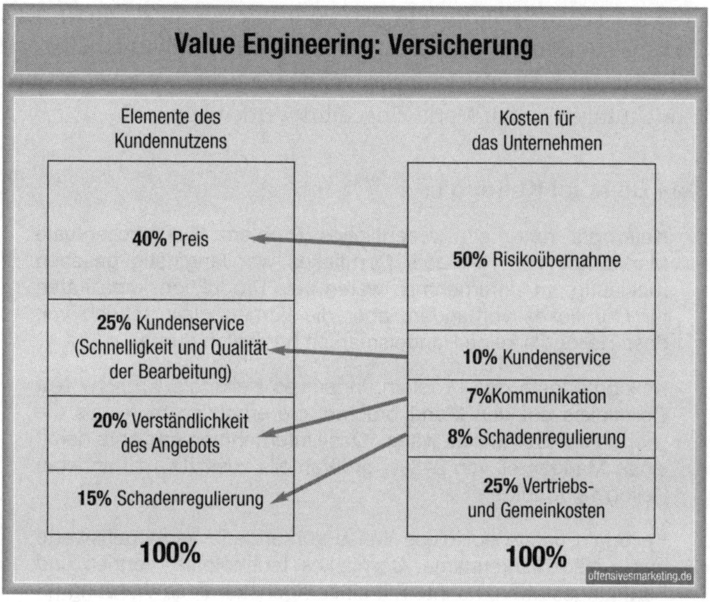

Abbildung 2-24

Nach einem Blick auf die Grafik kann man sich folgende Fragen stellen:

- Sollten wir die Ausgaben für den Kunden-Service erheblich erhöhen und diese Kosten durch zusätzlichen Umsatz oder sogar eine Preiserhöhung finanzieren?
- Welchen Wert für den Kunden schafft unsere Schadenregulierung und wie sieht die Kundentreue bei den Kunden mit Versicherungsansprüchen im Vergleich zu den Kunden ohne Versicherungsfall aus?
- Lassen sich Kosten und Wert von Vertrieb und Gemeinkosten genauer aufschlüsseln?

2. Nutzung der Vermögenswerte

Wie hoch ist der aktuelle Grad der Ausnutzung? Stimmt das Verhältnis Preis/Ausnutzung? Können Produkte mit einem höheren Wert entwickelt werden, die sich auch auf den vorhandenen Anlagen produzieren lassen? Können mit den vorhandenen Mitarbeitern neue Dienstleistungen auf den Markt gebracht werden? Sind modifizierte Produkte oder Dienstleistungen vorhanden, die mit vorhandenen Einrichtungen in den Markt eingeführt werden können?

www. kelloggs.de

Das Beispiel Kellogg's:

Kellogg's hatte ein wesentliches Problem. Der prozentuale Marktanteil von Kellogg's Cornflakes war langfristig gesehen rückläufig. Im Unternehmen waren freie Produktionskapazitäten für Cornflakes vorhanden, aber die Firmenpolitik schrieb vor, dass Kellogg's keine Handelsmarken herstellen durfte.

Kellogg's löste das Problem, indem es Kellogg's Crunchy Nut Cornflakes auf den Markt brachte, die erheblich teurer als die „normalen" Cornflakes waren. Das Unternehmen erreichte damit einen Marktanteil von 2–3%, größtenteils zusätzlich zu anderen Kellog's-Produkten.

Kellogg's nutzte auf diese Weise vorhandene Vermögenswerte aus – also Markenname, Cornflakes-Technologie, Vertrieb und Fertigungsstätten, konnte mit einer eigenständigen Werbung jedoch neue Kunden anziehen, die zusätzlich eine hohe Gewinnspanne ermöglichten.

Ähnliche Fragen kann man sich auch zu anderen Vermögenswerten wie Marken oder Kunden stellen. Wie können Marken erweitert oder ausgeschöpft werden (vgl. hierzu Kapitel IX)? Gibt es neue Einsatzmöglichkeiten für vorhandene Produkte oder Dienstleistungen? Wie effektiv wird die Kunden-*Database* genutzt, und wie kann die Kundenloyalität erhöht werden? Welche neuen Produkte oder Dienstleistungen benötigen die Kunden? Welche Möglichkeiten des *cross-selling* bestehen?
Wie bereits zu Beginn dieses Abschnitts erwähnt, sollte jeder Marketing-Experte in der Lage sein, kurzfristige Gewinne zu erwirtschaften, ohne die Zukunft des Unternehmens aufs Spiel zu setzen. Auf lange Sicht muss jedoch gezielt vor allem in die Zukunft investiert werden.

Flow-Chart Kapitel II

Unternehmenswert und Marketing im traditionellen Rechnungswesen	
So sieht die Finanzabteilung den Gewinn	■ Kennzahlen: ROS, ROCE
Was ist falsch daran, wenn man den Gewinn lediglich unter finanzwirtschaftlichen Gesichtspunkten sieht?	■ Oberflächliche Behandlung von „immateriellen Investitionen" ■ Keine Angaben zur Qualität der Erträge ■ Beantwortet nur wenige Fragen zu Ursachen und Zukunftsentwicklungen
Wie Offensive Marketer die finanzwirtschaftliche Bilanzierung verändern sollten	■ Schwerpunkt auf Ursachen und Zukunftsaussichten legen ■ Bewertung von Kundenwert, Investitionen und Innovationen
Abstimmung von Ressourcen und Marktanforderungen	
Das neue Modell – Marketing auf der Grundlage von Vermögenswerten und Kompetenz	■ Wechselwirkungen zwischen Kundenbedürfnissen, Vermögenswerten und Kompetenz des Unternehmens beachten ■ Ausgewogenes Verhältnis maximiert die Rentabilität
***marketing alignment process* (MAP) für überdurchschnittliche Gewinne**	■ Nutzbare Vermögenswerte identifizieren ■ Nutzbare Kompetenzen identifizieren ■ Attraktivität der Marktchancen bewerten ■ Schritte 1–3 abstimmen ■ Vermögenswerte und Kompetenzen identifizieren, die weiter verbessert werden müssen
Kurzfristige Gewinne schaffen	
Checklisten anwenden	■ Value Engineering (VE) ■ Ausnutzung von Vermögenswerten

Lese-Tipp:

- Baruch Lev-Homepage: www.stern.nyu.edu/~blev.
- Edvinsson, L./ Brünig, G.: Aktivposten Wissenskapital. Unsichtbare Werte bilanzierbar machen, Wiesbaden 2000.
- Hamel, G./ Prahalad, P.: Competing for the Future, HBS Press 1994.
- Rust, R./ Zeithaml, V./ Lemon, K.: Driving Customer Equity, The Free Press 2000.

Abschnitt 2: Offensiv

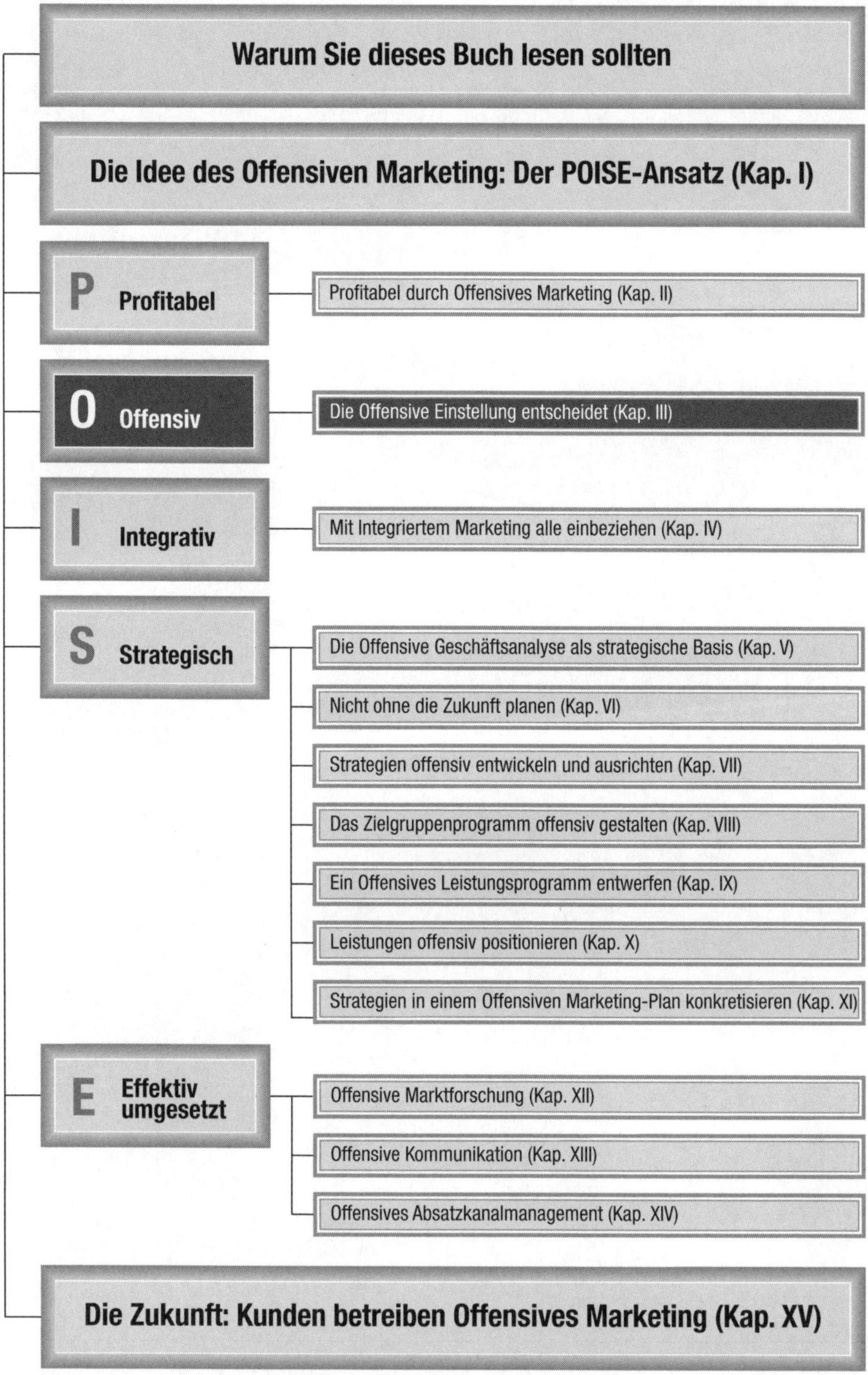

III. Die Offensive Einstellung entscheidet

Kapitelüberblick

Offensives Marketing – P O I S E		
P	Profitabel	Ausgewogenes Verhältnis zwischen den Gewinnzielen des Unternehmens einerseits und den Kundenbedürfnissen andererseits herstellen
O	Offensiv	Marktführerschaft anstreben, Risikobereitschaft zeigen und Konkurrenten in die Nachahmerposition zwingen
I	Integrativ	Marketing-Ansatz verfolgen, der das gesamte Unternehmen einbezieht
S	Strategisch	Entwicklung Offensiver Strategien und entsprechender Marketing-Pläne
E	Effektiv umgesetzt	Die Umsetzung Offensiver Strategien effektiv managen

offensivesmarketing.de

Abbildung 3-1

Die Offensive Einstellung „O“ hat großen Einfluss auf „I-S-E“ und damit auf die gesamte Performance eines Unternehmens. Sie fördert die Integrative Orientierung („I“), indem sie eine auf Kunden fokussierte Vision forciert und durchsetzt. Die Offensive Einstellung schafft also das Umfeld für effektive Investitionen und eine langfristige Perspektive, so dass sich der strategische Aspekt („S“) entwickeln kann. Da die Schwerpunkte unserer Überlegungen auf Innovation, kontinuierlichen Angriff und Erhöhung der Reaktionsgeschwindigkeit gerichtet sind, ist eine Offensive Einstellung unerlässlich für die effektive Umsetzung („E“). Um eine solche Einstellung geht es in diesem Kapitel. Eine Offensive Einstellung oder Grundhaltung ergibt sich durch das dynamische Zusammenwirken verschiedener Aspekte:

- **Die Vision**: Sie sollte kühn, aber realisierbar, relevant und einfach zu vermitteln sein. Sie soll in erster Linie alle Mitarbeiter, aber auch die Kunden, Lieferanten und Kapitalgeber motivieren und inspirieren.
- **Der Netto-Kundennutzen** stellt einen aus Sicht des Kunden attraktiven Abgleich von Nutzen und Aufwand dar. Um diesen Nutzen zu schaffen, braucht man nicht nur ein Gespür für die Kundenwünsche und Trends, sondern muss darüber hinaus auch in der Lage sein, Kosten zu senken und die Effizienz zu steigern.
- **Die Innovation** muss sich auf zwei Bereiche beziehen – zum einen auf zahlreiche kleinere Ideen und Verbesserungen, die Tag für Tag implementiert werden, und zum anderen auf ehrgeizige Großprojekte. Erfolgreiche Innovationstätigkeit setzt eine Geschäftsleitung voraus, die innovative Schritte nicht nur fördert, sondern auch belohnt und darüber hinaus eine Unternehmenskultur und Strukturen schafft, in der Innovationen auch umgesetzt werden können.
- **Die langfristige Perspektive und die Investitionen** sind die offensichtlichsten Prüfsteine für die Ressourcen und die Entschlossenheit der Unternehmensleitung. Kurzfristige Maßnahmen können die Vision konterkarieren und so das Vertrauen der Mitarbeiter in das Engagement der Unternehmensführung erschüttern. Investitionen sind unerlässlich, um Vermögenswerte und Kompetenzen eines Unternehmens zu erneuern bzw. weiterzuentwickeln.
- **Der kontinuierliche Angriff und die Geschwindigkeit** können schließlich nur mit einer kämpferischen Grundhaltung erfolgen. Diese darf auch dann nicht aufgegeben werden, wenn sich ein Unternehmen an einigen Fronten vorübergehend in einer Verteidigerposition befindet. Eine Offensive und proaktive Einstellung motiviert die Mitarbeiter, setzt den Wettbewerb unter Druck und schafft die internen Voraussetzungen für herausragende Leistungen. Die Geschwindigkeit im Sinne einer Reagibilität ist letztlich ein Hinweis darauf, wie „fit" ein Unternehmen ist. Es muss grundsätzlich in der Lage sein, schnell und flexibel auf Änderungen des betrieblichen Umfelds oder auf veränderte Kundenbedürfnisse zu reagieren.

Es ist eine der wichtigsten Aufgaben der Unternehmensleitung, mit Unterstützung des Marketing eine Offensive Grundhaltung im gesamten Unternehmen zu schaffen und zu erhalten.

1 Weshalb eine Offensive Einstellung so entscheidend ist

Die Einschätzung durch Konkurrenz und Mitarbeiter

Wie sieht die Konkurrenz Ihr Unternehmen?

> Wird Ihr Unternehmen als ernst zu nehmender und offensiver Gegner eingeschätzt? Sind direkte Wettbewerber auf der Hut und vermeiden zukünftige Wettbewerber zunächst direkte Attacken? Oder wird Ihr Unternehmen von aggressiven Wettbewerbern als leichte Beute betrachtet? Nimmt Ihr Unternehmen eine führende Position in seiner Branche ein oder folgt es lediglich den Branchenführern?

Und wie stehen die Mitarbeiter zu Ihrem Unternehmen?

> Kommen sie am Montagmorgen voller Tatendrang ins Büro und gehen sie am Freitagabend müde, aber zufrieden ins Wochenende? Ist die Atmosphäre durch kompetente Führung, Fortschritt, Teamarbeit und Spaß geprägt oder ist der Arbeitsalltag eine endlose Tretmühle aus nicht enden wollenden Besprechungen, aufgeschobenen Entscheidungen und unerfreulichen internen Machtspielen? Hinkt das Unternehmen müde hinter dem Wettbewerb her und versucht vergeblich, den Anschluss nicht zu verpassen, oder bestimmt es von der Spitze aus selbst das Tempo?

Wenn Unternehmen lediglich versuchen, eben so zu „überleben", ist das ungefähr so, als spielte eine Fußballmannschaft immer nur auf „Unentschieden". Langfristig demotiviert das nicht nur die Mitarbeiter und beeinträchtigt ihre Leistung, sondern es hat auch negative Auswirkungen auf alle anderen relevanten Zielgruppen. Dabei ist es durchaus möglich, auch mit mittelmäßigen Inputfaktoren überdurchschnittliche Ergebnisse zu erreichen. Andererseits kann es passieren, dass auch hoch qualifizierte Mitarbeiter nur mittelmäßige Leistung erbringen.

Die Grundeinstellung entscheidet

Die Einstellung ist der Schlüsselfaktor hierzu. Und sie wird vor allem von Faktoren wie Führungsqualität, Motivation und Arbeitsumfeld geprägt. Die Offensive Einstellung ist daher die Schlüsselgröße für Offensives Marketing. Abbildung 3-2 zeigt im Überblick, wie man Unternehmen im Hinblick auf ihre Offensive Einstellung analysieren kann.

Kleiner Leitfaden zur Offensiven Einstellung

Kriterium:	„Offensiver Marketer“:	„Mitläufer“:	Ihr Unternehmen:
Vision	ehrgeizig, aber machbar	„Heiße Luft“	
Top-Management	führt, moderiert	kontrolliert	
Netto-Kundennutzen	herausragend	durchschnittlich	
Innovation	kontinuierlich	sporadisch	
Perspektive	langfristig	kurzfristig	
Investitionen	konsistent	schwankend	
Strategie	Angriff	Überleben	
Entscheidungsfindung	schnell, geradlinig	verworren	
Teamarbeit	hervorragend	schlecht	
Diskussion	führt zu konkreten Maßnahmen	endlos	
Atmosphäre	mitreißend, leidenschaftlich	defensiv	

offensivesmarketing.de

Abbildung 3-2

Einige der in diesem Kapitel behandelten Aspekte gehen über den sonst üblichen Rahmen eines Marketing-Buches hinaus. In diesem Buch geht es aber auch gerade nicht um die klassischen Aufgaben der Marketing-Abteilung, sondern um eine breite Sichtweise, um ein umfassendes Marketing-Verständnis.

Die richtige Einstellung fängt ganz oben an!

Ob ein Unternehmen Offensives Marketing umsetzen kann oder nicht, hängt ganz wesentlich von der Unternehmensleitung ab – und nicht alleine von den „Marketing-Leuten“.

Das Marketing sollte also immer einen starken Einfluss auf die Unternehmensleitung ausüben, nur so kann es bei der Umsetzung eines Offensiven Marketing-Ansatzes eine aktive und führende Rolle einnehmen. Eine Offensive Einstellung entwickelt sich aus gemeinsamen Werten und basiert auf einem kontinuierlichen Engagement für den Kunden und einer wirtschaftlichen Unternehmensführung. Eine solche Einstellung fördert den Zusammenhalt im Unternehmen, erzeugt eine Eigendynamik und motivierte Mitarbeiter, die sich mit ihrem Unternehmen identifizieren.

Offensives statt aggressives Marketing

Die dem Offensiven Marketing zugrunde liegende Einstellung darf allerdings nicht mit „aggressivem" Marketing verwechselt werden. Offensive Marketer sind keine „rasenden Zwerge" oder verzweifelte Verfolger, die in spontanen Aktionen riesige Budgets planlos vergeuden, um den Marktführern hinterherzujagen. Offensive Marketer sind selbstverständlich wettbewerbsfähig und -willig, darüber hinaus sind sie aber auch besonnen, einfallsreich und vorausschauend. Die richtige Mischung aus gesundem Wettbewerb und Kooperation ist entscheidend für den Erfolg.

2 Die fünf Elemente der Offensiven Einstellung

Abbildung 3-3

Das Bild von einem Rad mit fünf Speichen ist gut geeignet, um die Elemente der Offensiven Einstellung zu erläutern. Es macht deutlich, dass alle Aspekte miteinander verbunden sind:
Die **Vision** treibt das Rad vorwärts, der **Netto-Kundennutzen** wird von Innovation bestimmt, die **Innovation** hängt von einer **langfristigen Perspektive** und von den **Investitionen** ab. **Konsistente Investitionen** ermöglichen den **kontinuierlichen Angriff** und aus dieser Dynamik heraus wird die **Reagibilität und Geschwindigkeit** des Unternehmens gewährleistet. Jedes einzelne dieser Elemente ist mit dem Zentrum des Rads verbunden, wo es schließlich zur Offensiven Einstellung beiträgt.

Nachfolgend werden die einzelnen Elemente erläutert. Der Schwerpunkt liegt dabei auf der Vision, die das Rad in Bewegung setzt, die anderen Speichen aktiviert und den Boden vorbereitet für das „S", die Strategie von POISE.

2.1 Vision und Ziele

Um langfristig erfolgreich zu sein, benötigt ein Unternehmen eine konkrete Vision, die die Richtung für die Zukunft vorgibt. Die Vision gewährleistet Dynamik im Unternehmen und motiviert die Mitarbeiter. Eine konkrete Vision basiert auf der Fähigkeit, die Zukunft vorauszusehen und entsprechend zu beurteilen. In Kapitel VI wird dies noch ausführlicher dargestellt werden. Eine erfolgreiche Vision erfüllt in der Regel folgende Voraussetzungen:

Sechs Voraussetzungen für eine erfolgreiche Vision

Voraussetzung	Anmerkung
▪ Gibt die Richtung für die Zukunft an	▪ Siehe Kapitel VI – Nicht ohne die Zukunft planen
▪ Formuliert einen Nutzen für den Kunden	▪ Orientiert sich nach außen
▪ Ist ehrgeizig	▪ Ist glaubhaft für Kunden und Mitarbeiter
▪ Ist motivierend	▪ Muss Mitarbeiter und Partner motivieren und inspirieren
▪ Ist einfach zu vermitteln	▪ Bewegt sich auf allen Ebenen eines Unternehmens
▪ Muss umgesetzt und kontinuierlich gemessen werden	▪ Geht in schwierigen Zeiten keine Kompromisse ein

offensivesmarketing.de

Abbildung 3-4

Eine konkrete unternehmerische Vision blickt in die Zukunft und hilft einem Unternehmen auf Änderungen in der Zukunft besser reagieren zu können als der Wettbewerb. Bill Gates' Vision für ***Microsoft*** lautete 1995:

Beispiele für Visionen

> „Ein Computer auf jedem Schreibtisch und in jedem Haushalt."

www.microsoft.com

Diese unternehmerische Vision erfüllte damals alle sechs Voraussetzungen aus Abbildung 3-4. Das Gleiche gilt für die Vision von ***Johnson & Johnson***:

www.jnj.com

> „Wir sind Ärzten, Krankenschwestern, Patienten, Müttern sowie allen anderen verpflichtet, die sich unserer Produkte und Dienstleistungen bedienen. Bei allem, was wir zur Erfüllung ihrer Bedürfnisse tun, erfüllen wir höchste Qualitätsstandards. Wir streben kontinuierlich danach, unsere Kosten zu senken, um auch in Zukunft zu angemessenen Preise anbieten zu können."[1]
>
> Diese Vision wurde 1943 von R. W. Johnson Jr. formuliert. Abgesehen von einigen kleinen Änderungen in der Wortwahl ist sie heute noch in dieser Form gültig. Jim Burke, in den achtziger Jahren CEO von Johnson & Johnson, schätzte, dass er 40% seiner Zeit allein damit verbrachte, diese Vision innerhalb des Unternehmens zu kommunizieren.

Eine tragfähige Vision gibt die Richtung für die Zukunft an. Über die Herausforderungen, mit denen sich ein Unternehmen wie ***General Electric*** konfrontiert sieht, sagte CEO Jack Welch einmal, dass das Unternehmen als ersten Schritt „... sein Schicksal in groben Zügen, aber dennoch konkret definieren muss. Man braucht [...] etwas Großes, aber es muss konkret und verständlich sein." General Electric hat sich daher folgende Vision gesetzt:

www.ge.com

> „Wir werden auf allen Märkten, auf denen wir tätig sind, die Nummer eins oder zwei sein und werden dieses Unternehmen revolutionieren, damit es so schnell und flexibel ist wie eine kleine Firma."
>
> Bei der Umsetzung seiner Vision hat General Electric bislang große Fortschritte gemacht. General Electric gilt heute als einer der wenigen Großkonzerne der Old Economy, der neue Technologien voll nutzt und flexibel geblieben ist, was sich auch in der Börsenbewertung des Unternehmens bemerkbar macht.

---

[1] Geschäftsberichte Johnson & Johnson.

Eine gelungene Vision formuliert einen Nutzen für den Verbraucher.

www.barilla.it

Dies wird beim italienischen Backwaren- und Pasta-Hersteller ***Barilla*** besonders deutlich: „Unsere Aufgabe ist, zur Gesundheit der Menschheit durch ausgewogene Produkte beizutragen. Im Zentrum aller Aktivitäten steht das Produkt und alle Aktivitäten sind zentral auf den Kunden ausgerichtet.“ (Guido Barilla)

Unternehmerische Visionen sehen die Zukunft mit den Augen des Kunden. Über die Definition unternehmerischer Ziele werden sie in Shareholder Value umgesetzt.

Eine gute Vision ist realistisch. Eine Vision für die Zukunft sollte einfallsreich, aber durchführbar sein, ehrgeizig, aber in greifbarer Nähe. Dazu gehört allerdings mehr als ein elegant formulierter Satz. Die Vision muss konkrete Strategien enthalten, die auf einer genauen Analyse künftiger Gelegenheiten beruhen.

www.att.com

AT&T

AT&Ts Vision von der „globalen Nähe“ ist beispielsweise ehrgeizig, aber ob sie realisiert werden kann, ist fraglich. „Wir wollen die Menschen einander näher bringen und dafür sorgen, dass sie problemlos Zugang zueinander und zu den Informationen und Dienstleistungen haben, die sie wollen und brauchen – jederzeit und überall.“

AT&T hat unter anderem folgende Bereiche identifiziert, in denen man sich verstärkt engagieren will:

- Ausbau der Mobilfunkkommunikation, deren Umsätze sich in den nächsten zehn Jahren verdreifachen sollen.
- Ausbau der Position auf den lokalen Telefonmärkten, wo AT&T derzeit einen Marktanteil von lediglich 15% besitzt.
- Ausbau von Online-Dienstleistungen für ein breiteres Publikum.
- Ausbau elektronischer Kommunikation wie E-Commerce und elektronische Zahlung.

www.daimler chrysler.com

Daimler-Benz hat vor einigen Jahren eine Vision formuliert, die sich recht schnell als unrealistisch herausgestellt hat. Das Unternehmen hatte sich vorgenommen, den Sprung von einem Transportkonzern zu einem integrierten Technologiekonzern zu schaffen. Es kaufte eine ganze Reihe von Unternehmen und begann damit, Flugzeuge, Autos, Kühlschränke, Atomkraftwerke und

Schreibmaschinen zu produzieren. Man ging davon aus, dass gemeinsame Technologien über die verschiedenen Unternehmensbereiche des Konzerns hinweg genutzt werden können. In der Praxis hat dies jedoch nicht funktioniert und der Ausdruck „integrierter Technologiekonzern" ist innerhalb des Unternehmens zu einer Art *running gag* geworden. Die eingeschlagene Richtung wurde daraufhin revidiert.

Aufgrund der aktuellen Fusion zu Daimler-Chrysler stellen sich allerdings bereits wieder neue Anforderungen an die Vision des Konzerns:

„Wir wollen zwei herausragende Unternehmen zu einem globalen Unternehmen zusammenführen – einem Unternehmen, das bis zum Jahr 2001 der erfolgreichste und angesehenste Anbieter von Automobilen, Transportprodukten und Dienstleistungen ist. Wir wollen unsere Kunden mit Produkten und Dienstleistungen begeistern, die sich durch hohe Qualität und Innovation auszeichnen – aufgrund hervorragender Prozesse, fähiger und motivierter Mitarbeiterinnen und Mitarbeiter und der Stärke unseres Portfolios."[2]

Dies ist ein gutes Beispiel dafür, dass eine Vision laufend überprüft und gegebenenfalls an sich verändernde Umfeldbedingungen angepasst werden muss.

Eine zweckmäßige Vision ist motivierend. Bei der Formulierung einer Vision für die Zukunft geht es auch darum, den Angestellten den Sinn ihrer Arbeit zu vermitteln und die Richtung vorzugeben. Der Maßstab der Unternehmensleitung – Gewinn für die Aktionäre – dürfte für die mittlere und untere Mitarbeiterebene nur sehr wenig emotionale Bedeutung haben.

www.canon.de

Canon

Canons Vision für die Zukunft ist beispielsweise motivierend für die Mitarbeiter und kundenorientiert zugleich: „Auf der Grundlage der Kyosei-Philosophie unseres Unternehmens – zusammen leben und arbeiten für das Wohl der Gemeinschaft ... wollen wir durch innovative Kameras, Büromaschinen und optische Produkte bessere Arbeitsplatzbedingungen in Büros, eine bessere Lebensqualität für den Einzelnen und eine größere Produktivität für die Wirtschaft schaffen."

www.fujitsu.de

FUJITSU

Fujitsus Vision ist ebenfalls ein passendes Beispiel: „Fujitsu lässt mit seinen Computer- und Telekommunikationssystemen, die mit modernsten elektronischen Bauteilen arbeiten, die Träume von morgen schon heute wahr werden."

---

[2] http://www.daimlerchrysler.com/index_g.htm

Eine gelungene Vision ist einfach zu vermitteln. Wenn eine Vision für die Zukunft konkret und motivierend ist, lässt sie sich einfacher vermitteln und wird bereitwilliger akzeptiert. Hier ein weiteres positives Beispiel:

www.kwikfit.co.uk

Das strategische Ziel von ***Kwik-Fit***, einem Unternehmen, das sich auf Ersatzteile, Reparatur und Services rund um das Auto spezialisiert hat, lautet: „Unser Ziel besteht darin, unsere Kunden 100-prozentig zu begeistern" – *„Our aim is 100% customer delight."*

Visionen müssen einfach und leicht verständlich sein. Sie müssen kontinuierlich innerhalb des Unternehmens vermittelt werden, sowohl von oben nach unten als auch horizontal. Eine gute Vision braucht dafür nicht viele Worte.
Das Credo von ***Land's End*** lässt sich sogar in nur zwei Worten zusammenfassen:

www.landsend.com

„Guaranteed. Period.®"

Visionen müssen kontinuierlich umgesetzt und überprüft werden. Verstehen die Mitarbeiter in der Verwaltung und den Fabriken die strategische Vision des Unternehmens? Glauben sie daran und handeln sie danach? Ist die Vision Teil ihres Alltags, wird sie Tag für Tag umgesetzt? Und – die wichtigste Frage – führt die Unternehmensleitung die Geschäfte der Vision entsprechend? Falls nicht, wird sie sehr schnell ihre Glaubwürdigkeit verlieren. In vielen Führungsetagen werden unter großem Zeitaufwand anspruchsvolle unternehmerische Visionen ausgearbeitet, die dann mit viel Wirbel unter die Mitarbeiter gebracht werden. Anschließend werden nicht selten Entscheidungen getroffen, die genau diese Visionen untergraben. Eine Vision, deren zentraler Punkt modernste Technologie ist, verliert beispielsweise ihre Glaubwürdigkeit, wenn das Unternehmen unter dem Deckmäntelchen der „Fokussierung" und „Effizienz" das Budget für F&E zusammenstreicht.
Wenn eine Vision konkret genug ist und von der Unternehmensleitung konsequent umgesetzt wird, kann sie prinzipiell auch überprüft werden. General Electric musste z.B. zur Überprüfung der Vision nur herausbekommen, ob es die Nummer eins oder zwei auf einem Markt war.

2.2 Netto-Kundennutzen

Aus Kundensicht wird der Wert einer Leistung häufig nicht nur durch den Grundnutzen, sondern auch durch ganz andere Nutzenkategorien, die so genannten Zusatznutzen, bestimmt.

Grund- und Zusatznutzen

Nach Paul Werner Meyer umfasst „der **Grundnutzen** ... alle Erwartungen, die sich auf die technisch-rationale Brauchbarkeit oder auf die Funktion bzw. Funktionserfüllung einer Leistung beziehen." Er ist stets allgemein und beschreibt den technisch-rationalen Zweck der Objekte als „Mittel der Versorgung und Verwendung".

Die **Zusatznutzen** sind individueller Natur. „Der **persönliche Nutzen** ist aus den Beziehungen zwischen der Person ... zu den Objekten abzuleiten. [...] Der **soziologische Nutzen**, auch als Geltungs-, Prestige- oder Demonstrationsnutzen bekannt, entsteht aus den Beziehungen von Einzelnen, Gruppen oder Institutionen zur gesellschaftlichen Umwelt. [...] Der **magische Nutzen** gründet im Glauben oder Aberglauben, er orientiert sich also an ethisch-moralischen, transzendentalen Normen."[3]

Der Grundnutzen bezieht sich also eher auf die Kernleistungen eines Angebots, während die Zusatznutzen etwa das Image einer Leistung bzw. Marke oder andere Werttreiber (z.B. Garantien) betreffen können.

Man kann sich diese Unterscheidung gut klar machen, indem man sich beispielsweise einen Whiskytrinker vorstellt, der die Wahl zwischen zwei verschiedenen Whiskymarken hat. Obwohl er bei einem Blindtest (Verkostung) vielleicht gar keinen geschmacklichen Unterschied zwischen den zwei Whiskysorten feststellen kann (Grundnutzen), wird er aufgrund eines spezifischen Zusatznutzens (etwa ein besonders hochwertiges Image oder eine lange Tradition) dennoch die eine Marke der anderen vorziehen.

Der Preis, der Grund- und Zusatznutzen sind sicherlich die wichtigsten Bestandteile des Netto-Kundennutzens. Es darf aber nicht vergessen werden, dass auch die Mühe, die für die Beschaffung und die Nutzung der Leistung aufgewendet wird, beachtet werden muss.

[3] Meyer, P. W.: Die machbare Wirtschaft – Grundlagen des Marketing, Essen 1973, S. 49 f.

www.shell-select.de
www.aral.de/store/

Nicht umsonst werden viele Lebensmittel immer öfter an Tankstellen gekauft und nicht nur, wie noch vor einigen Jahren, im Supermarkt. Tankstellen sind günstig gelegen, haben bessere Öffnungszeiten und ermöglichen einen bequemen, unkomplizierten Einkauf, auch wenn sie in der Regel höhere Preise verlangen als ein Supermarkt.

Unternehmen oder Marken, die ihren Kunden in allen Bereichen lediglich einen durchschnittlichen Nutzen bieten, werden langfristig gesehen wohl kaum überleben, weil es für den Kunden keinen besonderen Grund gibt, sich ausgerechnet für Produkte oder Dienstleistungen dieses Unternehmens zu entscheiden. Und daher ist das kontinuierliche Engagement aller Mitarbeiter für den Kundennutzen des Produktes oder der Dienstleistung die zweite Speiche im „Rad" unserer „Offensiven Einstellung". In diesem Bereich einen gewissen Standard zu erreichen ist mitunter schwierig, insbesondere im Dienstleistungsbereich.

Beispielsweise sind zwei der wichtigsten Faktoren, von denen sich Gäste bei der Auswahl eines Restaurants leiten lassen, das Verhalten der Bedienung und die Atmosphäre. Wird der Gast mit einem Lächeln begrüßt und prompt bedient und fühlt er sich in einer gastlichen Umgebung schnell wie zu Hause? Oder wird er einfach ignoriert, während der Wirt mit seinen Stammkunden plaudert, und nach langer Wartezeit auch noch unfreundlich bedient? Auch Gastwirte müssen sich im Klaren darüber sein, dass sie mit ihrem Verhalten laufend Werte und zusätzlichen Nutzen schaffen (und manchmal auch zunichte machen).

Genaueres zum Netto-Kundenutzen und seiner konkrete Ausgestaltung finden Sie in Kapitel IX: Ein Offensives Leistungsprogramm entwerfen. Im Zusammenhang mit dem Wert eines Unternehmens aus Kundensicht bzw. mit dem Kundennutzen einer Leistung sollten Sie sich von Zeit zu Zeit folgende Fragen stellen:

- Wie sieht der Umsatztrend für vorhandene Produkte und vorhandene Kunden aus? Umsatzzahlen sind der monetäre Spiegel für den Kundennutzen eines Produktes.
- Wie hoch ist der Marktanteil und wie wird er sich voraussichtlich entwickeln?
- Wie gut sind die Produkte oder Dienstleistungen im objektiven Vergleich mit Konkurrenzprodukten?

- Ist unter Umständen ein höherer Preis für die Produkte gerechtfertigt? Falls nicht, wie kann man ohne großen Kostenaufwand die Leistung verbessern?
- Wie loyal sind die Kunden im Vergleich zu den Wettbewerbern? Wie hoch ist die Zahl der Wiederkäufe? Wie hoch ist die Zahl der Stammkunden? Wie sehen die Wiederkauf- und Weiterempfehlungsabsichten der Kunden aus?
- Welcher Anteil an Käufen eines Kunden entfällt auf Ihre Marke? Anders ausgedrückt, wie hoch ist der Kundenanteil (*share of customer*) und wie sieht hier der Trend aus?

Das Erwartungsniveau der Kunden verändert sich kontinuierlich

Im Idealfall wird ein überlegener Netto-Kundennutzen geschaffen und das Unternehmen ist gleichzeitig Kostenführer. Das Ergebnis sind begeisterte Kunden und hohe Gewinne. Die Anforderungen der Kunden in Bezug auf den „Wert“ oder Nutzen eines Angebots steigen kontinuierlich – und schon morgen werden die Kunden von Ihren Leistungen eine noch bessere Qualität und einen noch niedrigeren Preis erwarten! Ist sich jeder Mitarbeiter in Ihrem Unternehmen dieser Tatsache bewusst? Und weiß er auch, wie er dazu beitragen kann, überlegenen Netto-Kundennutzen zu schaffen und entsprechend den sich wandelnden Erwartungen der Kunden dynamisch weiterzuentwickeln?

2.3 Innovation

Eine entsprechend Offensive Einstellung zur Innovation beginnt mit dem Entschluss, im jeweiligen Markt führend sein zu wollen. Innovationen umfassen dabei auch sämtliche Verbesserungen. So sind japanische Unternehmen oft gar nicht besonders innovativ, was die F&E angeht; bezüglich ihrer Produktions- und Konstruktionsverfahren verfolgen sie jedoch nicht selten eine kontinuierliche Innovationsstrategie. Dadurch waren sie in der Vergangenheit beispielsweise in der Lage, bessere Produkte zu niedrigeren Kosten auf den Markt zu bringen.

Zwei grundlegende Innovationsarten lassen unterscheiden: Wir nennen sie plakativ „*big bang*“ und „stufenweise Entwicklung“. Innovationen vom ersten Typ sind in der Regel mit erheblicher Investitionshöhe, einem großen Risiko und langen Einführungsphasen verbunden. Sie werden häufig von einer neuen Technologie oder einer neuen, kreativen Nutzung von Vertriebswegen vorangetrieben, wie die Beispiele in Abbildung 3-5 zeigen.

Beispiele für erfolgreiche Innovationen vom Typ „big bang"

Beispiel	Schlüsselfaktor	
	Technologie	Vertriebsweg
Post-it Haftnotizen (3M)	✓	
Mini-Van (Renault Espace)	✓	
Gekühlte Fertigmahlzeiten (Marks & Spencer)	✓	✓
Kopierer (Canon)	✓	✓
Computer (Dell)		✓
Direct Brokerage (Direkt Anlage Bank)		✓
Umweltfreundliche Reifen (Michelin)	✓	
Rasierer (Gillette Sensor)	✓	

Abbildung 3-5

Die Kosten für Innovationen vom Typ *„big bang"* sind sehr hoch, dagegen ist es verhältnismäßig schwierig, den Erfolg einer solchen Strategie zu prognostizieren – insbesondere dann, wenn der Erfolg von einer neuen Technologie abhängt.

Die Post-it-Story von 3M:[4]

Innovationen entstehen aus dem Willen Neues, Einmaliges zu schaffen. Diese schöpferische Unruhe und Offensive Einstellung ist die treibende Kraft bei ***3M***.

www.3m.com

Vor mehr als 20 Jahren beschäftigte sich der Wissenschaftler Dr. Spencer Silver im Zentrallabor von 3M mit der Entwicklung eines besonderen Klebstoffs. Seine Klebkraft sollte die aller übrigen Klebstoffe von 3M in den Schatten stellen. Leider waren seine Bemühungen nicht gerade von Erfolg gekrönt: Sein „Superklebstoff" klebte zwar auf jeder Art von Oberfläche, ließ sich aber auch ganz leicht wieder abziehen.

Ein anderer Mitarbeiter von 3M, Arthur Fry, war in seiner Freizeit ein begeisterter Sänger im Kirchenchor seiner Gemeinde. Er hat-

[4] http://international.3m.com/intl/CA/english/about3m/innovation/postit.html

te es sich angewöhnt, kleine Papierstreifen in sein Notenbuch zu legen, um die Einsätze der einzelnen Stimmen zu markieren.

Doch anstatt an der gewünschten Stelle auf den entsprechenden Zeitpunkt hinzuweisen, fielen die Zettelchen immer wieder zwischen den Seiten heraus. Eine wirkungsvolle Befestigung mit Büroklammern oder Klebestreifen verbot sich, sie hätten die Seiten beim Entfernen beschädigt. Außerdem ließen sie sich nicht problemlos auf den Seiten der Partitur versetzen. In einem Moment des Ärgers über die herausgefallenen Papierstreifen erinnerte sich Fry an das missglückte Experiment seines Kollegen Silver. Ins Labor zurückgekehrt besorgte er sich Proben des „Klebstoffs", schnitt kleine Zettel zurecht und trug ein wenig von der Masse auf. Am nächsten Sonntag erprobte er sie auf der Orgelbühne und siehe da – sie hafteten zuverlässig, ließen sich aber trotzdem leicht wieder lösen, ohne die Notenblätter zu beschädigen.

Silver und Fry benutzten diese Zettel, um ihren Kollegen darauf kurze Nachrichten ans Telefon, auf Briefe und Unterlagen zu heften. Erst langsam wurde Fry klar, dass er keine Lesezeichen, sondern ein Kommunikationsmittel entwickelt hatte. Heute zählen Post–it-Haftnotizen zu den erfolgreichsten und am häufigsten verwendeten Büroprodukten überhaupt.

3M gewährt seinen Forschern 15 Prozent ihrer Arbeitszeit, um an Projekten ihrer Wahl zu arbeiten (*non-directed time*). Dadurch sollen Innovationen generiert werden, die dann während der normalen Arbeitszeit weiterentwickelt werden. Auch Post-it entstand in dieser *non-directed time*.

Das Beispiel Marks & Spencer:

www.marks-and-spencer.co.uk

MARKS & SPENCER

Zu den erfolgreichsten Innovationen der letzten Jahre gehören auch ***Marks & Spencers*** Fertigmahlzeiten aus dem Kühlregal. Großbritannien ist eines der wenigen europäischen Länder mit einem gut entwickelten Markt für gekühlte Fertigmahlzeiten („chilled food", nicht zu verwechseln mit Tiefkühlkost-Mahlzeiten) und Marks & Spencer war Vorreiter auf diesem Markt. Grundvoraussetzungen für den Erfolg des Unternehmens waren innovative Produktentwicklungen und eine leistungsfähige Lieferkette, die sicherstellt, dass die gekühlten Produkte mit ihrer nur begrenzten Haltbarkeit außerordentlich schnell geliefert und verkauft wurden. M & S hat seine Lieferanten sehr sorgfältig ausgewählt und gemeinsam mit ihnen an der Produktentwicklung und der Lieferkette gearbeitet.

Das Ergebnis war und ist auch heute noch ein hochwertiges Produktsortiment im oberen Preisbereich, das entweder eingefroren oder noch am gleichen Tag verzehrt werden kann. Britische Supermärkte liebäugelten in der Vergangenheit des öfteren mit diesem Markt, aber es dauerte Jahre, bis sie sich als ernsthafte Wettbewerber etablieren konnten, da sie zuerst eine Lieferantenbasis aufbauen und in eine Verteilerkette für die gekühlten Produkte investieren mussten. M & S hat bei gekühlten Lebensmitteln nach wie vor einen sehr guten Ruf bei den Kunden und kann in diesem Bereich hohe Gewinnspannen erarbeiten.

Eine stufenweise Innovation betrifft im Gegensatz zur grundlegenden Innovation nahezu alle Mitarbeiter und betrieblichen Prozesse und kann durch eine ganze Reihe von Faktoren (wie z.B. Marktsegmentierung, Serviceentwicklung etc.) begründet sein. Innovationen vom Typ „stufenweise Entwicklung" sind nicht revolutionär, sondern eher evolutionär. Sie kommen durch viele kleine Schritte voran, die sich im Laufe der Zeit zu einer weit reichenden Veränderung summieren und nur selten mit einem größeren Risiko verbunden sind (Abbildung 3-6).

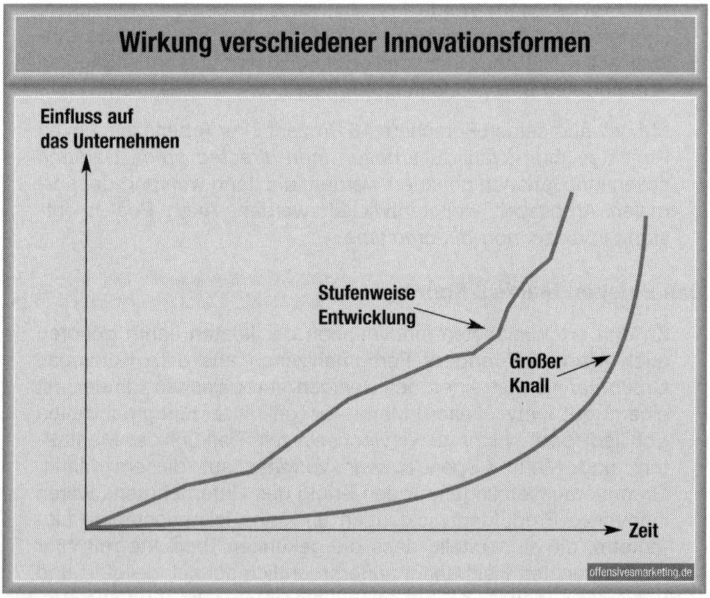

Abbildung 3-6

Unternehmen, die kontinuierlich eine stufenweise Innovation verfolgen, haben deshalb meistens Erfolg, weil sie eine bestimmte Geisteshaltung entwickeln. Dabei wird ständig gefragt: „Wie können wir das besser, billiger oder anders machen?"

Noch einmal das Beispiel 3M:

www.3m.com

3M gelingt gelegentlich ein *„big bang"* – ein Beispiel dafür sind die Post-it-Haftnotizen –, aber das Unternehmen vertraut in allen Geschäftsbereichen zudem auf eine kontinuierliche, stufenweise Innovation, vor allem in der Produktentwicklung.

„We provide innovative products and services which exceed our customers' expectations. We serve world-wide markets where we can contribute positively to both health care outcomes and business success. Our success comes from our shared resources and technologies, and from our people's commitment and entrepreneurial spirit."

3M hat sich vorgenommen, zwei allgemeine Innovationsziele zu erfüllen – sieben Prozent des Jahresumsatzes sollen durch neue Produkte erzielt werden, die im selben Jahr auf den Markt gebracht werden, 30% des Jahresumsatzes durch Produkte, die in den letzten vier Jahren herausgebracht wurden. In der Regel erreicht das Unternehmen diese Ziele auch.

3M stützt sich dabei auf etwa 30 Kerntechnologien, die von über 8.000 Wissenschaftlern und Ingenieuren (diese machen etwa zehn Prozent der gesamten Belegschaft aus) weiterentwickelt werden. Sie arbeiten mit Kollegen in Marketing, Fertigung und anderen Bereichen zusammen, um außergewöhnliche Lösungen für die Bedürfnisse der Verbraucher zu entwickeln und neue Produkte noch schneller auf den Markt zu bringen. Viele dieser Produkte schaffen neue Märkte und verändern die Wettbewerbsvoraussetzungen. Der Prozess wird durch eine umfangreiche Kundenforschung und hohe Ausgaben für F&E (ca. sieben Prozent des Umsatzes) ergänzt.

Im Laufe der Jahre ist aus der stufenweisen Innovationsstrategie eine Flut neuer Projekte hervorgegangen, von nicht rostenden Seifenschalen und einer Beschichtung für Laptops über mikrostrukturierte Schleifmittel zur Endbearbeitung von Rotorblättern bis hin zu Filtern zur Reduzierung von Staub und Gerüchen in den Innenräumen von Autos.

Es zahlt sich also aus, wenn ein Unternehmen prinzipiell eine stufenweise Innovationsstrategie verfolgt und bei Gelegenheit gleichzeitig in den potenziellen *„big bang"* investiert. Welches Verhältnis zwischen den beiden Arten von Innovation angestrebt werden soll, hängt davon ab, in welcher Branche ein Unternehmen tätig ist.

Wie aber schafft ein Unternehmen eine Atmosphäre, in der sich Innovationen gut entwickeln, gedeihen und reifen können? Bei Innovationen vom Typ „stufenweise Entwicklung" geht es vor allem um eine bestimmte Geisteshaltung, die wesentlich von der Unternehmensleitung und deren Verhalten abhängt. Innovationen vom Typ *„big bang"* sind schwieriger zu implementieren, weil sie sowohl für einzelne Mitarbeiter als auch für das ganze Unternehmen Risiken bergen. Um sicherzustellen, dass sich die Mitarbeiter in dieser Beziehung engagieren und für neue Ideen eintreten, brauchen große Unternehmen die richtigen Strukturen, um entsprechend risikobereite Mitarbeiter zu unterstützen. Die Chefetagen der Unternehmen tendieren in der Regel eher zur stufenweisen Innovation als zum *„big bang"*, wie das folgende Beispiel zeigt.

Das Beispiel Xerox:

www.xerox.com

Die Computerrevolution begann 1975 mit dem „Altair" und wurde in den Jahren 1977 bis 1984 mit dem „Apple 2", dem IBM „PC" und dem „Mac" von Apple fortgesetzt. Dabei wurde der Apple Mac von einem Team entwickelt, dessen Durchschnittsalter bei 21 Jahren lag. Er war der erste moderne Computer mit einer benutzerfreundlichen grafischen Oberfläche.

Dabei hatten Techniker von ***Xerox*** bereits ganze zehn Jahre früher, nämlich 1973, im kalifornischen Palo Alto eine Maus, einen Drucker, eine grafische Schnittstelle und ein Netzwerk entwickelt, mit dem 100 so genannte „Alto-Computer" verbunden werden konnten. Anscheinend fehlte allerdings den Chefetagen in New York eine Vorstellung davon, wie das Büro der Zukunft aussehen könnte. Das Management von Xerox hatte zwar durchaus den Weitblick gehabt, kräftig in neue Technologien zu investieren, aber als man ihnen den Alto präsentierte, wussten sie einfach nicht, was sie damit anfangen sollten.

1982 bat Steve Jobs von Apple um eine Demonstration des Xerox Alto, die man auch bereitwillig arrangierte. „Das Team von Apple wusste nach eineinhalb Stunden mehr über die Technologie und das Potenzial des Alto als das Xerox-Management in New York, dem wir den Alto zwei Jahre lang in Präsentationen vorgestellt hatten", so ein Mitarbeiter der Forschungsabteilung von Xerox.

Steve Jobs stellte auf der Stelle 100 Ingenieure ein, die den Ansatz von Xerox kopieren und verbessern sollten. Seine Vision für den Apple Mac sah vor, dass dieser „ein absoluter Knaller" sein sollte. Der Apple Mac wurde Ende 1984 zu Höchstpreisen auf den Markt gebracht. Vielleicht wäre Xerox heute ein führendes Unternehmen der Computerbranche – wenn es seine Chancen Offensiv genutzt hätte.

Das Beispiel des Alto beweist, dass sowohl die Unternehmensleitung als auch die Marketing-Verantwortlichen eine Technologie verstehen und eine Vision von der Zukunft haben müssen. Um als innovatives Unternehmen erfolgreich zu sein, sollte ein Unternehmen darauf achten, dass es einen gut durchdachten Prozess der Produktentwicklung hat, eine erfolgreiche Strategie für die neuen Produkte und ein hohes Commitment gegenüber den benötigten Ressourcen. Was muss nun ein Innovationsprozess leisten, um auch wirklich zum Erfolg zu führen?

Ein Offener Innovationsprozess

- Die Qualität der Ausführung des Innovationsprozesses muss auf einem hohen Niveau gehalten werden. Alle wichtigen Aktivitäten sollten in hoher Qualität und in der Reihenfolge ihrer Wichtigkeit ausgeführt werden.
- Man sollte sich auf die wichtigsten Projekte konzentrieren. Ein Innovationsprozess kann nur erfolgreich sein, wenn genügend Ressourcen zur Verfügung stehen. Diese dürfen daher nicht wahllos auf viele mittelmäßige Projekte, sondern sollten auf die Projekte mit den größten Erfolgsaussichten verteilt werden.
- Nichts ist schlimmer als Leistungen, die ohne Ausrichtung auf den Markt entwickelt wurden. Nur wenn der Markt richtig eingeschätzt wird und auch zukünftige Marktentwicklungen antizipiert werden, kann eine Innovation Erfolg haben.
- Der Erfolg entscheidet sich meistens schon in den ersten Schritten des Entwicklungsprozesses. Leider wird immer noch das meiste Geld in die Endphase des Innovationsprozesses gesteckt und bei der Grundlagenarbeit am Anfang gespart.
- Offensiv eingestellte Unternehmen sehen es auch als eine Selbstverständlichkeit an, dass ein Entwicklungsteam aus Mitarbeitern aller Unternehmenseinheiten besteht. Nur wenn alle Bereiche des Unternehmens von Anfang an integriert sind, kann der Innovationsprozess erfolgreich sein.
- Das Streben nach überlegenem Kundennutzen muss von Anfang an in den Innovationsprozess eingebracht werden.
- Schließlich hängt ein erfolgreicher Innovationsprozess auch entscheidend von der benötigten Zeit ab. Alle Prozesse sollten so

flexibel und flüssig wie möglich gestaltet werden, um mit den sich schnell verändernden Ansprüchen der Kunden mithalten zu können.

- Innovative Unternehmen müssen eine adäquate, flexible Organisationsstruktur vorweisen und engagierte Mitarbeiter ermutigen, fördern und belohnen.

Nachfolgendes Beispiel macht deutlich, wie Innovation selbst aus einer eigentlich nachteiligen Situation heraus entstehen kann – vorausgesetzt, die richtige Offensive Einstellung ist vorhanden:

Das Beispiel Playtex:

www.playtexnet.com

Playtex France war eines der drei oder vier Unternehmen, die mit Marktanteilen zwischen jeweils sechs und neun Prozent um die führende Rolle auf dem Markt für Damenunterwäsche konkurrierten. In den vergangenen drei Jahren wechselte die Marktführerschaft dabei jährlich.

Als die Belegschaft von Playtex in einen Streik trat, war das Unternehmen schon nach kurzer Zeit nicht mehr lieferfähig. Der Geschäftsführer konnte jedoch immer noch auf eine große Vertriebsmannschaft zurückgreifen und stellte sich die Frage: „Wie lässt sich der Außendienst effektiv nutzen, obwohl wir derzeit nicht liefern können?“ Seine Antwort: Er verpflichtete sämtliche Außendienstmitarbeiter auf die Neukundenakquisition, denen dann eine Lieferung nach dem voraussichtlichen Ende des Streiks zugesichert wurde. Parallel wurde eine neue und innovative Verkaufsorganisation entwickelt, die jeweils vier Mitarbeiter zu einem eigenständigen Verkaufsteam zusammenfasste.

Das System erwies sich als Erfolg und wurde später mit einigen kleinen Veränderungen weltweit bei Playtex eingeführt. Mit Hilfe zweier hervorragender Verkaufsleiter und einem einfallsreichen Produktionsleiter gelang es dem Geschäftsführer so, den Marktanteil von Playtex (trotz des Streiks) innerhalb eines Jahres von acht auf 15% zu erhöhen und den Umsatz um 85% zu steigern. Der Marktanteil konnte später auf 24% erweitert werden, so dass Playtex in Frankreich schließlich jahrelang die Marktführerschaft halten konnte.

Für eine erfolgreiche Innovation sind Entschlusskraft und Ausdauer also genauso wichtig wie Phantasie.

2.4 Langfristige Perspektive und Investitionen

Wie wichtig eine langfristige Perspektive in der Unternehmensführung ist, wurde bereits erläutert. Trotzdem ist der kurzfristige Erfolgsdruck in unserer dynamischen Zeit sehr hoch; ein Jahr gilt in dynamischen Umfeldern mittlerweile als lange Zeit. Viele der wichtigsten Investitionen amortisieren sich aber erst nach drei bis fünf Jahren und ihr *return* lässt sich kaum wieder auf ein einzelnes Geschäftsjahr herunterbrechen.

Die negative Auswirkung kurzfristigen Erfolgsdrucks

Eben aus diesem Grund sollten Offensive Unternehmen beim Bonussystem für ihr Management aber von einer längerfristigen Bemessungsbasis ausgehen, denn zu viel kurzfristiger Erfolgsdruck auf das Management kann sich folgendermaßen auswirken:

- Der Schwerpunkt der strategischen Überlegungen verschiebt sich von langfristigen Projekten hin zu taktischen Operationen.
- Die Prioritäten verschieben sich von technologie- und produktgetriebenen Innovationen hin zu einem „Marketing-Aktionismus".
- Investitionen, die eine langfristige Perspektive erfordern und nur auf dieser Basis gerechtfertigt werden können, werden damit immer mehr verhindert. Gerade am Investitionsniveau eines Unternehmens lässt sich am besten feststellen, ob und inwieweit eine langfristige Perspektive verfolgt wird.

Verfolgen Sie eine langfristige Perspektive

Wie können Unternehmen in einem solchen Umfeld eine langfristige Perspektive verfolgen und sich auf Investitionsprojekte konzentrieren, deren Erfolg nicht in der unmittelbaren Zukunft liegt? Hier einige Anregungen:

- Verhindern Sie ständige Fluktuationen und Personalwechsel in der Geschäftsführung und sorgen Sie für Kontinuität in der Geschäftsleitung.
- Schöpfen Sie alle Möglichkeiten eines an Vermögenswerten und Kompetenzen orientierten Marketing aus.

- Stellen Sie sicher, dass Ihr Unternehmen kostengünstig produziert, damit Sie auch einen eventuellen Preiswettbewerb überstehen.
- Bilden Sie in guten Jahren angemessene Rücklagen, um für magere Jahre gerüstet zu sein.
- Sammeln Sie einige bereits getestete Ideen und Vorschläge, damit Sie in Krisenzeiten einen davon aus der Schublade ziehen können.
- Wirtschaftlichkeitserwägungen und die Erwartungen von Kunden, Lieferanten und Aktionären sind miteinander abzustimmen. Vermitteln Sie Ihre langfristige Vision und vermeiden Sie Überraschungen, indem Sie für größere Investitionen Businesspläne erstellen und fortschreiben.
- Stellen Sie sich darauf ein, hohe Investitionen zu tätigen, wenn dies für die langfristigen Zukunftsaussichten des Unternehmens erforderlich ist – und zwar auch dann, wenn dadurch ein vorübergehender Gewinnrückgang in Kauf genommen werden muss.

Starre Investitionsplanung und die Konzentration auf den kurzfristigen Erfolg sind die natürlichen Feinde des Offensiven Marketing. Nur Unternehmen mit einer langfristigen Offensiven Einstellung und einer gewissen Kreativität bei der Ressourcenallokation können in der Zukunft erfolgreich sein.

2.5 Kontinuierlicher Angriff und Geschwindigkeit

Nur Unternehmen, die auch „fit" sind, können schnell und entschlossen auf Veränderungen der Kundenbedürfnisse und des betrieblichen Umfelds reagieren. Gerade im Marketing hat sich der Ausspruch: „Angriff ist die beste Verteidigung" bewahrheitet. Das bedeutet nun allerdings nicht, dass ein Unternehmen ständig um jeden Preis auf Konfrontationskurs gehen sollte. Die Realität sieht im Zeitalter des Hyperwettbewerbs wohl eher so aus, dass man in einigen Bereichen seine Schnelligkeit unter Beweis stellen muss, um auf die veränderten Umfeldbedingungen reagieren zu können. In einigen Bereichen muss man proaktiv handeln, in anderen Bereichen sich verteidigen und in einigen wenigen strategisch nicht so bedeutenden Bereichen (in denen die Erfolgsaussichten auch nicht sehr groß sind) vielleicht auch einen Rückzug einleiten.

Angriff ist die beste Verteidigung

Wenn ein Unternehmen nun in bestimmten Bereichen eine „angriffslustige" Haltung seiner Mitarbeiter fördert, hat dies gleich mehrere Vorteile:

- Gesteigerte Motivation: Mit dem Angriff und den damit verbundenen Gewinnen lassen sich Erfolgserlebnisse produzieren. Die meisten Menschen sind bereit, sich eine Zeitlang defensiv zu verhalten. Wenn sie jedoch über Jahre hinweg keine Möglichkeit für Offensive Aktionen haben, kann das durchaus auch zu Unzufriedenheit führen.
- Geplante Angriffe setzen den Wettbewerb unter Druck und zwingen ihn zu einer Reaktion. Seine Möglichkeit, ungestört langfristige Pläne zu entwickeln, werden eingeschränkt und kurzfristige, unüberlegte Handlungen provoziert.
- Hohe Reagibilität: Auf Angriff ausgerichtete Unternehmen können aus ihrer überlegenen Position schneller, vorausschauender und flexibler handeln. Sie sind diejenigen, die das Tempo vorgeben, Veränderungen auslösen oder sich darauf besser einstellen können.

Dennoch ist trotz prinzipieller Angriffsstrategie auch eine Kooperation möglich:

In der Nahrungsmittelindustrie beispielsweise produzieren einige Unternehmen Handelsmarken, die mit ihren eigenen Marken konkurrieren.

Auch folgende Konstellation – coopetition genannt – ist üblich: Ein Elektronikunternehmen arbeitet im Rahmen eines gemeinsamen F & E-Projekts mit einem Wettbewerber zusammen und hat mit einem anderen Wettbewerber in Japan ein Joint Venture gegründet, konkurriert auf dem amerikanischen Markt jedoch mit beiden Partnern. ***Motorola*** zum Beispiel ist weltweite Partnerschaften mit IBM, Philips, Siemens, Toshiba und anderen Unternehmen eingegangen. Da nun immer mehr solcher Partnerschaften geschlossen werden, sollte man genau prüfen, wann und wo es Zeit für eine Offensive Aktion ist und ob unter Umständen nicht ein kooperatives Verhalten mehr Vorteile bringen kann.

Offensive, Flexibilität und Schnelligkeit führen zum Erfolg

Offensiv eingestellte Unternehmen müssen schneller agieren und reagieren als der Wettbewerb, um ihn unter Druck zu setzen und in die Nachahmerposition zu zwingen. In dieser Denkhaltung ist kein Platz mehr für Großunternehmen, die wie Supertanker nur schwerfällig auf Richtungsänderungen reagieren können und deshalb kaum manövrierfähig sind. Für unsere Offensive Einstellung werden flexible Unternehmensstrukturen benötigt, bildlich gesprochen also eher „wendige Kreuzer", die zwischen den Supertankern herumflitzen können. Inzwischen sind jedoch viele erfolgreiche Großunternehmen auch dazu übergegangen, die Vorteile von Größe, Flexibilität und Reagibilität miteinander zu kombinieren. Diese Unternehmen kann man sich als eine ganze Flotte kleiner Kreuzer vorstellen, die zusätzlich von einem großen Mutterschiff unterstützt werden.

3M sieht sich selbst nicht als milliardenschweres Unternehmen, sondern zieht es vor, von über 100 einzelnen Profitcentern in der ganzen Welt zu sprechen.

Johnson & Johnson verfolgt einen ähnlichen Ansatz der Dezentralisierung und bildet kleinere Betriebsgesellschaften mit 500 oder weniger Mitarbeitern.

Für international operierende Unternehmen gibt es in Zusammenhang mit Geschwindigkeit vor allem zwei zentrale Aspekte: Zum einen zählt der Zeitraum vom Projektstart bis zur Markteinführung im ersten Land; zum anderen ist die Dauer von der abgeschlossenen Einführung im ersten Land bis zur weltweiten Verwertung interessant.

In der Computerindustrie lag die Vorlaufzeit für die Entwicklung neuer Produkte vom Projektstart bis zur Markteinführung lange Zeit zwischen 18 und 24 Monaten. Heute braucht man nur noch neun bis zwölf Monate. Und Windows 2000 beispielsweise wurde weltweit fast gleichzeitig auf den Markt gebracht.

Die Herausforderung besteht also darin, den Wettbewerb kontinuierlich in Atem zu halten, schnell zu agieren und vom ersten Tag an das richtige, qualitativ hochwertige Produkt anzubieten. Hohes Innovationstempo und hohe Reagibilität können als die entscheidenden Erfolgsfaktoren angesehen werden.

3 Testen Sie Ihr Unternehmen

Kriterien zur Bewertung der Offensiven Einstellung eines Unternehmens

Kriterien	Max. Punktzahl:	Ihre Bewertung:
Konkrete, realistische und motivierende Vision der Zukunft, die von den meisten Mitarbeitern verstanden und unterstützt wird.	15	
Starkes Engagement für das Ziel einen attraktiven Kundennutzen zu erbringen, unterstützt von effizientem Geschäftsbetrieb.	20	
Schwerpunkt auf Innovation. „*big bangs*" und „stufenweise Entwicklungen" stehen im für die jeweilige Branche richtigen Verhältnis. Der Fokus liegt auf Technologie, Unterstützung, Anerkennung und Belohnung innovativer Mitarbeiter. Strukturen, in denen Innovationen umgesetzt werden können.	15	
Kurzfristige Ergebnisse sind möglich, der Fokus liegt jedoch eindeutig auf den langfristigen Zielen.	10	
Kontinuierliche Investitionen in alle Vermögenswerte und Kompetenzen wie z.B. Marken, Mitarbeiter, Fähigkeiten, Technologie, neue Produkte und Anlagen; auch dann, wenn das Unternehmen unter kurzfristigen Erfolgsdruck steht.	15	
Starker Fokus auf Angriffsstrategien, abhängig vom richtigen Zeitpunkt und Ort.	15	
Schnelle, effektive Reaktion auf neue sich bietende Chancen am Markt oder bei einer Bedrohung durch (neue) Wettbewerber.	10	
Summe	**100**	offensivesmarketing.de

Abbildung 3-7

Flow-Chart Kapitel III	
Die Offensive Einstellung entscheidet	■ Die Einschätzung durch die Mitarbeiter und die Konkurrenz ist wichtig ■ Die Grundeinstellung entscheidet und fängt ganz oben an
Die fünf Elemente der Offensiven Einstellung	■ Durch Visionen und Ziele die richtige Richtung vorgeben ■ Der Netto-Kundennutzen wird nicht nur aus dem Grundnutzen, sondern auch aus dem Zusatznutzen generiert ■ Innovationen vom Typ „stufenweise Entwicklung" sind evolutionär; „*big bang*"-Innovationen sind eher revolutionär ■ Verfolgen Sie eine langfristige Perspektive ■ Kontinuierlicher Angriff und hohes Tempo sind die beste Verteidigung
Bewertung der Offensiven Einstellung	■ Stellen Sie fest, ob Sie in Ihrem Unternehmen über eine Offensive Einstellung verfügen.

Lese-Tipp:

- Backhaus, K./Bonus, H. (Hrsg.): Die Beschleunigungsfalle oder: Der Triumph der Schildkröte, 3. Aufl., Stuttgart 1998.
- Drucker, P.: Management im 21. Jahrhundert, München 1999.
- Scott-Morgan, P./Maira, A.: Unternehmen auf der Überholspur; Führung von Mitarbeitern und Teams im beschleunigten Wandel, Frankfurt 1997.

Abschnitt 3: Integrativ

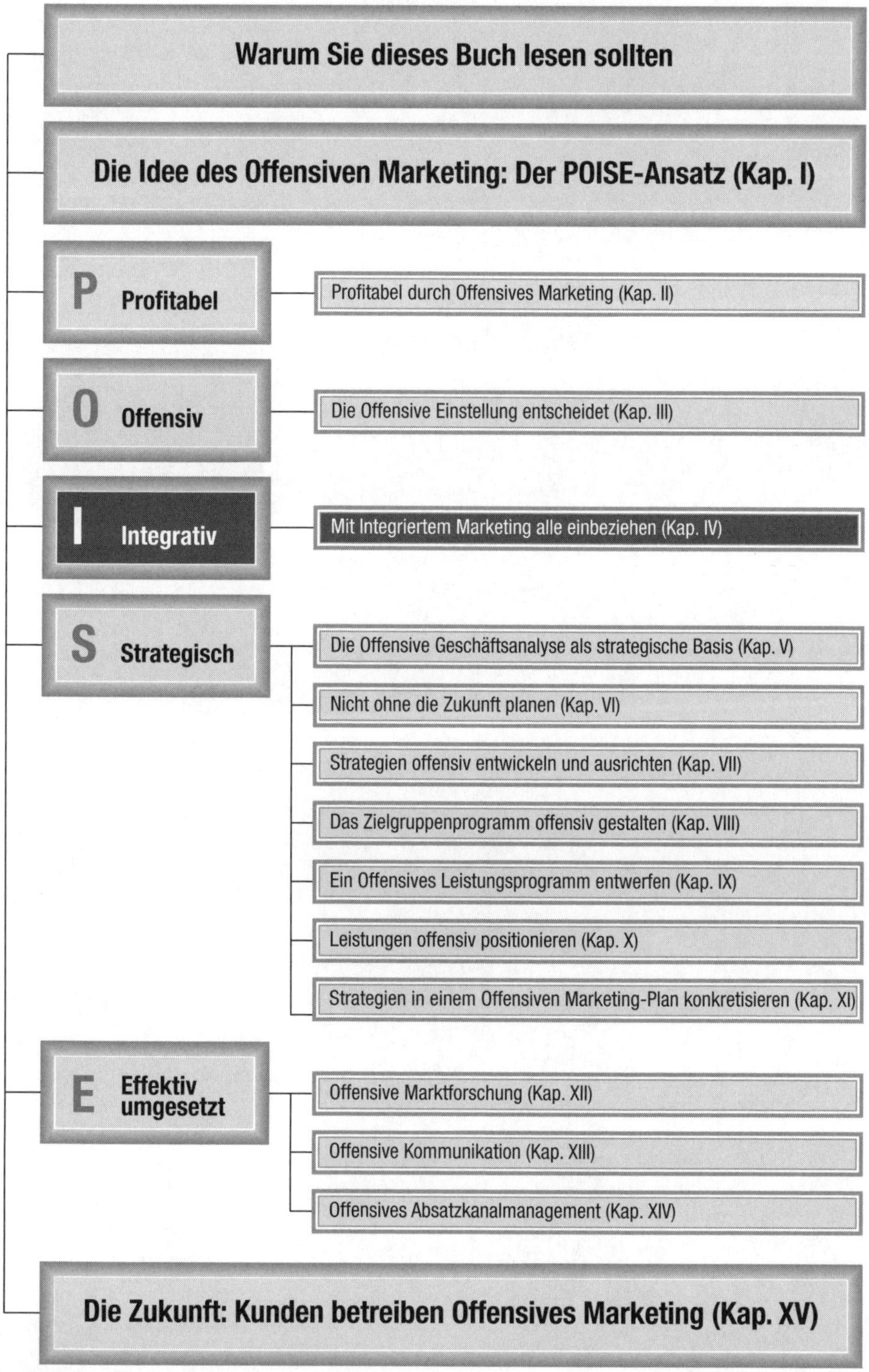

IV. Mit Integriertem Marketing alle einbeziehen

Kapitelüberblick

Nachdem die POISE-Elemente „Profitabel“ und „Offensiv“ erläutert worden sind, kommen wir nun zum „I“ von POISE und der Forderung unseres Marketing-Ansatzes, integrativ vorzugehen, also alle internen und externen Anspruchsgruppen mit einzubeziehen.

Offensives Marketing – P O I S E		
P	**Profitabel**	Ausgewogenes Verhältnis zwischen den Gewinnzielen des Unternehmens einerseits und den Kundenbedürfnissen andererseits herstellen
O	**Offensiv**	Marktführerschaft anstreben, Risikobereitschaft zeigen und Konkurrenten in die Nachahmerposition zwingen
I	**Integrativ**	Marketing-Ansatz verfolgen, der das gesamte Unternehmen einbezieht
S	**Strategisch**	Entwicklung Offensiver Strategien und entsprechender Marketing-Pläne
E	**Effektiv umgesetzt**	Die Umsetzung Offensiver Strategien effektiv managen

offensivesmarketing.de

Abbildung 4-1

Jeder ist ein *part-time*-Marketer

Jeder ist ein *part-time*-Marketer! Das Offensive Marketing kann nur erfolgreich umgesetzt werden, wenn alle Mitarbeiter daran beteiligt sind. Es ist daher eine Querschnittsfunktion im Unternehmen, die alle Mitarbeiter betrifft: Jeder Mitarbeiter sollte markt- und gewinnorientiert denken und handeln.

Doch damit nicht genug: In einer zweiten Stufe sollte dieses Konzept noch erweitert werden, indem nicht nur die Mitarbeiter, sondern alle Anspruchsgruppen mit einbezogen werden. Im Endeffekt verschwimmen die Grenzen des Unternehmens; die unterschiedlichen Anspruchsgruppen – also beispielsweise die Kunden, Lieferanten oder Kapitalgeber – können wir als „freie Mitarbeiter" des Unternehmens betrachten.

Die meisten Unternehmen haben aber noch nicht einmal die erste Stufe erreicht: Nur sehr wenigen Unternehmen gelingt es, ihre Mitarbeiter zu integrieren. Deswegen werden wir uns in diesem Kapitel vorrangig mit der Integration der Mitarbeiter als Basis des integrativen Vorgehens beschäftigen. Ein solch integriertes Vorgehen halten zwar viele Unternehmen für wichtig und wünschenswert, tun aber nur sehr wenig dafür. Das liegt sicherlich vor allem daran, dass sich ein solches Vorhaben nur äußerst schwer umsetzen lässt.

Wie kann Integriertes Marketing im Alltag realisiert werden?

Indem man sicherstellt, dass sich alle Mitarbeiter mit ihren internen und externen Kunden identifizieren und deren Bedürfnisse voll und ganz verstehen. Und indem man diese Bedürfnisse dann in operationale Ziele für die einzelnen Abteilungen und Mitarbeiter umsetzt.

Damit wollen wir uns nun im Folgenden auseinandersetzen. Wir werden wichtige Grundsätze des Integrierten Marketing ebenso ansprechen wie seine Haupthindernisse. Und natürlich geben wir Ihnen auch einige Hinweise, wie die Haupthindernisse umgangen werden können. Abschließend kommen wir noch auf die Einbeziehung externer Anspruchsgruppen zu sprechen.

1 Grundsätze des Integrierten Marketing

Integriertes Marketing bedeutet, dass alle Unternehmensbereiche und alle Mitarbeiter dazu beitragen, einen überlegenen Netto-Kundennutzen zu schaffen, und das zu möglichst geringen Kosten. Über ein so verstandenes Integriertes Marketing hat sich Howard Morgens, der ehemalige Chairman von ***Procter & Gamble***, schon vor Jahren sehr treffend geäußert:

> „Es gibt kein gutes Marketing an sich. Wenn ein Unternehmen gutes Marketing betreiben will, muss es auch in allen anderen Bereichen gut sein, von der F&E und Fertigung über die Qualitätskontrolle bis hin zum Finanzcontrolling."

Marketing ist ein Konzept der Unternehmensführung

Marketing ist eher ein Konzept der Unternehmensführung als eine Spezialdisziplin. Für Marketing ist nicht ausschließlich die Marketing-Abteilung zuständig, ebenso wie die Rentabilität eines Unternehmens nicht allein Aufgabe der Finanzabteilung ist. Im Gegensatz zu den spezialisierten Aufgaben von Fertigung, Einkauf, Vertrieb und F & E geht Marketing jeden Mitarbeiter etwas an. Eine integrative Vorgehensweise fordert alle Mitarbeiter dazu auf, ihre Arbeit auf die Bedürfnisse der Märkte und der verschiedenen Zielgruppen des Unternehmens abzustimmen und dabei die Balance zwischen den Kundenwünschen und der notwendigen Gewinnorientierung des Unternehmens zu halten.

Ein Beispiel:

Der marktorientierte Produktionsleiter eines Automobilherstellers wird sicherstellen, dass die Qualitätsstandards des Unternehmens alle Aspekte abdecken, die für die Kunden am wichtigsten sind. Darüber hinaus wird er bestrebt sein, neue Verfahren der kundenindividuellen Massenproduktion einzusetzen, um den Kunden sowohl eine breite Modellauswahl als auch günstige Preise anbieten zu können. Auch die Finanzabteilung muss die Bedürfnisse interner und externer Kunden identifizieren und diese kostengünstig und termingerecht erfüllen.

Marktanalysten, die Unternehmen hinsichtlich ihrer Bonität und Profitabilität beurteilen, sagen gerne, dass zwei und zwei mehr als vier seien. Nur ein Unternehmen, das den Marketing-Ansatz als Ganzes verinnerlicht hat, wird den Zielen und Aufgaben eines Offensiven Marketing gerecht. Nur ein solches Unternehmen kann das volle Potenzial des Marketing ausschöpfen. Oder anders formuliert: Wenn sich nur einzelne Abteilungen und Mitarbeiter dem Marketing verpflichtet fühlen, wird ein Unternehmen geschwächt. Es wird ihm weder gelingen, seine Kunden zu begeistern, noch werden langfristig befriedigende Gewinne erzielt werden. Der französische Politiker Charles Maurice de Talleyrand-Perigord[1] soll einmal gesagt haben:

Zitat:

„Ein Krieg ist zu wichtig, als dass man ihn dem Militär überlassen könnte."

[1] Charles Maurice de Talleyrand-Perigord (1754-1838) war Außenminister unter Napoleon und galt als „Fürst der Diplomaten".

Das Marketing ist zu wichtig, um es der Marketing-Abteilung zu überlassen!

Auch das Marketing ist viel zu wichtig, als dass man es der Marketing-Abteilung alleine überlassen könnte. Die Marketing-Abteilung kann das Potenzial, das sich im Marketing verbirgt, alleine nicht ausschöpfen. Das kann nur gelingen, wenn alle Mitarbeiter integriert werden.

Ziel des Integrierten Marketing

Integriertes Marketing führt bei den relevanten Zielgruppen eines Unternehmens zu einem ganzheitlichen Bild dieses Unternehmens und seiner Leistungen. Zielgruppenspezifische Erfolgsgrößen wie Kundenzufriedenheit, Lieferantenbindung oder -zufriedenheit bestimmen das Denken und Handeln ebenso wie die Verpflichtung, überdurchschnittliche Gewinne erzielen zu wollen und zu können.

1.1 Kultur, Vision und Einstellung als Basis einer integrierten Vorgehensweise

Die integrative Vorgehensweise sollte von der Unternehmensleitung gelebt, geführt und überwacht werden; die Marketing-Abteilung nimmt in diesem Konzept die Rolle des Promotors oder „Predigers" ein. Ihre Aufgabe ist es zu gewährleisten, dass die fünf Speichen der Offensiven Einstellung aus Kapitel III von jedem Mitarbeiter im Unternehmen umgesetzt werden. Das Ergebnis ist dann eine konkrete, gelebte und von allen geteilte Vision der Zukunft, ein gemeinsames Streben nach Innovation und Kundennutzen und – quasi zusammenfassend – eine Offensive Einstellung aller Mitarbeiter. Damit wären die Voraussetzungen für die effektive Umsetzung des Integrierten Marketing geschaffen. Fehlen diese Voraussetzungen, werden selbst die größten Anstrengungen nicht von Erfolg gekrönt sein:

Marketing ist mehr als ein Lächeln für den Kunden

In vielen Unternehmen wird „Integriertes Marketing" fälschlicherweise mit „Freundlichkeit im Kundenkontakt" gleichgesetzt. Aber wenn ein Unternehmen keine herausragenden Leistungen anbieten kann, spielt es eigentlich keine Rolle, wie gut die Mitarbeiter im Kundenkontakt geschult sind, wie genau die Kundengruppen segmentiert werden oder wie sehr man sich darum bemüht, Kundenwünsche zu erfüllen.

Abbildung 4-2 erläutert die einzelnen Elemente des Integrierten Marketing und zeigt, wie das richtige Umfeld geschaffen werden kann.

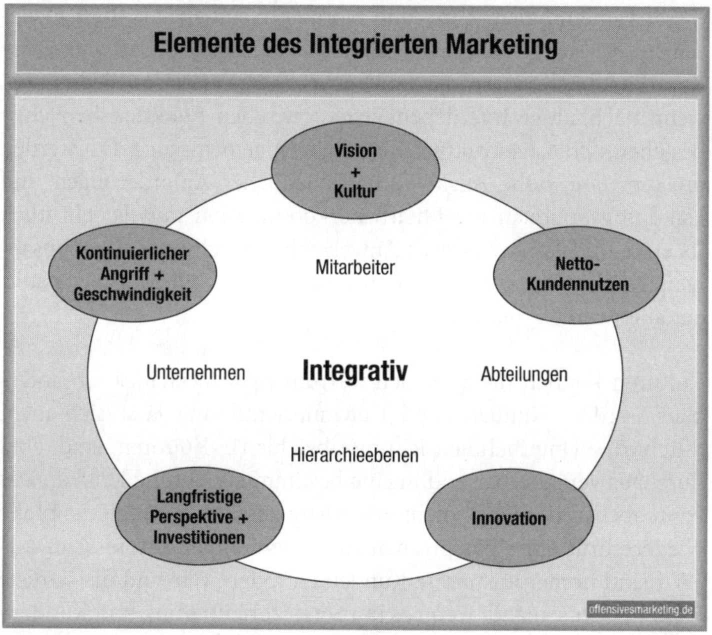

Abbildung 4-2

Sämtliche Mitarbeiter, Abteilungen, Hierarchieebenen und Unternehmensbereiche konzentrieren sich darauf, die Kundenbedürfnisse zu möglichst geringen Kosten möglichst gut zu erfüllen. Unternehmen, denen es an der Offensiven Einstellung bzw. an einer auf Kommunikation und schnelles Handeln ausgerichteten Firmenkultur mangelt, haben keine Chance, sich jemals zu einem Integrierten Marketer zu entwickeln. Offensive Marketer verankern diese Ziele in ihrer Unternehmenskultur.

Verankerung in der Unternehmenskultur

Unternehmenskultur

In der Unternehmenskultur konkretisieren sich die gemeinsamen **Werte** und **Normen** innerhalb eines Unternehmens, die das Verhalten, die Handlungen und Entscheidungen ihrer Mitglieder in hohem Maße prägen.

Die Kultur ist damit ein wichtiger Mechanismus zur Steuerung und Abstimmung von Aktivitäten zur Umsetzung der markt- bzw. kunden- und der gewinngerichteten Ziele. Die integrierende Wirkung dieser gemeinsamen Werte und Normen resultiert aus ihrer Eigenschaft, „größter gemeinsamer Nenner" aller Mitarbeiter zu sein. Diese Koordinationsfunktion gewinnt insbesondere dann an Bedeutung, wenn nachhaltige Interdependenzen zwischen Funktionsbereichen bestehen, schlecht strukturierte Aufgaben gemeinsam gelöst werden müssen, eine hohe Anzahl unterschiedlicher Anforderungen und Handlungsoptionen die Mitarbeiterkoordination mittels schriftlich fixierter und konkretisierter Anweisungen erschwert, situationsabhängige Handlungsspielräume wahrgenommen und Eigeninitiative entfaltet werden müssen.

Unternehmenskultur muss täglich gelebt werden

Kulturen können nicht einfach instrumentell-mechanistisch aufgebaut werden. Kunden- und Gewinnorientierung lässt sich nicht durch die Unternehmensleitung „befehlen". Kulturen sind aber durchaus veränderbar und in eine bestimmte Richtung lenkbar. Das kann aber in der Regel nicht kurzfristig geschehen. Auch die bloße Niederschrift eines entsprechenden Unternehmensgrundsatzes à la „Wir sind immer für unsere Kunden da" oder „Wir sind die stärkste Bank in Deutschland, wenn es um Serviceorientierung und Kundennähe geht" reicht nicht aus. Vielmehr gilt es, die gemeinsamen Werte in Strategien und (symbolischen) Handlungen auszudrücken und vorzuleben: kunden- und qualitätsorientierte Wertvorstellungen bei allen Mitarbeitern zu fördern. Die immer stärkere Integration von Kunden in Leistungsprozesse bedingt zudem, dass die Unternehmenskultur nicht lediglich als internes, sondern auch als externes Phänomen betrachtet wird. Wenn Kunden Kulturen quasi „hautnah" miterleben, Kulturen vielleicht sogar zu einem entscheidenden Wettbewerbsfaktor werden, verlangt dies eine stärkere Ausrichtung und Vermittlung der internen Normen und Werte auch an externe(n) Anspruchsgruppen.[2]

Der Führungsebene kommt in diesem Zusammenhang nicht nur die Aufgabe zu, die Kernwerte und -normen zu entwickeln und aufzubauen; wichtig ist es insbesondere, die Werte und Normen zu kommunizieren und vorzuleben. ***Disney*** ist ein schönes Beispiel, wie es gelingen kann, allen Mitarbeitern die Kultur des Unternehmens zu vermitteln.

---

[2] Vgl. Meyer, A./Blümelhuber, C.: Dienen, Kultur und Leadership: Drei Thesen zur Basis der Kundenorientieung, in: Servicekultur in der Sparkassenfinanzgruppe, hrsg. v. H. Sauer, Stuttgart 1998, S. 47–66.

Das Beispiel Disney:

Wenn der amerikanische Entertainment-Konzern ***Disney*** zwischen so genannten „*on-stage*"-Mitarbeitern (also Mitarbeitern die einen direkten Kontakt mit den Disney-Gästen haben) und „*backstage*"-Mitarbeitern (eben solchen ohne Kundenkontakt) unterscheidet, so heißt das nicht, dass die eine Art von Aufgabe besser oder wichtiger wäre als die andere. Denn – so Disneys Überzeugung – alle Mitarbeiter sind notwendig, um dem Kunden Show, Spaß und Entertainment zu liefern. Anders ausgedrückt: Jeder einzelne Mitarbeiter trägt zum Erfolg des Unternehmens bei. Um diese Grundeinstellung jedem Angestellten zu vermitteln, werden neue Mitarbeiter – egal ob *on-* oder *backstage*, egal ob Animateur, Straßenfeger, Parkmanager oder Controller – in einem gemeinsamen Kurs an der *Disney University* zusammen auf die Vision und Kultur des Unternehmens eingeschworen. Diesen Kurs müssen alle Mitarbeiter besuchen, bevor sie auch nur eine Sekunde in ihrem Aufgabenbereich tätig werden. Darüber hinaus wird jedem Mitarbeiter aufgezeigt, wie alle Abteilungen und Stellen miteinander in Verbindung stehen, wie Fertigung, Finanzabteilung, Marketing, Merchandising, Unterkunft, Park etc. – Teil der Show, Teil des Ganzen sind.[3]

www.disney.com

1.2 Entwicklung einer Strategie für Integriertes Marketing

Fast jedes Unternehmen gibt vor, eine langfristige Strategie zu verfolgen. In Wirklichkeit geht es dabei allerdings oft nur um taktische Ziele und die Zielvorgaben selbst bestehen meist nur aus nackten Zahlen und geben keinen Hinweis darauf, wie die entsprechenden Vorgaben für die Kunden umzusetzen sind.

Strategie:

Eine Strategie ist als ein längerfristiger, auf die Marktteilnehmer und die relevante Umwelt ausgerichteter Verhaltensplan zur Erreichung der Unternehmens- und Marketing-Ziele (unter der Annahme bestimmter Umweltbedingungen) zu charakterisieren.[4]

[3] Vgl. Meyer, A./Blümelhuber, C.: Dienen, Kultur und Leadership: Drei Thesen zur Basis der Kundenorientieung, in: Servicekultur in der Sparkassenfinanzgruppe, hrsg. v. H. Sauer, Stuttgart 1998, S. 61.

[4] Vgl. Meffert, H.: Marketing – Grundlagen marktorientierter Unternehmensführung, 8. Aufl., Wiesbaden 1998, S. 7, 223.

Ehrgeizige Ziele als Basis

Eine gute Unternehmensstrategie gibt ehrgeizige Ziele vor und versucht, diese mit Hilfe der verschiedenen Elemente des Integrierten Marketing zu erreichen. Der zeitliche Rahmen von Unternehmensstrategien variiert von Branche zu Branche und wird u.a. von den Vorlaufzeiten in der Entwicklung bestimmt – Pharmaunternehmen können bis zu zehn Jahre brauchen, um ein Produkt von der Entwicklung bis zur kommerziellen Vermarktung zu führen.

Zehn-Jahrespläne sind natürlich sehr breit angelegt und werden durch detailliertere Drei- oder Fünf-Jahrespläne ergänzt. Lang- und mittelfristige Pläne bilden die Grundlage für Einjahresbudgets. Die grau hinterlegten Kästchen in Abbildung 4-3 zeigen, welche lang- und kurzfristigen Pläne Unternehmen der jeweiligen Branche in der Regel aufstellen werden. Ein Erdölkonzern zum Beispiel dürfte mit einem Planungszyklus von zehn, fünf und einem Jahr arbeiten, während ein Unternehmen der Nahrungsmittelindustrie lediglich einen Drei- und einen Einjahresplan erstellt. Und für Internet-Start-Ups ist der Zeitraum von nur einem Jahr schon eine kleine Ewigkeit. Nicht selten lösen sich hier Strategien im Dreimonatsrhythmus ab. Man rechnet nicht mehr in Jahren, sondern in Monaten. Abbildung 4-3 zeigt einige typische Zeitrahmen für verschiedene Branchen auf.

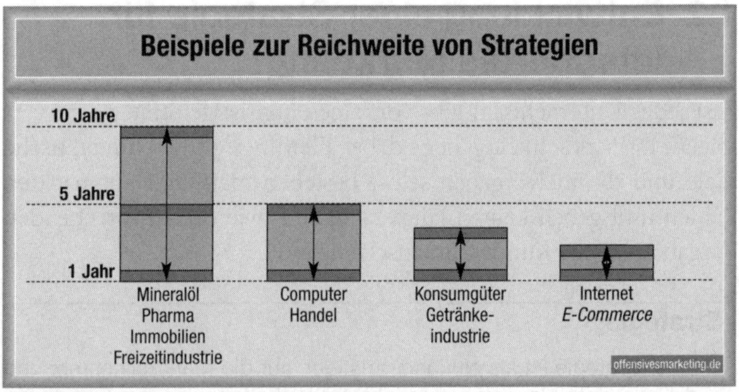

Abbildung 4-3

Welche Punkte soll eine mittelfristig angelegte Unternehmensstrategie enthalten? Die folgenden neun Kernelemente sollten in jeder Strategie unbedingt enthalten sein:

Kernelemente einer integrierten Unternehmensstrategie

- Zielmärkte
- Zukünftige Prioritäten
- Vision des Unternehmens

- Angestrebte Marktstellung
- Umsatz- und Gewinnziele
- Geplante Investitionen
- Strategien zur Unterstützung
- Wichtige Umsetzungspläne und Meilensteine
- Auflistung der Verantwortlichkeiten der einzelnen Abteilungen

Die integrierte Unternehmensstrategie unterscheidet sich stark von einer herkömmlichen Unternehmensstrategie, bei der hauptsächlich Umsatz-, Kosten- und Gewinnziele festgelegt werden und die Verantwortung dafür auf einzelne Abteilungen verteilt wird.

Abteilungsübergreifende Entwicklung von Strategien und Plänen

Im Idealfall werden Strategien und Pläne abteilungsübergreifend entwickelt und orientieren sich an den zukünftigen Bedürfnissen von Märkten und Kunden. Erst im letzten Schritt wird die Unternehmensstrategie auf einzelne Abteilungen ausgerichtet – die vorangegangenen Schritte gelten für alle Abteilungen. Eine offene, abteilungsübergreifende Kommunikation ist also eine Grundvoraussetzung für die Erstellung und Durchsetzung von Strategien. Die folgende Abbildung 4-4 zeigt die Unterschiede zwischen einer herkömmlichen, funktionsorientierten Unternehmensstrategie und einer integrierten Unternehmensstrategie auf:

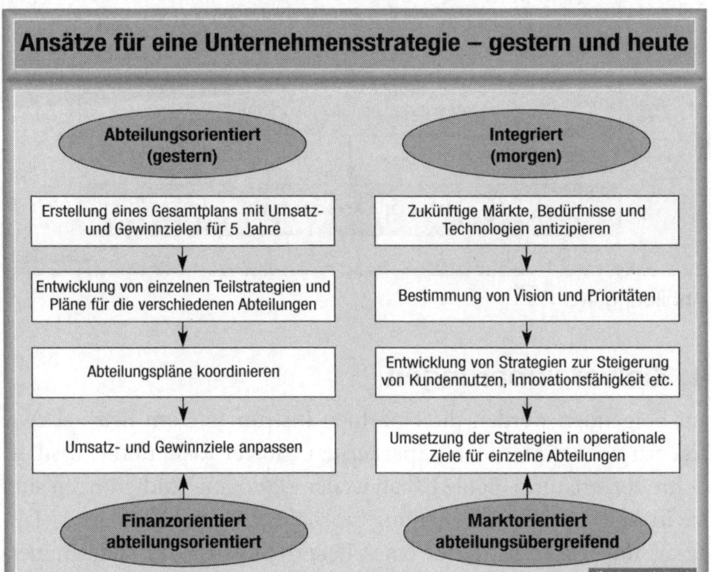

Abbildung 4-4

1.3 Implementierung der integrierten Vorgehensweise

Zur Implementierung einer integrierten Unternehmensstrategie stehen fünf Kerninstrumente zur Verfügung, mit denen sichergestellt werden kann, dass alle Mitarbeiter im Unternehmen strategiekonform marktorientiert denken und handeln und auch danach beurteilt werden.

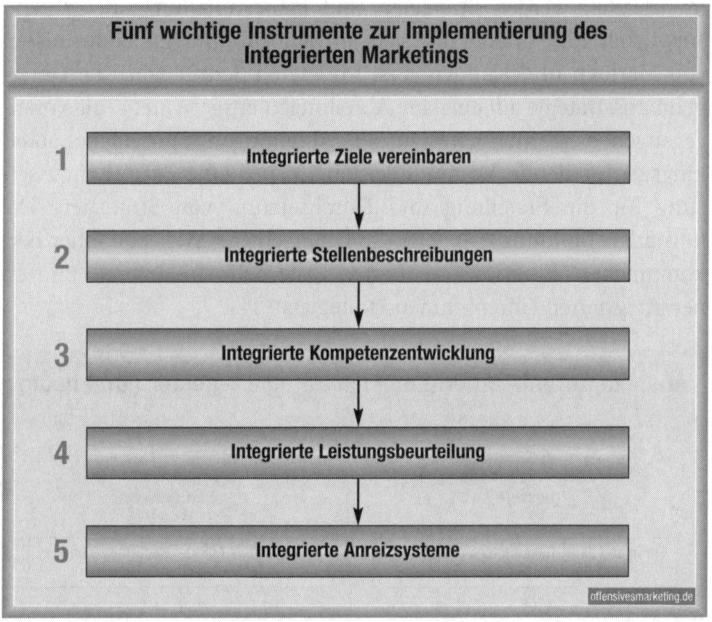

Abbildung 4-5

1. Zielvereinbarungen

Im Folgenden werden die einzelnen Instrumente am Beispiel zwei frei erfundener Marketing-Spezialisten, Holger Klein und Christiane Schröder, erläutert. Beide haben weder Marketing studiert noch sind sie in einer Marketing-Abteilung beschäftigt. Holger Klein ist 35 Jahre alt und Geschäftsführer eines Unternehmens, das Badezimmereinrichtungen herstellt. Christiane Schröder ist 30 Jahre alt und IT-Managerin in einer mittelgroßen Bausparkasse.

Als Geschäftsführer ist **Holger Klein** für Produktion und Vertrieb einer Sanitärserie verantwortlich, die im mittleren Preissegment angesiedelt ist. Hauptkunden sind Bauherren und handwerklich begabte Endkunden zwischen 45 und 65 Jahren, die ihr Bad selbst renovieren. Die Produkte werden über den Großhandel und Sanitärfachgeschäfte vertrieben.

Klare Zielvorgaben formulieren

Holger Klein betreut eine Produktpalette, die aus über 8.000 Einzelartikeln besteht. Er hat bereits festgestellt, dass eines der größten Probleme der Branche im schlechten Kundendienst liegt. Vor zwei Monaten wurde er in die Geschäftsführung berufen und soll nun seine Ziele für das nächste Jahr formulieren. Holger Klein sieht sich zunächst die Zielvorgaben seines Vorgängers an (Abbildung 4-6):

Holger Klein: Aufgabenziele – gestern

- Produktionsmenge im Wert von 27,5 Mio. Euro fertigen, was 110 TSD Einheiten entspricht.
- Ausgaben auf die im Budget festgelegten 12,4 Mio. Euro begrenzen, was 45% des Umsatzes entspricht.
- Investitionsausgaben in Höhe von 1,5 Mio. Euro verwalten; Amortisation nach 4 Jahren anstreben.
- Mitarbeiterfluktuation von 20% auf 15% senken.
- Gemeinsam mit Marketing und F&E neue Vorgehensweisen für die Neuproduktentwicklung erarbeiten.

offensivesmarketing.de

Abbildung 4-6

Es ist klar, was mit diesen Zielen nicht stimmt: Holger Kleins Ziele sind nur nach innen orientiert. Völlig zu Recht hat Herr Klein seine erste Aufgabe also darin gesehen, erst einmal festzustellen, wer seine internen und externen Kunden sind. Danach hat er versucht, die Bedürfnisse der verschiedenen Kundengruppen zu identifizieren. Er hat mit Mitarbeitern aus dem Vertrieb gesprochen, mit der Marketing-Abteilung, der F&E und der Finanzabteilung und schließlich hat er eine Reihe von Bauherren und Verkäufer im Groß- und Einzelhandel besucht. Anschließend war er in der Lage, neue Ziele zu erarbeiten, die er am Schluss noch mit der Bitte um einen Kommentar an die anderen Abteilungen weitergab (Abbildung 4-7). Die so gefundenen Ziele müssen natürlich noch von einem detaillierten Maßnahmenplan unterstützt werden, der Meilensteine vorgibt.

Holger Klein: Aufgabenziele – morgen

Definition der Kunden und ihrer Bedürfnisse	
Externe Kunden:	*Anforderungen:*
Groß- und Einzelhändler	Sortiment, Kundendienst
Kunden	Nutzen
Interne Kunden:	*Anforderungen:*
Vertrieb	Qualität, Kundendienst, Kosten
Marketingabteilung	Innovation, Qualität, Produktentwicklung
Finanzabteilung	Rentabilität, Output, Einhaltung des Budgets

Ziele:

- Zu möglichst geringen Kosten die Bedürfnisse aller externen Kunden in Bezug auf Qualität, pünktliche Lieferung und Kundendienst besser als der Wettbewerb erfüllen.
- In den nächsten 18 Monaten das Niveau des Kundenservice von 80% auf 92% steigern.
- Neue Prozesse, Verfahren und Kompetenzen entwickeln, die zur Verbesserung von Punkt 1 beitragen.
- Neue Technologien entwickeln und neue Produkte schneller als der Wettbewerb auf den Markt bringen.
- Alle Mitarbeiter so motivieren und schulen, dass eine führende Rolle in Produktion, Logistik und Kostenkontrolle eingenommen werden kann. In Zusammenarbeit mit der Marketing-Abteilung das Sortiment von 8.000 auf 5.000 Artikel reduzieren.

offensivesmarketing.de

Abbildung 4-7

Inwiefern unterscheiden sich nun Holger Kleins Ziele von denen seines Vorgängers? Erst einmal stehen hier weniger Zahlen – die erscheinen erst in den Detailplänen. Für Holger Klein ist die Einhaltung des Budgets und der Vorgaben aus der Produktion kein Ziel, sondern Voraussetzung. Der wesentliche Unterschied besteht darin, dass sich seine Ziele nach innen und außen orientieren. Sie fokussieren auf Kunden, Wettbewerb und Kosten – weil es darum geht, Bedürfnisse besser zu erfüllen als der Wettbewerb.

In der Realität ist das Kundennetzwerk des Sanitärherstellers sehr komplex und erfordert von Holger Klein gute Managementfähigkeiten. Ihnen ist sicher schon aufgefallen, dass er das Kundendienstniveau von 80 (dem Branchenstandard) auf 92% anheben will. Er meint, dass ein Niveau unter 92% in keiner Branche akzeptabel ist, aber eine Steigerung auf 95% würde bedeuten, einen unwirtschaftlich hohen Lagerbestand halten zu müssen. Sein Plan, das Sortiment von 8.000 auf 5.000 Artikel zu reduzieren, wird sicher dazu beitragen, das Kundendienstniveau anzuheben. Holger Klein hat schon erste Gespräche darüber mit der Marketing-Abteilung geführt, wie das Sortiment am besten reduziert werden kann.

Christiane Schröder, die als IT-Managerin bei einer Bausparkasse beschäftigt ist, steckt mitten in einem ähnlichen Prozess.

Ihr Unternehmen ist gerade dabei, den Personalbestand erheblich zu reduzieren. Abbildung 4-8 erläutert kurz ihre alten Ziele:

Christiane Schröder: Aufgabenziele – gestern

- Ausgaben durch Automatisierung von 3,0 Mio. Euro auf 2,5 Mio. Euro reduzieren.
- Aktuelles Niveau der Zuverlässigkeit und Serviceniveau aufrechterhalten.
- Ausstattung mit PCs in 20 Filialen erhöhen (Budget: 400.000 Euro).
- Verwaltungssoftware für ein neues Produkt entwickeln, das im September auf den Markt gebracht werden soll.

Abbildung 4-8

Mit Hilfe des neuen Formats hat Christiane Schröder andere Ziele für sich erarbeitet. Genau wie bei Holger Klein waren die alten Ziele nach innen gerichtet und nicht kunden-, sondern kostenorientiert. Die gleichen Tätigkeiten wie bisher sollten einfach effizienter und kostengünstiger erbracht werden.

Ihre neuen Ziele sehen das ebenfalls vor, aber darüber hinaus sollen die Bedürfnisse des Kunden besser erfüllt werden. Der Schwerpunkt liegt auf der Verbesserung der Leistung für den Kunden, und das zu möglichst niedrigen Kosten (Abbildung 4-9).

Christiane Schröder: Aufgabenziele – morgen

Definition der Kunden und ihrer Bedürfnisse	
Externe Kunden:	*Anforderungen:*
Alle aktuellen Kunden der Bausparkasse	Genaue, termingerechte Informationen
Interne Kunden:	*Anforderungen:*
Mitarbeiter in den Filialen, kaufmännisches Management der Bausparkasse	Kundenprofile, Historie, bestehende Verträge

Ziele:
- Sämtlichen Kundenprofilen Daten über den Lebenszyklus hinzufügen, weil die Marketing-Abteilung zukünftig eine Marktsegmentierung nach Kundenlebenszyklen beabsichtigt.
- Benchmarking im IT-Bereich betreiben.
- Zusammenführung von Kunden-Database und Daten aus Direkt-Marketing, damit Verbraucher über die verschiedenen Absatzwege hinweg einheitlich bearbeitet werden können.
- System entwickeln, mit dem die Marktchancen neuer Versicherungsprodukte evaluiert werden können.
- Zukünftigen IT-Bedarf untersuchen. Plan für Schulung und Entwicklung erstellen.

Abbildung 4-9

Teamwork als Basis eines integrierten Vorgehens

Abbildung 4-10 veranschaulicht den Unterschied zwischen integriertem und funktionsorientierten Management. Das hier dargestellte „Rudern“ ist eine gute Analogie für ein Integriertes Marketing, denn es weist uns auf einige zentrale Punkte und Aufgaben hin: Training, Disziplin und vor allem Teamwork.

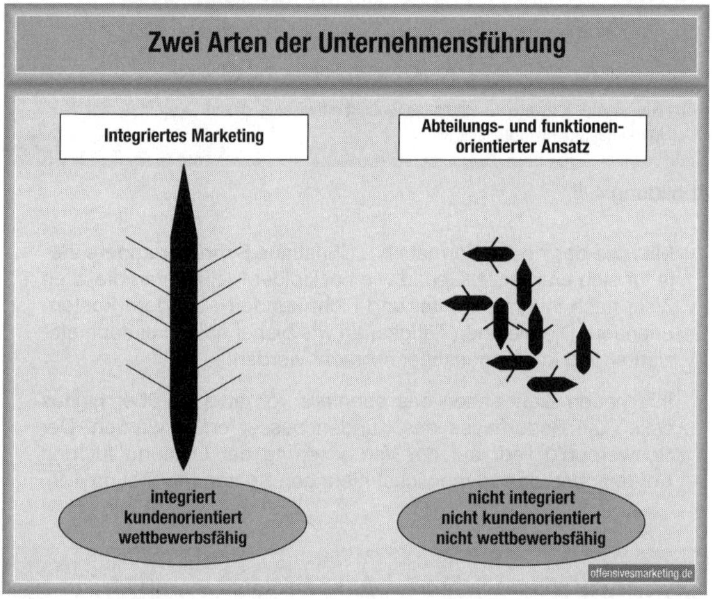

Abbildung 4-10

2. Stellenbeschreibungen

Stellenbeschreibungen enthalten kunden- und kostenorientierte Aufgaben

Stellenbeschreibungen umreißen die Aufgaben, die Verantwortlichkeiten und die für eine Stelle erforderlichen Qualifikationen. Meist sind sie recht allgemein gehalten; zumindest die Verantwortlichkeiten sollten jedoch kunden- und kostenorientiert beschrieben sein. Für die Stelle unseres Holger Klein beispielsweise gibt es eine mehr und eine weniger geeignete Beschreibung seiner Tätigkeiten im Bereich „Beschaffung“ (siehe Abbildung 4-11). Auch wenn generell gilt, dass Arbeitsplatzbeschreibungen nicht zu oft verändert werden sollten, müssen sie regelmäßig überprüft und an geänderte Kundenbedürfnisse und den Wettbewerb angepasst werden.

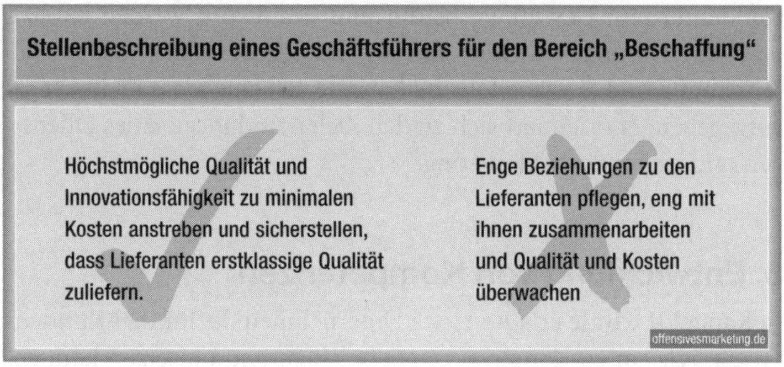

Abbildung 4-11

Ein weiteres Beispiel: In Abbildung 4-12 haben wir zwei unterschiedliche Arbeitsplatzbeschreibungen für einen Flugzeugmechaniker einander gegenübergestellt. Eine der beiden Beschreibungen ist eher traditionell formuliert, die andere nach der Idee des Integrierten Marketing. Es sollte nicht allzu schwierig sein herauszufinden, welche das ist.

Abbildung 4-12

Nach innen und außen gerichtete Stellenbeschreibungen

Welche dieser Beschreibungen ist wohl motivierender? Die linke Beschreibung ist an und für sich richtig – aber sie ist nur nach innen gerichtet. Im Gegensatz dazu orientiert sich die rechte Beschreibung nach außen *und* innen. Es werden Kunden, Konkurrenten, Kollegen und Kosten berücksichtigt. Eine solche Vorgabe verpflichtet den Mitarbeiter, zusammen mit seinen Kollegen daran zu arbeiten, dass zentrale Wünsche des Kunden befriedigt werden, wodurch das Unternehmen auch Ziele wie z.B. Gewinnsteigerung erreichen kann.

Kundennutzen, Gewinnwachstum und Teamwork werden explizit oder implizit angesprochen. Ein Mitarbeiter, der einer solchen Beschreibung und Vorgabe folgend handelt, hat eine klare Richtschnur vorgegeben; er orientiert sich an den Zielen und Ideen eines Offensiven und Integrierten Marketing.

3. Entwicklung von Kompetenzen

In Kapitel II wurde erläutert, wie Unternehmen die für den Kundennutzen relevanten Kompetenzen entwickeln und umsetzen können. Eine Unternehmensstrategie weist diese Kompetenzen aus und gibt darüber hinaus an, wie diese aufgebaut, gepflegt und weiterentwickelt werden sollen. Die Entwicklung von Kompetenzen muss abteilungsübergreifend geschehen und bei Zielvorgaben und Stellenbeschreibungen berücksichtigt werden. Ein Beispiel:

Das Unternehmen von Christiane Schröder möchte eine Kernkompetenz im Bereich Relationship-Marketing entwickeln, die von leistungsfähigen IT-Systemen unterstützt werden soll. Das hat Auswirkungen auf die Arbeit Christiane Schröders und wird daher auch in ihren neuen Zielvereinbarungen genannt. Auch Mitarbeitern in der Marketing-Abteilung, im Management der Filialen, der Finanzabteilung und dem Direktvertrieb werden nun Ziele vorgegeben, die für das Relationship-Marketing relevant sind.

4. Leistungsbeurteilungen

Mittels einer Leistungsbeurteilung wird festgestellt, inwieweit die Mitarbeiter ihre Ziele erfüllen. Ausgehend von den Zielen des Marketing, also der Schaffung eines überlegenen Kundennutzens und der Erzielung eines überdurchschnittlichen Gewinns, können wir zwei Kriterien ableiten, nach denen jeder Mitarbeiter im Unternehmen konsequenterweise beurteilt werden sollte:

Kriterien zur Beurteilung von Mitarbeitern

- **Beitrag zum Kundennutzen**
  Schlüsselfaktoren sind: Innovationsfähigkeit, Flexibilität und Engagement.

- **Beitrag zum langfristigen Gewinnwachstum**
  Schlüsselfaktoren sind: Erlössteigerung, Kostensenkung, Steigerung der Produktivität und Leistungsfähigkeit.

5. Anreizsysteme

Anreizsysteme sehen – einfach ausgedrückt – eine Prämie vor, wenn vereinbarte Ziele erreicht werden. Sie sollten für alle Hierarchieebenen des Unternehmens, nicht nur für die Topebene, eingeführt werden. Wie wichtig Anreizsysteme für das Integrierte Marketing sind, zeigt uns das Beispiel Continental Airlines:

Das Beispiel Continental Airlines:

www.continental.com

Als der ehemalige Boeing-Manager Gordon Bethume ins Management von ***Continental Airlines*** wechselte, hatte die Fluggesellschaft bereits über Jahre mit Gewinneinbußen, Stellenabbau, Lohnkürzungen und Reorganisationen zu kämpfen. Bethume fand nicht nur Flugzeuge vor, die halb leer flogen und ständig unpünktlich waren, sondern auch demotivierte Mitarbeiter.

Bethume wollte Flugreisende nun davon überzeugen, dass Continental eine ganz neue Fluglinie würde. Ihm war klar, dass er von dieser Idee zuerst einmal die eigenen Mitarbeiter begeistern musste. Alle Abteilungen wurden deswegen gemeinsam nach dem beurteilt, was den Kunden am wichtigsten war – nämlich der Pünktlichkeit.

Bethume versprach, dass er in dem Monat, in dem Continental in der oberen Hälfte des Pünktlichkeitsrankings der Fluggesellschaften zu finden wäre, 6 Mio. US-Dollar gleichmäßig auf alle Mitarbeiter der Fluggesellschaft verteilen würde. Denn so viel hatte es Continental bisher pro Monat gekostet, die verspäteten Passagiere auf andere Fluggesellschaften umzubuchen. Zwei Monate nach diesem Versprechen stand Continental in der Pünktlichkeitsliste nicht mehr an letzter, sondern an erster Stelle, und auch Geschäftsreisende begannen, Continental Airlines wieder zu vertrauen. Der Aktienkurs stieg innerhalb von 18 Monaten um das Neunfache.

Nachdem jede einzelne Abteilung den neuen Flugplan abgesegnet hatte, konnten sich alle Mitarbeiter an dem zentralen Ziel orientieren. Ein Mitarbeiter bei der Gepäckabfertigung erkennt beispielsweise: „Ich bin nicht dafür verantwortlich, dass die Maschine rechtzeitig abhebt, und mein Kollege auch nicht. Wir alle gemeinsam sind es.“ Zusammen haben sie in kurzer Zeit ihr Ziel erreicht: ein schönes Beispiel für die motivierende Kraft gemeinsamer Ziele, deren Bedeutung durch Anreizsysteme kommuniziert und deren Erreichen durch sie belohnt wird.

Mitarbeiterbeteiligung bei W.L. Gore

www.wlgore.com

Gore möchte mit seinem Mitarbeiterbeteiligungsmodell zwei Ziele auf einmal erreichen: „*To make money and to have fun.*" Die Mitarbeiter bekommen alle denkbaren persönlichen Entwicklungschancen eingeräumt, solange sie diese Freiheiten durch Leistungen legitimieren. Das macht den Spaß aus, heißt es. Der Lohn wird bei allen Mitarbeitern durch eine erfolgsabhängige Komponente längerfristig ergänzt. Das entspricht der amerikanischen Auffassung vom Geldverdienen. Vom fünften Jahr der Betriebszugehörigkeit an dürfen Teile der vorher erworbenen Vermögenswerte zu Bargeld gemacht werden. Wer allerdings innerhalb der ersten fünf Jahre kündigt, geht leer aus. Sein ursprünglicher Anspruch geht an die verbleibenden Mitarbeiter über.

Diese Beispiele stehen in einem angenehmen Gegensatz zu schlecht konzipierten Incentive-Programmen, die nur die oberen Führungsebenen bedenken und die Mehrheit der Mitarbeiter „an der Front" – die schließlich die treibende Kraft des Marketing sind – vergessen.

2 Hindernisse für ein Integriertes Marketing

Wenn Integriertes Marketing wirklich eine derart gute Idee ist, sollte man eigentlich meinen, dass viele Unternehmen alle Anstrengungen unternehmen, dieses Konzept auch erfolgreich zu implementieren.

Das Beispiel Chrysler:

www.chrysler.com

Als Lee Iacocca zu ***Chrysler*** wechselte, stellte er schon bald fest, dass „sich alle Probleme des Unternehmens auf einen Nenner bringen ließen ... es gab kein Team, nur einen Haufen unabhängiger Spieler." Iacocca stellte Schwächen in der Finanz- und Projektplanung fest. „Selbst die einfachsten Fragen konnte niemand beantworten."

Gleichermaßen bedenklich war die Tatsache, dass die Fabriken nach Plänen produzierten, die nicht auf die Kunden- oder Händlernachfrage abgestimmt wurden, was riesige Bestände und monatliche „Notverkäufe" zum Abbau der viel zu großen Lager zur Folge hatte. Das System funktionierte folgendermaßen: In regelmäßigen Abständen teilte der Fertigungsbereich dem Vertrieb mit, wie viele und welche Modelle er produzieren würde. Und dann lag es am Vertrieb, die Autos ... an die Händler ... zu verkaufen. Welche Ausstattung der Kunde in seinem Auto haben wollte oder ob der Händler ein Modell bestellen wollte, von dem er annahm, dass es bei seinen Kunden gut ankomme, spielte dabei überhaupt keine Rolle. Iacocca brachte das Unternehmen innerhalb kurzer Zeit wieder auf Erfolgskurs, aber er fragte sich, wie so etwas überhaupt hatte passieren können.

Es gibt viele Gründe dafür, warum es Unternehmen nicht gelingt, Integriertes Marketing umzusetzen. Lassen sie uns einige der häufigsten Ursachen nun kurz erläutern.

1. Mangelnde Kundennähe

Mangelnde Kundennähe

Unternehmen, denen es an der Nähe zum Kunden mangelt, fehlt eine grundlegende Voraussetzung für Offensives Marketing. Damit sind sie ganz einfach nicht in der Lage, einen integrativen Ansatz zu verfolgen. Zum Teil ist die mangelnde Kundennähe dabei historisch bedingt. In vielen Branchen gab es in der Vergangenheit nur mäßigen Wettbewerb. Auch wenig kundennahe Unternehmen konnten sich ohne große Anstrengungen „durchmogeln". Inzwischen werden sie jedoch mit einem härteren, deregulierten Umfeld und vor allem mit zunehmend anspruchsvollen und wechselfähigen und -bereiten Kunden konfrontiert. Dies betrifft beispielsweise die Bereiche Telekommunikation, öffentlicher Nahverkehr, Energieversorgung und den Finanzdienstleistungsbereich. Viele Unternehmen dieser Branchen haben Schwierigkeiten damit, sich zu ändern. Banken zum Beispiel werden auch heute noch von „Bankern" geführt, die unter Marketing noch immer „Werbung, Marktforschung und Vertrieb" verstehen.

Situation der Geschäftsbanken in Deutschland

Nur wenige Geschäftsbanken in Deutschland haben ein Integriertes Marketing umgesetzt. Es wird zwar viel über „Marketing" und auch über Kunden geredet, die Aktivitäten in diesem Bereich beschränken sich aber nach wie vor auf den Einsatz der bewährten Instrumente: Anzeigen, Direktwerbung, neue Produkte und vielleicht auch noch neue Vertriebswege. Trotz einiger Verbesserungen in der jüngeren Zeit kann man noch lange nicht behaupten, Banken würden kundenorientiert denken und handeln.

Worin bestehen nun die zentralen Hindernisse für ein Integriertes Marketing im Bankenbereich? Wenn wir dieser Frage nachgehen, so stoßen wir rasch auf eine Kultur, die stark vom traditionellen Bankgeschäft geprägt ist. Noch viel zu wenige Vorstände geben eine kundenorientierte Vision vor oder verstehen sich als Service Leader, die alle Mitarbeiter am Ziel der Schaffung eines überlegenen Kundennutzens ausrichten. Das Problem reicht aber noch weiter. Wir sind bei der Frage angelangt, ob und wie Kundenorientierung in Schulen und Universitäten gelernt werden kann. Oder präziser für unseren Fall: „Inwieweit sind Kunden- und Serviceorientierung Teil der Ausbildung zum Bankkaufmann?“ Ein Blick auf die Lehrinhalte liefert dabei ein ernüchterndes Bild: Die fachliche Ausbildung dominiert, Kundenorientierung ist nahezu kein Thema.

Dieses Beispiel macht deutlich, dass eine mangelnde Kundennähe ein Thema für die gesamte Gesellschaft ist, dem sich die unterschiedlichsten Gruppen anzunehmen haben. Sie ist ein kulturelles Thema. Meist ist es sehr schwierig, Mitarbeiter zu schulen, um eine stärkere Kundennähe aufzubauen. Eigentlich sollte schon bei der Einstellung auf die Kunden- und Serviceorientierung des Bewerbers geachtet werden.

Schon bei der Einstellung der Mitarbeiter auf Kundennähe achten

Ein zentrales Prinzip von ***Southwest Airlines*** lautet deswegen auch:

„Hire for attitudes, train for skills“.

Ähnlich sagt auch Sam Walton, der Gründer von ***Wal Mart***, dem weltweit größten Einzelhandelsunternehmen, zu seinen Mitarbeitern:

„Der Kunde steht bei uns an erster Stelle ... wenn Sie dem Kunden nicht dienen oder die Mitarbeiter im Kundenkontakt nicht unterstützen wollen, dann können wir Sie nicht brauchen.“

2. Nichteinhaltung von Zusagen

Nichteinhalten von Zusagen

Das zweite Hindernis für Integriertes Marketing ist die Unfähigkeit der Geschäftsleitung, verbale Zusagen auch umzusetzen. Oft wird viel geredet und am Ende kommt doch alles ganz anders. Anstatt sich selbst und alle Mitarbeiter klar und eindeutig auf die zentralen Ziele wie Kunden- oder Gewinnorientierung zu verpflichten, versucht man, auf mehreren Hochzeiten gleichzeitig zu tanzen und sich alle Möglichkeiten offen zu halten

Die Geschäftsleitung hatte sich darauf geeinigt, die Produktqualität zu verbessern, und die meisten Führungskräfte kommunizierten diesen Entschluss auch gegenüber ihren Mitarbeitern. Gleichzeitig bemühte sich die Geschäftsleitung mit großem Erfolg um Kostensenkungen. Allerdings war es durch die Notwendigkeit, kurzfristige Gewinne zu erzielen, unmöglich, ausreichend in Maßnahmen zur Qualitätsverbesserung zu investieren. Im Gegenteil, es kam so weit, dass sich die Kostensenkungen negativ auf die Qualität auswirkten. Die für die Qualität verantwortlichen Mitarbeiter wurden angesichts der Diskrepanz zwischen den Aussagen der Geschäftsleitung und den von ihr unternommenen Schritten zunehmend mutloser.

3. Mangelnder Konsens in der Geschäftsleitung

Mangelnder Konsens in der Geschäftsleitung

Das dritte Hindernis ist der mangelnde Konsens innerhalb der Führungsebene, wenn es um wichtige strategische Fragen geht. Das kann sich als entscheidende Hürde für die Integration herausstellen, weil dieser mangelnde Konsens Streit und Auseinandersetzungen zur Folge haben kann. Nur wenn – wie im folgenden Beispiel – die Meinungsverschiedenheiten gemeinsam gelöst werden, kann man einen mangelnden Konsens als vorübergehendes Hindernis ansehen:

Der Marketing-Leiter wollte ein neues Marktsegment erschließen, obwohl das den Einsatz einer neuen Technologie und erhebliche Investitionen in Sachanlagen und den Aufbau einer neue Marke erforderte. Eine Amortisation dieser Investitionen wäre frühestens nach vier Jahren erfolgt, aber der potenzielle Erfolg wäre riesengroß gewesen.

Die Abteilungsleiter Finanzen und Produktion legten der Geschäftsleitung eine sauber ausgearbeitete Beurteilung vor, in der sie sich gegen ein solches Vorhaben aussprachen. Sie wiesen darauf hin, dass die gegenwärtigen Produkte des Unternehmens von den Kunden gut akzeptiert würden und die Fertigung noch über erhebliche Kapazitätsreserven verfügte. Die Marketing-Abteilung solle doch bitte etwas praxisnäher denken und solche Produkte vorschlagen, die unter Nutzung der bestehenden Kapazitätsreserven gefertigt werden können. Ganz offensichtlich lag hier ein Konflikt zwischen markt- und funktionalorientiertem Marketing vor.

Der Geschäftsführer ließ die Dinge einige Monate lang treiben und drängte die Marketing-Abteilung dann zu dem funktionalorientierten Ansatz, erlaubte allerdings noch einen Test des neuen Produkts. Der Marketing-Abteilung gelang es später, einige Gewinn bringende neue Produkte für die vorhandenen Kapazitäten zu entwickeln, was auch notwendig war, da sich das ursprünglich geplante Produkt als Flop erwies.

4. Engstirniges Abteilungsdenken

Abteilungsdenken und persönliche Rivalität

Zum vierten Hindernis kommt es, wenn ein Unternehmen zwar eine konkrete Marketingstrategie formuliert hat, die Integration jedoch durch Abteilungsdenken und persönliche Rivalitäten behindert wird. Das folgende Beispiel wird vielen, die schon einmal für ein multinationales Unternehmen gearbeitet haben, bekannt vorkommen:

Der Geschäftsführer einer deutschen Tochtergesellschaft eines internationalen Unternehmens ist dem *International President* des Mutterunternehmens in New York unterstellt. Der Produktionsleiter Deutschland ist faktisch dem deutschen Geschäftsführer unterstellt, versteht sich aber sehr gut mit dem *Vice President Worldwide* des Mutterunternehmens in New York. Die beiden Manager in den USA wiederum sind einander hierarchisch gleichgestellt und führen seit Jahren einen zwar diskreten, aber unerbittlichen Machtkampf miteinander.

Das Vertriebs- und Marketing-Team der deutschen Tochter war erheblich verstärkt worden und hatte sehr erfolgreich gearbeitet, so dass das Auftragsvolumen innerhalb eines Jahres um 35% gestiegen war. Allerdings kam die Fertigung nicht mit der Produktion nach, was zum Teil daran lag, dass die Absatzprognose des Vertriebs nicht allzu genau ausgefallen war. Die Hauptursache lag jedoch darin, dass es der Fertigung einfach nicht gelingen wollte, ihr Soll zu erfüllen. „Anhaltendes Versagen", wie der Vertriebsleiter bissig bemerkte. Darüber hinaus zögerte das Management in New York, die Kapazitäten kräftig zu erhöhen, weil es befürchtete, dass die Umsatzzuwächse in Deutschland nicht dauerhaft seien.
Unvollständige oder verspätete Auslieferungen an die Kunden wurden schnell zur Regel. Obwohl der Geschäftsführer der deutschen Tochtergesellschaft jeden Monat drei volle Tage darauf verwendete, sämtliche Besprechungen persönlich zu leiten, hatte er so gut wie keinen Einfluss auf seinen Fertigungsleiter, der direkt an die USA berichtete. Die Fertigung warf dem Vertrieb und der Marketing-Abteilung vor, falsche Absatzprognosen zu erstellen. Die Marketing-Abteilung warf der Fertigung vor, dass sie Produktionszusagen nicht einhalten konnte und nicht in der Lage war, die Kapazitäten zu erhöhen.
Die Situation eskalierte, als zusätzliche Mitarbeiter aus den USA kamen, um die deutsche Tochter zu „unterstützen". Innerhalb kürzester Zeit gab es zwei Unternehmen: Vertrieb – Marketing – Finanzabteilung auf den einen Seite, die Produktion auf der an-

deren. Was ein Durchbruch in Sachen Umsatz und Gewinn hätte werden können, endete in nichts als wüsten Beschimpfungen und unzufriedenen Kunden.

5. Technologieentwicklung um ihrer selbst willen

Technologie

In schnell wachsenden Märkten wie dem Bereich der Telekommunikation oder Software, wo ständig neue Technologien entwickelt werden, besteht die Gefahr, dass die Technik um ihrer selbst willen vorangetrieben wird und darüber die Kundenorientierung verloren geht. Oder wie es Lou Gerstner, Chairman IBM, kurz nachdem er zum Unternehmen kam, ausdrückte:

> „Die Informationsrevolution wird stattfinden, aber nur, wenn die Branche endlich aufhört, die Technik wie eine heilige Kuh zu verehren, und sich endlich auf den Nutzen für den Kunden konzentriert."

Weil ein Durchbruch in der Technologie ein Unternehmen von Grund auf verändern kann, neigen gerade Unternehmen der High-Tech-Branchen dazu, die Analyse der Kundenbedürfnisse zu vernachlässigen. Wenn die Märkte dann gesättigt sind und der technologische Fortschritt sich verlangsamt, erhalten diese Unternehmen recht schnell die Quittung dafür, dass Marketing für sie nur ein Mittel der Verkaufsförderung war – ihre Produkte und Leistungen sind kaum voneinander zu unterscheiden, austauschbar und anfällig für den Preiswettbewerb.[5] Bei Computerhardware und zahlreichen Gebrauchsgütern kann man diese Entwicklung bereits beobachten.

6. Kein Kontakt zwischen den Abteilungen

Kein Kontakt zwischen den Abteilungen

Das sechste Hindernis ist der so genannte „Isolationseffekt", bei dem jede Abteilung nach oben berichtet und bei dem, abgesehen von der Kommunikation der Führungskräfte untereinander, nur wenig Kontakt zwischen den Abteilungen besteht. Streitigkeiten in den Abteilungen werden nur selten offen geführt und nicht nach außen getragen. Ist die Harmonie in einer Abteilung doch einmal gestört, ist es schwer, eine Lösung zu finden, weil die Mitarbeiter auf den unteren Ebenen nicht über genügend Autorität verfügen, um sie wiederherzustellen. Kunden rangieren bei Unternehmen, die derart nach innen fokussiert sind, meistens unter „ferner liefen".

---

[5] Vgl. z. B. Trout, J./ Rifkin, S.: Differentiate or Die: Survival in Our Era of Killer Competition, New York 2000.

3 Die Rolle der Marketing-Abteilung bei der Integration

Es ist schwierig, eine Analogie zu finden, die die Arbeit einer Marketing-Abteilung hinreichend verdeutlichen kann. Am besten geeignet scheint uns der Vergleich mit einem Dirigenten, der ein großes Orchester leitet. Mitarbeiter des Marketing wie auch Dirigenten verfolgen ein bestimmtes Ziel, dessen Erreichung davon abhängt, dass verschiedene Spezialisten möglichst reibungslos zusammenarbeiten. Für den Dirigenten sind das die Musiker im Orchester, für die Marketing-Experten sind es eben Werbetexter, Techniker, Buchhalter, Vertriebsmitarbeiter, Fließbandarbeiter, Marktforscher etc. Weder eine Sinfonie noch eine Marketingstrategie werden Erfolg haben, wenn die beteiligten Akteure nicht eine ganz genaue Vorstellung davon haben, welche Rolle sie im gesamten Prozess der Leistungserstellung einnehmen und wie wichtig das Zusammenspiel ist. Wenn auch nur einer von ihnen seinen Einsatz verpasst – im Orchester vielleicht der Cellist, im Unternehmen der Fertigungsleiter, der eine Terminvorgabe nicht erfüllt –, kann das Programm gefährdet sein.

Koordinations- und Integrationsfunktion

Marketing-Experten müssen also – genau wie ein Dirigent – das Ziel kennen und dann die Zusammenarbeit der beteiligten Spezialisten so koordinieren, dass das gemeinsame Ziel – Integriert – erreicht wird. Mitarbeiter der Marketing-Abteilungen sind daher in hohem Maße von den Kollegen in anderen Abteilungen abhängig, die ihnen nicht unterstellt sind. Eine erfolgreiche Führungskraft im Marketing muss vor allem wissen, wie man andere Menschen motiviert. Und er muss viele Rollen ausfüllen können: Er muss entscheiden, empfehlen, koordinieren, spezifizieren, beeinflussen, beraten, abschätzen und führen. Er muss in jeder Situation wissen, welche dieser Rollen gerade an der Reihe ist und wie er sie am besten ausfüllt. Abbildung 4-13 erläutert zentrale Rollen einer Führungskraft im Marketing:

Eine Führungskraft hat unterschiedliche Rollen auszufüllen

Die vielen Rollen einer Führungskraft im Marketing

Rolle	Tätigkeit	In den Bereichen
Decision Maker	Entscheiden über	■ Werbung ■ Database-Marketing ■ Marktforschung ■ Absatzförderung
Recommender	Empfehlungen aussprechen für	■ Preisbildung ■ Budgetierung ■ Aktionen
Coordinator	Koordinieren, abstimmen von	■ Sortimentserweiterungen ■ Verkaufsförderung ■ Produkt-Management ■ Projekt-Management
Specifier	Anforderungen spezifizieren für	■ Entwicklung neuer Leistungen ■ Verpackungs- und Produktdesign ■ Briefing externer Agenturen
Influencer	Einfluss nehmen auf	■ Handelspartner ■ Langfristige Investitionen ■ Kapazitätsplanung ■ Kostensenkungsmaßnahmen ■ Absatzprognosen
Adviser	Beraten von	■ Geschäftsleitung ■ Kollegen
Evaluator	Abschätzen, analysieren von	■ Zukünftiger Vision ■ Eigenem Unternehmen ■ Wettbewerb
Leader	Führen, Vorbild sein für	■ Umsetzung der Unternehmensstrategie ■ Umsetzung der Marketing-Strategie ■ Innovationsfähigkeit

offensivesmarketing.de

Abbildung 4-13

Diese Liste ließe sich noch beliebig verlängern. Es ist kein Wunder, dass Führungskräfte im Marketing meistens viel zu wenig Zeit für die strategisch bedeutsame Leadership-Rolle haben – es gibt so viele andere Dinge zu tun.

Leadership ist ein entscheidendes Thema!

Leader stellen notwendige Mittel bereit und fördern die geistigen Ressourcen

Inspirierende *leader* tragen ein Unternehmen und ermöglichen erst den Erfolg, wenn es um Kundennutzen oder Gewinne geht. Sie entwickeln eine Vision für „ihr" Unternehmen und leben diese Vision als Vorbild in der täglichen Arbeit auch vor. Ihre Rolle besteht also weniger darin, physische Ressourcen eines Unternehmens zu managen – das ist die Aufgabe der „Manager" -, sondern vielmehr darin, Standards zu setzen, die zum Erfolg notwendigen Mittel bereitzustellen und die geistigen Ressourcen eines Unternehmens wie z.B. Kreativität, Engagement und Wissen zu fördern.[6]

Abbildung 4-14

Vertrauen und Integrität

Als wichtige Voraussetzung, die Rolle des *leaders* auch ausfüllen zu können, gilt, dass dem *leader* auch Vertrauen entgegengebracht wird. Dieses gründet auf der Fairness, auf der Zuverlässigkeit und Ehrlichkeit, wie sie gegenüber Mitarbeitern, Kunden, Lieferanten und anderen Anspruchsgruppen bewiesen wird. Persönliche Integrität ist damit ein entscheidendes „Kapital" des *leaders*, ist quasi die Quintessenz von leadership.

Das Beispiel Longo Toyota

Der Geschäftsführer von ***Longo Toyota*** Los Angeles gibt folgendes Motto aus: „Verkaufe dem Kunden kein Auto, sondern helfe ihm, ein Auto zu kaufen." Denn dann – so Greg Penske – gewinnst du einen Freund. Dieser Verhaltenskodex verpflichtet jeden Mitarbeiter zur Kunden- statt zur vielfach noch üblichen Abschlussorientierung im Verkauf. Um die Durchsetzung dieser Vor-

[6] Vgl. Berry, L.: Der Bravo-Faktor: Leadership in Dienstleistungs-Organisationen, in: Handbuch Dienstleistungs-Marketing, hrsg. v. A. Meyer, Stuttgart 1998, S. 153–162.

[7] Vgl. Berry, L.: Der Bravo-Faktor: Leadership in Dienstleistungs-Organisationen, in: Handbuch Dienstleistungs-Marketing, hrsg. v. A. Meyer, Stuttgart 1998, S. 158.

gabe zu gewährleisten, genügt es nicht, dass – wie im konkreten Fall geschehen – alle Mitarbeiter ihr Commitment signalisieren (indem sie beispielsweise einen *„code of ethics"* unterschreiben); alle Strukturen und Konzepte im Unternehmen müssen diesem Ziel untergeordnet werden. So sind Strategien und die Organisation, Anreizsysteme, Prämien und „verkaufsunterstützende" Maßnahmen, Schulungsmaßnahmen und Verkaufsräume auf dieses Ziel hin auszurichten. Der *leader* moderiert diesen Prozess, hält ihn in Gang und kontrolliert seine Ergebnisse.

Um in Zukunft eine effektive Integration zu gewährleisten, werden sich die Mitarbeiter der Marketing-Abteilung sechs Bereichen intensiv widmen müssen:

Aufgaben der Marketing-Abteilung

1. **Aktive Mitarbeit bei der Entwicklung der Unternehmensstrategie.** Dieser Punkt wurde bereits behandelt. Marketing-Fachleute sind nun einmal am besten dazu in der Lage, diesen Prozess zu leiten. Dass sie es trotzdem viel zu selten tun, liegt vor allem an Zeitmangel und falsch gesetzten Prioritäten.
2. **Ausbau von Führungsqualitäten.** Marketing-Fachleute müssen Mitarbeiter führen und motivieren können. Leider wird der Kunst der Mitarbeiterführung in Aus- und Weiterbildung nur wenig Bedeutung beigemessen. Die Folgen: Schwächen bei der abteilungsübergreifenden Integration und im Projektmanagement.
3. **Verbreiterung der Wissensbasis.** Dies wurde bereits in Kapitel I erläutert: Die Marketer von morgen werden sehr viel mehr über Technologien, Finanzwesen und Fertigung wissen müssen, wenn sie die richtigen strategischen Entscheidungen treffen und effektiv mit verschiedenen Abteilungen zusammenarbeiten wollen.
4. **Förderung von Innovation und unternehmerischem Denken.** Eine der wichtigsten Aufgaben der Marketing-Abteilung; aufgrund der stark wachsenden Routineaufgaben wird sie jedoch leider immer mehr vernachlässigt.
5. **Entwicklung eines abteilungsübergreifenden Führungsstils.** Marketing-Experten sind dafür verantwortlich, dass alle Mitarbeiter im Unternehmer über den Markt informiert sind – durch persönliche Gespräche, Newsletter, Präsentationen und andere Formen der internen Kommunikation. Darüber hinaus müssen sie auch einmal ein Lob aussprechen können, was einigen Marketing-Fachleuten offensichtlich sehr schwer fällt.

Ein Beispiel:

Ein Produktmanager plant ein „*offsite meeting*“ in einem Hotel, bei dem die Marktentwicklungen und zukünftige Vorgehensweisen besprochen werden sollen. Anstatt nur sein eigenes Team, die Werbeagentur und vielleicht noch einen Mitarbeiter aus der Marktforschung einzuladen, könnte er eine erweiterte Projektgruppe mit verschiedenen Mitarbeitern aus F&E, Fertigung, Finanzabteilung und Vertrieb zusammenstellen, die für sein Produkt wichtig sein könnten. Dies würde die Zahl der Teilnehmer von vielleicht sechs auf etwa zwölf erhöhen, hätte aber den Vorteil, dass dadurch die Qualität der Diskussion steigt und das Commitment für das Produkt erhöht wird. Darüber hinaus könnte der Produktmanager per E-Mail einen monatlichen Newsletter an die erweiterte Projektgruppe verschicken, der über wichtige Marktdaten, erste Erfolge und die nächsten Aktivitäten informiert und die Arbeit der einzelnen Gruppenmitglieder würdigt.

6. **Entwicklung einer größeren Ausdauer für den Job.** Häufige Job-Rotation bei Marketing-Mitarbeitern ist ein ernst zu nehmendes Problem, das seit langem bekannt ist. Nur wenige Marketing-Fachleute arbeiten länger als zwei Jahre in der gleichen Position und falls sie doch einmal länger bleiben, werden sie schon unruhig. Eine solch kurze „Halbwertszeit“, die übrigens auch in anderen Abteilungen nicht üblich ist, schadet sowohl der Marketing-Abteilung als auch ihrem Beitrag zum Integrierten Marketing.

4 Wie Integrationshemmnisse überwunden werden können

Anstatt Ihnen hier eine langweilige Checkliste zu präsentieren, wollen wir Ihnen an dieser Stelle eine Geschichte erzählen, in deren Mittelpunkt Sie selbst stehen:

Gerade sind Sie zum Marketing-Leiter eines Unternehmens ernannt worden, das im Heimwerker- und DIY-Bereich[8] in Deutschland eine führende Rolle einnimmt. Der prognostizierte Umsatz liegt in diesem Jahr bei 240 Mio. Euro, als Gewinn vor Steuern werden 20 Mio. Euro erwartet. Sie werden ab nächstem Montag die Stabsstelle Marketing und Produktmanagement mit 25 Mitarbeitern leiten.

[8] DIY steht für „*do it yourself*“, im weitesten Sinne sind damit Bau- und Heimwerkermärkte gemeint.

Die Ausgangslage

Vom Headhunter erfahren Sie, dass das Unternehmen zwar gute Produkte herstellt, aber dennoch Marktanteile verliert. Schon in den letzten Jahren hat man sich stets Sorgen um das Gewinnniveau machen müssen. Der Geschäftsführer war um die fünfzig und kam ursprünglich aus dem Produktionsbereich. Seine Einstellung zum Marketing ist etwas zurückhaltend. Einflussreichstes Mitglied der Geschäftsleitung ist wohl der Vertriebsleiter, der seine Entscheidungen sehr intuitiv trifft. Die Produktion wird recht effektiv geführt und der Leiter der Finanzabteilung, der in zwei Jahren in Pension gehen will, ist ein ruhiger, etwas altmodischer Mensch. Die Marketing-Abteilung besteht aus einer Mischung von erfahrenen Mitarbeitern der Vertriebsabteilung und jüngeren Mitarbeitern: Abwerbungen von Gillette und Unilever.

Eine erste Bestandsaufnahme

Sie fragen den Geschäftsführer, was er von Ihnen erwartet. Er sagt, die Marketing-Abteilung solle professioneller arbeiten als bisher und das Unternehmen solle wieder Gewinn machen. Drei Monate später machen Sie eine Bestandsaufnahme. Die Situation ist nicht ganz so, wie sie Ihnen zunächst beschrieben wurde. Der Geschäftsführer stärkt Ihnen sehr den Rücken und hat einen guten Instinkt, was Investitionen und Qualität angeht. Der Vertriebsleiter handelt sehr scharfsinnig, aber er denkt zu kurzfristig und lässt sich zu sehr vom Handel beeinflussen. Die Marketing-Abteilung verbringt die meiste Zeit mit Routineaufgaben, die meisten davon im Auftrag des Vertriebs. Außerdem gibt es einen Kulturkonflikt zwischen den erfahrenen und den jungen Mitarbeitern in der Abteilung. Eine echte Hilfe dagegen ist Martin Bachmann, die Nummer zwei in der Finanzabteilung. Schon bevor Sie in das Unternehmen kamen, hat er damit begonnen, ein ausgeklügeltes System zu entwickeln, mit dem Deckungsbeiträge pro Produkt und pro Handelskunde berechnet werden können. Bachmann, der dieses Projekt selbst initiiert hat, konnte mit Unterstützung durch den Produktions- und Vertriebsleiter Spezialisten für Arbeitsabläufe mit Vertriebsrepräsentanten und Spediteuren zusammenbringen. Dadurch verfügt er jetzt über die notwendigen Daten, um Vertriebs- und Distributionskosten auf einzelne Produkte und Kunden umlegen zu können, aber bis jetzt hat das in der Firma außer Ihnen eigentlich keinen so richtig interessiert.

Ihre erste Bestandsaufnahme sieht also so aus:

- Sie haben einen guten Draht zum Geschäftsführer. Als Ingenieur will er Fakten, Zahlen und Analysen haben, was Ihnen entgegenkommt. Ihnen ist aufgefallen, dass er mit dem Vertriebsleiter nicht gut zurecht kommt.
- Die Aufgaben der Marketing-Abteilung sind viel zu eng definiert, außerdem ist sie in zwei Lager gespalten.

- Die Vertriebsabteilung ist zu dominant. Sie erstellt die Absatzprognosen, und das schlecht. Die Einräumung von Handelsrabatten erfolgt auf Druck der einzelnen Händler. Händler, die kurzfristig große Volumina abnehmen, erhalten Zusatzleistungen und Sonderkonditionen.
- In der F&E sind fähige Mitarbeiter beschäftigt, aber sie arbeiten an zu vielen Projekten gleichzeitig. Darüber hinaus werden die Produktspezifikationen ständig geändert. Bei vielen Projekten geht es lediglich darum, den Status quo zu erhalten oder kleinere Kosteneinsparungen zu realisieren.
- Die Fertigung läuft effizient, aber der Fertigungsleiter ist der Meinung, dass es zu viele Produktvariationen gibt. Außerdem macht er sich Sorgen wegen der ungenauen Absatzprognosen.
- Die Produktqualität ist nicht konstant und die Qualitätssicherung ist dem Fertigungsleiter unterstellt.
- Die Produkte können ihren hohen Preis nicht rechtfertigen und das Unternehmen ist nicht auf Stand mit dem Fortschritt der Wettbewerber. Die Kundentreue ist daher recht gering und sinkt weiter. Diese Entwicklung bestätigt sich durch frühere Untersuchungen, aber bis jetzt hat noch niemand die Konsequenzen aus der Situation gezogen.
- Ungefähr zu diesem Zeitpunkt muss auch der neue Fünfjahresplan geschrieben und an die Konzernzentrale geschickt werden. Bislang wurde diese Aufgabe immer von der Finanzabteilung koordiniert und als eher lästige Pflicht angesehen. Entsprechend bestand der Plan hauptsächlich aus unkommentierten Absatz- und Gewinnprognosen und beschrieb keineswegs die zukünftige Strategie des Unternehmens.
- Der Finanzleiter ist nur zu gern bereit, die Erstellung des Plans dieses Jahr Ihnen zu überlassen. Sie wollen dabei mit Martin Bachmann zusammenarbeiten.

Natürlich bekommen Sie einige bissige Bemerkungen zu hören, insbesondere vom Vertriebsleiter. Zum Beispiel: „Wann will der Typ eigentlich Marketing machen?“ Dennoch haben Sie kein allzu schlechtes Gewissen, schließlich haben Sie bereits zwei große Kundenaktionen geplant, ein Programm zur Verbesserung der Kundenbeziehungen entwickelt und über die F&E auch noch ein paar kurzfristige Produktverbesserungen angestoßen. Erste Ergebnisse dieser Projekte sind in Kürze zu erwarten und in der Zwischenzeit machen Sie sich – bewaffnet mit den unbezahlbar wertvollen Deckungsbeitragsanalysen – daran, den Fünf-Jahresplan zu erstellen.

Der Fünf-Jahresplan

Um Integrierte Marketing-Strategien zu entwickeln, setzen Sie zunächst eine Reihe von Gesprächsterminen mit anderen Abteilungsleitern an. Mit Martin Bachmann, Ihrem neuen Verbündeten, vereinbaren Sie, dass er Sie zu allen Besprechungen begleitet. Ihren ersten Termin haben Sie mit dem Fertigungsleiter. Die Besprechung verläuft sehr gut. Auf der Grundlage von Bachmanns Analyse schlagen Sie vor, einige Produkte aus dem Sortiment zu nehmen. Ihr langfristiger Plan sieht vor, das Produktsortiment um ein Drittel zu verkleinern und die Ressourcen auf fünf bis sechs Spitzenprodukte zu konzentrieren, die zu „starken Marken" ausgebaut werden sollen. Der Fertigungsleiter möchte in diesem Fall seine Fertigungsstrategie ändern und seine beiden Werke umstrukturieren. Eines soll zur Produktion hoher Stückzahlen der sechs Premiumprodukte verwendet werden, das andere zur flexiblen Produktion kleinerer Stückzahlen.

Sie kommen überein, sich am ersten Donnerstag eines jeden Monats zu einem informellen Arbeitsessen zu treffen, an dem die sechs wichtigsten Mitarbeiter aus Fertigung, F&E und Marketing teilnehmen sollen. In der ersten Besprechung soll es um Produktqualität gehen. Bei dieser Gelegenheit wollen Ihre Mitarbeiter die Ergebnisse eines kürzlich durchgeführten Blindtests zwischen den wichtigsten Produkten Ihres Unternehmens und denen des Wettbewerbs präsentieren.

Die Besprechung mit dem Leiter der Abteilung F&E verläuft ebenfalls ganz nach Plan. Sie einigen sich darauf, dass die F&E die Anzahl angegangener Projekte reduziert und sich in Zukunft auf solche Projekte konzentriert, die entweder kurzfristige Ergebnisse versprechen oder aber technologisch anspruchsvoll sind und sich durch ein hohes Gewinnpotenzial auszeichnen.

Die letzte Besprechung führen Sie mit dem Vertriebsleiter. Hier gibt es einige Überraschungen. Er hat sich inzwischen mit den Rentabilitätsanalysen der Handelskunden beschäftigt und daraufhin beschlossen, den Key-Account-Managern nicht mehr Umsatz-, sondern Deckungsbeitragsziele vorzugeben. Darüber hinaus bittet er Sie um Unterstützung bei der Entwicklung einer neuen Rabatt- und Servicestrategie, die eingeräumte Rabatte und Intensität der Kundenbetreuung u.a. in Relation zur Profitabilität des Kunden setzt.

Zwei Jahre später

Zwei Jahre später läuft alles bestens, und das, obwohl sich im Wettbewerbsumfeld einige gravierende Änderungen ergeben haben, die Sie so nicht voraussehen konnten.

- Der prognostizierte Gewinn liegt nun bei 30 Mio. Euro (das sind fast 50% mehr als vor Ihrem Eintritt in das Unternehmen).
- Die Produktqualität hat sich verbessert und wird in regelmäßigen Abständen mit der des Wettbewerbs verglichen.

- Die Marketing-Abteilung hat die Verantwortung für die Absatzprognosen übernommen und konnte deren Genauigkeit erheblich verbessern.
- Das Sortiment wurde reduziert, der Fertigungsleiter hat die beiden Werke umstrukturiert. In Fertigung, Distribution und Lagerhaltung konnten erhebliche Kosteneinsparungen realisiert werden.
- Sie haben die Marketing-Abteilung umstrukturiert, zwei Mitarbeiter aus der Fertigung, einen aus dem Vertrieb und zwei von außen geholt und zwölf Ihrer Mitarbeiter in anderen Abteilungen untergebracht.
- Das neue Rentabilitätsbewertungssystem für die Handelskunden funktioniert hervorragend, alle größeren Accounts bringen Gewinn.
- Die Einrichtung eines Kundenclubs ist viel versprechend angelaufen. Das Programm arbeitet mit einer entsprechenden Datenbank und zeigt bereits erste Erfolge.
- Es konnten einige erhebliche Produktverbesserungen umgesetzt werden und die F&E ist gerade dabei, ein Produkt mit einer völlig neuen Technologie zu entwickeln, das den Markt wahrscheinlich revolutionieren wird.
- Sie konnten selbstverständlich die Qualität von Werbung, Absatzförderung und Verpackungsgestaltung erheblich verbessern.

Nach weiteren sechs Monaten liegt der Gewinn bei 35 Mio. Euro, der Geschäftsführer geht in Rente, der Vertriebsleiter wird neuer Geschäftsführer und für Sie wird es Zeit, sich nach neuen Herausforderungen umzusehen.

5 Umsetzung der Integrativen Vorgehensweise

Die Umsetzung des Integrierten Marketing hängt vor allem von Vision, Struktur, Strategie und Einstellung des Unternehmens und seiner Mitarbeiter ab und muss von der Geschäftsleitung unterstützt werden. Auf taktischer Ebene stehen jedoch praktische Werkzeuge zur Verfügung, die sehr nützlich sein können:

1. **Fördern Sie abteilungsübergreifendes Denken und Handeln.** Zum Beispiel durch kurz- oder langfristige Versetzungen in andere Abteilungen. Einige der erfolgreichsten Marketing-Experten haben ursprünglich im Fertigungsbereich angefangen und sind gelernte Ingenieure. Vor allem die Aufgaben von Vertriebs- und Marketing-Abteilungen werden sich einander immer mehr annähern, weil die Absatzwege immer komplexer und die Nachfragemacht der Kunden immer größer wird. Eine Versetzung in eine andere Abteilung ist für den Mitarbeiter eine Gelegenheit, seine Kenntnisse zu erweitern, und für das Unternehmen eine echte Bereicherung, da sich dadurch starre Abteilungsgrenzen aus dem Weg räumen lassen.

Abteilungsübergreifende Koordination

2. **Suchen Sie den persönlichen Kontakt zu Kunden und Verbrauchern.** Es gibt viele Möglichkeiten, das auch ohne hohen Zeitaufwand zu bewerkstelligen. Begleiten Sie einen Tag lang einen Vertriebsmitarbeiter im Außendienst oder hören Sie im Call-Center einige Stunden lang mit – Sie werden sehr viel dabei lernen, egal, in welcher Abteilung des Unternehmens Sie arbeiten. Ursprünglich ist diese Idee eigentlich für Führungskräfte im Management gedacht. Wenn Sie allerdings der Meinung sind, dass *alle* Mitarbeiter des Unternehmens Marketing-Fachleute sein sollten, folgt daraus, dass auch alle Mitarbeiter des Unternehmens mindestens einen Tag im Jahr mit Kunden verbringen sollten. Mitglieder der Geschäftsleitung und Mitarbeiter der Marketing-Abteilung sollten wenigstens einmal im Monat Kundenkontakt haben.

Direkter Kundenkontakt

3. **Streben Sie eine offene und ehrliche Kommunikation an.** Das ist im täglichen Leben grundsätzlich eine sehr vernünftige Haltung. Und die modernen Kommunikationstechnologien machen es uns einfach, uns danach zu richten. Einige größere Unternehmen haben bereits eigene Fernsehkanäle (Business-TV), in welchen die Führungskräfte zu bestimmten Zeiten über aktuelle Projekte berichten können, entweder gezielt für eine bestimmte Gruppe von Mitarbeitern oder für die gesamte Belegschaft. Auch interaktive Fernsehkanäle sind schon entwickelt worden. Aber natürlich ist Kommunikation immer noch auch ohne moderne Technologie möglich: Das direkte Gespräch zwischen Menschen ist nur schwierig zu ersetzen.

Kommunikation

Anreize und Bonuszahlungen

4. **Verteilen Sie Bonuszahlungen gerecht und großzügig.** Inzwischen haben hohe Bonuszahlungen an Mitglieder des Topmanagements das früher übliche „Casino" als Statussymbol in den Unternehmen ersetzt. Eine solche Firmenpolitik geht davon aus, dass die entscheidenden Faktoren für den unternehmerischen Erfolg in einzelnen strategischen Entscheidungen und Abschlüssen der obersten Führungsebene zu sehen sind. Aber dem ist nicht so. Strategien sind zwar wichtig, aber wenn es darum geht, unternehmerischen Erfolg dauerhaft zu sichern, sind Einstellung, Teamarbeit und effektive Implementierung noch wichtiger.

Räumliche Integration

5. **Bringen Sie die gesamte Firmenorganisation an einem Standort unter.** Wenn Marketing, Vertrieb und Finanzwesen in der Hauptverwaltung in Berlin angesiedelt sind, die Fertigung aber in Nordrhein-Westfalen und Bayern stattfindet, haben Sie wahrscheinlich nicht eine, sondern drei verschiedene Firmen, die nur schwer integriert werden können. Abteilungsübergreifende Integration lässt sich am ehesten an Standorten mit einer „vollständigen" Firmenorganisation verwirklichen, im Idealfall mit der Produktion im Zentrum. Natürlich ist das nicht immer möglich, aber die Aufgliederung von Unternehmen in eigenständige Geschäftsbereiche begünstigt eine solche Struktur. Für die Marketing-Abteilung hat die Nähe zur Produktion den Vorteil, dass sie interne Kompetenzen besser verstehen und integrieren kann.

Kleine, flexible Einheiten

6. **Gliedern Sie große Unternehmen in kleinere strategische Geschäftseinheiten auf.** Wo immer möglich, sollten Sie große Unternehmen in einzelne Geschäftseinheiten aufteilen, die über eine eigene Fertigung und eigene Vertriebs-, Finanz- und Marketing-Abteilung verfügen. Häufig ist eine gewisse Mindestgröße erforderlich, um die entsprechenden Größenvorteile in der Fertigung zu erreichen und die Kosten für eigene Vertriebs- und Finanzabteilungen zu rechtfertigen. Diese Mindestgröße kann natürlich je nach Branche variieren; im Fahrzeugbau oder bei Gebrauchsgütern ist sie unter Umständen sehr viel höher anzusetzen. Die Vorteile einzelner Geschäftseinheiten sind die schnellere Entscheidungsfindung, Teamarbeit, Commitment und Integration. Die Top-Manager kennen das Unternehmen in

der Regel sehr gut und halten engen Kontakt untereinander. Dadurch werden die Grenzen zwischen den einzelnen Abteilungen durchlässiger und die Bürokratie beschränkt sich auf ein Mindestmaß.

Abbildung 4-15 zeigt ein Unternehmen, das nach Geschäftseinheiten organisiert ist. In diesem Fall handelt es sich um ein Unternehmen, das Gaststättenbedarf herstellt.

Abbildung 4-15

6 Einbeziehung aller Anspruchsgruppen

Die bisherigen Ausführungen in diesem Kapitel haben deutlich gemacht, wie schwierig es ist, alle Mitarbeiter einzubeziehen. Die Integrationsaufgabe ist damit aber noch lange nicht gelöst. Offensive Marketer werden alle relevanten Zielgruppen einbeziehen; auch die Kunden, die Lieferanten und die Shareholder werden so zu *part-time*-Marketern des Unternehmens. Lassen Sie uns – wie in Abbildung 4-16 dargestellt – hierzu einige Möglichkeiten skizzieren[9]:

[9] Vgl. zu den unterschiedlichen Möglichkeiten: Meyer, A./Blümelhuber, C.: Marketing orientiert sich zu wenig am Kunden, in: Marketingtransfer, hrsg. v. C. Belz, St. Gallen 1997, S. 58–74.

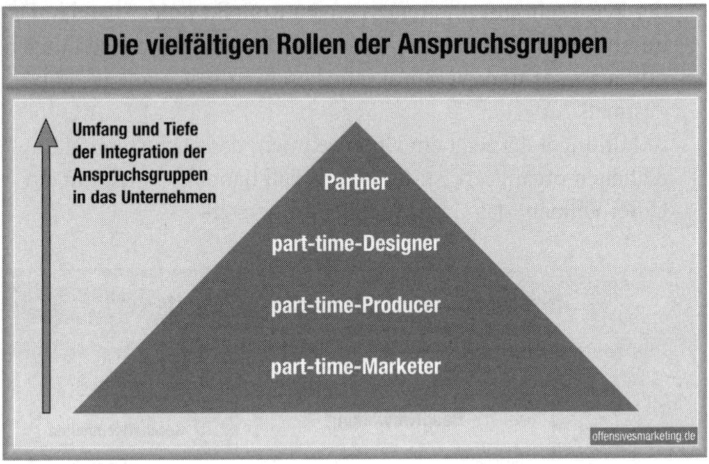

Abbildung 4-16

part-time-Marketer

Kunden als *part-time*-Marketer

Glaubwürdige Informationen über ein Angebot kommen zunächst einmal vom Kunden selbst. Den eigenen Erfahrungen traut jeder von uns am meisten. Dann aber vertrauen wir vor allem den Aussagen unserer Freunde, Verwandten und Bekannten. Die Initiierung von Weiterempfehlungen ist eine zentrale Kommunikationsstrategie, vor allem dann, wenn die entsprechenden Objekte vertrauensempfindlich sind und der Erwerb oder die Nutzung mit einem hohen psychischen, sozialen und finanziellen Risiko verbunden ist.[10] Offensive Marketer nutzen Kunden, um ihre Leistung zu demonstrieren. „Kunden-werben-Kunden"- bzw. Empfehlungsprogramme sind eine interessante Kommunikationsalternative. Nutzen Sie das Potenzial zufriedener Kunden und belohnen Sie diese Kunden für ihre Tätigkeit. Solche Incentives können kleine Geschenke, finanzielle oder auch emotionale Vorteile wie Mitgliedschaften in einem speziellen, exklusiven Club sein.

part-time-Producer

Der Kunde als Produzent

Dienstleistungen lassen sich nur in Zusammenarbeit mit dem Kunden produzieren. Die Theorie spricht hier von der „Integration eines

[10] Vgl. Meyer, A.: Kommunikationspolitik von Dienstleistungs-Anbietern, in: Handbuch Dienstleistungs-Marketing, hrsg. v. A. Meyer, Stuttgart 1998, S. 1073 ff.

Externen Faktors“ bzw. von einem „*prosuming*“-Prozess. Der Kunde ist also nicht lediglich Konsument der Leistung, sondern auch Coproduzent. Viele (Dienstleistungs-)Unternehmen gehen heute dazu über, die Produzentenrolle des Kunden auszubauen, also seinen Aktivitätsgrad zu erhöhen. Eine solche Externalisierung kann einmal als Rationalisierungsmaßnahme verstanden werden (und sich damit positiv auf Kosten und Gewinne auswirken) und zum anderen auch die Zufriedenheit des Kunden erhöhen, für den die Leistung transparenter, berechenbarer und vor allem selbst beeinflussbar wird. Natürlich schließt sich hier die Aufgabe an, den Kunden zu schulen und eventuell auch für seine Leistung zu belohnen. So belohnt die ***Bank Ocean 24*** jeden Kunden, der sich selbst an ihren Bankautomaten in Fastfood-Restaurants bedient mit einem Gutschein über eine Portion Pommes frites. Oder denken Sie an Friseure, die das Föhnen ihren Kunden überlassen und deswegen günstigere Preise anbieten.

part-time-Designer

Der Kunde als Informationsquelle

Eine informationsgeprägte und -geleitete Integration des Kunden ermöglicht es, Kundenwünsche selbst in der Produktion zu berücksichtigen. Kundenindividuelle Problemlösungen und Leistungen können angeboten werden. Diese *outside-in*-Betrachtung des Marketing verlangt in der Regel die Abkehr vom Massen-Marketing und die stärkere Fokussierung auf kleinere Segmente oder im Extremfall auf den einzelnen Kunden. Als ein Beispiel für eine solche „virtuelle Integration“ kann das japanische Unternehmen ***Panasonic*** aufgeführt werden:

www.panabyc.co.jp

> Beim Absatz von Fahrrädern geht Panasonic folgenden neuen Weg: Beim Händler entscheidet der Kunde über den Typ des Fahrrads, er spezifiziert dieses gewählte Modell zusätzlich hinsichtlich der individuellen Farbe, Größe, aber auch z. B. hinsichtlich der Krümmung des Lenkers, der Sattelform, der Pedalgröße, bis hin zur Klingelform und -farbe. Diese Daten werden dann online an das Fahrradwerk von Panasonic übermittelt, und innerhalb von 24 Stunden erhält der Kunde (garantiert) sein individuell zusammengestelltes Fahrrad.

Die maßgeblichen Aufgaben des Marketing leiten sich hier aus der Sammlung, innerbetrieblichen Weitergabe, Speicherung und Abrufung sowie Verwendung der Kundeninformationen ab. Die Forschungs- und Entwicklungsabteilung erlebt damit Marketing ebenso wie eine Produktions- oder Marktforschungsabteilung. Das Marketing erobert das Aufgabenfeld der Ingenieure und Techniker und verlangt von diesen einen radikalen Perspektivenwechsel: Gefordert wird, den von der deutschen Ingenieurs- und Technikerkultur geprägten Wert der „Perfektion und Perfektionierung“ zu überdenken. Nicht das „technisch“ oder „funktionell“ Machbare, nicht das perfekte, höchstmögliche Leistungsniveau ist die Maxime für erfolgreiches Agieren, sondern die Orientierung an den von den Kunden gesetzten Maßstäben.

Im *Business-to-Business*-Bereich hat die informationsgeprägte Integration schon eine gewisse Tradition: Die gemeinsame Entwicklung von Produkten kann als eine erste Form der virtuellen Integration gelten. So wurden beispielsweise von Seiten der ***Lufthansa*** ca. 20.000 Ingenieurstunden geleistet, um – mit Hinweisen auf den konstruktiv besseren Airbus – in Zusammenarbeit mit ***Boeing*** den Jumbojet weiterzuentwickeln und konkurrenzfähiger zu machen. In solchen Beziehungen sind Anbieter und Nachfrager nicht mehr eindeutig auszumachen. Bleiben wir kurz beim Beispiel Boeing/Lufthansa. Wer ist Anbieter, wer ist Nachfrager? Diese Frage ist nicht klar zu beantworten: So ist Boeing einerseits Anbieter, nämlich des Jumbos, andererseits aber auch Nachfrager der Informationsleistung der Lufthansa. Die Ideen und Wünsche von Kunden können und sollten also genutzt werden, um Leistungen in ihren Sinne zu spezifizieren und zu gestalten. Darüber hinaus können die Ideen von Kunden auch ein interessantes Suchfeld für Innovationen sein. Der Kunde also auch als Innovator in einem Unternehmen.

Partner

Der Kunde als Partner

Diese Sichtweise löst die traditionelle Separierung der Absatz- und Marketinglehre in Kunden und Anbieter teilweise auf. Die klassischen Rollen des Kunden als „Abnehmer“ oder „Verwender“ werden ergänzt um Rollen wie die des „Kapitalgebers“ oder „Mitarbeiters“. Durch diese Rollenpluralität soll die Identifikation des Kunden mit dem Unternehmen und letztlich die ökonomische und emotionale Loyalität des Kunden zum Unternehmen gefestigt werden. Ziel ist eine langfristige, auf Vertrauen basierende Partnerschaft zwischen Unternehmen und Kunden. Im Marketing werden die Möglichkeiten dieser Sichtweise noch vielfach unterschätzt; Maßnahmen wie „Exklusivangebote an Mitarbeiter“ oder „Stellenanzeigen in Kundenzeitschriften" werden noch sehr zaghaft eingesetzt. Im *consumer*-Bereich könnten beispielsweise Aktionäre als Innovatoren und Meinungsführer im Diffusionsprozess neuer Produkte eingesetzt werden. Oder: Abnehmer werden als Kapitalgeber oder Eigentümer gewonnen.

Für ein Integriertes Netzwerkkonzept steht der schweizerische Konzern ***Migros***: wechselseitige Kapitalverflechtungen auf der Seite der Lieferanten – Abnehmer werden als Genossen zu Kapitalgebern. Allerdings können Interessenkonflikte wie z.B. unterschiedliche Zielsetzungen von Eigentümern und Abnehmern durchaus zu Problemen führen. Beispielsweise könnte die These vertreten werden, dass die Innovationsfähigkeit von Unternehmen leide, wenn sich der Stamm an Abnehmern aus Eigentümern zusammensetzt.

www.migros.ch

7 Testen Sie Ihr Unternehmen

Umsetzung des Integrierten Marketing im Unternehmen

Thema: Bewertung:	Max. Punktzahl:	Ihre Bewertung:
Versteht und unterstützt die Geschäftsleitung die Idee des Integrierten Marketing?	10	
Gibt es eine Unternehmensstrategie mit einer überzeugenden Vision und entsprechenden Strategien?	10	
Wurden die Strategien abteilungsübergreifend entwickelt?	10	
Gibt es feste Strategien für Qualität, Wert, Innovation, Kompetenzen und Einstellung?	10	
Werden die Strategien von allen Abteilungen im Unternehmen verstanden und verfolgt?	10	
Wird die Marketing-Abteilung integrierend tätig?	10	
Weiß jeder Mitarbeiter, wer seine Kunden sind, und versteht er deren Bedürfnisse?	10	
Sind Aufgabenziele und Arbeitsplatzbeschreibungen kunden- und wettbewerbsorientiert?	5	
Sind Aufgabenziele, Leistungsbeurteilungen und Anreizsysteme aufeinander abgestimmt?	5	
Werden auch die Kunden und Partner integriert?	20	offensivesmarketing.de

Abbildung 4-17

Flow-Chart Kapitel IV	
Grundsätze des Integrierten Marketing	■ Kultur und Vision ist die Basis für eine integrierte Vorgehensweise ■ Längerfristige Strategie für ein Integriertes Marketing entwickeln ■ Strategieumsetzung vorantreiben
Hindernisse auf dem Weg zum Integrierten Marketing	■ Mangelnde Kundennähe ■ Nichteinhalten von Zusagen durch die Geschäftsleitung ■ Fehlender Konsens in der Geschäftsleitung ■ Abteilungsdenken ■ Technologievernarrtheit ■ Kein Kontakt zwischen den Abteilungen ■ Fehlende Offensive Einstellung
Die Rolle der Marketing-Abteilung	■ *Leader* ■ *Decision maker* ■ *Recommender*
Umsetzung der Integrativen Vorgehensweise	■ Abteilungsübergreifende Koordination ■ Direkter Kundenkontakt ■ Anreizsysteme ■ Kleine, flexible Einheiten
Alle Anspruchsgruppen integrieren	■ Die Rollen des Kunden sind vielfältig: *part-time*-Marketer *part-time*-Producer *part-time*-Designer Partner
Bewertung des Integrierten Marketing	■ Stellen Sie fest, ob Ihr Unternehmen Integriertes Marketing umsetzt

Lese-Tipp:

- Berry, L.: Top-Service. Im Dienst am Kunden, Stuttgart 1995.
- Meyer, A. (Hrsg.): Handbuch Dienstleistungs-Marketing, insbes. Kapitel B, Stuttgart 1998.
- Meyer, A.: Abschied vom Marketing-Mix und Ressortdenken, Teil 1 und 2, in: absatzwirtschaft, 9/1994, S. 94-101 und 10/1994, S. 102–106.

Abschnitt 4: Strategisch

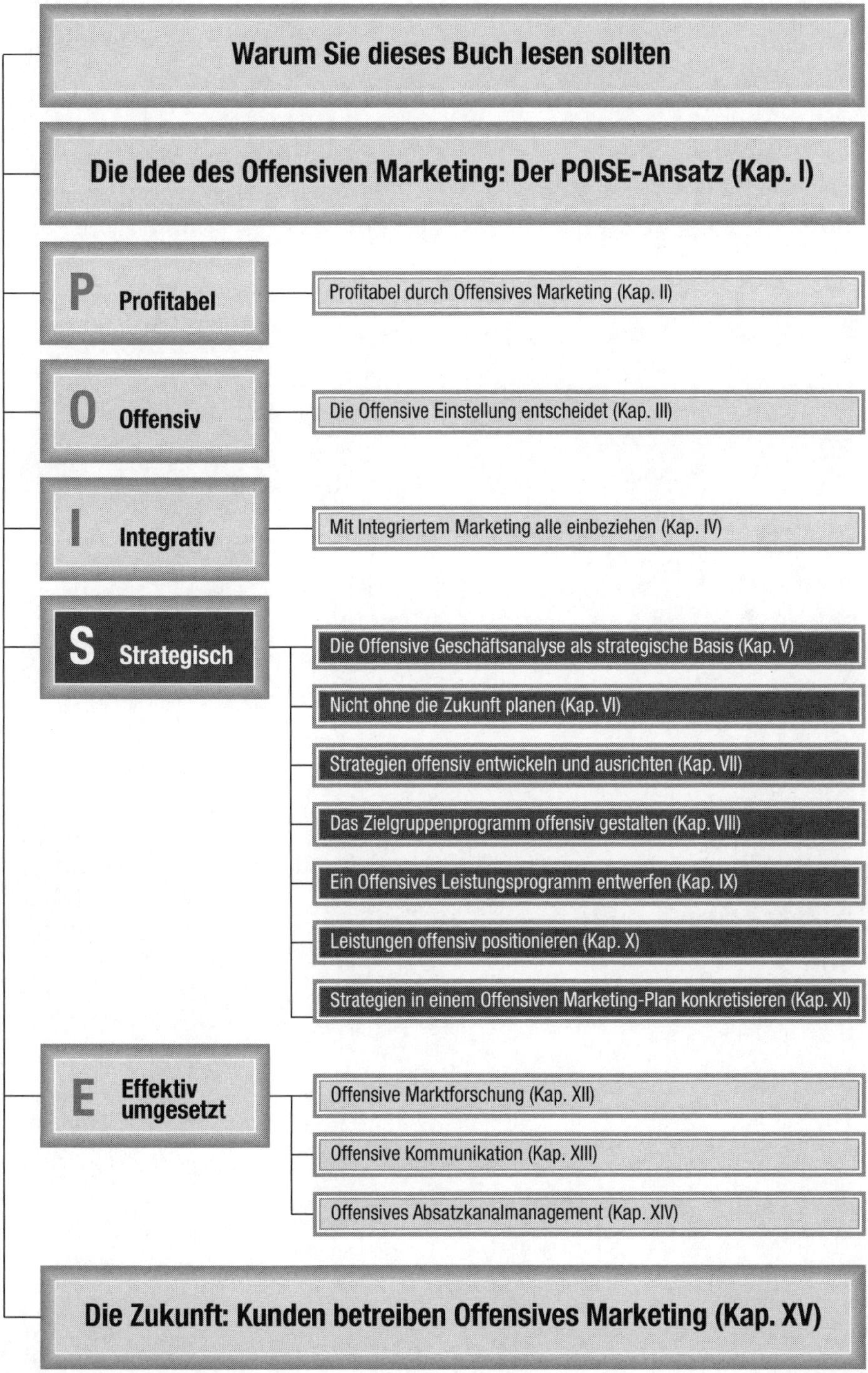

Überblick über den Abschnitt „S“

In den nächsten sieben Kapiteln wird das „S“ – strategisch – von POISE näher erläutert:

Kapitel V – Die Offensive Geschäftsanalyse als strategische Basis: Eine Offensive Geschäftsanalyse bildet die Grundlage für die Entwicklung neuer Strategien.

Kapitel VI – Nicht ohne die Zukunft planen: Hier wird die Verbindung zwischen einer Offensiven Geschäftsanalyse und denkbaren Strategien hergestellt. Es wird beschrieben, wie sechs verschiedene Treiber eingesetzt werden können, um die Entwicklungen in der Zukunft zu steuern.

Kapitel VII – Strategien offensiv entwickeln und ausrichten: Hier werden verschiedene Arten von Wettbewerbsvorteilen und entsprechend denkbaren Strategien erläutert. Zudem wird deutlich werden, auf welche Weise erfolgreiche Strategien entwickelt werden können und wie sich „Abnutzungseffekte“ vermeiden lassen.

Kapitel VIII – Das Zielgruppenprogramm offensiv gestalten: Hier werden die Möglichkeiten der Marktsegmentierung beschrieben und Hinweise gegeben, wie Sie ein Offensives Zielgruppenprogramm gestalten können.

Kapitel IX – Ein Offensives Leistungsprogramm entwerfen: Ziel ist die Gestaltung des Leistungssortiments und die Konzeption der einzelnen Leistungen. Schwerpunkte werden dabei auf die Entwicklung neuer Leistungen, das Marken-Management und die Entwicklung einer Offensiven Preisstrategie gelegt.

Kapitel X – Leistungen offensiv positionieren: Hier werden Rolle und Bedeutung einer klaren und Offensiven Positionierung der Leistungen herausgearbeitet und verschiedene Positionierungsstrategien vorgestellt.

Kapitel XI – Strategien in einem Offensiven Marketing-Plan konkretisieren: Hier wird schließlich ein Prozess aus sieben Schritten erläutert, der zeigt, wie Sie mit Hilfe eines Offensiven Marketing-Planes die Umsetzung der erarbeiteten Strategien erfolgreich angehen können.

V. Die Offensive Geschäftsanalyse als strategische Basis

Kapitelüberblick

Dieses Kapitel ist das erste von sieben Kapiteln, die sich mit Strategie beschäftigen – dem „S" von POISE:

POISE		
P	Profitabel	Ausgewogenes Verhältnis zwischen den Gewinnzielen des Unternehmens einerseits und den Kundenbedürfnissen andererseits herstellen
O	Offensiv	Marktführerschaft anstreben, Risikobereitschaft zeigen und Konkurrenten in die Nachahmerposition zwingen
I	Integrativ	Marketing-Ansatz verfolgen, der das gesamte Unternehmen einbezieht
S	Strategisch	Entwicklung Offensiver Strategien und entsprechender Marketing-Pläne
E	Effektiv umgesetzt	Die Umsetzung Offensiver Strategien effektiv managen

offensivesmarketing.de

Abbildung 5-1

Dauerhaft erfolgreiche Unternehmen benötigen eine tragfähige Strategie. Diese wird nur in den seltensten Fällen aus einer plötzlichen Eingebung heraus geboren – vielmehr entsteht sie durch kontinuierliche Lernprozesse und vor allem auf Basis einer gründlichen Geschäftsanalyse.

Fünf Stufen der Geschäftsanalyse

Die Grundlage für die Entwicklung Erfolg versprechender Strategien bildet die strategische Geschäftsanalyse. Diese kann in fünf Stufen erfolgen:

- Das **wirtschaftlich relevante Umfeld eines Unternehmens** (Stufe 1) wird von drei Arten von Faktoren beeinflusst: direkte Faktoren, indirekte Faktoren und Makrofaktoren. Diese werden nachfolgend näher erläutert.

- Die **Unternehmensanalysen** (insbesondere mitarbeiter-, kunden- und produktbezogene Analysen) (Stufe 2) folgen einem Modell, mit dem Sie Fragen zu Ihrem Unternehmen und Ihren Kundenbeziehungen beantworten können. Wichtig sind dabei der Erfolg in der Vergangenheit, die grundlegende Einstellung, Strategien sowie deren wirksame Umsetzung. Es gilt zu erkennen, in welchen Bereichen Ihr Unternehmen führend ist und in welchen es nicht mit der Konkurrenz mithalten kann. Wo gewinnen Sie, wo verlieren Sie? Sind Sie in den richtigen Märkten tätig? Welche Ihrer Strategien haben Erfolg, welche nicht?
- Die **Wettbewerbs- und Kundenanalyse** (Stufe 3) sagt Ihnen alles, was Sie über Ihre Wettbewerber und Kunden wissen müssen, und gibt Hinweise darauf, wie Sie sich weitere Informationen beschaffen können.
- Im Rahmen der Identifikation von **Schlüsselfaktoren** (Stufe 4) gilt es einzelne Leistungsbereiche zu identifizieren, in denen Sie mit dem Wettbewerb gleichziehen oder ihn überholen sollten, damit Sie erfolgreich sind. Außerdem wird deutlich, wo Wettbewerbsvorteile aufgebaut werden können.
- Die **SWOT-Analyse** (Stufe 5) setzt die vorangegangenen fünf Schritte in ein Format um, das die Basis für die Entwicklung von Wettbewerbsvorteilen bildet.

Bevor diese fünf Stufen genauer erläutert werden, wollen wir noch einige grundlegende Überlegungen zur strategischen Geschäftsanalyse anstellen.

1 Grundlagen der Offensiven Geschäftsanalyse

Ziele beschreiben, was man gerne erreichen möchte. Strategien geben an, auf welchem Weg man das jeweilige Ziel erreichen kann. Pläne schließlich geben konkrete Schritte auf dem eingeschlagenen Weg vor.

Ziele, Strategien, Pläne

Ziele – Strategien – Pläne

Ziele beschreiben den Punkt, den man am Ende erreichen möchte („Wohin wollen wir?"). Sie werden in der Regel in Form von Umsatz und Gewinn angegeben. Ziele sollten grundsätzlich einfach quantifizierbar, also auch messbar sein.

Strategien geben an, welchen Weg man gehen will oder auch welches Mittel man wählt um die gesetzten Ziele zu erreichen („Wie kommen wir dorthin?"). Häufig wird eine ganze Reihe alternativer Strategien in Betracht gezogen und untersucht, bevor man sich endgültig für eine Strategie entscheidet.

Pläne sind das Medium, um auf dem gewählten Weg zum gewünschten Punkt zu gelangen („Welchen Plan haben wir, um dorthin zu kommen?"). Sie geben an, wie die Strategie im Einzelnen umgesetzt wird.

Es ist immer wieder überraschend, wie oft in Unternehmen Diskussionen über die detaillierte Umsetzung von Plänen und Ideen beginnen, bevor man sich überhaupt auf übergeordnete Ziele oder eine Strategie geeinigt hat. Es wird nur selten ernsthaft bezweifelt, dass für eine erfolgreiche unternehmerische Tätigkeit klare Ziele und Strategien nötig sind. Dennoch äußern sich einige Manager sehr kritisch, wenn es um die Frage geht, welchen Wert Strategien in ihrem Unternehmen haben. Wir wollen an dieser Stelle kurz erläutern, weshalb es ohne Strategien nicht geht.

Warum es nicht ohne Strategien geht

Der Einwand, Strategien seien zu „akademisch" (also nutzlos), wird regelmäßig vorgebracht – meistens dann, wenn die Praxis wieder mal der Meinung ist, dass eine schnelle Einigung erfolgen muss. Tatsächlich sind Strategien aber nur insofern „akademisch", als dass ihre Entwicklung aus einer gründlichen Analyse aller relevanten Fakten und den daraus gewonnenen Erkenntnissen herrührt. Die von Unternehmen wie ***Johnson & Johnson***, ***Merck*** oder ***Boeing*** – alle Verfechter einer gründlichen Analyse – erzielten Ergebnisse sind jedoch alles andere als „nutzlos". Der Erfolg dieser drei und vieler anderer großer Unternehmen beruht unter anderem darauf, dass sich sämtliche Entscheidungen, die im Unternehmen zu treffen sind, an einer bestimmten Strategie ausrichten. Diese Strategie kann sich z.B. auf die Einführung neuer Produkte, die Erschließung neuer Märkte oder die Frage der Qualitäts- oder Kostenführerschaft im Unternehmen beziehen. Eine gute Strategie gibt gewissermaßen den Rahmen für alle nachgelagerten Entscheidungen vor, lässt jedoch eine gewisse Freiheit bei der Umsetzung.

Die Strategie als Handlungsrahmen

Ein Beispiel hierzu: Die Produktstrategie eines Unternehmens besteht darin, mehr Qualität und ein besseres Design zu bieten

als andere Marken in der gleichen Preisklasse. Bei der Wahl der Mittel, mit denen diese Strategie umgesetzt wird, ist das Unternehmen dann jedoch flexibel.

Der Einwand, Strategien seien viel zu zeitaufwendig, rührt vor allem auch daher, dass zur Strategiefindung oft lange und detaillierte Diskussionen geführt werden müssen. Eine solche Kritik ist jedoch völlig fehl am Platz. Strategien sind die Grundlage für Integratives Marketing. Diskussionen über Abteilungsgrenzen hinweg sind notwendig, um einen Integrierten Ansatz zu entwickeln – schließlich muss man erst einmal miteinander reden, bevor man sich auf etwas einigen kann.

Strategien gemeinsam entwickeln

Alleine die Tatsache, dass Strategien Meinungsverschiedenheiten auslösen können, sollte Grund genug sein, ihnen eine hohe Priorität einzuräumen. Differenzen können so frühzeitig aufgedeckt und gelöst werden. Das geflissentliche Ignorieren abweichender Meinungen ist dagegen kontraproduktiv. Es birgt nämlich die Gefahr, dass später Pläne zur Umsetzung „ausgebremst" werden. Eine Marketing-Strategie, die nur in der Marketing-Abteilung diskutiert und beschlossen wird, ist schlicht und ergreifend sinnlos und abgesehen davon wahrscheinlich auch nur schwerlich unternehmensweit durchzusetzen. Der Prozess der Strategie-Entwicklung dient durchaus auch dazu, bei allen Beteiligten Einigkeit darüber herzustellen, welche Ziele erreicht werden sollen. Strategien, die nicht von allen Beteiligten mitgetragen werden, können dazu führen, dass die eingeleiteten Maßnahmen das Unternehmen auf einen Zickzackkurs führen und eine klare Richtung nicht mehr erkennbar ist.

Prioritäten setzen

Ein weiteres wichtiges Argument für die Entwicklung von Strategien ist auch die Tatsache, dass das Management durch die Verabschiedung einer Strategie dazu gezwungen wird, Prioritäten zu setzen und die weniger wichtigen Ziele des Unternehmens hintenanzustellen.

Voraussetzungen einer effektiven Analyse

Strategie-Entwicklung ist harte Arbeit und meist dann am erfolgreichsten, wenn ihr eine gründliche Geschäftsanalyse vorangeht. Abbildung 5-2 fasst die Vorteile einer disziplinierten und gründlichen Analyse zusammen:

Nutzen einer disziplinierten Geschäftsanalyse

Durchführung einer disziplinierten Geschäftsanalyse	Keine disziplinierte Geschäftsanalyse
■ Genaue Kenntnis des Geschäftes	■ Viele nicht verarbeitete Daten
■ Kontrolle des Geschäftes	■ Ständige „Feuerwehreinsätze“
■ Schnelle und aufeinander abgestimmte taktische Entscheidungen	■ Widersprüchliche taktische Entscheidungen
■ Basis für eine klare Strategie	■ „Schnellschussreaktionen“ als Strategie-Ersatz
■ Wettbewerb wird unter Druck gesetzt	■ Eigenes Unternehmen wird unter Druck gesetzt
■ Chancen werden frühzeitig erkannt	■ Innovationen erfolgen zu spät

offensivesmarketing.de

Abbildung 5-2

Eine effektive Analyse lässt sich mit dem Herstellungsprozess in der Fertigung vergleichen: Man wählt zunächst die Rohdaten aus, setzt diese in Wissen und schließlich in verwertbare Erkenntnisse um. Ähnlich wie in der Fertigung sind die Qualität des Rohmaterials und die sorgfältige Verarbeitung ausschlaggebend für das gute Ergebnis einer Geschäftsanalyse.

Informationen richtig aufbereiten

Wir leben im Zeitalter von Datenflut und Informationsüberlastung. Die Marketer ersticken unter einer Flut von Papier, die jeden Tag über sie hereinbricht. Will man mit dieser Informationsflut zurechtkommen, sollte man dafür sorgen, dass Standardinformationen wie Umsatzzahlen, Produkt- und Kundenrentabilität, Wettbewerbs- und Kundenanalysen, Kennzahlen über die Kundenzufriedenheit etc. nicht unbearbeitet (und damit unbrauchbar), sondern zweckmäßig aufbereitet auf dem Schreibtisch der Verantwortlichen landen. Die Lieferanten dieser Informationen, also beispielsweise die Finanzabteilungen, die Marktforschungsabteilung, der Vertrieb, die Verwaltung oder auch die Marketing-Abteilung selbst, orientieren sich bei der „Informationsproduktion“ leider viel zu oft am Vorbild der „Fertigung“ und denken nicht kunden-, sondern rein produktionsorientiert. Man muss ihnen unmissverständlich verdeutlichen, was genau man als interner Kunde von ihnen erwartet – sie haben sich entsprechend als interne Dienstleister zu verhalten. Für eine effektive Analyse müssen sechs Voraussetzungen erfüllt sein, die in Abbildung 5-3 zusammengefasst sind:

Sechs Voraussetzungen für eine effektive Analyse

- Korrekte, verwertbare Ausgangsdaten
- Systematische Bearbeitungsweise
- Fokussierte Bearbeitungsweise
- Gründliches und ausführliches Vorgehen
- Einleitung von Maßnahmen und Vermeidung taktischer Verzögerungen
- Kontinuierliche Verbesserung

Abbildung 5-3

1. Korrekte, verwertbare Ausgangsdaten

Die Ausgangsdaten sollten von Anfang an benutzerfreundlich präsentiert werden und so strukturiert sein, dass sie ohne aufwendige Bearbeitung weiterverwendet werden können. Moderne IT-Systeme haben meist zwar das Potenzial für eine benutzerfreundliche Aufbereitung, die Realität sieht jedoch oft ganz anders aus.

In den meisten Unternehmen werden Informationssysteme von der Finanzabteilung implementiert und dienen eher der ex post-Kontrolle als der ex ante-Aufklärung. Das Marketing muss also deutlich zu verstehen geben, dass es für seine Arbeit aussagekräftige Daten zu Umsatz und Gewinn (möglichst differenziert nach Absatzwegen, Kategorien, Marken und Kunden) benötigt. Leider sind in den meisten Unternehmen keine brauchbaren Daten vorhanden, in anderen lässt die Qualität der Informationen zu wünschen übrig.

Für ein Unternehmen aus dem Bereich „Personennahverkehr" wäre es beispielsweise ideal, wenn Daten zu Kosten und Gewinn nach Tarifen und Kunden aufgeschlüsselt vorlägen. Für ein Unternehmen aus dem Bereich „Finanzdienstleistung" wiederum wäre es günstig, die Informationen zu Kosten und Gewinn aufgeschlüsselt nach Kundentypen, Produkten und Absatzwegen zu erhalten.

2. Systematische Bearbeitungsweise

Wahrscheinlich sind nur etwa 10% der Informationen, die die Marketing-Abteilung täglich erhält, wirklich relevant für die Entscheidungsfindung. Abbildung 5-4 zeigt einige wichtige Basisdaten im Überblick:

Basisdaten für das Marketing	
Marktdaten	**Interne Daten**
■ Größe des Marktes (Marktvolumen) ■ Marktpotenzial ■ Markt- bzw. Markenanteile der Wettbewerber ■ Markt- bzw. Markenanteile nach Regionen, Absatzwegen und Kunden ■ Marketing-Ausgaben nach Marken ■ Schlüsselsegmente ■ Bedeutung der Absatzwege ■ Key-Account-Analysen ■ Kundendemographie ■ Gewohnheiten, Einstellungen ■ Käufer- und Kundenreichweite ■ Stand der Kundenzufriedenheit ■ Kundenbindung und Kundenanteile ■ Gewinnspannen nach Absatzweg und Kunden ■ Flopraten neuer Produkte ■ Wichtige Trends in allen obigen Bereichen	■ Umsatz und Gewinn nach Marktsegmenten, Absatzwegen, Marke, Kunden und Kundentyp ■ Marketing-Ausgaben ■ Zusammenfassung der Direkt-Marketing-Daten ■ Sensitivitätsanalysen zur Absatzmenge, z.B. Auswirkung von 20%, und Absatzänderung auf den Gewinn ■ Markenhistorie ■ Preisentwicklung und -elastizität ■ Relationship-Management-Informationen offensivesmarketing.de

Abbildung 5-4

Diese Basisdaten müssen fast immer durch weitere unternehmens- oder branchenspezifische Daten ergänzt werden. Wenn Sie in der Gastronomie tätig sind, werden Sie vielleicht zusätzlich Informationen zu Umsatz und Gewinn (differenziert nach der Art der Restaurants) und Informationen zur Investitionsrentabilität benötigen. Wenn Sie dagegen geschäftsführender Partner in einer großen Unternehmensberatung sind, werden Sie sich eher für den Gewinn pro Partner sowie Umsatz und Gewinn differenziert nach Marktsegmenten interessieren.

3. Fokussierte Bearbeitungsweise

Bei der Analyse wird häufig der Fehler gemacht, alle verfügbaren Daten bis ins letzte Detail auseinander zu nehmen, eine gigantische Geschäftsanalyse durchzuführen, um sich dann zu fragen: „Welche Maßnahmen können wir aufgrund dieser Analyse einleiten?“ Sehr oft lautet die Antwort darauf: „Nicht viele.“

Dieser Ansatz hat einige Nachteile. Erstens macht er eine Menge Arbeit. Zweitens wird für die Analyse schon so viel Energie aufgewendet, dass für Strategien und Maßnahmen nicht mehr viel übrig bleibt.

Fokussiertes Vorgehen

Bei einem stärker „fokussierten" Ansatz gehen Sie ganz anders vor. Bevor Sie mit der Analyse beginnen, erstellen Sie eine Liste mit möglichen Handlungsalternativen. Und erst dann beschaffen Sie sich exakt die Daten, die nötig sind, um diese Handlungsalternativen zu bewerten. Diese Liste wird anfänglich recht lang sein und vielleicht zehn oder fünfzehn Punkte umfassen. Sie werden jedoch schnell feststellen, dass einige Handlungsabsichten sofort gestrichen werden können. Im Verlauf der Analyse werden Sie dann jedoch weitere mögliche Handlungsalternativen entwickeln, die Ihre Originalliste wieder etwas anwachsen lassen. Das Ziel besteht schließlich darin, nach Abschluss noch etwa drei bis fünf Handlungsalternativen für neue Projekte übrig zu behalten. Diese bilden dann die Basis für nachfolgende Strategien und Pläne. Der „fokussierte" Ansatz wird in Abbildung 5-5 nochmals verdeutlicht:

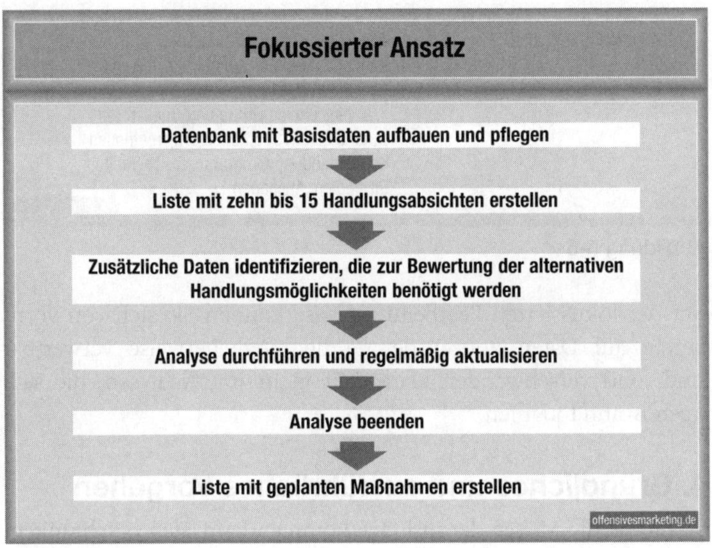

Abbildung 5-5

Abbildung 5-6 enthält beispielhaft einige ausgewählte Handlungsmöglichkeiten, hier für eine fiktive ostasiatische Fluggesellschaft.

Mögliche „Startliste“ mit Handlungsmöglichkeiten	
Handlungsabsicht	**Erforderliche Daten, um Handlungsabsicht zu bewerten**
„Wir brauchen einen europäischen Partner.“	■ Geschätzte zusätzliche Einnahmen durch Code-Sharing mit einem europäischen Partner ■ Prüfung möglicher Partner
„Wir sollten die Economy-Class abschaffen.“	■ Umsätze und Gewinne der Economy Class untersuchen ■ Eigenes Angebot mit dem der Wettbewerber vergleichen ■ Bedeutung der Economy Class für den Kunden herausfinden ■ Unterschiede nach Länge der Flugstrecke/Zweck der Reise analysieren
„Wir müssen eine Discount-Linie gründen oder kaufen.“	■ Zum Verkauf stehende Fluggesellschaften und Wirtschaftlichkeit ■ Informationen zu Discount-Linien des Wettbewerbs analysieren ■ Vergleichbare Preise und Kapazitätsauslastung analysieren
„Wir sollten mehr Relationship-Management betreiben.“	■ Kundendaten nach Anzahl der Reisen und gebuchter Klasse aufschlüsseln ■ Kundendaten nach Anzahl der Reisen und Aktivitäten des Wettbewerbs untersuchen, z. B. hinsichtlich Größe und Qualität der Datenbanken, Segmentierungsmethoden, Kundenbindungsprogrammen, gewählten Strategien, Ausgaben

offensivesmarketing.de

Abbildung 5-6

Mit der fokussierten Bearbeitungsweise können Sie sich von vornherein auf Daten konzentrieren, die möglicherweise verwertbar sind, und verschwenden keine Zeit mehr mit Analysen, die sich irgendwann totlaufen.

4. Gründliches und ausführliches Vorgehen

Wenn Sie die Menge der in Frage kommenden Daten beschränken, werden Sie diese auch entsprechend ausführlicher untersuchen können. Sie müssen Geduld haben, bis Sie zum Kern der Sache vordringen. Dabei sollten Sie sich folgende kritische Fragen stellen:

- Wie gut ist die Qualität dieser Daten?

- Stimmen sie mit eigenen Erfahrungen oder mit gesundem Menschenverstand überein?
- Stimmen sie mit Informationen aus anderen Quellen überein? Falls nicht, wo liegen die Gründe für die Unterschiede?
- Passen die externen zu den intern vorliegenden Daten? Falls nicht, warum nicht?

5. Einleitung von Folgemaßnahmen und Vermeidung taktischer Verzögerungen

Es gibt Menschen, die sehr gute Analysen durchführen, dann aber große Schwierigkeiten haben, eine Entscheidung zu treffen oder notwendige Maßnahmen einzuleiten. Sie sind vor allem in Abteilungen zu finden, die sich mit „Unternehmensplanung" befassen. Diese Mitarbeiter neigen dazu, bis in alle Ewigkeit zu analysieren und Analysen um des Analysierens willen durchzuführen. Ihnen ist nicht bewusst, dass sie hier eigentlich eine Verzögerungstaktik betreiben, um nur ja keine Entscheidung treffen zu müssen.

6. Kontinuierliche Verbesserung

Feedback-Systeme installieren

Gute Online-IT-Systeme machen es möglich, die Analyse als kontinuierlichen Prozess zu betreiben – und nicht nur als eine ein- bis zweimal im Jahr stattfindende Übung. Online-Monitoring- und Feedback-Systeme liefern kontinuierliche Updates und erlauben umsetzungsnahe Analysen. Auf Veränderungen kann so schneller reagiert werden. Darüber hinaus verringert sich dadurch der bei Planung und Budgetierung von Fünf-Jahresplänen anfallende Arbeitsaufwand.

2 Der Prozess der strategischen Geschäftsanalyse

In der Praxis hat sich ein fünfstufiges Vorgehen bewährt:

1. Die **Analyse des wirtschaftlich relevanten Umfeldes** beinhaltet die Untersuchung des relevanten Marktes sowie der direkten und indirekten Faktoren, die das Geschäft beeinflussen.

2. Das **interne Audit** ist eine Art „Gesundheits-Check" Ihres Unternehmens und sehr viel ausführlicher als die sonst üblichen konsekutiven Kontrollen durch Führungskräfte.

3. Die **Wettbewerbs- und Kundenanalyse** definiert Stärken und Schwächen der Wettbewerber und Kunden. Sie bewertet, was diese zur Zeit gut bzw. schlecht machen, und identifiziert zukünftige Trends. Sie untersucht die Struktur und die Bedürfnisse Ihrer Kunden und versucht herauszufinden wie Sie diese optimal befriedigen können.

4. Die **Erfolgsfaktoren** geben an, was für Ihre Märkte wirklich wichtig ist, und identifizieren die Bereiche, in denen Sie Wettbewerbsvorteile aufbauen können.

5. Die **SWOT-Analyse** fasst schließlich den ganzen Prozess zusammen und führt u. a. zu einer nützlichen Liste von Stärken (*strengths*) und Schwächen (*weaknesses*) sowie der Chancen (*opportunities*) und Risiken (*threats*) Ihres Unternehmens.

Im Folgenden werden die einzelnen Schritte näher erläutert:

Stufe 1 – Analyse des wirtschaftlich relevanten Umfeldes

Beeinflussende Faktoren

Abbildung 5-7 zeigt die drei Faktoren, von denen das wirtschaftlich relevante Umfeld eines Unternehmens beeinflusst wird.

- Die **Makrofaktoren** stehen ganz außen, sie wirken sich in der Regel weniger unmittelbar auf ein Unternehmen aus, als **direkte Faktoren** (z.B. Preisänderungen oder Produktverbesserungen beim größten Wettbewerber).
- **Direkte Faktoren** wirken sich tendenziell vor allem kurzfristig auf Umsatz und Gewinn aus, während Makrofaktoren eher langfristig wirken.
- Zu den **indirekten Faktoren** gehören Institutionen und Unternehmen, die sich am Rande Ihres Marktes bewegen, jedoch kei-

ne direkte Konkurrenz für Ihr Unternehmen darstellen. Im Beispiel „Kurzstreckenreisen" wären Züge und Autos also indirekte Konkurrenten von Fluggesellschaften. Zu den „indirekten Faktoren" gehören darüber hinaus auch Märkte, auf denen Ihr Unternehmen nicht aktiv ist, deren Erfolg aber den eigenen Markt erheblich beeinflussen kann. Der Verkauf von Landmaschinen wird beispielsweise sehr stark von der Rentabilität des landwirtschaftlichen Sektors beeinflusst. Und in der Modebranche beeinflusst ein neue Modetrend in der Oberbekleidung vielleicht auch Schnitt und Materialien von Damenunterwäsche.

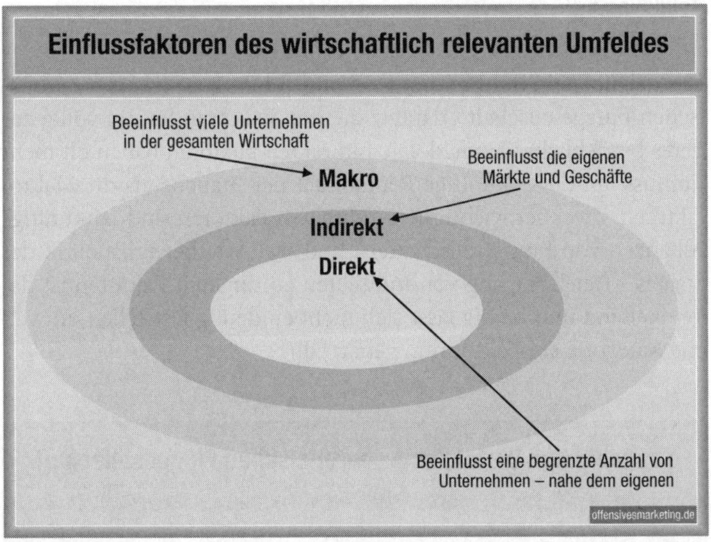

Abbildung 5-7

Abbildung 5-8 zeigt einige dieser „indirekte Branchen" und nennt die meist dominante Wirkungsrichtung.[1]

Indirekte Faktoren

[1] In der Realität sind diese Beziehungen jedoch immer wechselseitig, z.B. in den Branchen „Automobil" und „Kraftstoff".

Zusammenhängende Märkte

Treiber	Nutznießer
Waschmaschinen	Waschmittel
Oberbekleidung	Unterwäsche
Gefriergeräte	TK-Produkte
Computerhardware	Computersoftware
Schwerindustrie	Bahnfrachtverkehr
Autos	Kraftstoff
Fabriken	Werkzeugmaschinen
Landwirtschaft	Landmaschinen

offensivesmarketing.de

Abbildung 5-8

Beispiel Fluggesellschaft

Das nachfolgend in Abbildung 5-9 angeführte Beispiel einer europäischen Fluggesellschaft erläutert die drei Faktoren für ein völlig anderes betriebliches Umfeld. Die indirekten Faktoren haben oft mehr Einfluss auf die zukünftige Rentabilität der Branche als die Makrofaktoren. Zwei der wichtigsten indirekten Faktoren sind „zukünftige Allianzen von Fluggesellschaften" und die „Wettbewerbspolitik des Staates". Der Übergang von indirekten zu direkten Faktoren ist dabei fließend und häufig lässt sich nicht eindeutig feststellen, in welche Kategorie ein Faktor nun genau fällt.

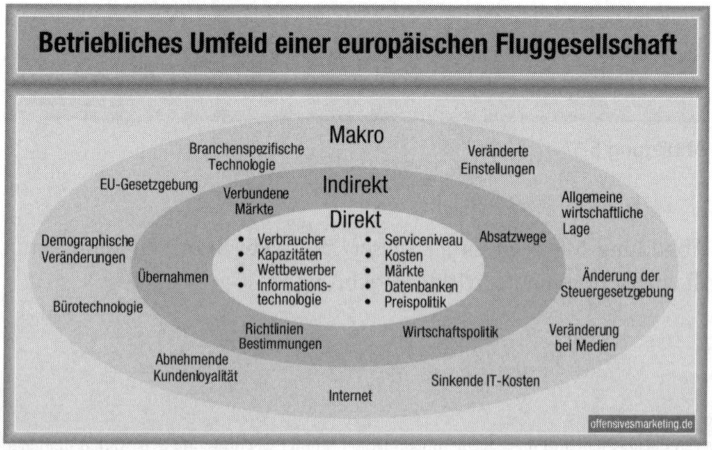

Abbildung 5-9

Stufe 2 – Unternehmensanalyse: Internes Audit

Mindestens einmal im Jahr sollte ein so genanntes internes Audit durchgeführt werden. Zweck dieser internen Untersuchung ist es, Wissen über Mitarbeiter, Kunden und Produkte zu generieren. Erst durch das Sammeln und die Analyse von Daten, deren Aufbereitung und Diskussion wird das Wissen generiert, das dann zur Entscheidungsfindung nötig ist. Eine sachliche Analyse Ihres Unternehmens ermöglicht es, die Ereignisse des letzten Jahres im richtigen Verhältnis zu sehen.

Audit

Audit

Ein Audit ist eine umfassende, regelmäßige Untersuchung aller Marketing-Aktivitäten und -ziele eines Unternehmens, um die Chancen und Problembereiche aufzuzeigen und geeigneten Maßnahmen zur Verbesserung der Unternehmensleistung zu entwickeln.

Eine solche Analyse stellt zudem sicher, dass Ihre Marketing-Bemühungen das ganze Unternehmen umfassen; es werden nämlich Fakten aus Vertrieb, Produktion und der Finanzabteilung untersucht. Abbildung 5-10 erläutert, wie ein internes Audit ablaufen kann. Die Analyse umfasst fünf Bereiche: Wissensgenerierung, Leistung, Einstellung, Strategie und Umsetzung.

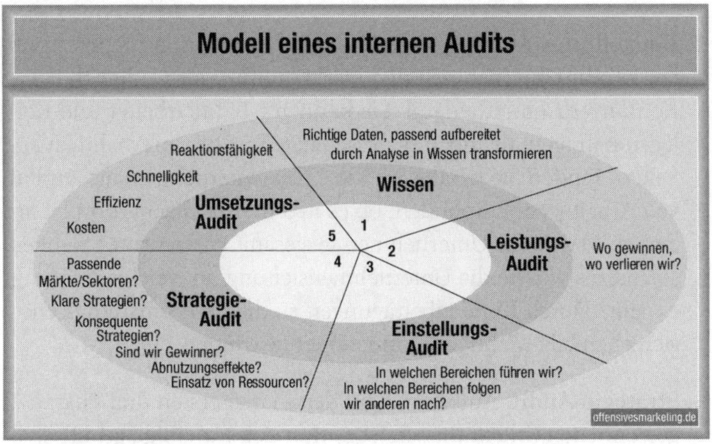

Abbildung 5-10

1. **Wissensgenerierung.** Diese Phase erfordert ein umfangreiches Sammeln von Fakten, Zahlen und Meinungen, deren Aufbereitung, intensives Nachdenken und Diskussionen mit Kollegen und Kunden. Sie sollten dafür den größten Teil der Zeit veranschlagen, die insgesamt für das interne Audit aufgewendet werden soll. Die in Abbildung 5-3 aufgeführten Voraussetzungen für eine sinnvolle und effektive Analyse dürften ausreichend Hinweise darauf geben, welche Informationen gesammelt werden müssen. In der Regel ist eine gesunde Mischung aus Fakten, Meinungen und Hypothesen anzustreben.

2. **Leistungs-Audit.** In welchen Bereichen gewinnen wir? Wo verlieren wir? Und warum tun wir das? In dieser Phase sollten Sie sich auf Märkte, Absatzwege, Kunden, Produkte, Innovation und Gewinne konzentrieren. Dabei werden Sie vielleicht feststellen, dass Sie mit einer ganzen Reihe neuer Produkte grundsätzlich erfolgreich sind, diese aber aufgrund von Distributionsengpässen und Problemen beim Kundenservice nicht optimal verwerten können. Oder es stellt sich heraus, dass Sie im Augenblick zwar Gewinne erzielen, sich diese Situation auf lange Sicht jedoch ändern wird, weil Sie nicht über ausreichend neue Produkte verfügen und die Kundenbindung laufend abnimmt. Das Leistungs-Audit wird Ihnen dabei helfen, zukünftige Chancen zu erkennen und Bereiche zu identifizieren, in denen Verbesserungen erforderlich sind. Darüber hinaus stellen Sie die Weichen für das Strategie-Audit.

3. **Einstellungs-Audit.** In erster Linie geht es hier darum festzustellen, ob Ihr Unternehmen den Markt anführt oder lediglich der Konkurrenz hinterherläuft. Sie können z.B. Mitarbeiter und Kollegen befragen, die noch nicht so lange für Ihr Unternehmen arbeiten. Finden Sie heraus, ob diese das Unternehmen als attraktiven Arbeitgeber empfinden, ob es ihnen Spaß macht, dort zu arbeiten. Macht das Unternehmen insgesamt Fortschritte? Sieht es so aus, als wüsste die Unternehmensleitung, in welche Richtung es geht? Durch Kundenbefragungen zu dieser Thematik lassen sich ebenfalls wichtige Informationen gewinnen.

4. **Strategie-Audit.** Aufbauend auf den in den ersten drei Phasen gewonnenen Erkenntnissen ist es nun Zeit für einige grundsätzliche Fragen: Greifen die wichtigsten Strategien des Unterneh-

mens? Welche greifen am besten, welche am schlechtesten? Werden die Strategien konsequent verfolgt oder ständig grundlos geändert? Und nun die wichtigste Frage: Sind alle Strategien gründlich durchdacht worden? In dieser Phase werden Sie vermutlich schon erste Ideen entwickeln, mit denen sich die Strategien Ihres Unternehmens verbessern lassen. Diese Thematik wird in Kapitel VII noch ausführlich behandelt.

5. **Umsetzungs-Audit.** In dieser Phase konzentrieren Sie sich auf einige Schlüsselelemente der Umsetzung wie z.B. auf die Reaktionsfähigkeit Ihres Unternehmens. Mit welchen Bereichen Sie sich im Einzelnen beschäftigen hängt natürlich davon ab, in welcher Branche Ihr Unternehmen tätig ist und von welchen Schlüsselfaktoren ein Erfolg bestimmt wird – „Geschwindigkeit", also *time to market* ist im Bereich Software wahrscheinlich wichtiger als im Bereich der Grundnahrungsmittel.

Nachfolgend einige Beispiele für solche Unternehmensanalysen.

Beispiel: Umsatztrend-Audit

Sie haben vor kurzem das Marketing für eine auf dem deutschen Markt führende Kopfschmerzmittelmarke übernommen. Die Marke wird hauptsächlich über Apotheken und den Arzneimittelversand vertrieben. Ihr Vorgesetzter, der seit zwei Jahren für die entsprechende Kategorie verantwortlich ist, versichert Ihnen, dass die Marke im letzten Jahr ein Umsatzplus von 10% verzeichnen konnte – und das obwohl der Kopfschmerzmittelmarkt zur Zeit nicht wächst. Einer Ihrer Mitarbeiter hat nun auf Ihre Bitte hin eine Analyse durchgeführt, in der das Umsatzwachstum nach Kundengruppen, Produkttypen usw. aufgegliedert und der jeweilige Umsatz mit dem Marktanteil verglichen wird. Was folgern Sie aus dem nachfolgend dargestellten Ergebnis dieser Analyse (vgl. Abbildung 5-11) und wie gehen Sie bei der Planung für das nächste Geschäftsjahr vor?

Die Analyse ergibt, dass das Umsatzplus mit neuen Kunden und einer Sortimentserweiterung erzielt wurde. Sie sind nach München gefahren und haben dort Apotheker und einige der neu hinzugekommen Kunden besucht, um sich noch mehr Informationen zu verschaffen. Dabei haben Sie den Eindruck gewonnen, dass die Lager der Apotheken aufgrund einer zum Jahresende durchgeführten Sonderaktion für Ihre Marke gut gefüllt sind und die vor zwei Monaten auf den Markt gebrachte Sortimentserweiterung nicht gerade ein Renner ist.

Arzneimittel: Analyse der einzelnen Wachstumsbereiche

Verkaufsstellen-Audit (Packungen in TSD)	Vorjahr	Laufendes Jahr	Planung für das nächste Jahr
■ Vorhandene Verkaufsstellen	500	450	–
■ Neue Accounts	–	90	–
■ Neue Absatzwege	20	32	–
Gesamtumsatz	**520**	**572**	**630**
Produkt-Audit (Packungen in TSD)	**Vorjahr**	**Laufendes Jahr**	**Planung für das nächste Jahr**
■ Vorhandene Produkte	520	510	530
■ Sortimentserweiterung	–	62	100
Gesamtumsatz	**520**	**572**	**630**
Marktanteil (%)	16,5	17,0	19,3

offensivesmarketing.de

Abbildung 5-11

Wie Sie aus der Tabelle ersehen können, sind die Verkaufszahlen um 10% gestiegen, während sich der Marktanteil bei den Letztnachfragern lediglich um 3% erhöht hat. Die Differenz von 7% ergibt sich aus dem Aufbau von Lagerbeständen durch den Handel. Im nächsten Jahr werden die Apotheken ihre Lager vermutlich wieder verkleinern. Dazu kommt noch, dass sich die neu eingeführten Produkte nicht gerade glänzend verkaufen. Das für das nächste Jahr geplante Wachstum in diesem Bereich von 62.000 Packungen auf 100.000 Packungen ist daher ein sehr ehrgeiziges Ziel. Im Grunde genommen ist es höchst unrealistisch – Sie sollten den Umsatz für das nächste Jahr auf dem aktuellen Niveau planen bzw. höchstens um 10% erhöhen.

Und was lehrt uns dieses Beispiel? Dass man Angaben zum Gesamtumsatz nie unbesehen glauben darf. Umsatzzahlen müssen aufgegliedert und genau auf Ursache-Wirkungs-Beziehungen hin untersucht werden.

Beispiel: Industrie-Kapazitäts-Audit

Dieses Audit soll die Auswirkungen der Kapazitätsauslastung auf die zukünftige Preisentwicklung darstellen. Der Name darf nicht fehlgedeutet werden, da ein solches Audit nicht nur für die Industrie, sondern alle Branchen wichtig ist. Am Beispiel der europäischen Bierindustrie wird die Vorgehensweise erläutert.

Beispiel eines Industrie-Kapazitäts-Audits				
	Vor 2 Jahren		In 2 Jahren	
	Maximale Kapazität	Genutzte Kapazität	Maximale Kapazität	Genutzte Kapazität
Wettbewerber A	1,5	1,2	1,5	0,7
Wettbewerber B	1,0	0,8	1,0	0,6
Wettbewerber C	1,0	1,0	1,5	1,3
Neuer Wettbewerber 1	–	–	0,5	0,2
Neuer Wettbewerber 2	–	–	0,5	0,3
Totale Kapazität	3,5	3,0	5,0	3,1
% der Kapazitätsausschöpfung		86%		62%

offensivesmarketing.de

Abbildung 5-12

Dieses Beispiel zeigt uns das typische Bild eines Marktes, der historisch gesehen schnell gewachsen ist (und damit neue Wettbewerber angezogen hat), dann aber relativ schnell wieder stagnierte. Die neuen Mitbewerber haben schnell angefangen, eigene Kapazitäten aufzubauen und auszuschöpfen. Damit wurden große Überkapazitäten geschaffen, was in Zukunft zu einem verstärkten Preiswettbewerb führen wird. Nur Wettbewerber C kann seine Kapazitäten noch annähernd ausnutzen, da er sich anscheinend gut von seinen Konkurrenten differenziert hat. Er wird den zukünftigen harten Preiskampf wahrscheinlich besser überstehen.

Beispiel: Wettbewerbspositions-Audit

Dieses Audit gehört zu den lohnendsten überhaupt. Es geht darum, die wichtigsten Kundenanforderungen auf einem Markt aufzuführen, diese nach ihrer Wichtigkeit zu bewerten und dann herauszufinden, wie gut (oder wie schlecht) die eigene Marke oder das eigene Unternehmen die einzelnen Anforderungen erfüllt. Als Grundlage für die Hierarchie der Kundenanforderungen dient eine Kombination aus Markforschung und persönlichen Erfahrungen. Das Beispiel in Abbildung 5-13 wurde für eine mittelgroße Wirtschaftsprüfungsgesellschaft aus München erstellt, die mit ***Arthur Andersen***, dem Best-Practice-Unternehmen der Branche, verglichen wird.

Ermittlung der Wettbewerbsposition einer Wirtschaftsprüfungsgesellschaft		
Hierarchie der Kundenanforderungen [10 = sehr wichtig, 1 = nicht wichtig]		**Wettbewerbsposition im Vergleich zu Andersen**
Zuverlässig	10	gleich
Hochqualifizierte Mitarbeiter	9	gleich
Hält Termine ein	8	gleich
Kennt sich in meiner Branche aus	7	besser
Schnelle Reaktion auf Fragen	7	besser
Wettbewerbsfähige Preisgestaltung	7	besser
Innovativ	6	schlechter
Gibt gute Ratschläge	6	gleich
Mitarbeit von Senior-Partnern	5	besser
Kennt den Standort	5	besser
Internationale Präsenz	3	schlechter

Abbildung 5-13

Bei den drei wichtigsten Kriterien – Zuverlässigkeit, Einhaltung von Terminen und Qualifikation der Mitarbeiter – schneiden beide Firmen gleich gut ab. Eine schlechtere Position ergibt sich für unser Beispielunternehmen bei der internationalen Präsenz, aber für die Kunden ist das wahrscheinlich eher nebensächlich. Auch in Bezug auf Innovation, die zu den wichtigsten Kriterien gehört, schneidet es im Vergleich schlechter ab.

Bei den Punkten Branchenverständnis und Mitarbeit von Partnern ist unser Beispielunternehmen besser als Andersen. Dies liegt daran, dass Andersen seine besten Mitarbeiter bei Projekten großer, internationaler Unternehmen einsetzt, die nicht in München ansässig sind. Die beste Strategie für unsere im Beispiel genannte Wirtschaftsprüfungsgesellschaft dürfte also darin bestehen, den „Heimvorteil" noch weiter auszubauen und insgesamt innovativer zu werden.

Beispiel: Innovations-Audit

Hier sind zwei Aspekte zu berücksichtigen: erstens der Output – die Anzahl der Inventionen, die tatsächlich als Innovationen im Markt eingeführt werden. Zweitens die Erfolgsquote: Selbst wenn man eine hohe Erfolgsquote vorweisen kann, ist man unter Umständen nicht innovativ genug, wenn sich der Output insgesamt eher niedrig darstellt. Innovation betrifft natürlich jeden Aspekt eines Unternehmens. In Abbildung 5-14 liegt der Schwerpunkt auf Innovationen bei Produkten und Dienstleistungen:

Innovations-Audit	vor drei Jahren	laufendes Jahr
Anzahl wichtiger Innovationen in den letzten fünf Jahren	10	7
Davon erfolgreich	3	4
Erfolgsquote (in %)	30%	57%
Anteil am Gesamtumsatz der Produkte / Dienstleistungen, die in den letzten fünf Jahren auf den Markt gebracht wurden (in %)	15%	25%
Anteil der neuen Produkte und Dienstleistungen am Umsatzzuwachs (in %)	10%	12%
Durchschnittlicher Jahresumsatz pro neuem Produkt / neuer Dienstleistung (Mio. EUR)	5,5	12,0
Amortisation neuer Produkte / neuer Dienstleistungen (Jahre)	3	4

offensivesmarketing.de

Abbildung 5-14

Aus dieser Tabelle können sowohl auf absoluter Basis als auch auf Trendbasis eine ganze Reihe von Schlussfolgerungen gezogen werden:

Obwohl der Output von neuen Produkten und Dienstleistungen in den letzten fünf Jahren von zehn auf sieben gesunken ist, kann das Unternehmen eine bessere Erfolgsquote (57%) und einen höheren Umsatz pro neuem Produkt bzw. neuer Dienstleistung (12 Millionen EUR pro Jahr) vorweisen.

Auffällig ist jedoch ein hohe Kannibalisierungsrate; neue Produkte haben aus Nachfragersicht alte substituiert. Obwohl 25% des Umsatzes im laufenden Jahr durch neue, in den letzten fünf Jahren auf den Markt gebrachte Produkte erzielt wurde, sind nur 12% davon als Umsatzzuwachs zu werten. Mit anderen Worten, die Hälfte des mit neuen Produkten erzielten Umsatzes wurde auf Kosten von bereits vorhandenen Produkten des Unternehmens gemacht, was auf eine schlechte Positionierung zurückzuführen sein dürfte. Am wichtigsten ist es jetzt, die Kenntnisse über die Marktsegmentierung zu vertiefen und neue Produkte in interessanten Segmenten zu platzieren, in denen das Unternehmen bisher verhältnismäßig wenig Umsatz macht (vgl. Kapitel VIII-X).

Beispiel: Kundenbeziehungs-Audit

Das Ziel dieses Audits ist die möglichst vollständige Analyse der Kundenbeziehungen eines Unternehmens. Man kann davon ausgehen, dass im Zeitalter der globalen Vernetzung und der kontinuierlichen Veränderungen vor allem diejenigen Unternehmen erfolgreich sein werden, denen es gelingt, die individuellen Wünsche und Bedürfnisse seiner Kunden früher und besser zu erkennen und zu erfüllen als die Wettbewerber. Eine hohe, andauernde Kundenloyalität zu erreichen muss an erster Stelle der Unternehmensziele stehen.

www.tesco.co.uk

TESCO online

Die Bedeutung einer langfristigen Kundenbeziehung hat das englische Handelsunternehmen ***Tesco*** bereits erkannt und erfolgreich umgesetzt.

Zitat:

„We can express the core purpose of the business in very simple terms: Continually increasing value for customers to earn their lifetime loyalty." (Terry Leahy)

Um dieses Offensive Ziel zu erreichen, müssen alle wesentlichen Daten über die Kundenbeziehung des Unternehmens wie die Kundenzufriedenheit, die Kundenbindung, der Lifetime Customer Value gesammelt und nach Kundengruppen aufbereitet werden. Auch die Daten aus der Beschwerdeanalyse dürfen nicht vernachlässigt werden, um frühzeitig Möglichkeiten der Verbesserung der Kundenbeziehung zu erkennen. Tesco hat sich daher voll und ganz auf die Kundengruppen konzentriert und das traditionelle Warengruppen-Management zurückgestellt.

Es müssen die internen und externen Daten zu den unterschiedlichen Vertriebskanälen, Warengruppen und Kundengruppen erfasst und sinnvoll integriert werden, um eine Datenbasis zu schaffen, mit deren Hilfe die Kundenbeziehungen analysiert werden können.

Tesco berücksichtigt dabei im Wesentlichen die drei Dimensionen „Transaktionsdaten", „Anteil am Kunden" und „Begeisterung, Commitment des Kunden". Die erste Dimension der Abbildung 5-15, die „Transaktionsdaten", umfasst vor allem Informationen über den klassischen Einkaufskorb und gibt Auskunft über die Einkaufszeit, die Einkaufshäufigkeit sowie über den Wert des Einkaufs. Diese Daten reichen aber nicht aus, um die Beziehung zu seinen Kunden vollständig zu erfassen.

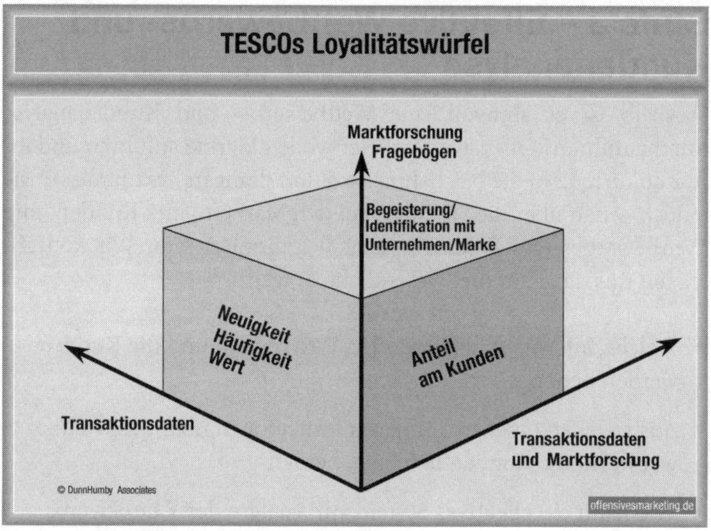

Abbildung 5-15

Daher führte Tesco die Dimension „Anteil am Kunden" ein, um damit die Aussagekraft der erhobenen Einkaufshäufigkeit und Durchschnittsbons zu erhöhen. Somit kann man erkennen, welchen Anteil der Ausgaben ein Kunde bei Tesco tätigt. Für die Zukunft ist bereits eine noch genauere Aufschlüsselung in Planung, mit der man dann erkennen soll, welcher Anteil des Bedarfs in einer bestimmten Produktgruppe bei Tesco erfüllt wird.

Die dritte Dimension integriert das Ausmaß an Zustimmung, „Commitment und Begeisterung der Kunden" für Tesco. Damit sollen besonders emotionale Aspekte der Kundenbeziehung berücksichtigt werden, die als entscheidend für eine langfristige Beziehung gelten. Diese Daten werden durch Befragungen und Interviews gewonnen.

Als Resultat der Analyse aller drei Dimensionen erhält Tesco ein äußerst aussagekräftiges Bild seiner Kunden und ist damit theoretisch in der Lage, jedem Kunden seine Lieblingsprodukte mit Alternativvorschlägen anzubieten.

Natürlich gibt es außer den Methoden von Tesco eine große Anzahl an unterschiedlichen Möglichkeiten, die Beziehungen der Kunden zu einem Unternehmen zu analysieren. Aber insgesamt wird die Fähigkeit, die bestehende und stetig zunehmende Fülle an Informationen individualisiert und kundenorientiert aufzubereiten, in Zukunft ein immer entscheidender Wettbewerbsvorteil sein.

Stufe 3 – Effektive Wettbewerbs- und Kundenanalyse

Weshalb ist es sinnvoll eine Wettbewerbs- und Kundenanalyse durchzuführen? Offensive Marketer wollen Märkte anführen und ihre Konkurrenz in die Nachahmerposition drängen. Dazu müssen sie jedoch genau über die Situation auf den Märkten, ihre Kunden, ihre Wettbewerber und deren Aktivitäten informiert sein. Wir konzentrieren uns dazu auf drei wesentliche Fragen:

- Welche Informationen über den Wettbewerb und die Kunden werden benötigt?
- Aus welchen Quellen können Informationen über den Wettbewerb und die Kunden beschafft werden?
- Wie kann ein effektives System zur Analyse des Wettbewerbs und der Kunden entwickelt werden?

Grundsätze der effektiven Wettbewerbs- und Kundenanalyse

Was Sie wissen sollten!
Abbildung 5-16 fasst zusammen, was man über seine Wettbewerber und Kunden wissen sollte. Um alle Marktpotenziale voll ausschöpfen zu können, sollten Unternehmen sich mit beiden Spalten der Tabelle beschäftigen.

Wie Sie die entsprechenden Daten bekommen!
Einigen Unternehmen liegen Daten zu den meisten oder allen Punkten in beiden Spalten vor, obwohl diese Informationen sicherlich auch oft unvollständig sind oder auf Schätzungen beruhen. Grundsätzlich lassen sie sich durch kontinuierliche, gut organisierte Nachforschungen, internen Datenaustausch und eine gute Database zusammentragen; dies sollte unter der Führung der Marketing-Abteilung geschehen. Hierzu bieten sich drei Arten von Datenquellen an.

Was Sie über Ihre Wettbewerber und Ihre Kunden wissen sollten

Was man über seine Wettbewerber wissen sollte	Was man über seine eigenen Kunden wissen sollte
■ Gesamtumsatz, Gewinn	■ Bedürfnisse der Kunden
■ Umsatz und Gewinn nach Markt	■ Einstellungen der Kunden
■ Umsatzerlöse nach Marken	■ Dauer der Kundenbeziehung
■ Marktanteile nach Marken	■ Wiederkaufsrate der Kunden
■ Organisationsstruktur	■ *share of customer*
■ Vertriebssystem und seine Leistungsfähigkeit	■ Rolle des Kunden (Kunde als Nutzer, *part-time*-Marketer oder Partner)
■ Namen der wichtigsten Führungskräfte	■ Soziographische Merkmale
■ Höhe der Ausgaben für Werbung	■ Demographische Merkmale
■ Frühere Marketing-Strategien	■ Geographische Merkmale
■ Gewinn nach Marke	■ Psychographische Merkmale
■ Pläne für neue Produkte oder Dienstleistungen	■ Informationsverhalten
■ Größe und Qualität der Datenbanken	■ Kaufverhalten
■ Gewinn nach Absatzwegen	■ Verwendungsverhalten
■ Ergebnisse aus unternehmenseigenenen Datenbanken	■ Monetärer Wert der Kunden
■ Qualität des Kundenservice	■ Nicht-monetärer Wert der Kunden
■ Relative Kostenposition	■ Lebenswert eines Kunden
■ Geplante Strategien	■ Einkaufsvolumen pro Kunde

offensivesmarketing.de

Abbildung 5-16

Drei Arten von Datenquellen:

Veröffentlichte Daten sind bereits komplett publiziert worden und können ohne große Probleme intern oder extern beschafft werden. Dazu gehören z.B. Fach-, Branchenzeitschriften bzw. Newsletter, Geschäftsberichte der Wettbewerber (erhältlich z.B. unter www.ir-online.de, www.digital-investor.de, www.handelsblatt.com), Testergebnisse (z.B. Stiftung Warentest), Kundenzufriedenheits- und Kundenbindungsdaten (z.B. alljährliche Veröffentlichungen und Studien des Kundenmonitor Deutschland unter www.servicebarometer.de).

www.warentest.de

www.hv-info.de

www.ir-online.de

Beobachtbare Daten müssen mit gewissem Aufwand aktiv gesucht und häufig aus einer ganzen Reihe von Quellen zusammengetragen werden. In diese Kategorie fällt beispielsweise die Preispolitik der Wettbewerber, oder das Kaufverhalten der Kunden.

„Inoffizielle" Daten erfordern schließlich ein sehr hohes Maß an Planung und Organisation. Sie gehen über verschiedene Abteilungen ein und müssen problemspezifisch kombiniert werden. Ein großer Teil dieser Daten wird im Gespräch mit anderen gewonnen, etwa bei einer Unterhaltung mit Lieferanten, Wettbewerbern, Händlern oder im täglichen Kundenkontakt bzw. bei Vorstellungsgesprächen von „Konkurrenzmitarbeitern".

Quellen für Informationen über den Wettbewerb und die Kunden

Veröffentlicht	Beobachtbar	Inoffiziell
Geschäftsberichte	Preispolitik	Lieferanten
Internet	Distributionspolitik	Messen
Handelsregister	Absatzförderung	Vertriebsmitarbeiter
Kreditauskunft	Werbung	Seminare
Fachpresse	Ergebnisse von Ausschreibungen	Soziale Kontakte
Ratings	Patentanmeldungen	Mitarbeiter
Präsentationen von Wertpapieranalysten	Kaufverhalten	Händler
Marktforschung	Informationsverhalten	Kunden
Berichte der Statistischen Landesämter		Persönliche Beziehungen
Kundenzufriedenheitsstudien		

offensivesmarketing.de

Abbildung 5-17

Warum und wie ein effektives System zur Wettbewerbs- und Kundenanalyse entwickelt werden sollte!

Wettbewerbs- und Kundendaten sind so ähnlich wie ein Puzzle – einzelne Teile nützen einem in der Regel recht wenig. Es geht darum, so viele Teile wie möglich zu sammeln und sinnvoll zu einem großen Bild zusammenzufügen. Mit etwas Zielstrebigkeit und Ausdauer kann man fast alles über einen Wettbewerber oder über die Kunden herausfinden. Leider wird diese Möglichkeit viel zu wenig genutzt – immer noch erheben viel zu wenig Unternehmen gezielte Daten. Die Folgen fehlender oder oberflächlicher Wettbewerbs- und Kundenanalysen sind nicht zu unterschätzen (vgl. Abbildung 5-18):

Folgen einer schlechten Wettbewerbs- und Kundenanalyse

- Aktivitäten der Wettbewerber treffen einen unvorbereitet.
- Neue Kundenbedürfnisse werden nicht erkannt.
- Man erlebt ständig unangenehme Überraschungen.
- Das Unternehmen agiert nicht aktiv, sondern reagiert nur.
- Man kämpft mit einer Flut von unzusammenhängenden, wenig hilfreichen Daten.
- Schwerpunkt der Aktivitäten liegt darauf, Ereignisse der jüngsten Vergangenheit aufzuarbeiten.
- Es fehlt eine ausgewogene Perspektive.
- Auf Dauer ist keine Marktführung möglich, sondern nur eine Folgerposition.

offensivesmarketing.de

Abbildung 5-18

Problematisch ist, dass in vielen Unternehmen die Verantwortlichkeiten für die Wettbewerbs- und Kundenanalyse nicht eindeutig geregelt sind. Das Datenpuzzle wird also nicht zusammengesetzt und niemand weiß genau, welche Teile noch fehlen. Eine Wettbewerbs- und Kundenanalyse kann nur dann wirklich effektiv sein, wenn mit der Denkhaltung eines Integrativen Marketing (vgl. Kapitel IV) gearbeitet wird. In Abbildung 5-19 finden Sie einige Anregungen hierzu.

So setzt man das Datenpuzzle zusammen

- Wählen Sie die Schlüsselwettbewerber für die Analyse aus. Untersuchen Sie maximal drei oder vier Wettbewerber pro Markt.
- Bilden Sie Kundencluster und versuchen Sie, diese so genau wie möglich abzugrenzen und zu analysieren.
- Sparen Sie nicht an den Ressourcen. In der Regel ist es sinnvoll, mindestens einen Vollzeit-Mitarbeiter mit dem Sammeln, der Koordination und der Bewertung von Marktdaten zu betrauen.
- Wählen Sie in Vertrieb, Einkauf, Produktion, Marketing, F&E sowie Finanzabteilung je einen Mitarbeiter aus, der Marktdaten zusammentragen soll, und geben Sie ihm entsprechende Anweisungen.
- Legen Sie regelmäßige „Liefertermine“ für die Daten fest.
- Geben Sie regelmäßig taktische und strategische Berichte zum Markt heraus. Die taktischen Berichte sollten alle vierzehn Tage erscheinen und an einen größeren Personenkreis verschickt werden. Strategische Berichte können in größeren Zeitabständen herausgegeben werden (eventuell vierteljährlich) und sollten nur an das Top-Management geleitet werden.

offensivesmarketing.de

Abbildung 5-19

Informationen und Daten sind für sich alleine genommen völlig nutzlos. Erst wenn sie zielgerichtet und handlungsrelevant aufbereitet, interpretiert, kommuniziert und in den „Köpfen von Entscheidern“ gespeichert werden, entsteht daraus wertvolles Wissen.

Stufe 3a: Aufbau und Inhalt einer effektiven Wettbewerbsanalyse

Für ein Offensives Marketing könnten folgende Fragen relevant sein:

Die wichtigsten Fragen einer effektiven Wettbewerbsanalyse
■ Wer ist Ihr Wettbewerber? Heute? In fünf Jahren?
■ Wie sehen Investitionsprioritäten und Ziele Ihrer größten Wettbewerber aus?
■ Wie wichtig ist Ihr Markt für die Wettbewerber und wie stark ist deren Commitment?
■ Wie sehen die relativen Stärken und Schwächen der Wettbewerber aus?
■ Welche Schwächen machen die Wettbewerber verwundbar?
■ Inwiefern werden Wettbewerber in Zukunft ihre Strategien ändern?
■ Welche Auswirkungen werden die Strategien Ihrer Wettbewerber auf die Branche, den Markt und die Strategie Ihres Unternehmens haben? offensivesmarketing.de

Abbildung 5-20

1. Wer ist Ihr Wettbewerber? Heute? In fünf Jahren?

Eine Leistung kann mehrere Wettbewerber in verschiedenen Segmenten eines Marktes haben, wie das Beispiel eines Supermarktes zeigt:

> Die Hauptwettbewerber können andere Supermärkte, Lebensmitteldiscounter, SB-Warenhäuser, aber auch Bäckereien, Metzgereien, Drogeriemärkte, Obst- und Gemüsehändler oder Tankstellen sein. Aber auch Heimdienste für Tiefkühlkost oder Getränke, der Pizza-Service bis hin zu Restaurants und Party-Service-Unternehmen werden immer ernster zu nehmende Konkurrenten um den „Magen des Kunden“.

Achten Sie auf Newcomer

Da Konkurrenten plötzlich in einem Markt auftauchen können, sollte regelmäßig überprüft werden, wer genau als Wettbewerber zu gelten hat. Es gilt also, auch auf neue Wettbewerber zu achten, die aus allen möglichen Ecken „angreifen" können. Änderungen in der Wettbewerbssituation können z.B. von folgenden Faktoren ausgelöst werden:

- **Übernahmen.** Nach der Übernahme von ***Capital Cities/ABC*** entwickelte sich ***Disney*** zum führenden Anbieter von Fernsehkanälen.
- **Deregulierung.** Vor der Deregulierung des britischen Marktes hatte ***British Telecom*** nur einen Wettbewerber. Zehn Jahre später waren es 150.
- **Starkes Wachstum bei Importen.** Hier könnten in vielen Märkten anerkannte asiatische Unternehmen genannt werden.
- **Neue Absatzwege.** Die ***Direkt Anlage Bank*** oder ***Dell*** haben mit neu entwickelten, innovativen Absatzwegen Erfolg.

www.diraba.de
www.dell.com

- **Neue Technologien.** Die Quartz-Technologie sorgte für eine völlig neue Wettbewerbssituation in der Uhrenindustrie.

2. Wie sehen Investitionsprioritäten und Ziele Ihrer größten Wettbewerber aus?

Prüfen Sie die Einstellung Ihrer Wettbewerber

Es lohnt sich, Einstellung und Firmenphilosophie der Wettbewerber gründlich zu untersuchen. Bei erfolgreichen Wettbewerbern ist die Unternehmenskultur tief verwurzelt und wird sich – wenn überhaupt – nicht so schnell ändern. Jeder Wettbewerber von ***General Electric*** oder ***Mercedes*** weiß, dass diese Unternehmen eine führende Rolle auf einem Markt beanspruchen und sich nicht damit begnügen, an zweiter oder dritter Stelle zu stehen.

Ein weiterer Hinweis auf die Prioritäten und Ziele der Wettbewerber ist deren Erfolg (oder Misserfolg) in der Vergangenheit. Es liegt nahe, mit einer erfolgreichen Formel weiterzumachen bzw. etwas zu ändern, wenn es nicht so läuft wie geplant. Wenn also ein Wettbewerber aufgrund seiner Programmpolitik oder durch Marktveränderungen einmal schwer angeschlagen ist, sollte man das unbedingt wissen.

Hinweise auf künftige Ziele von Wettbewerbern erhält man auch, indem man die Zielrichtung Ihrer Werbung und langfristigen Investi-

Analysieren Sie die Zielrichtung

tionen analysiert. In der Regel werden diejenigen Produkte, Dienstleistungen und Märkte am stärksten durch werbliche Aktivitäten unterstützt, in denen das größte Potenzial gesehen wird. Auch Informationen über langfristige Investitionen der Wettbewerber (die sich im Übrigen oft über Investitionsgüterhersteller beschaffen lassen) geben wichtige Hinweise darauf, in welche Richtung sich ein Wettbewerber in Zukunft orientieren will.

3. Wie wichtig ist Ihr Markt für die Wettbewerber und wie stark ist deren Commitment?

Die Antwort auf diese Frage sagt Ihnen, welche Anstrengungen ein Wettbewerber unternehmen wird, um seine Position auf Ihrem Markt zu verteidigen bzw. Ihnen Ihre Position streitig zu machen. Das Commitment eines Wettbewerbers für ein Produkt oder eine Produktgruppe kann von den folgenden Faktoren beeinflusst werden:

- Prozentsatz des Gewinns, den das Unternehmen in diesem Bereich erwirtschaftet
- Ob der Bereich als Wachstumsbereich angesehen wird oder nicht
- Zusammensetzung und Einstellung des Managements

4. Wie sehen die relativen Stärken und Schwächen der Wettbewerber aus?

Die Antwort auf diese Frage erhält man ebenfalls durch die Wettbewerbsanalyse. In welcher Hinsicht sind die einzelnen Wettbewerber besser oder schlechter als Sie selbst? Welche Strategien funktionieren, welche nicht? Kann man davon ausgehen, dass erfolgreiche Strategien fortgeführt werden und alles, was nicht funktioniert, geändert wird? In Abbildung 5-21 sind einige der wichtigsten Kriterien für die Bewertung von Wettbewerbern aufgeführt.

Schlüsselkriterien zur Bewertung von Wettbewerbern
■ Bereitschaft zu langfristigen Investitionen
■ Betriebskosten
■ Qualität und Wert der Produkte
■ Qualität und Wert der Dienstleistungen
■ Reaktionsgeschwindigkeit
■ Ausdauer und Zielstrebigkeit
■ Innovationskraft und –stärke
■ Finanzielle Lage und Einstellung
■ Risikobereitschaft
■ Kundenloyalität

Abbildung 5-21

5. Welche Schwächen machen die Wettbewerber verwundbar?

Sind die Schwächen bekannt, werden die Wettbewerber gezielt verwundbar. Abbildung 5-22 zeigt einige Beispiele für solche Schwächen:

Was Wettbewerber verwundbar macht

■ Zu wenig liquide Mittel	■ Inkonsequente Unternehmensführung
■ Niedrige Gewinnspannen	■ Unklare Prioritäten
■ Geringes Wachstum	■ Geringe Kundenloyalität
■ Hohe Betriebskosten oder kostenintensive Distribution	■ Kalkulierbarkeit
	■ Veraltetes/schlechtes Produkt
■ Zu große Abhängigkeit von einem Markt	■ Hoher Marktanteil
■ Zu große Abhängigkeit von einem einzigen Großkunden	■ Geringer Marktanteil
	■ Positionierung in oberer Preisklasse
■ Stärken in rückläufigen Sektoren	■ Trägheit
■ Kurzfristige Orientierung	■ Fixierung auf das Geschäftsjahr
■ Personalprobleme	■ Übernahmegerüchte

Abbildung 5-22

Lassen Sie uns auf zwei zentrale Problembereiche genauer eingehen:

- **Personalprobleme** können einen Wettbewerber verwundbar machen. Wenn ein Wettbewerber mit einer hohen Personalfluktuation oder häufigem Wechsel im Management zu kämpfen hat, bietet dieses Unternehmen ein attraktives Ziel für einen Angriff.

- **Hoher Marktanteil** fällt im Gegensatz zu einem geringen Marktanteil nicht sofort als Schwäche ins Auge. Aber auch ein Wettbewerber mit einem hohen Marktanteil kann trotz seiner offensichtlichen Dominanz gefährdet sein, wenn er selbstzufrieden geworden ist oder Einzelhändler und Distributoren sich gegen ihn verbündet haben. Am schwersten wiegt wohl, dass ein Unternehmen mit einem hohen Marktanteil meist nur wenig Interesse daran hat, neue Produkte auf den Markt zu bringen, weil es befürchtet, dass Kannibalisierungseffekte auftreten.

6. Inwiefern werden Wettbewerber in Zukunft ihre Strategien ändern?

Diese Frage beantwortet sich in der Regel von selbst, wenn die ersten fünf Fragen gründlich analysiert worden sind. In diesem Stadium kann es jedoch sinnvoll sein, Schätzungen darüber anzustellen, wo Geschäftsbereiche oder Marken eines Wettbewerbers in der Portfolioanalyse des Gesamtkonzerns stehen. Gelten sie als interessante Kandidaten für Investitionen oder sind sie lediglich *Cash Cows*, mit denen die Entwicklung anderer Konzernbereiche finanziert wird?

7. Welche Auswirkungen werden die Strategien Ihrer Wettbewerber auf die Branche, den Markt und die Strategie Ihres Unternehmens haben?

Diese Frage fasst den oben beschriebenen Prozess der Wettbewerbsanalyse zusammen.

Stufe 3b: Aufbau und Inhalt einer effektiven Kundenanalyse

Eine effektive Kundenanalyse ist für ein Offensives Marketing von größter Bedeutung, weil die bestehenden Kunden die Umsatz- und Weiterempfehlungsbasis eines Unternehmens sind. Deshalb werden in diesem Abschnitt nicht nur zentrale kundenbezogene Fragen aufgeworfen, sondern auch Strukturierungs- und Auswertungshilfen erläutert.

Der Kunde

Der Begriff „Kunde" wird hier sehr weit verstanden, d.h. in der Kundenanalyse sollten, soweit sinnvoll, alle Zielgruppen (finale und subfinale, potenzielle, aktuelle und ehemalige Kunden) einbezogen werden. Eine effektive Kundenanalyse konzentriert sich deshalb auf die Beantwortung folgender Fragen:

Die wichtigsten Fragen einer effektiven Kundenanalyse

- Wer sind Ihre Kunden heute und in Zukunft? Wie ist Ihre Kundenstruktur?
- Was wollen, brauchen und erwarten Ihre Kunden heute und morgen?
- Wie zufrieden sind Ihre Kunden mit den Leistungen heute?
- Wie loyal sind Ihre Kunden eingestellt und wie verhalten sie sich heute und morgen?
- Wie wertvoll sind Ihre Kunden?
- Wie entsteht aus diesen Kundenzahlen ein Umsatz- (Geschäfts-)steuerungs-Flow-Chart?

offensivesmarketing.de

Abbildung 5-23

Es liegt auf der Hand, dass Sie die Erkenntnisse dieser Analyse auch für die Marktsegmentierung (vgl. Kapitel VIII), Leistungsprogrammgestaltung (vgl. Kapitel IX) und Positionierung (vgl. Kapitel X) nutzen sollten.

Das Beispiel Friseursalon

Der Friseur

Am Beispiel einer fiktiven Friseursalonkette werden die Fragen zur Kundenanalyse veranschaulicht. Gerade auch von einem Dienstleistungsanbieter wie einem Friseursalon verlangt der sich verschärfende Wettbewerb zunehmend eine stärker Orientierung an den Bedürfnissen und Wünschen seiner Kunden. Deshalb ist es ganz entscheidend, dass die Mitarbeiter im Friseursalon den Kunden als Individuum betrachten und nicht als anonymen Markt oder als einheitliche Zielgruppe. Das entscheidende Schlagwort lautet hier Kundennähe, d.h. bei allen Mitarbeitern muss die Fähigkeit entwickelt werden, „immer genau zu wissen, was die einzelnen Kunden erwarten und wollen".

Um die gesamten Aktivitäten noch genauer am wichtigsten Erfolgsfaktor – dem Kunden – ausrichten zu können, sollte man auf die oben in Abbildung 5-23 gestellten Fragen klare Antworten geben können. An diesem Beispiel lässt sich auch erkennen, dass es sehr sinnvoll sein kann, nicht nur die Kundendaten zu analysieren, sondern diese auch mit dem Durchschnitt der ganzen Branche, den besten Salons oder denen des letzten Jahres zu vergleichen. Denn nur so bekommt man überhaupt ein Gefühl dafür, wie gut man im Vergleich zur Konkurrenz steht.

1. Wer sind Ihre Kunden heute und in Zukunft? Wie ist Ihre Kundenstruktur?

Die Bestimmung der Kundenstruktur hängt sehr eng mit der Segmentierung der Zielgruppen (vgl. Kapitel VIII) zusammen. Sehen Sie die Bestimmung in der Wettbewerbs- und Kundenanalyse als eine Vorarbeit für die Segmentierung, die dann auf Basis der hier gewonnen Daten durchgeführt werden kann. Abbildung 5-24 soll einen Überblick über die wichtigsten Charakterisierungsmerkmale Ihrer eigenen Kunden und deren Verhalten geben.

Elemente der Kundenstruktur

Daten zur Bestimmung der Kundenstruktur

Kundenmerkmale	Kundenverhalten
■ Geographische Merkmale (z.B. Grenzen, Stadtgebiet etc)	Informationsverhalten (z.B. Mediennutzung, Kommunikation etc.)
■ Demographische Merkmale (z.B. Alter, Geschlecht, Familienstand etc.)	Kaufverhalten (Einkaufstättenwahl, Kaufintensität, Wert des durchschnittlichen Einkaufs, Einkaufszeitpunkt, Einkaufsanteile des Kunden bei bestimmten Warengruppen etc.)
■ Soziographische Merkmale (z.B. Einkommen, Kaufkraft, Berufstätigkeit etc.)	Verwendungsverhalten (z.B. Verwendungsart, Verwendungszeit, Verwendungsort etc.)
■ Psychographische Merkmale (z.B. Einstellungen, Nutzenerwartungen, Präferenzen etc.)	

offensivesmarketing.de

Abbildung 5-24

Dies ist nur ein sehr vereinfachter Überblick, eine ausführliche Aufstellung dieser Charakterisierungsmerkmale – auch Kundensegmentierungsmerkmale genannt – findet sich im Kapitel VIII. Ein typischer Kunde unseres Friseurs könnte also folgendermaßen aussehen:

Der „typische Kunde“ eines Friseursalons

Ihre typische Kundin	Ihr typischer Kunde
■ Durchschnittlich ist Ihre Kundin 34,4 Jahre alt.	■ Durchschnittlich ist Ihr Kunde 30,0 Jahre alt.
■ „Die meisten“ Ihrer Kundinnen sind von Beruf Facharbeiterin.	■ „Die meisten“ Ihrer Kunden sind von Beruf Selbstständige.
■ „Die meisten“ Ihrer Kundinnen besuchen Ihren Salon von Zuhause aus.	■ „Die meisten“ Ihrer Kunden besuchen Ihren Salon von Zuhause aus.
■ Durchschnittlich benötigen Ihre Kundinnen 21,1 Minuten zu Ihrem Friseursalon.	■ Durchschnittlich benötigen Ihre Kunden 15,8 Minuten zu Ihrem Friseursalon.
■ Ihre Kundin geht durchschnittlich 8,4 mal pro Jahr in Ihren Salon.	■ Ihr Kunde geht durchschnittlich 11,0 mal pro Jahr in Ihren Salon.
■ Durchschnittlich sind Ihre Kundinnen 3,1 Jahre bereits bei Ihnen Kunde.	■ Durchschnittlich sind Ihre Kunden 1,2 Jahre bereits bei Ihnen Kunde.
■ Ihre Kundinnen geben durchschnittlich bei Ihnen insgesamt 57,9 DM pro Besuch aus.	■ Ihre Kunden geben durchschnittlich bei Ihnen insgesamt 31,5 DM pro Besuch aus.
■ Für Haarpflegeprodukte sind das durchschnittlich 30,5 DM.	■ Für Haarpflegeprodukte sind das durchschnittlich 20,0 DM.

offensivesmarketing.de

Abbildung 5-25

Der Friseur

Man kann also erkennen, dass die typische Kundin unseres Friseur-Salons z.B. Mitte dreißig ist, den Salon ungefähr 8-mal im Jahr besucht und für jeden dieser Besuche fast 60,– DM zahlt. Dies vermittelt doch schon ein recht detailliertes Bild des „Durchschnittskunden“. Zusätzlich ist es wichtig, einen Vergleich zu den Top-Kunden herzustellen. An diesen Kunden müssen Sie sich orientieren, denn sie sind letztlich für einen großen Teil Ihres Umsatzes bzw. Deckungsbeitrages verantwortlich. Seien Sie sich bewusst, dass dieses Kundensegment unter Umständen erheblich von dem Verhalten der „typischen“ Kunden abweichen kann.

Der typische Top-Kunden eines Friseursalons

Ihre Top-Kundin	Ihr Top-Kunde
■ Durchschnittlich ist Ihre Top-Kundin 47,6 Jahre alt.	■ Ihr Top-Kunde ist 30,6 Jahre alt.
■ Sie ist von Beruf Facharbeiterin.	■ Er ist von Beruf Sonstige.
■ Ihre Top-Kundin besucht Ihren Salon von der Arbeit aus.	■ Ihr Top-Kunde besucht Ihren Salon von Zuhause aus.
■ Ihre Top-Kundin benötigt 10,0 Minuten zu Ihrem Friseursalon.	■ Ihr Top-Kunde benötigt 7,7 Minuten zu Ihrem Frisörsalon.
■ Ihre Top-Kundin geht 32,8 Mal pro Jahr zum Friseur.	■ Ihr Top-Kunde geht 10,8 Mal pro Jahr zum Friseur.
■ Ihre Top-Kundin ist 5,0 Jahre bereits bei Ihnen Kunde.	■ Ihr Top-Kunde ist 1,2 Jahre bereits bei Ihnen Kunde.
■ Ihre Top-Kundin gibt durchschnittlich bei Ihnen insgesamt 92,00 DM pro Besuch aus.	■ Ihr Top-Kunde gibt durchschnittlich bei Ihnen insgesamt 35,80 DM pro Besuch aus.
■ Für Haarpflegeprodukte sind das durchschnittlich 33,80 DM.	■ Für Haarpflegeprodukte sind das durchschnittlich 20,00 DM.

offensivesmarketing.de

Abbildung 5-26

Wie man sehen kann, ist die Top-Kundin des Friseursalons älter als die typische Kundin, besucht den Friseur auch wesentlich öfter und gibt einen bedeutend höheren Betrag pro Besuch aus. Allerdings muss man bei der Interpretation dieser Ergebnisse vorsichtig sein, da das Segment der Top-Kunden relativ klein sein wird: diese Ergebnisse sind daher unter Umständen nicht repräsentativ. Neben diesen Daten zur konkreten Kundenstruktur und dem Kundenverhalten sollte sich unser Friseur auch über die Leistungen informieren, die seine Kunden in seinem Salon in Anspruch nehmen.

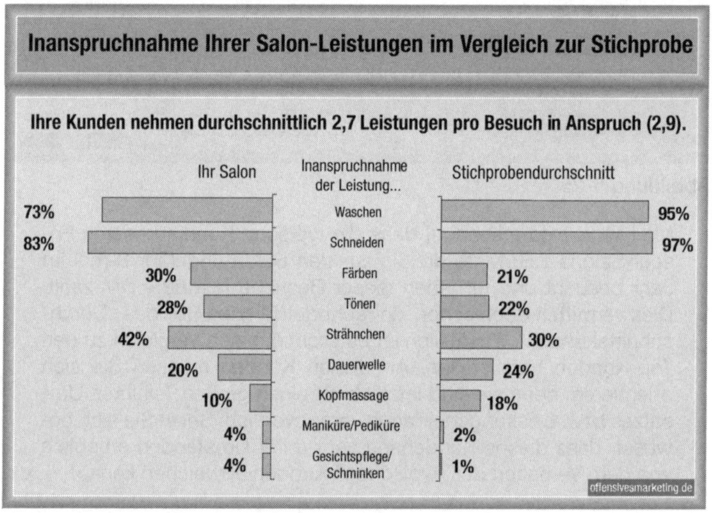

Abbildung 5-27

Wenn man die genannten Leistungen auf die Anzahl der Befragten herunterbricht, erkennt man, dass die Kunden durchschnittlich 2,7 Leistungen in Anspruch nehmen. Wobei dieser spezielle untersuchte Salon im Vergleich zum Durchschnitt von 2,9 Leistungen aller Friseursalons der Unternehmenskette etwas schlechter abschneidet. Bei einer deutlicheren Abweichung sollten Gegenmaßnahmen ergriffen werden. Des Weiteren erfährt unser Friseur sehr detailliert, wie das Angebot seines speziellen Salons im Vergleich zur gesamten Stichprobe genutzt wird.

Wenn man Kundendaten in dieser Weise aufbereitet, kann man sich ein sehr detailliertes Bild seiner Kundenstruktur machen. Allerdings sieht man den Kunden bis jetzt sozusagen nur von „außen“ und weiß noch nicht, wie es in seinem „Inneren“ aussieht.

2. Was wollen, brauchen und erwarten die Kunden heute und morgen?

Bedürfnisse identifizieren

Das „Innere“ des Kunden ist stark von seinen Bedürfnissen und Erwartungen geprägt, die er an den Anbieter und seine Leistungen stellt, und zwar nicht nur heute, sondern auch in der Zukunft.

Die **Kundenbedürfnisse** sind eher abstrakt, d.h. sie beziehen sich nicht auf konkrete Leistungen oder Produkte bzw. haben noch keine direkte Verbindung zu bestimmten Märkten. Die Bedürfnisse der Kunden sind also eher Wünsche oder wahrgenommene Mangelerscheinungen, die die Kunden gerne befriedigen würden. Aus diesen recht abstrakten Bedürfnissen entwickelt sich dann im Laufe der Zeit ein ziemlich konkreter Bedarf.

Der **Bedarf** der Kunden ist bereits auf konkrete Produkte und Leistungen bezogen, die von verschiedenen Anbietern erfüllt werden können. Aus dem Kundenbedarf entstehen handfeste Anforderungen an Leistungs- und Produktmerkmale, die der Anbieter entsprechend anpassen sollten. In diesem Zusammenhang muss man sich ganz konkret über die Art, den Umfang und den Zeitpunkt des Kundenbedarfs klar werden. Auch wenn Sie bereits wissen, was Ihre Kunden wollen und brauchen, müssen Sie immer noch die Kundenerwartungen bestimmen.

Die **Erwartungen des Kunden** bilden sich durch Versprechen, die Anbieter z.B. in der Kommunikation bekannt machen, durch das Image eines Unternehmens, durch die Aktivitäten der Konkurrenten und die Entwicklung des allgemeinen Umfelds der Unternehmen und der Kunden. Damit sind die Kundenerwartungen geprägte Vorstellungen und Präferenzen der Kunden, die sich auf konkrete Leistungen, Produkte und Marken beziehen.

Dynamische Veränderung

Weder der Bedarf, die Bedürfnisse noch die Kundenerwartungen bleiben über die Zeit hinweg konstant, sondern sie unterliegen einem konstanten Wandel (vgl. Kapitel VI, Abbildung 6-8). Damit müssen Sie sich als Offensiver Marketer gezielt auseinandersetzen, um frühzeitig die Kundenerwartungen von morgen oder übermorgen identifizieren zu können. Die folgende Abbildung zeigt, wie sich Kundenerwartungen im Zeitablauf z.T. sehr drastisch ändern können.

Kundenerwartungen von übermorgen erfüllen

Kundenerwartungen	heute	morgen	übermorgen
Verfügbarkeit des Kunden-Interaktionscenters	Mo.-Fr. 8.00–17.00 h	Täglich 6.00–20.00 h	24 Stunden, 7 Tage die Woche
Lieferzeit	mindestens eine Woche	einen Tag	eine Minute
Garantie	sechs Monate	zwei Jahre	lebenslang
Produktaktualisierung	zwei Jahre	sechs Monate	kontinuierlich

offensivesmarketing.de

Abbildung 5-28

Zurück zu unserem Friseur-Beispiel. Abbildung 5-29 zeigt die konkreten (heutigen) Erwartungen der Kunden an einen Besuch in einem Friseursalon.

Was Kunden von einem Friseurbesuch erwarten

Professionelle Beratung	**73,4%**	**90,5%**	**61,3%**
Günstige Preise	**60,3%**	**45,2%**	**71,0%**
Sofortige Terminverfügbarkeit	**41,2%**	**53,8%**	**32,3%**
Freundliche Bedienung	**32,8%**	**45,2%**	**23,9%**
Aktuelle und modische Schnitte	**22,4%**	**32,3%**	**8,6%**
Beste Parkmöglichkeiten	**18,9%**	**22,6%**	**16,1%**
Lange Öffnungszeiten	**8,0%**	**9,0%**	**7,1%**
Zahlungsmöglichkeit mit Kreditkarte	**6,0%**	**4,5%**	**7,1%**

offensivesmarketing.de

Abbildung 5-29

Bei Informationen über die Kundenbedürfnisse oder -erwartungen ist es sinnvoll, immer dann zwischen unterschiedlichen Kundengruppen zu differenzieren, wenn die Erwartungen deutlich von einander abweichen können. In unserem Beispiel stellte der Friseur sehr schnell fest, dass sich die Erwartungen seiner weiblichen und männlichen Kunden erheblich voneinander unterscheiden. Die meisten, also 73,4% seiner Kunden, erwarten eine professionelle Beratung, wobei dies von weit mehr Frauen als Männern erwartet wird. Im Gegensatz dazu erkennt man, dass die Preissensibilität bei Männern höher ausgeprägt ist als bei den weiblichen Kunden. Männer erwarten also eher eine kostengünstige Leistung.

Mit diesen Daten erhält man weitere wertvolle Informationen über den Handlungsbedarf hinsichtlich der Kundenbedürfnisse und -erwartungen.

3. Wie zufrieden sind die Kunden heute mit der Leistung?

Versuchen Sie herauszufinden, wie hoch die Zufriedenheit Ihrer Kunden ist und wie sie sich im Vergleich zur Zufriedenheit mit den Leistungen der Konkurrenz verhält. Die Kundenzufriedenheit, die sich aus dem Abgleich des Kunden von der erhaltenen Leistung mit der erwarteten Leistung ergibt, ist der Ausgangspunkt für Verbesserungen, die Sie an Ihren Produkten und Leistungen durchführen können, um einen noch höheren Grad der Kundenorientierung im Unternehmen zu erreichen.

Entstehung von Kundenzufriedenheit

Abbildung 5-30

Bestimmung der Kundenzufriedenheit

Kennen Sie die Gründe für die Zufriedenheit oder Unzufriedenheit Ihrer Kunden? Das ist ein direkter und äußerst wichtiger Anhaltspunkt, um Leistungen offensiv und kundenorientiert zu verbessern. Die folgende Abbildung zeigt einen Methoden- und Maßnahmenmix zur Identifikation der Kundenzufriedenheit und zur Einleitung von Maßnahmen zur Verbesserung.

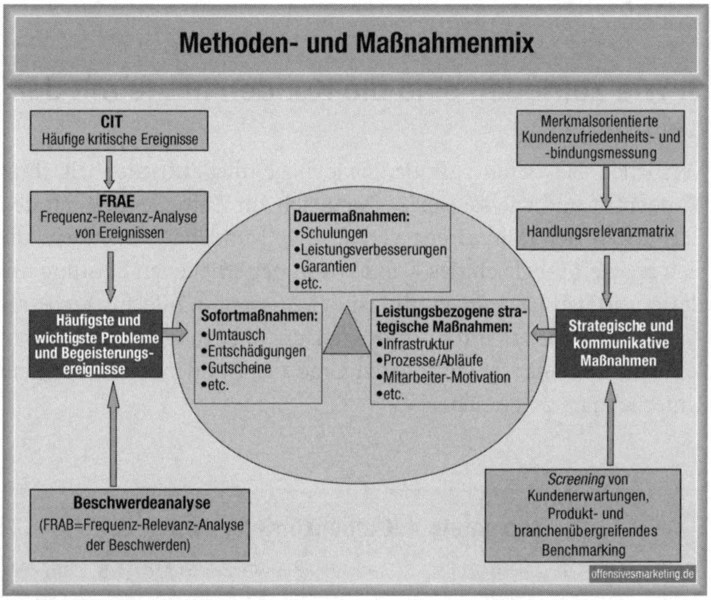

Abbildung 5-31

Diese Abbildung zeigt auf einen Blick die unterschiedlichen Möglichkeiten zur Bestimmung der Kundenzufriedenheit. Dabei geht die linke Spalte von der Analyse kritischer Ereignisse aus, die Kunden in Zusammenhang mit einem Unternehmen erlebt haben. Diese können direkt über Kundenbefragungen oder (zusätzlich) über genaue Beschwerdeanalysen herausgefunden werden. Mit diesen Daten lassen sich dann die wichtigsten Probleme oder die häufigsten Gründe für die Kundenzufriedenheit oder Unzufriedenheit identifizieren.

Critical Incident Technique (CIT)

Die CIT

Die Methode der kritischen Ereignisse versucht, von Kunden Aussagen zu besonders positiven oder negativen Ereignissen zu erhalten. In einer **ersten Stufe** werden die Befragten gebeten, sich möglichst genau an ein kritisches Ereignis im Zusammenhang mit dem Unternehmen zu erinnern und dieses möglichst detailliert in ihren eigenen Worten zu erzählen. In einer **zweiten Stufe** wird versucht, mit Zusatzfragen wie z.B. „Was passierte genau?", „Wer genau machte was?", „Haben Sie sich beschwert?" etc. tiefer ins Detail zu gehen, um das Ergebnis effektiver für Verbesserungen nutzen zu können.

Die **Zahl der Interviews**, die bei dieser Methode geführt werden müssen, ist nicht genau bestimmt. Als Anhaltspunkt kann das Flanagan-Kriterium dienen, nach dem die Befragung abgebrochen werden kann, wenn 100 zusätzliche Interviews nicht mehr als zwei oder drei neue Ereignisse hervorbringen. Bei der Auswertung der kritischen Ereignisse ist darauf zu achten, dass nur detailliert beschriebene Ereignisse miteinbezogen werden, die auch ein starkes Gefühl der (Un-)Zufriedenheit erzeugt haben. Bei der Dokumentation der Ergebnisse ist darauf zu achten, dass neben Häufigkeiten und Zusammenhängen auch einzelne Geschichten aufgeführt werden, um sie für Schulungszwecke einsetzen zu können.

FRAE (Frequenz-Relevanz-Analyse von Ereignissen)

Analyse der häufigsten Ereignisse

Die Analyse der häufigsten Ereignisse im Unternehmen basiert auf der Annahme, dass Probleme für das Unternehmen umso wichtiger werden, je häufiger sie auftreten und je ärgerlicher bzw. bedeutsamer sie für die Kunden sind. In einem ersten Schritt werden die Problemkategorien erhoben, also die Teile der Leistung, mit denen der Kunden am zufriedensten oder unzufriedensten war. In Bezug auf diese Problemkategorien sieht die Analyse in einem zweiten Schritt dann drei Fragen vor:

- Ist das Problem überhaupt aufgetreten (Frequenz)? Wenn ja:
- Wie hoch war / ist der Grad der Verärgerung / Zufriedenheit (Relevanz)? Und:
- Wie sah die faktische Reaktion aus bzw. was ist als geplantes Reaktionsverhalten vorgesehen?

Diese Ergebnisse können dann als Grundlage für strategische und operative Maßnahmen bei der Gestaltung des Leistungsprogramms verwendet werden. Probleme, die mit einer hohen Frequenz auftreten und eine hohe Bedeutung für den Kunden besitzen, müssen vordringlich angegangen werden. Die Abbildung 5-32 vermittelt einen Eindruck davon, wie eine FRAE-Analyse für unser Friseur-Beispiel aussehen kann.

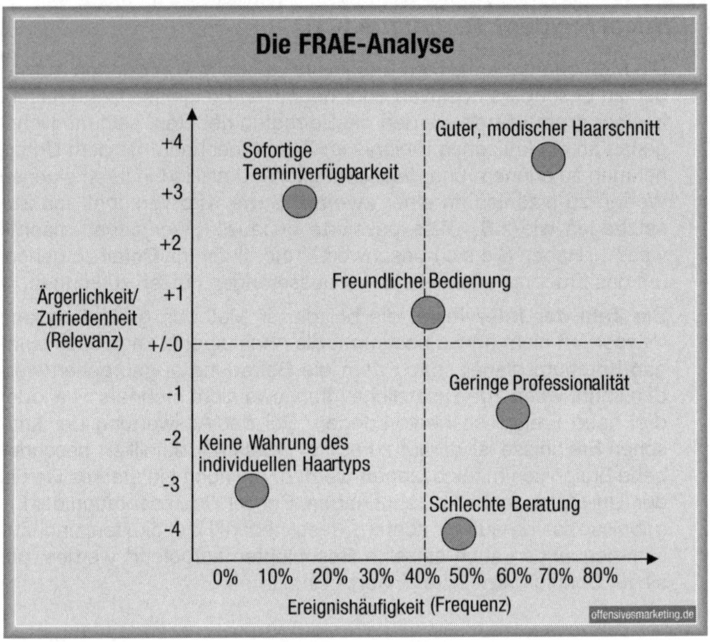

Abbildung 5-32

Aus dieser Grafik sind die für die Kunden(un)zufriedenheit relevanten Ereignis nun leicht ersichtlich. So sollte dieser Friseur unbedingt die Beratungsqualität verbessern, sie ist ein wesentlicher Grund für die Unzufriedenheit seiner Kunden und tritt bei ca. 50% der Kundenkontakte auf. Andererseits ist die hohe Qualität seines Haarschnitts der häufigste Grund für hohe Kundenzufriedenheit.

Zusätzlich sollten auch die merkmalsorientierten Methoden der rechten Spalte aus Abbildung 5-31 angewendet werden. Hier ermittelt man die Zufriedenheit der Kunden anhand bestimmter Qualitätsmerkmale des Unternehmens und seiner Leistungen wie z.B. der Freundlichkeit, Preis-Leistungs-Verhältnis oder Erreichbarkeit.

Merkmalsorientierte Kundenzufriedenheitsmessung

Messung der Kundenzufriedenheit anhand von Leistungsmerkmalen

Bei den merkmalsorientierten Verfahren zur Messung der Kundenzufriedenheit geht man davon aus, dass Kundenzufriedenheit auf der Bewertung einzelner Leistungsmerkmale basiert. Das Urteil des Kunden bildet sich also aus der Kombination und Bewertung einzelnen Eindrücke.

Die erste Überlegung muss der Auswahl der Mess-Skala gelten, die in den meisten Fällen eine vier bis sechsstufige Rating-Skala ist. Danach muss geklärt werden, ob die Zufriedenheit direkt abgefragt wird oder ob noch ein zweiter Messschritt dazwischen geschaltet wird. Da der Kunde nicht jedem Merkmal einer Leistung die gleiche Bedeutung zumisst, muss vor der eigentlichen Befragung die Bedeutung der einzelnen Merkmale erhoben werden. Dann erst kann die Messung der Zufriedenheit des Kunden mit den einzelnen Merkmalen der Leistung des Unternehmens erfolgen. Aus diesen Ergebnisse lässt sich eine Handlungsrelevanzmatrix ableiten, aus der man den Handlungsbedarf bezüglich einzelner abgefragter Merkmale ableiten kann.

Zwischen den ereignisorientierten Methoden der linken und den merkmalsorientierten Methoden der rechten Spalte aus Abbildung 5-31 besteht ein enger Zusammenhang, denn die Identifikation der kritischen Ereignisse kann Anhaltspunkte dafür liefern, welche Merkmale der Leistung dem Kunden wichtig sind und auch bei der merkmalsorientierten Zufriedenheitsmessung abgefragt werden sollten. Die Ergebnisse beider Messmethoden sollten dann gebündelt und in konkrete Maßnahmen umgesetzt werden, um die identifizierten Schwachstellen zu beheben.

Der Friseur

Auch unser Friseursalon hat sich Gedanken über die Zufriedenheit seiner Kunden gemacht. Dabei hat er in einem ersten Schritt die Zufriedenheit seiner Kunden mit seinen Salonleistungen insgesamt (Globalzufriedenheit) abgefragt. Die folgende Abbildung zeigt das Urteil seiner Kunden, gemessen auf einer fünfstufigen Skala.

Abbildung 5-33

35% der Kunden sind von den Leistungen unseres Friseur-Salons entweder begeistert oder sehr zufrieden, 50% sind allerdings mit den Leistungen nur zufrieden, was insgesamt zu dem weniger guten Zufriedenheitsurteil von 2,7 führt. Diese sehr allgemeine Größe gibt noch keine konkreten Anhaltspunkte in Bezug auf die Verbesserung einzelner Leistungen und Prozesse.

Daher ist es sehr wichtig die spezifischen Gründe für die Zufriedenheit bei den Kunden abzufragen. Die folgende Abbildung zeigt maßgebliche positive und negative Gründe derjenigen Kunden auf, die insgesamt angegeben haben, von dem Friseur-Salon begeistert zu sein.

Gründe für Kundenzufriedenheit

Wichtige Gründe Ihrer begeisterten Kunden für das Globalzufriedenheitsurteil

... positive Gründe	♀♂	... negative Gründe	♀♂
guter Schnitt	73,4%	Beratung	32,6%
günstiger Preis	60,3%	schlechtes Ergebnis	29,8%
Beratung	41,2%	Langsame Behandlung	24,2%
Parkmöglichkeiten	32,8%	Parkmöglichkeiten	19,3%
Zahlungsmöglichkeiten	22,4%	Zahlungsmöglichkeiten	15,1%
bequeme Öffnungszeiten	18,9%	bequeme Öffnungszeiten	7,6%

offensivesmarketing.de

Abbildung 5-34

Hier ist klar zu sehen, dass diejenigen Kunden, die in der Befragung vom Unternehmen begeistert waren, als wichtigste Kriterien für Ihre hohe Zufriedenheit in erster Linie den guten Schnitt und den günstigen Preis genannt haben. Bei der Beratung in diesem Salon liegt jedoch noch erheblicher Handlungsbedarf vor und auch an der kontinuierlich hohen Qualität des Leistungsergebnisses kann noch gearbeitet werden.

Mit der Konkurrenz vergleichen

Wie die Übersicht in Abbildung 5-35 zeigt, kann man solche Zufriedenheitsurteile überhaupt nur richtig einschätzen, wenn man sie mit Konkurrenzdaten vergleicht. Dies kann beispielsweise der Branchendurchschnitt sein, viel besser eignet sich aber der direkte Vergleich zu den besten Salons der Branche.

Auch den Besitzer unseres Friseursalons hat es interessiert, wie zufrieden die Kunden mit seinen Kernleistungen im Vergleich zum besten Salon dieser Untersuchung waren.

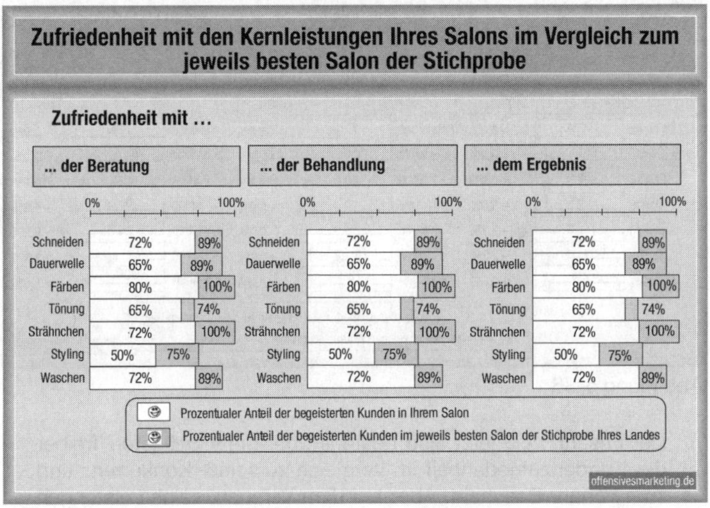

Abbildung 5-35

An dieser Tabelle sieht unser Friseur nun, dass seine Kunden zwar zufrieden sind, er aber – im Vergleich zum besten Salon – doch noch einen erheblichen Nachholbedarf hat. Diese Information ist wichtig für ihn, weil sich die Erwartungen der Kunden ja auch durch Erfahrungen mit der Konkurrenz bilden. Ein Kunde, der also zum besten Salon dieser Umfrage geht, wird kaum zu unserem Friseur zurückkommen. Ein Vergleich mit der Konkurrenz ist auch deshalb wichtig, weil man vom Branchenbesten eine Menge lernen kann.

Längsschnittbetrachtung

Genauso bieten solche Zufriedenheitsanalysen die Möglichkeit, die eigenen Leistungen im Zeitablauf zu verbessern. Um herauszufinden, ob der Kunde die eingeleiteten Verbesserungsmaßnahmen überhaupt wahrnimmt, kann z.B. ein Vergleich mit den Untersuchungsergebnissen des Vorjahres sinnvoll sein.

Leider ist für unseren Friseur kein klarer Aufwärtstrend erkennbar. Mit einige Leistungen wie dem Waschen oder Färben der Haare sind die Kunden zwar wesentlich zufriedener als im Vorjahr, dafür hat die Zufriedenheit mit dem Haarschnitt entschieden nachgelassen.

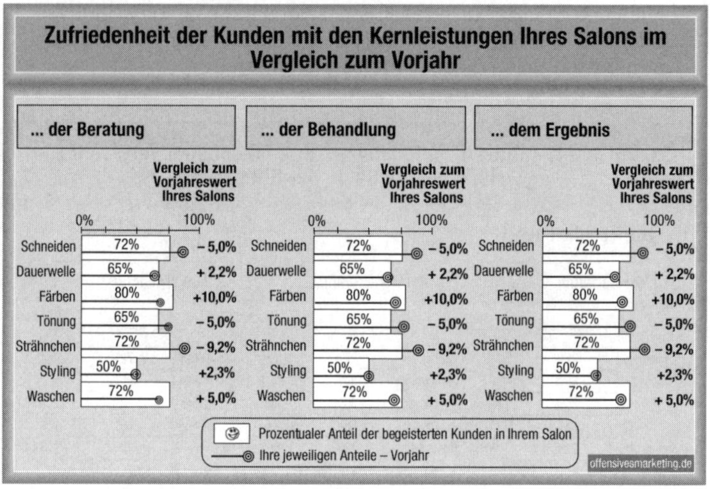

Abbildung 5-36

Der Friseur weiß jetzt also bestens über die wichtigsten Treiber der Kundenzufriedenheit im Vergleich zu seiner Konkurrenz und zum Vorjahr Bescheid. Aber bei dem Versuch, seine Leistungen zu verbessern, fällt ihm auf, dass ihm noch eine sehr entscheidende Information fehlt. Er weiß noch nicht, wie wichtig die einzelnen Elemente seiner Leistung für den Kunden sind.

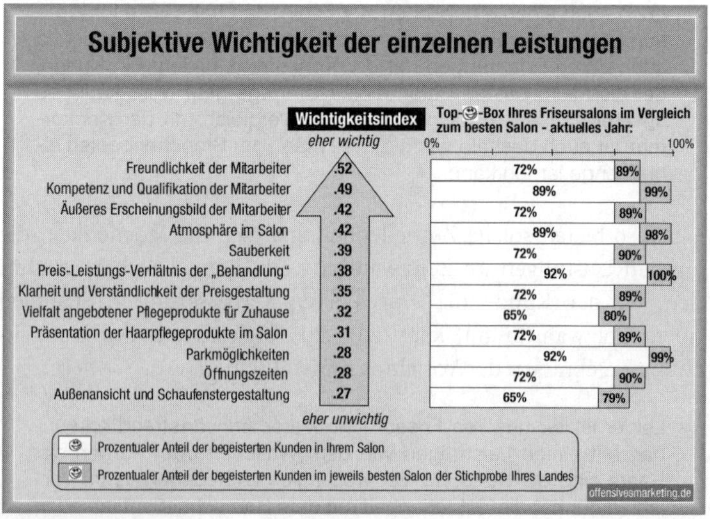

Abbildung 5-37

Anhand dieser Untersuchung erfährt der Friseur nun, dass für seine Kunden die Freundlichkeit der Mitarbeiter eines der wichtigsten Kriterien ist und 72% seiner Kunden hinsichtlich dieses Merkmals begeistert waren. Allerdings ist der Anteil der begeisterten Kunden mit 89% im besten Salon dieser Untersuchung im Hinblick auf die Freundlichkeit noch etwas höher. Aber nicht nur die Freundlichkeit, sondern auch die Kompetenz und Qualifikation, das äußere Erscheinungsbild und die Atmosphäre im Salon sind wichtige Gründe für die Zufriedenheit der Kunden mit einem Friseurbesuch.

Dieses Beispiel zeigt, dass die Zufriedenheit der Kunden mit einem Unternehmen ein relativ komplexes Phänomen ist. Es reicht nicht aus, nur die allgemeine Kundenzufriedenheit zu kennen, man muss vielmehr auch die Gründe für die Kunden(un)zufriedenheit kennen, um darauf aufbauend ein Offensives Leistungsprogramm entwickeln zu können (vgl. Kapitel IX – Punkt 4).

Ein wichtiges Element bei der Analyse der Kundenzufriedenheit ist das Benchmarking zum besten Unternehmen dieser Branche oder auch mit den eigenen Leistungen über einen bestimmten Zeitraum hinweg. Entscheidend ist es jedoch, auch die Wichtigkeit einzelner zufriedenheitsbestimmender Faktoren zu analysieren. Nur dann kann man mit Verbesserungsmaßnahmen auch an den richtigen Stellen ansetzen.

4. Wie loyal sind Ihre Kunden eingestellt und wie verhalten sie sich heute und morgen?

Loyale Kunden als zentraler Unternehmenswert

Loyale Kunden sind einer der wichtigsten Werte eines Unternehmens. Und je zufriedener die Kunden sind, desto stärker wird ihre Bindung an das Unternehmen sein. Deshalb ist es wichtig, sich einen Überblick darüber zu verschaffen, wie loyal die eigenen Kunden tatsächlich sind. Die Abwanderungsquote eines Unternehmens ist eine nicht zu vernachlässigende Größe, wenn man sich vor Augen hält, dass in einigen Branchen eine 5%ige Senkung der Kundenabwanderungsquote zu einer Gewinnsteigerung zwischen 20 und 80% führen kann!

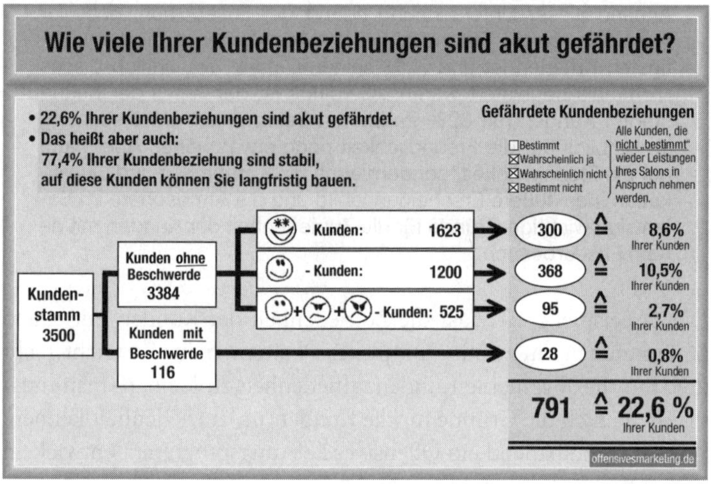

Abbildung 5-38

Der Friseur

Auch unser Friseur hat die Bedeutung der Kundenbindung erkannt und seine Kunden befragt, ob sie seinen Salon wieder besuchen wollen. Alle Kunden die sich nicht absolut sicher waren, wurden in der Kategorie „gefährdet“ zusammengefasst. Von seinen – bezogen auf die Globalzufriedenheit – begeisterten Kunden sind immerhin 8,6% und von den sehr zufriedenen über 10% nicht sicher, ob sie diesen Salon wieder besuchen werden. Bezogen auf den gesamten Kundenstamm von 3.500 Kunden sind also 22,6% aller Beziehungen gefährdet. Die restlichen 77,4% werden vermutlich auch bei ihrem nächsten Haarschnitt wieder unseren Friseur aufsuchen.

Kunden begeistern

Wenn man die Kundenbindung und damit auch das Weiterempfehlungsverhalten seiner Kunden steigern möchte, sollten man darauf achten, die Kunden nicht nur zufrieden zu stellen, sondern sie zu begeistern. Zwischen diesen beiden Größen besteht ein enger Zusammenhang. Nur Kunden, die begeistert oder sehr zufrieden mit den Leistungen eines Anbieters sind, haben ein aktives positives Weiterempfehlungsverhalten und werden den gleichen Anbieter auch beim nächsten Mal sicher oder wahrscheinlich wieder aufsuchen.

Gewinn durch begeisterte Kunden

Die Vorteile einer hohen Kundenbindung wurden schon ausführlich in Kapitel I erläutert. Aber die Bindung Ihrer Kunden und die Weiterempfehlung der Leistungen an andere potenzielle Kunden hat

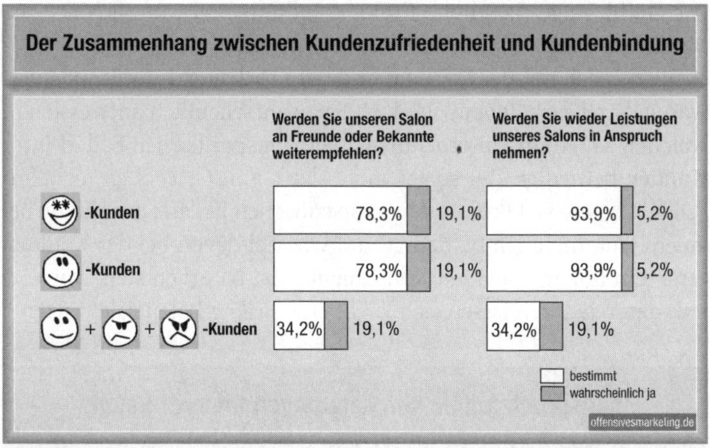

Abbildung 5-39

natürlich auch ganz konkrete Auswirkungen auf den Umsatz und den Gewinn Ihres Unternehmens. Zur Veranschaulichung der Bedeutung der Kundenbindung für den Unternehmenserfolg soll die Abbildung 5-40 dienen.

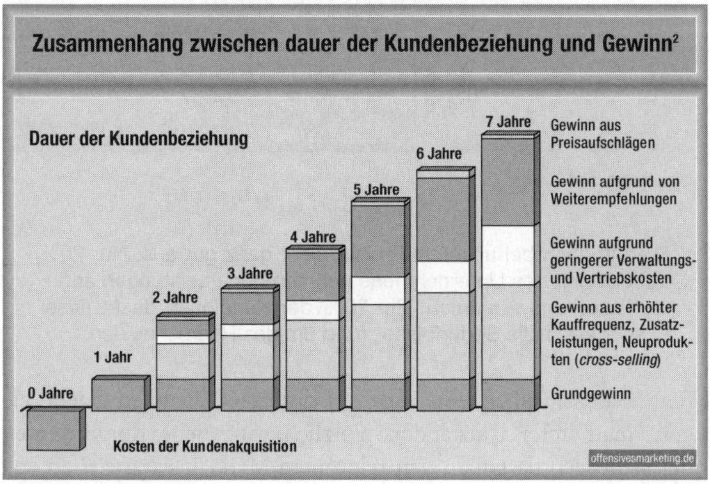

Abbildung 5-40

[2] Reichheld F./ Sasser, W.: Zero-Migration, Dienstleister im Sog der Qualitäts-Revolution, in: Harvard-Manager, 4/1991, S. 108-116.

Die Grafik zeigt, dass hohe Kundenbindung dem Unternehmen die Möglichkeit bietet, seine Gewinne zu erhöhen.
Wenn Sie sich mit der Loyalität und dem Verhalten Ihrer Kunden etwas näher beschäftigen, wird es Sie wahrscheinlich interessieren, welchen Anteil Ihr Unternehmen an einem spezifischen Bedarf Ihrer Kunden befriedigt. Der so genannte *share of customer* zeigt recht anschaulich, wie viel Prozent seines spezifischen Bedarfs der Kunde bei einem Unternehmen befriedigt und wie viel davon bei der Konkurrenz. Ein hoher Anteil am Konsumenten ist natürlich stets von Vorteil, denn dadurch lassen sich leicht *cross-selling*-Potenziale nutzen.

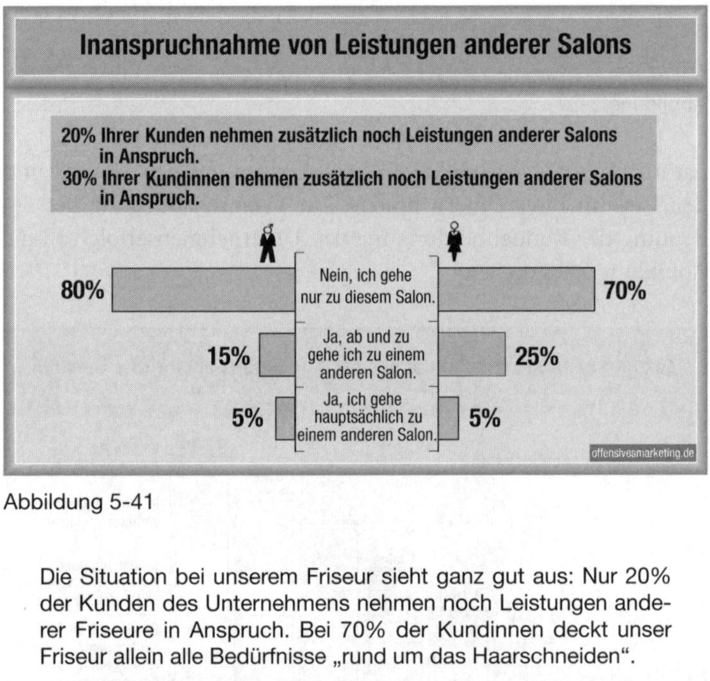

Abbildung 5-41

Die Situation bei unserem Friseur sieht ganz gut aus: Nur 20% der Kunden des Unternehmens nehmen noch Leistungen anderer Friseure in Anspruch. Bei 70% der Kundinnen deckt unser Friseur allein alle Bedürfnisse „rund um das Haarschneiden".

Wenn man sich über seinen *share of customer* Gedanken macht, erkennt man unter Umständen plötzlich ganz neue Konkurrenten oder stellt fest, dass man den relevanten Markt bislang viel zu eng abgegrenzt hat.[3]

[3] Eine genauere Erläuterung mit Beispielen zum *share of customer* finden Sie im Kapitel I.

Die Rolle des Kunden

Die Zeiten, in denen ausschließlich die Unternehmen für die Schaffung des Kundennutzens verantwortlich waren und der Kunde lediglich als Abnehmer einer vorher bestimmten Leistung definiert war, sind inzwischen endgültig vorbei. Der Kunde entwickelt sich immer mehr zu einem Koproduzenten und *part-time*-Marketer. Er ist zu einer wertvollen Informationsquelle geworden und mit Hilfe der neuen Technologien wird er auch immer stärker zum Treiber der Wertschöpfungskette und Partner im Prozess der Leistungserstellung. Die Pflege dieser Partnerschaft zwischen dem Unternehmen und seinen Kunden wird sicherlich einen Großteil der zukünftigen Unternehmenstätigkeit ausmachen. Auch deshalb ist es für Offensive Marketer wichtig, die Kunden genau zu kennen.

Abbildung 5-42

Am Beispiel der Produktentwicklung zeigt die Abbildung 5-43, dass viele Unternehmen das Potenzial der unterschiedlichen Kundenrollen noch nicht voll verstanden haben.

Frühzeitige Kundenintegration

Noch nicht einmal die Hälfte der Unternehmen hat die Rolle der Kunden als Lieferanten neuer Ideen und Bedürfnisse erkannt. Man darf diese zentrale Funktion der Kunden nicht unterschätzen, denn gerade durch die immer stärkere Verbreitung neuer Technologien – allen voran das Internet – haben die Kunden eine Vielzahl von Möglichkeiten, ihre Wünsche kundzutun und gemeinsam mit den Anbietern an der Schaffung eines höheren Kundennutzens zu arbeiten. Bleiben Sie nicht in der Sichtweise der Abbildung 5-43 verhaftet, in der die Mehrzahl der Unternehmen die Bedeutung des Kunden erst bei der Markteinführung als hoch einschätzt. Denn dann kann es für Änderungen an Leistungen oder Prozessen schon zu spät sein und dem Unternehmen entstehen hohe Kosten, falls es die Wünsche und Bedürfnisse der Kunden falsch eingeschätzt hat.

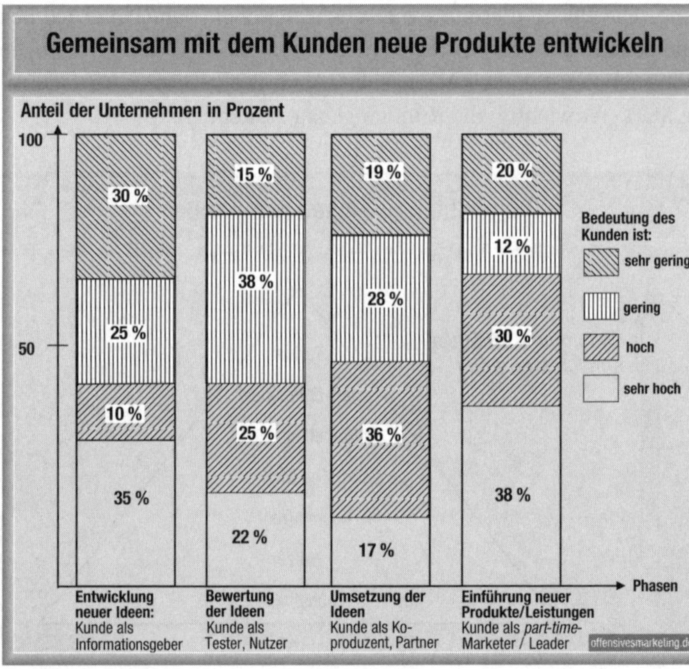

Abbildung 5-43

Beitrag der Kundengruppen zum Unternehmenserfolg

Es ist aber nicht nur entscheidend, den Kunden möglichst frühzeitig in die Produktentwicklung mit einzubeziehen, man sollte sich darüber hinaus auch darüber im Klaren sein, welchen Beitrag die unterschiedlichen Kundengruppen zum Unternehmenserfolg leisten. Abbildung 5-44 zeigt die unterschiedlichsten Sichtweisen dieses Problems.

Die alleinige Konzentration auf die unterschiedlichen Produktgruppen, wie sie das linke obere Koordinatensystem darstellt, ist alleine noch nicht sehr aufschlussreich. Hier erhält man nur Informationen

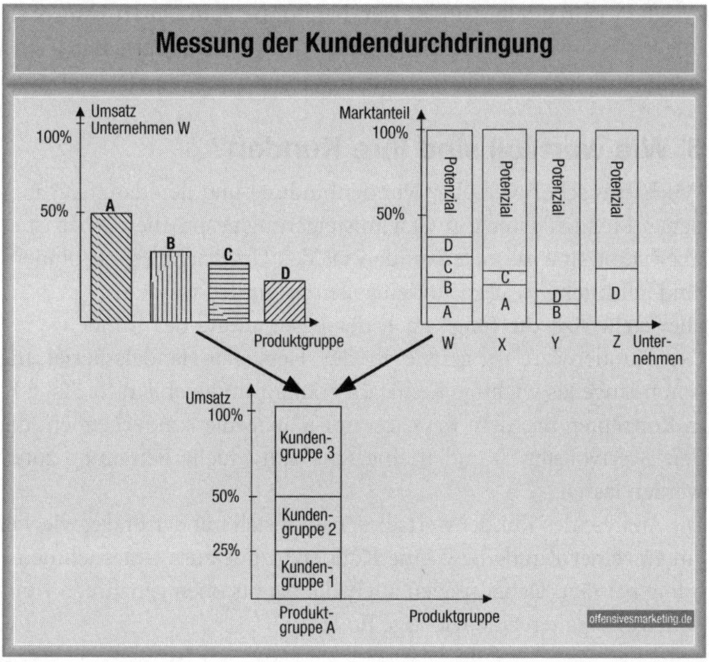

Abbildung 5-44

über den Beitrag der einzelnen Produktgruppen zum Unternehmensumsatz. Gehen Sie einen Schritt weiter und vergleichen Sie sich auch mit der Konkurrenz. Das rechte obere Koordinatensystem zeigt, wie hoch der Marktanteil Ihres Unternehmens ist, durch welche Produktgruppen er generiert wird, wie hoch der eigene Marktanteil im Vergleich zur Konkurrenz ist und aus welchen Produkten er sich zusammensetzt. In einem letzten Schritt kann diese Analyse noch um die Kundenperspektive erweitert werden.

Für ein Offensives Marketing ist es entscheidend nicht nur über die internen Strukturen und die Konkurrenz informiert zu sein, sondern auch zu wissen, welche Kundengruppen welchen Anteil am Umsatz Ihres Unternehmens / Produktgruppe hat.

So ist für die Produktgruppe A die Kundengruppe 3 sicherlich die wichtigste, da sie 50% des Umsatzes dieser Produktkategorie erwirtschaftet. Auf diese Gruppe von Kunden werden sich also die Marketing-Aktivitäten verstärkt konzentrieren.

Welchen Beitrag ein Kunde / Kundengruppe zum Unternehmenserfolg leistet – wie wertvoll die Kunden also für Ihr Unternehmen sind – soll im Folgenden näher erläutert werden.

5. Wie wertvoll sind Ihre Kunden?

Wir haben schon viel über Kundenbindung und den damit verbundenen Möglichkeiten zur Gewinnsteigerung gesprochen. Aber ist es überhaupt sinnvoll, *alle* Kunden an das Unternehmen zu binden? Und falls nicht, *welche* Kunden sollen gebunden werden?

Bestimmung des Kundenwerts

Hier stellt sich die Frage nach der Bestimmung des Kundenwerts. Der Kundenwert ist gerade in der Hersteller-Handels-Beziehung schon lange als wichtige Kennzahl erkannt und etabliert. Sie ist z.B. in Konzepten wie dem Key-Account-Management zu erkennen, die den „wertvollsten" Kunden eine sehr individuelle Betreuung zuteil werden lassen.

Die Analyse des Kundenwerts beschäftigt sich mit der Frage, wie viel ein einzelner Kunde bzw. eine Kundengruppe zum Unternehmenserfolg beiträgt. Dabei spielen auch alle bereits oben genannten Kundeneigenschaften eine wichtige Rolle.

Zitat:

"... the lifetime value of an established customer can be 23 times greater than the value of a ‚revolving door' customer ..."[4]

Der Friseur

Auch unser Friseur muss sich über diese Problematik Gedanken machen und daraufhin den Wert einer durchschnittlichen Kundin und eines durchschnittlichen Kunden bestimmen. Die nachfolgende Abbildung zeigt das Ergebnis einer ganz einfachen Kundenwert-Untersuchung.

Durch diese Untersuchung wird unserem Friseur erst so richtig bewusst, wie wertvoll seine Kunden für sein Unternehmen eigentlich sind, und dass es durchaus sinnvoll ist, eine längerfristige Bindung mit seinen Kunden anzustreben.

Selbst eine durchschnittliche Kundin, die mit den Leistungen des Unternehmens zufrieden ist, hat über die geschätzte Dauer ihrer Kundenbeziehungen einen Wert von fast 26.000 DM für unseren Friseur. Der Wert eines Kunden entsteht dabei nicht in erster Linie durch seinen Eigenumsatz, sondern vor allem auch durch die durch Weiterempfehlungen generierten Fremdumsätze.

[4] o.V.: Customer Profitability. The Value of Established Customers: Nothing to Sneeze At, in: Profit Management, 4/1991, S.10.

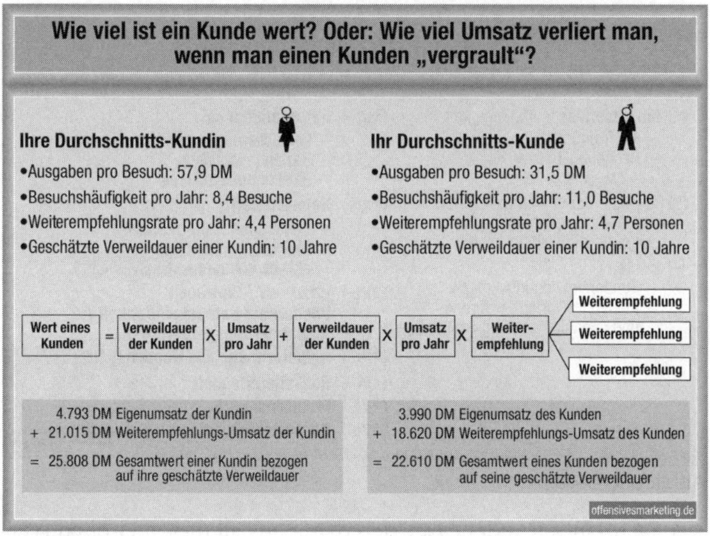

Abbildung 5-45

Mit welchen Daten und welchen Methoden lässt sich der Kundenwert bestimmen? Die folgenden Stellschrauben beeinflussen den Kundenwert maßgeblich:

Differenzierung des Kundenwerts

- **Monetäre Kundenrentabilität:** Monetärer Beitrag eines Kunden zum Unternehmenserfolg wie z.B. der Umsatz oder Deckungsbeitrag.
- **Informationswert:** Alle für das Unternehmen verwertbaren Informationen, die durch die Kunden zufließen wie z.B. Kundenanregungen, aber auch Beschwerden, die Anlass zu Leistungsmodifikationen oder Kostensenkungen geben können oder ganz allgemein zur Verbesserung des Unternehmens beitragen.
- **Referenzwert:** Positive und negative Mund-zu-Mund-Propaganda mit der die Kunden ihre Erfahrungen mit den in Anspruch genommenen Leistungen sowie mit dem Unternehmen an potenzielle Kunden weitergeben.

Abbildung 5-46 erläutert diese Kategorien näher:

Determinanten des Kundenwerts

(+) **Umsatzerlöse** in Abhängigkeit von
- Kauffrequenz
- Rechnungsbetrag
- *cross-selling*-Rate

(+) Gewinne durch **Aktivreferenzen** und Weiterempfehlung in Form gesparter Akquisitionskosten

(–) **Kosten**
- Kundengewinnungskosten
- Kosten im Vorfeld, während und nach der Leistungserstellung

(+)/(–) **Informationswert:**
- Verbesserungsvorschläge / Beschwerden
- Beziehungsqualität
- Beziehungsintensität

(+)/(–) **Referenzwert:**
- Weiterempfehlungsabsicht
- Meinungsführerschaft
- aktives Kommunikationsverhalten

(+)/(–) ***good-will* / Vertrauen / Wiederkaufwahrscheinlichkeit / Abwanderungsgefährdung**

(+)/(–) **Anbieterimage aus Kundensicht**

(+)/(–) **Risikobereitschaft**

(+)/(–) **Preissensibilität**

(+)/(–) **Qualitätsbewusstsein**

offensivesmarketing.de

Abbildung 5-46

Der Wert eines Kunden setzt sich damit aus all diesen Größen (vergangenheits- und zukunftsorientiert) zusammen und dient als Orientierungshilfe für den Beitrag des einzelnen Kunden zum Gesamtwert und auch zur Etablierung von Rangstufen innerhalb der Kunden (Klassifikation in so genannte A-, B- und C-Kunden).

Erfassung monetärer und nicht-monetärer Größen

Generell ist es verhältnismäßig einfach, die monetären Größen des Kundenwertes zu erfassen. Probleme ergeben sich in der Regel eher beim Versuch, die nicht-monetären Aspekte des Kundenwerts zu quantifizieren. Dennoch darf man sich nicht dazu verführen lassen, sich aus Bequemlichkeit auf die monetäre Größen aus den vergangenheitsorientierten Controllingsystemen zu konzentrieren. Machen Sie sich die Mühe und erheben Sie zukunftsorientierte und beziehungsorientierte Kundendaten. Die Ergebnisse der Kundenwertanalyse haben schließlich nicht nur Auswirkungen auf die Segmentierung und Gestaltung des Zielgruppenprogramms (vgl. Kapitel VIII), sondern können und sollen auch in die Konzeption der Produkte und Leistungen einfließen.

Methoden zur Bestimmung des Kundenwerts

Methoden

Im Folgenden wollen wir noch etwas genauer auf die unterschiedlichen Methoden zur Bestimmung des Kundenwerts eingehen. Abbildung 5-47 stellt die wichtigsten Methoden in diesem Bereich überblicksartig dar.

Methoden zur Kundenwertbestimmung[5]	
Monetäre Methoden (liefern als Ergebnis eine monetäre Größe)	**Nicht-Monetäre-Methoden (liefern als Ergebnis eine nicht-monetäre Größe, z.B. Kunde mit hoher Wiederkaufrate, hoher informatorischer Wert)**
■ **ABC-Analyse** monetärer Kundenkriterien (z.B. Umsatz): Kunde wird vergangenheitsorientiert anhand seines aktuellen Umsatzes bewertet und entsprechend klassifiziert. ■ **Kundendeckungsbeitragsrechnung:** Kundenwert drückt sich vergangenheitsorientiert in seinem aktuellen Deckungsbeitrag aus. ■ **Methoden der Investitionsrechnung:** Kundenwert wird über die Summierung der auf ihn entfallenden Aufwendungen und Erträge über seine Kundenlebensdauer hinweg bestimmt. ■ **Markov-Modell** (Umsatz): Kundenwert ergibt sich aus der Zusammenführung von Wiederkaufwahrscheinlichkeiten und prognostizierten Umsätzen	■ **ABC-Analyse** nicht-monetäre Kundenkriterien (z.B. informatorischer Kundenwert): Kunde wird vergangenheitsorientiert anhand seiner Verbesserungsvorschläge bewertet und entsprechend klassifiziert. ■ **Loyalitätsleiter:** Kunde wird anhand seiner Loyalität hinsichtlich Kundenbindung und Wiederkaufwahrscheinlichkeit bewertet. ■ **RFMR-Methode:** Kunde wird anhand der Faktoren Recency (Zeitpunkt des letzten Kaufs), Frequency (Kaufhäufigkeit) und Monetary Ratio (Wert des Kaufs) ein Punktwert zugeordnet. Die Höhe des Punktwerts drückt den Kundenwert aus. ■ **Kundenportfolioanalyse:** Kunde wird anhand verschiedener Dimensionen (ext./int.) bewertet und in einer zweidimensionalen Matrix positioniert (Einteilung in Klassifikation). offensivesmarketing.de

Abbildung 5-47

Die ABC-Analyse

Die ABC-Analyse ist eine Methode zur Einteilung verschiedener Untersuchungsaspekte in Kategorien mit unterschiedlichen Prioritäten. ABC-Analyse

Häufig erwirtschaftet ein relativer kleiner Mengenanteil der Kunden einen relativ hohen Wertanteil an der Gesamtheit (z.B. Gesamtjahresumsatz). Die ABC-Analyse wird eingesetzt, um die vorhandene Kundenstruktur zu untersuchen und daraus eine selektive Bearbeitung der spezifischen Kundengruppen abzuleiten. Die folgende Abbildung 5-48 zeigt die ABC-Analyse für die Kunden unseres Friseurunternehmens.

[5] Vertiefend zu den Verfahren der Kundenwertbestimmung siehe Schemuth, J.: Möglichkeiten und Grenzen der Bestimmung des Wertes eines Kunden für ein Unternehmen der Automobilindustrie, München 1996.

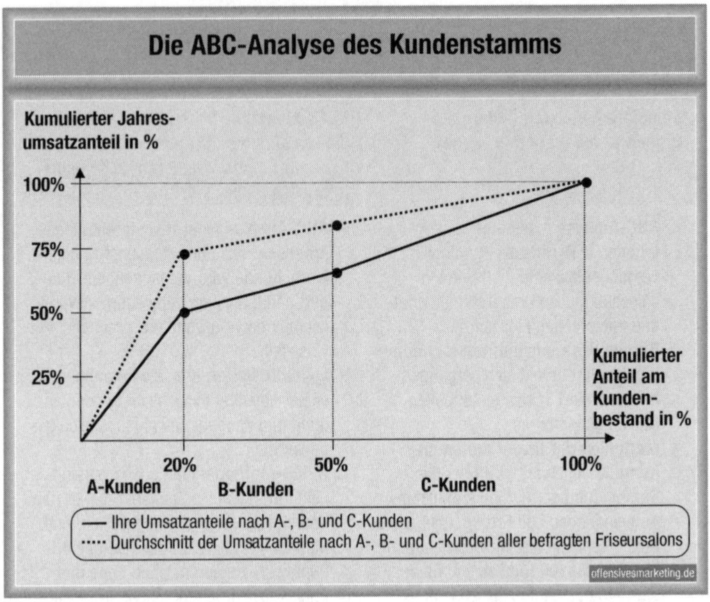

Abbildung 5-48

Die Kurve stellt auf der Y-Achse die kumulierten Umsätze der Kunden in Prozent des Gesamtumsatzes und auf der X-Achse die Kundenanzahl in Prozent aller Kunden des Friseurunternehmens dar. Die durchgängige Kurve ist der Umsatzanteil der Kunden des Friseurunternehmens, die gestrichelten Kurve der Durchschnittswert aller befragten Friseursalons.

Aus dieser Abbildung ist ersichtlich, dass unser Friseur mit 20% seiner Kunden 50% des Jahresumsatzes erzielt (A-Kunden). Durchschnittlich werden aber mit den A-Kunden 75% des Jahresumsatzes erwirtschaftet.

A, B und C-Kunden

Diese Ergebnisse legen es nahe, die unterschiedlichen Kundengruppen unterschiedlich stark zu bearbeiten. Den A-Kunden wird bei der Entwicklung spezifischer Kundenbetreuungsprogramme sicherlich Priorität zukommen: Sie liefern den höchsten Beitrag zum Umsatz. Die A-Kunden sind also Schlüsselkunden (Key-Accounts), die B-Kunden sind „gute Kunden“ und C-Kunden tendenziell eher unwichtige Kunden.

Als Einteilungskriterium dieser Klassifikation in A, B und C-Kunden kann man z.B. den Anteil am Jahresumsatz, den Kundendeckungsbeitrag oder sogar den Lebenswert des Kunden (vgl. Kapitel I) verwenden. Die Wahl dieser Bezugsgröße ist durchaus kritisch, da z.B.

der Umsatz zur Bewertung der Kunden schlechter geeignet ist als der Deckungsbeitrag, schließlich sagen hohe Umsätze noch nichts über den Gewinn aus; d.h. eine Kundenbeziehung mit hohen Umsätzen kann dennoch defizitär sein.

Die Vorteile der ABC-Analyse liegen in der Trennung des Wesentlichen vom Unwesentlichen, denn die Unternehmensaktivitäten können gezielt auf Bereiche mit einer hohen Ergebniswirkung gelenkt werden, was nicht zuletzt auch die Effizienz des Managements erhöht. Diese Methode ist also ein guter Einstieg in die Kundenanalyse, bedient sich aber nur einer Kennzahl (z.B. Deckungsbeitrag, Umsatz etc.). Daher soll im nächsten Schritt kurz eine Methode vorgestellt werden, die versucht, die Kunden anhand mehrer Kriterien zu bewerten und zu positionieren.

Das Kundenportfolio

Kundenportfolio

Das Kundenportfolio bezieht in die Bewertung der Kunden sowohl nicht-monetäre wie auch monetäre Größen ein. Das Konzept baut auf dem klassischen Portfolio-Ansatz auf, der in Kapitel VII noch ausführlich vorgestellt wird. Hier geht es nun darum, einzelne Kunden oder Kundengruppen in einem Portfolio zu positionieren und daraus Handlungsempfehlungen abzuleiten. Damit kann die Kundenportfolio-Analyse die Priorität der Kunden bzw. der Kundenbeziehung über zwei (oder mehr) Dimensionen bestimmen und daraus Handlungsempfehlungen für die Investitionen in diese Kundengruppen geben.

Die Vorgehensweise bei der Erstellung eines Portfolios beginnt mit der Festlegung der relevanten Dimensionen, anhand derer die Kunden positioniert werden. Dabei verwendet man in der Regel eine umfeld- und eine unternehmensbezogene Dimension, so dass einerseits Faktoren zu identifizieren sind, die die Attraktivität der Kunden widerspiegeln, andererseits Faktoren, die die Wettbewerbsposition des Unternehmens beim Kunden zeigen. Abbildung 5-49 zeigt mögliche Dimensionen eines Kundenportfolios.

Einige dieser Faktoren lassen sich direkt in physischen, monetären oder zeitlichen Größen erfassen, andere wie z.B. die Kooperationsbereitschaft können über Rating-Skalen erhoben werden.

Zur Messung der Attraktivität eines Kunden wird beispielsweise auf die Wachstumsrate des Kunden zurückgegriffen. Dahinter steht der Gedanke, dass mit „wachsenden“ Kunden die Möglichkeit der eige-

Dimensionen im Kundenportfolio

Dimension	*Faktoren*
Kundenattraktivität:	■ Nachfragevolumen eines Kunden ■ Kosten der Kundenbetreuung ■ Zahlungsverhalten ■ Wettbewerbsumfeld des Kunden ■ Entwicklungspotenziale
Wettbewerbsposition:	■ Anzahl der Leistungen aus dem Herstellerprogramm, die der Kunde abnimmt ■ Anteile der eigenen Leistungen am Gesamtbedarf dieser Problemlösung beim Kunden ■ Kooperationsbereitschaft ■ Akzeptanz der Marketing-Maßnahmen

Abbildung 5-49

nen Expansion einhergeht. Die eigene Stärke dokumentiert sich in dem am Hauptkonkurrenten gemessenen relativen Anteil am Einkaufsvolumen des Kunden. Die Idee dahinter ist folgende: Je größer der relative Anteil am Kunden ist, desto stärker ist auch die Machtposition beim Kunden. Damit kann ein Kundenportfolio aufgespannt werden, wie in Abbildung 5-50 dargestellt (vgl. hierzu Abb. 7-6).

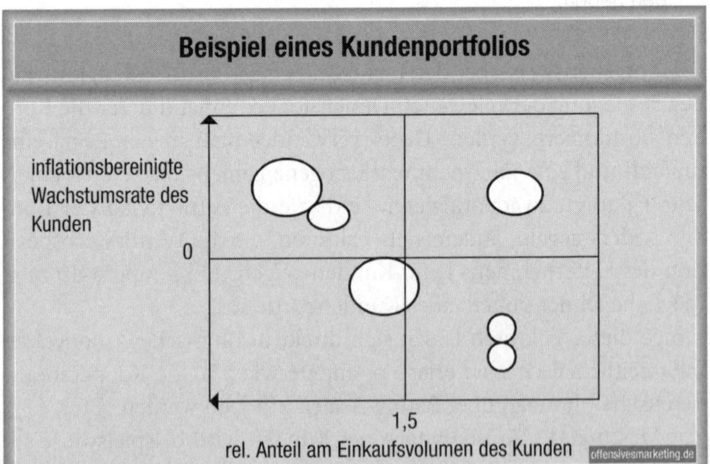

Abbildung 5-50

Anhand dieses Portfolios können nun die Kunden bewertet und entsprechende Strategien abgeleitet werden. Die Kunden im oberen linken Feld werden als „**Star-Kunden**" bezeichnet und zeichnen sich durch eine hohe Wachstumsrate und einen hohen Anteil des Unternehmens an diesen Kunden aus. In diese Kunden sollte stark investiert werden und sie sollten intensivst betreut werden (z.B. Key-Account-Management).
Das rechte obere Feld beinhaltet dagegen die „***Question Marks***", die zwar eine hohe Wachstumsrate aufweisen, bei denen das Unternehmen aber keine besonders gute Wettbewerbsposition hat. Hier sollte investiert werden, falls eindeutige Verbesserungsmöglichkeiten der eigenen Position gesehen werden; bei starker Konkurrenz sollte man sich unter Umständen zurückziehen.
Das linke untere Feld beinhaltet die so genannten „***Cash Cows***", bei denen das Unternehmen der Hauptlieferant ist. Hier sollten nur so viele Ressourcen wie notwendig eingesetzt werden, um diese Kunden noch an das Unternehmen zu binden.
Im rechten unteren Feld befindet sich schließlich die Gruppe der „***Dogs***". Sie sind durch ein unterdurchschnittliches Wachstum und eine schwache Unternehmensposition gekennzeichnet. Hier sollte die Betreuung auf ein Minimum reduziert werden. Falls keine Verbesserung der Situation zu erwarten ist, sollte man auch eine Desinvestition in Erwägung ziehen.
Bei diesen Strategieempfehlungen kann es sich natürlich nur um sehr allgemeingültige Aussagen handeln, die nur als erster Orientierungsrahmen zu verstehen sind und selbstverständlich individuell überprüft werden müssen.
Aber nicht nur eine „Momentaufnahme" des Kundenwerts ist interessant, sondern vor allem auch der Wert eines Kunden über die gesamte Geschäftsbeziehung mit dem Unternehmen. Dieses Konzept des Lifetime Customer Value wurde im Kapitel I bereits ausführlich behandelt und darf bei der Kundenanalyse nicht außer Acht gelassen werden.

Regelmäßige Überprüfung der Kennzahlen

Gerade die Steuerung der Unternehmensaktivitäten benötigt kundenbezogene Kennzahlen. Diese Zahlen müssen konsequent erfasst, und einem regelmäßigen *monitoring* unterworfen werden. Denn sie bilden die Grundlage, auf der gezielte Maßnahmen entwickelt werden können. Die folgende Abbildung 5-51 soll noch einmal verdeutlichen, dass trotz der enormen Wichtigkeit dieser Kennzahlen in der

Unternehmenspraxis noch lange nicht alle benötigten Informationen auch tatsächlich gesammelt werden. Es ist klar zu sehen, dass noch ein erheblicher Nachholbedarf besteht, und das sogar im Online-Bereich, in dem es ohnehin tendenziell einfach ist, Kundendaten zu generieren.

Abbildung 5-51

6. Wie entsteht aus diesen Kundenzahlen ein Umsatz-(Geschäfts-)steuerungs-Flow-Chart?

Das Ergebnis einer effektiven Kundenanalyse sollte eine quantifizierte und logische Verknüpfung der verschiedenen kundenbezogenen Kennzahlen zu einem Umsatz-Flow-Chart sein. Idealerweise sollten für

- verschiedene Kundengruppen,
- für die Ist-Situation
- und für die erwarteten Veränderungen in der Zukunft

unterschiedliche Flow-Charts erarbeitet werden. Basis für die Berechnung solcher Umsatz-Flow-Charts ist die klassische Umsatzformel nach Paul W. Meyer.

[6] Boston Consulting Group: E-Commerce in Deutschland: Vom Goldrausch zur Goldgewinnung, München 1999, S. 30.

Umsatzformel nach P. W. Meyer

Umsatzformel nach P.W. Meyer[7]**:**

Umsatz = Anzahl der Kunden x Abschlüsse (Bestellungen) pro Kunde x Mengeneinheiten pro Produkt / Leistung x Preis pro Mengeneinheit

Stark vereinfacht zeigt die Abbildung 5-52 einen solchen Umsatz-Flow-Chart für einen Anbieter aus dem Online-Buchmarkt.

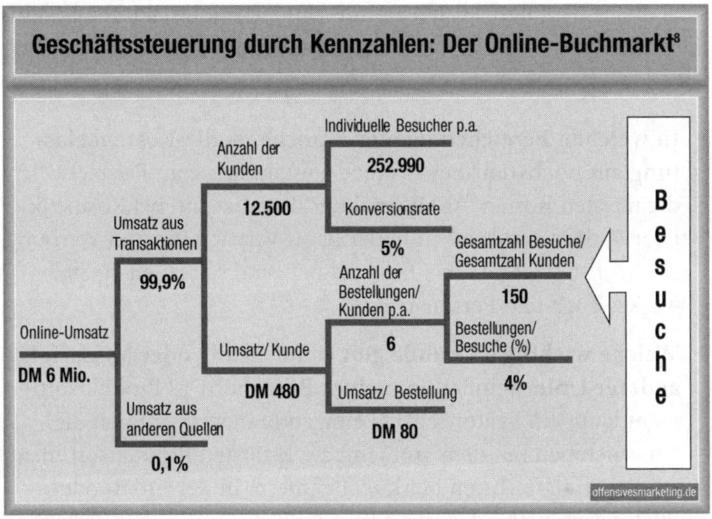

Abbildung 5-52

Wenn man diesen Umsatz-(Geschäfts-)steuerungs-Flow-Chart noch um die anderen Daten aus der Kundenanalyse erweitert, erhält man ein sehr aussagekräftiges Steuerungsinstrument zur optimalen Befriedigung der Kundenbedürfnisse.

Wenn Sie nun alle sechs Fragen zu Ihren Kunden beantwortet und auch Ihren Wettbewerb ausführlich untersucht haben, sollten Sie ein ziemlich genaues Bild von den Verhältnissen haben, die auf Ihrem Markt herrschen. Dann dient die folgende Stufe 4 des Prozesses der Offensiven Geschäftsanalyse dazu, diese Kenntnisse auch anzuwenden, Chancen auf den Märkten zu nutzen und Ihr Wissen in konkrete Wettbewerbsvorteile umzusetzen.

[7] Vgl. Meyer, P.W.: Die machbare Wirtschaft: Grundlagen des Marketing, Essen 1973, S. 73 ff.
[8] Boston Consulting Group: E-Commerce in Deutschland: Vom Goldrausch zur Goldgewinnung, München 1999, S. 30.

Stufe 4 – Erfolgsfaktoren identifizieren

Anhand bestimmter Erfolgsfaktoren kann zum einen eingeschätzt werden, welche Chancen auf etablierten oder neuen Märkten bestehen, und zum anderen können Bereiche für den Aufbau von Wettbewerbsvorteilen identifiziert werden. Bereiche, in welchen Sie besser dastehen als der Wettbewerb, lohnen sich unter Umständen für einen weiteren Ausbau. Je nach Markt haben wir es mit ganz unterschiedlichen Erfolgsfaktoren zu tun. Um die Erfolgsfaktoren bestimmen zu können, sollten Sie sich unter anderem folgende Fragen stellen:

- **In welchen Bereichen meiner Branche ist die Kostenbelastung am höchsten?** Bei Fastfood-Restaurants zum Beispiel fallen die meisten Kosten für Material und Personal an, bei Kosmetik oder Parfum verursachen in der Regel Verpackung und Werbung die höchsten Kosten, bei Eisenbahnen sind es Schienen, Stellwerke, Züge und Personal.
- **Welche wichtigen Gründe gibt es für Erfolg oder Misserfolg anderer Unternehmen in meiner Branche?** Das Produktsortiment kann ein Faktor sein. In einigen Branchen gehören die Unternehmen mit dem größten bzw. kleinsten Produktsortiment zu den erfolgreichsten Marktteilnehmern. In der Erdöl- oder Rüstungsindustrie dagegen sind gute Beziehungen zur Regierung ein Schlüsselfaktor.
- **In welchen Bereichen meiner Branche kann ich einen Wettbewerbsvorteil entwickeln?** Eine Antwort erhalten Sie, wenn Sie untersuchen, in welchen Bereichen Ihre Wettbewerber in den letzten Jahren Erfolg hatten bzw. gescheitert sind. Allerdings kann es auch Chancen auf Ihrem Markt geben, die Sie und Ihre Wettbewerber bis jetzt einfach übersehen haben.

Schlüsselfaktoren beobachten

Auch Schlüsselfaktoren können sich ändern, was für die vorhandenen Wettbewerber eine Bedrohung und für Unternehmen, die einen Markteintritt beabsichtigen, eine Chance sein kann. Ein Beispiel:

Um auf dem Markt für Tiefkühlprodukte konkurrieren zu können, brauchte ein Unternehmen früher einen großen Fuhrpark mit teuren Kühlwagen. Großen Unternehmen verschaffte das einen Vorteil; für kleinere stellte es eine unüberwindliche Markteintrittsbarriere dar. Da aber viele der großen Lebensmittelketten zentrale Kühllager für Tiefkühlprodukte errichteten, konnten nach einiger Zeit auch kleinere Hersteller mit wenigen Kühllastern in den Markt eintreten. Und da die Zahl spezialisierter Transportunternehmen immer größer wurde, brauchten sie nicht einmal einen eigenen Fuhrpark.

Es kommt auch vor, dass Unternehmen die Schlüsselfaktoren verändern, wenn ihnen beispielsweise eine bahnbrechende Innovation gelingt. So im Falle des Unternehmens ***Canon***:

www.canon.com

Hier wurde ein Kopiergerät für kleine Büros und den privaten Bereich auf den Markt gebracht. Bevor Canon diesen Markt entwickelte, war einer der wichtigsten Erfolgsfaktoren im Bereich „Kopiergeräte" eine gut organisierte Vertriebs- und Wartungsmannschaft. Da Canons Kleinkopierer mit Tonerkassetten arbeiteten und die meisten Teile problemlos ausgetauscht werden konnten, brauchten sie in der Regel keine Wartung – dieser Erfolgsfaktor verlor somit laufend an Bedeutung. Canon konnte fortan neue Wege gehen und seine Kleinkopierer über Fachgeschäfte und den Versandhandel vertreiben; die hohen Fixkosten einer großen Vertriebs- und Wartungsmannschaft konnten zusätzlich eingespart werden.

Stufe 5 – Die SWOT-Analyse

Dieses bekannte Verfahren ist der letzte Schritt der strategischen Analyse. Es setzt die vier vorangegangenen Schritte in ein Format um, das die Basis zur Entwicklung einer erfolgreichen Strategie bildet. Die SWOT-Analyse (*Strengths-**W**eaknesses-**O**pportunities-**T**hreats*) verknüpft die Chancen-Risiken-Analyse der externen Umwelt mit der Stärken-Schwächen-Analyse der internen Potenziale. Sie verbindet die internen Ressourcen und Fähigkeiten mit den Anforderungen, die aus der Umwelt an das Unternehmen gestellt werden. Um Ihr Unternehmen effektiv analysieren zu können, müssen Sie daher zwei Perspektiven einnehmen.

*outside-in-*Perspektive

Zum einen eine *outside-in*-Perspektive, mit der man das Unternehmen gleichsam von der Umwelt aus beleuchtet und herauszufinden versucht, welche Möglichkeiten und Chancen sich dort für das Unternehmen bieten.

*inside-out-*Perspektive

Andererseits darf man auch die *inside-out*-Perspektive nicht vernachlässigen, bei der die Stärken und Schwächen des eigenen Unternehmens im Mittelpunkt stehen.

Erfolgreich wird eine Analyse erst durch die Kombination dieser beiden Sichtweisen, schließlich müssen die Fähigkeiten des Unternehmens zu den Umweltgegebenheiten passen. Die SWOT-Analyse fasst also Stärken und Schwächen zusammen und gibt Auskunft darüber, mit welchen Chancen und Risiken ein Unternehmen konfrontiert wird. Sie kann auf Marken, Märkte, Absatzwege, Geschäftsbereiche oder ganze Unternehmen angewandt werden und hat drei Hauptaufgaben: Planung, Offensive und Defensive.

Aufgaben der SWOT-Analyse

Aufgabe	Ergebnis und Wert
Planung	Bindeglied zwischen Geschäftsanalyse und Strategie-Entwicklung
Offensive	Nutzen Sie Ihre Stärken, um Schwächen des Wettbewerbs anzugreifen. Identifizieren Sie die besten Chancen und nutzen Sie diese.
Defensive	■ Betonung von Risiken. ■ Basis, um die größten Risiken zu vermeiden oder einen Gegenangriff vorzubereiten.

offensivesmarketing.de

Abbildung 5-53

Das Beispiel TUI:[9]

www.tui.de

TUI.de

Die folgende komprimierte SWOT-Analyse am Beispiel des Reiseveranstalters ***TUI*** aus dem Jahre 1990 macht deutlich, dass es sich bei der SWOT-Analyse um einen strukturierten Analyserahmen handelt, mit der auf leicht verständliche Weise die wesentlichen Aspekte und Treiber zur Entwicklung neuer Strategien und Neuausrichtung bzw. Anpassung des Leistungsprogramms von TUI ermittelt werden können.

[9] Beispiel entnommen aus Meyer, A. / Dullinger, F.: Methoden zur Planung und Kontrolle von Leistungsprogrammen, in: Handbuch Dienstleistungs-Marketing, hrsg. v. A. Meyer, Stuttgart 1998, S. 770f.

SWOT-Analyse des Reiseveranstalters TUI 1990

	Chancen	Risiken
Markt für Pauschalreisen	Zunehmende Freizeitorientierung garantiert Wachstum des Reisemarktes	■ Konjunkturelle Lage ■ Beschäftigungslage
Konsument	Trend kräftiger Nachfragesteigerungen in den Bereichen ■ Kultur- bzw. Besichtigungstourismus ■ Gesundheit ■ Gourmettourismus ■ Reisen mit hohem Erlebnischarakter	■ Erheblich kritischere und emanzipiertere Kunden ■ Trend zu mehr Individualität im Reisebedarf ■ Sensibilität für ökologische Fragestellungen ■ Durchschnittliche Reisedauer sinkt
Wettbewerb	Finanzkräftige Gesellschafterstruktur im Vergleich zum Wettbewerb	Harter Preiswettbewerb durch neue Wettbewerber (z.B. *Sixt-Travel*, Spezialreiseanbieter)
	Stärken	**Schwächen**
Leistungsprogramm- und Markensituation	■ Permanente Marktführerschaft im europ. Veranstaltergeschäft seit 1968 ■ Dachmarke TUI mit hoher Bekanntheit (ca. 30%)	■ Fehlende Markenprofilierung und geringe Markenbekanntheit der TUI-Marken (Touropa, TransEuropa, Hummel etc.) ■ Unzureichende Länder- und Produktkompetenz
Touristische Wertkette	■ Starke Position in den Stufen Hotels/Unterkunft und incoming-Agenturen	■ Nur 12% Wertschöpfungsanteil als Veranstalter an der Wertkette „Pauschalreise" ■ Niedriger Integrationsgrad auf der Vertriebs-/Reisebüro- und Transportstufe
Organisationsstruktur		■ Inflexible Organisation, die unternehmerische Kreativität und Eigeninitiative der Mitarbeiter fehlt ■ Fehlende eigene Vertriebsorganisation – 100%iger Fremdvertrieb

Maßnahmen	Neuausrichtung der TUI
Leistungs-programm- und Marken-politik	■ Aufgabe des alten Markenkonzeptes ■ Verstärken der Programmbreite durch Ausbau der TUI-Spezialveranstalter ■ Schaffung einer Angebotstiefe durch Neuaufbau von Länderveranstaltern ■ Konzentration auf die Dachmarke TUI und Fokussierung der Werbemittel auf diese Marke
Distribution	Stärkung der Vertriebskraft und Abbau der Vertriebskostennachteile: ■ Einfacheres und attraktiveres Provisionssystem ■ Intensivere Betreuung der TUI-Agenturen durch Außendienst ■ Erhöhung der Vertriebskraft durch „Gang in die Fläche" und Erhöhung der Zahl der Reisebüros
Vertikale Integration	Konsequente Diversifikation in die touristische Wertkette: ■ Ausbau des Hotel- und Clubbereichs ■ Stärkere Beteiligung an incoming-Agenturen ■ Ausbau der Veranstalterbeteiligungen ■ Stärkere Bindung an die Reisebüros durch Reisebüro-Franchising-System
Organisation	Stärkung der Ressortstruktur durch Einführung der Profit-Center-Organisation

Abbildung 5-54

Die Qualität einer SWOT-Analyse hängt davon ab, wie gründlich bei den ersten vier Schritten vorgegangen wurde. Der praktische Nutzen kann durch ein paar einfache Regeln noch vergrößert werden:

- Fassen Sie sich kurz. Also höchstens zwei bis drei Seiten.
- Formulieren Sie Stärken und Schwächen in erster Linie anhand von Erfolgsfaktoren. Dadurch ist sichergestellt, dass Sie sich lediglich auf die wichtigen Stärken konzentrieren.
- Identifizieren Sie nutzbare relative Stärken, also Bereiche, in denen Sie besser sind als der Wettbewerb. Es beruhigt zwar bereits ungemein, wenn man in einem bestimmten Bereich „gut" ist, aber „besser" sein ist effektiver. Hierzu ein Beispiel für die falsche und richtige Formulierung einer Stärke:

Falsch: „Die Lebensdauer unserer Motoren beträgt 250.000 km".

Richtig: „Die Lebensdauer unserer Motoren liegt 20% über dem Branchendurchschnitt und fast 10% höher als die unseres stärksten Wettbewerbers.

- Die Formulierungen sollten präzise sein und dürfen keine Einschränkung der Chancen vorgeben. Als Beispiel haben wir eine Stärke von ***Bic*** einmal falsch und einmal richtig formuliert:

www.bic world.com

Falsch: „Bic fertigt Plastikkugelschreiber mit einer besseren Qualität und zu niedrigeren Kosten als alle anderen Wettbewerber."

Richtig: „Bic fertig qualitativ hochwertige kleine Plastikartikel zu geringen Kosten."

Die „richtige" Formulierung gibt Bic die Möglichkeit, seine Stärke auch auf anderen Märkten als dem für Kugelschreiber zu nutzen. Bic hat diese Stärke auch tatsächlich genutzt und Gillette herausgefordert, indem es einen Markt für Einwegrasierer aus Plastik entwickelte. Die falsche Formulierung beschränkt Bic hingegen darauf, seine Fähigkeiten lediglich auf dem Markt für Kugelschreiber zu nutzen, und ist also zu eng gefasst.

- Die SWOT-Analyse sollte sich nicht nur mit den klassischen Marketing-Bereichen beschäftigen, sondern das gesamte Unternehmen untersuchen. Zu den relevanten Punkten könnten beispielsweise auch Chancen und Risiken im technologischen Bereich gehören, die relative Kostenposition des Unternehmens im Vergleich zum Wettbewerb, Kapitalstruktur, Kapitalgeberstruktur, Mitarbeitermotivation und -bindung, Niveau des Kundenservice im Vergleich zum Wettbewerb, Standpunkt hinsichtlich Investitionen und Risikoübernahme, Grad der Marktorientierung und Kernkompetenzen.
- Seien Sie objektiv, sowohl Ihrem Unternehmen als auch den Wettbewerbern gegenüber. Eine objektive Analyse der Wettbewerber ist oft schwierig. Unternehmen neigen in der Regel dazu, die Stärken großer Wettbewerber zu überschätzen und die Stärken kleinerer Wettbewerber zu unterschätzen. Man sollte sich dessen bewusst sein.
- Seien Sie sich der Risiken in Ihrer Umwelt bewusst. Nur wenn man seine Konkurrenz und das Unternehmensumfeld aufmerksam beobachtet, ist es möglich, eine Bedrohung für das Unternehmen rechtzeitig zu erkennen. So hat man die Möglichkeit, den Gefahren offensiv zu begegnen und aktiv zu handeln. Man wird nicht in die Position eines reinen „Reagierers" getrieben, der seine Entscheidungen nur noch von den Einflüssen der Umwelt abhängig macht.

3 Testen Sie Ihr Unternehmen

Struktur eines jährlichen Check-Ups für Ihr Unternehmen

1. Analyse des wirtschaftlich relevanten Umfeldes

Marktstruktur insgesamt:
- Marktvolumen
- Potenzial
- Marktwachstum

Marktstruktur detailliert:
- Produkttypen
- Geographische Gebiete
- Demographie und Lebensstil
- Verwendung
- Kundennutzen
- Preisniveau bzw. Volatilität der Preise
- Präferierte Zahlungsmethoden
- Kundenbindung
- Großkunden (Anzahl, Umsatz)
- Merkmale substitutiver Produkte
- Marken vs. Handelsmarken (Anteil)

Faktoren, die den Markt und einzelne Segmente antreiben:
- Verbrauchsgewohnheiten
- Trends bei zusammenhängenden Märkten
- Änderungen bei Absatzwegen
- Innovation und Technologie
- Niveau der Ausgaben für Werbung und Marketing
- Preisbildung
- Neue Marktteilnehmer
- Rechtliche Bestimmungen, Deregulierungen etc.

2. Unternehmen bzw. Produkt/Dienstleistung

Umsatztrends (realer Wert):
- Gesamt
- Nach Marktsegment
- Nach Absatzweg
- Vorhandene und neue Accounts
- Vorhandene und neue Produkte/ Sortimentserweiterungen
- Kundentyp

Trends beim Marktanteil:
- Mengen- und Wertanteil (Marken)
- Relative Marktposition (Marken)
- Anteil Mix (Marken)
- Anteil Kunden und Trends

offensivesmarketing.de

Distribution im Handel/Belegungstrends:
- Nach Vertriebswegen und Key-Accounts
- Umsatz pro Account
- Zuwächse/Verluste bei Accounts
- Partnerschaften und Kooperationen

Preisbildung:
- Realer Wert pro Einheit insgesamt
- Änderungen beim Mix
- Trend beim relativen Preis gegen Wettbewerb
- Menge gegen Preiselastizitätskurve
- Inflationsrate

Einkäufer/Distributoren/Einzelhändler:
- Umsatzanteil der zehn größten Accounts
- Trends bei Umsatz und Marktanteil
- Trends bei Nachlässen
- Relative Verhandlungsstärke

Produktion:
- Relative Qualität
- Trends bei realen Kosten pro Einheit
- Fertigungsdifferenzierung
- Kapazitätsauslastung der Branche
- Kapazitätsauslastung der Marke/ des Unternehmens

Kundenbeziehungs-Audit:
- Relative Akzeptanz beim Kunden
- Kundenzufriedenheit
- Kundenbindung/Probekäufe
- Imagetrends
- Wiederkaufrate
- Trends beim Kundenservice
- Kundenzuwächse/-verluste
- Weiterempfehlungsraten
- *cross-selling*-Raten

Innovations-Audit:
- Neuentwicklungen
- Neue Absatzwege
- Neue Marktsegmentierung
- Neue Technologien
- Output an Innovationen
- Erfolgsrate von Innovationen
- Markenakzeptanz

Gewinnanalyse:
- Nach Produkt
- Nach Kundentyp (z.B. loyaler Kunde, Großkunde)
- Nach Vertriebswegen und Key-Accounts

3. Ressourcenallokation:

Produkt- und Dienstleistungsqualität:
- Relative Produkt- und Dienstleistungsqualität
- Auswirkung eines Umsatzzuwaches um 10, 20, 30% auf den Gewinn
- Relative Wirkung von Ausgaben zur Qualitätssteigerung versus Preissenkung versus mehr Werbung
- Geplante Verbrauchertests, Ergebnisse

Verbraucher:
- Ausgaben für vorhandene Kunden versus Neukunden
- Amortisation von Neukunden
- Auswirkung von Ausgaben für Wiederkaufraten
- Auswirkung von Qualität auf Wiederkaufraten

Bruttogewinn:
- Werden Wertanalysen durchgeführt?
- Wie sehen die Ergebnisse aus?
- Kontakt zwischen Marketing und Produktion?

Werbung:
- Bekommt der Verbraucher das, was versprochen wird?
- Funktioniert die Umsetzung?
- Woher wissen Sie das?
- Auswahl der Medien?
- Anteil an Werbeausgaben des Marktes?
- Feste Verteilung der Mittel gegen kurzfristige Maßnahmen?
- Management externer Agenturen?
- Einheitliches Versprechen in allen Medien?

Absatzförderung:
- Offensiv oder eher defensiv?
- Definiertes System zur Analyse der Absatzförderung?
- Liegen Angaben über Rentabilität nach Art der Verkaufsförderung vor?
- Richtiger Mix von Ausgaben für Verbraucher und Distributoren?

offensivesmarketing.de

Abbildung 5-55

Flow-Chart Kapitel V	
Voraussetzungen für eine effektive Geschäftsanalyse	■ Klarheit über den Zusammenhang zwischen Zielen, Strategien und Plänen ■ Verwertbare Ausgangsdaten ■ Systematisches und fokussiertes Vorgehen ■ Gründliche Bearbeitungsweise ■ Schnelle Einleitung von Maßnahmen ■ kontinuierliche Verbesserung
Die fünf Schritte der strategischen Analyse	■ Wirtschaftlich relevantes Umfeld ■ Internes Audit ■ Wettbewerbsanalyse ■ Externe Erfolgsfaktoren ■ Zusammenführung in der SWOT-Analyse
1. Einflussfaktoren des wirtschaftlich relevanten Umfeldes	■ Makrofaktoren ■ Direkte Faktoren ■ Indirekte Faktoren
2. Internes Audit	■ Wissensgenerierung ■ Leistungs-Audit ■ Einstellungs-Audit ■ Strategie-Audit ■ Umsetzungs-Audit
3. Wettbewerbs- und Kundenanalyse	■ Drei Arten von Datenquellen ■ Marktdatenpuzzle zusammensetzen ■ Wettbewerbsanalyse ■ Kundenanalyse
4. Erfolgsfaktoren identifizieren	■ Kostentreiber identifizieren ■ Gründe für Erfolg oder Misserfolg in einer Branche ■ In welchen Bereichen läßt sich ein Wettbewerbsvorteil entwickeln?
5. SWOT-Analyse	■ In Planung umsetzen ■ Offensive und defensive Strategien planen
Bewertung der Geschäftsanalyse	■ Stellen Sie fest, ob Sie Offensive Geschäftsanalysen durchführen!

Lese-Tipp:

- Diller, H.: Marketingplanung, München 1998.
- Kuß, A. / Tomczak, T.: Marketingplanung, Wiesbaden 1998.
- Wayland, R.E. / Cole P.M.: Customer Connections: New Strategies for Growth, Boston Massachusetts, 1997.

VI. Nicht ohne die Zukunft planen

Kapitelüberblick

Dieses Kapitel ist das zweite von sieben Kapiteln, die sich mit Strategie beschäftigen – dem „S" von POISE:

POISE		
P	Profitabel	Ausgewogenes Verhältnis zwischen den Gewinnzielen des Unternehmens einerseits und den Kundenbedürfnissen andererseits herstellen
O	Offensiv	Marktführerschaft anstreben, Risikobereitschaft zeigen und Konkurrenten in die Nachahmerposition zwingen
I	Integrativ	Marketing-Ansatz verfolgen, der das gesamte Unternehmen einbezieht
S	Strategisch	Entwicklung Offensiver Strategien und entsprechender Marketing-Pläne
E	Effektiv umgesetzt	Die Umsetzung Offensiver Strategien effektiv managen

offensivesmarketing.de

Abbildung 6-1

Mit Hilfe der Offensiven Geschäftsanalyse haben wir bereits die Grundlagen für die Entwicklung einer Strategie dargestellt. Bevor darauf aufbauend eine endgültige Strategie erarbeitet werden kann, gilt es, einen Blick in die Zukunft zu werfen. Schließlich soll die Unternehmensstrategie auch zukünftigen Herausforderungen standhalten können.

Die Vorwegnahme zukünftiger Veränderungen ist eine erfolgskritische Fähigkeit Offensiver Marketer. Ein solcher Blick in die Zukunft versetzt das Unternehmen in die Lage, Geschäftschancen schneller als der Wettbewerb zu erkennen, um so Wettbewerbsvorteile zu generieren. Dabei handelt es sich weniger um Prognosen im klassischen Sinn, vielmehr geht es darum, sich frühzeitig und konsequent mit den Themen von morgen zu beschäftigen. Die Marketing-Abteilung ist dafür prädestiniert, dabei eine führende Rolle einzunehmen und darauf aufbauend langfristige Pläne zu entwickeln und aufeinander abzustimmen. Nur wenn das Marketing diese Führungsrolle übernimmt, wird es seinen Einfluss in den Führungsebenen (wieder) ausbauen können bzw. seine *„pole position"* behalten. Generell zeigen sich zukünftige Veränderungen in sechs zentralen Faktoren (vgl. Abbildung 6-2). Um sich bei der Entwicklung von Zukunftsszenarien kompetent beteiligen zu können, müssen Offensive Marketer diese Faktoren kennen und verstehen. Sie können auf alle Unternehmen und Branchen (im Einzelfall können weitere Faktoren wie Mangel an qualifizierten Führungskräften hinzukommen) angewendet werden.

Sechs zentrale Faktoren

1. Kundenbedürfnisse
2. Absatzwege
3. Technologie
4. Rechtliche Rahmenbedingungen
5. Kosten
6. Wettbewerb

Abbildung 6-2

In diesem Kapitel werden vor allem einige Grundsätze für einen Offensiven Blick in die Zukunft erläutert:

- Versuchen Sie, die Vergangenheit zu verstehen, und betrachten Sie sie aus einer realistischen Perspektive.
- Stellen Sie fest, wie stark der jeweilige Einfluss der aufgeführten Faktoren auf zukünftige Veränderungen sein könnte.
- Entwickeln Sie verschiedene Szenarien, anhand derer Sie denkbare zukünftige Entwicklungen durchspielen.
- Seien Sie phantasievoll.

- Bleiben Sie auf dem Laufenden: Informieren Sie sich über die neuesten technologischen Entwicklungen und viel versprechende Verkaufsstrategien.
- Hinterfragen Sie alle Annahmen, die heute gelten. Nichts ist für die Ewigkeit.

1 Lässt sich die Zukunft antizipieren?

Die Antwort ist ein klares „Ja". Dabei geht es gar nicht so sehr darum, die Zukunft ganz exakt vorherzusehen, vielmehr muss man möglichst früh Chancen und Trends erkennen, um so der Konkurrenz den einen, entscheidenden Schritt voraus zu sein.
Eine konkrete Vorstellung von der Zukunft ermöglicht es, sich schon heute mit den Problemen von morgen zu beschäftigen, schon heute Maßnahmen anzustoßen, um die Chancen von morgen zu nutzen. Die Einschätzung der Zukunft ist ein faszinierender, aber auch schwieriger Vorgang. Zahlreiche Einflussfaktoren müssen beachtet werden, so z.B. die Veränderung technologischer Erfolgsfaktoren, die allgemeine Veränderungsgeschwindigkeit, Kostenniveaus, Initiativen der Wettbewerber, Verschiebungen von Marktgrenzen etc.
Auch ein Bill Gates weiß nicht, wie sich die Softwareindustrie in Zukunft entwickeln wird. Aber er und seine Wettbewerber können zumindest vermuten, welche Art von Rennen vor ihnen liegt, über welche Fähigkeiten die Gewinner in diesem Rennen verfügen müssen und wer die wichtigsten Teilnehmer an diesem Rennen sein werden. Sie wissen vielleicht nicht, wie lange das Rennen dauern wird, wie hoch die Hindernisse sind oder was Ross und Reiter letztendlich an Können mitbringen werden. Eines steht jedoch fest: dass nämlich diejenigen, die sich erst gar nicht mit möglichen Zukunftsszenarien auseinandergesetzt haben, zu den sicheren Verlierern zählen werden.

Unterschätzen Sie die Zukunft nicht

Die genaue Einschätzung der Zukunft und eine entsprechende Planung ist eine der wichtigsten Aufgaben des Marketing. Es geht darum, die grundlegende Struktur für Strategien und Pläne zu erarbeiten, die entscheidend für den Erfolg in der Zukunft ist. Allzu oft jedoch gehen Unternehmen von der Analyse gleich zur Strategie über und vernachlässigen den entscheidenden Schritt, nämlich die Extrapolation in die Zukunft. In diesem Fall werden dann Strategien formuliert, die auf den Annahmen und Regeln der Vergangenheit basieren – und nicht auf denen von morgen.

Ein Zukunftsszenario sollte nicht „vernünftig" sein. Im Gegenteil: Es soll gewagt sein, um eine lebhafte Diskussion und innovative und kreative Ideen im Unternehmen auszulösen. Außerdem sollte es sich konkret auf das jeweilige Unternehmen beziehen. Und schließlich sollte es umsetzbare Maßnahmen nach sich ziehen. Die wenigen Offensiven Marketer, die es schaffen, zielstrebig in die Zukunft zu blicken und dabei – bildlich gesprochen – das Fernlicht an haben, bilden den angenehmen Gegensatz zu der Mehrheit ihrer Kollegen, die quasi nur im zweiten Gang fahren und dabei auch noch ständig in den Rückspiegel sehen. Offensive Marketer wollen Neues schaffen, nicht nur das verwalten, was schon vorhanden ist.

Szenarien entwerfen

Der Entwurf eines Zukunftsszenarios ist für sich genommen allerdings noch keine Garantie für unternehmerischen Erfolg (schließlich kann man mit seiner Einschätzung der Zukunft auch mal daneben liegen). Möglich ist auch, dass der Wettbewerb bei der Prognose der Zukunft zu ganz ähnlichen Ergebnissen gekommen ist und es dann schafft, schneller zu agieren. Vielleicht sind auch die Kosten für die Realisierung spannender Visionen zu hoch (wie im Falle der Concorde), mitunter ist auch die Rentabilität zu niedrig (wie bei vielen Billigfluggesellschaften). Trotzdem: Eine konkrete Vorstellung von der Zukunft zu entwickeln trägt mit Sicherheit dazu bei, die Chancen auf Erfolg zu erhöhen. Und verhindert eklatante Fehleinschätzungen. Hier ein paar besonders schöne Beispiele:

Historische Fehleinschätzungen

- „Ich denke, es gibt weltweit einen Markt für vielleicht fünf Computer." (Thomas Watson, Vorstand IBM, 1943)
- „Es gibt keinen Grund, warum irgendjemand einen Computer in seinem Haus haben wollen würde." (Ken Olson, Präsident Digital Equipment Corp., 1977)
- „Pasteurs Theorie von den Bazillen ist lächerliche Fiktion." (Pierre Pachet, Professor für Physiologie, 1872)
- „Wer zur Hölle will Schauspieler reden hören?" (Warner Brothers über Tonfilme, 1927)

Das Beispiel Motorola

www.
motorola.de

Motorola ist heute ein internationaler Technologiekonzern mit den Schwerpunkten Mobilkommunikation, Halbleiter und Elektroniklösungen. 1998 wurde mit weltweit 133.000 Mitarbeitern ein Umsatz von über 30 Mrd. US-Dollar erzielt.

Das Unternehmen wurde 1928 von den Brüdern Paul und Joseph Galvin gegründet: Paul Galvin war der Inhaber eines kleinen Radiogeschäfts, das nach dem Crash an der Wall Street in Schwierigkeiten geriet. Zu diesem Zeitpunkt erkannte er die Möglichkeiten, die in Autoradios steckten. Autoradios waren damals sehr teuer; einschließlich Einbau musste man dafür etwa 20% des Gesamtpreises für ein Auto rechnen. Außerdem war der Empfang häufig miserabel. Galvin sah einen Markt für Autoradios mit vernünftigem Preis, passablem Empfang und einfacher Bedienung. So ließ er von seinen Angestellten ein neues Radio entwickeln und baute rechtzeitig zu einer Fachmesse einen Prototyp in seinen Studebaker ein. Weil er sich keinen eigenen Stand auf der Messe leisten konnte, führte er das Radio von seinem Wagen aus vor, den er am Eingang zur Messehalle geparkt hatte. Er verursachte begeisterte Reaktionen und brachte sein Radio schließlich unter dem neuen Warenzeichen Motorola auf den Markt.

Später stieg Galvin dann in das Geschäft mit Polizeifunkgeräten ein. Seine Begründung dafür ist mittlerweile zum Klassiker geworden: „Der Bedarf war vorhanden und niemand hatte sich bisher auf diesem Markt engagiert." Paul Galvins Erfolge wurden also von einer Vorstellung von der Zukunft getrieben, die er sich mittels vernünftiger Marktanalysen und genauen Informationen über Kunden, Kosten und Technologie erarbeitet hatte.

Diesen visionären und innovativen Geist hat sich das Unternehmen bis heute bewahrt. Im Laufe der Firmengeschichte hat Motorola gerade in den Bereichen Funk- und Mobilkommunikation immer wieder spektakuläre Highlights gesetzt. Gerade die Geschichte der amerikanischen Raumfahrt ist eng mit den Innovationen von Motorola verbunden. Schon 1962 hatte die Raumsonde Mariner II auf ihrem Flug zur Venus einen Motorola-Transponder an Bord, der Funkverbindungen von bis zu 54 Millionen Meilen überbrücken konnte. Und auch Neil Armstrong vermittelte die ersten Worte vom Mond zur Erde durch einen Transponder, der von Motorola entwickelt und gebaut wurde. Die aus der Weltraumtechnologie gewonnenen Erfahrungen wiederum kann Motorola heute bei der Entwicklung neuer Technologien im Bereich Mobilkommunikation nutzen.

Das Marketing braucht visionäre Denker

Eine konkrete Vorstellung von der Zukunft zu entwickeln ist Aufgabe der Unternehmensleitung. Sie kann jedoch kaum von ein paar wenigen Managern entwickelt werden, die hinter verschlossenen Türen in einem Konferenzzimmer tagen. Vielmehr müssen sich dazu die hellsten Köpfe des Unternehmens, von Technikern und speziellen Verfahrenstechnikern über Vertriebsmitarbeiter bis hin zu IT-Managern und Marketing-Experten zusammensetzen. Wenn die Marketing-Abteilung ihre Offensive Position behalten bzw. stärken will, sollte sie den Prozess allerdings gezielt steuern, die Gespräche über verschiedene Abteilungen hinweg moderieren, koordinieren und umfassende Analysen zur Verfügung stellen. Nachfolgende Abbildung 6-3 zeigt einen Zeitplan als Anhaltspunkt dafür, wie langfristige Pläne strukturiert sein können:

Moderation und Koordination

Die Zukunft antizipieren – unter Führung der Marketing-Abteilungen

März	Entwicklungsprozess mit der Geschäftsführung abstimmen	■ Geschäftsführung verabschiedet aufgrund einer Beschlussvorlage der Marketing-Abteilung und Beratung mit anderen Abteilungen die Vorgehensweise.
April	Daten sammeln	■ Ergebnisse der Vergangenheit analysieren, Fehler identifizieren ■ Marketing-Abteilung fasst Trends bei Absatzwegen, Kunden, Märkten, Wettbewerbern zusammen ■ Entsprechende Fachabteilungen geben Überblick zu Kosten, Technologie, gesetzlichen Vorschriften in der Zukunft und verwenden dazu das von der Marketing-Abteilung entwickelte Format.
Mai	Daten überprüfen	■ Auf 10 Seiten zusammenfassen ■ An alle Abteilungen weiterleiten ■ Abteilungsübergreifende Diskussionen und Brainstorming-Sitzungen unter Leitung erfahrener Moderatoren organisieren
Juni	Meeting mit der Geschäftsführung	■ Interaktive Sitzungen unter Leitung der Marketing-Abteilung ■ Strategische Absichten formulieren, Liste der Chancen erstellen
Juli	Prioritäten festlegen Plan erstellen	■ Bisherige Planung in Workshops mit Mitarbeitern aus verschiedenen Abteilungen überprüfen ■ Strategische Absicht und Chancenliste endgültig formulieren, Plan und Meilensteine testen
August	Integration in Budgetierung für das nächste Jahr	■ Budget für das nächste Jahr mit langfristiger Strategie abstimmen

offensivesmarketing.de

Abbildung 6-3

Viele Marketing-Abteilungen beklagen sich über mangelnden Einfluss bei wichtigen Entscheidungen im Unternehmen. Nicht selten liegt dies jedoch daran, dass sie immer wieder die Gelegenheit versäumen, ihr Unternehmen auf dem Weg in die Zukunft aktiv zu begleiten und eine führende Rolle bei der langfristigen Planung einzunehmen.

Marketing-Abteilung als Prozesspromotor

Stellen Sie sich vor, der Vorstand beauftragt den Marketing-Direktor, einen Fünf-Jahresplan zu entwerfen. Wie begreift dieser nun diese Aufgabe:

Als Chance?

„Das ist unsere Chance, die langfristigen Vorstandsbeschlüsse über die Entwicklung des Unternehmens entscheidend zu beeinflussen."

„Damit können wir einen abteilungsübergreifenden Entwicklungsprozess für die beste Strategie für das Unternehmen anstoßen und anführen."

„Am Ende will ich ein klares Bild der Zukunft, eine Liste mit Prioritäten und eine Strategie für die Unternehmensentwicklung haben."

Als lästige Routine?

„In ein paar Stunden habe ich die dazu nötigen Zahlen zusammen."

„Gott sei Dank bin ich in ein paar Jahren sowieso nicht mehr hier."

„Dazu kaufe ich ein paar Studien und mache mit der Werbeagentur einen Workshop."

Änderungen in der Zukunft werden durch sechs Faktoren vorangetrieben (sogenannte „Treiber"), die von den Marketing-Experten genau analysiert und verstanden werden müssen.

Faktoren, die die Zukunft verändern

1. Kundenbedürfnisse
2. Absatzwege
3. Technologie
4. Rechtliche Rahmenbedingungen
5. Kosten
6. Wettbewerb

offensivesmarketing.de

Abbildung 6-4

Zentrale Treiber von Veränderungen

Eine konkrete Vorstellung von der Zukunft ist besonders in solchen Branchen von Bedeutung, die von einem ständigen bzw. schnellen Wandel in der Technologie (z.B. Software, Mobilkommunikation) oder des Marktes (z.B. Energieversorgung, Finanzsektor) geprägt sind. In *low-tech*-Branchen ist dies vielleicht nicht ganz so offensichtlich, aber genauso wichtig.
Die genannten sechs Faktoren werden im nächsten Abschnitt näher erläutert.

2 Faktoren, die die Zukunft verändern

Eine effektive Vision der Zukunft berücksichtigt die heute gültigen Regeln und Faktoren und entwickelt Ideen, wie diese im Sinne des Unternehmens möglichst positiv beeinflusst werden können.

2.1 Kunden und Kundenbedürfnisse

Abbildung 6-5 enthält eine kurze Aufstellung zu möglichen Veränderungen auf Kundenseite. Die folgende Aufstellung bezieht sich zwar hauptsächlich auf den *Business-to-Consumer*-Bereich, kann aber auch auf den *Business-to-Business*-Bereich übertragen werden.

Grundbedürfnisse

Grundbedürfnisse sind immer vorhanden und ändern sich nur langsam. Kunden sind sich ihrer zukünftiger Bedürfnisse oft nicht bewusst. Entweder, weil die Produkte, die diese erfüllen könnten, noch gar nicht existieren oder weil sie zu teuer sind. Als Marketer mit Weitblick sollten Sie sich auf die Definition der Grundbedürfnisse konzentrieren und die Tatsache ignorieren, dass aktuelle Technologien zur Zeit nicht in der Lage sind, diese zu einem erschwinglichen Preis zu erfüllen. Betrachten wir das Beispiel Auto:

> Autos werden in der Regel unter Aspekten von Design, Sicherheit, Image, Leistung und Zuverlässigkeit vermarktet. In der eigentlichen Verwendungssituation, also im Straßenverkehr, ergeben sich für den Fahrer jedoch Probleme, die über Designfragen weit hinausgehen:

Checkliste: Veränderungen auf Kundenseite	
Bereich	**Frage**
Grundbedürfnisse	▪ Was könnte die Erwartungen steigern? ▪ Wie gut werden die Grundbedürfnisse erfüllt? ▪ Welche Hindernisse machen es unmöglich, Grundbedürfnisse besser zu erfüllen? ▪ In welchen Bereichen sind die Kunden besonders unzufrieden? ▪ Welche Mehrwertfunktionen sind gefragt? ▪ Welcher Kundentyp wird am wenigsten zufrieden gestellt? ▪ Welche speziellen Bedürfnisse werden überhaupt nicht erfüllt?
Demographie und Lebensphasen	▪ Wie gut werden die Bedürfnisse der verschiedenen Bevölkerungsgruppen bzw. Zielgruppen erfüllt? ▪ Welche neuen Bevölkerungsgruppen können zu Zielgruppen entwickelt werden, z.B. Singles, Alleinerziehende, Großfamilien? ▪ Wie sieht die Bevölkerungsentwicklung aus? ▪ Welche typischen Lebensabschnitte gibt es? Welchen Veränderungen sind sie unterworfen? ▪ Wie gut werden die einzelnen Lebensabschnitte mit speziellen Angeboten abgedeckt?
Lebensstile, Lebensweisen, Verwendungsverhalten, Einstellungen, Werthaltungen	▪ Wie verändern sich Lebenstile und Lebensweisen? ▪ Wo und wann werden Produkte verwendet oder auch nicht verwendet? ▪ Warum wird ein Produkt nicht häufiger verwendet? ▪ Gibt es Unterschiede bei der Verwendung hinsichtlich der Verwendung zu Hause im Vergleich zur Verwendung außer Haus? ▪ Welche Art der Verwendung nimmt zu, welche ab? Warum? ▪ Wie unterscheidet sich die Verwendung nach Ziel-/ Kundengruppen? ▪ Wie sieht die Einstellung der Kunden in Bezug auf die Branche und bestimmte Produkte oder Marken aus? ▪ In welche Richtung wird sich das Bewusstsein für Umwelt- und Sicherheitsfragen entwickeln?

Abbildung 6-5

Verkehrsstaus, aggressive Fahrweise, hohe Benzinpreise, nicht kalkulierbare Reisezeiten und Parkplatzprobleme führen dazu, dass das Autofahren trotz leistungsfähiger Produkte zunehmend an Attraktivität verliert. Erwerb und Betrieb sind zudem kostspielig und zeitaufwendig und zu allem Übel kommt noch dazu, dass es kaum ein Produkt gibt, das noch schneller an Wert verliert als ein Neuwagen.

Aus diesen Gründen bleibt ein jederzeit einsatzbereites, preisgünstiges Transportmittel für viele Verbraucher ein weiterhin unerfülltes Grundbedürfnis.

Grundbedürfnisse entwickeln sich über einen längeren Zeitraum hinweg. Abbildung 6-6 erläutert entsprechend die Entwicklung von Bedürfnissen auf dem Markt für Haarkosmetik.

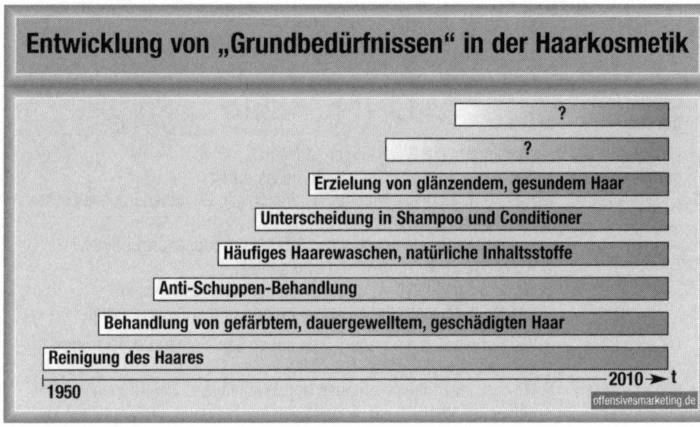

Abbildung 6-6

Was Shampoos angeht, sind die Grundbedürfnisse inzwischen sehr komplex. Neue Produkte und Marken haben mit Hilfe neuer Inhaltsstoffe und geschickter Vermarktung zusätzliche Nutzenkategorien geschaffen: Head and Shoulders gegen Schuppen, Timotei für häufiges Waschen, Vidal Sassoon *„wash & go"* als Kombination aus Shampoo und Spülung, Pantene Pro V und Organics für glänzendes und gesundes Haar. Und sicher gibt es auch noch ein Bedürfnis jenseits glänzenden und gesunden Haars.

Ein neues Shampoo mit dem zentralen Produktversprechen „besonders gründliche Reinigung" wäre heutzutage mit Sicherheit ein Flop, weil die Kunden inzwischen etwas ganz anderes verlangen. Umgekehrt wäre vermutlich auch Pantene Pro V mit dem Produktversprechen „gesundes, glänzendes Haar" bei einer Markteinführung im Jahr 1950 gescheitert – das Produkt wäre seiner Zeit weit voraus gewesen.

Demographie und Lebensphasen

Lebenszyklus-Analyse

Bei der Entwicklung eines Zukunftsszenarios sollten auch demographische Veränderungen und ihre Auswirkungen berücksichtigt werden. Dabei darf man ruhig etwas Phantasie walten lassen: Einige Trendforscher gehen inzwischen davon aus, dass z.B. in der Zukunft aufgrund der vielen Scheidungen und der immer längeren Lebensdauer alter Menschen durchaus auch eine Rückkehr zu einer Art Großfamilie denkbar wäre, in der alte und neue Ehepartner mit ihren jeweiligen Kindern und Großeltern in einer lockeren Gemeinschaft zusammenleben. Ein anderes Beispiel:

In den achtziger Jahren hat die Automobilindustrie die Gelegenheit verpasst, einen Sportwagen im mittleren Preissegment für die Zielgruppe „Gutverdiener über fünfzig, der wehmütig an seine Jugend zurückdenkt, als er sich noch keinen Sportwagen leisten konnte" zu entwickeln. Die Hersteller hatten einen Fehler gemacht und den florierenden Markt für Sportwagenliebhaber im „zweiten Frühling" einfach übersehen. Der Trend wurde schließlich zuerst von den japanischen Automobilherstellern erkannt (z.B. mit dem Mazda M-X 5), aber erst in den neunziger Jahren sprangen dann auch andere Hersteller auf diesen Trend auf. MG, Jaguar, Mercedes und BMW hatten diesen Markt zwanzig Jahre lang erfolgreich ignoriert.

Auch der neue VW Käfer („New Beetle") zielt auf die auf eine Generation, die mit den 50er bis 70er Jahren und dem Kultauto Käfer nostalgische Erinnerungen an ihre Jugend verbindet.

Ein weiterer sehr offensichtlich zu beobachtender Trend ist die „Überalterung" der Bevölkerung, also eine Verschiebung der Alterspyramide bei gleichzeitigen Rentenkürzungen und deutlichen Kürzungen der Mittel im Gesundheitswesen. Entsprechend lässt sich von starken Wachstumsraten in der Selbstmedikation, also bei nicht rezeptpflichtigen Arzneimitteln, ausgehen.

Jeder Mensch durchläuft bestimmte Lebensphasen. So ein Lebensabschnitt ist in der Regel eine Kombination aus beruflicher und familiärer Situation, die Einstellung und Gewohnheiten beeinflusst. Es geht dabei um Beruf, Familienstand, Kinder, Einkommen, Verhältnis von Arbeit und Freizeit usw. Die Identifikation von für die Zielgruppen relevanten Lebensabschnittsbereichen hilft dabei, Änderungen in den Kundenbedürfnissen vorherzusagen.

Lebensstile, Lebensweisen, Verwendungsverhalten, Einstellungen, Werthaltungen

www.sony.de

SONY

Der ***Sony*** Walkman wird oft als Beispiel für eine Innovation angeführt, die es nicht gegeben hätte, hätte man sich auf die klassische Marktforschung verlassen. Welcher Kunde hätte denn vor zwanzig Jahren schon angeben können, beim Spazierengehen das Bedürfnis nach Musik zu haben? Die Kunden hatten bis dahin auch ohne ein Produkt gelebt, das ihnen „mobile Musik" verspricht, konnten sich so etwas auch nicht vorstellen und verspürten dementsprechend kein unmittelbares Bedürfnis danach. Bei einer etwas gründlicheren Untersuchung der Gewohnheiten hätte sich jedoch herausgestellt, dass es für den Sony Walkman durchaus Verwendungsmöglichkeiten gab:

- Der feste Standort von Kassettenabspielgeräten bedeutete, dass man nur zu Hause Musik hören konnte und daher auch nur zu bestimmten Zeiten.
- Moderne Musik wurde vor allem von jungen Leuten gehört, die ihre Gewohnheiten bereitwilliger und häufiger ändern als andere Bevölkerungsgruppen.
- Jeder hat eine ganz bestimmte Musikrichtung, die er favorisiert, und hört diese auch gern allein.
- Während des Tages gibt es häufig Zeiten, in denen man nicht lesen oder reden kann, aber z.B. Musik hören könnte.

www.mp3.com

In der Zukunft werden wir vielleicht, statt einen Walkman zu nutzen, mit einem MP3-Player unterwegs Musik anhören, die wir uns aus dem Internet heruntergeladen haben. Diese Player sind heute schon kleiner, eleganter und leistungsfähiger als der „altmodische Walkman". Der nächste konsequente Schritt ist dann sicherlich der Transfer dieser Technologie in den Bereich der Mobilkommunikation, da das Handy mittlerweile zum ständigen Begleiter des Menschen geworden ist. Dann wird man sich über spezielle Musikportale mit seinem Wap-Handy die gewünschten Lieder direkt herunterladen und anhören können und sie werden ganz bequem über die Handyrechnung bezahlt werden.

Bei der Entwicklung von Zukunftsszenarien lassen sich daher mit einigen Annahmen, die logisch miteinander kombiniert werden, oft völlig neue Ideen generieren.

Stellen Sie sich die folgende Frage:

„Weshalb wird unser Produkt nicht öfter benutzt?"

Als man sich diese Frage im Zusammenhang mit dem Zähneputzen stellte, führte dies zur erfolgreichen Entwicklung von Zahnpflegekaugummis. Tatsächlich wenden die meisten Menschen weniger als fünf Minuten pro Tag für die Zahnpflege auf. Warum ist das so? Weil sie dazu eine Zahnbürste, Zahnpasta und Wasser brauchen und außerdem auch noch zu Hause sein müssen. Zahnpflegekaugummis schaffen hier Abhilfe.

2.2 Absatzwege

Unternehmen, die sich hier nur auf altbewährte Lösungen verlassen, werden über kurz oder lang den Zugang zum Kunden verlieren. Die Entwicklung neuer Absatzwege wird für den Zugang zu neuen Märkten entscheidend sein, wie ***Dell*** mit dem Direktabsatz seiner

PCs über das Internet oder die Direktbanken mit dem Absatz von Finanzdienstleistungen unter Ausschaltung des Filialvertriebs bewiesen haben. Will ein Unternehmen den Kontakt zu seinen Kunden nicht verlieren, ist eine erfolgreiche Ausrichtung der Vertriebswege auf die Anforderungen der Zukunft von entscheidender Bedeutung.

Absatzkanalinnovationen berücksichtigen

Aus der Vielfalt der bereits vorhandenen und in Zukunft denkbaren Vertriebswege müssen diejenigen herausgefunden und effizient genutzt werden, die für die jeweiligen Unternehmensziele, Produkte und Kunden am besten geeignet sind. Bezüglich der Zukunft der Vertriebswege sollte man sich drei wichtige Fragen stellen:

- **Erstens:** Wie sehen die Kundenbedürfnisse zukünftig aus?
- **Zweitens:** Wie gut können diese Bedürfnisse mit dem bestehenden Vertriebssystem befriedigt werden?
- **Drittens**: Welche neuen Vertriebswege müssen bereitgestellt werden?

Zur Beantwortung dieser Fragen ist es sinnvoll, mit einer einfachen Tabelle zu arbeiten. Eine solche Tabelle (vgl. Abbildung 6-7) wird erstellt, indem jedem Kundenbedürfnis eine bestimmte Punktzahl zugeordnet wird und dann jeder Absatzweg entsprechend bewertet wird. Das Ergebnis gibt das Potenzial der einzelnen Absatzwege für die Zukunft an und kann – zusammen mit prognostizierten Trends – herangezogen werden, um die Erfolgsaussichten eines Absatzweges zu beurteilen.

Effektivität der Absatzwege hinsichtlich zukünftiger Kundenanforderungen

Erfüllung von Kundenanforderungen	Relative Bewertung des Absatzwegs		
	Kaufhäuser:	Fachgeschäfte:	Direktvertrieb:
Zweckmäßigkeit			
Produktsortiment			
Erhältlichkeit/ Zugänglichkeit			
Qualität			
Beratung			
Nachkaufservice			
Preis			
Lagerbestand			

offensivesmarketing.de

Abbildung 6-7

Dieses Bewertungsschema selbst muss Gegenstand laufender Überprüfung sein, da sowohl die Kundenbedürfnisse als auch die Vertriebswege ständigen Veränderungen unterliegen. Natürlich beeinflussen auch Technologien, Marktregulierungen, Kosten, Preise und der Wettbewerb sowohl die Kundenbedürfnisse als auch die Absatzwege. Daher muss man sich im Klaren darüber sein, dass Änderungen in einem Bereich auch entscheidenden Einfluss auf die Entwicklung aller anderen Bereiche haben können. Die Suche nach dem Vertriebsweg der Zukunft darf sich deshalb nicht nur auf die Kundenbedürfnisse und die bestehenden Arten der Vertriebswege konzentrieren, sondern muss ebenso z.B. Entwicklungen in der Gesetzgebung und der Technologie berücksichtigen.

2.3 Technologie

Dass Technologien einen erheblichen Einfluss auf die Zukunft haben, ist offensichtlich. Marketer sollten sich daher bei den wichtigsten Technologien auskennen und aus Diskussionen mit Fachleuten wissen, inwieweit sich die einzelnen Technologien weiterentwickeln lassen. Die wichtigsten Technologien für die Zukunft sind solche, die über das Potenzial verfügen, die Grundbedürfnisse des Verbrauchers besser als bisher zu erfüllen. David Packard, einer der Gründer von ***Hewlett Packard***, sagte in diesem Zusammenhang Folgendes:

www.hp.com

> „Die Verfolgung einer Idee ist nur dann gerechtfertigt, wenn diese Idee sowohl durchführbar als auch zweckmäßig ist. Von den durchführbaren Ideen sind allerdings nur wenige zweckmäßig. Um zweckmäßig zu sein, muss eine Innovation nicht nur ein Bedürfnis befriedigen, sondern auch eine wirtschaftliche und effiziente Lösung dafür bereitstellen."

Auch ***3M*** ist ein Unternehmen, das bekannt dafür ist, Technologien zum Nutzen des Verbrauchers einzusetzen:

www.3m.de

3M ist weltweit führend bei Klebefolien, Bildverarbeitung und Vlieswirkprodukten. Das Unternehmen nutzt dabei 30 Basistechnologien, um Produkte für die Verbrauchsgüterindustrie, den Bürobedarf und das Gesundheitswesen auf den Markt zu bringen.

3M ist in vielen Bereichen marktführend, bemüht sich aber weiter, laufend neue Märkte zu entwickeln. 3M hat „viele Märkte erst geschaffen, indem es Produkte entwickelte, von denen die Menschen noch nicht wussten, dass sie diese brauchten". Beispiele hierfür sind die Scotchgard Fleckimprägnierung, Scotchlite reflektierende Folien für Textilien und Verkehrszeichen und Dichtungen, die extremen Temperaturen in Autofabriken oder Kraftwerken widerstehen. Für die Autoindustrie hat 3M Dichtungsstoffe entwickelt, die Nieten ersetzen können, schneller anzubringen sind und weniger kosten.

Viele der Produkte von 3M erfüllen nahe liegende Kundenbedürfnisse, indem sie neue Technologien weiterentwickeln, so zum Beispiel das ScotchBritt Putzkissen oder ein Schwamm, der geruchsbildende Bakterien vernichtet.

Technologiefolgen abschätzen

Es genügt jedoch nicht, lediglich über die Auswirkungen von Technologien auf die eigene Branche Bescheid zu wissen. Technologien in verwandten oder konvergenten Märkten sind ebenfalls von Bedeutung: Telekommunikationsunternehmen müssen nicht nur Kenntnisse über Mobil- und Festnetzkommunikation besitzen, sondern sich auch mit Datenverarbeitung, Radio und Fernsehen, Elektronik und Unterhaltungselektronik auseinandersetzen. Aber auch die Technologien nicht verwandter Märkte werden sich auf die Zukunft der meisten Branchen auswirken, da Kundenerwartungen branchenübergreifend entstehen.

2.4 Rechtliche Rahmenbedingungen

Auch neue Gesetzgebungen, Regulierungen und Deregulierungen von Märkten, Privatisierungstendenzen und freiwillige Verhaltenskodizes können einen entscheidenden Einfluss auf das Wettbewerbsumfeld und die Wettbewerbsposition eines Unternehmens ausüben. Mögliche Änderungen in diesem Bereich lassen sich besser einschätzen, wenn man sich regelmäßig mit Branchenexperten, Regierungsvertretern und Beamten in den Regulierungsbehörden unterhält, potenzielle Entwicklungen identifiziert und Pläne erstellt, mit denen man die Entwicklungen zu seinen Gunsten lenken kann. Da Sie als Marketing-Manager den langfristigen Planungsprozess leiten, können Sie festlegen, welche Daten Sie benötigen, und sich diese von qualifizierten Mitarbeitern in anderen Abteilungen zusammenstellen lassen. Im Dialog lassen sich dann entsprechende Schlussfolgerungen ziehen.

2.5 Kosten, Preise und Gewinn

Von welchen Faktoren werden Kosten, Preise und Gewinn beeinflusst und wie werden sich diese in den nächsten fünf oder zehn Jahren verändern? Welche Kostenelemente sind zur Zeit am wichtigsten und inwiefern werden sich diese in Zukunft ändern? Inwieweit werden die Kosten vom Umsatzvolumen beeinflusst? Wie weit müssen die Preise gesenkt werden, um die Nachfrage erheblich steigern zu können? In welchen Sektoren Ihrer Branche werden die höchsten Gewinne erzielt und inwiefern dürfte sich dies in Zukunft verändern?

Beispiel:

Betrachten wir ein Beispiel aus der PC-Industrie der neunziger Jahre. Stellen Sie sich vor, wir schreiben das Jahr 1990, Sie sind PC-Hersteller und werfen einen Blick in die Zukunft. Vor Ihnen liegt ein kontinuierliches Umsatzwachstum, mit dem ein leichter Rückgang der Gewinnspannen mehr als nur ausgeglichen werden kann.

Aber wie sah die Situation für die PC-Hersteller in den Jahren 1990 bis 1995 tatsächlich aus? Der Umsatz verdoppelte sich von 44 Milliarden US-Dollar auf 90 Milliarden US-Dollar. Der Nettogewinn von 3,5 Milliarden US-Dollar brach jedoch auf 1,3 Milliarden US-Dollar ein.

Wie kam das? 1990 bis 1995 fand in der PC-Industrie eine massive Umverteilung des Gewinns statt, weg von PC-Herstellern wie z.B. ***IBM, Compaq*** und ***Apple*** und hin zu Herstellern von Mikroprozessoren – vor allem ***Intel*** – und Anbietern von Betriebssystemen wie ***Microsoft***. 1995 wurden mit Mikroprozessoren zwar lediglich 13% des Umsatzes, aber 61% des Gewinns in der PC-Industrie erzielt.

Das Beispiel macht deutlich, dass sich die Gewinnverteilung innerhalb einer Branche bzw. einer Wertschöpfungskette selbst in einem Zeitraum von nur fünf Jahren erheblich verändern kann. Sie müssen wissen, wo in Ihrer Branche heute die Gewinne gemacht werden, um eine Basis zu haben, anhand derer Sie die Änderungen in der Zukunft einschätzen können.

Über einen längeren Zeitraum gesehen hat sich z.B. in der Wertschöpfungskette zwischen Industrie und Handel eine erhebliche Veränderung in der Gewinnverteilung ergeben. Früher erzielten die Hersteller mehr Gewinn als die Händler, während heute das Gegenteil der Fall ist. Die Händler haben inzwischen häufig eine größere relative Verhandlungsstärke und eine größere Nachfragernähe.

2.6 Wettbewerb

Die Wettbewerbsanalyse wurde bereits im vorangegangenen Kapitel erläutert. Wettbewerber beeinflussen durch ihre Aktivitäten die Zukunft der Branche und die Kundenerwartungen. Genau wie Sie entwickelt schließlich auch der Wettbewerb Pläne zur Produktverbesserung, Kostensenkung, Rentabilitätssteigerung oder zur Erschließung neuer Marktsektoren. Das in Abbildung 6-6 oben erläuterte Beispiel für Haarshampoo zeigt, wie sich die Kundenbedürfnisse im Laufe der Zeit aufgrund von Wettbewerb und Innovation verändern. Einzelne Elemente von Produkten oder Dienstleistungen, mit denen

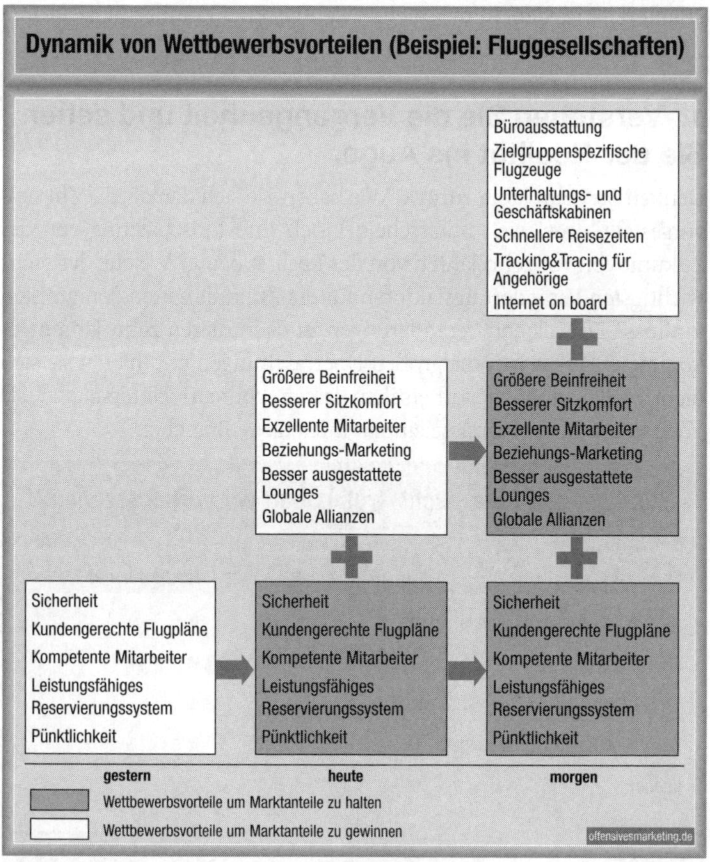

Abbildung 6-8

sich die Wettbewerber gestern noch voneinander abgegrenzt haben, werden heute sehr schnell kopiert. Sie werden zur Norm, zu einer Mindestanforderung, die es zu erfüllen gilt. Sie sind dann Hygienefaktor und nicht länger Basis für einen Wettbewerbsvorteil. Um morgen noch zu den Gewinnern zu zählen, müssen Sie nicht nur die Grundlagen beherrschen, sondern zusätzlich Mehrwerte anbieten. „Unschlagbare" Angebote von heute können morgen schon zum Standard werden (siehe Abbildung 6-8).

3 Offensiv in die Zukunft blicken

In diesem Abschnitt werden einige Offensive Marketing-Grundsätze erläutert, mit denen die sechs wichtigsten Veränderungsfaktoren umgesetzt werden können.

1. Verstehen Sie die Vergangenheit und sehen Sie der Realität ins Auge.

Denken Sie zehn Jahre zurück. Wie haben Sie sich damals die Zukunft vorgestellt? Inwieweit unterscheidet sich Ihre Einschätzung von der Zukunft von vor zehn Jahren von der Realität heute? Welche der sechs wichtigsten Veränderungsfaktoren für die Zukunft hatten den größten Einfluss? Zu welchen Veränderungen ist es in diesen zehn Jahren gekommen? Was waren die großen Überraschungen und hätten sie sich nicht vielleicht doch vorhersehen lassen können? Untersuchen Sie doch unter dieser Prämisse einmal Ihre eigene Branche:

Was hat uns überrascht, was haben wir vorhergesehen?

Schlüsseltreiber	Vor 10 Jahren erwartet:	Realität heute:
Bedürfnisse des Verbrauchers	■ ...	■ ...
Absatzwege	■ ...	■ ...
Technologie	■ ...	■ ...
Rechtliche Rahmenbedingungen	■ ...	■ ...
Kosten	■ ...	■ ...
Wettbewerb	■ ...	■ ...

offensivesmarketing.de

Abbildung 6-9

2. Welche Faktoren werden die Zukunft beeinflussen?

Eine der schlechtesten Methoden zur Einschätzung der Zukunft besteht darin, Trends der Vergangenheit mathematisch zu extrapolieren, wahlweise mit oder ohne Regressionsanalyse. Besser ist es, die Faktoren zu analysieren, die in der Vergangenheit Änderungen vorangetrieben haben, und ihren möglichen Einfluss auf die Zukunft einschätzen.

Ist ein Umsatzwachstum einer bestimmten Branche in der Vergangenheit auf einen Anstieg der Kundenzahlen, auf einen Trend zu höherwertigen Produkten bzw. Dienstleistungen oder auf eine häufigere Verwendung zurückzuführen? Wurde es von der Einführung neuer Produkte, der Preisgestaltung des gesamten Marktes oder dem Niveau der Werbeausgaben beeinflusst? Wie werden sich diese Variablen in den nächsten fünf Jahren verändern? Dies ist die so genannte „plus fünf"-Methode – man baut auf den Erfahrungen der Vergangenheit auf und benutzt sie für eine Einschätzung der Situation in fünf Jahren.

Methode „plus fünf"

Das starke Wachstum im Softwarebereich beispielsweise wurde von der zunehmenden Verbreitung von PCs und den erheblichen Leistungsverbesserungen jeder neuen Softwareversion beeinflusst. Falls also nicht völlig neue Einsatzmöglichkeiten entwickelt werden (z.B. in Mobiltelefonen oder *handhelds*), dürfte sich das Wachstum bei Betriebssystemen in Zukunft erheblich verlangsamen bzw. sich in ganz andere Bereiche verlagern.

3. Entwickeln Sie Zukunftsszenarien.

Dieser Ansatz ist vor allem dann sinnvoll, wenn es um Märkte geht, auf denen sich Rahmenbedingungen oder Technologien schnell ändern. Häufig merkt man recht bald, dass eine Veränderung in der Luft liegt – den genauen Zeitpunkt dieser Veränderung zu bestimmen ist hingegen schon erheblich schwieriger. Sie sollten die Schlüsselfaktoren für Änderungen in der Zukunft auflisten und für einen Zeitraum von drei, fünf und zehn Jahren als sicher, möglich, wahrscheinlich oder unwahrscheinlich bewerten. Abbildung 6-10 erläutert dieses Vorgehen aus der Sicht eines Unternehmens, das in der Fernsehbranche tätig ist.

Mögliche Szenarien für das Fernsehen

Änderungsfaktoren	1–3 Jahre	4–5 Jahre	6–10 Jahre
Pay TV macht über 20% der gesamten Fernsehzeit aus	Unwahrscheinlich	Unwahrscheinlich	Möglich
Interaktives Fernsehen in über 15% der Haushalte vorhanden	Unwahrscheinlich	Wahrscheinlich	Möglich
Einkauf von Lebensmitteln über das Fernsehen	Unwahrscheinlich	Wahrscheinlich	Wahrscheinlich
Anzahl der Fernsehsender erhöht sich weiter	Sicher	Sicher	Sicher
Fernsehen, Telefon und PC und Internetzugang sind in einem Gerät vereint und in über 20% der Haushalte vorhanden	Unwahrscheinlich	Wahrscheinlich	Ziemlich sicher
Videobibliotheken (Fernsehen „on demand") weit verbreitet	Unwahrscheinlich	Möglich	Sicher

offensivesmarketing.de

Abbildung 6-10

Einfache Szenarien wie diese können Diskussionen zwischen Abteilungen und Experten anregen, die Ihnen als Marketing-Spezialist dabei helfen, Schlussfolgerungen in Bezug auf Wahrscheinlichkeit und Zeitpunkt von Änderungen zu ziehen.

4. Seien Sie phantasievoll.

Das Beispiel Swatch:

www. swatch.ch

Ernst Thomke wurde von Beecham Pharmaceuticals abgeworben, um Geschäftsführer von ***ETA*** zu werden, einem führenden Schweizer Konzern, der mechanische Uhren herstellte. ETA war vor allem im schrumpfenden hochpreisigen Segment des Uhrenmarktes tätig. Das Unternehmen brauchte dringend mehr Umsatzvolumen und wollte dazu das mittlere Preissegment des Marktes bedienen. Dieser Sektor jedoch wird von Quarzuhren dominiert und Quarzuhren wurden von ETA nicht produziert.

Thomke beschloss also, die mittleren Preiskategorien zu meiden und nahm statt dessen den Niedrigpreissektor ins Visier. Er wollte von seinem Entwicklungsteam eine Uhr haben, die sich im Handel für höchstens 25 US-Dollar verkaufen ließ. Angesichts hoher Gewinnspannen des Handels und anderer Kosten bedeutete dies Produktionskosten von nicht mehr als ca. fünf US-Dollar pro Stück. Die Qualität sollte gut sein, außerdem wollte Thomke eine hohe Standardisierung, die Variationen lediglich bei Gehäuse, Zifferblatt, Zeiger und Band zuließ.

Nach einer innovativen Entwicklungsphase, aus der sieben Patente hervorgingen, konnte die Spezifikation umgesetzt werden. Die Uhr wurde als modisches Accessoire für 18- bis 30-Jährige auf den Markt gebracht. Spaß, Abenteuer, Mode und Design waren die Kernbegriffe in der Vermarktung der Uhr, zu der gigantische Werbekampagnen durchgeführt wurden. Der Vertrieb erfolgte über Mode- und Sportgeschäfte, Geschenkboutiquen und *„shops in the shop"* in Kaufhäusern.

Swatch hat die Schweizer Uhrenindustrie verändert, indem es eine gänzlich neue Vorstellung von der Zukunft entwickelte.

Swatch hat dabei fünf der sechs treibenden Faktoren genutzt (der Treiber „Rechtliche Rahmenbedingungen" war in diesem spezifischen Beispiel nicht relevant).

Erfolgsfaktoren bei Swatch

Treibende Faktoren	So stellte Swatch sich die Zukunft vor
Kunden	Vermarktung von Uhren als flippiges, preisgünstiges Mode-Accessoire für unter Dreißigjährige
Absatzwege	Auswahl unkonventioneller Absatzwege, die zum Image und der Zielgruppe passen
Technologie	Einsatz neuer Technologien, z.B. Verschweißen der Zifferblattabdeckung mit dem Gehäuse, um den beabsichtigten Nutzen für den Verbraucher zu erzielen
Kosten	Kostensenkung durch Technologie, Standardisierung, Massenherstellung und sehr geringer Arbeitsanteil
Wettbewerb	Änderung der Spielregeln, um in einem Land mit hohen Lohnkosten erfolgreich mit billigen Wettbewerbern konkurrieren zu können

offensivesmarketing.de

Abbildung 6-11

5. Bleiben Sie auf dem Laufenden.

www. innovation.de

- Wenn Sie Ihre Produkte über den Einzelhandel vertreiben, sollten Sie sich vor kurzem eröffnete Geschäfte oder Testformate ansehen, denn diese werden u.U. die Standards von morgen setzen.

www. paybox.net

- Informieren Sie sich über Testergebnisse neuer Technologien, die in Zukunft Einfluss auf die relevanten Kundengruppen oder Absatzwege haben könnten. *Video on demand*, Bildtelefone, Chipkarten, virtuelle Einkaufsgemeinschaften, interaktives Fernsehen und neue Entwicklungen in der Telekommunikation (Bezahlen mit dem Handy) sind einige Beispiele hierfür.
- Informieren Sie sich zudem über interessante Innovationen, die im Ausland entwickelt und eingeführt wurden.

6. Hinterfragen Sie alles. Nehmen Sie nichts als unabänderlich gegeben an.

www.jvc.com

JVC

Techniker von ***JVC*** hielten es für möglich, aus einem Ampex-Recorder für 50.000 US-Dollar einen Videorecorder für Privathaushalte zu entwickeln. ***Canon*** setzte sich zum Ziel, einen Kopierer für 1.000 US-Dollar zu produzieren, und das zu einem Zeitpunkt, als man für einen Kopierer von ***Xerox*** noch mehrere tausend US-Dollar zahlen musste.

Auf einigen Märkten ist der Handel in der Lage, Eigenmarken in vergleichbarer Qualität zum halben Preis entsprechender Markenartikel anzubieten. Einige Billigfluggesellschaften können die Preise der etablierten Wettbewerber durch Einsparungen bei den Zusatzservices drastisch unterbieten.

4 Testen Sie Ihr Unternehmen

Testen Sie Ihr Unternehmen

	Max. Punktzahl	Ihre Bewertung
Starke Beteiligung der Geschäftsführung bei der Einschätzung der Zukunft	15	
Stabile, zukunftsorientierte Fünfjahresplanung	9	
Fünf- bis Zehn-Jahresplanung unter Leitung der Marketing-Abteilung	10	
Mitarbeit aller Abteilungen bei der Entwicklung einer zukunftsorientierten Vision	10	
Die zukunftsorientierte Vision wird jährlich aktualisiert	8	
Alle Mitarbeiter kennen die Vision des Unternehmens für die Zukunft	10	
Die sechs Treiber für Änderungen in der Zukunft sindsorgfältig untersucht worden	15	
Das Unternehmen weiß, wie sich eigene und verwandte Technologien in der Zukunft entwickeln werden	11	
Das Unternehmen verfügt über eine effektive Datenbank, die zur Einschätzung der Zukunft eingesetzt wird	12	
Gesamt	**100**	

offensivesmarketing.de

Abbildung 6-12

Flow-Chart Kapitel VI	
Realistisch die Zukunft antizipieren	■ Zukunftsszenarien entwickeln ■ Die Marketing-Abteilung fungiert als Prozess-Promotor
Sechs Erfolgsfaktoren für eine effektivere Vision der Zukunft	■ Kundenbedürfnisse erkennen ■ Absatzkanäle überprüfen ■ Technologieabschätzungen vornehmen ■ Rahmenfaktoren analysieren ■ Preis- und Kostensituation im Auge behalten ■ Wettbewerber regelmässig analysieren
Offensive Grundsätze für visionäres Denken und Handeln	■ Von der Vergangenheit lernen ■ Den zukünftigen Einfluss der aktuellen und vergangenen Erfolgsfaktoren prüfen ■ Zukunftsszenarien entwickeln ■ Schauen Sie über Ihren Tellerrand ■ Berücksichtigen Sie die letzten Markttests
Bewertung der Offensiven Einstellung	■ Hinterfragen Sie alles ■ Stellen Sie fest, ob Sie in Ihre Zukunftsplanung offensiv angehen

Lese-Tipp:

- Gausemeier, J./Fink, A./Schlake, O.: Szenario-Management: Planen und Führen mit Szenarien, München 1996.
- Graf, H.-G.: Prognosen und Szenarien in der Wirtschaftspraxis, München 1999.
- Horx, M.: Die acht Sphären der Zukunft. Ein Wegweiser in die Kultur des 21. Jahrhunderts, Wien 2000.

VII. Strategien offensiv entwickeln und ausrichten

Über die Kunst des Krieges

Die höchste Form des Wettbewerbs besteht darin, den Widerstand des Wettbewerbs ohne Kampf zu brechen. Die beste Strategie besteht darin, die Pläne des Wettbewerbs zu durchkreuzen, die zweitbeste ist es, die Bündelung seiner Kräfte zu verhindern, erst dann folgt der direkte Wettbewerb im Markt. Die schlechteste Strategie von allen ist es, den Wettbewerb in den Märkten anzugreifen, in welchen er die höchsten Eintrittsbarrieren aufgebaut hat.[1]

Kapitelüberblick

POISE		
P	Profitabel	Ausgewogenes Verhältnis zwischen den Gewinnzielen des Unternehmens einerseits und den Kundenbedürfnissen andererseits herstellen
O	Offensiv	Marktführerschaft anstreben, Risikobereitschaft zeigen und Konkurrenten in die Nachahmerposition zwingen
I	Integrativ	Marketing-Ansatz verfolgen, der das gesamte Unternehmen einbezieht
S	Strategisch	Entwicklung Offensiver Strategien und entsprechender Marketing-Pläne
E	Effektiv umgesetzt	Die Umsetzung Offensiver Strategien effektiv managen

offensivesmarketing.de

Abbildung 7-1

Dieses Kapitel ist das dritte von sieben Kapiteln, die sich mit Strategie beschäftigen – dem „S" von POISE. Hier werden die Ergebnisse der Geschäftsanalyse und des Blicks in die Zukunft (vgl. Kapitel V

[1] Frei nach Sun Tsu: Die Kunst des Krieges, München 1999.

und VI) in die Entwicklung erfolgreicher, zukunftsorientierter Strategien umgesetzt. Zu einer Offensiven Strategie gehört die (schnellere) Generierung von Wettbewerbsvorteilen und deren Umsetzung. Kernelemente einer Offensiven Strategie sind unter anderem die Konzentration der Ressourcen auf die strategische Geschäftsfelder mit den besten Renditechancen sowie die Auswahl der effektivsten Angriffspunkte. In diesem Zusammenhang werden in diesem Kapitel folgende Themenbereiche behandelt:

- Die **Portfolioanalyse** als Instrument zur Festlegung strategischer Prioritäten.
- Die Generierung von **Wettbewerbsvorteilen**. Unter einem Wettbewerbsvorteil versteht man die Fähigkeit eines Unternehmens, etwas dauerhaft besser zu machen als der Wettbewerb.
- Die **Umsetzung** von Wettbewerbsvorteilen in strategische Wettbewerbsvorteile und erfolgreiche Strategien.
- Die **Auswahl** der richtigen Strategie für Ihr Unternehmen.
- Das **Erkennen** und **Vermeiden** des Wirkungsverlustes von Strategien (Dauerhaftigkeit). Auch erfolgreiche Strategien unterliegen einem Lebenszyklus. Wenn man Strategien nicht pflegt und es versäumt, sie regelmäßig zu überprüfen und gegebenenfalls zu aktualisieren, können sie sich abnutzen.

1 Vision, Ziele, Werte und Normen

Wenn es um die strategische Ausrichtung eines Unternehmens geht, fallen häufig die Begriffe „Vision“, „Mission“, „Unternehmensziele“ und „Werte“. Jedoch werden diese in der einschlägigen Literatur nicht einheitlich verwendet. Den nachfolgenden Ausführungen wird folgendes Begriffsverständnis zu Grunde gelegt:

- Die **Vision** richtet sich insbesondere an interne Zielgruppen. Ihre Rolle besteht darin, einen Horizont zu schaffen, auf den die Mitarbeiter des Unternehmens ihren Blick richten können. Wenn es diesen Horizont in Ihrem Unternehmen bereits gibt – um so besser, das vereinfacht die Entwicklung einer erfolgreichen Strategie. Wie schon in Kapitel III angedeutet, steht die Vision in engem Zusammenhang mit der Unternehmensmission.

- Die **Mission** komprimiert die Inhalte der Unternehmensvision. Kurz und prägnant informiert sie alle Zielgruppen über den Unternehmenszweck. Sowohl die Vision wie auch die Mission erfordern ein hohes Maß an Vorausschau, Vorstellungskraft und Sachverstand.
- Die **Unternehmensziele** sind im Gegensatz zu Vision und Mission sehr viel konkreter. Sie setzen Mission und Vision in operationale Maßstäbe und Kennzahlen um, wie Umsatz, Marktanteil, Gewinn oder Deckungsbeitrag.
- **Werte** erläutern die Grundsätze, allgemeingültige Normen, Überzeugungen und firmenkulturelle Besonderheiten, die Unternehmen bei der Realisierung ihrer Visionen und Ziele zugrunde legen. Hier ein Beispiel für Werte im Unternehmen:

www.thebody shop.co.uk

Die Werte von *Body Shop*:

- **anders** (Einsatz für Menschenrechte, *fair trade*, Verzicht auf Tierversuche)
- **informativ** (Information von Mitarbeitern und Kunden)
- **sensibel** (Nachbarschaftsprojekte in der ganzen Welt)
- **alternativ** (Bezug von Rohstoffen aus benachteiligten Ländern)
- **geradeheraus**
- **engagiert**
- **umweltbewusst** (Nachfüll-Service, wenig Verpackungsmüll)
- **verantwortungsbewusst** (Müllvermeidung)

Dem Unternehmen ehrgeizige Ziele setzen

Die Unternehmensziele setzen Vision und Mission in messbare Größen um.

Unternehmensziele:

„Unternehmensziele (Wunschorte) stellen ganz allgemein Orientierungen oder Richtgrößen für unternehmerisches Handeln dar („Wo

> wollen wir hin?"). Sie sind konkrete Ausssagen über angestrebte Zustände bzw. Ergebnisse, die aufgrund von unternehmerischen Maßnahmen erreicht werden sollen."[2]

Im folgenden Beispiel von *3M* werden die häufig dominierenden gewinnorientierten Ziele um ein Innovationsziel ergänzt.

Das Beispiel *3M*

www.3m.com

3M verfolgt folgende finanziellen Ziele:

- Gewinn, Wachstum je Aktie mindestens 10% pro Jahr
- Eigenkapitalrendite 20 bis 25%
- Ertrag aus investiertem Kapital (ROCE) mindestens 27%
- Mindestens 30% des Umsatzes eines Jahres sollen mit Produkten erzielt werden, die jünger als vier Jahre sind.

Aufgrund zunehmender Macht anderer Anspruchsgruppen (Stakeholder) und um integrative Ansätze (vgl. Kapitel IV) abzusichern bzw. zu verstärken, werden die häufig einseitig auf Eigentümer (Shareholder) ausgerichteten gewinnorientierten Zielgrößen zunehmend auch um die Ziele und Interessen anderer wichtiger Anspruchsgruppen ergänzt (vgl. Abbildung 7-2).

Ziele beinhalten immer auch einen psychologischen Aspekt, das kann man vor allem im Sport sehr deutlich erkennen. Lange Zeit hielten Fachleute es für ausgeschlossen, dass die Meile in einer Zeit unter vier Minuten gelaufen werden könnte. Aber als dieser Bann der *„four minute mile"* von Roger Bannister gebrochen wurde, unterboten schon nach kurzer Zeit auch mehrere andere Läufer die vormals magische Schwelle von vier Minuten. Das lässt den Rückschluss zu, dass diese „magische" Schwelle eher psychologischer denn tatsächlich physischer Art war. Lord Forte, ein überaus erfolgreicher Geschäftsmann, hat dieses Phänomen einmal so formuliert:

> „Wenn man sich ein Ziel gesetzt hat, ist es erstaunlich, wie einfach es sich doch erreichen lässt. Leider habe ich das erst in vorgerücktem Alter erfahren. Ich wünschte wirklich, das wäre mir

[2] Vgl. Becker, J.: Marketing-Konzeption. Grundlagen des strategischen Marketing-Managements, 6. Aufl., München 1998, S. 14.

Wichtige Anspruchsgruppen (Stakeholder) und ihre Interessen[3]

Anspruchsgruppe (Stakeholder)	Interessen (Ziele)
A Unternehmensinterne Anspruchsgruppen:	
1. Eigentümer ■ Kapitaleigentümer ■ Eigentümer-Unternehmer	■ Einkommen/Gewinn ■ Erhaltung, Verzinsung und Wertsteigerung des inv. Kapitals ■ Selbstständigkeit/Entscheidungsautonomie
2. Management	■ Macht, Einfluss, Prestige ■ Entfaltung eigener Ideen und Fähigkeiten, Arbeit = Lebensinhalt
3. Mitarbeiter	■ Einkommen (Arbeitsplatz) ■ Soziale Sicherheit ■ Sinnvolle Betätigung, Entfaltung der eigenen Fähigkeiten ■ Zwischenmenschliche Kontakte (Gruppenzugehörigkeit) ■ Status, Anerkennung, Prestige (*ego-needs*) ■ Zufriedenheit
B Unternehmensexterne Anspruchsgruppen	
1. Fremdkapitalgeber	■ Sichere Kapitalanlage ■ Befriedigende Verzinsung ■ Vermögenszuwachs
2. Lieferanten	■ Günstige Konditionen ■ Zahlungsfähigkeit der Abnehmer ■ stabile Liefermöglichkeiten
3. Kunden	■ Möglichst hohe Produktqualität ■ Günstige Preise (Preis-Leistungs-Verhältnis) ■ Adäquate Serviceleistungen ■ Zufriedenheit
4. Konkurrenz	■ Einhaltung fairer Grundsätze und Spielregeln der Marktkonkurrenz ■ Kooperation auf branchenpolitischer Ebene
5. Staat und Gesellschaft	■ Steuern ■ Sicherung der Arbeitsplätze ■ Sozialleistungen ■ Positive Beiträge an die Infrastruktur ■ Einhalten von Rechtsvorschriften und Normen ■ Teilnahme an der politischen Willensbildung ■ Beiträge an kulturelle, wissenschaftliche und Bildungsinstitutionen ■ Erhaltung einer lebenswerten Umwelt

offensivesmarketing.de

Abbildung 7-2

vorher schon bewusst gewesen. Wenn ein Manager sagt, wir wollen innerhalb von zwei Jahren ein bestimmtes Ziel erreichen und soundsoviel Umsatz oder Gewinn machen, ist es dann nicht ganz erstaunlich, dass es in den meisten Fällen auch gelingt?

[3] In Anlehnung an Becker, J.: Marketing-Konzeption. Grundlagen des strategischen Marketing-Managements, 6. Aufl., München 1998, S. 30.

Natürlich immer unter der Voraussetzung, dass es überhaupt möglich ist. Man darf nicht sagen, wir springen jetzt 2,44 Meter hoch – das geht überhaupt nicht. Dabei bricht man sich das Genick. Wie steht der Rekord gerade – 2,05 Meter? Versuchen Sie das doch mal. Und wenn Sie es geschafft haben, legen Sie die Latte einfach noch einen Zentimeter höher. Unternehmerische Ziele erreicht man nicht dadurch, dass man sich am Unmöglichen versucht, sondern dadurch, dass man sich die Bestleistung vornimmt – und von der weiß man schließlich, dass sie schon einmal jemand erreicht hat."

2 Offensive Strategien entwickeln

Beim Offensiven Marketing geht es um das Gewinnen. Natürlich möchte jeder einen schnell wachsenden Markt mit hohen Gewinnspannen und wenig Wettbewerb finden. Aber nur den wenigsten gelingt das tatsächlich. Die wichtigste Frage im Marketing lautet also: „Warum sollten Kunden jetzt und in Zukunft unsere Produkte oder Dienstleistungen kaufen und nicht die unserer Wettbewerber?" Sinngemäß gilt dies natürlich auch für alle anderen oben genannten Anspruchsgruppen (vgl. Abbildung 7-2). Wenn Sie auf diese Frage nicht sofort überzeugend antworten können, dann hat Ihr Unternehmen keine erfolgreiche Strategie.

Strategien

Definition Strategie

Strategien sind Handlungs- und Verhaltensorientierungen mittel- und langfristiger Art, deren Aufgabe darin besteht, durch Abstimmung der spezifischen Ressourcen und Fähigkeiten des Unternehmens mit den Anforderungen seines Umfeldes insbesondere der Märkte Wettbewerbsvorteile zu generieren, um so dem Unternehmen den Weg zur Erreichung seiner langfristigen Ziele vorzuzeichnen.[4]

Das Wichtigste an einer erfolgreichen Strategie sind die Prioritäten:

- Suchen Sie sich den besten Punkt für einen Angriff aus.
- Konzentrieren Sie die Ressourcen auf die Bereiche mit den besten Erfolgsaussichten. Wenn nötig, verlagern Sie Ressourcen aus Bereichen mit geringer Renditechance in die Bereiche, die vermutlich höhere Renditen abwerfen werden.

[4] Vgl. Chandler, A.: Strategy and Structure: Chapters in the History of the Industrial Enterprise, Cambridge 1962, S. 40; Schögel, K.: Gestaltung von Geschäftsmodellen, München 2001, S. 44.

- Entwickeln Sie nur solche Strategien, die auf Wettbewerbsvorteilen beruhen, die Sie dauerhaft verteidigen können bzw. die Sie zu Wettbewerbsvorteilen führen, die Sie dauerhaft verteidigen können.

Jedes Unternehmen sollte Visionen und Ziele haben, also einen unternehmerischen Grundauftrag, den es verfolgt. Um nun offensive und wirkungsvolle Strategien zu entwickeln, die diese Ziele erreichen können, muss man sich über die Produkt-Markt-Kombinationen des Unternehmens im Klaren sein. Denn eine differenzierte Festlegung von Strategien setzt eine sinnvolle Zerlegung aller Absatzaktivitäten in Tätigkeitsfelder für die Analyse und Bearbeitung voraus. Eine geeignete Bezugsgröße hierfür ist das Strategische Geschäftsfeld:

Strategisches Geschäftsfeld (SGF)

Ein SGF ist eine eindeutig definierbare Produkt-Markt-Kombination, die sich klar von anderen Kombinationen in Bezug auf Kundenbedürfnisse (Qualität, Preis, Technik, Service), Marktverhältnisse (Größe, Wachstum, Wettbewerbsstruktur) und Kostenstrukturen (F&E, Produktion, Marketing) abhebt, ausreichend groß ist und für die möglichst unabhängig von anderen strategischen Geschäftsfeldern Strategien geplant und realisiert werden können.

Diese Definition wollen wir durch ein kurzes Zitat erläutern:

„Im Kern geht es dabei stets um die Eigenständigkeit des Geschäftsfelds im Sinne einer relativ stabilen und tragfähigen Abgeschlossenheit, die eine strategisch orientierte Bearbeitung einer definierten Zielgruppe mit einem gegebenen Leistungsangebot ermöglicht.“[5]

Damit besteht ein strategisches Geschäftsfeld aus einer homogenen Palette von Objekten zur Bedürfnisbefriedigung klar beschreibbarer Zielgruppen, auf einem klar abgrenzbaren Markt mit einheitlicher Wettbewerbssituation. Jedes SGF liefert damit einen eigenständigen Beitrag zur Steigerung des Erfolgpotentials der Gesamtunternehmung.

Strategisches Geschäftsfeld

Wie grenzt man nun ein strategisches Geschäftsfeld am besten ab? Eine zu weite Definition birgt die Gefahr, zu große Einheiten zu schaffen, die keine eindeutige Strategiefestlegung mehr zulassen, da

[5] Meyer, P.W. / Mattmüller, R.: Strategische Marketingoptionen, Stuttgart u.a. 1993, S. 24.

Märkte, Konkurrenz und Bedürfnisse nicht eindeutig abgegrenzt werden können. Auf der anderen Seite erlaubt eine zu enge Definition der strategischen Geschäftsfelder keine strategische Autonomie mehr und begrenzt die Entscheidungsfreiheit empfindlich.

Auf die Abgrenzung Ihrer strategischen Geschäftsfelder sollten Sie sehr viel Sorgfalt und genügend Zeit verwenden, da sie den Ausgangspunkt für alle weiteren Unternehmensentscheidungen darstellen. Sich über die Produkt-Markt-Kombinationen des eigenen Unternehmens klar zu werden ist die Grundvoraussetzung für die erfolgreiche Erstellung eines Offensiven Zielgruppenprogramms (Kapitel VIII), eines Offensiven Leistungsprogramms (Kapitel IX) und einer realistischen Positionierungsentscheidung (Kapitel X). Die strategischen Geschäftsfelder stellen auch die Bezugsgröße für den Marketing-Plan (Kapitel XI) dar, der über das weitere Offensive Vorgehen entscheiden wird.

Strategische Geschäftseinheit

In der Praxis werden aber oftmals noch zusätzlich strategische Geschäftseinheiten (SGE) oder *strategic business units* (SBU) gebildet, die in organisatorischer Hinsicht mehrere strategische Geschäftsfelder bündeln.

Machen Sie allerdings nicht den Fehler, diese strategischen Geschäfteinheiten als gegeben hinzunehmen, bloß weil sie sich aus der Organisation Ihres Unternehmens ergeben haben. Versuchen Sie stattdessen, in einem ersten Schritt die strategischen Geschäftsfelder ihres Unternehmens zu identifizieren, also herauszufinden, welche Produkte an welche Zielgruppen verkauft werden, und diese Kombinationen dann zu homogenen Gruppen zusammenzufassen. Erst wenn Sie sich darüber im Klaren sind, sollten Sie in einem weiteren Schritt diese zu größeren organisatorischen Einheiten – den SGF – zusammenfassen, die eine relevante Marktgröße haben und einheitlich gesteuert werden können. Hierzu das Beispiel der ***Henkel KGaA:***

www.henkel.de

Die SGF und SGE der Henkel KGaA:

Henkel führt und entwickelt seine Geschäfte durch weltweit verantwortliche strategische Geschäftseinheiten.

Strategische Geschäftseinheiten sind bei Henkel Bereiche, die nach Produkt-Markt-Kombinationen und Zuständigkeiten für Marketing und Vertrieb zusammengefasst sind. Henkel hat seine SGE nach folgenden Merkmalen abgegrenzt:

- Es gibt ein abgegrenztes Produktangebot, das sich an eine relativ homogene Kundengruppe richtet.

- Es besteht ein spezielles Wettbewerbsumfeld.
- Jeder SGE sind spezifische Managementverantwortungen für die strategische Steuerung und die Erreichung der Ergebnisziele zugewiesen.

Diese Abgrenzung der SGE ähnelt sehr unserem Konzept der strategischen Geschäftsfelder, wird aber im Unternehmen auf einer höheren organisatorischen Ebene angewandt. Noch eine Stufe über den SGE stehen die Geschäftsbereiche, mit denen wir zum besseren Verständnis unsere Erläuterungen beginnen wollen.

Im gesamten Henkel-Konzern existieren fünf Unternehmensbereiche. Die folgende Abbildung 7-3 zeigt die internationalen Hauptunternehmensbereiche „Klebstoffe", „Wasch- und Reinigungsmittel", „Cognis" (Chemieprodukte), „Kosmetik/Körperpflege" und „Oberflächentechnik".

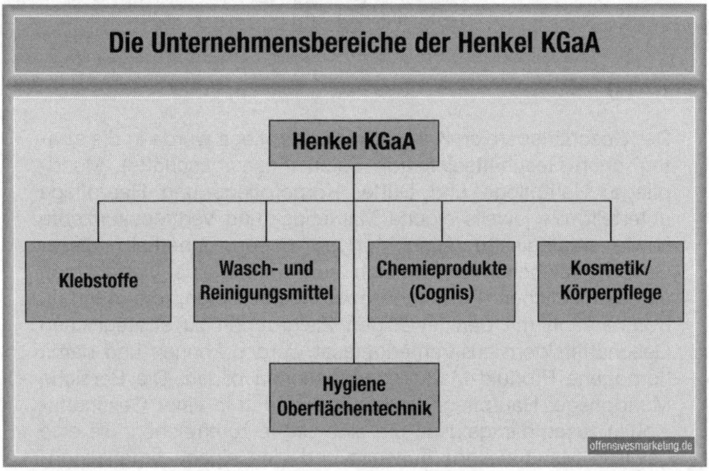

Abbildung 7-3

Diese Unternehmensbereiche stellen jeweils eine Zusammenfassung einzelner strategischen Geschäftseinheiten dar und zeigen auf, in welchen Bereichen der Henkel-Konzern tätig ist. Eine Spezifizierung der einzelnen SGE, Produkte und Marketing-Strategien ist auf dieser Ebene allerdings noch nicht gegeben. Bei dieser groben Einteilung ist es auch nicht möglich, spezifische Strategien zu entwickeln. Daher ist es wichtig, sich auf die Ebene der SGE zu begeben. Wie diese strategischen Geschäftseinheiten im Einzelnen aussehen können, wollen wir am Beispiel des Geschäftsbereiches Kosmetik/Körperpflege in Abbildung 7-4 darstellen.

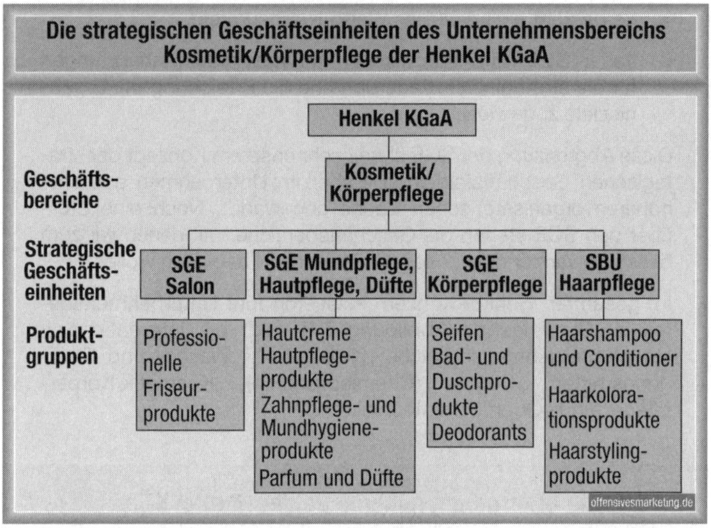

Abbildung 7-4

Der Geschäftsbereich Kosmetik/Körperpflege wurde in die strategischen Geschäftseinheiten Salon (Friseurgeschäfte), Mundpflege, Hautpflege und Düfte, Körperpflege und Haarpflege unterteilt, die jeweils eigene Marketing- und Vertriebskonzepte sowie strategische Ausrichtungen haben. Innerhalb dieser Geschäftseinheiten lassen sich nun wieder eine Vielzahl von unterschiedlichen Produktgruppen identifizieren, die dann in Kombination mit den jeweiligen Zielgruppen zu strategischen Geschäftsfeldern zusammengefasst werden können und damit homogene Produkt-Markt-Kombinationen bilden. Die Bereiche Mundpflege, Hautpflege und Düfte wurden in einer Geschäftseinheit zusammengefasst, um eine Größe zu erreichen, die eine gewisse Marktrelevanz aufweist und eine eigene organisatorische Einheit rechtfertigt.

Die Leitung einer SGE ist verknüpft mit regionalen Verantwortungsbereichen. So koordiniert die Leitung der SGE Körperpflege auch Marketing und den Vertrieb in Zentraleuropa, die Leitung Mundpflege, Hautpflege und Düfte West- und Südeuropa und die Leitung Haarpflege den Bereich *overseas*. Der Bereich „Salon" wird hier bewusst ausgegrenzt, da sich die Produkte hier an die Zielgruppe Friseursalons, also den *Business-to-Business*-Bereich, richten. Um diese Zielgruppe optimal bearbeiten zu können, hat diese SGE die weltweite Verantwortung für die strategische Ausrichtung, das Marketing und den Vertrieb ihrer Produktgruppen. Diese Einteilung ermöglicht es auch, dass die Unternehmensfunktionen Produktentwicklung, Produktion und

Controlling nun als Querschnittsfunktionen über alle diese SGE hinweg gelten. Somit kann eine funktionstüchtige Organisationsstruktur geschaffen werden, die die Spezialisierungsvorteile der einzelnen SGE auf ihren Bereich bestens ausnutzt. Dies ist in Abbildung 7-5 grafisch veranschaulicht.

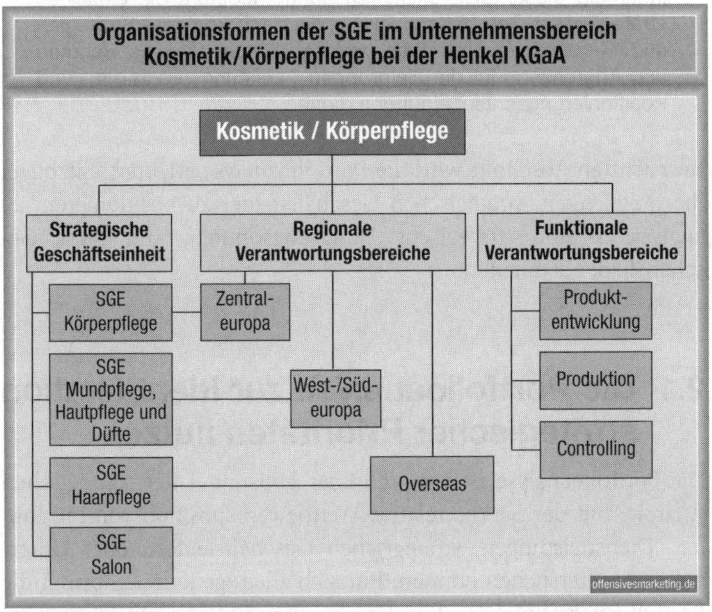

Abbildung 7-5

Was könnten nun die typischen organisatorischen Aufgaben sein, die eine solche strategische Geschäftseinheit im Unternehmen erfüllen kann? Um diese Frage zu beantworten, soll uns die SGE Körperpflege als Beispiel dienen. In den Aufgabenbereich dieser SGE gehört in erster Linie das gesamte Markenmanagement der internationalen Marken (hier insbesondere die Marke ***Fa***). Im Falle der Marken, die nur über eine nationale/regionale Distribution verfügen, erfolgt die Koordination der Management- und Marketing-Aktivitäten auch in Abstimmung mit den Marketing-Organisationen der Ländergesellschaften. Für die Entwicklung langfristiger Marken- und Portfolio-Strategien sind die SGE zuständig. Bei unserem Beispiel SGE Körperpflege könnte dies dann wie folgt aussehen:

- **Marktposition:** Fa ist im weltweiten Markt für Duschgels eine der führenden Marken. Die SGE Körperpflege ist mit ihrem Produktportfolio europaweit an vierter Position angesiedelt.

- **Vermarktete Produktkategorien:** Duschgel, Deodorants, Seifen, Schaumbad, Aftershave.
- **Strategischer Fokus:** Weitere Globalisierung der Marke Fa.
- **Bekannteste Marken:** Fa, Bac, Dané, Vogue

Innerhalb dieser SGE existieren dann wiederum die einzelnen strategischen Geschäftsfelder, für die dann konkrete Strategien und Maßnahmen entwickelt werden können und als Rahmen und Abgrenzung für die Zielgruppen-, Leistungsprogramm- und Positionierungsentscheidungen dienen.

Im nächsten Abschnitt wird die Portfolioanalyse erläutert. Sie bietet die Möglichkeit, strategischen Geschäftsfelder zu positionieren, zu analysieren und strategische Handlungsoptionen für diese Geschäftsfelder abzuleiten.

2.1 Die Portfolioanalyse zur Identifikation strategischer Prioritäten nutzen

Die Portfolioanalyse ist ein grafisches Hilfsmittel der strategischen Analyse, mit der Sie die relative Wettbewerbsposition von Produkten, Dienstleistungen, strategischen Geschäftsfeldern oder Unternehmen untersuchen können. Für sich allein genommen bringt die Portfolioanalyse nicht viel, in Kombination mit anderen Instrumenten der strategischen Analyse kann sie jedoch dazu beitragen, eine strategische Entscheidung zu begründen.

Portfoliotechnik

Ziel der Portfoliotechnik ist es, strategische Geschäftsfelder eines Unternehmens in einer Matrix so zu positionieren, dass durch die möglichst optimale Kombination von kapitalfreisetzenden Geschäftsfeldern und kapitalverbrauchenden Geschäftsfeldern eine langfristige Sicherung des Unternehmenserfolges gewährleistet wird.

www.bcg.de

Die Portfolioanalyse wurde ursprünglich von der ***Boston Consulting Group BCG*** entwickelt. Die entsprechende Matrix wird deshalb gelegentlich auch als Boston-I-Portfolio oder als Marktanteils-Marktwachstums-Portfolio bezeichnet. Eine Weiterentwicklung der Darstellung zum Wettbewerbsstärken-Marktattraktivitäts-Portfolio erfolgte dann durch ***McKinsey/GE***. Im Folgenden werden die beiden Analysen vorgestellt, anschließend folgt eine kurze Beurteilung der jeweiligen Konzepte.

www. mckinsey.de

Das Boston-I-Portfolio der BCG

Auf der X-Achse der Matrix wird der relative Marktanteil (RMA) der betrachteten Produkte oder strategischen Geschäftseinheiten abgetragen; auf der Y-Achse das Marktwachstum.
Produkte oder strategische Geschäftseinheiten mit einem hohen RMA auf Wachstumsmärkten werden als *Stars* bezeichnet, während Produkte mit niedrigen RMA auf Märkten mit nur geringem Wachstum als *Dog* klassifiziert werden. Dazwischen liegen die *Cash Cows* mit einem hohen relativen Marktanteil auf gesättigten Märkten, und die sogenannten *Question Marks* oder Nachwuchsprodukte, die einen (noch) geringen relativen Marktanteil auf Märkten mit hohem Wachstum besitzen (vgl. Abbildung 7-6).

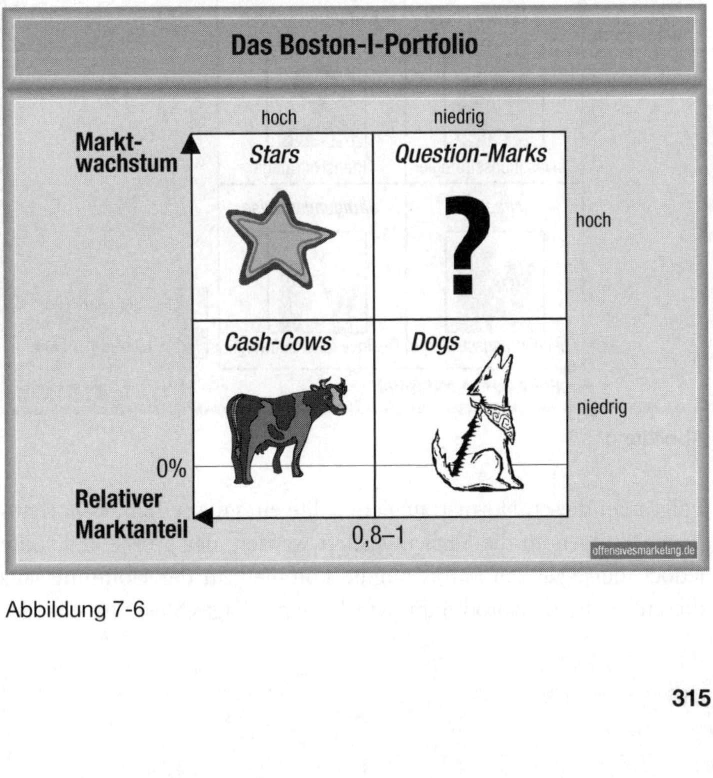

Abbildung 7-6

Relativer Marktanteil

Der relative Marktanteil berechnet sich, indem man den absoluten Marktanteil (also den Umsatzanteil des betrachteten Unternehmens am Gesamtumsatz des Marktes) ins Verhältnis zum Marktanteil des stärksten Wettbewerbers setzt. Im Gegensatz zum absoluten Marktanteil kann der relative Marktanteil also auch Werte größer 1 annehmen. Wenn Ihr Unternehmen im betrachteten Bereich beispielsweise einen absoluten Marktanteil von 40% hat, und Ihr stärkster Wettbewerber 20% erreicht, dann liegt Ihr RMA bei 2,0 (4/2). Der RMA Ihres Wettbewerbers beträgt in diesem Fall 0,5 (2/4).

Die einzelnen Quadranten entsprechen den typischen Phasen des Produktlebenszyklus: Einführung, Wachstum, Reife und Sättigung. Grundsätzlich lässt sich nun jedem der vier Quadranten dieser Matrix eine Normstrategie zuordnen, die Empfehlungen zur Ressourcenallokation (z.B. Ausgaben in Werbung oder F&E) gibt (vgl. Abbildung 7-7).

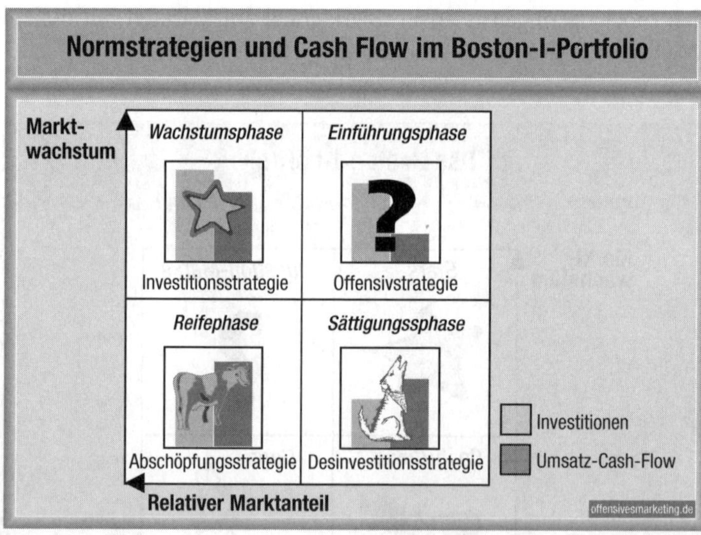

Abbildung 7-7

Norm-
strategien

Folgt man diesen Normstrategien, sollte ein großer Teil des vorhandenen Budgets in die *Stars* investiert werden, der größte Teil sollte jedoch den *Question Marks* zugute kommen, in der Hoffnung, aus diesen Nachwuchsprodukten würden eines Tages *Stars*. Die Katego-

rie *Question Mark* ist also eine Art Zwischenstation für Produkte in der Einführungsphase – früher oder später zeigt sich, ob ein *Question Mark* das Zeug zum *Star* hat, oder ob es nur ein *Dog* ist.
Die *Cash Cows* dienen – der ihnen zugedachte Name verrät es – der Gewinnabschöpfung. Die *Dogs* werden nur noch so lange gehalten, wie sie den Unternehmen keinen Verlust bringen. Großer Gewinn ist von den *Dogs* allerdings nicht zu erwarten.
Investitionen in die *Stars* und die *Question Marks* können z.B. durch den positiven Cash Flow der *Cash Cows* und *Dogs* finanziert werden. Ein ausgewogenes Portfolio, das Produkte in jedem Quadranten zeigt, verspricht daher zumindest theoretisch eine gewisse Abkopplung von den Kapitalmärkten.

Unabhängigkeit vom Kapitalmarkt

Bewertung des Boston-I-Portfolios:

- Das Boston-I-Portfolio ist ein sehr einfach anzuwendendes Instrument. Auch die zur Positionierung der Produkte oder Geschäftseinheiten benötigten Daten (Marktwachstum und relativer Marktanteil) sind verhältnismäßig einfach zu erheben.
- Das Boston-I-Portfolio ist ein schönes grafisches Hilfsmittel – es dient der Visualisierung der strategischen Ausgangsposition und unterstützt so die Entscheidungsfindung.
- Die Beurteilung der strategischen Geschäftseinheiten basiert allerdings auf den nur eindimensionalen, hoch verdichteten, ergebnisorientierten strategischen Erfolgsfaktoren „relativer Marktanteil" und „Marktwachstum". Ein hoher relativer Marktanteil ist aber lediglich eines unter vielen Kriterien für die Stärke einer Marke oder eines Unternehmens.
- Zu beachten ist auch, dass ein schnell wachsender Markt nicht zwangsläufig auch ein attraktiver Markt sein muss. Wachstumsmärkte ziehen neue Marktteilnehmer an, und wenn die Kapazitäten die Nachfrage übersteigen, sind auf einem solchen Markt unter Umständen nur noch geringe Gewinnspannen möglich, wodurch er an Attraktivität verliert. Darüber hinaus muss man langfristig auch auf Wachstumsmärkten mit Schwierigkeiten rechnen. Kein Markt wächst für immer, und es besteht das Risiko, dass Unternehmen wegen des starken Wachstums zwei oder drei Jahre lang erhebliche Kapazitätsreserven aufbauen und der Markt dann plötzlich ins Stocken gerät.
- Zudem macht es die dichotome Aufteilung der Deskriptoren in „hoch" und „niedrig" schwierig, die in der Praxis häufig auftretenden Mittelpositionen einzuordnen.

- Die durch den Ausgleich des Cash Flows zwischen den einzelnen Geschäftseinheiten unterstellte Abkopplung von den Finanzmärkten ist in der Theorie umstritten und manchmal auch praktisch nicht sinnvoll, vor allem wenn die Fremdkapitalzinsen auf den Kapitalmärkten niedrig sind. Entsprechend werden dann Wachstumschancen zu wenig genutzt.

Das Marktattraktivitäts-Wettbewerbsstärken-Portfolio von McKinsey

Bei dieser Matrix sind einige Nachteile des BCG-Modells korrigiert worden. Beispielsweise erfolgt hier nun eine differenziertere Betrachtung der Erfolgsfaktoren, da bei der Platzierung der Strategischen Geschäftseinheiten im Portfolio gleich mehrere quantitative und qualitative Einflussgrößen Berücksichtigung finden. Das Marktattraktivitäts-Wettbewerbsstärken-Portfolio gibt dabei keinen verbindlichen Katalog von strategischen Erfolgsfaktoren vor. Mögliche Bewertungsfaktoren werden statt dessen durch ein individuelles Bewertungsschema gewichtet und drücken sich im Portfolio in den Dimensionen **Marktattraktivität** (verdichtete umweltbezogene Faktoren) und relative **Wettbewerbsposition** (verdichtete einzelwirtschaftsbezogene Faktoren) aus. Abbildung 7-8 erläutert einige mögliche Faktoren, die Marktattraktivität und Wettbewerbsposition ausmachen können.

Mögliche Erfolgsfaktoren	
Wettbewerbsposition (unternehmerische Stärkefaktoren), z.B.	**Marktattraktivität (umweltbezogene Chancenfaktoren), z.B.**
▪ Marktposition ▪ Produktpotenzial ▪ F&E -Potenzial ▪ Personalpotenzial	▪ Marktwachstum ▪ Marktgröße ▪ Umweltsituation ▪ Rohstoff / Energieversorgung

offensivesmarketing.de

Abbildung 7-8

Die beste Platzierung liegt im obersten linken, die schlechteste Platzierung im untersten rechten Feld. Als Normstrategien schlägt das McKinsey-Portfolio „Abschöpfen“, „Auswählen“ und „Expandieren“ vor. Abbildung 7-9 zeigt ein solches McKinsey Portfolio.

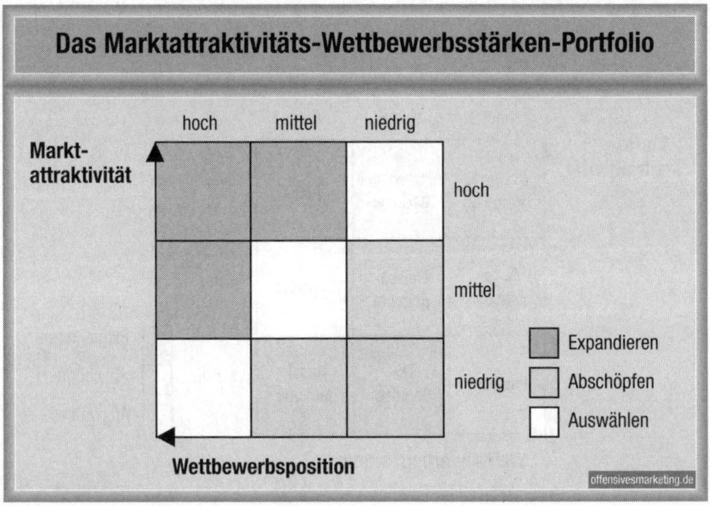

Abbildung 7-9

Bewertung des Marktattraktivitäts-Wettbewerbsstärken-Portfolios:

- Die Matrix von McKinsey/GE ist eine Weiterentwicklung der Portfolioanalyse von BCG. Die Verwendung mehrerer Kriterien liefert detailliertere Informationen.
- Das McKinsey Portfolio ist differenzierter und stärker qualitativ orientiert als das BCG-Portfolio, die Analyse ist umfangreicher.
- Dadurch entsteht aber auch die Gefahr der Verwendung zu vieler Faktoren, oft ohne empirische Fundierung. Man kann sich leichter verzetteln.

Beispiel zur Portfolioanalyse

Als Beispiel wollen wir die (erfundene) Firma ***Frosti*** heranziehen. Frosti stellt *Convenience*-Tiefkühlprodukte für den Endverbraucher her. Abbildung 7-10 zeigt die einzelnen Geschäftsfelder von Frosti in einem Marktattraktivitäts-Wettbewerbsstärken-Portfolio.

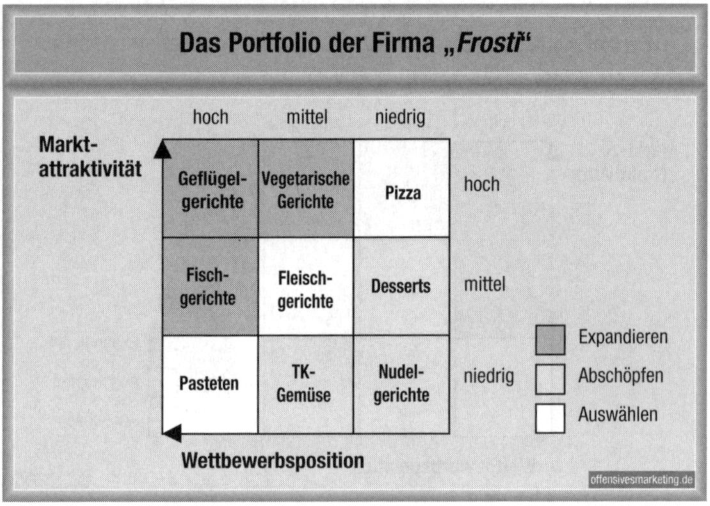

Abbildung 7-10

Die Portfolioanalyse kann als erster Anhaltspunkt zur Ressourcen-Allokation und zum Setzen strategischer Prioritäten dienen. Der Bereich „Geflügelgerichte" verdient eindeutig eine hohe Priorität. Für vegetarische und Fischgerichte sind Investitionen ebenfalls gerechtfertigt, während die Bereiche „Dessert", „Nudelgerichte" und „Tiefkühl-Gemüse" langfristig wahrscheinlich eher eingestellt werden.

Die Portfolioanalyse weist aber auch auf grundsätzliche Problemstellungen hin. Beispielsweise ist Frosti im Bereich „Pizza" noch verhältnismäßig schwach, allerdings ist der Markt sehr zukunftsträchtig. Möglicherweise sollten hier deshalb weitere Kompetenzen aufgebaut werden. Gerade andersherum sieht es im Bereich „Pasteten" aus: Hier ist Frosti sehr stark, aber der Markt ist nicht attraktiv. Frosti hat also zwei Möglichkeiten: Das Unternehmen kann seine Aktivitäten in diesem Markt zurücknehmen und die frei werdenden Ressourcen auf andere, attraktivere Märkte verteilen. Die andere Alternative besteht darin, in den Markt zu investieren, um ihn zukünftig attraktiver zu gestalten.

Wie wir gesehen haben, ist die Portfolioanalyse ein sehr vielseitiges strategisches Instrument, um Unternehmensbereiche einzuordnen und entsprechend ihrer Prioritäten geeignete Strategien abzuleiten. Um dieses Kapitel abzurunden, wollen wir uns nun noch ein ausführliches Fallbeispiel ansehen.

Das Beispiel SmithKline Beecham:[6]

Das Unternehmen ***SmithKline Beecham Consumer Healthcare*** entstand in Deutschland durch eine Vielzahl von Unternehmenszusammenschlüssen und -zukäufen. Dementsprechend umfangreich stellte sich im Jahre 1985 das Markenportfolio des Unternehmens dar:

www. sb-online.de

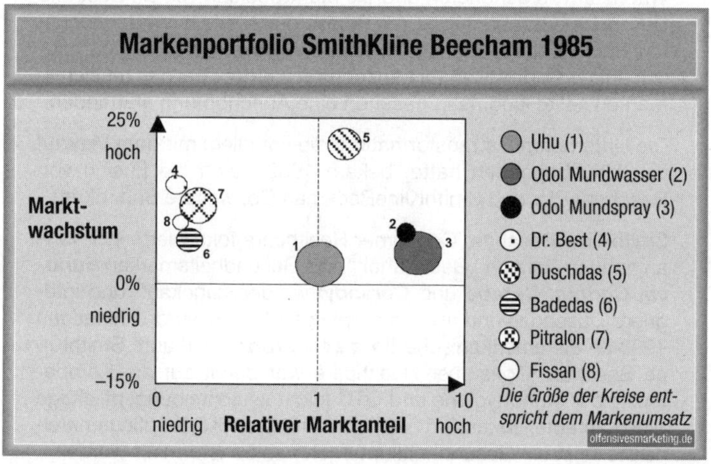

Abbildung 7-11

Es war offensichtlich, dass zukünftig nicht alle Marken mit den notwendigen Ressourcen unterstützt werden konnten. Erschwerte Rahmenbedingungen ergaben sich zudem aus stark aufgeblähten administrativen Strukturen und aus der hohen Komplexität der Transaktionsprozesse.

Somit kam der Konzentration der Ressourcen zunächst höchste Priorität zu. Um zu einer sinnvollen Verteilung zu kommen und eine optimale Wertsteigerung der Sortimentsgesamtheit zu erreichen, wurde das Portfolio nach den Parametern Marktwachstum, Umsatz der Marke und relativer Marktanteil bewertet.

1985 konnte im Ergebnis noch kein eindeutiger „Star" ermittelt werden. Im Hinblick auf das Marktwachstum befand sich ***Duschdas*** zwar in exponierter Stellung und zeigte auch ein veritables Umsatzvolumen; mit einem relativen Marktanteil von 1,2 grenzte sich diese Marke aber nicht eindeutig von dem dichten Verfolgerfeld ab. ***Odol*** und ***Uhu*** waren die „Cash Cows", wobei

[6] Vgl. hierzu und im Folgenden: Presseinformation SmithKline Beecham Consumer Healthcare zum Deutschen Marketing-Preis 1998.

Odol allerdings das Wachstumsmoment fehlte und Uhu Synergien zum Restsortiment vermissen ließ. ***Dr. Best*** wurde bei gutem Wachstumspotential durch eine schlechte Wettbewerbsfähigkeit eingeschränkt.

Aufgrund der fehlenden Synergien zum Restsortiment vergab das Management einen dicken Minuspunkt an Uhu und entschloss sich, die Marke zu verkaufen. Mit der Maßgabe, für Odol Wachstum zu generieren und die Marktposition von Dr. Best und Duschdas auszubauen, wurden diese drei Marken mit der höchsten Priorität versehen. Die finanziellen Ressourcen sollten folglich auf diese drei Marken konzentriert werden; bei den restlichen Marken sollte langfristig gesehen eine Abschöpfung stattfinden.

Die Unternehmenstransformation, die vor allem mit dem Verkauf von Uhu begonnen hatte, bekam 1989 durch die Fusion von Beecham Plc. und SmithKlineBeckman Co. weitere Schubkraft.

SmithKline Beecham Consumer Healthcare fokussierte sich fortan auf den Bereich „Gesundheit“, die Gesundheitsmarken ***Eunova***, ***Contac***, ***Cetebe*** und ***Corsodyl*** wurden zugekauft und integriert. Duschdas und alle Körperpflege-Marken wurden hingegen 1993 an die amerikanische ***Sara Lee Gruppe*** verkauft. SmithKline Beecham Consumer Healthcare war damit auf die Kompetenzfelder Mundhygiene und OTC (nicht verschreibungspflichtige Medikamente) fokussiert und vom früheren Körperpflegemittelhersteller in ein Gesundheitsunternehmen transformiert worden.

Die Zwischenbilanz im Portfolio zeigte 1995 entsprechend eine deutlich gesunkene Komplexität bei einem deutlich höheren Umsatzniveau, das im Jahre 1995 mehr als 40% über dem des Jahres 1985 lag.

Mit dem Erwerb und der Integration der führenden Dachmarke für freiverkäufliche Arznei- und Nahrungsergänzungsmittel, ***Abtei***, wurden weiter Synergien genutzt und SmithKline Beecham Consumer Healthcare avancierte zum zweitgrößten OTC-Anbieter in Deutschland, noch vor ***Bayer*** und ***Procter & Gamble.*** Das Markenportfolio zeigte 1997 folgendes Bild:

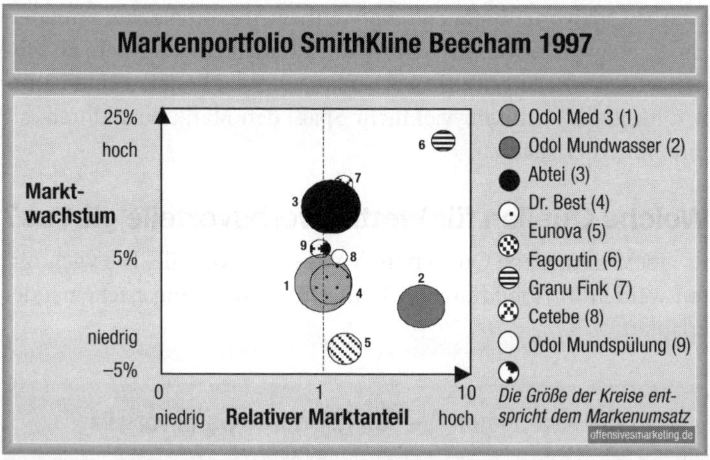

Abbildung 7-12

Das Unternehmen verfügt somit über ein ausgewogenes Portfolio und ist heute die Nummer eins im Bereich der Mundhygiene. Das Unternehmen hält weiterhin den zweiten Platz im zukunftsträchtigen Kompetenzfeld OTC. Die Mundhygiene-Marken besetzen als wichtige Cash-Objekte fast alle Nr. 1-Positionen in ihren Märkten, wohingegen die Gesundheitsmarken vor allem zukunftsträchtige Wachstumsbereiche abdecken. Deshalb ist SmithKline Beecham für das derzeit intensiv diskutierte Zukunftsthema Selbstmedikation bestens gerüstet und kann aus einer gestärkten Position heraus die Marktentwicklungen prägend mitgestalten.

2.2 Entwicklung von Wettbewerbsvorteilen

Ein Wettbewerbsvorteil ist – vereinfacht ausgedrückt – dann erreicht, wenn man etwas dauerhaft besser kann als der Wettbewerber. Wenn das, was man besser kann, für die Kunden auch wichtig ist und von ihnen wahrgenommen wird, spricht man von einem **strategischen** Wettbewerbsvorteil. In Wettbewerbsvorteilen konkretisieren sich nutzbare Vermögenswerte und Kompetenzen eines Unternehmens.

Warum ist es so wichtig, Wettbewerbsvorteile zu besitzen? Weil man auf der Grundlage eines oder mehrerer eventuell auch gebündelter

Wettbewerbsvorteile strategische Wettbewerbsvorteile und erfolgreiche Strategien entwickeln kann – um Kunden zu gewinnen, zu binden und gleichzeitig Wettbewerber angreifen zu können. Und natürlich macht es auch sehr viel mehr Spaß, den Markt anzuführen, als ihm hinterherzulaufen.

Welche Quellen für Wettbewerbsvorteile gibt es?

Es gibt verschiedene Quellen für Wettbewerbsvorteile. Die wichtigsten werden in Abbildung 7-13 aufgeführt und dann nacheinander erläutert:

Die wichtigsten Quellen für Wettbewerbsvorteile

- Objektive Leistungsvorteile
- Subjektiv wahrgenommene Vorteile (Image)
- Globale Präsenz
- Kostenführerschaft
- Besondere Kompetenzen
- Besondere Vermögenswerte
- Größenvorteile
- Beziehungsvorteile

offensivesmarketing.de

Abbildung 7-13

Objektive Leistungsvorteile

Ein besseres Produkt oder einen besseren Service zu haben als der Wettbewerb gehört zu den wirkungsvollsten Wettbewerbsvorteilen überhaupt. Allerdings halten sehr viele Unternehmen ihre Produkte oder Dienstleistungen für „besser“, obwohl es für diese Vermutung keinen objektiven Anhaltspunkt gibt. Andere Unternehmen wiederum nehmen enorme Aufwendungen auf sich, um immer neue technische Spielereien zu entwickeln, die letztlich von den Kunden aber weder als Vorteil erkannt noch gewünscht werden. Anhaltspunkte dafür, welche Produkte oder Leistungen tatsächlich technisch überlegen sind, kann man durch neutrale Institutionen wie z.B. die Stiftung Warentest erhalten. Die folgende Abbildung 7-14 enthält einige Hinweise darauf, wie man durch Leistungsvorteile einen Wettbewerbsvorteil generieren kann.

Leistungsvorteile durch ...

- Besseres Design
- Schnelligkeit
- Längere Haltbarkeit
- Qualität
- Funktionalität
- Flexibilität
- Einfachheit
- Zuverlässigkeit
- Verfügbarkeit (Ubiquität)
- Reaktionsgeschwindigkeit
- Auswahl (Variantenvielfalt)
- Individualisierung
- Aktualität
- Authentizität
- Einmaligkeit
- Inhaltsstoffe (z.B. Herkunft)

offensivesmarketing.de

Abbildung 7-14

Subjektiv wahrgenommene Vorteile (Image)

Neben den objektiv messbaren und nachvollziehbaren Leistungsvorteilen können auch noch subjektiv wahrgenommene Leistungsvorteile die Quelle von Wettbewerbsvorteilen sein. Sie entstehen im Kopf des Kunden und beruhen z.B. auf dem Image oder der „Persönlichkeit" eines Unternehmens, einer Leistung oder einer Marke. Diese subjektiven Vorteile sind vor allem bei solchen Leistungen wichtig, die eine hohe persönliche Bedeutung für den Kunden oder einen bestimmte soziale Sichtbarkeit haben. Beispiele hierfür sind etwa Automobile, Abschlüsse von *Business Schools*, Hotels, Kleidung, Kosmetik, sportliche Aktivität (z.B. Golf spielen, Snowboarden) oder Tabakwaren (z.B. Cohiba-Zigarren).

www.philip morris.com

Beispielsweise beherrscht ***Marlboro*** mit dem Image von „Freiheit und Abenteuer" fast 30% des amerikanischen Marktes. Die Marke wird gut beworben, aber es gibt keinen Grund zur Annahme, dass die Zigaretten von Marlboro objektiv „besser" sind, als andere bekannte Marken.

www.coca-cola.com

Coca-Cola ist ebenfalls ein Beispiel für eine Marke mit einem sehr starken Image: Vor einigen Jahren griffen amerikanische Verbraucher im Blindtest (der berühmte „Pepsi-Test") lieber zu ***Pepsi*** als zu Coke. Coca-Cola reagierte mit der Einführung von „New Coke", einem Produkt mit neuer Formel, das in zahllosen Blindtests ebenfalls besser abgeschnitten hatte als die klassische Coke. Die Reaktion der Verbraucher auf „New Coke" war jedoch so gespalten, dass nur sechs Wochen später die ursprüngliche Formel unter dem Namen „Classic Coke" als „neues" Mitglied der Markenfamilie erneut auf den Markt gebracht wurde. Nach nur kurzer Zeit verkaufte sich „Classic Coke" besser als „New Coke". Eine geradezu paradoxe Situation: „(Classic) Coke" verkauft sich besser als „Coke". Das bestätigt, was viele schon lange geahnt hatten: der Wettbewerbsvorteil von Coca-Cola liegt im Image und nicht im Produkt selbst.

Globale Präsenz

Dieser Wettbewerbsvorteil bezieht sich unter anderem auf globale Distribution, auf die Fähigkeit, effizient in mehreren Ländern zu produzieren und zu vertreiben, auf Fähigkeiten, die für einen Marktzutritt in neuen Ländern erforderlich sind, und auf Strukturen, mit denen eine globale Leistungsfähigkeit in F&E, Fertigung und Marketing erzielt werden kann, während gleichzeitig lokale Erfordernisse erfüllt und eine motivierende Arbeitsumgebung geschaffen wird.

Coca-Cola hält im Bereich „Erfrischungsgetränke" weltweit einen Marktanteil von über 40%, ist in fast allen Ländern der Welt vertreten, und neben Unternehmen wie ***McDonald's*** oder ***Mars*** auch sehr erfolgreich beim Einstieg in neue Ländermärkte. Es gibt praktisch keinen Ort auf der Welt, an dem man Coca-Cola nicht kennt. Diese weltweite Präsenz ist für lokale Wettbewerber oft ein gewaltiges Problem.

Kostenführerschaft

Ein Kostenführer, also ein Unternehmen das besonders effizient wirtschaftet, hat es sich zum Ziel gesetzt, für vergleichbare Leistungen weniger aufzuwenden als die Wettbewerber, und zwar in allen Bereichen der Wertschöpfung. „Kostengünstige Produktion" meint deshalb nicht nur „kostengünstige Fertigung", sondern auch kostengünstigen Vertrieb, Verwaltung, IT und auch Marketing. Dazu gehört es auch, überflüssige Produkte vom Markt zu nehmen, genaue Verkaufsprognosen zu erstellen, einfach zu beziehende Rohstoffe zu verwenden und für den Kunden ein gutes Preis-Leistungs-Verhältnis zu schaffen. Unnötige Kosten sollten so weit wie möglich gestrichen werden. Die Ersparnis ist in Werbung oder F&E besser angelegt. Es gibt viele Ansatzpunkte für Kostenführerschaft, Abbildung 7-15 zeigt einige davon.

Beispiele für Wettbewerbsvorteile durch Kostenführerschaft

Wettbewerbsvorteile durch Kostenführerschaft	Beispiele
Hohe Produktivität	■ Z.B. Umsatz pro Quadratmeter Verkaufsfläche im Einzelhandel ■ Gute Kapazitätsauslastung von Fabriken, Hotels, Flugzeugen
Niedrige Gemeinkosten	■ „Small is beautiful" ■ Effektive Kapitalanlagen ■ Leistungen streichen, die Kosten verursachen, dem Kunden aber keinen zusätzlichen Nutzen bringen
Kostengünstiger Vertrieb	■ Auf die großen Kunden konzentrieren ■ IT effektiv einsetzen
Beschränktes Produktsortiment	■ Aldi verkauft ein beschränktes Produktsortiment in hohen Stückzahlen, kauft billig ein und arbeitet mit niedrigen Preisen

offensivesmarketing.de

Abbildung 7-15

Besondere Kompetenzen

IKEA – das „unmögliche Möbelhaus" aus Schweden –

www.ikea.de

IKEA bietet seinen Kunden hohe Qualität zu günstigen Preisen. Der Vorteil von IKEA basiert auf überdurchschnittlichen Kompetenzen im Design und in der Produktentwicklung, in der Beschaffung und in der platzsparenden Verpackung, die Lager- und Transportkosten spart.

Die Kompetenz eines Unternehmens zeigt sich im Niveau bzw. der Eignung von Mitarbeitern und Ressourcen, die gesetzten Ziele auch wirklich erfüllen bzw. besondere Ergebnisse auch wirklich erreichen zu können. Es geht also darum, die notwendigen und oft außergewöhnlichen Fähigkeiten und Bereitschaften im Unternehmen zu entdecken, zu fördern und/oder aufzubauen. Die Aus- und Weiterbildung der Mitarbeiter, ihre Erfahrung, ihr Wissen und ihre Motivation können eine zentrale Basis von Wettbewerbsvorteilen sein. Ausgezeichnetes Know-how durch Erfahrungen und Spezialisierung beispielsweise auf Technologien oder Marktsegmente bzw. die Fähigkeit eines Unternehmens, schnell auf Veränderungen zu reagieren, sind wichtige kompetenzbasierte Quellen für Wettbewerbsvorteile.

Besondere Vermögenswerte

Denken wir an einen Gastwirt mit der Genehmigung, ein Bierzelt auf dem Münchner Oktoberfest zu betreiben. Oder an eine Tankstelle, die auch Samstag nachts noch Zeitschriften, Bier, Kartoffelchips und eine Ersatzbatterie für die Fernbedienung nicht nur bereithält, sondern auch gerne verkauft.

Wettbewerbsbeschränkungen

Öffnungszeiten, Standorte, aber auch Zölle, Steuersätze und Monopole sind Wettbewerbsbeschränkungen, die – zusammen mit den Rechten – als besondere Vermögenswerte Wettbewerbsvorteile begründen können.

Rechte

Rechte können verstanden werden als exklusive Nutzungsmöglichkeiten[7]. Schürf-, Förder- und Bohrrechte, Urheber-, Patent- oder Markenrechte gewähren ihrem Inhaber (und nur ihm) die Erlaubnis, die betreffenden Objekte und Informationen zu verwenden, auszuschöpfen und andere von der Nutzung auszuschließen.

Das Beispiel James Bond[8]

Die Marke ***James Bond*** ist äußerst bekannt und populär. Allein die Bond-Filme spielten über drei Milliarden US-Dollar ein. Kein Wunder also, dass viele an dem ökonomischen Potenzial, das sich hinter der „007" verbirgt, teilhaben wollen. Besonders spektakulär war der Versuch von ***Sony Pictures***.

Das Unternehmen versuchte, eine eigene James-Bond-Filmreihe zu starten. Die Umsetzung des Projektes lag in den Händen des bekannten Autoren- und Produzenten-Duos Dean Deavlin und Roland Emmerich, die mit Filmen wie „Independence Day" oder „Godzilla" bereits weltweite Erfolge feiern konnten. Als Darsteller für die Figur des James Bond war der Oscar-Preisträger Liam Neeson bereits fest gebucht. Ähnlich wie in der „originalen" James-Bond-Filmreihe der MGM-Studios sollten im Zwei-Jahres-Turnus Bond-Filme produziert und über Lizenzvergaben hohe Erlöse abgeschöpft werden. Natürlich schreckte die Ankündigung dieses Vorhabens die gesamte Branche auf – insbesondere aber ***EON Productions*** und ***MGM***, die bisherigen Verwerter der Marke James Bond. Diesen außerordentlichen Vermögenswert wollte man nicht mit der Konkurrenz teilen müssen. Die Lage wurde in einem Aufsehen erregenden Prozess juristisch geklärt. Sony wurde es untersagt, weiter an einer Bond-Reihe zu arbeiten. Die Marke James Bond darf weiterhin alleine von EON/MGM genutzt werden.

---

[7] Vgl. Blümelhuber, C.: Rechte als zentrale Wirtschaftsgüter der e-conomy, München 2000, Kap. 12.

[8] Vgl. ebenda, S. 1 ff.

Größenvorteile

Es gilt gerade im Moment nicht als besonders schick, die Größe eines Unternehmens als Erfolgskriterium heraus zu stellen. Denn vielfach werden mit „Größe“ auch Inflexibilität, lähmende Bürokratie und trügerische Selbstzufriedenheit assoziiert. Andererseits kann aber z.B. ein hoher Marktanteil die Rentabilität durchaus positiv beeinflussen.[9] So profitieren Unternehmen, die hohe Marktanteile realisieren, von sinkenden Kosten bei wachsender Ausbringungsmenge *(economies of scale)* und von der bei größeren Absatzmengen steigenden gesammelten Erfahrung (Erfahrungskurveneffekte). Die sinkenden Kosten können beispielsweise über günstige Preise an die Kunden weitergegeben werden. Solche Größeneffekte zeigen sich nicht nur in der Produktion, sondern etwa auch im Einkauf bzw. bei der Beschaffung und im Absatzbereich. Als Beispiele hierfür lassen sich Preisvorteile bei der Beschaffung größerer Mengen oder auch Effizienzvorteile in der Kommunikation nennen.

In fast jeder Branche kann die Größe eines Unternehmens zu finanziellen Vorteilen in der Werbung führen. Eine Werbekampagne, die eine Million Euro kostet, wird eine bestimmte Anzahl von Nachfragern erreichen, wobei es keine Rolle spielt, ob Ihr Unternehmen klein oder groß ist. Wenn der Umsatz bei 100 Millionen Euro liegt, entsprechen die Kosten für die Werbekampagne 1 Prozent des Umsatzes, wenn das Unternehmen allerdings nur 10 Millionen Euro umsetzt, müssen für dieselbe Werbekampagne schon 10 Prozent des Umsatzes aufgewendet werden.

Häufig steigt mit der Größe auch die Marktmacht eines Unternehmens und damit die Möglichkeit, stärkeren Einfluss innerhalb der Branche oder auch branchenübergreifend auszuüben. Dies erklärt auch, warum Marktführer in der Regel sehr viel höhere Gewinnspannen erzielen als die Nummer zwei oder drei auf dem jeweiligen Markt und warum das Erreichen einer führenden Rolle auf einem Markt oft zu den wichtigsten Zielen gehört.

---

9 Vgl. Buzzell, R./ Bradley, T.: The PIMS Principles: Linking Strategy to Performance, Boston 1987, S. 67.

Beziehungsvorteile

Diese können zu Kunden, einflussreichen Managern oder Entscheidungsträgern bestehen. Die Bandbreite reicht von Beziehungen zu Händlern, Partnern, Politikern bis hin zu institutionellen Anlegern.

Relationship-Management

Für Unternehmen, die im internationalen Kunsthandel tätig sind, wie ***Christie's*** oder ***Sotheby's***, sind gute Beziehungen zu bekannten Sammlern eine grundlegende Voraussetzung, um Gewinn bringende Auktionen veranstalten zu können. Gute Beziehungen zu großen Museen und Händlern wiederum sind notwendig, um auf diesen Auktionen auch gute Preise erzielen zu können. Hier besteht natürlich ein enger Zusammenhang, denn man wird wohl kaum Zugang zu erstklassigen Sammlungen finden, wenn man keinen hervorragenden Ruf als Veranstalter erfolgreicher Auktionen genießt.

Ein Beispiel auf einer etwas prosaischeren Ebene: Das Fotofachgeschäft, der Bäcker oder die Reinigung in Ihrem Stadtteil konnten gute Kundenbeziehungen vielleicht dadurch entwickeln, dass die jeweiligen Inhaber ihre Kunden mit Namen begrüßen und guten Service zu vernünftigen Preise bieten.

Welche Wettbewerbsvorteile sind am wichtigsten?

Die relative Bedeutung der einzelnen Wettbewerbsvorteile hängt vom jeweiligen Markt, der Branche und den Kundenerwartungen ab. Eine überlegene Qualität der angebotenen Leistungen zum Beispiel ist vor allem in solchen Märkten wichtig, in denen es den Kunden möglich ist, die Qualität verschiedener Leistungen objektiv zu vergleichen und zu bewerten (z.B. Werkzeugmaschinen oder Waschmittel). In Märkten dagegen, auf denen vor allem das Image eines Produkts zählt und die soziale Komponente ein Schlüsselreiz zum Kauf ist, kann der vom Kunden subjektiv wahrgenommene Vorteil am wichtigsten sein – Hersteller von Parfums, Erfrischungsgetränken, Spirituosen, Zigaretten und Luxusartikeln wissen das nur zu gut. Viele Arten von Wettbewerbsvorteilen hängen eng miteinander zusammen. Die meisten basieren auf der geschickten Nutzung und Kombination vorhandener Vermögenswerte oder Kompetenzen.

Wenn ein Unternehmen einen oder mehrere große Wettbewerbsvorteile aufweisen kann, ist dies natürlich die beste Ausgangssituation. Oft aber besitzen Unternehmen eher viele, kleinere Wettbewerbsvorteile, die in der Summe einen großen Wettbewerbsvorteil darstellen. In allen anderen Fällen (ein Unternehmen besitzt keine Wettbewerbsvorteile bzw. hat diese bisher nicht ausgeschöpft oder hat sogar nur Wettbewerbsnachteile) ist es wirklich bereits „fünf vor zwölf"!

2.3 Wettbewerbsvorteile in strategische Wettbewerbsvorteile und erfolgreiche Strategien umsetzen

Nachdem Sie die strategische Analyse beendet und die für (potenzielle) Kunden wichtigen Wettbewerbsvorteile identifiziert haben, gilt es, folgende Fragen zu klären:

- Wie werden aus Wettbewerbsvorteilen strategische Wettbewerbsvorteile oder, warum sollte ein Kunde immer wieder bei uns einkaufen?
- Mit welcher Strategie können strategische Wettbewerbsvorteile erfolgreich zur Geltung gebracht werden?

Zur ersten Frage: Ein Unternehmen hat dann einen oder mehrere strategische Wettbewerbsvorteile, wenn sein Leistungsangebot von seinen Nachfragern als subjektiv überlegen (gegenüber anderen Alternativen, insbesondere Konkurrenzangeboten) wahrgenommen wird. Ein strategischer Wettbewerbsvorteil (Backhaus spricht von einem komparativen Konkurrenzvorteil[10]) muss dementsprechend folgende drei Anforderungen klar erfüllen. Er muss:

- wichtig für die Kunden sein,
- von ihnen wahrgenommen werden (bzw. geglaubt werden) und
- dauerhaft (zumindest über längere Zeit) gegenüber der Konkurrenz verteidigt werden können.

Auf die Dauerhaftigkeit werden wir in Punkt 2.5 noch einmal näher eingehen. Auf welche Art und Weise (potenziellen) Kunden die für sie wichtigen Leistungsmerkmale kommuniziert werden bzw. wie sie von diesen überzeugt werden sollen, ist Gegenstand der Marketing-

[10] Vgl. Backhaus, K.: Industriegütermarketing, 4. Aufl., München 1999.

Planung (vgl. Kapitel XI). An dieser Stelle wenden wir uns deshalb zunächst der zweiten Frage zu und diskutieren die möglichen Strategien, mit denen sich strategische Wettbewerbsvorteile im Wettbewerb erfolgreich durchsetzen lassen.[11] Diese sind in Abbildung 7-16 im Überblick dargestellt:

Strategien zum Durchsetzen strategischer Wettbewerbsvorteile

- Frontalangriff
- Flankenangriff
- Umzingelung
- Umgehungsstrategie
- Nischenstrategie
- Regionale Konzentration
- Guerillataktik
- Diplomatie

offensivesmarketing.de

Abbildung 7-16

Frontalangriff – Direkte Aktionen gegen die Wettbewerber

Bei dieser Strategie erfolgt ein direkter Angriff auf den Wettbewerber, um ihn in allen für ihn wichtigen Bereichen (z.B. Produkte, Vertriebssystem und Preis) zu treffen. Diese Offensive Ausrichtung des Unternehmens kann nur erfolgreich sein, wenn der Herausforderer über genügend Ressourcen verfügt, um einen Angriff auf die Stärken des Marktführers zu unternehmen.

Der Markteintritt der ***Deutschen BA*** in Deutschland war ein frontaler Angriff gegen die ***Lufthansa***, dem seit Jahren etablierten Marktführer. Auch der aggressive Markteintritt des Einzelhandelsunternehmens ***Wal Mart*** in den deutschen Markt war ein Frontalangriff gegen die etablierten Handelsunternehmen. Um mit einer solchen Strategie erfolgreich zu sein, brauchen Sie im Vergleich zu Ihrer Konkurrenz überragende Leistungen und Ausdauer – Voraussetzungen, die ***Marriott*** mit seiner auf den mittleren Preissektor ausgerichteten Hotelkette ***Courtyard*** erfüllen konnte:

[11] Vgl. hierzu auch Kotler, P./Bliemel, F.: Marketing-Management. Analyse, Planung, Umsetzung und Steuerung, 9. Aufl., Stuttgart 1999, S. 620ff.

www.
marriott.com

Das Beispiel Marriott:

Bis Anfang der achtziger Jahre operierte ***Marriott*** mit seinen 350-Zimmer-Hotels ausschließlich im oberen Preissektor des amerikanischen Hotelmarktes. Als man erkannte, dass das Wachstum im oberen Preissegment in Zukunft nur noch recht mäßig ausfallen dürfte, beschloss man, sich nun auch im mittleren Preissegment zu engagieren. Nachdem man sich vergewissert hatte, dass die größten Wettbewerber – ***Holiday Inn***, ***Ramada Inn*** und ***Howard Johnson*** – von den Kunden nicht besonders gut bewertet wurden (vor allem, weil die entsprechenden Hotels meist älteren Jahrganges waren und mit schwankendem Standard betrieben wurden), begann Marriott, selbst ein entsprechendes Angebot zu entwickeln und zu testen.

Schließlich wurde „Courtyard by Marriott" auf den Markt gebracht. Jedes Hotel hatte 150 Zimmer, der Service war auf das Notwendigste beschränkt, die Sicherheitsmaßnahmen diskret, aber effektiv. Die Zimmer wurden mit großen Schreibtischen, Kingsize-Betten und einem getrennten Wohnbereich ausgestattet. Sie waren größer als die der Wettbewerber, kosteten aber weniger.

Courtyard war ein Frontalangriff auf die Wettbewerber und wurde außer in den USA auch noch in anderen Ländern auf den Markt gebracht. Die Wettbewerber reagierten, indem sie ihre Hotels der mittleren Preisklasse renovierten und die Zimmerpreise senkten. Holiday Inn schlug sogar mit einer eigenen Kette zurück, Holiday Inn Express. Die Planungen für Courtyard waren jedoch so gut, dass sich Marriott gegen seine Wettbewerber durchsetzen konnte und im Mittelpreissegment langfristig Erfolg hatte.

Flankenangriff – Indirekte Aktionen gegen die Wettbewerber

Bei dieser Strategie wird der Wettbewerber an einem Punkt angegriffen, den er nur schlecht verteidigt. Dem Wettbewerber fehlen vielleicht bestimmte Fähigkeiten in diesem Bereich oder er konzentriert seine Ressourcen auf andere Bereiche seines Unternehmens. Ein Angriff in diesem Bereich wird in der Regel eine weniger heftige Reaktion hervorrufen als eine direkte Aktion und auch weitaus weniger Ressourcen verbrauchen, weil sich der Konkurrent – zumindest kurzfristig gesehen – nicht direkt bedroht fühlt. Eine andere Ausprägung dieser Strategie besteht darin, die Wettbewerbsregeln zu ändern, indem man neue Produkte, Technologien oder Absatzwege entwickelt. Den Flankenangriff eines Wettbewerbers sollten Sie nicht ignorieren, auch dann nicht, wenn der gesamte Markt dadurch wächst und der Umsatz Ihres Unternehmens davon zunächst nicht beeinflusst wird.

Der Markteintritt von ***Airbus*** vor mehr als 25 Jahren war ein Musterbeispiel für einen Flankenangriff gegen den Marktführer ***Boeing***. Airbus brachte ein Flugzeug auf den Markt, das sich im Konzept komplett von den vorhandenen Modell von Boeing abhob. Der Airbus war für eine Art von Flugroute konzipiert, für die es bislang kein Angebot gab. Boeing fühlte sich, da das Unternehmen in diesem Bereich nicht tätig war, nicht direkt bedroht und reagierte dementsprechend auch nur verhalten auf den Angriff. Heute ist Airbus erfolgreich am Markt und tritt auch in direkte Konkurrenz zu Boeing.

Umzingelung

Bei dieser Strategie wird der Wettbewerber aus allen Richtungen angegriffen, so dass er nicht mehr auf alle Bedrohungen reagieren kann. Wie auch der Frontalangriff ist diese Methode nur dann zu empfehlen, wenn der Herausforderer über wirklich überlegene Ressourcen verfügt. Diese Strategie lässt sich anschaulich am Beispiel des Markteintritts der Uhrenmarke ***Seiko*** darstellen.

www.seiko.com

Die in Privatbesitz befindliche ***Seiko Corporation*** ist einer der erfolgreichsten Vertreter dieser Strategie und bietet unter den verschiedenen Marken (z.B. Lorus, Pulsar und ***Seiko***) weltweit über 2.000 Uhrenmodelle an. Die einzelnen Länder können sich aus dem weltweit gültigen Katalog eigene Sortimente aussuchen. Durch die Aufnahme bei fast allen Händlern, ein attraktives Sortiment und offensive Modellwechsel wurden die Konkurrenten, die mit durchschnittlich nur 400 Modellen ein eher schmales Sortiment anboten, überrumpelt.

Umgehungsstrategie

Während bei der Umzingelung noch versucht wird, den Wettbewerber direkt anzugreifen, handelt es sich bei der Umgehungsstrategie um eine indirekte Vorgehensweise. Man versucht nicht, den Konkurrenten mit verbesserten, aber ähnlichen Produkten anzugreifen, sondern nutzt die Dynamik des Marktes und entwickelt als Herausforderer ein Produkt der nächsten Technologiestufe. So lässt sich die direkte Konfrontation umgehen und der Wettbewerb mit überlegenen Produkten schlagen. Ein gutes Beispiel hierfür stellt die Strategie von ***Minolta*** dar.

Canon war Marktführer im Segment für hochwertige Spiegelreflexkameras und wurde von ***Minolta*** mit einer hochwertigen Spiegelreflexkamera mit Autofokus überrascht. Minolta konnte seinen Marktanteil mit dieser Strategie auf 30% ausbauen und langfristig sichern. Der umgangene Marktführer Canon brauchte drei Jahre, um sich von diesem Angriff zu erholen.

www. minolta.de

Nischenstrategie

Die Kernidee hinter einer Nischenstrategie ist die Spezialisierung des Unternehmens auf einen bestimmten Bereich. Nischenmärkte sind in der Regel zu klein oder zu spezialisiert, um große Wettbewerber anzuziehen. Sie sind sozusagen kleine Häfen, in die die „Supertanker" nicht einlaufen können. In ihrem überschaubaren Bereich kennen die Unternehmen ihre Abnehmer extrem gut und können daher deren Bedürfnisse genau befriedigen. Es fällt ihnen wesentlich leichter, einen hohen Netto-Kundennutzen zu generieren, als Unternehmen, die für einen Massenmarkt produzieren. Nischenmärkte können für große Unternehmen vor allem dann uninteressant sein, wenn sie sich dafür spezielle Kenntnisse aneignen müssten oder das maximal erzielbare Umsatzvolumen so klein ist, dass sich hohe Fixkosten nicht amortisierten.

Nischenprodukte sind deshalb auch meistens in der oberen Preiskategorie angesiedelt, damit so die höheren Kosten für Produktion und Distribution kleinerer Stückzahlen kompensiert werden können. Eine Nischenstrategie kann in viele Richtungen führen. Die Nische kann das Ziel selbst sein oder nur Zwischenstopp für den Einstieg in einen größeren Markt.

Auch ***Kellogg's*** und ***Coca-Cola*** haben als Nischenmarken angefangen. Kellogg's war ursprünglich ein Reformkostprodukt, das „Sanitas Corn Flakes" genannt wurde. Coca-Cola wurde von einem Apotheker erfunden und anfänglich als Arzneimittel verkauft.

Der schwedische ***Volvo*** war ursprünglich ein Nischenprodukt, das auf eine kleine Gruppe von Kunden mit einem hohen Sicherheitsanspruch abzielte. Diese Kunden wollten außerdem ein praktisches Auto mit langer Haltbarkeit haben – an gutem Design oder starker Motorleistung dagegen waren sie nicht sonderlich interessiert. Aber durch Verbesserungen in Design und Motorleistung konnte der Kundenkreis inzwischen erweitert werden.

www.volvo. com

Eine Nische kann allerdings auch – wenn sie attraktiv ist – schnell zu einem Massenmarkt werden, auf dem die Preise mit zunehmendem Volumen immer mehr sinken und die Nischenanbieter sich plötzlich neben Massenanbietern mit gewaltigen Ressourcen behaupten müssen. Drei der wichtigsten Faktoren, die eine solche Veränderung des Marktes vorantreiben, sind:

- **Marktwachstum**. Ein Nischenmarkt kann so stark wachsen, dass er auch für andere Wettbewerber wieder interessant wird.
- **Übernahme** eines Nischenanbieters durch ein größeres Unternehmen, das über genügend Ressourcen verfügt, um neue Marken zu entwickeln und ein hohes Umsatzvolumen anzustreben.
- **Einstieg** in einen Nischenmarkt durch einen wichtigen Branchenführer. Dies zieht in der Regel andere Wettbewerber aus dem Massenmarkt an, die schnell reagieren, um nur ja nichts zu verpassen.

Für ein Unternehmen ist es einfach, sich vorzumachen, es wäre mit seiner Marke ein Nischenführer, obwohl es in Wirklichkeit nur eine schwache *me-too*-Position auf dem Massenmarkt hat. Unter rothaarigen Musikern in Berlin ist Ihr Shampoo vielleicht der Marktführer, aber ist das wirklich ein Erfolg versprechendes Marktsegment?

Wann ist ein Nischenprodukt ein getarntes *me-too*-Produkt?

Anforderung an ein echtes Nischenprodukt	Fragen
Unverwechselbarer Nutzen	Inwiefern ist das Produkt oder die Dienstleistung anders als andere Produkte und Dienstleistungen? Ist dem Kunden das bewusst?
Eng definierte Nutzenversprechen	Hat das Nutzen-/Produktversprechen eine starke Anziehungskraft für eine klar definierte Zielgruppe?
Premiumpreis	Wie hoch ist der Preis im Verhältnis zum Massenmarkt?
Eindeutig definiertes Segment	Wird das Nischensegment von den Nachfragern als solches angesehen oder existiert es nur in den Köpfen der Marketer?

offensivesmarketing.de

Abbildung 7-17

Ein echtes Nischenprodukt hebt sich eindeutig von den Wettbewerbern auf dem Massenmarkt ab, ist auf eine kleine Kundengruppe zugeschnitten und wird relativ teuer verkauft. Anhand der in Abbildung 7-17 genannten Anforderungen lässt sich feststellen, ob ein mutmaßliches Nischenprodukt nicht vielleicht doch nur ein getarntes *me-too*-Produkt ist.
Ein Markt kann sich für das gleiche Produkt in einem Land als Massenmarkt und in einem anderen Land als Nische darstellen. Die Zigarettenmarken ***Gauloises*** und ***Gitanes*** zum Beispiel sind in Frankreich Marktführer, werden in anderen Ländern aber nur von einem kleinen Kreis hartgesottener Tabakfans geschätzt.

Regionale Konzentration

Hinter dieser Strategie steckt das Prinzip, dass es besser ist, ein großer Fisch in einem kleinen Teich zu sein, als ein kleiner Fisch im Ozean. Zusammen mit guten Kenntnissen über den lokalen Markt kann eine regionale Konzentration dem Marketing-Manager den Vorteil verschaffen, einen Marktführer *„en miniature"* zu besitzen und gleichzeitig schnell auf Änderungen des Marktes reagieren zu können, was nationalen oder internationalen Großunternehmen eben nicht gelingt.
Der deutsche Biermarkt ist ein gutes Beispiel für eine erfolgreiche regionale Konzentration durch lokale Brauereien (z.B. ***Augustiner*** in München). Genau wie eine Nischenstrategie kann auch die regionale Konzentration als Einstiegspunkt für einen Markt genutzt werden. ***Warsteiner*** Pils hat in Deutschland z.B. als regionale Marke angefangen und sich erst allmählich zur landesweit bekannten Marke entwickelt.

www. warsteiner.de

Regionale Konzentration kann auch als kontinuierliche Strategie verwendet werden. Eine ganze Reihe von Unternehmen hat die Entscheidung getroffen, sich nur auf große Inlandsmärkte – wie zum Beispiel Deutschland, USA oder Japan – oder auf eine beschränkte Anzahl von Ländern zu fokussieren. Regionale Konzentration ist insbesondere in großen Ländern oder Ländergruppen nach wie vor eine empfehlenswerte Strategie für Unternehmen mit echten lokalen Stärken und für Märkte, in denen Reaktionsschnelligkeit oder Service-Qualität besonders wichtig sind. Bei Bier, Wein, Spirituosen, im Versorgungswesen oder Einzelhandel gibt es viele erfolgreiche lokale Unternehmen, in anderen Branchen, z.B. der pharmazeutischen Industrie, der Unterhaltung, bei Computern oder Gebrauchsgütern dagegen nur wenige, weil hier häufig Größenvorteile entscheidend sind.

Guerillataktik

Das bekannteste Buch zu diesem Schlagwort stammt von Che Guevara, der die wichtigsten Elemente der Guerillataktik folgendermaßen definiert:

- Sieg über den Feind als ultimatives Ziel
- Einsatz von Überraschungseffekten
- Taktische Flexibilität

Bei der typischen Guerillataktik wird ein schwaches Produkt eines Wettbewerbers, dessen Position im Einzelhandel oder ein kleines regional genau abgegrenztes Gebiet angegriffen. Obwohl eine solche Guerillataktik in der Regel von kleinen Unternehmen angewandt wird, weil sie Reaktionsschnelligkeit und Flexibilität erfordert, greifen manchmal auch größere Unternehmen zu dieser Strategie und bringen so genannte „Kampfmarken", die meist im unteren Preissegment angesiedelt sind, heraus. Diese Marken sind entweder ein Mittel, um freie Kapazitäten zu nutzen, oder sie sollen Druck auf Wettbewerber ausüben, und zwar in strategisch wichtigen Segmenten. Kleinere Unternehmen setzen im Kampf gegen große Wettbewerber oft auf Überraschungseffekte und taktische Flexibilität. Einige Beispiele:

www.virgin.co.uk

Virgin konkurriert ständig gegen große, internationale Unternehmen, unter anderem im Musiksektor, bei Fluggesellschaften und bei Finanzdienstleistungen. Es setzt dabei unter anderem folgende unkonventionellen „Waffen" ein:

- **Rechtliche Schritte** oder deren Androhung. Virgin zieht zwar nur selten vor Gericht, aber wenn es doch einmal dazu kommt, gewinnt das Unternehmen in der Regel auch. Juristische Aktionen dienen als Abschreckung für den Wettbewerb, sorgen für Aufsehen in den Medien und erhöhen den Bekanntheitsgrad des Unternehmens beim Nachfrager. Darüber hinaus lassen sich große Unternehmen nur ungern den Vorwurf machen, mit unfairen Mitteln gegen kleinere Wettbewerber vorzugehen.

- **Event-Marketing.** Aktivitäten wie der Geschwindigkeitsrekord für eine Atlantiküberquerung per Schiff oder die Weltumrundung mit einem Heißluftballon sorgen nicht nur für eine preiswerte Publicity, die normalerweise mehrere Millionen Euro kosten würde, sondern dienen auch der Förderung von Virgins Image als abenteuerlustiges, unkonventionelles Unternehmen.
- **Redaktionelle Beiträge** in der nationalen Presse zu Themen, die Virgin betreffen – etwa über den Wettbewerb unter Fluggesellschaften – sorgen für eine hohe Präsenz in den Medien und werden vom Leser als redaktionelle Beiträge angesehen.

Der lokale texanische Windelhersteller ***Drypers*** konkurrierte in den USA mit den marktführenden Windelmarken ***Pampers*** und ***Luvs*** von ***Procter & Gamble*** und griff im heimischen Houston mit einer Niedrigpreisstrategie an. Daraufhin überschwemmte P&G den Markt mit Rabattcoupons im Wert von 2 Dollar. Drypers konterte mit 2-Dollar- „Wandelcoupons" und gab bekannt, dass die 2-Dollar-Coupons von P&G für den Kauf von Drypers verwendet werden konnten. Der Einzelhandel nahm die „Wandelcoupons" beim Kauf von Drypers an, und viele Händler schickten die Coupons aus Versehen an P&G, um ihr Geld zurückzubekommen.

www. drypers.com

DRYPERS

Für kleine Unternehmen ist es schwierig, die Guerillataktik über längere Zeit hinweg durchzuhalten. Entweder sie wachsen stark oder werden – nach einigen taktischen Erfolgen – an einen größeren Wettbewerber verkauft, wie z.B. ***Minnetonka***, die einige Jahre lang Procter & Gamble und ***Colgate*** durch Innovationen bei Flüssigseife und Zahnpasta das Leben schwer machten und schließlich von ***Johnson Wax*** übernommen wurden.

Diplomatie

Diplomatie ist jede Form der externen Zusammenarbeit, wie z.B. Übernahmen, Joint Ventures, Lizenzvergaben oder strategische Kooperationen. Bildlich gesprochen kann man mit Diplomatie einen Krieg gewinnen, ohne einen einzigen Schuss abgeben zu müssen. Aufgrund der zunehmenden Auflösung von Produkt- und Marktgrenzen (Business Migration), externem Branchen-Benchmarking, Globalisierung und hohen Kosten für die Entwicklung neuer Technologien ist sie vermutlich die Methode, deren Popularität am schnellsten steigt.

Das führt häufig dazu, dass Unternehmen in manchen Ländern und Märkten mit anderen Unternehmen zusammenarbeiten, in anderen Ländern wiederum konkurrieren. Diese Fähigkeit von Unternehmen zur *„Co-Opetition"* (*cooperation* und *competition*) ist besonders in vielen neu entstandenen Netzwerken für den Unternehmenserfolg entscheidend. Ein sehr anschauliches Beispiel für diese Entwicklung liefert das Unternehmen ***Cisco***.

Das Beispiel Cisco:

www.cisco.com

Cisco ist ein Unternehmen, das sich nicht nur auf die Herstellung von Netzwerklösungen im Internet spezialisiert hat, sondern auch wie ein Netzwerk organisiert ist. Cisco verkauft seine Produkte weltweit (115 Länder) über verschiedenste Absatzkanäle. Im Gegensatz zu vielen anderen Firmen legt sich Cisco aber nicht auf eine Technologie fest, sondern bewertet und konsolidiert alle technologischen Entwicklungen (völlig unabhängig von den eigenen Forschungsbemühungen), die Bedürfnisse seiner Kunden und wählt dann aus den Vielzahl der vorhandenen Optionen die optimale aus. Damit befindet sich dieses Unternehmen in der Mitte dieses Netzwerks – dort, wo alle „Fäden" zusammenlaufen. Die Unternehmensphilosophie von Cisco spiegelt sich im sogenannten *„global networked business"*-Ansatz wider. Ziel ist es, ein starkes interaktives Netzwerk mit allen Anspruchsgruppen aufzubauen. Damit soll besonders die unternehmenseigene Informations-Infrastruktur für alle Schlüsselanspruchsgruppen geöffnet werden, die damit zu einer Art „Selbstbedienungsladen" für Informationen wird. Dieses Netzwerkmodell spart Cicso nicht nur geschätzte 825 Millionen Dollar pro Jahr an *operating costs*, sondern führt gleichzeitig noch zu einer gesteigerten Kundenzufriedenheit aufgrund genauerer verfügbarer Informationen und zu Wettbewerbsvorteilen in den Bereichen Kundendienst, Bestellwesen und Realisierung. 87% aller Bestellungen, die bei Cisco eingehen, kommen über das Internet und 81% aller Bestellungen werden vom Kunden selber konfiguriert. Die Beschaffung wird über B2B-Marktplätze betrieben, der Absatz erfolgt über fremde Kanäle. Und selbst der klassische Produktionsbereich ist keine unternehmenseigene Kernfähigkeit mehr, denn von 17 weltweiten Produktionsstätten betreibt Cisco gerade noch zwei selbst. Damit wird in diesem Unternehmen das Offensive Marketing zur zentralen Unternehmensaufgabe schlechthin, um alle Beziehungen dieses Netzwerkes zu managen und zu koordinieren.

Dieses Beispiel zeigt auch, dass diese Netzwerke, die aufgrund vorhandener Technologien entstehen, nicht mehr alleine auf Verträgen basieren können, sondern immer mehr durch informelle Zusammenarbeit gekennzeichnet sind. In dieser Umgebung ist natürlich die Diplomatie für den Erfolg eines Unternehmens von größter Bedeutung. Die Organisation von Unternehmen in Netzwerken führt bereits zur Ausbildung reiner Netzwerkunternehmen (z.B. Cisco, Microsoft), die ihren großen wirtschaftlichen Erfolg auf das diplomatische managen von Netzwerken gründen. Hierfür sind selbstverständlich ganz andere Fähigkeiten erforderlich als für einen Angriff. Auch Unternehmen, die sowohl Marken- als auch Handelsmarkenprodukte herstellen, müssen jeden Tag aufs Neue wieder mit ihren Distributoren konkurrieren und kooperieren, die in den meisten Fällen ebenfalls starke Marken besitzen. Immer mehr Unternehmen bilden lokale oder globale Allianzen, vor allem in *high-tech*-Branchen, Kommunikation und Unterhaltung. Motorola zum Beispiel ist globale Allianzen mit IBM, Philips, Siemens, British Telecom und Toshiba eingegangen.

www.cisco.com
www.microsoft.com

Auswahl der richtigen Strategie

Bei der Auswahl der richtigen Strategie muss ein Unternehmen das verfügbare Repertoire einschätzen, Alternativen erwägen und dann eine eindeutige Entscheidung treffen. Alle der oben erläuterten Strategien sind für jede Art von Unternehmen möglich. Bei der Auswahl der Strategie spielen vor allem die Faktoren Größe und verfügbare Ressourcen, Stärken, Wettbewerbsschwächen und Marktchancen eine Rolle. Eine gründliche Untersuchung der Schlüsselfaktoren wird es Ihnen ermöglichen, eine erfolgreiche Strategie auszuwählen und die gemäßigte Mitte zu vermeiden, die weniger erfolgreiche Unternehmen bevorzugen. Auf den meisten Märkten ist Platz für einen Markenführer, eine von diesem deutlich abgegrenzte Nr. 2, einen Niedrigpreisanbieter und mehrere Nischenanbieter. Wenn Ihr Unternehmen bzw. Ihre Marke eine *me-too*-Nr. 3 oder -Nr. 4 ist, haben Sie oft keine Erfolg versprechende Strategie und werden, abhängig von der Dynamik des Wettbewerbs, nicht lange überleben – es sei denn, Sie fangen schleunigst an, eine Strategie zu entwickeln.

2.4 Flexibilität wahren

Erfolgreiche Strategien müssen gepflegt, aktualisiert und modifiziert werden, damit sie mit den wechselnden Anforderungen des Verbrauchers und der Wettbewerbssituation Schritt halten können, ansonsten nutzen sie sich sehr schnell ab und sind nicht mehr zu gebrauchen. Unternehmen mit ehemals erfolgreichen Strategien, wie zum Beispiel ***Polaroid***, haben auf diese Weise den Anschluss verloren. Im Fall von Polaroid wurde der Wettbewerbsvorteil des Unternehmens durch das langsame Wachstum der Amateurfotografie und die verbesserte Produktleistung von Wettbewerbern, die keine Sofortbildkameras herstellten, zunichte gemacht.

Strategische Flexibilität

Dieses einfache Beispiel verdeutlicht bereits die Bedeutung der strategischen Flexibilität, deren Relevanz durch die Entwicklungen im Bereich der sogenannten „Internet-Ökonomie" in den nächsten Jahren noch weiter zunimmt. Wenn Sie davon betroffen sind, wird flexible Anpassung an sich oftmals diskontinuierlich ändernde Rahmenbedingungen zur zentralen strategischen Herausforderung.
Selbst erfolgreiche Produktinnovationen oder neue Geschäftsmodelle verringern den hohen Veränderungsdruck in diesen dynamischen Märkten nur für kurze Zeit. Entsprechend stellt Tim Mannon, Präsident der Geschäftseinheit „Drucker" bei Hewlett-Packard, fest:

Zitat:

„The biggest single threat to our business today is staying with a previously successful business model one year too long".[12]

Aufgrund der anhaltenden und sich oftmals beschleunigenden Dynamik in immer mehr Branchen wird die Fähigkeit, schneller als die Konkurrenz zu lernen und sich schneller als die Konkurrenz an die neuen Entwicklungen anzupassen, zu einem strategischen Wettbewerbsvorteil. In Abbildung 7-18 sind zentrale Faktoren aufgelistet, die zu einer Abnutzung der einmal gewählten Strategie beitragen und einen Strategiewechsel begründen können.

[12] Zitiert in: Pascale, R.T: Surfing the Edge of Chaos, in: Sloan Management Review, Spring 1999, S. 83–94.

Ursachen für die Abnutzung einer Strategie	
1.	Änderungen bei Kundenanforderungen
2.	Änderungen in den Vertriebswegen
3.	Innovationen von Wettbewerbern
4.	Schlechte Umsetzung
5.	Zu wenig kontinuierliche Investitionen
6.	Unüberlegte Veränderungen an einer erfolgreichen Strategie (eine Spezialität rasender Zwerge)

Abbildung 7-18

1. **Änderungen in den Kundenwünschen.** Obwohl sich die Kundenwünsche immer schneller ändern, vollzieht sich der Wechsel doch nach wie vor schrittweise und über mehrere Jahre hinweg. Ein Unternehmen, das Wert auf Kundennähe legt, dürfte daher problemlos in der Lage sein, die Umsetzung seiner Strategien an wechselnde Kundenbedürfnisse anzupassen und entsprechend zu verbessern. Wird eine Aktualisierung der Strategien versäumt, liegt das oft an der Selbstzufriedenheit, die Erfolge in der Vergangenheit zuweilen mit sich bringen, und (frei nach dem Motto *„never change a winning team"*) an dem Widerwillen, an einer bislang erfolgreichen Strategie „herumzubasteln".

2. **Änderungen in den Vertriebswegen.** Die Reaktion auf Änderungen in den Vertriebswegen ist oft schwieriger als eine Anpassung der Strategie an neue Anforderungen des Kunden, weil sich ein Unternehmen vorhandenen Kunden gegenüber in der Regel loyal verhalten und diese nicht durch die Einführung neuer Vertriebswege erschrecken will – oder vielleicht auch gar nicht in der Lage ist, neue Vertriebswege zu implementieren.

3. **Innovationen von Wettbewerbern.** Innovationen sind immer eine ernst zu nehmende Bedrohung, sowohl von vorhandenen als auch neuen Wettbewerbern.

4. **Schlechte Kontrolle der Unternehmenskosten.** Unzureichende Kostenkontrolle kann dazu führen, dass eine starke Strategie

durch schlechte Umsetzung zunichte gemacht wird, was wiederum den Wert für den Kunden verringert.

5. **Keine kontinuierlichen Investitionen.** Selbst starke Strategien verkümmern im Laufe der Zeit, wenn sie nicht durch Investitionen in Produkte und Dienstleistungen, moderne Fertigungsanlagen und Investitionen in Kundenkommunikation und -service unterstützt werden.

6. **Unüberlegte Änderungen einer erfolgreichen Strategie.** Dafür gibt es verschiedene Gründe. Nach der Übernahme eines Unternehmens zum Beispiel kann es vorkommen, dass die neuen Besitzer in einer Art Reflexreaktion entscheiden, eine völlig neue Richtung einzuschlagen. Wenn ein komplett neues Management von außen eingestellt wird, kann es zu einer ähnlichen Reaktion kommen. So seltsam es klingen mag, aber manche Unternehmen sind es nach einiger Zeit leid, immer der gleichen Strategie zu folgen – selbst wenn sie erfolgreich gewesen ist – und streben nach Änderungen um ihrer selbst willen.

Gerade Unternehmen, die lange Zeit sehr erfolgreich sind, versäumen häufig, ihre Strategien dynamisch den veränderten Rahmenbedingungen anzupassen. Wenn Unternehmen die Früchte einer ehemals erfolgreichen Strategie oder eines expandierenden Marktes ernten, glauben sie gerne, dass das ewig so weitergehen wird. Die Realität sieht jedoch oft ganz anders aus.

2.5 Controlling der Strategie

Die Unternehmensführung findet in vielen Unternehmen in einem Umfeld statt, das von Jahres- und Quartalsbilanzen regiert wird (vgl. hierzu auch Kapitel II). Die Berichterstattung bleibt in einem Rechungswesen verankert, das schon vor Jahrhunderten für abgeschlossene Transaktionen zwischen kleinen und voneinander unabhängigen Organisationen entwickelt wurde. Dieses Berichtwesen dominiert auch heute noch – im Informationszeitalter – die Unternehmen, die allerdings längst nicht mehr rein isoliert und gewinnorientiert agieren, sondern versuchen, auch immaterielle Werte (Wissen, loyaler Kundenstamm, Markenimage, Aufmerksamkeit etc.) zu schaffen und immer öfter auch strategische Allianzen mit externen Parteien bilden. Diese Entwicklungen haben natürlich auch massive Auswirkungen auf die strategischen Aspekte der Unternehmensführung. Gerade auch bei der Überprüfung des Erfolgs der gewählten Strategie kann man sich deshalb nicht mehr auf die traditionellen Kennzahlen verlassen, sondern muss neue Wege in der Bewertung gehen. Die Abbildung 7-19 verdeutlicht, dass – je nach gewählter Strategie – eine differenzierte Betrachtung nötig ist.

Unterschiedliche Strategien erfordern eine differenzierte Messung der Performance[13]

Strategische Zielsetzung	Strategische Kennzahlen	
	Spätindikatoren	**Frühindikatoren**
Finanzen		
F1 Umsatzsteigerung	Kapitalrendite	
F2 Streuung der Einnahmequellen	Umsatzwachstum	Streuung der Ertragsquellen
F3 Verbesserung der Kostenstruktur	Kostenveränderungen in Einlagengeschäften	
Kunden		
K1 Verbesserung der Kundenzufriedenheit mit Produkten/DL	Segmentanteil	Intensität der Kundenbeziehung
K2 Steigerung der Zufriedenheit „nach dem Kauf"	Kundenloyalität	Kundenzufriedenheitsumfrage
Intern		
I1 unsere Kunden verstehen		
I2 Innovative Produkte schaffen	Umsatz aus neuen Produkten	Produktentwicklungszyklen
I3 *cross-selling*	cross-selling-Rate	Kundenkontaktdauer
I4 Umleitung der Kunden in kostengünstige Absatzwege	Veränderung des Vertriebskanal-Mix	
I5 operative Probleme minimieren		
I6 zuvorkommender Service	Reaktionszeit	
Lernen		
L1 Entwicklung strategischer Fähigkeiten		Qualifikationsrate f. strat. Tätigkeiten
L2 Zugang zu strategischer Information	Mitarbeiterzufriedenheit,	Verfügbarkeit strat. Informationen
L3 Ausrichtung persönlicher Ziele	Einkommen pro Mitarbeiter	Ausrichtung pers. Zielvorgaben (%)

offensivesmarketing.de

Abbildung 7-19

Rein finanzielle Kennzahlen sind also sicherlich nicht mehr (oder zumindest nicht ausschließlich) dazu geeignet, Unternehmen durch den Wettbewerb zu führen. Sie zeigen nur an, was in der vergangenen Berichtsperiode richtig oder falsch gemacht wurde, haben aber keinen Zukunftsbezug. Hierzu ein Zitat von Larry Brady, Präsident der ***FMC Corporation***:

[13] Schiemann, W. / Lingle, J.: Bullseye! Hitting your strategic targets, New York u.a. 1999.

Zitat

„Als ein hoch diversifiziertes Unternehmen ... war die ROCE-Kennzahl (*return on capital employed*) sehr wichtig für uns. Am Jahresende belohnten wir die Bereichsleiter für die Erfüllung der finanziellen Leistungsziele. So hatten wir das Unternehmen 20 Jahre lang erfolgreich geführt. Woher jedoch zukünftiges Wachstum und ein Aufbruch zu neuen Ufern kommen sollten, wurde immer unklarer. Wir waren zu einem Unternehmen mit hoher Kapitalrendite geworden und hatten aber ein zu geringes Wachstumspotenzial zu verzeichnen. Aus unseren GuV-Rechnungen war auch nicht ersichtlich, ob wir in Bezug auf langfristige Initiativen überhaupt einen Erfolg zu verzeichnen hatten.“[14]

Qualitative Leistungsindikatoren wie Kundenzufriedenheit, Kundenbindung, Image, Flexibilität, Innovationsfähigkeit, Aktualität von Datenbanken, Wissen über die Kunden etc. lassen sich in traditionellen Kennzahlensystemen nicht erfassen. Selbst wenn ein Unternehmen interne Untersuchungen zu diesen Kennziffern durchführt, so erscheinen diese doch in keiner Bilanz und werden in der Regel auch nicht systematisch zur Steuerung der Zielerreichung eingesetzt. Ein Unternehmen, das seine Strategie aber z.B. an der Qualität der Kundenbeziehung oder der Kundenzufriedenheit ausrichtet, sollte seine Leistung auch an eben diesen qualitativen Kennzahlen messen können und nicht nur an rein finanziell ausgerichteten Zielgrößen wie dem Gewinn oder dem Cash Flow.

Die Balanced Scorecard

Die amerikanischen Wissenschaftler Robert Kaplan und David Norton haben vor diesem Hintergrund ein Kennzahlensystem – die Balanced Scorecard (BSC) – entwickelt, das zwar auch vergangenheitsorientierte finanzielle Kennzahlen enthält, diese aber um die treibenden Faktoren zukünftiger Leistungen erweitert. Die BSC hat damit einen Vergangenheits- und einen Zukunftsbezug. Welche Kennzahlen in der BSC dabei tatsächlich genau auftauchen, hängt von der jeweiligen Vision und der Strategie des Unternehmens ab, insbesondere sucht die BSC aber einen Ausgleich von

Kennzahlen der BSC

- **externen** (für Teilhaber und Kunden) und **internen** (für kritische Geschäftsprozesse, Innovation und Wachstum) Messgrößen,

[14] Kaplan, R.S.: An Interview with Larry D. Brady: Implementing the Balanced Scorecard at FMC Corporation, in: Harvard Business Review, 5/1993, S. 145.

- Messgrößen für Ergebnisse **vergangener** Tätigkeiten und Kennzahlen, die **zukünftige** Tätigkeiten antreiben und
- **objektiven**, leicht zu quantifizierenden Ergebniskennzahlen und **subjektiven**, urteilsabhängigen Leistungskennzahlen.

Kommunikations-, Informations- und Lernsystem

Die Balanced Scorecard erfasst die kritischen Wertschöpfungsaktivitäten, die durch ausgebildete und motivierte Mitarbeiter geschaffen werden. Die finanziellen Kennzahlen in der BSC erhalten das Interesse der Mitarbeiter an kurzfristig orientierter Leistung, gleichzeitig offenbaren die nicht finanziellen Kennzahlen der BSC die Werttreiber für langfristige und wettbewerbsfähige Leistungen.[15]

Eine der zentralen Aufgaben einer BSC ist also auch und vor allem in der Klärung und Kommunikation der Strategie zu sehen: Die eher allgemein formulierte Strategie eines Geschäftsbereiches wird auf einzelne Abteilungen und sogar einzelne Mitarbeiter heruntergebrochen. Durch die in der BSC enthaltenen Kennziffern wird jeder Abteilung verdeutlicht, wie sie zur Umsetzung der Unternehmensstrategie beitragen kann und an der Erreichung bestimmter Sollvorgaben für diese Kennzahlen kann der Beitrag jeder Abteilung an der erfolgreichen Umsetzung der Strategie gemessen und beurteilt werden.

Die BSC ist also kein herkömmliches Kontrollsystem, sondern ein Kommunikations-, Informations- und Lernsystem. Die in der BSC zusammengefassten Kennzahlen sollen nicht nur der Verhaltenskontrolle oder der Bewertung vergangener Leistungen dienen, sondern vor allem auch der Kommunikation der Unternehmensstrategie und der Ausrichtung aller Unternehmensaktivitäten (persönlich, abteilungsbezogen und abteilungsübergreifend) auf ein gemeinsames vorformuliertes Ziel. Ein Beispiel:

> „25 Top-Manager eines Finanzdienstleistungsunternehmens dachten, sie wären sich einig über die Unternehmensstrategie: exzellenter Service für ausgewählte Kunden. Bei der Formulierung der Kundenziele für die Scorecard wurde jedoch klar, dass jeder der Manager eine andere Vorstellung von exzellentem Service und ausgewählten Kunden hatte. Die Entwicklung der operativen Kennzahlen für die Scorecard brachte schließlich einen

[15] Vgl. Kaplan, R. / Norton, D.: Balanced Scorecard – Strategien erfolgreich umsetzen, Stuttgart 1997, S. 8.

Konsens zwischen allen 25 Managern, welcher Kundenkreis nun ausgewählt werden sollte und welche Produkte und Dienstleistungen die Bank diesen Kunden anbieten sollte."[16]

Analyse der Werttreiber des Unternehmens

Die Grundlage für die erfolgreiche Aufstellung und Implementierung einer Balanced Scorecard ist in einer gründliche Analyse der Werttreiber und von Ursache-Wirkungs-Beziehungen im Unternehmen zu sehen. Den Rahmen für diese Analyse bilden dabei die folgenden vier Perspektiven:

Die finanzielle Perspektive. Gibt einen Überblick über die wirtschaftlichen Konsequenzen früherer Aktionen und zeigt an, ob die Umsetzung der Unternehmensstrategie überhaupt eine Ergebnisverbesserung bewirkt. Typische Kennzahlen: Kapitalrendite, Gewinn, Umsatzwachstum, Cash Flow.

Die Kundenperspektive. Hier identifiziert das Management Kunden- und Marktsegmente, in welchen das Unternehmen tätig sein soll, sowie Kennzahlen zum Erfolg der Geschäftseinheiten in den einzelnen Segmenten. Typische Kennzahlen: Kundenzufriedenheit, Kundenbindung, Kundenwert, Marktanteile etc.

Die interne Prozessperspektive. Hier werden kritische interne Prozesse definiert, auf die Verbesserungsschwerpunkte gesetzt werden müssen. Das Augenmerk liegt dabei nicht nur auf der Verbesserung bestehender Prozesse, sondern auch auf der Identifikation neuer Prozesse. Typische Kennzahlen: Kundenintegration, Innovationsfähigkeit, Durchlaufzeiten, Prozessoptimierung.

Die Lern- und Entwicklungsperspektive. Hier soll diejenige Infrastruktur identifiziert werden, die die Organisation schaffen muss, um langfristig Wachstum und Verbesserung zu sichern. Typische Kennzahlen: Mitarbeiterzufriedenheit, Mitarbeiterfluktuation, Firmentreue, Training und Ausbildung, Qualität und Effektivität der Anreizsysteme.

Abbildung 7-20 stellt die unterschiedlichen Perspektiven der BSC etwas genauer dar.

[16] Kaplan, R. / Norton, D.: Balanced Scorecard – Strategien erfolgreich umsetzen, Stuttgart 1997, S. 11.

Balanced Scorecard: Eine umfassende Controlling-Perspektive[17]

Perspektive	Allgemeine Kennzahlen
• Finanzwirtschaftliche Perspektive	• ROI und economic value-added (EVA)
• Kundenperspektive	• Zufriedenheit, Treue, Markt- und Kundenanteil
• Interne Perspektive	• Qualität, Reaktionszeit, Kosten, Einführung neuer Produkte
• Lernen (Innovations-perspektive)	• Mitarbeiterzufriedenheit und Zugriff auf Informationssysteme

offensivesmarketing.de

Abbildung 7-20

Abbildung 7-21 zeigt am Beispiel eines Unternehmens der Softwarebranche, wie diese Perspektiven und die zugehörigen Kennzahlen einer Balanced Scorecard aussehen können.

Beispiel für die Umsetzung einer BSC[18]

	Strategisches Ziel	Messgröße	Konkrete Ausprägung
Finanzielle Perspektive: Wie sollten wir aus Kapitalgebersicht dastehen?	■ ROCE über Branchendurchschnitt ■ Schneller als der Markt wachsen ■ Cash Flow steigern	■ Return on Capital Employed (ROCE) ■ Umsatzwachstum ■ Discounted Free-Cash-Flow	■ ROCE über 24% ■ Wachstumsraten von über 13% ■ Zuwachs von plus 15% p.a.
Kundenperspektive: Wie sollten wir aus Kundensicht dastehen?	■ Innovator-Image ■ Hervorragendes Preis-Leistungs-Verhältnis ■ Vorzugslieferant sein	■ Umsatzanteil neuer Produkte und Dienstleistungen ■ Kundenbewertung ■ Umsatzanteil durch Stammkunden	■ Anteil von Leistungen, die jünger als zwei Jahre sind > 60% ■ Nummer eins bei mind. 60% der Kunden ■ Anteil über 50%
Prozessperspektive: Bei welchen Prozessen müssen wir Hervorragendes leisten?	■ Frühes Einwirken auf die Kundenforderungen ■ Entwicklung des Regionalmarktes A ■ Schnelle Hardware-Installation ■ Überragendes Projekt-Management	■ Beratungsstunden für vor Eröffnung Angebotsprozesses ■ Anzahl Neukunden Region A ■ Arbeitstage zwischen Auftragserteilung und Hardware-Installation ■ Anteil Projekte ohne Kostenüberschreitung	■ Anstieg um 5% p.a. ■ Anstieg um 30% p.a. ■ 90% unter zehn Arbeitstagen ■ 90%
Mitarbeiter-/ Lernperspektiven: Wie können wir flexibel und verbesserungsfähig bleiben?	■ Kontinuierliche Verbesserung ■ Hohe Mitarbeiterzufriedenheit	■ Halbwertzeiten ■ Index Mitarbeiterzufriedenheit ■ Anzahl ■ Verbesserungsvorschläge je Mitarbeiter	■ Jährliche Verbesserung um 10% ■ Zufriedenheitsindex über 80% ■ Mehr als 20 Vorschläge pro Mitarbeiter

offensivesmarketing.de

Abbildung 7-21

[17] Kaplan, R. / Norton, D.: Balanced Scorecard – Strategien erfolgreich umsetzen, Stuttgart 1997, S. 66.

[18] Kaufmann, L.: Balanced Scorecard, in: Zeitschrift für Planung, 8/1997, S. 423.

Als einer der wichtigsten Aspekte bei der Implementierung einer Scorecard ist ein klares Commitment des Vorstandes bzw. der Geschäftsleitung zu sehen, denn die Balanced Scorecard ist eben nicht nur ein Kontrollinstrument, sondern ein umfassendes Steuerungsinstrument, das nicht ohne das Top-Management eingeführt werden kann. Die Umsetzung der Unternehmensvision in eine passende Strategie und das Herunterbrechen dieser Strategie in eine Balanced Scorecard ist ein iterativer Prozess, der nur Sinn macht, wenn das Management klare Vorstellungen von den Zielen des Unternehmens und den zur Zielerreichung zu beschreitenden Wegen hat.

3 Testen Sie Ihr Unternehmen

Kriterien zur Bewertung der Unternehmens- oder Markenstrategie

- Sieht die Strategie in mindestens einem der für den Kunden wichtigen Bereiche einen herausragenden Kundennutzen vor?
- Kann dieses überdurchschnittliche Angebot kontinuierlich erbracht werden?
  Wird die Strategie durch mindestens einen größeren Wettbewerbsvorteil oder eine Kombination mehrerer kleiner Vorteile gestützt?
- Wird die Strategie vom Kunden als unverwechselbar angesehen?
- Wird die Strategie konsequent umgesetzt?
- Werden die Grundlagen der Strategie vom oberen Management verstanden?
- Werden sie von den Mitarbeitern verstanden und umgesetzt?
- Wird das Unternehmen durch die Strategie gestärkt / geschwächt oder tritt es durch die Strategie auf der Stelle?
- Investiert das Unternehmen genug, um die Strategie langfristig durchsetzen zu können?
- Wird die Umsetzung der Strategie regelmäßig aktualisiert und an geänderte Kundenbedürfnisse angepasst?
- Gibt es sinnvolle Kennzahlensysteme zur Kontrolle der Umsetzung der Strategien?
- Kennt jeder Mitarbeiter seinen Beitrag zur erfolgreichen Umsetzung der Strategie und wird er auch danach beurteilt?

offensivesmarketing.de

Abbildung 7-22

Flow-Chart Kapitel VII

Die Basis für Offensive Strategien	■ Vision ■ Mission ■ Ziele
Entwicklung Offensiver Strategien	■ Sinnvolle Abgrenzung der Geschäftsfelder ■ Durch Portfolioanalysen strategische Prioritäten identifizieren ■ Strategische Wettbewerbsvorteile identifizieren und entwickeln
Strategien zur Durchsetzung strategischer Wettbewerbsvorteile	■ Frontalangriff ■ Flankenangriff ■ Umzingelung ■ Umgehungsstrategie ■ Nischenstrategie ■ Regionale Konzentration ■ Guerillataktik ■ Diplomatie ■ Die richtige Strategie auswählen ■ Strategische Flexibilität wahren: Strategien pflegen und aktualisieren
Bewertung der Offensiven Strategie	■ Sinnvolle Kennzahlen zur Kontrolle einsetzen ■ Stellen Sie fest, ob Ihr Unternehmen eine Offensive Strategie verfolgt!

Lese-Tipp:

- Sun Tsu (auch: Sunzi): Die Kunst des Krieges, München 1999.
- Kreikebaum, H.: Strategische Unternehmensplanung, 6. Aufl., Suttgart 1997.
- Kotter, J.P.: Chaos, Wandel, Führung, 2. Aufl., Düsseldorf, München 1998.
- Kaplan, R./ Norton, D.P.: Balanced Scorecard – Strategien erfolgreich umsetzen, Stuttgart 1997.

VIII. Das Zielgruppenprogramm offensiv gestalten

Vorbemerkung zu Kapitel VIII-X

In den folgenden drei Kapiteln werden Sie etwas über die wesentlichen Bestandteile und Grundsätze für die Konzeption eines Offensiven Marktprogramms erfahren. Die folgenden Kapitel – also die Offensive Gestaltung des Zielgruppenprogramms, das Design eines Offensiven Leistungsprogramms sowie die Offensive Leistungspositionierung – stehen sich thematisch sehr nahe und können unter der inhaltlichen „Klammer" des Marktprogramms zusammengefasst werden.

Offensives Marktprogrammdesign:

Im Rahmen der Marktprogrammplanung werden vom Top-Management alle strategischen Entscheidungen getroffen, die

- das Zielgruppenprogramm (*Wer* und *über wen*) in Kapitel VIII,
- das Leistungsprogramm (*Was*) in Kapitel IX und
- die Positionierung des Leistungsprogramms gegenüber den Zielgruppen (*Wie*) in Kapitel X

innerhalb eines vorher in Kapitel VII eindeutig abgegrenzten strategischen Geschäftsfeldes (SGF) – als Produkt-Markt-Kombination – betreffen. Das Marktprogramm ist die Basis für die Ausarbeitung des Marketing-Plans in Kapitel XI.

Einführungsbeispiel:

Stellen Sie sich vor, Sie wären der Geschäftsführer eines mittelständischen Büromöbelherstellers, der im Direktabsatz bisher vorwiegend an öffentliche Auftraggeber liefert und seit einigen Jahren einer verstärkten, auch ausländischen Konkurrenz ausgesetzt ist.

Da der Absatz stagniert, stehen Sie vor der Aufgabe, Ihr Marktprogramm grundsätzlich zu überdenken. In diesem Zusammenhang sehen Sie sich mit folgenden Fragen bzw. Entscheidungsbereichen konfrontiert:

1. **Wer** sollte von uns in Zukunft beliefert werden?

Sollen wir weiterhin ausschließlich die bisherige Zielgruppe (öffentliche Auftraggeber) beliefern oder sollen zukünftig auch neue Zielgruppen erschlossen werden, wie beispielsweise das lukrative Segment der mittelständischen privaten Unternehmen?

Über wen kann dieser neue Kundenkreis erreicht werden? Unter Umständen können die Leistungen an dieses neue Kundensegment nicht mehr – wie bisher – direkt abgesetzt werden, sondern erfordern die Implementierung eines neuen Absatzkanals, z.B. den Fachhandel.

2. **Was** soll den Kunden zukünftig angeboten werden?

Soll das bestehende Leistungsprogramm grundsätzlich beibehalten oder geändert werden? Ist das aktuelle Produktprogramm momentan vielleicht zu schmal? Sollten in Zukunft eventuell nicht nur Büromöbel, sondern auch Bürobeleuchtung angeboten werden?

3. **Wie** soll sich das Unternehmen am Markt gegenüber der Konkurrenz und bei den aktuellen und potenziellen neuen Käufern positionieren? Sehen die Kunden das Unternehmen eher als Standardmöbelhersteller oder eher als Hersteller von maßgeschneiderten Problemlösungen?

Das sind die zentralen strategischen Fragestellungen, mit denen sich Unternehmen im Rahmen der Planung des Marktprogramms auseinandersetzen müssen.
Die große Herausforderung besteht nun darin, basierend auf den strategischen Vorgaben, die die Abgrenzung des relevanten strategischen Geschäftsfelds (SGF) als Produkt-Markt-Kombination beinhaltet (vgl. Kapitel VII), ein tragfähiges Konzept auszuarbeiten, in dem alle wesentlichen Eckpfeiler festgelegt werden, die das Produktprogramm und die Zielgruppen des Unternehmens betreffen. Die Offensive Planung des Marktprogramms ist Aufgabe des Top-Managements, sie sollte keinesfalls ausschließlich an die Marketing-Leitung delegiert werden. Denn hier werden Grundsatzentscheidungen mit langfristigem, strategischem Charakter getroffen, die nicht nur die Marketing-Abteilung betreffen, sondern auch große Auswirkungen auf die Aktivitäten anderer Unternehmensbereiche wie die Be-

schaffung, F&E und Produktion haben, sowie auf nachgelagerte Entscheidungsbereiche wie z.B. die Unternehmenskommunikation und die Ausgestaltung der Absatzwege.

Wie kann man nun ein Marktprogramm systematisch entwickeln? Was sind dabei die wichtigsten Einflussgrößen?

Das Marktprogramm ist die Grundlage für die Ausgestaltung des Marketing-Plans, der in Kapitel XI noch ausführlich behandelt wird. Mit den Vorgaben des Marktprogramms kann die Marketing-Abteilung nun selbständig die Ausgestaltung aller Instrumente im Detail planen und im Marketing-Plan niederschreiben und budgetieren. Warum ist dieses zweistufige Vorgehen – Planung des Marktprogramms und Detailplanung im Marketing-Plan – in der Praxis so beliebt? Eine vom Top-Management verabschiedete Marktprogrammplanung hat nicht nur Richtlinien- und Koordinationscharakter für alle Unternehmensbereiche, sondern entlastet gerade die Führungsmannschaft von einer Vielzahl von Einzelentscheidungen. Eine gut durchdachtes Offensive Marktprogramm schafft Klarheit über die drei zentralen Entscheidungsbereiche, die im Anschluss detailliert behandelt werden.

Das Offensive Marktprogramm

Kernbereiche des Marktprogramms	Entscheidungsfelder
Kapitel VII: Abgrenzung der relevanten strategischen Geschäftsfelder (SGF)	■ Strategische Geschäftsfelder als eindeutig abgrenzbare Produkt-Markt-Kombinationen identifizieren ■ Strategische Prioritäten durch Portfolioanalysen erkennen
Kapitel VIII: Das Zielgruppenprogramm offensiv gestalten	■ Marktsegmentierung ■ Festlegung der Zielgruppenprogrammstruktur ■ Zielgruppenbearbeitungsstrategien
Kapitel IX: Ein Offensives Leistungsprogramm entwerfen	■ Wichtige Grundorientierungen und Leitlinien zur Strukturierung des Leistungsprogramms ■ Entwicklung der Leistungsprogrammstruktur ■ Innovationsmanagement – Entwicklung neuer Leistungen ■ Konzeption und Ausgestaltung der einzelnen Leistungen ■ Preis- und Markenmanagement
Kapitel X: Leistungen offensiv positionieren	■ Elemente der Positionierungsentscheidung ■ Offensive Positionierungsstrategien

offensivesmarketing.de

Abbildung 8-1

Lassen Sie uns mit dem ersten zentralen Teil des Marktprogramms, der Offensiven Planung des Zielgruppenprogramms, für ein vorher definiertes strategisches Geschäftsfeld (SGF) beginnen.

Kapitelüberblick

POISE		
P	Profitabel	Ausgewogenes Verhältnis zwischen den Gewinnzielen des Unternehmens einerseits und den Kundenbedürfnissen andererseits herstellen
O	Offensiv	Marktführerschaft anstreben, Risikobereitschaft zeigen und Konkurrenten in die Nachahmerposition zwingen
I	Integrativ	Marketing-Ansatz verfolgen, der das gesamte Unternehmen einbezieht
S	Strategisch	Entwicklung Offensiver Strategien und entsprechender Marketing-Pläne
E	Effektiv umgesetzt	Die Umsetzung Offensiver Strategien effektiv managen

offensivesmarketing.de

Abbildung 8-2

In diesem Kapitel werden Fragen der Segmentierung erläutert. Darüber hinaus finden Sie hier einen aus fünf Schritten bestehenden Prozess zur Umsetzung eines Segmentierungsansatzes.

Anschließend werden auf Basis der erarbeiteten Zielgruppenprogrammstruktur Offensive Zielgruppenbearbeitungsstrategien formuliert. Als treibende Kraft in Richtung einer zunehmenden Ausdifferenzierung des Zielgruppenprogramms und verfeinerten Marktsegmentierung gilt der wachsende Bedarf auf Nachfragerseite nach möglichst individualisierten Produkten und Dienstleistungen, also nach maßgeschneiderten Angeboten.

Marktsegmentierung:

Unter dem Begriff Segmentierung versteht man die Zerlegung von Märkten, Absatzwegen und Kunden in homogenere Zielgruppen mit unterschiedlichen Bedarfen und Anforderungen bis hin zum Segment-of-One. Ziel ist die Erfüllung dieser Bedarfe mit einem möglichst exakt auf die jeweilige Zielgruppe zugeschnittenen Angebot.

Unternehmen müssen eine Antwort auf die zunehmende Fragmentierung der Märkte finden. Es gilt Angebote zu unterbreiten, die den Anforderungen der Nachfrager möglichst optimal entsprechen und auf der anderen Seite eine zu große, kostenintensive und verwirrende Auswahl zu ähnlichen Angeboten vermeiden.

1 Grundsätze der Offensiven Marktsegmentierung

Bei der Segmentierung werden Märkte bzw. Kunden in einzelne Gruppen mit unterschiedlichen Bedarfen unterteilt. Auf dieser Basis kann ein individuell zugeschnittenes Angebot unterbreitet werden, das die jeweiligen Bedarfe besser zu erfüllen vermag als die Konkurrenzangebote.

Achtung:

Zwischen den Chancen, die sich aus einer differenzierten Marktbearbeitung ergeben können, und den Größenvorteilen standardisierter Massenproduktion muss sorgfältig abgewogen werden. Unternehmen, die sich mit ihrem Angebot an sehr viele Kundensegmente richten, haben in der Regel höhere Produkt- oder Marketing-Kosten als Wettbewerber mit Produkten für große Massenmärkte.

Ford hat 1908 die Massenfertigung eingeführt, „das legendäre Konzept eines einheitlichen Automodells zu einem möglichst niedrigen Preis".

www.ford.com

General Motors und Alfred Sloane hingegen haben die differenzierte Marktbearbeitung erfunden.

Anfang der zwanziger Jahre lag ***Fords*** Anteil am amerikanischen Automarkt bei soliden 60%. Das Unternehmen erzielte dieses Ergebnis mit dem preisgünstigen „Modell T" sowie dem hochpreisigen Lincoln. General Motors hatte zu dieser Zeit bei einem Marktanteil von 12% ganze neun Modelle und sieben Marken im Angebot, konkurrierte aber nicht im unteren Preissektor, der von Ford dominiert wurde.

Mitte der zwanziger Jahre hatte General Motors den Gesamtmarkt in mehrere Preissegmente aufgeteilt und fünf Preis-/Qualitätssektoren gebildet, die jeweils von der eigenen Marke bedient wurden (vgl. Abbildung 8-3).

www.gm.com

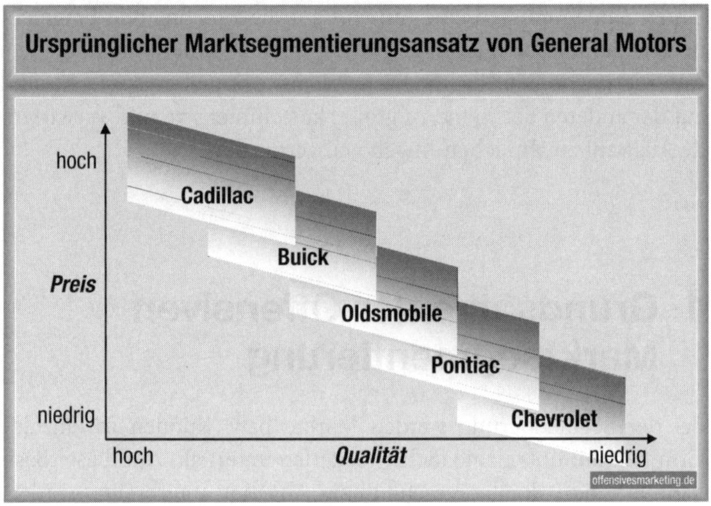

Abbildung 8-3

Die Modelle von ***General Motors*** wurden in der Regel jeweils am oberen Ende eines Preissegments angesiedelt, um mit preisgünstigeren Autos über die Qualität und mit Autos im nächsthöheren Segment über den Preis konkurrieren zu können. Das Ziel von General Motors bestand dabei darin, bestimmte Zielgruppen auf dem gesamten Markt anzusprechen und den Kunden die Möglichkeit zu geben, sich über das breite Markensortiment von GM „nach oben" zu arbeiten. In den dreißiger Jahren war der Marktanteil von General Motors auf über 40% gestiegen. Allerdings hat es GM dann versäumt, diese deutliche Differenzierung beizubehalten. Chevrolet hat seine abgegrenzte Identität verloren, während Buick, Oldsmobile und Pontiac zu fast identischen Preisen in die Mitte des Marktes gedrückt wurden. Die Markteinführung der erheblich preisgünstigeren Saturn-Modelle kam zudem zu spät. Mit Ausnahme von Saturn und Cadillac sind heute alle Modelle in einem mittleren Preissegment gelandet, wo versucht wird, die Masse der Nachfrager anzusprechen und allen Bedürfnissen gerecht zu werden.

Trend zum Segment-of-One

Individuelle Massenfertigung

Das zwanzigste Jahrhundert wurde von verschiedenen Trends gekennzeichnet: Ausgehend von der individuellen Fertigung ging es über die Massenfertigung bis hin zur Mikrosegmentierung und heute existiert wiederum ein Trend zur individuellen Massenfertigung, zur sogenannten Mass Customization.

Die Individualisierung der Nachfrage nimmt in vielen Märkten stetig zu. Alte Massenmärkte teilen sich in immer kleinere Marktsegmente. In der Folge werden viele Unternehmen gezwungen, zusätzliche Varianten anzubieten, um die individuellen Wünsche der Kunden zu erfüllen. Die Lösung heißt individuelle Massenproduktion oder Mass Customization.

www.one-to-one.com

www.mass-customization.de

Eigenschaften und Treiber der Märkte: 1900–2020

Zeit, ca.	Markteigenschaften	Fertigungsmerkmale	Verbrauchermacht	dominierende Medienart
1900	individuelle Märkte	handwerkliche Fertigung	kaum ausgeprägt	Printmedien
1920	Massenmärkte	Massenfertigung	kaum ausgeprägt	Printmedien
1970	segmentierte Märkte	diversifizierte Massenfertigung	mäßig ausgeprägt	TV, Printmedien
2000	Mikrosegmente und Mass Customization	flexible Fertigung und individualisierte Massenfertigung	stark ausgeprägt	individualisierte und interaktive Medien
2020	Mass Customization	individualisierte Massenfertigung	sehr stark ausgeprägt	sehr gezielte und interaktive Medien

offensivesmarketing.de

Abbildung 8-4

Wie aus Abbildung 8-4 ersichtlich ist, sind drei Faktoren bedeutsam: Fertigungsmerkmale, Verbrauchermacht und Medienentwicklung. In einigen Branchen ist es aufgrund flexibler Fertigungsverfahren möglich, auch stark differenzierte Produktionsprogramme sehr wirtschaftlich herzustellen. Die Kunden haben in den letzten Jahren erheblich an Verhandlungsmacht gewonnen und können nun individualisierte Produkte und Dienstleistungen fordern. Medien arbeiten zunehmend spezialisiert und zielgerichtet, so dass einzelne Interessengruppen inzwischen problemlos über Spartenkanäle oder Magazine erreicht werden können.

Finale und subfinale Zielgruppentypen

Es existieren unterschiedliche Typen von Zielgruppen, die grundsätzlich differenziert betrachtet werden müssen:

Unterscheiden Sie zwei Typen von Zielgruppen:

Finalzielgruppen sind alle Personen, Organisationen, Unternehmen etc., die hinsichtlich nachfragerelevanter Merkmale homogen sind und bezogen auf die angebotenen Leistungen als letzte Nutzer bzw. letzte Verwender angesprochen werden.

Subfinale Zielgruppen sind alle Personen, Organisationen, Unternehmen etc., die hinsichtlich einflussrelevanter Merkmale homogen sind und den Absatz an die Finalzielgruppen entweder direkt oder indirekt beeinflussen (z.B. *testimonials*, Meinungsbildner wie etwa Testzeitschriften, Sportlehrer beim Absatz von Sportartikeln etc.) oder als Zwischennachfrager und -anbieter (Groß- oder Einzelhändler) dies erst ermöglichen.

Diese Zielgruppentypen unterscheiden sich aufgrund ihrer verschiedenartigen Stellung, Motive und Ziele im Markt in ihrer Bearbeitung grundlegend. Folglich müssen Sie zwischen einer Zielgruppenbestimmung von Finalzielgruppen (Marktsegmentierung) und von subfinalen Zielgruppen (Absatzwegewahl und Selektion von Absatzmittlern sowie Meinungsbeeinflussern) unterscheiden. In der Regel erfolgt die Bestimmung der Finalzielgruppen vor den Entscheidungen über die subfinalen Zielgruppen. Ihr Zielgruppenprogramm hat damit grundsätzlich zwei Dimensionen: Sie finden immer eine gewisse Anzahl von Finalzielgruppen und – je nach der branchenspezifischen Strukturierung Ihres Marktes – auch subfinale Zielgruppen vor.
Die Segmentierung der Finalzielgruppen hat dennoch immer eine Leitfunktion und sollte die Segmentierung der subfinalen Zielgruppen programmieren. Trotzdem sollten Sie unbedingt auf die Durchgängigkeit und Stimmigkeit in Ihrer Segmentierung von finalen und subfinalen Zielgruppen achten.

2 Anwendungsmöglichkeiten der Marktsegmentierung in der Praxis?

Für die Marktsegmentierung gibt es verschiedene Anwendungsmöglichkeiten: Identifikation bzw. Schaffen ganz neuer Segmente oder gezielter Ausbau von Umsatz und Gewinn durch genaue Kenntnis der bestehenden Marktsegmente.

Identifikation neuer Marktsegmente

Das Entdecken oder Schaffen neuer Marktsegmente stellt eine Herausforderung für jeden Marketing-Experten dar. Ein neues Segment bietet dem Unternehmen häufig die Chance, neue und auch hochpreisige Produkte auf den Markt zu bringen und damit die Gesamtumsätze zu steigern. In den Vereinigten Staaten ist es beispielsweise der ***Starbucks Coffee Company*** gelungen, das volle Potenzial eines neuen Marktsegments zu nutzen:

Das Beispiel Starbucks

www.starbucks.com

Die ***Starbucks Coffee Company*** ist eine amerikanische Coffeeshop-Kette, die ihr erstes Café 1971 in Seattle eröffnet hat. In den letzten fünf Jahren stieg der Umsatz des Unternehmens von 65 auf 700 Millionen US-Dollar, die Anzahl der betriebenen Coffeeshops von 116 auf 1.004.

Seit Mitte der sechziger Jahre ist der Pro-Kopf-Verbrauch an Kaffee in den USA gesunken, der Anteil der hochwertigen Sorten am Gesamtumsatz des amerikanischen Kaffeemarktes in den letzten zehn Jahren dagegen von 10 auf 20% gestiegen, was ganz wesentlich auf den Erfolg von Starbucks zurückzuführen ist. Starbucks erkannte als erster das Potenzial, das im „anspruchsvollen Kaffeetrinker" steckt. Diese Gruppe umfasst Personen, die gesundheitsbewusst leben, häufig auf Reisen sind und sich selbst für Feinschmecker halten; sie macht etwa 18% aller Kaffeetrinker aus. Das Unternehmen hatte es sich nun zum Ziel gesetzt, der größte Kaffeeröster und -einzelhändler in den USA zu werden. Dem „anspruchsvollen Kunden" wurden entsprechend über die eigenen Coffeeshops folgende Angebote unterbreitet:

- Hochwertige Kaffeesorten zu Höchstpreisen. Der Kaffee wird in Höhenlagen angebaut, langsam geröstet und vakuumgeschützt verarbeitet.
- Modern eingerichtete, elegante Cafés – „eine stilvolle Rückzugsmöglichkeit von der Hektik des Alltags".
- Hervorragender Service.

Die Belohnung für die Identifikation und den Ausbau des Segments für hochwertigen Kaffee ist eine „Kultmarke" mit einer treuen Anhängerschaft: Starbucks-Kunden besuchen die Coffeeshops im Schnitt achtzehnmal pro Monat, 10% der Kunden sogar mehrmals täglich.

Das Beispiel Fuji

www.fuji.de

Auch der Filmhersteller ***Fuji*** hat ein neues Kundensegment für sich identifiziert. Die ***Quicksnap*** war die erste „Wegwerfkamera" auf dem Markt: Die Idee zu der Wegwerfkamera stammt aus Fujis qualitativer Marktforschung. Als Zielgruppe für die „Wegwerfkamera" wurden Personen identifiziert, die Angst hatten, auf Reisen oder Ausflügen ihren teuren Fotoapparat fallen zu lassen oder zu verlieren. Für dieses Segment entwickelte Fuji eine Kamera, die weniger als 10 US-Dollar kostet, klein und leicht ist, ordentliche Fotos macht und nach Gebrauch weggeworfen werden kann.

In der Praxis stellte sich jedoch heraus, dass die neue Kamera eine erheblich breitere Kundengruppe ansprach als ursprünglich vermutet: Die neue Kamera ließ sich ohne Risiko überallhin mitnehmen und kam allen denjenigen entgegen, die spontan Bilder machen wollten. Durch die einfache Bedienbarkeit war die Quicksnap auch für unerfahrene Hobbyfotografen interessant, insbesondere auch für Teenager und ältere Leute. Inzwischen gibt es die Quicksnap in zahlreiche Varianten – die neueste ist die wasserdichte Quicksnap Marine, die für Unterwasserfotos bis zu 3 Meter Tiefe ebenso geeignet ist wie für Fotos im Schnee.

Die Quicksnap war vor allem in Japan ein großer Erfolg, dort konnte Fuji sehr schnell fast 20% seines Umsatzes mit der „Wegwerfkamera" erzielen.

Das Kinderüberraschungsei von Ferrero

www.ferrero.de

Ferrero hat durch die Kombination von Schokolade, Spielzeugen und kleine Überraschungen, versteckt in Eiern, ein ganz neues Segment – ***Kinderüberraschungseier*** – definiert. Die Geburtsstunde der Firma Ferrero schlug 1947 in Italien. 1957 wurde eine Niederlassung in Deutschland gegründet. Der Grundstoff für die Überraschungseier, die Kinderschokolade, wurde 1965 zum ersten Mal auf den Markt gebracht. Die Geschichte des Überraschungseis beginnt vermutlich in Deutschland im Jahre 1974. Damals noch in geringen Auflagen hergestellt wuchs die Menge der hergestellten Eier stetig. 1981 ging es dann richtig los. Die erste Hartplastikfigurenserie „Erkennst Du Deinen Schlumpf" schlüpfte aus dem Ei. Das Ei setzte zu seinem Siegeszug an. 1992/93 dann ein weiterer Meilenstein: Italien und Frankreich und viele weitere Länder Europas bekamen ihre ersten eigenen Hartplastikserien. Mittlerweile ist das Überraschungsei rund um den Erdball präsent. Der Kult des Überraschungsei-Sammelns wuchs und wuchs und ist mittlerweile in ganz Europa, ja sogar schon weltweit zuhause.

Gezielter Ausbau von Umsatz und Gewinn durch genaue Kenntnis der Segmente

Viele neue Produkte wirken sich nachteilig auf den Umsatz bereits vorhandener Produkte aus. Sie schaffen kein Zusatzgeschäft, sondern kannibalisieren bzw. verdrängen die Produkte, die sich bereits auf dem Markt befinden. Ursache für solche Entwicklungen sind unzureichende Kenntnis über Marktsegmente und Wechselwirkungen zwischen diesen Marktsegmenten. Neue Produkte sollten die Stärke der Marke nutzen, sich aber trotzdem – soweit möglich – auf andere Segmente konzentrieren, als die bereits vorhandenen Produkte. ***Gillette, Starbucks*** und ***Beiersdorf*** (Nivea) sind Beispiele für die erfolgreiche Besetzung neuer Marktsegmente.

Das Beispiel Gillette:

www.gillette.de

Gillette ist vor allem im hochpreisigen Segment des Rasierermarktes tätig und vertreibt kaum Einwegrasierer. Dies liegt zum einen daran, dass das Unternehmen mit den Nachfüllpackungen zu seinen „Systemrasierern" dreimal so viel Gewinn macht wie mit Einwegrasierern, zum anderen daran, dass Gillette seine Produkte erfolgreich über Qualität statt über den Preis positioniert. Gillette ist dennoch in beiden Segmenten vertreten – die Systemrasierer werden als „Gillette Sensor", die Einwegrasierer unter der Marke „Gillette Good News" vertrieben. Nach der Markteinführung des „Gillette Sensor" in den USA fiel der mengenmäßige Anteil der Einwegrasierer am Gesamtmarkt von 52 auf 40%.

Nach dem Erfolg von „Sensor" führte Gillette eine Markenerweiterung durch und brachte „Sensor for Women" auf den Markt. Bereits in den ersten sechs Monaten erzielte Gillette mit dem Zusatzgeschäft einen Umsatz von weit über 40 Millionen US-Dollar; damit wurden sämtliche Erwartungen übertroffen.

Und nochmal Starbucks

www.starbucks.com

Starbucks hat seine Marke erweitert und damit ein Zusatzgeschäft geschaffen, indem es sich auf neue Absatzwege und ähnliche Produktkategorien konzentrierte: Kaffee-Eiscreme, die von Dreyers vertrieben wird, gekühlte Kaffeegetränke („Frappuccino"), die von PepsiCola vertrieben werden, und der mit Bier gemischte Kaffee „Double Black Stout". Darüber hinaus hat Starbucks probeweise mit dem Verkauf von Bohnenkaffee in Supermärkten begonnen.

Vielleicht werden nicht alle dieser Produkte langfristig gesehen erfolgreich sein, aber aufgrund der sorgsamen Auswahl von Absatzweg und Marktsegment werden die erfolgreiche Projekte ein lukratives Zusatzgeschäft schaffen.

Das Beispiel Nivea

www.nivea.de

Nivea segmentiert den Markt für pflegende Kosmetik in Deutschland in erster Linie nach Altersgruppen. Die marktführende Pflegeserie „Nivea Visage", die an der Produktkategorie mit einem Umsatz von insgesamt 630 Millionen Euro einen Marktanteil von 17% hält, richtet sich vornehmlich an jüngere Frauen.

Mit der für Frauen über 50 konzipierten Pflegeserie – „Nivea Vital" – konnte praktisch aus dem Stand ein Marktanteil von 5% erzielt werden. Inzwischen denkt das Unternehmen über eine Gesichtspflegeserie für 40- bis 50-jährige Frauen nach, die im Vergleich zu Frauen über 50 noch andere Bedürfnisse und Erwartungen haben.

3 Der Offensive Segmentierungsansatz

Der Offensive Segmentierungsansatz weist einige charakteristische Merkmale auf:

Zukunftsorientiert

Die Segmentierung beeinflusst die Ressourcenallokation und somit auch die Prioritäten der zukünftigen Entwicklung. Dementsprechend sollte jegliche Segmentierung mögliche Entwicklungen der nächsten drei bis fünf Jahre vorwegnehmen (vgl. Kapitel VI).

Praktikabel

Eine Segmentierung muss auch in der Praxis durchführbar sein. Ein definiertes Segment sollte eindeutig identifizierbar, messbar und für spezifische Marketing-Maßnahmen erreichbar sein. Marktsegmentierungskriterien müssen daher folgende Anforderungen erfüllen:

Anforderungen an die Kriterien der Marktsegmentierung[1]

Messbarkeit (Operationalität) der Merkmale und Kosten der Messung	■ Zugänglichkeit (indirekte/direkte Messung) ■ Mess(skalen)niveau (qualitative/quantitative Messung) ■ Kosten der Messung ■ Schnelligkeit der Messung ■ Häufigkeit der Messung ■ Verfügbarkeit der Messdaten durch primäre oder sekundäre Datenbeschaffung
Kaufverhaltensrelevanz der Merkmale (Indikationsleistung)	■ Indikationsstabilität und -stärke ■ Qualitative Erklärungskraft hinsichtlich des Kaufverhaltens
Aussagefähigkeit und Erreichbarkeit für zielgruppenspezifische Marketing-Maßnahmen	■ Adressierbarkeit (Zugänglichkeit, Erreichbarkeit) ■ Gestaltbarkeit und Differenzierbarkeit (Erklärungsgehalt, Beeinflußbarkeit, Variierbarkeit) ■ Zeitliche Stabilität ■ Kontrollierbarkeit (Identifizierbarkeit und Zurechenbarkeit)
Wirtschaftlichkeit der Zielgruppensegmente	■ Segmentgröße (Markt- und Absatzvolumen, Nachfrage intensität) ■ Segmentwachstum (Markt- und Absatzpozential) ■ Segmentbesetzung (Verteilung der Marktanteile) ■ Segmentierungskosten versus -erträge

Abbildung 8-5

Ein Beispiel: Eine Studie zum Einkaufsverhalten ordnete die Einkaufsstile verschiedener Kunden den Kategorien „demokratisch", „autokratisch", „abschlussorientiert" und „pragmatisch" zu. Die Untersuchung ergab, dass in den einzelnen Gruppen eine jeweils sehr unterschiedliche Einstellung zu Produktqualität, Preis und Service vorzufinden war. Auf diese Weise ließen sich gut abgrenzbare Segmente mit einem hohen Nutzungspotenzial identifizieren. Allerdings war es nicht möglich, diese unterschiedlichen Kundentypen auch in der realen Welt zu identifizieren, so dass auf dieser Basis keine kategoriespezifischen Maßnahmen erfolgen konnten.

Trennscharf

Die meisten Märkte oder Absatzwege können auf sehr unterschiedliche Art und Weise segmentiert werden. Genaue Kenntnisse des Kundenverhaltens in Kombination mit einem guten Schuss Kreativität dürften der beste Weg sein, um trennscharfe Ansätze zur Segmentierung zu finden.

[1] Vgl. Meyer, A.: Das Absatzmarktprogramm, in: Integrierte Marketingfunktionen, hrsg. v. P.W. Meyer, 3.Aufl., Stuttgart 1992, S. 73f.

Überschaubar

Die Gefahr, einen Segmentierungsansatz so komplex zu gestalten, dass er eher verwirrt als Klarheit schafft, ist relativ groß. Deshalb sollte man bereits in der Anfangsphase die Schlüsselkriterien suchen, mit denen die drei oder vier wichtigsten Segmente identifiziert werden können, in denen die Bedürfnisse der Kunden wirklich deutlich voneinander abgrenzbar sind. Anschließend kann eine weitere Differenzierung erfolgen, die sich dann auf diese Hauptsegmente bezieht.

Bei Flugreisen sind beispielsweise zahlreiche Segmentierungen möglich. Allerdings existieren nur drei wirklich bedeutsame, die durch die drei Schlüsselkriterien charakterisiert werden: Dauer der Reise, Buchungsklasse und Zweck der Reise (vgl. Abbildung 8-6). Innerhalb der einzelnen Schlüsselsegmente gibt es zahlreiche Untersegmente: Mahlzeiten, Sitzkomfort und Unterhaltungsangebot sind zum Beispiel je nach Dauer der Reise sehr unterschiedlich. Es liegt auf der Hand, dass für einen Langstreckenflug von Frankfurt nach Tokio andere Kriterien in Bezug auf Sitzkomfort, Essen, Service und Sprachkenntnisse der Flugbegleiter angelegt werden müssen als für einen innerdeutschen Kurzstreckenflug.

Flugreisen: Grobsegmentierung

Schlüsselsegmentierungskriterien	Unterschiedliche Anforderungen innerhalb der Segmente
Dauer der Reise	Komfort und Qualität des Service sind je nach Reisedauer unterschiedlich
Buchungsklasse	Kundenerwartungen sind je nach Buchungsklasse unterschiedlich
Zweck der Reise	Geschäftsreisende und Urlaubsreisende haben unterschiedliche Kriterien und Bedürfnisse

offensivesmarketing.de

Abbildung 8-6

Quantifizierbar

Um Prioritäten für die relative Bedeutung festlegen zu können, sollte für jedes ermittelte Segment Größe, zukünftige Trends, Potenzial, Rentabilität und Wettbewerbsstruktur möglichst bestimmbar sein.

4 Der Segmentierungsprozess

Ziel des Ansatzes der Marktsegmentierung ist die Identifikation wichtiger Segmente. Die Schritte des Prozesses sind in Abbildung 8-7 zusammengefasst und werden im Folgenden nacheinander erläutert:

Die Schritte des Prozesses zur Offensiven Segmentierung	
Schritt 1: Identifikation der zu segmentierenden Bereiche	■ Welche Markt- oder Kundendefinition wird zugrunde gelegt? ■ Welche Begründung gibt es dafür?
Schritt 2: Grobsegmentierung	■ Hauptsegmente auf der Grundlage vorliegender Forschungsergebnisse und Marktkenntnisse herausfinden ■ Angeben, welche Forschungsprojekte durchgeführt werden müssen, um Wissenslücken zu schließen ■ Einteilung kontinuierlich verbessern, wenn mehr Informationen vorliegen
Schritt 3: Feinsegmentierung: Einsatz verschiedener Segmentierungskriterien	■ Segmenttypen entwickeln und durch die Verwendung verschiedener Segmentierungskriterien beschreiben
Schritt 4: Bewertung der Segmentattraktivität	■ Kriterien zur Bewertung von Markt, Absatzwegen und Kunden festlegen ■ Strategien und endgültige Prioritäten für die Segmente festlegen und einen Maßnahmenplan entwickeln
Schritt 5: Differenzierungsgrad der Marktbearbeitung	■ Grad der Differenzierung und Grad der Marktabdeckung festlegen ■ Marktbearbeitungsstrategien entwickeln
Schritt 6: Laufende Überprüfung der bestehenden Segmentierung	■ Aktuelle Marktsegmentierung laufend überprüfen ■ Handlungsoptionen für die Veränderung der Zielgruppenprogrammstruktur erarbeiten

offensivesmarketing.de

Abbildung 8-7

1. Identifikation der zu segmentierenden Bereiche

Zunächst sollte geklärt werden, was segmentiert werden soll. Wie kann der relevante zu segmentierende Markt abgegrenzt werden?

> Bei Flugreisen zum Beispiel reicht es nicht aus, nur die Zeit zu berücksichtigen, die ein Fluggast im Flugzeug sitzend verbringt. Auch der Zeitraum vom Betreten des Flughafens bis zum Verlassen des Zielflughafens ist noch zu eng definiert.
>
> Bei einer Segmentierung in diesem Bereich muss die gesamte Reisedauer von Haustür zu Haustür untersucht werden. Auf die-

se Weise konnten Fluggesellschaften neue Bedürfnisse identifizieren und erfüllen, wie z.B. schnellere Sicherheitskontrollen für bestimmte Buchungsklassen und Lounges mit Wasch- und Duschräumen für Geschäftsreisende, die direkt vom Flughafen aus zu einem Termin müssen.

Eine Fluggesellschaft muss aber auch wissen, was Urlaubsreisende am Zielort tun – bleiben sie bei Freunden oder Verwandten, buchen sie ihre Unterkunft erst nach Ankunft am Zielort oder reisen sie einfach ohne Vorausbuchung weiter? Welche Bedürfnisse haben sie in Bezug auf Hotels und Autovermietungen, welche Informationen brauchen sie für ihren Urlaub?

Wenn Bedürfnisse dieser Art detailliert erkannt und erfüllt werden, kann dies für eine Fluggesellschaft eine höhere Kundenbindung, eine stärkere Abgrenzung gegenüber dem Wettbewerb und zusätzliche Einnahmen aus dem Dienstleistungsbereich bedeuten.

Um zu wissen, wie eng oder weit der Markt definiert werden sollte, braucht man ein geschultes Urteilsvermögen. Für eine Segmentierung sollte man grundsätzlich kundenorientiert vorgehen, d.h. man sollte sich die Frage stellen, wie und wo die eigenen Kunden ihren Bedarf decken.

Wenn Sie zum Beispiel auf dem Markt für Tiefkühl-Pizza konkurrieren, würden Sie tiefgekühlte und gekühlte Pizza bei der Segmentierung berücksichtigen, da beide über Supermärkte vertrieben werden. Außerdem würden Sie noch einen Blick auf die Gastronomie werfen – also Restaurants, Fastfood-Ketten und Pizza-Services –, diese aber nicht weiter detailliert einteilen.

www.coca-cola.com

Nehmen wir an, Sie sind als Marketing-Leiter bei ***Coca-Cola*** beschäftigt und müssen eine Segmentierung für ein großes Land in Angriff nehmen. Wie würden Sie den zu segmentierenden Markt definieren und wo würden Sie die Grenze zwischen den in Abbildung 8-8 dargestellten Kategorien ziehen?

Alle aufgeführten Kategorien konkurrieren mit Coca-Cola, einige mehr, andere weniger. Aus Gründen der Überschaubarkeit sollte die Grenze zwischen Ebene 3 und 4 gezogen werden. Alle Märkte oberhalb dieser Grenze sollten detailliert segmentiert, während die Ebenen 4-6 nur kurz untersucht werden. Snacks und Süßwaren könnte man unter Umständen auch vernachlässigen, obwohl nicht vergessen werden sollte, dass diese oft zusammen mit Erfrischungsgetränken konsumiert werden. Es wäre zudem denkbar, noch umfassender vorzugehen und sogar Leitungswasser als Wettbewerber zu berücksichtigen – was Coca-Cola im Übrigen tatsächlich tut!

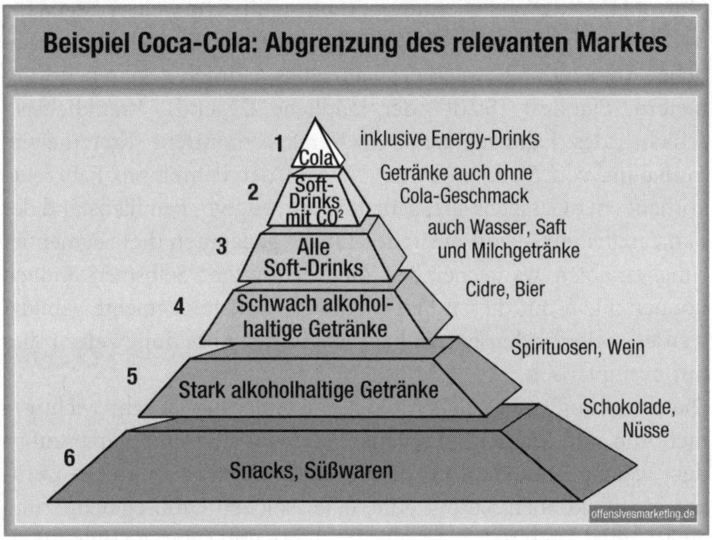

Abbildung 8-8

2. Grobsegmentierung

Die Grobsegmentierung verhindert, dass Sie im Segmentierungs-Dschungel den Wald vor lauter Bäumen nicht mehr sehen. Sie führt zu drei bis vier Hauptsegmenten, die sich voneinander ganz klar abgrenzen lassen. Abbildung 8-9 zeigt eine grobe Segmentierung des Kfz-Versicherungsmarktes mittels drei Segmentierungsvariablen: Alter des Fahrzeughalters, Fahrzeugtyp und Unfallhistorie.

Kfz-Versicherungsmarkt: Grobsegmentierung

Segmentierungs-variablen	Beispiele für eine Segmentierung	
	„grau“	„jung“
Alter (in Jahren)	älter (über 50)	jünger (18–30)
bevorzugter Fahrzeugtyp	ältere Modelle der Mittelklasse	neue sportliche Wagen
Unfallhistorie	seit mindestens fünf Jahren unfallfrei	mehrfache Schäden in den letzten fünf Jahren

Abbildung 8-9

Obwohl der Kfz-Versicherungsmarkt in zahlreiche weitere Segmente und Untersegmente aufgeteilt werden kann – z. B. nach hauptsächlichen Verwendungszweck des Fahrzeugs, jährlich gefahrenen Kilometern, Standort (Stadt oder ländliche Gegend), Krankheitsgeschichte des Fahrzeughalters (Sehkraft, chronische Krankheiten, Einnahme von Medikamenten), Anzahl der Fahrer pro Fahrzeug, vorhandener Garagenplatz, genauer Fahrzeugtyp, Familienstand des Fahrzeughalters – sind die in der Tabelle genannten drei Segmentierungsvariablen wahrscheinlich die wichtigsten. Selbstverständlich können allein mit diesen Variablen viele weitere Segmente gebildet werden – die beiden Extrembeispiele in der Abbildung zeigen dies nur exemplarisch.
Die Erstellung einer solchen Grobsegmentierung ist sehr wichtig – nicht nur, um Klarheit zu schaffen, sondern auch, um herauszufinden, welche Kundeninformationen noch gebraucht werden. Darüber hinaus können Sie mit Hilfe einer solchen Grobsegmentierung entscheiden, ob Ihnen ausreichend interne und externe Daten für einen überzeugenden Segmentierungsprozess vorliegen. Eine Grobsegmentierung lässt sich in der Regel mit den aus der Marktforschung vorliegenden Ergebnissen erstellen, selbst wenn Sie dazu keine spezielle Segmentierungsstudie durchgeführt haben.

3. Einsatz verschiedener Segmentierungskriterien

Die Segmentbildung ist ein kreativer Prozess und eine der wichtigsten und interessantesten Aufgaben im Marketing. Als Offensiver Marketer wollen Sie sich von Ihren Wettbewerbern unterscheiden und besser als diese sein. Deshalb sollten Sie wissen, wie diese segmentieren, auch vor allem deshalb, um deren Vorgehensweise zu vermeiden.
Wenn Sie Marktsegmentierungen auf *Business-to-Business*-Märkten (B2B) vornehmen, sollten Sie besonders die Buying Center-Problematik beachten:

[2] Backhaus, K.: Industriegütermarketing, 6., erw. und überarb. Aufl., München 1999, S. 65ff.

Das Buying Center-Konzept[2]:

Grundidee des Buying Center-Konzepts ist, dass zum Kauf von Industriegütern bestimmte Mitglieder einer Organisation problembezogene Gruppen bilden, deren Mitglieder interagieren. Die Identifikation der Mitglieder von Buying Center erfolgt häufig nach den Rollen, also Verhaltenserwartungen, die von anderen Beteiligten, unabhängig von der Person, formuliert werden.

In dem wohl bekanntesten Rollenkonzept von Webster/Wind werden fünf zentrale Rollenträger, die

- **Einkäufer** (*buyer*),
- **Benutzer** (*user*),
- **Beeinflusser** (*influencer*),
- **Informationsselektierer** (*gatekeeper*) und
- **Entscheider** (*decider*)

im Rahmen eines Buying Centers unterschieden, die die Kaufentscheidung beeinflussen und mehr oder weniger gemeinsam treffen.

In Abbildung 8-10 sind die gängigsten Segmentierungskriterien aufgeführt, mit deren Hilfe sich Marktsegmente für private Verbraucher (B2C), für industrielle Nachfrager (B2B) sowie beispielhaft als subfinale Zielgruppe für die Absatzwege beschreiben und charakterisieren lassen. Offensive Marketer sollten allerdings stets neue Kriterien suchen, um ihre Poolposition fortlaufend zu stärken.

Kriterien zur Segmentierung von finalen und subfinalen Zielgruppen[3]

Business-to-Consumer (B2C)	*Business-to-Business (B2B)*	*Absatzwege (subfinal)*
Personenbezogene Merkmale: ■ **Geographische Faktoren:** Grenzen, Staatsgebiete, Wohngegenden, Klima, Nielsen-Gebiete, GfK-Regionen, Stadtgebiete, Religion, Kulturkreis etc. ■ **Demographische Faktoren:** Alter, Geschlecht, Familienstand, Kinderzahl, Lebenszyklus der Familie, Haushaltsgröße etc. ■ **Soziographische Faktoren:** Einkommen, Kaufkraft, formale Bildung, Berufstätigkeit, soziale Schicht, Besitzmerkmale etc. ■ **Psychographische Faktoren:** Motive, Einstellungen, Nutzenerwartungen, Lifestyle, Werte, Präferenzen, Kaufabsichten, Persönlichkeitsmerkmale etc. **Verhaltensmerkmale:** ■ **Informationsverhalten:** Mediennutzung, Kommunikationsverhalten etc. ■ **Kaufverhalten:** Einkaufstättenwahl, Markenwahl, Markentreue, Kaufintensität, Preisbewusstsein, Verpackungspräferenzen, Integrationsverhalten etc. ■ **Verwendungsverhalten:** Verwendungsart, -intensität, -zeit, -umfeld, Lagerhaltung, Wartungsverhalten, Weiterempfehlungsverhalten, Opinionleader-Verhalten etc.	■ **Organisationsbezogene Merkmale:** Unternehmensgröße, -philosophie, Zielsystem des Unternehmens, Organisationsstruktur, organisatorische Beschaffungsregeln, Standort, Finanzrestriktionen, Abnahmemenge bzw. -häufigkeit, Anwendungsbereich der nachgefragten Leistung, Neu-/ Wiederholungskauf, Marken-/ Lieferantentreue, Verwenderbranche/ Letztverwendersektor ■ **Buying Center-bezogene Merkmale:** Größe und Struktur des Buying Center, Persönlichkeitsmerkmale der Buying Center-Mitglieder (z.B. Know-how, Risikoneigung, Entscheidungsfreudigkeit, Lifestyle der Buying Center-Mitglieder), demographische und sozioökonomische Merkmale der Buying Center-Mitglieder, Kaufmotive, individuelle Zielsysteme, Kaufbedeutung in der Einschätzung der Kaufbeteiligten, Erwartungen gegenüber Produkt/ Lieferanten	■ **Grad der Funktionserfüllung:** Umfang und Qualität der Funktionserfüllung (z.B. fachgerechte Lagerung, Beratung und Kundendienst) ■ **Image des Handelsunternehmens:** Einklang zwischen der Präsentation der Ware und der Positionierung und den Nutzenversprechungen des Produktes, Einkaufsstättentreue der Letztnachfrager ■ **Markt- und Zielgruppenpräsenz:** Bedarfsspezifische Abdeckung (in der Fläche, am point of purchase bzw. consumption) und Distributionsgrad des Handelsunternehmens ■ **Erträge:** Zu erwartendes Absatzvolumen und maximal zu erzielender Preis unter Berücksichtigung aller Rabatte, Bestellverhalten im Absatzkanal ■ **Kosten:** Zusätzliche Kosten durch den logistischen Aufwand oder die Abwälzung von Handelsfunktion, z.B. durch Kapitalbindung bei geforderter Vorfinanzierung ■ **Beeinflussbarkeit:** Machtverteilung im Verhältnis Hersteller-Händler, Bereitschaft zur Verhaltensabstimmung oder Kooperation ■ **Absatzsicherung in der Zukunft:** Lieferantentreue des Händlers, Entwicklungspotenzial sowohl des betreffenden Handelsunternehmen als auch der Handlungsform

offensivesmarketing.de

Abbildung 8-10

www.s.oliver.de

Der Bekleidungshersteller ***S.Oliver*** verwendet unterschiedliche Segmentierungskriterien zur Entwicklung seines zielgruppenorientierten Sortimentskonzepts. Sogar seine Distribution (Zahl

[3] Vgl. Meyer, A.: Das Absatzmarktprogramm, in: Integrierte Marketingfunktionen, hrsg. v. P.W. Meyer, 3.Aufl., Stuttgart 1992, S. 75f; Backhaus, K.: Industriegütermarketing, 6., erw. und überarb. Aufl., München 1999, S. 210f; Ahlert, D.: Distributionspolitik, New York 1985, S. 174.

der Kollektionen und Auslieferungszeiten) richtet S.Oliver strikt nach den verschiedenen Zielgruppensegmenten aus. Abbildung 8-11 gibt einen Überblick über die verschiedenen Kollektionen.

Sortimentskonzept von S.Oliver

	Segment	Mode	Auslieferung
S.Oliver J Jeans-Wear	Männer von 14 bis 30	kommerzielle Jeans- und Sportswear	6 Kollektionen, 12 Liefertermine
Knock Out	sportliche aktive Boys und Girls	coolste Jeans- und Sportswear, Unisex 1	8 Kollektionen, 2 Liefertermine, 6 x basic repeat
S.Oliver Men	sportliche Männer von 19 bis 39	junge Konfektion und sportswearige Bekleidung	6 Kollektionen, 12 Liefertermine
S.Oliver Women	Frauen von 15 bis 35	junge Combimode für sportliche Mädchen und junge Frauen	6 Kollektionen, 12 Liefertermine
Chaloc	modische Frauen von 20 bis 40	kommerzielle Umsetzung von femininen Trends	22 Kollektionen, 12 Liefertermine
QS	15 bis 35	sportive und jeansige Mode für trendorientierte Zielgruppe	22 Kollektionen, 12 Liefertermine
S.Oliver Socks	Frauen und Männer von 15 bis 30	originelle Umsetzung der aktuellen Modetrends der S.Oliver-Kollektion	4 Liefertermine, Schnellprogramme
S.Oliver Twist	Kinder von 2 bis 8	praktische und bequeme, kombinierbare Mode zum Wohlfühlen	6 Kollektionen, 12 Liefertermine

offensivesmarketing.de

Abbildung 8-11

4. Bewertung der Attraktivität der Segmente

Ihnen liegt nun eine erste Liste mit möglichen Segmenten vor. Der nächste Schritt besteht darin, Prioritäten für die Bearbeitung der einzelnen Segmente festzulegen: Definieren Sie dazu zuerst Kriterien, anhand derer sich die Attraktivität einzelner Segmente bewerten lässt. Sie müssen dann entscheiden, in welche Segmente investiert werden soll, in welchen Sie sich stark engagieren wollen und welche aufgegeben bzw. gänzlich ignoriert werden sollten. Hier kann Ihnen der *marketing alignment process* (MAP) (vgl. Kapitel II) ebenso wie eine Portfolioanalyse helfen. Das grau unterlegte Dreieck in der Portfolioanalyse in Abbildung 8-12 ist der Bereich, auf den Sie sich und Ihre Investitionen konzentrieren sollten.

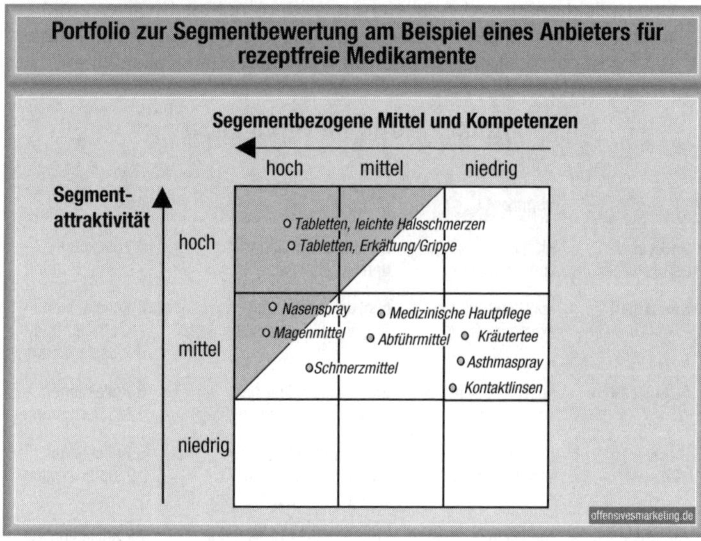

Abbildung 8-12

Abbildung 8-12 enthält eine fiktive Portfolioanalyse für die endgültige Fokussierung eines Unternehmens, das mit seinen rezeptfreien Medikamenten auf mehrere Märkte abzielt, aber keine volle Marktabdeckung anstrebt. Dieses Unternehmen dürfte sich mit langfristigen Investitionen, F&E und Marketing vor allem auf die Märkte für leichte Halsschmerztabletten, Erkältungs-/Grippemittel, Nasenspray und Magenmittel konzentrieren. Es wird sich hingegen gut überlegen müssen, welche Priorität Schmerzmitteln, medizinischer Gesichtspflege und Abführmitteln zugestanden werden soll.

5. Differenzierungsgrad der Marktbearbeitung festlegen

Nach der Bewertung der Attraktivität der Segmente geht es jetzt um die Frage, wie viele Segmente (Grad der Differenzierung) Sie abdecken wollen bzw. ob es sich überhaupt lohnt zu segmentieren (Grad der Marktabdeckung).

„Schrotflintenkonzept“ vs. „Scharfschützenkonzept“

Ganz konkret gilt es jetzt Entscheidungen darüber zu treffen, ob das Unternehmen undifferenzierte Marktbearbeitung betreibt, weil diese lukrativer ist als eine Segmentierung, oder aber seine Marketing-Maßnahmen segmentspezifisch ausrichtet. Möchten Sie also eher

nach dem „Schrotflintenkonzept" vorgehen oder eher das „Scharfschützenkonzept" anwenden?
In der nachfolgenden Abbildung 8-13 sind die grundsätzlichen Möglichkeiten hinsichtlich des Grades der Differenzierung und des Grades der Marktabdeckung dargestellt.

Arten der zielgruppenspezifischen Marktbearbeitung

Grad der Abdeckung des Marktes	Grad der Differenzierung	
	undifferenziert	differenziert
vollständig	undifferenzierte Marktbearbeitung	differenzierte Marktbearbeitung (Gesamtmarkt)
teilweise	konzentrierte Marktbearbeitung (Spezialisierung)	selektiv differenzierte Marktbearbeitung (ausgewählte Segmente)

offensivesmarketing.de

Abbildung 8-13

Die vier Marktbearbeitungsstrategien stellen sich konkret folgendermaßen dar:

- Wenn Sie **undifferenziert** mit einer Massenmarktstrategie vorgehen möchten, zielen Sie natürlich auf die allgemeine Bedürfnisbefriedigung des Gesamtmarktes durch Standardangebote ab. Sie richten sich also auf die größtmögliche Abnehmerschaft und wählen möglichst universal-thematisch ausgerichtete Produkte, die der Befriedigung von Grundbedürfnissen dienen. Prominente Beispiele in diesem Zusammenhang sind sicherlich die Nivea-Creme im Markt der Hautcremes oder der Schokoriegel Mars mit dem Slogan „Mars macht mobil bei Arbeit, Sport und Spiel".
- Mit der **differenzierten** Marktbearbeitung wird der Versuch unternommen, mit unterschiedlichen Produkten alle infrage kommenden Segmente zu erreichen. Dies versuchen beispielsweise große Kosmetikhersteller, die den Gesamtmarkt für Kosmetika – aufgeteilt nach seinen unterschiedlichen Zielgruppen (etwa Männer, Frauen, verschiedene Altersgruppen oder Anwendungszwecke etc.) – mit entsprechend unterschiedlichen Serien, Produktgruppen oder Einzelprodukten abdecken.

- Die **konzentrierte** und die **selektiv-differenzierte Marktbearbeitung** beschränken sich jeweils auf Ausschnitte des definierten Gesamtmarktes, die mit Standardangeboten bzw. mit zielgruppenspezifischen Angeboten bearbeitet werden.

Die wesentlichen Unterschiede in der Marktbearbeitung werden abschließend nochmals am Markt für pflegende Kosmetik erläutert und in Abbildung 8-14 dargestellt.

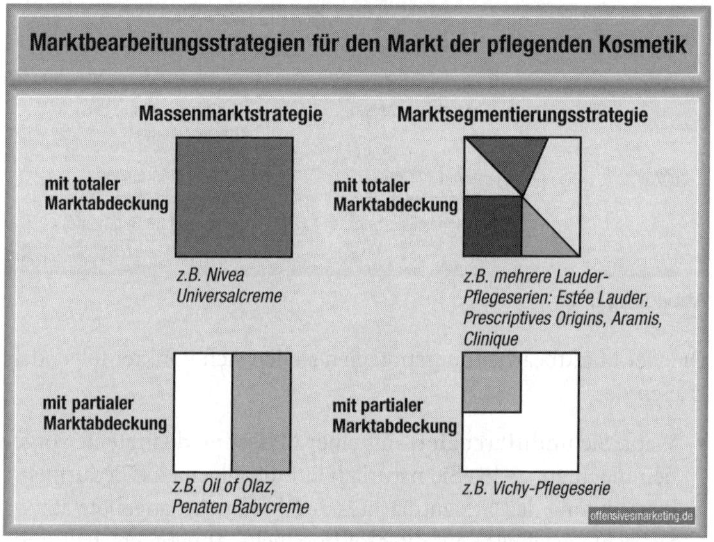

Abbildung 8-14

Beispiel: Der Markt für pflegende Kosmetik

www.nivea.de

Massenmarktstrategie mit totaler Marktabdeckung: ***Nivea***-Creme als Produkt für jedermann zu jedem Zweck.

www.pg.com

Massenmarktstrategie mit partialer Marktabdeckung***: Oil of Olaz*** als unspezifisches und universelles Pflegeprodukt für alle Hauttypen sowie als Tag- und Nachtcreme für die Frau ab 30 (globales Abgrenzungskriterium).

www.estee-lauder.com

Marktsegmentierungsstrategie mit totaler Marktabdeckung: Das Unternehmen ***Estée Lauder*** deckt mit differenzierten Kosmetikserien verschiedene Pflegesegmente den gesamten Kosmetikmarkt ab: z.B. ist die Marke Estée Lauder eher traditionellluxusorientiert, die Marke Clinique eher medizinisch-parfumfrei und Bobbi Brown ist die Marke, die auch professionelle Visagisten verwenden.

Marktsegmentierungsstrategie mit teilweiser Marktabdeckung: ***Vichy*** ist ein spezifisches, medizinisch orientiertes System-Pflegeprodukt für Frauen, die eine medizinisch geprägte Einstellung haben und Fachberatung wünschen (etwa in der Apotheke), also ein Segmentprodukt für Frauen mit stark medizinischem Anspruch.

www.vichy.com

6. Laufende Überprüfung der Segmentierung und Zielgruppenprogrammstruktur

Der Offensive Segmentierungsansatz hat Sie also in die glückliche Lage versetzt, sich Markttransparenz zu verschaffen und – falls Sie den Markt nicht undifferenziert bearbeiten wollen – klar abgrenzbare Markt- bzw. Zielgruppensegmente zu bilden.

Betrachten Sie den Vorgang der Marktsegmentierung nicht als einmalige Angelegenheit; wichtig ist, dass Sie Ihren Segmentierungsansatz mit den abgeleiteten Markt- und Zielgruppensegmenten laufend überprüfen und den sich verändernden Rahmenbedingungen des Marktes dynamisch anpassen.

Wenn Sie sich den Status quo Ihres augenblicklichen Zielgruppenportfolios vor Augen führen, erkennen Sie sehr schnell fünf Handlungsoptionen, um Ihr Zielgruppenprogramm für die Zukunft neu auszurichten und fit zu machen (vgl. Abbildung 8-15).

Abbildung 8-15

Halten Sie sich dieses Schema immer vor Augen. Es hilft Ihnen, die vielen Zielgruppen Ihres Unternehmens auf sinnvolle Art und Weise zu strukturieren und auf Veränderungen des Marktumfeldes schnell zu reagieren. Folgende Beispiele sollen die aufgezeigten Handlungsoptionen nochmals illustrieren.

Bei der **Zielgruppen- und Absatzwegemodifikation** wird die Zielgruppe grundsätzlich nicht verändert, nur der Segmentierungsgrad wird den Markterfordernissen bzw. die Segmentierung wird an sich ändernde Zielgruppenmerkmale angepasst. Zum Beispiel stärkere Feinsegmentierung der Zielgruppe Kinder (6–14 Jahre) in zwei Segmente (6-10 Jahre und 10-14 Jahre), um den heterogenen Bedürfnissen dieser Zielgruppe besser begegnen zu können.

Die **Zielgruppeninnovation** besteht aus der Aufnahme zusätzlicher Finalzielgruppen in das Zielgruppenprogramm. Dies ist dann der Fall, wenn beispielsweise eine bayerische Bierbrauerei ihr Bier auch außerhalb Bayerns, z.B. in Hamburg, anbietet, um so auch den norddeutschen Biertrinker anzusprechen.

Das genau umgekehrte Vorgehen wird als **Zielgruppenelimination** bezeichnet. Viele Anbieter von Computer-Hardware haben diesen Schritt in der Vergangenheit vollzogen; das Unternehmen ***NCR*** fokussiert sich in der Marktbearbeitung z.B. auf das lukrative Segment der gewerblichen Kunden, die Privatverbraucher werden seit einigen Jahren nicht mehr beliefert.

Bei der **Absatzwegedifferenzierung** sind die Vertriebskanäle angesprochen. Man unterscheidet die vertikale von der horizontalen Sichtweise: **Vertikal** gesehen ist hier die Umstellung von der direkten Marktbearbeitung auf die indirekte Marktbearbeitung angesprochen. Es gibt Märkte, in denen sich die Zwischenschaltung des Großhandels in der Marktkette vor dem Einzelhandel lohnt. Auf der **horizontalen** Ebene geht es um die ständig aktuelle Frage nach der zusätzlichen Belieferung alternativer „Einzelhandelsformen“ (z.B. Fachhandel, Discounter, Warenhäuser).

Bei der **Absatzwegevereinfachung** geht es wieder um Reduzierung in vertikaler als auch horizontaler Hinsicht. Der Staubsaugerhersteller ***Vorwerk*** hat vor vielen Jahren seine Marktkette unter Ausschaltung aller Handelsstufen radikal verkürzt und generiert Milliardenumsätze ausschließlich im Direktverkauf.

Bevor Sie jetzt an die Planung Ihres Offensiven Leistungsprogramms in Kapitel IX gehen, sollten Sie nochmals kritisch hinterfragen, ob Sie aussagekräftige Antworten auf die drei entscheidenden „W-Fragen“ gefunden haben: „Wer sind die relevanten Zielgruppen?“,

„Über wen kann ich meine Finalzielgruppen erreichen?“ und „Wie bearbeite ich die zentralen Zielgruppen?“.

5 Testen Sie Ihr Unternehmen

Anhand von Abbildung 8-16 können Sie feststellen, wie gut Ihr Unternehmen die Offensive Segmentierung bereits umgesetzt hat.

Testen Sie Ihr Unternehmen

	Bewertung	Ihr Unternehmen
Haben Sie den Gesamtmarkt klar und deutlich definiert?	5	
Haben Sie eine einfache Grobsegmentierung erstellt, die die wichtigsten drei oder vier Segmente abdeckt?	8	
Kennen Sie Größe, Trend und Rentabilität Ihrer Kernsegmente?	8	
Haben Sie anhand der wichtigsten Segmentierungstypen alle relevanten Segmente des Marktes identifiziert und deren Größe festgestellt?	10	
Unterscheidet sich Ihre Segmentierungsmethode von der des Wettbewerbs?	8	
Haben Sie in den letzten fünf Jahren neue Segmente identifiziert und genutzt?	8	
Haben Sie eine Segmentpriorisierung nach Attraktivität durchgeführt?	12	
Verfolgen Sie für jedes Prioritätssegment eine konkrete Marktbearbeitungsstrategie?	10	
Wie viel Prozent des Umsatzes aus neuen Produkten stammen aus Zusatzgeschäften?	10	
Enthält Ihre fünf- oder dreijährige Unternehmensstrategie genaue Instruktionen zur Segmentierung und werden diese auch umgesetzt?	8	
Summe	**100**	offensivesmarketing.de

Abbildung 8-16

Flow-Chart Kapitel VIII	
Definition des Marktprogramms	■ Ist Basis für den detaillierten Marketing-Plan ■ Das Marktprogramm hat langfristigen, strukturbestimmenden Charakter und Auswirkungen auf alle Unternehmensbereiche. ■ Entlastet das Top-Management von Einzelentscheidungen ■ Zentrale Bestandteile sind: Abgrenzung der strategischen Geschäftsfelder (SGF) in Kapitel VII Offensive Gestaltung des Zielgruppenprogramms in Kapitel VIII Offensives Leistungsprogrammdesign in Kapitel IX Offensive Leistungspositionierung in Kapitel X
Anwendungsmöglichkeiten der Marktsegmentierung	■ Identifikation neuer Marktsegmente ■ Ausbau von Umsatz und Gewinn durch genaue Kenntnis der Segmente
Merkmale des Offensiven Segmentierungsansatzes	■ Zukunftsorientiert ■ Praktikabel ■ Trennscharf ■ Überschaubar ■ Quantifizierbar
Prozess der Marktsegmentierung	■ Identifikation zu segmentierender Bereiche ■ Grobsegmentierung ■ Einsatz verschiedener Segmentierungskriterien ■ Bewertung der Attraktivität der Segmente ■ Entscheidung über den Differenzierungsgrad der Marktbearbeitung ■ Geeignete Zielgruppenbearbeitungsstrategien auswählen und umsetzen ■ Laufende Überprüfung der Segmentierung
Bewertung des Segmentierungsansatzes	■ Stellen Sie fest, ob Sie ein erfolgreiches Offensives Segmentierungsdesign gewählt haben!

Lese-Tipp:

- Freter, H.: Marktsegmentierung, Stuttgart 1983.
- Meffert, H.: Marketing, 8. Aufl., Wiesbaden 1998.
- Piller, F.T.: Kundenindividuelle Massenproduktion – Die Wettbewerbsstrategie der Zukunft, München 1998.

IX. Ein Offensives Leistungsprogramm entwerfen

Kapitelüberblick

POISE		
P	Profitabel	Ausgewogenes Verhältnis zwischen den Gewinnzielen des Unternehmens einerseits und den Kundenbedürfnissen andererseits herstellen
O	Offensiv	Marktführerschaft anstreben, Risikobereitschaft zeigen und Konkurrenten in die Nachahmerposition zwingen
I	Integrativ	Marketing-Ansatz verfolgen, der das gesamte Unternehmen einbezieht
S	Strategisch	Entwicklung Offensiver Strategien und entsprechender Marketing-Pläne
E	Effektiv umgesetzt	Die Umsetzung Offensiver Strategien effektiv managen

offensivesmarketing.de

Abbildung 9-1

In diesem Abschnitt werden die zentralen Gestaltungsfelder und Schlüsselfragen erläutert, die die Ausgestaltung der Angebotskomponente betreffen. Ganz wichtig ist es, dass die hier behandelten Aspekte in einem zwangsläufig sehr engen Bezug zum Zielgruppenprogramm zu sehen sind.

Im Rahmen der Leistungsprogrammplanung erfolgt auch eine Vertiefung des Themas Innovationsmanagement – Entwicklung neuer Leistungen. Weitere Schwerpunkte werden auf das Markenmanagement und die Preisgestaltung als zwei zentrale Bestandteile der Leistungsgestaltung gelegt.

Eckpfeiler eines Offensiven Leistungsprogramms

- Wichtige Leitlinien zur Strukturierung des Leistungsprogramms
- Entwicklung einer Offensiven Leistungsprogrammstruktur
- Fokus Innovationsmanagement – Entwicklung neuer Leistungen
- Konzeption und Ausgestaltung der einzelnen Leistungen
- Fokus Preis- und Markenmanagement

offensivesmarketing.de

Abbildung 9-2

1 Leitlinien zur Strukturierung des Leistungsprogramms

Strategische Grundorientierungen

Die Gestaltung eines Offensiven Leistungsprogramms erfordert gewisse Grundsatzentscheidungen oder Leitlinien. Es stellt sich die Frage, an welchen erfolgskritischen Dimensionen oder Stellschrauben sich Unternehmen orientieren und ihr Leistungsprogramm ausrichten sollen. Grundsätzlich gibt es mehrere alternative strategische Grundorientierungen zur Gestaltung des Leistungsprogramms: Die Orientierung an Kunden, an Potenzialen/Ressourcen und an Wettbewerbern.

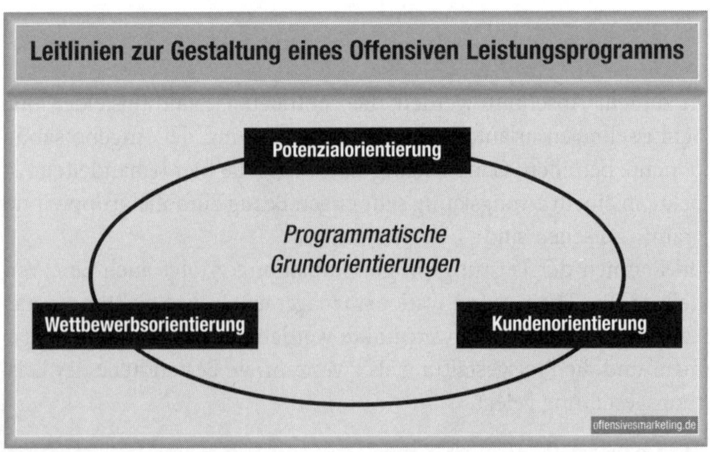

Abbildung 9-3

Wenn Sie **ressourcenorientiert** an die Gestaltung Ihres Leistungsprogramms herangehen, sollte die Orientierung an der jeweiligen Ausstattung des Unternehmens mit einzigartigen spezifischen Ressourcen ansetzen. Das kann die technologische, maschinelle, produktionstechnische Ausstattung sein oder aber auch das spezielle Know-how der Mitarbeiter. Greifen Sie bei Ihrer Analyse auf den *marketing alignment process* (MAP) (vgl. Kapitel II – 2.1) zurück und beantworten Sie sich in diesem Zusammenhang selbst folgende Fragen:

- „Wo liegt der eigentliche Ursprung der Wettbewerbsvorteile im Unternehmen?“
- „Welche Kernkompetenzen sind für den dauerhaften Erfolg und die Wertschöpfung im Unternehmen verantwortlich?“

Kundenorientiert geht man an die Gestaltung des Leistungsprogramms heran, indem man sich die folgenden Fragen stellt:

- „Wie treffen Ihre Kunden die Auswahl zwischen verschiedenen Anbietern?“
- „Was versteht der Kunde unter dem Nutzen einer Leistung, welche Leistungsdimensionen sind zufriedenheitsrelevant und welches Angebot lohnt damit einen Kauf aus Kundensicht?“

Natürlich darf man bei der Festlegung des Angebotsprogramms auch den **Wettbewerb** nicht vergessen. Man sollte sich also auch mit folgenden Fragen auseinander setzen:

- „Was zeichnet den Wettbewerber und vor allem seine Angebote aus?“
- „Welche Rollen spielen die großen Konkurrenten im Markt?“

Betrachtet man das unternehmerische Handeln der Konkurrenten genauer, so lassen sich grundsätzlich vier zentrale Rollen des Wettbewerbs identifizieren:

Welche Rolle spielt der Wettbewerb?

1. Der Wettbewerber als Konkurrent:

Dies ist die „klassische" Rolle des Wettbewerbers im täglichen Kampf um knappe Güter wie Mitarbeiter, Standorte im Einzelhandel und insbesondere aber auch um Kunden. Der momentan von vielen

Personalverantwortlichen gerne zitierte *war for talents* beschreibt anschaulich die Dimension, die der Konkurrenzkampf inzwischen auch in den Beschaffungsmärkten angenommen hat.

www.service barometer.de

2. Der Wettbewerber als Informationsquelle und Benchmarking-Partner:

Suchen Sie nach den besten Produkten und Prozessen ihrer Wettbewerber und versuchen Sie anschließend, ihre Beobachtungen auf Ihre eigenen Produkte und Prozesse zu übertragen. Nutzen Sie die Erfahrungen und Ideen der Konkurrenten offensiv, um Leistungslücken zu den klassenbesten Unternehmen systematisch zu schließen. Die Wettbewerber werden quasi zu Ihrem Vorbild. Ganz wichtig in diesem Zusammenhang: Gehen Sie aktiv und offensiv auf die Suche nach Benchmarking-Partnern. Vergleichen Sie sich nicht nur mit den Besten in Ihrer Branche, sondern auch branchenübergreifend, denn häufig werden Sie die jeweils „Klassenbesten" in anderen Märkten finden. Anhaltspunkte für die Suche nach Benchmarking-Partnern finden Sie z.B. im Kundenmonitor Deutschland (vgl. hierzu Kapitel XII).

3. Der Wettbewerber als Partner:

Um in einem Wettbewerb bestehen zu können, der sich von einem Wettbewerb der Anbieter zunehmend zu einem Wettbewerb der Systeme bzw. Kooperationen in einigen Branchen entwickelt, ist die verstärkte Zusammenarbeit (ehemaliger) Konkurrenten unerlässlich. Seien Sie aufgeschlossen gegenüber Unternehmens-Kooperationen. Gerade durch Kooperationen kann man den Kunden oft ein umfangreicheres Leistungsprogramm anbieten, indem man Lücken im eigenen Angebot schließt und aufgrund von Größenvorteilen (z.B. in der Bestellung) niedrigere Preise anbieten kann.

Beispiel Star Alliance

www.star-alliance.com

In der ***Star Alliance***, einer Partnerschaft der ***Lufthansa*** mit ***Air Canada***, ***Air New Zealand***, ***All Nippon Airway***, ***Ansett Australia***, ***SAS***, ***Thai Airways International***, ***United Airlines*** und ***Varig***, kooperieren führende Carrier, um insbesondere Geschäftsreisenden neue Vorteile bieten zu können. Das Netzwerk verspricht ein nahezu lückenloses Netz mit 760 Zielen in 112 Ländern, reibungslose Anschlüsse und ein erleichtertes Umsteigen durch sukzessive Zusammenlegung der Einrichtungen an den Flughäfen, den Zutritt zu weiteren Lounges und auch das Sammeln von Prämien- und Statusmeilen bei allen Mitgliedern des Netzwerkes ist möglich – die Gutschrift erfolgt auf ein Vielfliegerprogramm eigener Wahl.

4. Der Wettbewerber als Partner und Konkurrent zugleich:

Co-opetition

„Co-opetition" ist ein aktuelles und viel diskutiertes Schlagwort des Marketing. Warum sollen nicht zwei Unternehmen, die auf ihren

Absatzmärkten jedes für sich hart um Kunden kämpfen, nicht gleichzeitig – z.B. beim Einkauf – mit ihren Mitbewerbern Kooperationen verabreden, die beiden Unternehmen Vorteile bringen? Internet-Einkaufsmarktplätze weltweit kooperierender Automobilhersteller, die Plattformstrategie des ***VW***-Konzerns mit den Töchtern ***Audi***, ***Seat*** und ***Škoda*** sowie Produktionsverbünde wie das Joint Venture von ***Siemens*** und ***Motorola*** bei der 64-Megabyte-Chip-Produktion sind prominente Beispiele.

Beispiel: Nach welchen Leistungsprogramm-Leitlinien agiert der Handel?

1. Herkunftsorientierung bzw. Materialorientierung: Traditionell wurden die Sortimente von dem Material bestimmt, aus dem die Waren bestanden, z.B. Textil-, Eisenwaren- und Möbelgeschäfte oder der markengebundene KFZ-Handel.

2. Ausrichtung an bestimmten Preislagen: Heute herrscht eine starke Preisorientierung der Sortimente im Handel vor, die sich in den verschiedenen Betriebsformen des Handels widerspiegelt, z.B. Versandhäuser, Verbrauchermärkte, Warenautomaten, Discount-Geschäfte oder Fachmärkte.

3. Prinzip der Selbstverkäuflichkeit der Ware: Auch die Selbstbedienung hat eine starke Auswirkung auf die Gestaltung der Handelssortimente. Entscheidendes Differenzierungskriterium ist, ob die Ware nach Art, Qualität oder Verwendungsweise als problemlos für den Kunden angesehen werden kann. Der Trend geht zur Konzeption problemloser Artikel. Ein anschauliches Beispiel hierfür sind Heimcomputer: Durch Standardisierung und technische Vereinfachung wurde EDV-Hardware und Software für den Verkauf über Selbstbedienung geeignet gemacht. Serviceleistungen wie Garantien sind zukünftig immer weniger gefragt, weil Standard-PCs immer billiger werden und sich zur kurzlebigen Austauschware entwickeln.

4. Bedarfsorientierung bzw. Zielgruppenorientierung: Sortimente werden von den Bedarfsgelegenheiten der Kunden her konzipiert, z.B. nach dem Motto „Alles für das gesunde Haar" oder „Alles für den Sport". Ziel des Händlers ist es, einzelne Produkte und Produktlinien derart zusammenzustellen, dass sie aus der Perspektive des Kunden als integrierte Lösung für ein bestimmtes Problemfeld wahrgenommen werden. Das kann dazu führen, dass in diesem Bereich alles angeboten wird, gleichgültig aus welchen Branchen die Ware stammt. Sportartikelgeschäfte z.B. bieten Textilien, Leder-, Eisenwaren und Plastikerzeugnisse an, wie sie beispielsweise den Bereichen Sport, Freizeit, Reisen und Camping zuzuordnen sind.

Das Beispiel Streamline:[1]

www.streamline.com

Streamline ist im Grunde ein Heimdienst für den täglichen Bedarf. Die Zielgruppe von Streamline sind die so genannten *busy suburban families* mit zwei Berufstätigen, gutem Einkommen und mehreren Kindern – also eine Zielgruppe, in der Zeit ein knappes Gut ist. Das sind ungefähr 25% aller Amerikaner. Die wenige freie Zeit, die dieser Familie zur Verfügung steht, möchte sie nach Möglichkeit nicht fürs Einkaufen verwenden. Trotzdem sind diese 25% der Amerikaner für 73% der Gesamtumsätze für Lebensmittel, Reinigung, Videos, Kosmetik verantwortlich. Das heißt, mit der Zielgruppe der *busy suburban families* werden ³/₄ dieser Märkte abgedeckt. Diese Zielgruppe wohnt in den klassischen amerikanischen *neighbourhoods* mit großen Garagen, die durch einen Code-Sender zu öffnen sind.

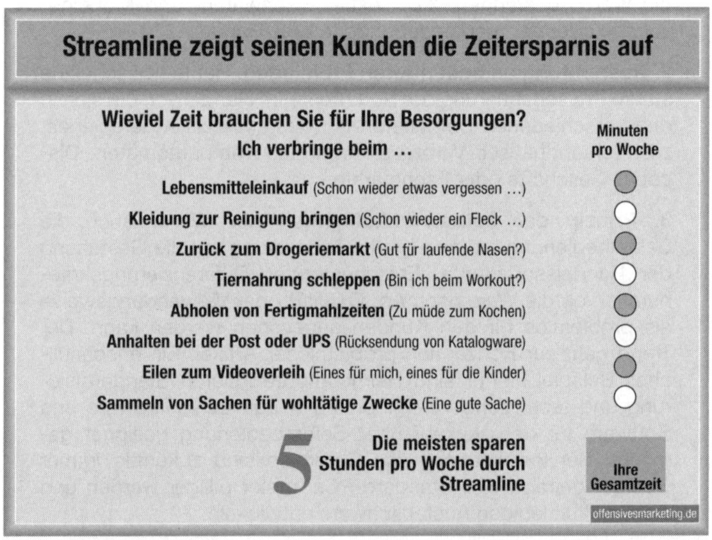

Abbildung 9-4

Durch die in den Garagen der Kunden aufgestellte „Service-Box" kann Streamline die Haushalte autonom versorgen. Was hier passiert, ist klar: „Normale" Einkäufe müssen nicht mehr getätigt werden. Wenn der Kunde die oftmals lästigen und anstrengenden Besorgungen Streamline überträgt, spart er nicht nur eine Menge Zeit, sondern auch einige Kosten und hat schließlich einen echten Kundennutzen: mehr Zeit für sich, seine Familie oder

[1] Meyer, A./Fend, L.: Streamline – Das Leben einer Zielgruppe vereinfachen, in: Kundenorientierung im Handel, hrsg. v. A. Meyer/ L. Fend/ M. Specht, Frankfurt 1999, S. 48ff.

seine Hobbys. So ermittelte das Streamline-Team, dass der Kunde im Durchschnitt 24 Besorgungsfahrten im Monat durchführt – angefangen von der Fahrt zu einzelnen Lebensmittelmärkten und Drogeriemärkten bis hin zu Videoverleihern. Umgerechnet auf eine Woche und einschließlich der Dauer des Ladenaufenthalts liegt die Zeitersparnis für den Kunden im Durchschnitt bei fünf Stunden, davon entfallen allein drei Stunden auf den Wochenendeinkauf.

Daraus ergeben sich durchschnittliche Beschaffungskosten eines Wochenendeinkaufs (ohne Berücksichtigung der Ausgaben für den Einkauf oder die Dienstleistungen selbst) von ca. 60 US-Dollar pro Woche oder 3.120 US-Dollar pro Jahr. Diese Kosten ergeben sich aus dem Kraftstoffverbrauch, aus Autoinspektionen, Gebühren für zu spät abgegebene Videos sowie den Zeitkosten des Konsumenten, die mit zehn US-Dollar pro Stunde berücksichtigt werden. Diese Kosten erspart sich ein Konsument, wenn er bei Streamline Kunde ist: Für eine Gebühr von 30 US-Dollar im Monat bekommt er Lebensmittel, gereinigte Kleidung und Videos nach Hause geliefert bzw. zurückgebracht. Und damit kann der Kunde mehr Zeit mit Dingen verbringen, die ihn wirklich interessieren und die Spaß machen (vgl. dazu auch Kapitel I – 5.2 „Das Beispiel Streamline").

Diese Leitlinien können Ihnen im Vorfeld eine hilfreiche Orientierung geben. Die Auseinandersetzung mit diesen Leitlinien ist enorm wichtig. Nur wenn Sie den Hintergrund und die Wurzeln Ihres Geschäfts ausreichend analysieren und verstehen, können Sie sich ein schlüssiges Konzept für ein Offensives Leistungsprogramm überlegen.

2 Entwicklung einer Offensiven Leistungsprogrammstruktur

Basierend auf diesen grundsätzlichen Prinzipien kann über die zukünftige Struktur des Angebotes entschieden werden. Es bietet sich an, das Leistungsprogramm nach Breite und Tiefe zu differenzieren.

- Die **Programmbreite** ist gekennzeichnet durch die Anzahl unterschiedlicher Leistungskategorien im Sinne einer *additiven* Auswahl für den Kunden zur Lösung *unterschiedlicher* Anwendungsprobleme. Der Output eines breiten und weniger tiefen Leistungsprogramms sind Fachprogramme wie z.B. ein EDV-Hersteller mit seinen drei Angebotsbereichen – Computer, Zubehör und Software – oder etwa ein Reisebüro für Firmenkunden mit integrierten Travel-Management-Konzepten.

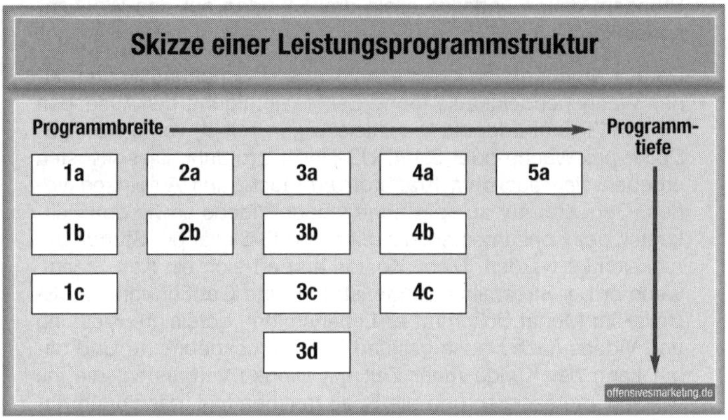

Abbildung 9-5

- Die **Programmtiefe** lässt sich an der *Ausdifferenzierung* einer Leistungskategorie in unterschiedliche Qualitäten, Preislagen etc. ablesen, die alle zur Lösung des *gleichen* Anwendungsproblems geeignet sind. Die Staffelung des Übernachtungsangebots in vielen Hotels nach unterschiedlichen Service- und Qualitätsniveaus, die sich dementsprechend in unterschiedlichen Preisen niederschlagen, ist hier ein Beispiel. Andere Beispiele für ein eher schmales, aber tiefes Leistungsprogramm – auch Spezialprogramm genannt – sind Beratungsunternehmen mit Fokus auf Strategie, Informationstechnologie oder auf spezifische Branchen oder auch viele freie Berufe wie Ärzte und Rechtsanwälte (Fachanwalt/-arzt für …; Spezialist für …).

Das Leistungsprogramm von Vidal Sassoon

www.vidal-sassoon.com

Vidal Sassoon steht für Innovation und Kreation individueller, zum Lebensstil passender Looks in der Haarmode und für höchste Qualität in der Umsetzung. Diese Qualität wird durch hervorragend ausgebildete und intern ständig nach den neuesten Techniken und Trends geschulte Stylisten erbracht. Das Leistungsprogramm von Vidal Sassoon umfasst zwei Bereiche (vgl. Abbildung 9-6):

Das Leistungsangebot des Friseurs Vidal Sassoon

Dienstleistungsangebot

Programmbreite →

Haar-schneiden	Haar-Treatment	Haar-färben	Haar-dauerwelle	**Programm-tiefe ↓**
X	X			Stylist
X	X			Top Stylist
X	X			Senior Stylist
X	X			Master Stylist
X	X			Creative Director
X	X			German Creative Director
X	X	X	X	Spezialist

Waren-Angebot

Programmbreite → **Programm-tiefe ↓**

Shampoo	Conditioner	Mouse	Hairspray	Wax	Wet Gel	Pomade
Balanced	Balanced	Firm Hold	Firm Hold	Red		
Extra Care	Extra Care	Extra Hold	Extra Hold	Blue		
Extra Body	Extra Body		Max. Hold			

offensivesmarketing.de

Abbildung 9-6

Vidal Sassoon setzt für Farbe und Dauerwelle eigene Spezialisten ein, die stets über die neuesten Trends informiert und mit allen technischen Neuerungen vertraut sind. Diese Strategie der Spezialisierung bei einem relativ schmalen Leistungsprogramm der Salon-Services beweist die große Anstrengung, den Kunden bestmögliche Qualität in der Haarbehandlung zu liefern.

Darüber hinaus bietet Vidal Sassoon ein komplettes Kursangebot zur Weiterbildung für professionelle Friseure an, die von Stylisten aus den eigenen Vidal Sassoon Filialen durchgeführt werden. Dieses Leistungsprogramm für die Zielgruppe „Friseure" bringt einerseits mit sich, dass Vidal Sassoon als Schulungsanbieter die Rolle eines Trendleaders im Hairstyling-Bereich einnehmen muss, andererseits kann dieses Schulungsengagement aber gleichzeitig als exzellente Möglichkeit gewertet werden, die Leistungsqualität der Stylisten sicherzustellen – schließlich müssen sie sich regelmäßig in ihren Schulungen und Trainings gegenüber ihren Berufskollegen beweisen.

Kunden und die Erwartungen der Kunden ändern sich ständig. Unternehmen müssen mit dieser Dynamik umgehen können, und deshalb fortwährende Anpassungen in der Leistungsprogrammstruktur vornehmen. Grundsätzlich ergeben sich fünf Handlungsoptionen für eine dynamische Gestaltung und Anpassung der Programmstruktur: die Straffung bzw. Erweiterung hinsichtlich Programmbreite und Programmtiefe sowie die Leistungsmodifikation. Die nachfolgende Abbildung 9-7 zeigt diese Handlungsoptionen nochmals grafisch.

Abbildung 9-7

Vergegenwärtigen Sie sich dieses Schema regelmäßig. Es hilft Ihnen, Ihre Ideen zur Leistungsprogrammveränderung auf sinnvolle Art und Weise zu strukturieren. Folgende Beispiele sollen die aufgezeigten Handlungsoptionen nochmals illustrieren.

www.sixt.de

- Eine **Leistungsinnovation** findet durch die Entwicklung und/oder Aufnahme neuer Leistungsangebote statt. Vorteile einer Erweiterung in die Breite ergeben sich dadurch, dass man *cross-selling*-Möglichkeiten ausnutzen kann, indem man die Ertragspotenziale der loyalen Kunden stärker ausschöpft. Die Autovermietung ***Sixt*** hat – vermutlich zum Aufbau von *cross-selling*-Potenzialen – ihr Leistungsspektrum um Urlaubsangebote erweitert. Die komplementären Beziehungen dieser Angebote zum Hauptgeschäft können gerade bei Urlaubern zu Verbundvorteilen im Sinne von Kostenvorteilen durch Kombinationsangebote („Fly & Drive

Worldwide") und zu Bequemlichkeitsvorteilen durch *one-stop-shopping* führen.

- Eine **Leistungsdifferenzierung** erreicht man, indem man zusätzliche Varianten (im Sinne konkurrierender Leistungen) in das Programm aufnimmt. Das verschafft dem Kunden zusätzliche Wahlmöglichkeiten. Als Beispiel kann hier das 3-Klassenkonzept von ***British Airways*** mit den Kategorien „First Class – deluxe subsonic service", „Club World – business class" und „World Traveller – economy class" dienen, die sich hinsichtlich Ausstattung, Servicequalität oder Schnelligkeit der Beförderung unterscheiden.

www.british-airways.com

- Eine **Leistungselimination** wird durchgeführt, wenn man sich von bestimmten unrentablen und veralteten Leistungskategorien trennen möchte. Als Beispiel kann hier die ***Deutsche Bahn*** dienen, die regelmäßig unrentable Strecken stilllegt und so ihr Streckennetz verkleinert. Beachten Sie bei Eliminierungsentscheidungen neben quantitativen Kriterien (z.B. sinkendem Umsatz, Marktanteil, Deckungsbeitrag) auch qualitative Kriterien (z.B. Änderung der Bedarfsstruktur, Änderung gesetzlicher Vorschriften, Angebot attraktiverer Leistungen durch die Konkurrenz) sowie mögliche negative Auswirkungen auf das Firmenimage.
- Die **Leistungsstandardisierung** erfolgt durch eine Verringerung der für den Kunden verfügbaren Wahlmöglichkeiten. Beispiele hierfür sind Airlines, die grundsätzlich oder auf bestimmten Routen ausschließlich mit einer Einheitsklasse fliegen, oder die ***Deutsche Post AG***, die ihr Briefversandangebot auf vier verschiedene Versendungsarten beschränkt hat.
- Bei der **Leistungsmodifikation** erfolgt der Eingriff in das Objektprogramm ohne Veränderung von Breite und Tiefe. Dies kann durch einen Ersatz bestehender Produkte durch neuere Versionen oder durch Produktveränderungen im Sinne eines Relaunch oder Revival geschehen. Hierzu noch einige Beispiele:

  Im Rahmen der **Objektsubstitution** werden bestehende Leistungen durch neue Leistungen ersetzt. Z.B. bringt ***Intel*** aufgrund der schnellen technischen Entwicklung einmal jährlich eine neue Generation von Mikroprozessor-Chips auf den Markt (286er, 386er, 468er, Pentium etc.) und stellt gleichzeitig die Produktion der alten Vorläufergeneration ein.

Relaunch

Der Begriff Relaunch bezeichnet die Um- bzw. Neupositionierung (vgl. hierzu auch Kapitel X) einer Leistung in der Sättigungsphase und ist meist mit einer umfassenden Veränderung einer oder mehrerer Leistungseigenschaften der bereits am Markt eingeführten Leistung verbunden. Der Relaunch wird deshalb auch häufig als „massiver chirurgischer Eingriff" bezeichnet, mit dem Ziel, Umsatz und Absatz anzukurbeln. Wichtige Gründe, die einen Relaunch in der Praxis erforderlich machen, sind Veränderungen am Grundnutzen, den eine Leistung zu erbringen hat (z.B. TV jetzt mit Videotext), gesetzliche Auflagen (z.B. Katalysatorpflicht bei PKWs) und Konkurrenzaktivitäten.

Das Beispiel Persil:

www.persil.de

Persil

Ein Paradebeispiel für gelungene Relaunches ist das Vollwaschmittel ***Persil***: Seit der Markeneinführung 1907 wurden alle Produkteigenschaften in erheblichem Umfang verändert. So wurde die chemische Rezeptur und Verpackung mehrfach geändert und Schauminhibitoren sowie Korrosionsschutz integriert, um den veränderten Waschtechniken auf der Produktseite zu entsprechen (Waschmaschine statt Handwäsche). Dies führte dann in der Kommunikation zum Slogan „Die vollkommene Waschpflege". Als dann später synthetische Fasern auf den Markt kamen und ein Vollwaschmittel auch mit unterschiedlichen Gewebearten zurechtkommen musste (Baumwolle und synthetische Fasern), wurden der bestehenden Persil-Rezeptur Enzyme zugesetzt. In der Werbung wurde Persil daraufhin positioniert mit dem Motto „Persil mit Weißmacher". Um später wiederum das in der deutschen Bevölkerung gestiegene Umweltbewusstsein im Produkt Persil zu berücksichtigen bekam das Produkt die Eigenschaft „phosphatfrei" und wurde als Konzentrat in kleineren Packungsgrößen angeboten. Schließlich begegnete die Firma Henkel dem Bedürfnis nach farb- und gewebeschonendem Waschen mit der Einführung von „Persil Color" und „Persil Megaperls".

Revival

Im Gegensatz zum Relaunch ist die Maßnahme des Revival eher eine „kleinere kosmetische Korrektur". Das Revival beinhaltet eine schlagartig einsetzende Intensivierung der Marketing-Bemühungen – hauptsächlich kommunikativer Natur – für eine Leistung, die sich in der Stagnations- bzw. Degenerationsphase des Produktlebenszyklus befindet. Man möchte also einer Leistung, die noch respektable Umsätze aufweist, nochmals Impulse geben. Ein Beispiel hierfür ist die ***Milka***-Schokolade, die mit dem Aufdruck „Jetzt noch zarter" versehen ist.

Im nächsten Punkt wird zunächst das Thema „Entwicklung neuer Leistungen – Innovationsmanagement" aufgegriffen und vertieft, bevor Sie im übernächsten Punkt konkrete Hinweise zur Offensiven Gestaltung der einzelnen Leistungen erhalten.

3 Offensive Entwicklung neuer Leistungen

Wie riskant und wichtig dieses Thema ist, zeigt z.B. ein Blick auf den Markt für Energy-Drinks:

Der Markt für Energy-Drinks

www.redbull.com

Seit ***Red-Bull*** als Pionier der Energy-Drinks 1994 den deutschen Markt eroberte, überschwemmen laufend immer neue Dosen, Flaschen und Packungen den Markt und versprechen rasche Lösungen für müde Körper: Plasma-Gummibär, Fizzy Lizzy, Zero-Gravity oder Cannabia sind nur einige wenige Beispiele für Produktneueinführungen auf dem Markt für Energy-Drinks. Das Nürnberger Unternehmen ***Trendworx*** setzt z.B. mit Purdeys auf natürliche Pflanzenextrakte, während ***Mars*** einen gleichnamigen Energy-Drink mit Schoko-Geschmack ins Rennen wirft. Als Muntermacher kommen dabei meist die Inhaltsstoffe Koffein, Taurin oder Guarana zum Einsatz; im Ausnahmefall auch umstrittenere Substanzen wie Niacin und Pyrodixin.

In den meisten Fällen verschwinden diese neuen Produkte jedoch genauso schnell vom Markt wie sie gekommen sind. Und das, obwohl ihre Neueinführung i.d.R. mit hohen Kosten und Ressourcenaufwendungen verbunden ist.

Überlegenen Kundennutzen schaffen

Die Entwicklung neuer Produkte und Dienstleistungen ist ein Eckpfeiler des Offensiven Marketing. Nichts ist wichtiger, als auf effiziente Art und Weise einen überlegenen Kundennutzen zu schaffen – das wissen Sie bereits aus unserer Marketing-Definition. Dieser überlegene Kundennutzen zeigt sich in überlegenen Produkten und Dienstleistungen. Diese zu entwickeln, permanent zu verbessern und letztendlich eine Kernkompetenz aufzubauen ist die zentrale Aufgabe und macht Sie zusammen mit einer effizienten Produktion gegenüber der Konkurrenz zu einem unschlagbaren Gegner.

Entscheidend für ein Offensives Marketing ist, dass Sie überzeugt sind, dass es in jedem Markt und in jeder Situation möglich ist, neue und überlegene Kundennutzen durch neue Produkte und Dienstleistungen zu schaffen.

Natürlich sind gute Ideen dazu besonders wichtig, aber es ist nicht so, wie viele Leute denken und schreiben, dass die Vielzahl guter Ideen durch gute Techniken der Ideengewinnung zustande kämen und dies der Haupterfolgsfaktor für die Entwicklung neuer Produkte und Dienstleistungen sei. Gute Ideen werden nur dann zu erfolgreichen neuen Produkten und Dienstleistungen, wenn sie auf soliden Beinen stehen, d.h. auf effektiven Strukturen, Abläufen und Ressourcen basieren. Viel wurde dazu schon in den vorangegangenen Kapiteln erläutert und soll deshalb nur kurz wiederholt werden, um dann auf die wichtigsten Grundsätze, einen effektiven Innovationsmanagement-Prozess und die Kernaufgaben des Innovationsmanagements, einzugehen.

Welche Fundamente für eine Offensive und Erfolg versprechende Entwicklung neuer Leistungen wurden in den vorangegangenen Kapiteln schon gelegt?

Fundament: Unternehmensziele

Die Festlegung von Unternehmenszielen wurde in Kapitel VII erläutert. Wenn Sie den gewünschten Umsatz und Gewinn pro Jahr für die nächsten fünf Jahre festgelegt haben, berechnen Sie, wie das Ergebnis bei aktuellem Leistungsprogramm oder Sortiment für die nächsten fünf Jahre aussehen würde.

Gap-Analyse

Die dabei entstehende „Lücke" gibt an, wie viel Umsatz und Gewinn mit neuen und verbesserten Leistungen in den nächsten Jahren erwirtschaftet werden müssen. Abbildung 9-8 zeigt eine **Gewinn-Gap-Analyse**; eine **Umsatz-Gap-Analyse** wird nach dem gleichen Prinzip erstellt.

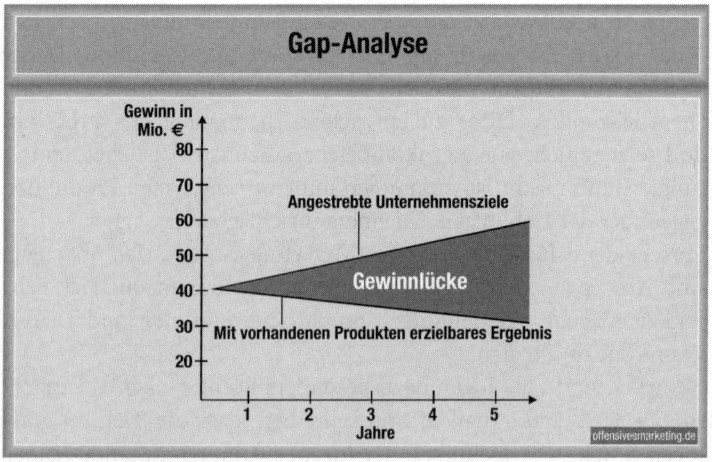

Abbildung 9-8

Die Unternehmenszielsetzung in obiger Abbildung legt fest, dass der Gewinn innerhalb der nächsten fünf Jahre von 40 auf 60 Millionen Euro gesteigert werden soll. Wenn keine neuen Leistungen auf den Markt gebracht werden, ist allerdings davon auszugehen, dass der Gewinn aus vorhandenen Produkten in fünf Jahren von heute 40 Euro auf 30 Millionen Euro sinken wird. Daher muss das Unternehmen in fünf Jahren 30 Millionen Euro bzw. die Hälfte des Gewinns mit neuen Produkten, also mit Innovationen, erwirtschaften. Diese Aufgabe ist allerdings nicht ganz so schwierig, wie dies auf den ersten Blick erscheinen mag. Die Praxis sieht in der Regel so aus, dass bereits einige neue Produkte vorhanden und Sortimentserweiterungen geplant, schon getestet oder sogar marktreif sind. Auch Verbesserungen für vorhandene Produkte und Pläne für neue Vertriebswege sind in den meisten Fällen bereits angedacht worden. Für den größten Teil dieser neuen Projekte wird man sich vorhandener Marken bedienen, unter Umständen müssen jedoch auch neue Marken eingeführt werden.

Fundament: Lukrative Segmente

Neue Produktideen sollten in Bereichen entwickelt werden, die für die zukünftige Strategie des Unternehmens von Bedeutung sind. Wenn Sie Ideen in unattraktiven Segmenten entwickeln und auf den Markt bringen, in denen es Ihrem Unternehmen an Kompetenzen mangelt, wird das mit Sicherheit nicht gut gehen. Der im Kapitel II erläuterte *marketing alignment process* (MAP) stimmt Märkte und Kompetenzen aufeinander ab, während die Marktsegmentierung (Kapitel IX) die Basis für eine Fokussierung auf lukrative Segmente darstellt.

Fundament: Integration

Innovationsmanagement sollte zwar von der Marketing-Abteilung vorangetrieben werden; es ist aber – mehr als jeder andere betriebliche Prozess – eine Teamaufgabe. Der sprichwörtliche „gute Draht" zwischen Marketing, F&E, Produktion, Vertrieb, Finanzabteilung und IT ist hier von besonderer Bedeutung. Die Finanzabteilung kommt ins Spiel, wenn es um die genaue Prognose der zukünftigen Kosten, Aufwendungen und Erträge einer Innovation geht – beileibe keine einfache Aufgabe, die in vielen Fällen wahrscheinlich deshalb geradezu sträflich vernachlässigt wird.

Fundament: Priorität für wichtige Marken

In Punkt 5 dieses Kapitels, das sich mit der Offensiven Markenentwicklung beschäftigt, werden Kern und die Erweiterungsbereiche einzelner Marken definiert. Neue Produkt- oder Dienstleistungsideen sollten den so priorisierten bestehenden oder neuen Marken auf effektive Art und Weise zugeordnet werden.

3.1 Wichtige Grundsätze für die Entwicklung neuer Leistungen

Im Rahmen der Entwicklung neuer Leistungen werden folgende Grundsätze thematisiert:

Wichtige Grundsätze für die Entwicklung neuer Leistungen
■ Innovationsmanagement ist ein Grundpfeiler des Offensiven Marketing!
■ Produktlebenszyklen sind kein Schicksal!
■ Trotz gleicher Prozesse – Beachten Sie die Spezifika des „Entwicklungsgegenstandes"!
■ Lernen Sie aus Flops!

offensivesmarketing.de

Abbildung 9-9

Innovationsmanagement ist ein Grundpfeiler des Offensiven Marketing!

Die Entwicklung von neuen Produkten und Dienstleistungen ist eine der wichtigsten unternehmerischen Tätigkeiten. Herausragende neue Produkte oder Dienstleistungen lassen sich in allen Kategorien entwickeln, selbst in solchen, die als preisorientiert gelten. Dazu braucht man keinen Riesenvorsprung zu haben, vorausgesetzt man konzentriert sich auf einen Leistungsbereich, der für Kunden wichtig ist und kommuniziert ihn so effektiv, dass der Kunde diesen Vorteil sofort wahrnehmen kann. Im Lebensmittelhandel konnten z.B. durch die konsequente Nutzung sehr kleiner Unterschiede langfristig Marktanteile gewonnen worden. Besonders eindrucksvoll ist auch das Beispiel der ***Dr. Best***-Zahnbürsten, eine Marke des Unternehmens ***SmithKline Beecham Consumer Healthcare***:

Das Beispiel Dr. Best

Die erste ***Dr. Best*** Innovation wurde 1988 mit der *Dr. Best Plus*-Zahnbürste mit ihrem Zweikomponentengriff auf den Markt gebracht. Dieser Griff galt als Novum in der Zahnbürstentechnik und erwies sich durch die flexible Zone im Bürstenstiel als besonders sinnvoll: Kraftspitzen, die beim Zähneputzen ungewollt auf Zahn und Zahnfleisch einwirken, konnten nun besser kontrolliert werden – zahnschonende Reinigung wurde möglich. Die zahnmedizinischen Vorteile dieser technisch ausgefeilten Lösung wurden von den Kunden sofort erkannt; innerhalb nur eines Jahres stieg der Marktanteil auf 15% an; das Produkt war in einer Premiumpreisposition fest etabliert.

www. sb-online.de

Dr. BEST®

1993 verstärkte die zweite Innovation, die *Dr. Best Schwingkopf*, den steilen Aufwärtstrend der Marke weiter. Die neue Kombination von flexiblem Bürstenstiel und flexiblem Bürstenkopf ermöglichte die gründliche Reinigung auch schwer zugänglicher Stellen im Mundraum und eine Preisposition, die mit 2,25 Euro ganz deutlich über dem Marktdurchschnitt lag.

1994 überzeugte eine dritte Innovation, das *Dr. Best Interdent Hoch-Tief-Borstenprofil* für verbesserte Reinigungsleistung in den Zahnzwischenräumen. Die laufenden, in kurzen Abständen durchgeführten Aktualisierungen haben den innovativen Charakter der Marke Dr. Best über Jahre aufrechterhalten und sie konsequent an die Marktspitze geführt.

Eine Differenzierung auf Konsumgütermärkten kann aber auch dadurch geschaffen werden, dass zusätzlich zum Produkt ein überdurchschnittlicher Service angeboten wird. Ein gutes Beispiel dafür sind Hamburger: Es lässt sich darüber streiten, ob die Hamburger bei ***McDonald's*** nun besser schmecken als bei anderen Fastfood-Ketten. Das also eher durchschnittliche Produkt wird jedoch durch zusätzliche Leistungen wie Schnelligkeit, Freundlichkeit der Mitarbeiter, „Immer- und Überallerhältlichkeit" oder Kinozeitschriften aus der großen Masse herausgehoben, so dass insgesamt ein attraktives Angebot für den Kunden entsteht.

Produktlebenszyklen sind kein Schicksal!

Produktlebenszyklus

Produktlebenszyklen beschreiben im Grunde verschiedene Stadien im Verlaufe eines „Produktlebens": Einführungsphase, Wachstumsphase, Reifephase, Sättigungsphase und Degenerationsphase. Nach dem klassischen Lebenszykluskonzept ist bald nach Erreichen der

Reifephase mit dem höchsten Umsatzvolumen zu rechnen, das sich aber durch Verbesserungen des Produkts oder der Dienstleistung und einer damit verbundenen Ausweitung der Reife- und Sättigungsphase weiter aufrechterhalten lässt. In den Anfangsphasen sind die Gewinne nur bescheiden, da erhebliche Anfangsinvestitionen anfallen. Aber selbst in der Degenerationsphase kann noch Gewinn erzielt werden, da die Gesamtrentabilität höher ist und die Marketing-Unterstützung verringert werden kann. Am Ende jedoch „stirbt" das Produkt. Abbildung 9-10 verdeutlicht diesen Prozess.

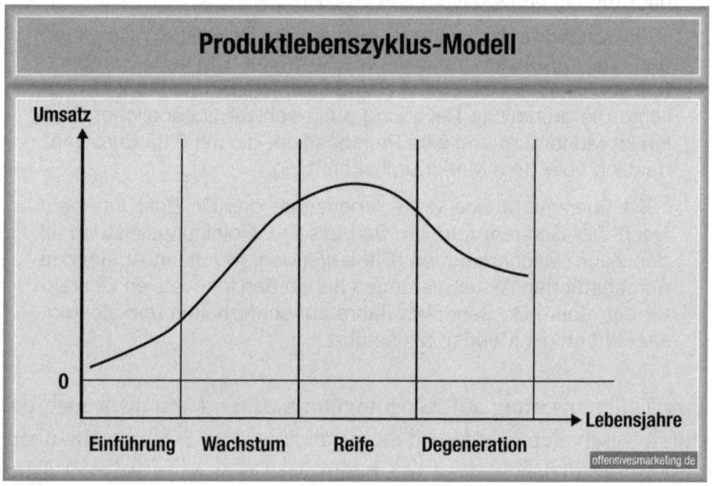

Abbildung 9-10

Für gut geführte Marken ist ein solcher Produktlebenszyklus kaum bedrohlich, da die entsprechenden Marken ständig erneuert und erweitert werden. Einige Produkte des Markenportfolios werden sich daher in einer späten Phase des Produktlebenszyklus befinden, während andere noch in der Einführungs- oder Wachstumsphase stecken. Dies gilt beispielsweise für den Automobilmarkt. Wenn ein großer Hersteller beispielsweise vier Grundmodelle im Angebot hat, ist eines davon in der Regel ein Modell, das gerade auf den Markt gebracht wurde und hohe Umsatzzuwächse zu verzeichnen hat, während das andere Modell vielleicht schon einige Jahre alt und schon ein wenig „müde" ist und die beiden übrigen Modelle gerade im „besten Alter" stecken.

Coca-Cola Classic gehört zu den Produkten, die im Laufe der Zeit kaum verändert wurden – angeblich ist die Zusammensetzung des Getränks immer noch ein gut gehütetes, nur wenigen Eingeweihten bekanntes Geheimnis und in diesem Jahrhundert noch nicht geändert worden. Trotzdem wird durch eine Ausweitung der Distribution, den Einstieg in neue Ländermärkte, Verpackungsinnovationen und einfallsreiches Marketing immer mehr Umsatz mit dem Produkt gemacht. Darüber hinaus konnte die Marke Coca-Cola durch Submarken, wie z.B. die äußerst erfolgreiche Coca-Cola Light, erweitert werden.

www.coca-cola.com

Coca-Cola Classic ist jedoch eine Ausnahme. Auf den meisten Märkten treiben Qualität und Innovation eine schnelle Produktänderung voran, was sich noch verstärkt, wenn der Wettbewerb zunimmt und die Kunden anspruchsvoller werden. Hier schlägt dann der Produktlebenszyklus zu: Er eliminiert alle Produkte und Dienstleistungen, die ihn ignorieren.

Trotz gleicher Prozesse – beachten Sie die Spezifika des „Entwicklungsgegenstandes"!

Die Entwicklung neuer Produkte, insbesondere Güter des täglichen Bedarfs, ist relativ leicht verständlich. Die folgende Abbildung 9-11 enthält daher einige Beispiele für Innovationen im Dienstleistungsbereich:

Beispiele für die Entwicklung neuer Dienstleistungen

- Neues Konzept und Design für eine Restaurantkette
- „Hausbesuche" von Hypothekenbanken
- Separater, schnellerer Check-in für Reisende der Business Class
- „Treuekarte" für Restaurantkette
- Kundenservice-Schalter im Einzelhandel
- Automatische Wiederauffüllung von Kühlschränken beim Kunden eines Lebensmittellieferdienstes (ohne dass der Kunde zu Hause sein muss)
- Automatische Entsendung von Auto-Pannenwagen bei über GPS festgestellter Panne durch Autohersteller
- Kundenclubs und Kundenkarten für treue Nachfrager

Abbildung 9-11

Menschen, ihre Ziele, Ansichten, Fähigkeiten und Ausbildung sind ein wichtiger Bestandteil jeder Dienstleistung. Im Gegensatz dazu ist es eher unwahrscheinlich, dass die Nutzer oder Käufer von Produkten in Kontakt mit den Menschen kommen, die diese Produkte entwickeln, produzieren, vermarkten oder vertreiben. Was Suchfelder, Vorlaufzeiten, Kundenintegration, Standardisierbarkeit, Rüstzeiten, Kosten und Risiken angeht, ergeben sich daher wichtige Unterschiede zwischen der Entwicklung von Produkten und der von Dienstleistungen. Für Hochtechnologieprodukte (z.B. Computerfabriken) oder Produkte, die auf Netzeffekten (z.B. Standardsoftware) aufbauen, gelten wieder andere Spezifika.

Differenzierung nach Innovationstypen

Wie viel Aufwand genau für die Entwicklung eines neuen Produkts oder einer neuen Dienstleistung erforderlich ist, hängt vom Innovationstyp ab, der sogar innerhalb ein und derselben Kategorie zu Unterschieden führen kann: Ein neuer Belag für eine Tiefkühl-Pizza lässt sich unter Umständen innerhalb weniger Wochen entwickeln und auf den Markt bringen, während eine neue, weltweit vertriebene Haarpflegemarke auf der Grundlage einer neuen chemischen Entwicklung durchaus einige hundert Millionen Euro kosten kann und (einschließlich Markteinführung) mehrere Jahre Entwicklungszeit erfordert. Analog bedeuten neue Uniformen für die Flugbegleiter für eine Fluggesellschaft sicher weniger Aufwand und Kosten als die Einführung einer neuen Buchungsklasse.

Lernen Sie aus Flops!

Hohe Flopraten

Obwohl Schätzungen hierzu sowohl für den Gesamtmarkt als auch für einzelne Märkte weit auseinander gehen, gibt es genügend Anhaltspunkte dafür, dass die meisten neu eingeführten Produkte und viele Dienstleistungen floppen. Grobe Schätzungen gehen von etwa 80% aus. Aber wann ist ein neues Produkt erfolgreich und wann nicht? Diese Frage ist nicht so einfach. Abbildung 9-12 enthält einige Erfahrungswerte dafür, wann von Erfolg bei neuen Produkten bzw. Marken auf Konsumgütermärkten gesprochen werden kann.

Eine hohe Floprate ist mit Sicherheit kein Naturgesetz. Unternehmen wie ***3M***, ***Ferrero*** und ***Gillette*** haben sehr hohe Erfolgsquoten und liegen damit nicht im allgemeinen Trend. Welche Ursachen gibt es für die bedauernswert hohe Floprate neuer Produkte? Im Folgenden sehen Sie einige ganz konkrete Gründe dafür, warum neue Produkte und Dienstleistungen floppen.

Definition des Erfolgs: Neue Produkte/Marken auf dem Konsumgütermarkt		
Erfolgskriterium	**Neue Produkte, vorhandene Marken**	**Neue Marken**
Marktanteil	Signifikante Steigerung des Marktanteils	Stabiler Markenanteil
Stabilität	Zuwachs über mindestens 3 Jahre konstant	Wachsender Anteil nach 3 Jahren
Amortisation	1–2 Jahre	3–5 Jahre
Betriebsergebnis	7–12%	8–15%

offensivesmarketing.de

Abbildung 9-12

1. Mangelndes Commitment

Aus Sicht der Geschäftsführung haben neue Produkte gleich mehrere Nachteile: Sie sind zu teuer, werden im ersten Geschäftsjahr vermutlich zu Verlusten führen und dann auch noch mit hoher Wahrscheinlichkeit floppen. Dieses wenig attraktive Szenario erklärt, warum sich das Top-Management eines Unternehmens meist nicht sehr engagiert für Innovationen einsetzt, obwohl allgemein anerkannt wird, dass neue Produkte und Dienstleistungen gewöhnlich der einzige Weg zu echtem Wachstum sind.

Was ist „Commitment"?

Definition Commitment

Commitment ist die nachhaltige Selbstverpflichtung des Top-Managements, aufgrund einer gründlichen Analyse ein neues Projekt erfolgreich zu Ende zu bringen. Es ist bereit, das neue Produkt ohne Vorbehalte voran zu bringen und sich dabei nicht von eventuellen Hindernissen aufhalten zu lassen.

Commitment für neue Produkte und Dienstleistungen ist leider selten. Ein halbherziger Einsatz ist schon häufiger anzutreffen, allerdings immer begleitet von einem „Plan B", der beim Auftreten erster Probleme den Ausstieg aus dem Projekt vorsieht. Commitment ist eine Kombination aus Geschäftssinn und Intuition, aber es ist vor allem die Intuition, die Unternehmen über schwere Zeiten hinweghilft, in denen selbst der Silberstreifen am Horizont fehlt.

2. Konflikt zwischen Schnelligkeit und Qualität

Für Innovationsprojekte steht von Jahr zu Jahr immer weniger Zeit zur Verfügung. Die Unternehmen bringen ihre Produkte immer schneller auf den Heimatmarkt und führen sie dann entweder gleich weltweit ein – wie bei der letzten Version von ***Microsoft Windows*** – oder expandieren innerhalb eines Jahres in ein halbes Dutzend andere Länder. Sie stehen daher unter einem gewaltigen Druck und müssen die Vorlauf- und Rüstzeiten verkürzen – einerseits um dem Wettbewerb zuvorzukommen, andererseits um Kosten zu sparen. Denn je länger ein Innovations-Projekt dauert, desto höher sind in der Regel die Gemeinkosten für F&E. Da viele neuen Leistungen mit technischen Neuerungen, Unsicherheit und unvorhersehbaren Reaktionen des Wettbewerbs einhergehen, kann das Entwicklungstempo die Qualität eines Projekts negativ beeinflussen und letztendlich zu dessen Scheitern beitragen.

3. Fehlende Definition des Innovationsmanagement-Prozesses

Hat Ihr Unternehmen einen Prozess zum Innovationsmanagement definiert? Falls ja, ist Ihr Unternehmen wahrscheinlich die berühmte Ausnahme von der Regel. Oberflächliche Geschäftsanalyse, mangelhaftes Projekt-Management, Änderungen in der Zusammensetzung der Entwicklungsteams, schlecht geplante Marktforschung, fehlende abteilungsübergreifende Zusammenarbeit und das Versäumnis, vor der Markteinführung die erforderlichen Tests durchzuführen, sind oft schuld daran, wenn eine neue Leistung zum Flop wird. Wie ein Innovationsmanagement-Prozess idealerweise ablaufen sollte und welche „Werkzeuge" sich für einen Einsatz eignen, können Sie im Anschluss in Punkt 3.2 nachlesen.

4. Kosten werden unterschätzt

Welche Kosten tatsächlich bei der Entwicklung einer neuen Leistung anfallen lässt sich häufig nur schwer einschätzen. Deshalb liegen die Kosten für neue Leistungen oft erheblich über den ersten Schätzungen. Da Kostenüberschreitungen keine plausible Begründung für Preiserhöhungen sind, fallen die Gewinne dann nicht selten enttäuschend aus. Bereiche, in denen die Kosten am häufigsten unterschätzt werden, sind Entwicklung, Anpassung der Prototypen für die Massenfertigung sowie die Markteinführung selbst, bei der zu wenig Spielraum für Reaktionen des Wettbewerbs vorgesehen wird. Anstatt von einem „Idealfall" auszugehen, sollte man hier besser realistisch sein.

3.2 Der Innovationsmanagement-Prozess und wichtige Tools

Innovationsmanagement-Prozess

Der Innovationsmanagement-Prozess – wie sieht er aus? Eine Universallösung gibt es nicht. Wenn man versucht, einen Standardprozess für das Innovationsmanagement zu entwerfen, wird man sich deshalb eher schwer tun, da es zu unterschiedliche Branchenstrukturen als auch Unternehmen, somit verschiedenste Anforderungen an die Prozessfolge gibt. In den nachfolgenden Ausführungen versuchen wir, einen exemplarischen, weitestgehend allgemeingültigen Prozessablauf vorzuschlagen. Dieser besteht aus folgenden sechs Phasen:[2]

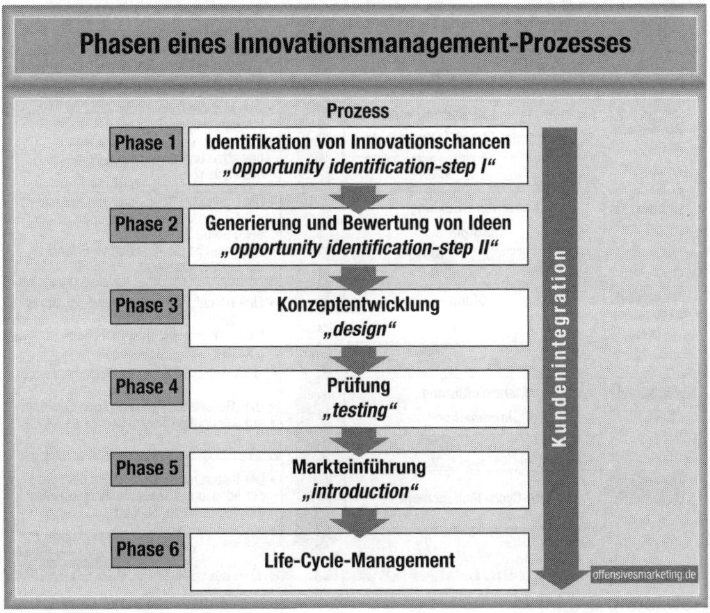

Abbildung 9-13

Schrittweise Kundenintegration

Die zeitliche Abfolge dieses Prozesses sollte nicht als notwendige Voraussetzung angesehen werden. Einige Unternehmen können einzelne Schritte unter Umständen auslassen oder parallel ausführen, da in der Praxis meist enormer Zeitdruck besteht oder auf den be-

[2] In Anlehnung an Urban, G./ Hauser, J.: Design and Marketing of New Products, 2nd ed., New Jersey 1993, S. 36 ff.

treffenden Märkten bereits ausreichend Erfahrung gesammelt wurde; hier ist weniger Zeitaufwand erforderlich, als es bei neuen Sektoren oder bei dem Aufbau neuer Kompetenzen der Fall sein wird. Quasi parallel zu diesen skizzierten Phasen findet eine schritt- bzw. teilweise **Integration von Kunden** in die einzelnen Phasen sowie der notwendige Aufbau der Leistungspotenziale statt.

Zentrale Schlüsselelemente

Was sind nun die Schlüsselelemente der einzelnen Phasen des Innovationsmanagement-Prozesses?

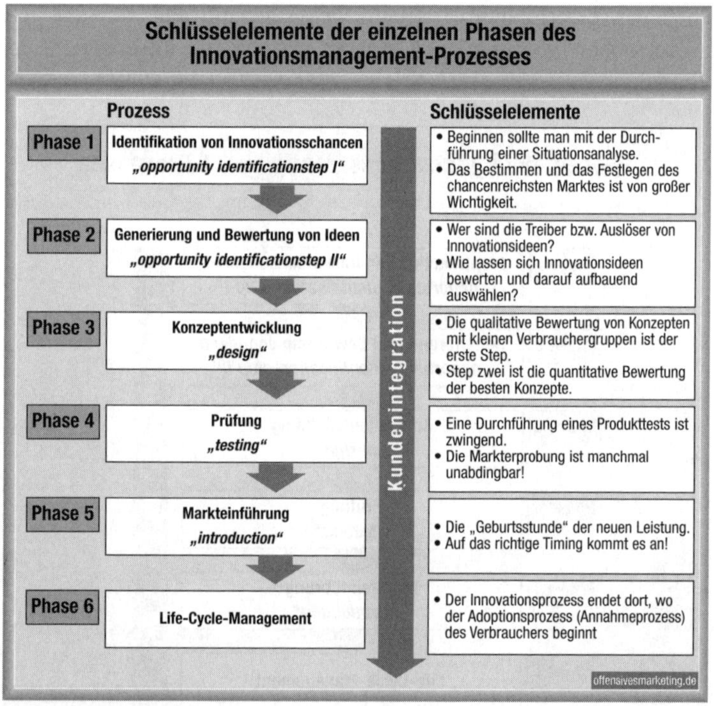

Abbildung 9-14

Woran sollte man sich orientieren, wenn es um die Planung einer Innovation geht? Gerade im Produktbereich ist es sinnvoll, sich zuvor intensiv mit dem Leistungsprogramm auseinander zu setzen. Um programmpolitische – meist strategische – Entscheidungen diesbezüglich zu treffen, kann die **Produktinnovationsrate** als Planungsinstrument herangezogen werden. Was sagt diese aus bzw. wie wird sie berechnet?

Bestimmung der Produktinnovationsrate

$$\text{Produktinnovationsrate} = \frac{\text{Jahresumsatz aus den letzten Jahren (Bsp.: 3 Jahren) der eingeführten Produkte}}{\text{Gesamter Jahresumsatz}}$$

offensivesmarketing.de

Abbildung 9-15

Innovationsrate

Altersstrukturanalyse

Man unterstellt in diesem Zusammenhang eine positive Verknüpfung von Innovationsrate und Gewinn. Ein Vergleich von Soll- und Ist-Innovationsraten kann zur Steuerung der Forschungs- und Entwicklungsaufwendungen herangezogen werden. Die benötigten Informationen erhält man im Rahmen der **Analyse der Altersstruktur** des Leistungsprogrammes.

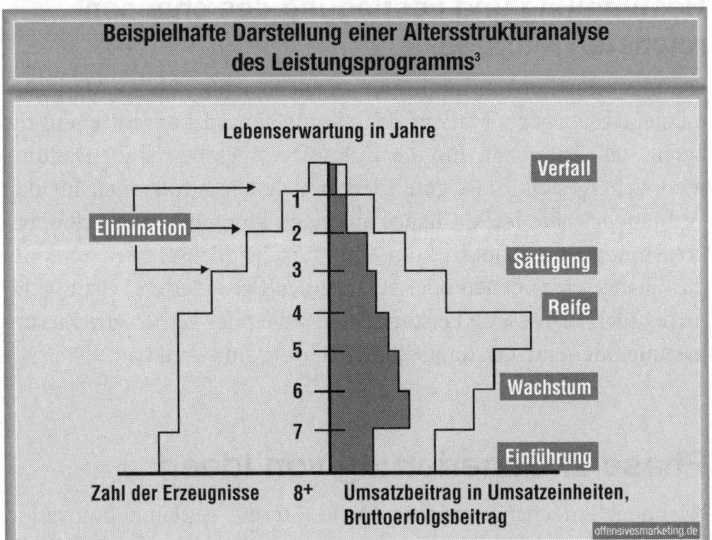

Abbildung 9-16

Um einen tieferen Einblick in den Innovationsmanagement-Prozess zu erlangen, werden im Folgenden die einzelnen Prozessphasen näher beleuchtet und Methoden aufgezeigt, die in den einzelnen Phasen zum Einsatz kommen können.

[3] In Anlehnung an Meffert, H.: Marketing, 8. Aufl., Wiesbaden 1998, S. 337.

Phase 1: Identifikation von Innovationschancen

Durchführung einer Situationsanalyse

Situationsanalyse

Die strategische Aufgabe einer Innovation ist die Planung. Dem gesamten Innovationsmanagement-Prozess unterliegt somit ein fundierter und ausführlicher Planungsprozess. Ausgangspunkt stellt hierfür eine Situationsanalyse dar. Welcher Bereich ist für uns von Interesse? Wie sieht der Markt heute aus? Wo besteht für uns Handlungsbedarf? Welche Daten sind für die Beurteilung bereits vorhanden – welche werden noch benötigt? Liegt bereits eine ausführliche und vor allem relevante Marktanalyse vor (vgl. Kapitel V – Punkt 2 – Stufe 3)?

Bestimmung und Festlegung des chancenreichsten Marktes

Attraktive Märkte priorisieren

Die Identifikation von Innovationschancen sollte sich auf Marktsegmente, Absatzwege, Marken oder Kompetenzen konzentrieren, die bereits als Prioritäten für die Zukunft vorgesehen sind. Dadurch wird sichergestellt, dass gute Ideen mit hoher Attraktivität für den Verbraucher eine reelle Chance auf einen kommerziellen Erfolg haben. Innovationschancen können unterschiedlichster Art sein, z.B. die Chance einer neuen oder entscheidend geänderten Leistung, eine deutlich verbesserte Leistung, eine neue oder verbesserte Zusatzleistung oder eine Leistungsdifferenzierung sind denkbar.

Phase 2: Generierung von Ideen

Nachdem ein chancenreicher Markt für die geplante Innovation identifiziert und festgelegt wurde, muss man sich über mögliche Ideen Gedanken machen, welche die Basis einer solchen Innovation darstellen. Innovation bedeutet letztlich das Finden und das Verwirklichen von neuen Ideen. Der Ideensuche und -gewinnung kommt jedoch eine Schlüsselrolle zu; sie wird zu einer ersten und wichtigen Grundlage des Innovations- und damit auch des Unternehmenserfolges. Anschließend müssen diese selektiert und ausgewählt werden.

Wie können nun Ideen gewonnen werden? Welche Methoden stehen hier zur Verfügung? In diesem Zusammenhang muss man sich die Frage stellen, wer denn den eigentlichen Treiber einer Innovation darstellt.

Treiber bzw. Auslöser von Innovationsideen

„demand pull" versus „technology push"

Eine Innovationsidee kann unterschiedlichsten Ursprung haben. Am Beginn der Innovationsforschung standen folgende Fragen im Mittelpunkt: Führt eher ein Nachfragesog (*demand pull*) oder der Technologieschub (*technology push*) zum Erfolg einer Innovation? Empirische Studien kamen zum Fazit: Ohne positive Reaktion auf der Nachfrageseite erzielt man keinen Erfolg! Diese reine Anpassungsstrategie mag für bestimmte Leistungen, Märkte und Zeithorizonte die erfolgreiche Verhaltensregel sein. Sie gilt aber – wie so manches – nicht immer.

House of Quality

Eine Kombination beider Sichtweisen spiegelt sich bspw. im Konzept des House of Quality wider: Hier werden wahrgenommene Produkteigenschaften mit Konstruktionsmerkmalen unter Integration von Konkurrenzprodukten oder auch Konstruktionskosten verknüpft.

House of Quality[4]

Ziel dieses Konzeptes ist es, die „Stimme des Kunden" in die „Sprache des Ingenieurs" zu übersetzen. Kundenanforderungen und -erwartungen werden in meßbare Produkt- und Prozessparameter überführt. Dies geschieht über eine Kette von Tabellen und Diagrammen – dem sog. House of Quality. Wie ein solches Haus gebaut wird, wie also die Stimme des Kunden bis in Designfragen vordringt, wollen wir nun knapp aufzeigen (vgl. hierzu Abbildung 9-17):

[4] Vgl. Meyer, A./Blümelhuber, C.: Dienstleistungs-Innovation, in: Handbuch Dienstleistungs-Marketing, hrsg. v. A. Meyer, Bd. 1, Stuttgart 1998, S. 815.

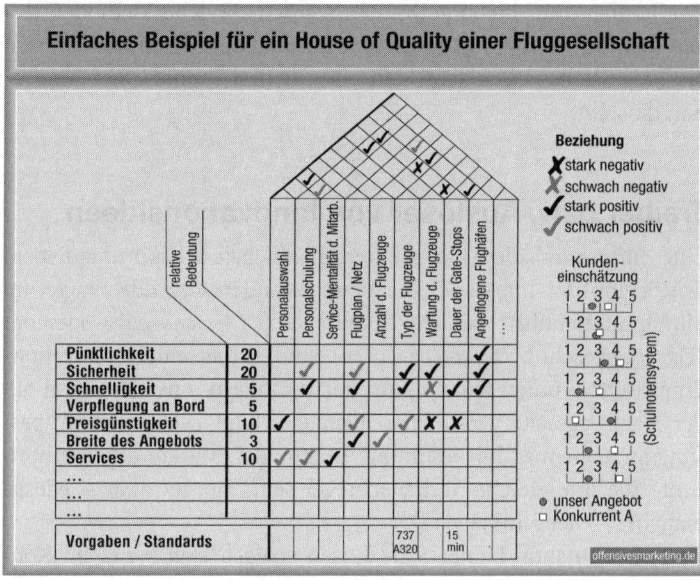

Abbildung 9-17

- Das Konzept beginnt ausdrücklich beim Kunden. Welche Qualitätsansprüche stellen die Kunden an die jeweilige Leistung? Welches sind die wichtigsten Merkmale für den Kunden? Man sammelt eine Reihe von solchen Faktoren, die man dann in der Regel zu Bündeln schnürt bzw. verdichtet.
- In einem zweiten Schritt wird dann die relative Wichtigkeit der einzelnen Merkmale erhoben. Die Gewichtung erfolgt üblicherweise in Prozentwerten.
- Ob das jeweilige Kriterium einen Wettbewerbsvorteil bringt, wird in einer weiteren Stufe eruiert. Dabei wird die „eigene" Leistung mit der der Konkurrenz verglichen.
- Nachdem nun erhoben wurde, was zu tun ist, wird im nächsten Schritt der Frage nachgegangen, wie denn nun Verbesserungen angegangen werden könnten. Die „Ingenieure" oder „Designer" stellen (Design-)Merkmale oder Aufgabenbereiche dar, die die kundenwichtigen Merkmale wahrscheinlich beeinflussen. Ob und wie diese Faktoren zusammenhängen, wird im Dach des Hauses aufgezeigt.
- Aus den bislang bekannten und eventuell zusätzlich erhobenen „objektiven", d.h. tatsächlichen Daten hinsichtlich einzelner Merkmale werden nun – graphisch unterhalb der Kundenmerkmale – Richtwerte, Richtgrößen oder Standards für die einzelnen Design-Merkmale festgelegt.

Wer sind aber nun die Treiber von Innovationen? Und: Wie und vor allem mit welcher Methodik kann der Ideenreichtum von diesen möglichen Treibern angezapft werden?

Ideenlieferanten

Wichtige Ideenlieferanten können bereits die eigenen **Mitarbeiter** sein. Es ist somit die Aufgabe jedes Unternehmens, dieses Potenzial aktiv anzuzapfen und auszuschöpfen. Wie kann das aber nun umgesetzt werden? Eine Innovationschance ist in den wenigsten Fällen abhängig vom technischen Wissen – meist fehlen ausreichende Anreize bzw. der Wille, Probleme zu finden und das vorhandene Wissen auf Lösungsmöglichkeiten hin abzusuchen.

Mitarbeiter

Eine lange Tradition hat in diesem Zusammenhang das betriebliche **Vorschlagswesen**, eine dauerhafte Einrichtung zur Förderung, Begutachtung, Anerkennung und Verwirklichung von Verbesserungs- und Innovationsvorschlägen der eigenen Mitarbeiter. Meist funktionieren solche Systeme nach folgendem Muster: Ein Mitarbeiter reicht inner- oder außerhalb des „Dienstweges" einen Vorschlag ein, der an einen haupt- oder nebenberuflichen Beauftragten für das Vorschlagswesen gelangt. Dieser holt dann Gutachten zum Nutzen und zur Durchführbarkeit der Idee ein, unterbreitet den Vorschlag Vertretern des Managements und der Mitarbeiter und entscheidet letztlich über die Form der Anerkennung (Lob, Prämie etc.).

Vorschlagswesen

In kleineren Organisationen ist die Idee und Umsetzung eines Vorschlagswesens genauso wichtig, nur läuft der Prozess weniger formalistisch ab. Erfolgreiche Unternehmen haben bereits eine Firmenkultur entwickelt, die die Mitarbeiter anregt, Ideen zur Verbesserung von Produktion, Produkten und Dienstleistungen zu suchen.

> Zwei Beispiele: Nach Angaben der Firma ***Toyota*** reichen die Mitarbeiter des Unternehmens zwei Millionen Ideen pro Jahr ein – umgerechnet etwa 35 Ideen pro Mitarbeiter – von denen 85% tatsächlich implementiert werden. ***Kodak*** und einige amerikanische Unternehmen vergeben Geldpreise und Auszeichnungen für die Mitarbeiter, von denen die besten Ideen des Jahres stammen.

www.toyota.de

Verbesserungs- und Innovationsvorschläge können darüber hinaus insbesondere von neuen oder von neu geschulten Mitarbeitern – also aufgrund ihrer neu eingebrachten Fähigkeiten – erwartet werden. Denn die in anderen Branchen oder bei anderen Anbietern gewonnenen und erlebten Erfahrungen und Ideen können und sollten stets auf ihre Adaptionsmöglichkeit hin überprüft werden.

Innovationszirkel

Auch innerbetriebliche Innovationsseminare, sogenannte **Innovationszirkel**, können Innovationsideen als Ergebnis mit sich bringen. Ziel ist es, die Kreativität und das Innovationspotenzial der Mitarbeiter einer Unternehmung zu aktivieren. Meist setzen sich solche Innovationszirkel aus Mitarbeitern unterschiedlichster Funktionsbereiche und Hierarchiestufen zusammen. Mitarbeiterpartizipation fördert somit Innovationen!

Branchenübergreifendes Benchmarking

Eine ganz andere Informationsquelle kann auch die Orientierung am „Besten" sein – nicht ausschließlich am Besten der eigenen Branche, sondern auch die branchenübergreifende Orientierung kann so manche Ideen mit sich bringen. Sich mit den „Besten" zu messen hat in der Regel die Konsequenz, dass eigene Schwachstellen oder Rückstände deutlich gemacht werden. Der Vergleich mit anderen, in bestimmten Bereichen vorbildlichen Anbietern deckt aber nicht nur Ansatzpunkte der Verbesserung und Innovation auf; vielmehr werden auch Wege aufgezeigt, diese Ziele zu erreichen. Damit liefert das **Benchmarking** nicht nur Anstöße zu Innovationen, sondern auch Umsetzungsaspekte.

Kunde

Geht man weiter der Frage nach ergiebigen Quellen und Erfolgsursachen von Innovationen nach, so gilt das Gespräch mit dem Kunden als *„the most important source of new product ideas – and the single best factor distinguishing successful from unsuccessful companies in new product development"*[5].

Ein erster Schritt zu einer Erfolg versprechenden *market pull*-Innovation ist die Gewinnung von Kundeninformationen in und für alle Wertschöpfungsstufen und Prozessschritte. Zur Bewältigung dieser Aufgabe sind von Theorie und Praxis zahlreiche Methoden und Verfahren entwickelt worden: Kreativitätstechniken mit Kunden, Kundenbefragungen, die Auswertung von Kundenanfragen, -vorschlägen und -beschwerden oder auch die gemeinsame Leistungsentwicklung mit dem Kunden. Von letzterer verspricht man sich einen besonders hohen Nutzen, sie kommt in der Praxis jedoch nur selten zum Einsatz. Diese Nähe zum Kunden durch Kundenintegration sollte von jedem Mitarbeiter genutzt werden.

Mitarbeiter als *part-time*-Marktforscher

Es ist die Aufgabe jedes einzelnen Mitarbeiters, als *part-time*-Marktforscher Kundenvorschläge zu erheben, weiterzugeben und zu dokumentieren. Dabei ist das Informations- und Kommunikationspro-

---

[5] Sonderberg, L. G.; O'Halloran, J. D.: „Heroic" engineering takes more than heroes, in: The McKinsey Quarterly, 1/1992, S. 17.

blem oft schwieriger zu handhaben als der Prozess der eigentlichen Erhebung.

Kreativitätstechniken

Aus der Vielzahl von Kreativitätstechniken haben in der Praxis nur wenige einen annehmbaren Grad an Praktikabilität erreicht. Zwar sollte man die Leistungsfähigkeit der Kreativitätstechniken nicht überschätzen, jedoch kann kaum in Abrede gestellt werden, dass sie helfen, vorhandenes Kreativitätspotenzial und Gruppenvorteile in der Ideenproduktion zu nutzen.

Brainstorming

Die wohl wichtigste und mit Abstand am häufigsten zur Anwendung kommende Technik ist das **Brainstorming**: Das Brainstorming basiert auf freier Assoziation und impulsiver Kreativität. Meist erfolgt es interaktiv in einer Gruppe von 5 bis 10 Personen. Zielsetzung ist es, durch eine positiv wechselseitige Weiterentwicklung von Ideen möglichst viele Vorschläge für neue oder verbesserte Leistungen zu identifizieren. Die Beurteilung und Bewertung der einzelnen Vorschläge erfolgt erst zu einem späteren Zeitpunkt; jede Kritik der Idee eines anderen – und sei es nur ein Kopfschütteln – ist verboten, da Kritik die Kreativität, Gelöstheit und Spontaneität hemmt. Es geht also um das Sammeln von Ideen in einer gelösten, positiven Atmosphäre. Dabei gilt:

- **Quantität geht vor Qualität:** Es kommt auf die Menge der Vorschläge an: je mehr – desto besser, denn umso höher ist die Wahrscheinlichkeit, dass sich darunter auch einige brauchbare Lösungen, Konzepte oder Dienstleistungsideen finden.
- **Ideen sind zu kombinieren:** Jeder Teilnehmer kann und soll die Einfälle des anderen aufgreifen, kombinieren und weiterentwickeln. Gerade darin besteht der Erfolg des Gruppen-Brainstorming gegenüber einem individuellen Brainstorming.
- **Eine offene und tolerante Atmosphäre ist zu schaffen:** Niemand soll sich scheuen, eine verrückte, zu simple oder vielleicht sogar unbrauchbare Idee zu äußern. Deswegen ist jegliche Kritik oder Bewertung während der Sitzung verboten. Killerphrasen wie „Viel zu teuer!“, „Als Fachmann kann ich ihnen sagen, dass...“ oder „So einfach ist das nun auch wieder nicht!“ haben in Brainstorming-Sitzungen nichts verloren. Gefordert wird vielmehr eine offene, positive, optimistische Stimmung, in der alle überzeugt sind, dass die große Idee gefunden werden kann.

Mit Ausnahme dieser Grundregeln ist das Brainstorming ziemlich flexibel. In der Regel bereitet ein Diskussionsleiter die Sitzung vor, formuliert vor der Sitzung noch einmal das Problem und die Grundsätze des Brainstorming und sorgt während der Sitzung auch für deren Einhaltung. Die Teilnehmer sollten nicht nur aus unterschiedlichen Fachgebieten kommen, sondern auch unterschiedliche Charakterzüge aufweisen. Sowohl Visionäre als auch analytisch und systematisch denkende Mitarbeiter sollten mit einbezogen werden. Die Sitzung wird beendet, wenn keine neuen Ideen mehr produziert werden und/oder die Teilnehmer einen „ausgebrannten Eindruck" machen. Nach der Sitzung werden die Vorschläge an den „Veranstalter" weitergeleitet, der jetzt die kritische Prüfung vornimmt und brauchbare Ideen weiterverfolgt.

Brainwriting: Methode 635

Eine weiterentwickelte, schriftliche Form des Brainstorming ist das **Brainwriting: Methode 635**. Hier beteiligen sich sechs Personen, die nach gemeinsamer Problemanalyse und -definition jeweils drei Ideen innerhalb von fünf Minuten auf ein vorgefertigtes Formular schreiben. Diese Formulare werden nach jeweils fünf Minuten reihum ausgetauscht, wobei die Vorgängeridee ergänzt, variiert oder erweitert wird. Nach dreißig Minuten ist die Sitzung dann abgeschlossen. Das Resultat sind im Idealfall 3x6x6=108 Ideen. Auch hier gilt: Besondere Impulse sind dann zu erwarten, wenn die Teilnehmer aus verschiedenen Bereichen kommen.

Morphologischer Kasten

Eine gänzlich andere Herangehensweise steht hinter der **morphologischen Analyse**. Hier wird versucht, den Weg zu erkunden, auf dem eine neue Idee entsteht – vertikales Denken also. Die Frage nach dem Weg zum Ziel wird näher beleuchtet. Diese Vorgehensweise wird durch die bereits genannten Techniken hervorragend ergänzt, aber keinesfalls ersetzt. Die Analyse vollzieht sich in fünf Schritten: In Schritt 1 wird das vorgegebene Problem definiert und abgegrenzt. In Schritt 2 werden mit den Beteiligten alle Umstände bzw. Beeinflussungsfaktoren des Problems diskutiert und anschließend lokalisiert. Schritt 3 setzt sich zum Ziel, einen morphologischen Kasten zu generieren, in dem alle möglichen Lösungen des vorgegebenen Problems ohne Vorurteile o.ä. eingeordnet werden. Die Analyse dieser Lösungen folgt in Schritt 4. Abschließend wird die optimale Lösung bestimmt und diese weiterverfolgt bis zu ihrer endgültigen Realisierung bzw. Konstruktion.

Lead User-Konzept

Eine besondere Bedeutung kommt in diesem Zusammenhang (insbesondere bei der Entwicklung hochinnovativer Leistungen) den so genannten *Lead Users* zu. **Lead Users** „*... are currently experiencing new product or service needs that lie in the future for most others in a targeted market. Often, they have already developed commercially attractive new product or service prototypes in an effort to satisfy their leading edge needs.*"[6]

---

[6] v. Hippel, E./Churchill, J./Sonnack, M.: Breakthrough Products and Services with Lead User Research, Cambridge, Minneapolis 1998, S. VI.

Die Kooperation von Herstellern mit diesen Verwendern stellt für die Innovationsentwicklung somit eine wichtige Informationsquelle dar: Sie geben Hinweise auf zukünftig am Markt vorherrschende Bedürfnisse und haben oft bereits selbst Innovationen durchgeführt („*users as innovators*"), die von einem Anbieter u.U. übernommen werden können. Innovationen, die unter Einbeziehung von *Lead Usern* entwickelt wurden, versprechen eine stärkere Nachfragerpräferenz und eine schnellere und kostengünstigere Innovationsentwicklung. Die Identifikation von *Lead Usern* gelingt insbesondere in *Business-to-Business*-Märkten.

Bewertung und Auswahl von Innovationsideen

Quantitative und qualitative Kriterien heranziehen

Die gewonnen „Roh-Ideen" müssen in einem nächsten Schritt genauer analysiert und einer Bewertung unterzogen werden. Diese Bewertung, die letztlich dazu führt, dass einige Ideen weiterverfolgt, andere hingegen „fallen gelassen" werden, wird sich zunächst einmal an der Machbarkeit und der zu erwartenden Profitabilität orientieren. Darüber hinaus sind als weitere Kriterien die voraussichtliche Akzeptanz der Kunden, das Vorhandensein von Fähigkeiten zur Umsetzung der Ideen, die Möglichkeiten eines Schutzes der Leistung und die Verträglichkeit mit bestehenden oder aufzubauenden Systemen zu betrachten.

Prüfen Sie stufenweise und kontinuierlich

Die Bewertung sowie die Auswahl einer bestimmten Innovationsidee sollte nicht von einer einzelnen Person, sondern von einer Gruppe, die verschiedene Funktionen und Fähigkeiten repräsentiert, angegangen werden. Stellen Sie sich eine neue Produktidee als Koffer in einem Fahrstuhl vor. Der Koffer muss vom Keller bis zum Penthouse auf dem Dach fahren und auf jedem Stockwerk anhalten, um von immer ranghöheren Mitarbeitern im Unternehmen untersucht zu werden. Wenn auf einem Stockwerk keine Inspektion erfolgt, wird der Koffer aus dem Fahrstuhl geholt – und das war es dann. Die Prüfung der Innovationsideen muss jedoch kontinuierlich erfolgen und sollte in der Regel in jeder Phase des Innovationsmanagement-Prozesses erfolgen. Ideen, die in bekannte Kategorien fallen, können mit fest vorgegebenen Kriterienkatalogen geprüft werden. Eine Methodik, die in diesem Zusammenhang häufig zum Einsatz kommt, ist das sogenannte **Scoring-Verfahren**.

Scoring

Ein Scoring-Verfahren bzw. Punktebewertungsverfahren vollzieht sich in drei Stufen:

- **1. Stufe:** Zielgrößen, die sich ein Unternehmen setzt, festlegen
- **2. Stufe:** Gewichtungsfaktoren zwischen den einzelnen Zielgrößen festlegen
- **3. Stufe:** Bei Vorliegen einzelner Alternativen können diese nun jeweils bewertet werden. Voraussetzung hierfür ist die Festlegung einer Skala. Die Summe der gewichteten Ausprägungen ist die Basis für die Bewertung der jeweiligen Alternative.

Beispiel eines Bewertungssystems nach der Scoring-Methode[7]

Kriterien		Wert		Gewichtung X% $[\cdot \frac{X\%}{100}]$	Totalwert
Wunsch des Kunden nach dieser Leistung	unterdurchschnittlich *1*	durchschnittlich *2*	überdurchschnittlich *3*	40% [· 0,4]	***0,8***
Voraussichtliche Profitabilität (ROI)	unterdurchschnittlich *1*	durchschnittlich *2*	überdurchschnittlich *3*	20% [· 0,2]	***0,4***
Wahrscheinlichkeit des Auftretens von Konkurrenz	innerhalb 6 Monate *1*	6 Monate bis 1 Jahr *2*	länger als 1 Jahr *3*	10% [· 0,1]	***0,1***
Länge des Lebenszyklusses	1 Jahr *1*	1–3 Jahre *2*	mehr als 3 Jahre *3*	10% [· 0,1]	***0,3***
Kompatibilität mit den Stärken des Unternehmens	unterdurchschnittlich *1*	durchschnittlich *2*	überdurchschnittlich *3*	20% [· 0,2]	***0,6***
					2,2

Minimaler Totalwert liegt bei 1,0

offensivesmarketing.de

Abbildung 9-18

Phase 3: Konzeptentwicklung

Die Umsetzung von attraktiven Ideen in Konzepte ist eine Kunst für sich, der jedoch nur selten die notwendige Beachtung geschenkt wird. Selbst wirklich gute Ideen können bei Verbrauchertests durchfallen, wenn die Umsetzung des Konzeptes missglückt ist.

Konzepttest

Im Rahmen eines **Konzepttests** wird noch kein physisch vorliegendes Produkt getestet, sondern lediglich die Produktkonzeption als solche (also gewissermaßen die Idee) in Form eines Briefings bzw. einer Reinzeichnung/Layout.

[7] Vgl. Donnelly, J. H./ Berry, L. L./ Thompson, T. W.: Marketing Financial Services, Homewood 1985, S. 150.

Konzepte stufenweise entwickeln

Die schrittweise Konkretisierung der Innovationsidee durch eine stufenweise Konzeptentwicklung bis hin zur vermarktungsfähigen Leistung beinhaltet zum einen die Leistungsentwicklung – bei materiellen Leistungen wird ein Prototyp erstellt, bei Dienstleistungen beispielsweise wird ein Pilot- oder Testprojekt durchgeführt. Zum anderen fallen hierunter auch Gestaltungsentscheidungen hinsichtlich der Grund- und Zusatzmerkmale der Leistung (vgl. Punkt 4.2 und 4.3). Gleichzeitig sollten die Einführungsmaßnahmen für die Innovation entworfen werden, insbesondere auch die Entwicklung des Vermarktungskonzeptes mit Werbe- und Verkaufsförderungsmaßnahmen.

Konzepte aussagekräftig gestalten

Ein Konzept ist umso aussagekräftiger, je anschaulicher das getestete Konzept dargestellt wird. Die Leistungsbewertung beispielsweise erfolgt somit auf Basis der Leistungsvorstellung. Konzeptaussagen sollten kurz (nicht mehr als 50 Wörter) und klar sein, das Angebot beschreiben und vor allem den Vorteil für den Kunden nennen. Sie sollten aus kurzen Sätzen bestehen, die Alltagssprache der Kunden verwenden und nicht in Werbesprache verfallen. Darüber hinaus sollten Konzeptaussagen ohne weitere Erklärung verständlich sein. Abbildung 9-19 enthält als Beispiel das Konzept für ein Instant-Frühstücksgetränk.

Beispiel für Konzeptaussagen eines Instant-Frühstücksgetränks

„Ein Pulver, das als Instant-Frühstücksgetränk in Milch eingerührt wird, eine vollwertige Mahlzeit darstellt, wohlschmeckend und schnell angerichtet ist. Das Pulver soll in den drei Geschmacksrichtungen Schokolade, Vanille und Erdbeere angeboten und portionsweise abgefüllt werden. Eine Packung soll sechs Portionen enthalten und deutlich weniger als zwei DM kosten."

offensivesmarketing.de

Abbildung 9-19

Diese Konzeptaussage wird in Verbrauchertests immer wieder mit anderen Aussagen verglichen und entsprechend bewertet. Dieses Beispiel beinhaltet vier Leistungsvorteile – einfach und schnell, vollwertige Mahlzeit, guter Geschmack und portionsweise abgefüllt.

Fragen an den Kunden

Der Verbraucher wird zu diesem Konzept nach folgenden Inhalten befragt: Sehen Sie einen klaren und glaubwürdigen Nutzen darin? Würde dieses Produkt für Sie ein Problem lösen oder ein Bedürfnis erfüllen? Wie sehr erfüllen derzeit andere Produkte dieses Bedürfnis? Wie sehr sind Sie mit diesen Produkten zufrieden? Steht der Preis in einem angemessenen Verhältnis zum Nutzen? Würden Sie das Produkt kaufen? Was würden Sie an diesem Produkt verändern etc.? Der Befragte wird also nicht nur nach der Attraktivität des gesamten Angebots befragt, sondern auch nach der relativen Bedeutung der einzelnen Produktvorteile – denn so können weniger ausschlaggebende Vorteile durch wichtigere aus anderen Konzepten ersetzt und dem Kundenwunsch entsprechende neue Konzepte gestaltet werden.

Qualitative Bewertung von Konzepten mit kleinen Verbrauchergruppen

Kundenintegration ist wichtig

An diesem Punkt sind die Konzepte immer noch im Stadium von Prüfung, Verbesserung und Weiterentwicklung. In der Regel arbeitet man dazu mit Zielgruppen, die von einem erfahrenen Moderator betreut werden. Die stärksten Konzepte können verbessert, umgeschrieben und mehrmals getestet werden. Der Interviewer sollte sie Satz für Satz durchgehen und die Reaktionen auf die einzelnen Elemente und Formulierungen sowie das Gesamtkonzept beobachten. Um solche Konzepttests durchzuführen, werden meist Fokusgruppengespräche mit Endverbrauchern oder Experten durchgeführt.

Das Fokusgruppengespräch

Customer Focus Group

Gerade wenn man einen tieferen Einblick in individuelle Verhaltensweisen, Einstellungen und Meinungen gewinnen möchte, liefert das **Fokusgruppengespräch** bzw. die **Gruppendiskussion** ein möglichst breites Spektrum von Meinungen, Ansichten und Ideen. In der Regel wird mit vier bis acht Gruppen gearbeitet, die jeweils aus sechs bis neun Teilnehmern bestehen. Der Einsatz von Gruppendiskussionen als Erhebungsmethode ist in der Praxis sehr beliebt – dies rührt nicht von ungefähr: Sie ist preisgünstig und lässt sich ohne großen Aufwand durchführen. Fokusgruppengespräche liefern qualitative Anhaltspunkte, kreative Anregungen und Hinweise. Dies ist insbesondere in der Konzeptphase von größter Bedeutung.

Procter & Gamble gilt als Best Practice in der Konzeptentwicklung und widmet sich auch dieser Aufgabe im Vergleich zur Konkurrenz mit enormen Aufwand. Eines der bei Procter & Gamble verwendeten Verfahren ist das „Konzeptlabor“, das folgendermaßen funktioniert:

Das „Konzeptlabor“

Für diese Untersuchung werden zwei oder drei Tage angesetzt. Das Projekt-Team besteht meist aus einem Vertreter der entsprechenden Werbeagentur, der entsprechende F&E-Leiter sowie der verantwortliche Produkt-Manager. Es werden einzelne Konzeptideen zur Diskussion gestellt; diese werden in einem entsprechenden Diskussionsraum für alle Teilnehmer ersichtlich vorgestellt. Während der nächsten zwei bis drei Tage finden sich zu vorher vereinbarten Zeiten nacheinander sechs bis acht Kundengruppen in diesem Raum ein.

Die erste Gruppe wird dann vom Moderator über einen Zeitraum von einer Stunde mit diesen ausgewählten Konzepten konfrontiert. Jedes der Konzepte wird diskutiert, untersucht und im Vergleich zu den anderen Konzepten bewertet. Die Gruppe wird dabei von Führungskräften durch einen auf einer Seite durchlässigen Spiegel beobachtet, die den Lernprozess analysieren sowie Paradoxe (scheinbare Widersprüche) und Paradigmen (Idealmuster) berücksichtigen. Anschließend werden die Konzepte entsprechend angepasst und verbessert.

Die verbesserten Konzepte werden dann der nächsten Gruppe vorgestellt. Wieder werden die Ergebnisse überprüft, die Konzepte werden erneut getestet und so weiter. Dieser Prozess wird so lange fortgesetzt, bis das erfolgreichste Konzept identifiziert und den Kundenwünschen angepasst ist.

Analysetools

Welche Methodik steckt nun hinter den aufgeführten Beispielen? Oder besser: Welche statistischen Analysemethoden sind geeignet für die Erstellung eines bedarfsgerechten und nutzenorientierten Leistungsbündels?

Conjoint Measurement

Das wohl in diesem Zusammenhang am häufigsten diskutierte Verfahren ist das **Conjoint Measurement**. Das Verfahren geht von drei Grundannahmen aus: Erstens: Der vom Kunden empfundene Gesamtnutzen eines Produkts setzt sich aus Teilnutzen zusammen, die für einzelne Leistungsattribute (und deren unterschiedliche Ausprägungen) empfunden werden. Zweitens: Ein höherer Gesamtnutzen führt zu einer höheren Präferenz hinsichtlich der Innovation. Drittens sind die Teilnutzen einzelner Leistungsattribute (auf jeweils unterschiedlichen Ausprägungsstufen) berechnet. So lässt sich durch Addition der Teilnutzen die Präferenz selbst für neue, noch unerprobte Leistungskonzepte berechnen, um noch bessere Konzepte zu ermitteln.

Teilnutzenwerte ermitteln

In der praktischen Anwendung der Conjoint-Analyse werden den Probanden mehrere Produktkonzepte vorgelegt, die sich durch die Variation der Produktattribute unterscheiden. Aufgabe der Probanden ist es nun, die vorgelegten Produktkonzepte entsprechend ihrer Präferenz oder Kaufwahrscheinlichkeit der Reihe nach anzuordnen. Es lassen sich nun mittels statistischer Auswertungssoftware die vom Probanden empfundenen Teilnutzenwerte aller Merkmalsausprägungen berechnen. Die Ergebnisse kann der Marketer dazu nutzen, eine optimale Leistung zu gestalten, deren vermutlichen Marktanteil zu schätzen und den zu erzielenden Gewinn zu prognostizieren.

Quantitative Bewertung der besten Konzepte

Die Quantifizierung ist wichtig, um die relative Stärke der einzelnen Konzepte zu bestätigen und diese mit bereits festgelegten Normen vergleichen zu können sowie letzte Verbesserungen durchzuführen. Es kann durchaus vorkommen, dass Konzepte, die bei der qualitativen Bewertung gut abgeschnitten haben, den für die quantitative Bewertung vorgeschriebenen Standard nicht erreichen und daher fallen gelassen werden.

Es lohnt sich, eine Zusammenfassung der quantitativen Testergebnisse mindestens fünf Jahre lang aufzubewahren – zum einen um zu vermeiden, dass schwache Konzepte noch einmal getestet werden, zum anderen um eine Bewertungsskala aufzubauen, die als Anhaltspunkt für die Bewertung neuer Konzepte dient.

Phase 4: Prüfung

Ihnen liegen inzwischen ein möglicherweise erfolgreiches Konzept und dessen genaue Beschreibung vor. Diese Vorgaben sollten genau eingehalten werden – sowohl hinsichtlich des geplanten Nutzens als auch bezüglich der kalkulierten Kosten.

Die technische Entwicklung kann Wochen oder Monate dauern. Marketing-Experten sollten diese Zeit nutzen, um einen vorläufigen Business-Plan zu erarbeiten – natürlich unter der Voraussetzung, dass die Konzeptinformationen erfolgreich umgesetzt wurde (vgl. ausführlicher zum Thema „Business-Plan“ Kapitel XI). In dieser Phase wird vor allem die entwickelte Innovation als solche getestet. Es geht aber auch darum, das gesamte Marktprogramm, also die Leistung, die segmentierten Zielgruppen (vgl. Kapitel XIII) und die Positionierung (vgl. Kapitel X) so wie die geplanten Werbemaßnahmen (vgl. hierzu Kapitel XIII, Punkt 6) schrittweise zu testen und permanent zu verbessern.

Durchführung eines Produkttests

Produkttest

Wenn die technische Entwicklung abgeschlossen ist, durchläuft die konzipierte Innovation, insbesondere um die Akzeptanz und die Verwendungseigenschaften zu testen, in der Regel einen **Produkttest**. Hierbei werden Verbraucher gebeten, die konzipierten Produkte entweder isoliert (Einzelplatzierung) oder im Vergleich mit Wettbewerbsprodukten (Paarvergleich) zu bewerten.

Blindtest vs. offener Test

Die Tests können als sogenannter „Blindtest" durchgeführt werden (hier werden die Produkte in neutraler Verpackung präsentiert) oder aber unter offener Nennung des Markennamens. Eine neue Speisekarte für ein Restaurant oder ein neuer Sitztyp für eine Fluggesellschaft lassen sich problemlos in einem Blindtest bewerten. Das Gesamtangebot für eine neue Finanzdienstleistung kann beispielsweise getestet werden, indem Sie Broschüren oder Infomaterial mit den Angeboten der Wettbewerber von den Kunden vergleichen lassen (eventuell müssen Sie den Wettbewerber anonymisieren).

Markterprobung

Um die Innovation unter Marktbedingungen testen zu können, stehen dem Marketer eine Reihe von Möglichkeiten zur Verfügung. Es stellt sich zunächst die Frage: Welchen Umfang soll die Markterprobung haben? Und: Welche Werkzeuge der Markterprobung setzt man ein? Der Umfang hängt selbstverständlich einerseits von den Investitionskosten und -risiken ab und andererseits vom Zeitdruck und den Kosten des Markttests. Leistungen, die hohe Investitionen erfordern und große Risiken mit sich bringen, sind eine Markterprobung auf jeden Fall wert, um so einem möglichen Flop entgegenzuwirken.

Store-Test

Eine Möglichkeit ist der **kontrollierte Markttest** – auch **Store-Test** genannt. Beim Store-Test können von ausgewählten Innovationen, vor allem im Konsumgüterbereich, in zuvor selektierten Testgeschäften die Wirksamkeit von Marketing-Maßnahmen und die Verkaufsfähigkeit geprüft werden. Er stellt somit im Anschluss an den Produkttest einen weiteren Schritt in Richtung einer marktrealen Überprüfung dar. Insbesondere erhält man Informationen zu Erfolgsaussichten von alternativen Produktverpackungen, Preisalternativen, Regaloptimierungsmaßnahmen oder Verkaufsförderungsmaßnahmen.

Die Durchführung eines Storetests erfolgt gewöhnlich in zwischen 10 und 40 Testgeschäften, die meist einem Handelspanel angeschlossen sind. Die Verkaufsmengen von Testprodukt und Konkurrenzprodukten werden in kurzen zeitlichen Abständen durch Inventur oder Scanning erhoben und ausgewertet.

Testmarkt

Eine umfangreichere Testvariante stellt der Einbezug von **Testmärkten** dar. In Testmärkten werden insbesondere neue Konsumgüter unter den Bedingungen einer umfassenden Markteinführung getestet. Das Unternehmen arbeitet hier meist mit professionellen Marktforschungsinstituten zusammen. In den Testmärkten wird eine umfassende Werbe- und Verkaufsförderungskampagne durchgeführt. Diese Form der Markterprobung ist also praktisch eine „Generalprobe“ und kann das Unternehmen Hunderttausende von Mark kosten – je nach Anzahl der getesteten Städte, der Untersuchungsdauer und der Menge an Daten, die für das Unternehmen von Bedeutung sind (vgl. hierzu auch Kapitel XII).

Phase 5: Markteinführung

Nachdem die Leistung nun entwickelt und mehrmals getestet wurde, nachdem auch die Marketing-Strategie entwickelt wurde und auch der Vertrieb steht, wird die Leistung in den Markt eingeführt. Diesem Schritt – oder besser: Prozess – folgt eine laufende Überprüfung der Zielerreichung. Damit kann festgestellt werden, ob und welche Verbesserungen noch nötig sind.

Timing!

Für die Markteinführung neuer Leistungen kann der **Zeitpunkt** kritisch werden – es kommt auf das richtige Timing an. Obwohl die Markteinführung relativ am Ende des Innovationsprozesses steht, muss sie als „Geburtsstunde“ der neuen Leistung angesehen werden. Ist der Markt reif für die neue Leistung? Konnten die erforderlichen Fähigkeiten in der erforderlichen Qualität und Güte aufgebaut werden? Wie weit ist die Konkurrenz? Bin ich mit meiner Innovation der Erste auf dem Markt? Ist die Innovation stark saisongebunden? Haben wir internationalen Fokus? Diese und andere ähnliche Fragen muss man sich stellen und vor allem auch beantworten können. Schon bei der Markteinführung Ihrer neuen Leistung sollten Sie Ihre nächsten Schachzüge planen, damit Sie dem Wettbewerb in den nächsten Monaten immer einen Schritt voraus sind.

Phase 6: Life-Cycle-Management

Das erste Jahr ist am schwierigsten, weil sich die Kunden in dieser Zeit eine Meinung über das neue Produkt oder die neue Dienstleistung bilden. Fällt das Urteil negativ aus, wird es schwierig sein, dieses in den darauffolgenden Jahren zu revidieren. Darüber hinaus können Sie mit ziemlicher Sicherheit davon ausgehen, dass eine Reaktion des Wettbewerbs erfolgen wird, deshalb müssen in Ihrem Marketing-Plan entsprechende Maßnahmen für diesen Fall definiert sein.

Reaktionen des Wettbewerbs antizipieren

Sie sollten bereits vor der Markteinführung unterschiedliche Szenarien für Reaktionen des Wettbewerbs untersucht und festgelegt haben, wie Sie diese am besten erwidern. Und Sie müssen jedes Element Ihres Plans in der Realität des Marktes bewerten und kontinuierlich nach Mitteln und Wegen suchen, um Ihr Angebot weiter zu verbessern. Halten Sie immer das Zitat von Arnold Glasow im Auge: „Was gestern die Formel für den Erfolg war, kann morgen das Rezept für die Niederlage sein!"

An die Markteinführung folgt also die Phase der kontinuierlichen Verbesserung und des stetigen Lernens. Achten Sie auf die „Stimme des Marktes" und versuchen Sie, proaktiv zu handeln. Der Innovationsprozess endet dort, wo der Adoptionsprozess (Annahmeprozess) der Innovation beim Verbraucher beginnt. Im Markt aber hat damit der Lebenszyklus der neuen Leistung erst so richtig begonnen und das Offensive Marketing ist mehr denn je gefordert, um eine schnelle und nachhaltige Marktdurchdringung zu erreichen.

3.3 Kernaufgaben des Innovationsmanagements

1. Organisation des Innovationsmanagements

Projekte für Neuentwicklungen werden zunehmend internationaler und betreffen immer öfter gleich mehrere Abteilungen. Der Erfolg solcher Projekte hängt dann weniger von der Organisation der Marketing-Abteilung, sondern mehr vom Commitment des Unternehmens sowie von eindeutigen Zielen und der Integration aller anderen relevanten Abteilungen ab. Man kann also nicht von „richtigen" oder „falschen" Strukturen oder Organisationstypen für Innovationsprojekte sprechen. Häufig ist es jedoch sinnvoll, Standardprojekte, bei denen Produkte oder Dienstleistungen lediglich verbessert oder erweitert werden, anders zu bearbeiten als größere Neuentwicklungen.

Projekte, die lediglich die Verbesserung von Produkten oder Dienstleistungen betreffen oder eine konventionelle Sortimentserweiterung beinhalten, sind in der Regel beim Linienmanagement am besten aufgehoben, das diese zusammen mit der erweiterten Projektgruppe bearbeiten sollte. Wichtige Neuentwicklungen, die hohe Kosten verursachen, lange Vorlauf- und Rüstzeiten beinhalten oder ein ungewöhnliches Problem darstellen, können dagegen oft am besten von abteilungsübergreifenden Projektteams bearbeitet werden.

Aufgaben des Projektteams

Ein solches Team hat vor allem folgende Aufgaben:

- Festlegung von eindeutigen, operationalisier- und messbaren Zielen für das Team und die einzelnen Teammitglieder verbunden mit einem konkreten Zeitplan.
- Häufige Kommunikation und Bewertung der Fortschritte anhand vereinbarter Meilensteine.
- Ernennung eines Vertreters aus dem Top-Management als Projektpromotor, der mit dem Team zusammenarbeitet, es berät und Hindernisse aus dem Weg räumt.

2. Allokation der Ressourcen für F&E

Die Ressourcenallokation für F&E bezieht sich vor allem auf die Produktentwicklung. F&E ist mit Risiken behaftet und führt manchmal zu Fehlinvestitionen. Nur ein kleiner Teil der Projekte kann kommerziell genutzt werden. Wenn für F&E klare Prioritäten gesetzt werden, können dennoch unnötige Ausgaben minimiert werden.

F&E-Profilschema

Die meisten Unternehmen versuchen, überdurchschnittliche Kompetenzen in mindestens einem wichtigen Technologiebereich zu entwickeln. Sie sollten sich dabei auf die Marktsektoren konzentrieren, die für sie die größte Priorität haben: Sektoren, die auch in Zukunft noch attraktiv sein werden und realistische Chancen für die Entwicklung von Wettbewerbsvorteilen bieten. Wie auch andere Abteilungen steht die F&E unter dem Druck, schnelle Ergebnisse liefern zu müssen. Das F&E-Profilschema in Abbildung 9-20 ist daher ein nützliches Hilfsmittel für die Ressourcenallokation. Anhand eines solchen Schemas lässt sich feststellen, ob das F&E-Budget eines Unternehmens strategisch richtig verwendet wird.

Beispiel für ein F&E-Profilschema

% der Ausgaben	Art der Technologie	Ursprung des Produktkonzepts	Bezug zum bestehenden Portfolio
	50% Entwicklung *(Technologie, mit der das Unternehmen vertraut ist)*	**30%** marktgetrieben *(Marketing-Abteilung)*	**40%** vorhandene Produkte
	50% Grundlagen *(Technologie, die neu für das Unternehmen bzw. neu auf dem Markt ist)*	**70%** technologiegetrieben *(F&E in Eigeninitiative oder als Reaktion auf Marketing-Info)*	**20%** neue Produkte
			20% neue Geschäftsfelder
			20% neue Technologien

offensivesmarketing.de

Abbildung 9-20

Bei dem Versuch, ein ausgewogenes Verhältnis zwischen innovativen und kurzfristigen Projekten herzustellen, müssen auch Cash Flow-Anforderungen berücksichtigt werden. Nur wenige Unternehmen können es sich leisten, über einen Zeitraum von ein paar Jahren mehr als ein komplett neues Produkt auf den Markt zu bringen. Die innovativen „Vorzeigeprojekte" eines Unternehmens werden von kurzfristigen Projekten mit geringem Risiko finanziert, die darüber hinaus auch noch kurzfristige Gewinnvorgaben erfüllen können.

Projekte mit Priorität versehen

Wenn die Grenze zwischen Projekten zur Neuentwicklung und solchen zur Pflege von Produkten gezogen ist, müssen Prioritäten für die einzelnen Projekte gesetzt werden. Die höchste Priorität sollten natürlich Projekte mit dem größten Gewinnpotenzial erhalten. Für jedes Entwicklungsprojekt sollten drei Fragen beantwortet werden:

- Angenommen, das neue Produkt ist technisch gesehen ein Erfolg – welches Gewinnpotenzial hat es auf dem Markt?
- Wie hoch ist die Wahrscheinlichkeit für einen technischen Erfolg?
- Wie viel Zeit und Geld wird die Entwicklung des Produkts (F&E) voraussichtlich kosten?

3. Bewertung des Innovationserfolgs

Wie soll der Erfolg einer Innovation bewertet werden? Von wem? Und wie oft? Auf der Unternehmensebene sind quantitative Innovationsziele im Geschäftsbericht ein nützliches Hilfsmittel, da diese meist öffentlich und messbar sind. Von ihnen gehen wichtige Impulse für die gesamte Organisation aus, sie beeinflussen Vision, Werte und Kultur des Unternehmens.

www.3m.com

3M setzt sich zum Ziel, 30% des Umsatzes in einem Geschäftsjahr mit Produkten zu erzielen, die in den letzten vier Jahren auf den Markt gebracht wurden, bei ***Gillette*** sind dies 40% der in den letzten fünf Jahren herausgebrachten Produkte. Beide Unternehmen haben diese ehrgeizigen Ziele in den letzten Jahren immer erfüllt. ***Hewlett-Packard*** veröffentlicht jährlich Jahrgangstabellen, die den aktuellen Umsatz nach dem Jahr der Produkteinführung aufschlüsseln.

Auf einer detaillierteren Ebene können Output und Erfolgsquote des Innovationsmanagements bewertet werden. Die Bewertung des Outputs sollte an dem Punkt beginnen, an dem ein Konzept erfolgreich beim Kunden getestet wurde. Abbildung 9-21 gibt nochmals überblicksartig eine Zusammenfassung der im Kapitel „Offensive Entwicklung neuer Leistungen“ angesprochenen Erfolgsfaktoren:

Erfolgsfaktoren zum Management von Innovationen[8]		
Strategische Ausrichtung	„Verfügen wir über eine klar fixierte und kommunizierte Innovationsstrategie?"	■ Innovationsvision ■ Technologieszenarien ■ F&E-Portfolio
Ideenbörse	„Werden bei uns neue Ideen systematisch gesammelt und bewertet?"	■ Innovationstelefon ■ Vorschlagswesen ■ Kundenforen
Projekt-pipeline	„Haben wir die richtigen Entwicklungsprojekte mit den richtigen Prioritäten in der Pipeline?"	■ Projektportfolio ■ Meilenstein-Konzepte
Entwicklungs-zeiten	„Wie beschleunigen wir unsere Produktentwicklungszeiten?"	■ *pacing*-Projekte ■ *cycle-time*-Management
Innovations-barrieren	„Was sind die Haupthindernisse zur Steigerung unserer Innovationskraft und der *time-to-market*?"	■ Innovationsaudit ■ Prozessoptimierung ■ Innovationszirkel
Organisation	„Verfügen wir über die geeigneten organisatorischen Plattformen für Innovationen?"	■ Teamstrukturen ■ Interne Netzwerke
Wissens-management	„Wie machen wir vorhandenes Wissen überall im Unternehmen verfügbar?"	■ *knowledge broker* ■ Job-Rotation
Unternehmens-kultur	„Haben wir eine auf Innovationskraft ausgerichtete Unternehmenskultur?"	■ Innovationstage ■ Anreizsysteme ■ Innovationschampions
Innovations-bilanz	„Sind wir mit unserer Innovationsrate wettbewerbsfähig und zukunftsorientiert aufgestellt?"	■ Innovationsbarometer ■ Benchmarking
Rolle des Top-Managements	„Treiben wir als Top-Management aktiv Innovationen und die Entwicklung neuer Geschäftsfelder voran?"	■ Vorbildfunktion ■ Sponsor-Top-Projekte ■ Mobilisierungsprogramme

Abbildung 9-21

[8] Jensen, S. / Rieker, J. / Schäfer, A.: Arme Leuchten, in: Manager Magazin, 1/1999, S. 120.

4 Konzeption und Ausgestaltung der einzelnen Leistungen

Der zweite zentrale Entscheidungsbereich im Rahmen der Offensiven Leistungsprogrammplanung umfasst die Objektgestaltung, die keineswegs etwa nur für Hersteller, sondern – wenngleich mit spezifischen Besonderheiten – ebenso für Dienstleister und auch für Händler relevant ist. Die Spannweite möglicher Maßnahmen der Leistungsgestaltung ist sehr groß. Für eine Darstellung der einzelnen Parameter der Leistungsgestaltung eignet sich besonders die nachfolgende Dreiteilung in Abbildung 9-22.

Abbildung 9-22

4.1 Der Kern einer Leistung

Ausgangspunkt und Kern einer jeden Leistung sind die zentralen Nutzenversprechungen. Sie definieren den Wert eines Angebots für den Kunden ganz maßgeblich. Welche Nutzen gibt es überhaupt und wie könnte man diese systematisieren? Können Sie die zentralen Nutzen Ihrer Leistungen beschreiben? Für die spätere Leistungsgestaltung ist die Unterscheidung von vier Nutzenkategorien ganz entscheidend:

Nutzenarten

- Der **Grundnutzen** ist nichts anderes als der vom Individuum unabhängige, technische und rationale Zweck eines Produkts, auf den Punkt gebracht also die physikalisch-funktionellen Eigenschaften.
- Erst aus der Beziehung zwischen Individuum und Objekt entsteht der **persönliche Nutzen**, der natürlich von jedem Nachfrager individuell beurteilt wird.
- Der **soziologische Nutzen** entsteht aus dem Verhältnis zwischen Individuum und gesellschaftlicher Umwelt und kann auch als Prestigenutzen bezeichnet werden.
- Zuletzt existiert häufig so etwas wie ein **magischer Nutzen**, der sich aus dem Glaubens- und Aberglaubensbereich ableitet.

Bei einem Pkw konkretisieren sich die vier Nutzenkategorien z.B. folgendermaßen:

- **Grundnutzen**: Der Pkw als bequemes und sicheres Transportmittel, mit dem man die räumliche Distanz zwischen Ort A und Ort B überwinden kann.
- **Persönlicher Nutzen**: Durch die Auswahl und Entscheidung für ein bestimmtes Fabrikat wird das Schönheitsempfinden des Käufers bei der Betrachtung von Form und Farbe (Styling) des Pkw befriedigt. Häufig wird die Nutzung des Pkw auch bequemer als die Reise mit dem Zug empfunden.
- **Soziologischer Nutzen**: Ziel ist häufig das sich Abheben von anderen durch die Nutzung eines prestigeträchtigen Pkw. Damit verbunden ist die soziale Anerkennung oder Aufwertung durch Kauf und öffentliche Nutzung einer prestigeträchtigen Luxusmarke.
- **Magischer Nutzen**: Ein Oldtimer beispielsweise, der seit Jahrzehnten vererbt wird, zeichnet sich durch einen hohen magischen Nutzen aus.

Naturgemäß sind diese Nutzenkategorien von Leistung zu Leistung und von Nachfrager zu Nachfrager in unterschiedlichem Ausmaß relevant. „Nutzen“ steht insgesamt für die Notwendigkeit, ein überlegenes Preis-Leistungs-Verhältnis zu erbringen, also einen optimalen Wertgewinn für Kunden zu erreichen (vgl. Kapitel I, Punkt 1). Ein Verfahren, wie Sie u.a. Nutzenkategorien aus Kundensicht generieren können, ist die *Means end*-Theorie:

Means end-Theorie

Jeder Marketer steht einmal vor dem Problem: Wie denkt mein Kunde? Welche Prozesse finden in seiner Gedankenwelt statt? Was ist die Motivation eines Individuums zum Kauf eines Produkts? Wie ist die Gedankenwelt der Verbraucher überhaupt strukturiert? Um diese individuelle Wissens- bzw. Gedankenstruktur verständlich zu machen, kann die ***Means end*-Theorie** herangezogen werden.

Die Idee, die hinter der sogenannten *Means end*-Kette steht, ist folgende: Ein Individuum verarbeitet Informationen bzgl. einer Leistung und hat dabei eine Vorstellung über die Tauglichkeit dieser Leistung *(mean)* sowie eine Vorstellung darüber, inwieweit die jeweilige Leistung zur Erfüllung eines bestimmten Wunsches beiträgt *(end)*. Diesen Abgleich versucht man in der *Means end*-Theorie mit drei Bausteinen bzw. Elementen zu erklären: Eigenschaften über die Beschaffenheit einer Leistung, individuelle Nutzenkomponenten einer Leistung und die individuelle Werthaltung im Sinne des Wünschenswerten. Folglich liegt der Gedanke nahe, eine *Means end*-Kette als einen Ausschnitt aus einem individuellen Begriffsgefüge aufzufassen. Eine *Means end*-Kette lässt sich wie folgt grafisch abbilden:

Abbildung 9-23

[9] Vgl. Herrmann, A.: Produktmanagement, München 1998, S. 32.

Hierzu ein Beispiel: Zu sechs unterschiedlichen Light-Biermarken wurden 480 Personen nach ihrer jeweiligen Präferenz befragt. Es wurden Aussagen der Betroffenen über für die Markenwahl bedeutsame Produkteigenschaften, gewünschte Nutzenkomponenten und angestrebte Werthaltungen erhoben. Den Ausgangspunkt für die Datenerhebung bildet die ***repertory grid*-Methode** zur Bestimmung der relevanten Eigenschaften unterschiedlicher Marken.

Zu diesem Zweck liegen der Versuchsperson in mehreren Befragungsrunden jeweils Tripel von Produkten, Marken oder ähnlichen Untersuchungsgegenständen vor. Sie werden nun gebeten, die Merkmale zu nennen, nach denen zwei einander ähnlich, beide aber dem dritten unähnlich sind. Das Verfahren wird so lange fortgesetzt, bis der Betroffene keine neuen Attribute mehr angibt und eine umfassende Liste von Eigenschaften mit der jeweiligen Häufigkeit ihrer Nennung existiert. Daraufhin sollte die Versuchsperson zwei möglichst gegensätzliche Eigenschaften nennen, die seinen negativen bzw. positiven Pol repräsentieren, also z.B. für das Attribut „Kaloriengehalt“: negativer Pol – sehr viele Kalorien, positiver Pol – sehr wenig Kalorien.

So können die Untersuchungsgegenstände miteinander verglichen und bzgl. der erhobenen Eigenschaften in eine Art Rangfolge gebracht werden. Mittels **tiefenpsychologischer Interviews** können die Vorstellungen der Befragten über die gewünschten Nutzenkomponenten und angestrebten Werthaltungen erhoben werden. Im Verlauf der Untersuchung kommt eine **Inhaltsanalyse** zum Einsatz, um geeignete Bedeutungsdimensionen (Kategorien, Klassen) zu identifizieren und die formulierten Äußerungen der Probanden diesen Klassen zuzuordnen.

Diese Ergebnisse können u.a. als Anhaltspunkte bei Positionierungsentscheidungen, Leistungserweiterung oder -differenzierung, Neuproduktentwicklungen oder Imageanalysen fungieren.

Rationale und emotionale Nutzen berücksichtigen

Warum ist die Analyse der Nutzen und die Differenzierung der Nutzenarten nun eigentlich so wichtig? Sie haben so die Chance, für die Leistung später nicht nur eine physische, sondern auch eine psychische Gestalt zu modellieren. Jedes Produkt hat damit neben der rationalen auch eine emotionale Funktion, d.h. dass neben den technischen Gegebenheiten bei der Leistungsgestaltung auch die emotionalen Wirkungen zu beachten sind. Dieser Aspekt ist vor allem bei der Leistungspositionierung (vgl. Kapitel X) sehr wichtig. Hier können Sie dann explizit verschiedene Nutzenarten in der Kundenkommunikation in den Vordergrund stellen.

4.2 Grundmerkmale einer Leistung

Zu den Grundmerkmalen der Leistungen zählen die aus den Nutzenversprechungen ableitbaren Leistungseigenschaften (z.B. Geschmack, Farbe, Haltbarkeit, Größe, technische Ausstattung,). Einen weiteren zentralen Gestaltungsparameter stellt die Markierung und damit verbunden die richtige Branding-Strategie dar (ausführlicher im Anschluss in Punkt 5 dieses Kapitels). Große Bedeutung haben auch Preisentscheidungen. So entscheidend der Preis bei vielen Nachfrageentscheidungen sein mag, so stellt er eben doch nur einen von jeweils mehreren, in seiner Gewichtung variierenden Einflussfaktoren dar (ausführlicher in Punkt 6 dieses Kapitels).
Abschließend müssen Sie noch Fragen der Verpackung und der Präsentation klären, die z.B. mit Blick auf die ökologische Diskussion von erheblicher Bedeutung für die Akzeptanz eines Angebotes bei den Nachfragern sein können.

4.3 Zusatzmerkmale einer Leistung

Mit dem im Kern liegenden Nutzen und den eben skizzierten Grundmerkmalen wurden wesentliche Variablen im Rahmen der konkreten Ausgestaltung einer Leistung aufgezeigt. Auf einer darüber hinausreichenden dritten Ebene geht es nun um die Gestaltung von Zusatzmerkmalen bzw. Zusatzangeboten. Es kann sich hier z.B. um Value Added-Services wie Garantien, aber auch um Lieferbedingungen handeln. Den so genannten Zusatzleistungen kommt – gerade vor dem Hintergrund der vielfach beobachtbaren Homogenität vieler Angebote in den Kernleistungen – eine tragende Rolle zu. Sie sollen wesentliche Beiträge zur Profilierung und Differenzierung der Angebote leisten. So schaffen es häufig erst die Services, Produkten und Dienstleistungen ein klares Profil und eine eindeutige Positionierung zu geben; sie sind damit nicht nur absatzfördernde, sondern häufig sogar die absatz- und bindungsbestimmenden Faktoren.

Leistungsdifferenzierung durch Zusatzangebote

Das Beispiel Zane's Cycles[10]

www.zanes.com

„Let Wal-Mart come – I'm ready". Selbstsicherheit ist nur eine der Stärken von Christopher Zane. Das einstmals kleine Fahrrad-Geschäft aus New Haven (Connecticut, USA) hat sich mittlerwei-

[10] Entnommen aus Meyer, A./Blümelhuber, C.: Kundenbindung durch Services, in: Handbuch Kundenbindungsmanagement, hrsg. v. M. Bruhn/C. Homburg, Wiesbaden 1998, S. 190 ff.

le zum größten unabhängigen Fahrradhändler in seiner Gegend gemausert. Und obwohl der Druck der großen Märkte und Ketten zunehmend wächst und immer mehr kleine Händler von der Bildfläche verschwinden mussten, gelang es ***Zane´s Cycles***, jährlich um ca. 25% zu wachsen.

Zanes Philosophie

Zane behauptet sich im harten Konkurrenzumfeld nicht zuletzt dank seines Einfallsreichtums was Kundenorientierung und Service betrifft. Als seine grundlegende Idee und Aufgabe versteht er dabei nicht etwa, den Kunden etwas zu verkaufen – Zane geht einen großen Schritt weiter. Er zielt darauf ab, *„to own them"*. Er möchte seine Kunden vom Markt abkoppeln, d.h. durch seine innovativen Serviceangebote verhindern, dass sich die Kunden zusätzlich noch bei anderen Fahrradhändlern informieren oder vielleicht sogar dort einkaufen.

Der erste wirkungsvolle Angriff auf die Wettbewerber liegt nun schon über zehn Jahre zurück: In Zeiten, als alle Welt – präziser: Zanes direkte Konkurrenz – 30-Tage-Garantien für Reparaturen bot, kam Christopher Zane mit einer Jahresgarantie, die alle Ersatzteile und Arbeitsstunden umfasst, auf den Markt. *„It took them two years to realize, we were taking market share away from them, and then when they started offering a year, we offered two"*. Heute bietet Zane´s Cycles einen lebenslangen kostenlosen Reparaturservice für alle Fahrräder. Die meisten Kunden sind von der Garantie und der Kulanz begeistert – sie kommen wieder und empfehlen Zanes Fahrradgeschäft gerne weiter: hohe Kundenbindung dank attraktiver kundenorientierter und konkurrenzfähiger Value Added-Services.

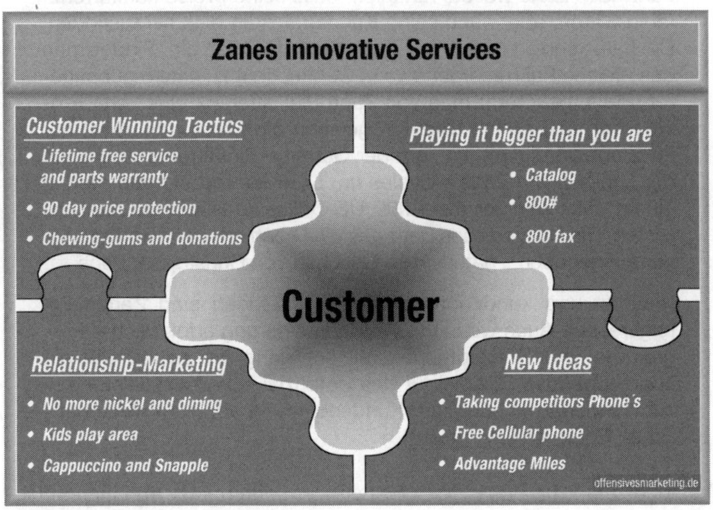

Abbildung 9-24

Wie sehen Zane's Service-Ideen (in Abbildung 9-24 dargestellt) in der Umsetzung aus?

„Keine Pfennigfuchserei mehr": Zane verlangt für Teile und Produkte, die unter einem US-Dollar im Einkauf kosten, von seinen Kunden keinen Pfennig. Dies kostet Zane im Jahr weniger als 150 US-Dollar – und beschert ihm überraschte und begeisterte Kunden, die gerne wiederkommen.

„Kostenlose Mobiltelefone": Im Februar 1993 erfuhr Christopher Zane von einem Kunden, der im Mobilfunkgeschäft tätig ist, folgenden Sachverhalt: Ein Mobiltelefon kostet den Händler ca. 225 US-Dollar, die er an den Kunden über den Preis weitergibt. Für die Aktivierung erhält der Händler von der Telefongesellschaft noch eine zusätzliche Kommission von 250 US-Dollar. Sofort setzte Zane sich mit ***Bell Atlantic*** in Verbindung – mit folgendem Ergebnis: Jeder Kunde, der bei Zane´s Cycles ein Fahrrad kauft, erhält ein Handy – und zwar kostenlos. Der Begriff *value added*-Service gilt dabei nicht nur für den Kunden, denn auch für Zane ist das Zusatz-Handy ein lukratives Geschäft. Pro Abschluss verdient er ca. 25 US-Dollar. Die 500 im ersten Jahr aktivierten Telefone brachten ihm 12.500 US-Dollar ein. Und nachdem die Preise für ein Handy auf 165 US-Dollar gesunken sind, fallen die Gewinne aus diesem Service sogar noch höher aus.

„90-Tage-Preisgarantie": Obwohl die lebenslange Reparatur-Garantie ein großer Verkaufserfolg war, blieben einige Kunden skeptisch und meinten: „Natürlich geben Sie mir eine lebenslange Garantie auf alle Reparaturen, aber was verlangen Sie für das Fahrrad?" Zane wusste natürlich, dass seine Preise konkurrenzfähig waren; aber auch seine Kunden sollten dies herausfinden. Deshalb führte er eine „90-Tage-Preisgarantie" ein. Findet man das gleiche Fahrrad irgendwo in Connecticut zu einem günstigeren Preis, bekommt man von Zane die Differenz plus zehn Prozent bar ausbezahlt. Dadurch gewann die Preispolitik nicht nur an Glaubwürdigkeit, im Jahr der Garantie-Einführung stieg auch der Umsatz von Zane´s Cycles um 54% an. Dabei hatte man in einem Jahr weniger als 1.000 US-Dollar an Rückzahlungen zu leisten. Die Hälfte dieses Betrages wird noch am gleichen Tag wieder ausgegeben – natürlich im Geschäft von Christopher Zane.

Kreative und kundenorientierte Service-Ideen sind Zanes Erfolgsrezept. Auch wenn die Verallgemeinerung erfolgreicher Programme und Konzepte generell schwierig ist, haben Sie ein überzeugendes Beispiel für das Potenzial von Zusatzleistungen zur Kundengewinnung, zur Kundenbindung und zum wirtschaftlichen Erfolg kennen gelernt.

Versucht man die Frage „Welche Services sollten jetzt im eigenen Geschäft angeboten werden?" zu beantworten, sind es insbesondere zwei

Einflussfaktoren, die die Auswahl der konkreten Serviceleistung mitbestimmen: erstens der thematische Bezug der Service- zur Hauptleistung und zweitens die Erwartungen und Vorgaben der Kunden.

1. Thematischer Bezug:

Zufriedenheitstransfer ermöglichen

Der thematische Bezug bzw. die Affinität der Zusatzangebote zur Kernleistung kann sehr eng (z.B. ein Handout zu einem Vortrag, die 24-Stunden-Hotline eines Software-Herstellers), aber auch von lockererer Art sein (bspw. Kugelschreiber als Werbegeschenk eines Bank-Beraters, eine kostenlose Zeitung an Bord eines Flugzeuges oder eine Kaffeemaschine im Ausstellungsraum eines Autohändlers). Je enger der thematische Bezug, desto eher ist damit zu rechnen, dass der angebotene Service auch tatsächlich genutzt wird. Und erst mit der Nutzung wird ein Zufriedenheitstransfer von der Service- auf die Kernleistung möglich. Bei zu geringem Bezug zwischen Kern- und Zusatzleistung besteht dagegen die Gefahr, dass Haupt- und Zusatzleistung nicht als „Einheit" wahrgenommen und erlebt werden und dieser Zufriedenheitstransfer ausbleibt.

2. Erwartungen der Zielgruppe:

Eine weitere wichtige Rolle bei der Bewertung einzelner Service-Angebote und Leistungsmerkmale spielen die Erwartungen der Zielgruppe.

- **„Penalty-Services"** sind Muss-Leistungen, die vom Kunden erwartet werden. Ein Fehlen dieser Angebote führt zur Unzufriedenheit und wird vom Kunden bestraft; in der Regel wird er – Verfügbarkeit vorausgesetzt – auf andere Angebote ausweichen (z.B. die Möglichkeit, ein Auto vor dem Kauf Probe fahren zu können). Penalty-Services sind also zwingend in ein Leistungsbündel aufzunehmen, wenn man den Kunden langfristig binden will.
- Vom Kunden in der Regel honoriert werden die **„Reward-Services"**. Diese Zusatzattribute sind geeignet, auf die Leistung aufmerksam zu machen, sie zu profilieren, einen zusätzlichen Wert beim Kunden zu schaffen, so wie Image- und Zufriedenheitsgewinne zu ermöglichen (z.B. lebenslange Zufriedenheitsgarantie). Ein Fehlen von Reward-Services wird nicht negativ ausgelegt oder mit Unzufriedenheit bestraft.

- Besonderer Aufmerksamkeit bedürfen die **„Hybrid-Services“**. Dies sind Leistungen, die sowohl einen hohen Beitrag zur Zufriedenheit leisten, aber auch das Gegenteil bewirken können.
- Unter **„Frill-Services“** (auch **Equals**) verstehen wir Zusatzleistungen, die der Kunde nicht erwartet und oft nicht einmal wünscht. Diese Attribute blähen die Kernleistung mit – aus Sicht des Kunden – überflüssigen Leistungen auf und verteuern häufig das Angebot (z.B. Kundenzeitschrift einer Bausparkasse, die den Kunden auch noch in Rechnung gestellt wird). Das Leistungsbündel verliert für den Kunden eventuell an Wert.

Dynamische Veränderung der Kategorisierung

Diese Kategorisierung ist in hohem Maße dynamisch (vgl. Abbildung 6–8). So können z.B. einzelne Reward-Services schnell „zur Gewohnheit“, zum alltäglichen, nicht mehr differenzierenden und von Kunden auf jeden Fall erwarteten Angebotsbestandteil werden. Damit wird auch deutlich: Die Unterscheidung zwischen Penalty-, Reward-, Hybrid- und Frill-Services trifft nicht das Unternehmen, sondern jeder einzelne Kunde für sich.
Eine wichtige Aufgabe ist damit die laufende und vor allem branchenübergreifende Erhebung von Kundenwünschen, -anforderungen und -erwartungen, um Entscheidungshilfen für die Zusammensetzung und Qualität der Angebote und einzelnen Angebotsbestandteile zu gewinnen. Als der Königsweg einer solchen Marktforschung gilt die Befragung potenzieller, gegenwärtiger und insbesondere auch verlorener Kunden (vgl. dazu ausführlicher Kapitel V, Punkt 2, Stufe 3).

Die *Penalty-Reward-Contrast*-Analyse (PRC-Analyse)

Mit Hilfe der PRC-Analyse können die Beiträge zur Entstehung von Zufriedenheit und/oder Unzufriedenheit voneinander isoliert werden. Es kann also überprüft werden, ob und – wenn ja – welchen Beitrag ein Merkmal bei einer schlechten und/oder bei einer guten Beurteilung zur Entstehung von Zufriedenheit bzw. Unzufriedenheit beitragen kann. Die Wichtigkeiten bzw. Beiträge zur (Un-)Zufriedenheit werden über Regressionskoeffizienten erhoben. Die PRC-Analyse ergibt sich also durch die Zuordnung von Leistungsmerkmalen zu den vier Kategorien Reward-Faktor, Penalty-Faktor, Hybrid-Faktor und Frill-Faktor (Equals). Diese Klassifikation ist ganz wichtig im Rahmen von Managemententscheidungen, die die Gestaltung und das Angebot von Leistungen betreffen.

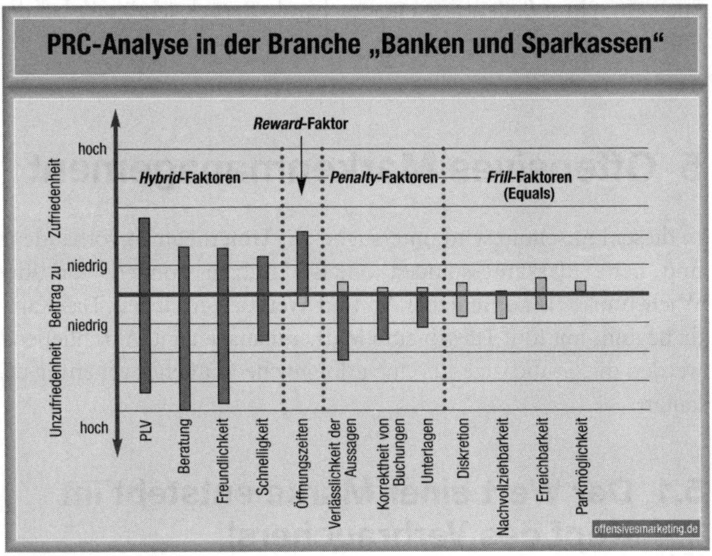

Abbildung 9-25

Die Abbildung zeigt, dass im Rahmen der Untersuchung des Kundenmonitor Deutschland in der Branche „Banken und Bausparkassen" die Merkmale „Erreichbarkeit der Filiale", „Parkmöglichkeiten der Filiale", „Diskretion in der Filiale" und „Aufmachung/Nachvollziehbarkeit der Kontoauszüge" der Gruppe der Frill-Faktoren zuzuordnen sind, da sie weder entscheidend zur Zufriedenheit noch zur Unzufriedenheit beitragen.

Die Leistungsmerkmale „Freundlichkeit der Mitarbeiter", „fachliche Beratung", „Verständlichkeit schriftlichen Unterlagen" und das „Preis-Leistungs-Verhältnis" (PLV) können hingegen als Hybrid-Faktoren bezeichnet werden, da sie sowohl zur Zufriedenheit als auch Unzufriedenheit beitragen.

Schließlich können noch die Reward-Faktoren „Öffnungszeiten" und die Penalty-Faktoren „Verlässlichkeit der Aussagen", „Verständlichkeit der schriftlichen Unterlagen" sowie die „Korrektheit von Abbuchungen und Buchungen" unterschieden werden, je nachdem ob sie vor allem zur Zufriedenheit bzw. Unzufriedenheit beitragen.

Die vorangegangenen Ausführungen und Beispiele haben deutlich gemacht, dass Zusatzleistungen ein interessantes Kundenbindungsinstrument für Anbieter des *Consumer-*, des *Business-to-Business-* und auch des Non-Profit-Bereiches sein können. Deshalb verdienen sie auch eine ihrer Bedeutung entsprechende Berücksichtigung bei der Offensiven Leistungsgestaltung.

5 Offensives Markenmanagement

In diesem Abschnitt wird untersucht, wie Unternehmen vorhandene und neue Markenressourcen offensiv nutzen können, um ihre Wachstumsziele auf rentable Art und Weise zu erreichen. Das Kapitel beginnt mit fünf Thesen zum Markenmanagement. Abschließend werden die Grundsätze für eine erfolgreiche Markenerweiterung erläutert.

5.1 Der Wert einer Marke entsteht im Kopf des Verbrauchers!

Eine „Marke" ist eine Art Abkürzung für eine Menge von Attributen und Eigenschaften, die die Kaufentscheidung des Kunden maßgeblich beeinflussen können. Marken reichern Leistungen mit Zusatzinformationen und Emotionen an; sie helfen dem Kunden, Produkte oder Dienstleistungen zu identifizieren, sie steuern die Erwartungen des Kunden in Bezug auf Qualität, Preis, Zweck und Leistung und schaffen (im Idealfall) Vertrauen.

www.chanel.com

CHANEL

Jeder von uns kennt Coco ***Chanel*** und ihren Parfum-Klassiker „Chanel No. 5". Mit ihm verbinden wir Eleganz, Prestige und Hochwertigkeit: Chanel No. 5 ist ein äußerst starker Markenname für ein exklusives Parfum. Vielleicht ließe sich der Markenname auch ausweiten auf eine Pflegeserie, eine Modelinie oder auf Kosmetikstudios; als ein Name für einen Haushaltsreiniger ist Chanel No. 5 dagegen völlig undenkbar.

Marken sind also mehr als Namen mit einer mehr oder weniger hohen Bekanntheit. Marken „stehen für etwas" – so das Credo von Paul Schrage:

Zitat:

„A product is something you sell, but a brand is something you stand for." (Paul Schrage, McDonald's)

Marken sind in ihrem Kern Assoziationen, Erlebnisse und Geschichten, die sich in den Köpfen der Kunden verankern. Marken liefern Orientierung, Sicherheit und Halt. Sie erlauben es, Produkten oder Leistungen einen Zusatznutzen zu geben und sich damit vom Wettbewerb zu differenzieren. Bekannte Marken sind dabei häufig sogar – wie wir in Kapitel II gelernt haben – die wertvollsten Vermögenswerte eines Unternehmens, die – nimmt man beispielsweise ***BMW*** oder ***McDonald's*** – über die Hälfte des Wertes eines Unternehmens ausmachen können. Sie sind die Summe jahrelanger, positiver Erfahrungen der Kunden mit den jeweiligen Produkten und hoher Investitionen in Werbung, Design und Qualität. Die zentralen Merkmale einer Marke sind in Abbildung 9-26 dargestellt:

www.interbrand.com; www.branding.com

Zentrale Merkmale von Marken

- Einheitliche Markierung
- Möglichkeit der Kunden zur Rückkopplung zum Markenanbieter
- Dauerhaft gleichbleibende oder verbesserte Qualität

offensivesmarketing.de

Abbildung 9-26

Wie unterscheiden sich nun starke Marken von nur durchschnittlichen Marken? Viele starke Marken erfüllen noch weitere Kriterien als die in Abbildung 9-26 genannten. Wie schneidet Ihre Marke bei diesen zusätzlichen Kriterien ab?

Zusätzliche Kriterien für starke Marken

- Hoher Bekanntheitsgrad der Marke, d.h. hohe Aufmerksamkeit
- Eindeutige Assoziationen mit der Marke, bei (potenziellen) Kunden, Mitarbeitern, Shareholdern und sonstigen Anspruchsgruppen
- Positive Assoziationen (positives Image)
- Hohe Erhältlichkeit in der Zielgruppe (Ubiquität)
- Überdurchschnittliches, deutlich abgegrenztes Produkt- oder Dienstleistungsangebot
- Kontinuierliche Angebotsverbesserungen

offensivesmarketing.de

Abbildung 9-27

Eine Marke und ihr Wert entsteht im Kopf des Kunden. Das Unternehmen bringt das Rohmaterial ein, das aus der Gebrauchsfähigkeit des Produkts bzw. der Dienstleistung, der Preisbildung, der Werbung, des Markendesigns und so weiter besteht. Der Kunde reagiert darauf und verarbeitet seine Erfahrung zu einer bestimmten Einstellung und einem Bild der jeweiligen Marke. Das Endergebnis ist eine Art „Bestandsliste" in seinem Kopf. Dann beginnt der Prozess wieder von vorn, wie im Markenkontinuum von Abbildung 9-28 dargestellt. Das Image einer Marke ist daher nicht statisch, sondern dynamisch – es wird sich je nach Input des Unternehmens verstärken oder abschwächen.

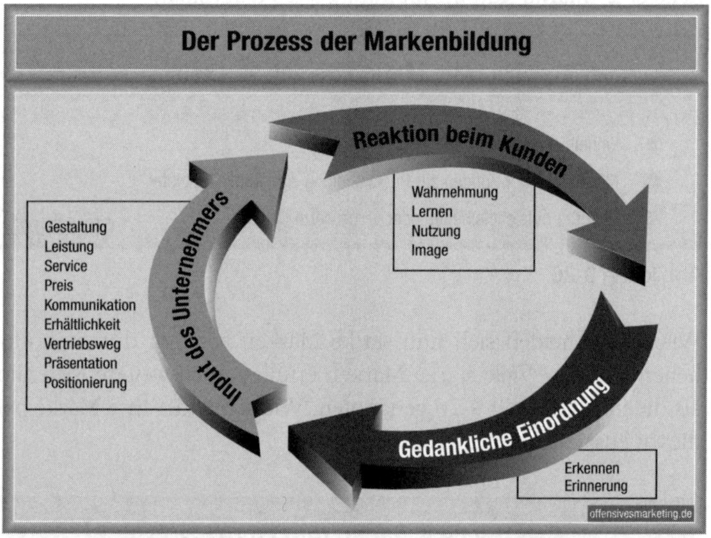

Abbildung 9-28

Das Beispiel Underberg: Tradition und Innovation – ein Markenklassiker[11]

Alle kennen ***Underberg***. Underberg ist in Deutschland überall erhältlich und wird heute in über 100 Ländern vertrieben. Nach der traditionellen Definition eines Markenartikels hat Underberg alles, was ihn zur klassischen Marke erhebt. Seit über 150 Jahren gehören gleichbleibende Qualität, geschützte, eigenständige Ausstattung und die Ubiquität zu den Grundfesten der Marke Underberg.

[11] Verfasst von Rainer Bentele, Managing Director, Underberg AG, Dietlikon/Zürich, Schweiz.

Doch im Hause Underberg hat man sich darüber hinaus schon lange einer ergänzenden Definition des Markenartikels verpflichtet: „Marke ist das unverwechselbare Vorstellungsbild im Kopf des Verbrauchers". In Zeiten ausdifferenzierter Märkte, der Informationsüberflutung, der verkürzten Nachahmungsprozesse, der Produktpiraterie und der neuen Technologien bedarf es einer Kommunikation, die binnen Sekundenbruchteilen die ihr zugestandene Aufmerksamkeit nutzt und das innere Bild der Marke gesamthaft im Kopf der Verbraucher lebhaft verankert und nach vorne bringt. Dies ist der Offensive Markenanspruch des Hauses Underberg in der heutigen Markenwelt.

www.underberg.com

Die Basis des Erfolgs ist die erlebnisorientierte Positionierung. Die Schaffung eines Schlüsselbildes entspricht dem Kommunikationsaufnahmeverhalten der Verbraucher. Eigenständigkeit und Markenschutz ist für den dauerhaften Erfolg der so kreierten Bildwelt gesamthaft und in Einzelelementen entscheidend. Zentrale Gestaltungselemente des Auftritts der starken Marke Underberg sind: Bild vor Text, *„keep it simple"*, Konstanz im Auftritt, Durchgängigkeit über alle Medien, Verpackungen und Verkaufsförderungsmittel so wie die richtige internationale Adaption. Darum wird tagtäglich gerungen. So soll der Abstand zum möglichen Wettbewerb umgesetzt und Nachahmer abgewehrt werden.

Bildwelt „Kräuterfee von Underberg"

offensivesmarketing.de

Abbildung 9-29

Mit der Bildwelt „Kräuterfee vom Underberg" – integriert über alle Werbemittel – kommuniziert Underberg heute weltweit die gleiche Botschaft. Der Packung kommt dabei die größte Bedeutung zu. Millionen von Verbrauchern rufen so direkt am POS das innere Bild gesamthaft mit *„benefit"* und *„reason why"* aus ihrem Gedächtnis ab, können kaufaktiv handeln und erhalten ihre Bestätigung direkt am POS.

Die Entwicklung eines geeigneten Schlüsselbildes ist dabei die schwierigste Aufgabe. Nach der Methode „gefilterte Quantität schafft Qualität" wurden über Verbalkonzepte und Visualisierungsansätze unter Beratung von Prof. Dr. Werner Kroeber-Riel hunderte von Ideen kreiert, bewertet, verworfen, optimiert und letztlich eine davon realisiert. Das Schlüsselbild soll den Markenkern reflektieren und auf das Konto des Markenguthabens kurz-, mittel- und langfristig positiv einzahlen.

Idealerweise ist das Schlüsselbild die Summe der positiven Erfahrungswerte der Markenhistorie, des aktuellen Zeitgeistes und die Vorwegnahme künftiger Entwicklungen. Das Schlüsselbild – einmal verabschiedet – darf nicht statisch sein. Es muss in der Methode der kleinen Schritte den jeweiligen Umständen angepasst werden. Dies ist ein permanenter Innovationsprozess, der – richtig umgesetzt – vom Konsumenten nicht bewusst realisiert wird. Interne Brand-Champions sind die Hüter des „Markengrals" und gleichzeitig ihrer Kontinuität, ganz nach dem Motto: „Semper Idem. Underberg". Mit der Kräuterfee vom Underberg ist der Anker im Gedächtnis der Verbraucher gesetzt.

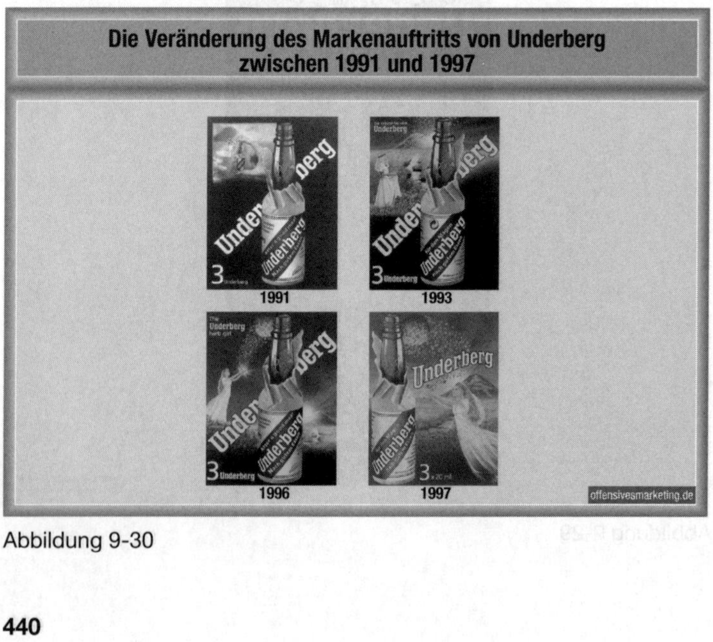

Abbildung 9-30

5.2 Marken sind nicht nur Namen, sondern Geschäftssysteme

Markenführung geht weit über Namen, Logos und Symbole hinaus. Diese sind eigentlich nur die Spitze eines Eisbergs, also der sichtbare Teil einer Marke. Mindestens genauso wichtig sind dagegen die Teile des Eisbergs, die „unter Wasser" liegen – Andresen und Esch quantifizieren diese Teile auf fünf Sechstel des gesamten Eisbergs. Das bedeutet, dass eine starke Marke in erster Linie das Ergebnis einer erfolgreichen Unternehmensstrategie ist und erst in zweiter Linie das Ergebnis von Werbung, Logo und Präsentationen.

Abbildung 9-31 erläutert den Markeneisberg[12] von ***icon Brand Navigation*** für die Marke eines Unternehmens, das gekühlte Lebensmittel vertreibt. Alles, was Sie sehen können, liegt oberhalb der Wasserlinie – z.B. Markenname, Symbole, Design und Werbung. Vermögenswerte und Kompetenzen, die der Marke zum Erfolg verhelfen, sehen Sie allerdings nicht – z.B. kostengünstiger Betrieb, hohe Qualität, effektive F&E, integriertes Marketing usw. Aus welchen Komponenten der Markeneisberg im Einzelnen besteht, hängt vom jeweiligen Markt ab. Für Konsumgüterhersteller könnte zusätzlich die Verpackung genannt werden, für Einzelhändler die Ladenausstattung, für einen Finanzdienstleister die räumliche Ausstattung der Filialen, die Kleidung der Mitarbeiter oder die Gestaltung des Informationsmaterials.

www.icon-germany.com

Der icon-Markeneisberg

Der Markeneisberg von ***icon*** ist ein verhaltenswissenschaftliches Modell zur Ermittlung der Markenstärke, das in ein ganzheitliches Verfahren zur Analyse der Markenidentität eingebunden ist. Der Markeneisberg bezieht sich auf ein Bild, das vor allem in den 20er Jahren in der Psychologie häufig verwandt wurde. Der Wert einer Marke wird in der Analogie eines Eisbergs dargestellt: Das Markenbild steht für den aus Kundensicht „sichtbaren" Teil der Marke. Das Markenguthaben steht für den Teil des Eisbergs, der unter der Wasseroberfläche liegt.

[12] Vgl. z.B.: Andresen, T. / Esch, F.-R.: Messung der Markenstärke durch den Markeneisberg, in: Moderne Markenführung, hrsg. v. F.-R. Esch, Wiesbaden 1999, S. 1012-1033.

Abbildung 9-31

Der Markeneisberg macht deutlich, dass die Stärke vieler Marken eher den ihnen zugrunde liegenden Geschäftssystemen als dem Markenzeichen, der Werbung oder der Absatzförderung zu verdanken ist.

5.3 Wir können verschiedene Markenstrategien unterscheiden

Dachmarken

Bei Markenstrategien (und damit zusammenhängend den Markennamen) kann man grundsätzlich zwischen Dach-, Einzelmarken und Markenfamilien unterscheiden.[13]

Einige Beispiele:

- **Dachmarken:** Sony, Siemens, Allianz, Bosch
- **Einzelmarken:** Twix, Hyatt, Mon Cherie, After Eight
- **Markenfamilien:** Bild, Nivea, Milka, Poly

[13] Vgl. hierzu etwa: Becker, J.: Einzel-, Familien- und Dachmarken als grundlegende Handlungsoptionen, in: Moderne Markenführung, hrsg. v. F.-R. Esch, Wiesbaden 1999, S. 269–288.

Bei einer **Dachmarke** wird ein einzelner Markenname verwendet, um die unterschiedlichsten Leistungen und Geschäftsbereiche abzudecken. Sämtliche Produkte eines Unternehmens werden also unter einer Marke angeboten (z.B. Siemens Haushaltsgeräte, Siemens Telefone). Gelegentlich wird an die Dachmarke noch eine Spezifizierung des jeweiligen Unternehmensbereiches (z.B. BMW Bike) oder eine Typenbezeichnung für das einzelne Produkt (z.B. in Form der Zahlenkombination BMW 316i) angehängt. Beispiele für deutsche Unternehmen, die eine Dachmarkenstrategie verwenden, sind Bosch, Miele, Siemens, BMW oder die Allianz. Dachmarken können aber auch mit Einzel- oder Familienmarken kombiniert werden (wie beispielsweise der Ford als Dachmarke mit dem Ford Mondeo und dem Ford Ka als Einzelmarken oder Beiersdorf als Dachmarke mit der Nivea-Markenfamilie).

Dachmarken

Varianten der Dachmarkenstrategie

Variante	Beispiele
Hauptmarke plus allgemeine Bezeichnung der Kategorie	Barclays Bank, BMW Bike, BMW Cards, Dolce&Gabbana Occhiali
Dachmarke plus Zahlenkombination/ Typenbezeichnung	BMW 320, Canon EOS 500, Nokia 3210, Siemens S10
Dachmarke plus Einzelmarke	Ford Mondeo, Bayer Aspirin, Jacobs Krönung
Dachmarke plus Familienmarke	Bahlsen Leibniz, Beiersdorf Nivea

offensivesmarketing.de

Abbildung 9-32

Johnnie Walker – Kreation einer Dachmarke[14]

Weltweite qualitative Marktforschungsergebnisse über die Marken „Black Label" und „Red Label" der Firma ***Johnnie Walker*** ergaben, dass Red Label als etabliert, verlässlich und allgemein bekannt angesehen wurde – allesamt Werte, die mit dem Image Johnnie Walkers assoziiert wurden. Um stärker zwischen den beiden Marken zu differenzieren und das Gesamtimage zu verbessern, schuf Johnnie Walker eine Dachmarke, die auf alle bestehenden und zukünftigen Johnnie Walker-Marken angewendet werden kann.

www.johnniewalker.de

[14] http://www.branding.com/ge/portfolio/fallstudien/johnni327931.cfm.

Zusätzlich verfeinerte man das Design von „Red Label" und „Black Label", indem man es visuell vereinfachte. Das Qualitätsimage der beiden Marken wurde durch die Verwendung von Folienpapier, farbiger königlicher Garantie und dem Vorherrschen von Gold dramatisch gesteigert. Laut abschließender Marktforschungen wird das neue Red Label Erscheinungsbild von 70% der Konsumenten bevorzugt, das des Black Label von 80%, was selbst für einen etablierten Markenführer höchst ungewöhnlich ist.

Einzelmarken

Einzelmarken (gelegentlich auch als Produktmarken oder Monomarken bezeichnet) sind dadurch gekennzeichnet, dass mit *einem* Produkt oder einer Leistung *ein* Markt bedient wird (selbstverständlich kann es von dem einen Produkt oder der einen Leistung verschiedene Modelle, Geschmacksrichtungen, Verpackungsgrößen etc. geben).

Markenfamilien

Einzelne Produkte werden häufig zu ganzen Produktfamilien erweitert – aus den ursprünglichen Einzelmarken können sich so ganze **Markenfamilien** entwickeln.

www.nivea.de

Aus einer einfachen Allzweckcreme wie ***Nivea*** (Markteinführung im Jahre 1911) hat sich über die Jahre eine riesige Markenfamilie mit mehreren Sublinien (wie z.B. Nivea for Men, Nivea Haircare, Nivea Hair Styling, Nivea Vital, Nivea Baby, Nivea Sun, Nivea Beauté, Nivea Body, Nivea Bath Care, Nivea Creme, Nivea Visage, Nivea Deodorant) entwickelt. Es gibt Cremes, Lotions und Gesichtswässer, Tagescremes, Nachtcremes, Cremes für trockene, fettige, empfindliche und reife Haut und ein riesiges Sortiment an Haarpflegeprodukten. Abbildung 9-33 stellt die Mega-Brand Nivea nochmals grafisch dar:

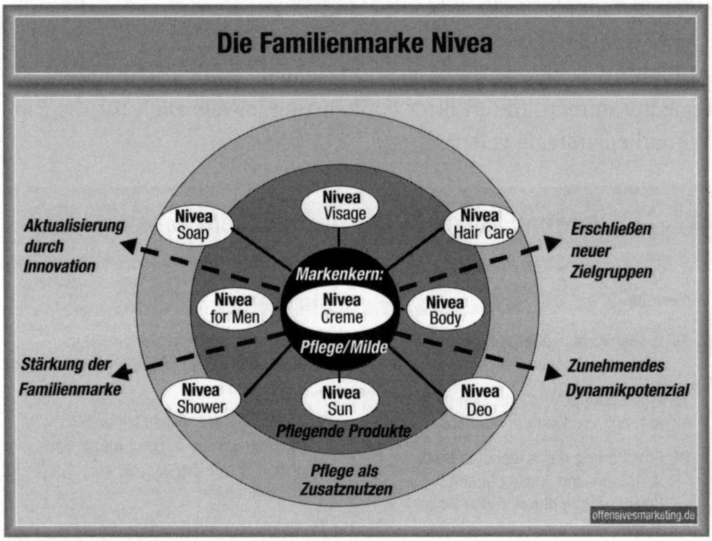

Abbildung 9-33

5.4 Die Wahl der Markenstrategie ist situationsabhängig

Mit einer Dachmarke ist rasch eine große Bekanntheit erreichbar, weil eine ganze Reihe von Märkten abgedeckt wird. Die Werbung kann so effektiv genutzt werden und die Marke kann aufgrund positiver Imagetransfers (*goodwill*) bei den Kunden mit relativ geringem Risiko auch in neue Märkte expandieren.

Z.B. bietet ***Hugo Boss*** nicht mehr nur Herrenkleidung an, sondern inzwischen auch Parfum und Pflegeprodukte sowie eine Linie für Damenoberbekleidung. *www.hugoboss.com*

Hierin liegt gleichzeitig aber auch eine große Gefahr. Eine zu große Ausweitung der Produktbereiche, die unter einer einzelnen Marke gefasst werden, kann leicht zu einer „Verwässerung" der Marke führen. Wenn eine Marke für zu viele verschiedene Produkte steht, also „unscharf" wird, dann steht sie am Ende für gar nichts mehr. Ein weiterer Nachteil der Dachmarkenstrategie liegt darin, dass sich Negativschlagzeilen, die eigentlich nur einen Bereich betreffen, durch Imagetransfers negativ auf den gesamten Markenverbund auswirken können (gerade große Chemie- und Pharmakonzerne sind häufig von diesem Effekt betroffen).

Abbildung 9-34 fasst die Vor- und Nachteile einer Dachmarkenstrategie zusammen, die in ihrer Umkehrung jeweils auch für die Einzelmarkenstrategie gelten.

Vor- und Nachteile der Dachmarkenstrategie

Vorteile	Nachteile
■ Größenvorteile über verschiedene Unternehmensbereiche hinweg. ■ Werbebudget verstreut sich nicht auf mehrere kleinere Marken. ■ Erweiterung des Angebotes durch Vertrauensvorschuss bei den Konsumenten ohne großes Risiko möglich.	■ Keine eigene Markenidentität in den unterschiedlichen Produktbereichen. ■ Schwierigkeit, gleichbleibendes Qualitätsniveau in den unterschiedlichen Produktkategorien zu gewährleisten. ■ Gefahr der Markenverwässerung. ■ Gefahr negativen Imagetransfers auf den gesamten Markenverbund bei Problemen in einem Bereich (*badwill*-Effekt) oder Misserfolg eines einzelnen Produkts.

offensivesmarketing.de

Abbildung 9-34

Branchen-spezifika

Bei der Wahl der geeigneten Strategie spielen auch branchenspezifische Einflussfaktoren eine wichtige Rolle: Branchen, in welchen das Vertrauen in die Reputation und die Kompetenz des Anbieters an sich für den Kunden sehr wichtig sind (z.B. der vertrauensempfindliche Bereich der Finanzdienstleistungen), fördern sicher eher die Entwicklung von Dachmarken.

In der Automobilindustrie arbeiten ***BMW*** (z.B. 316, 320), ***Mercedes*** (z.B. A-, C-, E-Klasse) und ***Audi*** (z.B. A3, A4, A6) mit einer Dachmarkenstrategie, während ***Volkswagen*** (VW Käfer, VW Golf, VW Passat, Lupo) und ***Ford*** (Ford Ka, Ford Mondeo, Ford Escort) eine Mischung aus Dach- und Einzelmarkenstrategie verfolgen.

Und im Bereich Süßwaren / Schokolade verfolgen ***Nestlé*** (z.B. mit den Marken Lion, KitKat, Nuts, After Eight, Smarties, Rolo) oder ***Mars*** (mit Mars, Milky Way, Snickers, Twix, M&M´s) eher eine Einzelmarkenstrategie, während ***Kraft Foods*** mit der Milka-Linie eine Markenfamilienstrategie bevorzugt (Milka, Milka Lila Pause, Milka Praliné, Milka Montelino, Milka Tender etc.).

5.5 Richtlinien zur Erweiterung vorhandener Marken

Eine vernünftige Markenerweiterung ist ein Prozess, mit dem die Attraktivität einer Marke durch die Einführung neuer Angebote gesteigert wird. Für jeden Offensiven Marketer stellt sich hier natürlich sofort die Frage, wie sich das Potenzial einer starken Marke langfristig ausschöpfen lässt. Die häufig beobachtbare Praxis, möglichst viele Produkte unter die Marke zu fassen, um so schnelle Gewinne einzufahren, entspricht dieser Forderung meist nicht. Denn dabei sind in der Regel „Ausbeuter" am Werk, die es nicht verstehen, Marken langfristig aufzubauen, zu führen und über Brand Extensions auch noch zu stärken. Solchen Ausbeutern geht es vor allem um die schnelle Mark und nicht um die Entwicklung und Stärkung eines zentralen Vermögenswertes.

Kurzfristige Ausbeutungsversuche sind in der Regel eine sehr schlechte Entscheidung. Abbildung 9-35 hilft Ihnen herauszufinden, ob in Ihrem Unternehmen Marken entwickelt oder ausgebeutet werden.

Einstellung von Markenausbeutern im Vergleich zu Markenentwicklern

Einstellung von Markenausbeutern	Einstellung von Markenentwicklern
■ Alle Ausgaben vermeiden, deren Amortisation länger als ein Jahr dauert ■ Nicht allzu pedantisch sein, was die Interpretation des Markenkerns angeht ■ Innovativ sein und die Marke so weit wie möglich ausweiten ■ Großteil des Werbebudgets für Sortimentserweiterungen ausgeben ■ Durch ständige Neuproduktentwicklungen kontinuierlich „Markenneuigkeiten" schaffen und Absatzförderung für Kernangebot zurückschrauben	■ Ausgewogenes Verhältnis zwischen kurzfristigem Gewinn und Investitionen für langfristige Entwicklung anstreben ■ Den Kern der Marke kennen und pflegen, den Markenkern langfristig aufbauen und entwickeln ■ Neue Produkte herausbringen, die zum Markenkern passen ■ Neuen Angeboten zusätzliche Unterstützung geben, Kernbereich des Werbebudgets nicht antasten. ■ Markenentwicklungen unter dem Gesichtspunkt der Wirtschaftlichkeit durchführen

offensivesmarketing.de

Abbildung 9-35

Für ein systematisches langfristig orientiertes Markenmanagement steht die äußerst erfolgreiche nationale Marke ***Molkerei Weihenstephan***:

Das Beispiel Molkerei Weihenstephan:

Das Erfolgskonzept wird maßgeblich geprägt durch die konsequente Premiumqualität der Produkte sowie den unverwechselbaren Dachmarkenauftritt. Basis dafür ist die einprägsame „Blaue Linie", die zentrale Marke des Unternehmens mit mittlerweile fast 60 Erzeugnissen, angefangen bei sogenannten „Plainprodukten" wie Milch, Butter oder Joghurt bis hin zu Käsespezialitäten. Das Kernsortiment wird dabei national vertrieben und die Kommunikation verspricht mit Werbeslogans wie „Weihenstephan – die reinste Lust" höchsten Genuss. Während Begriffe wie „light" nicht zu finden sind, springen Attribute wie „Frische", „Rahm" und „Alpenmilch" sofort ins Auge. Das eindeutige Genussversprechen sowie ein ausgewogenes Preis-Leistungs-Verhältnis und die unverwechselbare Verpackung (die an den blauweißen bayerischen Himmel erinnert) sind zentrale Elemente der national ausgerichteten Erfolgsstrategie.[15]

1. Identifizieren Sie den Kern Ihres Markenangebots

Markenkern

Der Kern einer Marke besteht aus den Elementen, die die meisten Verbraucher mit dieser Marke assoziieren und die für sie den entscheidenden Kaufanreiz darstellen. Ein Markenkern kann durch Kundenforschung ermittelt und durch eigene Einschätzung bestätigt werden. Bei diesen Kernelementen ist es meist am effektivsten, wenn man sich lediglich auf ein oder zwei Aussagen konzentriert.

Abbildung 9-36 enthält einige Beispiele für Kernelemente. Welche Attribute sind Ihrer Ansicht nach das wichtigste Kernelement der aufgeführten Marken?

[15] Informationsbroschüre der Staatlichen Molkerei Weihenstephan AG: Starke Marken, Neuwied 1998.

Alternative Elemente des Markenkerns			
Marke	Mögliche Kernelemente		
	1	2	3
Mercedes	Überdurchschnittliche Leistung	Hoher Wiederverkaufswert	Sicherheit
Gucci	Modisch	Leder	Exklusivität
Direkt Anlage Bank	Über Internet und Telefon	Praktisch	Günstig und fair: „Die Bank sind Sie"

offensivesmarketing.de

Abbildung 9-36

Das wichtigste Kernelement wurde für alle Marken unter (3) genannt.

Der Kern von ***Mercedes*** ist die ausgefeilte Technik, die zusammen mit den nur minimalen Design-Änderungen bei neuen Modellen zum zweiten Kernelement – hoher Wiederverkaufswert – beiträgt. Überdurchschnittliche Leistung – also eine schnelle Beschleunigung – gehört nicht zum Markenkern von Mercedes, das können andere Autos auch.

www.mercedes-benz.de

Der Markenkern von ***Gucci*** ist Exklusivität, gepaart mit hoher Qualität. Daher bekam die Marke auch Schwierigkeiten, als sie für alle möglichen Produkte verwendet und über den Einzelhandel an den Massenmarkt verkauft wurde. Seit der Wiederherstellung des Kernangebots – dazu wurde das Produktsortiment von 20.000 auf 5.000 Artikel beschnitten, die Qualität verbessert und strengere Kriterien für die Auswahl der Verkaufsgeschäfte angelegt – verkauft sich die Marke wieder besser.

www.gucci.it

Die ***Direkt Anlage Bank*** nahm ihre Tätigkeit im Jahr 1994 auf. Sie bietet über Internet, Telefon und Telefax selbstständig entscheidenden Privatanlegern („B2C"-Bereich), Vermögensverwaltern, Anlageberatern, Fondsvermittlern sowie Banken und Sparkassen („B2B"-Bereich) eine breite Palette kostengünstiger, innovativer und hohen Sicherheitsstandards entsprechender Brokerage-Leistungen an. Die DAB berät ihre Kunden nicht beim Kauf und Verkauf von Wertpapieren, stellt ihnen jedoch umfangreiche Informationen und Entscheidungshilfen (wie der DAB Investment-Ratgeber) auf ihrer Homepage und über andere Medien zur Verfügung. Ziel der Direkt Anlage Bank ist es, die Kunden – entsprechend dem Leitprinzip „Die Bank sind Sie" – in die Lage zu versetzen, selbstständige Anlageentscheidungen zu treffen.

www.direktanlagebank.com

2. Stärken und entwickeln Sie den Markenkern langfristig

Viele große Marken sind schon seit mindestens vierzig Jahren auf dem Markt und dürften sich dort aller Voraussicht nach auch noch die nächsten vierzig Jahre halten. Unternehmen, die keine Fünfjahrespläne für ihre Markenentwicklung erstellen, haben offenbar nicht begriffen, dass die Marke der wertvollste Vermögenswert eines Unternehmens ist, den es langfristig weiterzuentwickeln gilt.

Wichtige Bestandteile eines Markenplans

Wichtigste Bestandteile eines Markenplans sind die Ziele für die Zukunft und die in fünf Jahren angestrebte Markenpositionierung. Ausgehend davon können dann Pläne entwickelt werden, um die Positionierung einzuschränken oder auszuweiten, die Marke noch stärker abzugrenzen, Produkte oder Dienstleistungen zu verbessern, neue Märkte oder Absatzwegsegmente zu erschließen, von Chancen für neue Nutzungsmöglichkeiten zu profitieren oder den Marktzutritt in neuen Ländern durchzuführen. Die langfristige Ausweitung der Markenpositionierung ist eine beliebte Fünf-Jahresstrategie, weil sie bei Erfolg erhebliche Umsatzzuwächse bei hohen Gewinnspannen verspricht. Ein klassisches Beispiel hierfür ist *Lucozade* (Abbildung 9-37).

Das Beispiel Lucozade:

www.lucozade.co.uk

Lucozade **wurde in Großbritannien jahrelang als gesundheitsförderndes Getränk für kränkelnde Kinder verkauft. Dem Hersteller Beecham gelang es, durch die Einführung neuer Geschmacksrichtungen, Verpackungsvarianten etc. das Getränk als gesunden Energy-Drink für Zielgruppen jeden Alters zu positionieren. Der Kern der Marke, die Assoziation „flüssiger Kraftspender" wurde beibehalten und vorsichtig erweitert. Während sich die Positionierung von „hilft kranken Kindern, wieder gesund zu werden" zu „sportiver Energy-Drink" erweiterte, stieg der Umsatz von Lucozade zwischen 1985 und 1995 um das Fünffache.**

Lucozade: Langfristige Ausweitung der Positionierung

Jahr	Positionierung	Maßnahmen
1980	Getränk für kranke bzw. rekonvaleszente Kinder	Verschiedene Geschmacksrichtungen;
1985	Energie und Erfrischung	Light-Version, Dosen mit Kohlensäure;
1995	Energie und Sport	Sportflasche, isotonisch.

offensivesmarketing.de

Abbildung 9-37

Dass ein Unternehmen die Positionierung seiner Marke einschränkt kommt nicht sehr häufig vor, kann aber sinnvoll sein, wenn die Marke vorher zu stark erweitert wurde.

Klassische Beispiele hierfür sind Gucci oder ***Xerox***. Xerox hat seine Marke auf Maklergeschäfte, Wertpapier- und Emissionsgeschäfte und Versicherungen (z.B. Xerox Life) ausgedehnt. Inzwischen hat sich Xerox aus diesen schlecht konzipierten Markenerweiterungen zurückgezogen und die entsprechenden Geschäftsbereiche verkauft. Heute ist das Unternehmen wieder ausschließlich in seinem Kerngeschäft „Dokumente" tätig.

www.xerox.de

Lucozade hätte sich nicht in einem Schritt von einem Getränk für ***kranke Kinder*** zu einem Erfrischungs- und Sportlergetränk entwickeln können. Dieser Prozess erfolgte in mehreren Schritten, der in Abbildung 9-38 visualisiert wird.

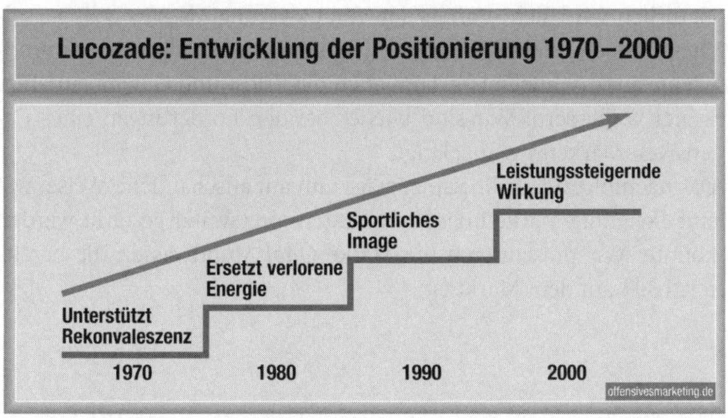

Abbildung 9-38

In diesem Beispiel hat jede Erweiterung des Sortiments dem Kernangebot „ersetzt verlorene Energie“ entsprochen. Und jedes neue Produkt bot zusätzlich noch etwas Neues, z.B. weitere Geschmacksrichtungen, praktische Verpackungen für den Konsum unterwegs, zusätzliche Energie und so weiter.

3. Die Erweiterungen sollten die Marke stärken

Erweiterungen sollten nicht nur die Marke „ausschöpfen“; sie sollten insbesondere auch der Stärkung der Marke dienen. Voraussetzung dafür ist natürlich, dass man die Erweiterungen am Markenkern entlang entwickelt und damit ein Netzwerk aus unterschiedlichen Produkten schafft, das quasi von der Markenidee zusammengehalten wird, das die Marke also auch repräsentiert und ausmacht.

Markenlizenzierung

Solche Brand Extensions müssen nicht zwangsläufig vom Unternehmen selbst angeboten werden. Über Lizenzierungen von Markenrechten – man spricht hier auch von Brand Exploitation – an andere Unternehmen kann zweierlei erreicht werden. Zunächst einmal liegen im Absatz der Markenrechte zusätzliche Erlös- und Gewinnpotenziale: In Bereichen wie der Mode-Branche sind die Erlöse aus einem solchen Lizenzgeschäft (z.B. Gucci-Schuhe, Gucci-Sonnenbrillen, Gucci-Unterwäsche, Gucci-Schwimmflossen etc.) den Erlösen aus dem Kerngeschäft oft mindestens ebenbürtig. Darüber hinaus können (und sollen) gelungene Lizenzierungen auch noch der kommunikativen Flankierung und damit Stärkung der Marke bzw. des Markennetzwerkes dienen.[16]

Natürlich wird sich – unter der Voraussetzung, dass es gelingt, solche positiven Effekte zu erzielen (und damit auch negative Verbundeffekte auszuschließen) – dann auch die Erlös- und Gewinnsituation weiter verbessern: Wir sind wieder bei den Forderungen eines Offensiven Marketings angelangt.

Das nachfolgende Fallbeispiel zeigt nun auf anschauliche Weise, wie eine bekannte Marke über Brand Extensions weiter gestärkt werden konnte: Wir präsentieren die Marke ***Odol*** Mundwasser, die bereits seit 1893 auf dem Markt ist.

---

[16] Vgl. Blümelhuber, C.: Rechte als zentrale Wirtschaftsgüter der e-conomy, München 2000, Kapitel D.

Das Beispiel Odol:

www.odol.de

Trotz einem überragenden Marktanteil von 68,4% fehlte der Marke ***Odol*** Mundwasser Mitte der 80er Jahre das Wachstumsmoment. Insbesondere Impulse aus jüngeren Verwendergruppen blieben aus, da für diese der Umgang mit Mundwasser aufgrund der Indikation „Mundgeruch" mehr oder weniger tabubeladen war. Außerdem war die Situation der Marke von einem eher altmodischen Image sowie einem relativ geringen Kommunikationsbudget gekennzeichnet. Darüber hinaus wurde Odol Mundwasser in dieser Zeit zum ersten Mal durch auf den Markt drängende gebrauchsfertige Mundspülungen angreifbar.

Marktforschungsstudien ergaben, dass dem Markenkern von Odol von Seiten der Kunden neben Atemfrische auch Kompetenzen in den therapeutischen Feldern der Mundhygiene zugeschrieben wurden. Eine Dachmarkenstrategie mit dem Ziel, Odol zur führenden Mundhygiene-Marke in Deutschland auszubauen, wurde geboren. Entsprechend zielte diese Strategie zunächst darauf ab, das Image zu verjüngen. **Odol Extrafrisch** wurde so nach fast 100 Jahren die erste Variante des Mundwasserklassikers mit besonders frischem Geschmacksprofil zielgruppengenau auf junge Verwender unter 30 ausgerichtet. **Odol Mundspray** machte die Marke zudem mobil und zielte auf die Welt der Teenager mit den spezifischen Ansprüchen der jungen „Event- und Unterwegs-Generation". Hiermit war nun die Möglichkeit gegeben, Odol als junge, dynamische Marke bei der neuen Generation durch aggressive Kommunikationsaktivitäten wie z.B. dem 30-Sekunden-TV-Spot „Imageblitze" zu profilieren, ohne dabei traditionelle Werte und Zielgruppen zu vernachlässigen.

1993 folgten unter der Dachmarke weitere junge Produkte wie **Odol N'ice Zahnpflege Bonbons** und **Odol med 3 Kaugummis.** Parallel dazu begann die Einführung von gebrauchsfertigen Mundspülungen sowie der Launch der **Odol med 3 Zahncreme**, womit die Basis zum weiteren Ausbau im therapeutischen Bereich gelegt wurde. Insgesamt wurde mit dieser Dachmarkenstrategie zwischen 1985-1997 273,2 Millionen DM zusätzlicher Umsatz generiert; eine rundum erfolgreiche Vorgehensweise.[17]

6 Offensive Preisgestaltung

Neben der Qualität des Produkts oder der Dienstleistung ist der Preis für den Kunden der ausschlaggebende Faktor für den Wert einer Leistung („Preis-Leistungs-Verhältnis"). Offensive Preisgestal-

[17] Presseinformation SmithKline Beecham Consumer Healthcare zum Deutschen Marketing-Preis 1998

tung erfordert eine qualitativ gute Analyse, genaue Informationen über externe Kunden und interne Kosten sowie die Bereitschaft, alternative Preisszenarien vor dem Entscheidungstermin zu durchdenken. Deshalb sollte man sich im Marketing auch mit den wesentlichen Konzepten der Preisgestaltung auskennen. In diesem Kapitel werden die Grundlagen und die wichtigsten Grundsätze für eine Offensive Preisgestaltung erläutert.

6.1 Grundlagen der Offensiven Preisgestaltung

Für viele Marken ist die Bewertung des Produkts oder der Dienstleistung im Hinblick auf den Preis der entscheidende Kaufanreiz. Der Preis gehört zu den zentralen Bestimmungsfaktoren für den Gewinn im Unternehmen, neben der Absatzmenge und den Kosten (Fixkosten und variable Stückkosten). Abbildung 9-39 veranschaulicht an einem fiktiven Beispiel, wie sich Veränderungen bei diesen Gewinntreibern tatsächlich unmittelbar auf den Gewinn auswirken, und unterstreicht damit die Bedeutung einer optimalen Preisstrategie.

Wie beeinflussen die zentralen Gewinntreiber den Gewinn?[18]

Eine 10%ige Verbesserung von ... *... erhöht den Gewinn um ...*

	Gewinntreiber Alt	Gewinntreiber Neu	Gewinn (Mio. €) Alt	Gewinn (Mio. €) Neu	
Preis	100	110	10	20	100%
Var. Stückkosten	60	54	10	16	60%
Absatzmenge	1 Mio.	1,1 Mio.	10	14	40%
Fixkosten	30 Mio.	27 Mio.	10	13	30%

offensivesmarketing.de

Abbildung 9-39

Leseprobe: Eine 10-prozentige Verbesserung des Preises erhöht den Preis auf 110 €; bei Konstanz aller anderen Faktoren führt dies zu einer Gewinnsteigerung um 100 Prozent auf 20 Millionen €.

[18] Vgl. http://www.simon-kucher.com/deutsch/index.htm.

Das *pricing* gehört zu den schwierigsten Teilbereichen des Marketing, da eine Preisentscheidung auf zahlreichen Variablen basiert. Preisentscheidungen müssen oft sehr schnell und ohne entsprechende Tests erfolgen. Darüber hinaus unterscheidet sich das *pricing* in einem wesentlichen Punkt von anderen Elementen des Marketing-Mix. Peter Doyle hat dies einmal folgendermaßen formuliert:

Zitat:

„Das *pricing* ist das einzige Element des Marketing-Mix, das direkt Einnahmen generiert; alle anderen verursachen Kosten." (P. Doyle)

Definition Preis:

Der Preis als Gegenstand der Preispolitik wird üblicherweise als Gegenleistung eines Käufers für den Erwerb einer bestimmten Menge einer Leistung bestimmter Qualität definiert.

Der Preis dient als Indikator für den Wert einer Leistung

Preis-Absatz-Funktion

Zwischen der Höhe des Preises und der erwarteten Absatzmenge einer Leistung besteht ein Zusammenhang, der sich rechnerisch wie auch grafisch durch die sogenannte „Preis-Absatz-Funktion" ausdrücken lässt. Im Allgemeinen geht man davon aus, dass mit sinkendem Preis der Absatz steigt. In der Praxis lassen sich aber auch andere Preis-Absatz-Funktionen beobachten, denn der Preis drückt auch den Wert aus, den Kunden einer Leistung beimessen.

Einige Leistungen darf man nicht zu günstig anbieten, Kunden könnten sonst glauben, die Leistung sei „nichts wert", die Ware habe Fehler oder sei mangelhaft. Oder was würden Sie als Kunde denken, wenn ein Händler Ihnen eine Rolex zum Spottpreis von 100 Euro anbieten würde?[19]

Zitat:

„Großartige Unternehmen konkurrieren über den Wert und nicht lediglich über den Preis. Einer der größten Fehler vieler Manager ist der Irrglaube, dass Wert und Preis für den Kunden das gleiche bedeuten. Richtig ist: Der Preis ist zwar eine Komponente, ein Teil des Wertes, ist aber nicht identisch mit dem Wert." (Leonard L. Berry)

[19] Vermutlich, dass es sich um eine Fälschung oder um Diebesgut handelt oder dass die Uhr kaputt ist.

Großartigen Unternehmen gelingt es, zielgruppenspezifische hohe Kundennutzen im Sinne eines guten Nutzen-Aufwand-Verhältnisses zu bieten. Grundsätzlich kann die Nutzenkomponente als Wert zum Beispiel die Qualität der Produkte, die Auswahl oder Angebotsvielfalt, den Service, die Ladengestaltung, die Verfügbarkeit von Produkten oder die Erreichbarkeit beinhalten. Die Aufwendungen, Kosten, Mühen oder „Inputs" des Kunden bestehen dagegen sowohl aus dem bezahlten Preis, sonstigen monetären Kosten wie Fahrt- oder Telefonkosten, aber auch aus nicht-monetären Aufwendungen wie zum Beispiel dem Informationsaufwand, Wartezeiten oder Ärger. In Abbildung 9-40 sehen Sie die Zusammensetzung des Netto-Kundennutzens bzw. der Kundenwertgleichung nochmals grafisch dargestellt.

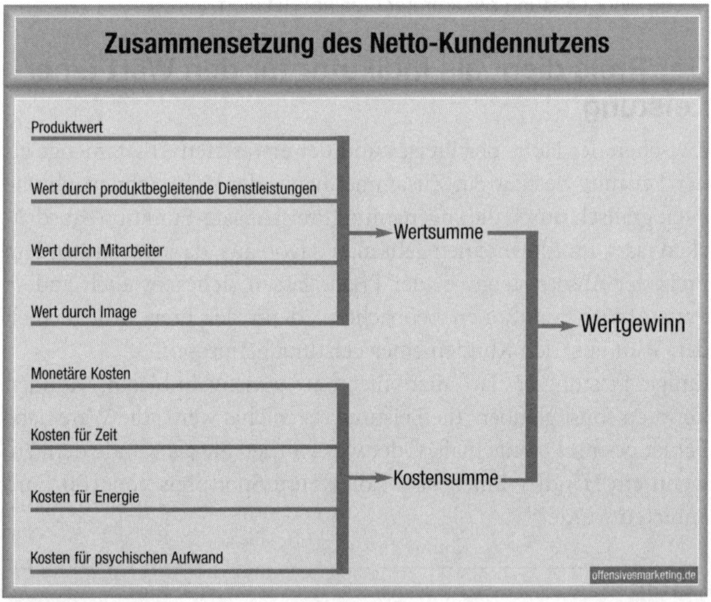

Abbildung 9-40

Nochmals ein Beispiel zur Erläuterung:

www.aldi.de

Das Phänomen ***Aldi*** erklärt sich nicht (nur) über den Preis, sondern auch über den Wert (Netto-Kundennutzen oder Kundennutzen), d.h. den Nutzen, den der Kunde im Vergleich zu seinen monetären und nicht-monetären Aufwendungen erhält.

Qualität kann folgendermaßen definiert werden:

Definition Qualität:

Qualität kann verstanden werden als der Abgleich von erwarteter und subjektiv wahrgenommener Leistung aus Kundensicht.

Value Map

In Zukunft werden viele Verbraucher erwarten, dass die Qualität besser wird und der Preis real gesehen sinkt. Das Marketing wird auf den Wunsch nach steigendem Wert entsprechend reagieren müssen. Durch eine „**Value Map**", in der verschiedene Alternativen für Qualität und Preis miteinander verglichen werden, lässt sich die obige Gleichung noch weiter detaillieren. In der Value Map (Abbildung 9-41) werden Qualität und Preis mit dem Angebot des Wettbewerbs verglichen. Die Angaben in den einzelnen Kästchen beziehen sich auf die Beurteilung des Wertes.

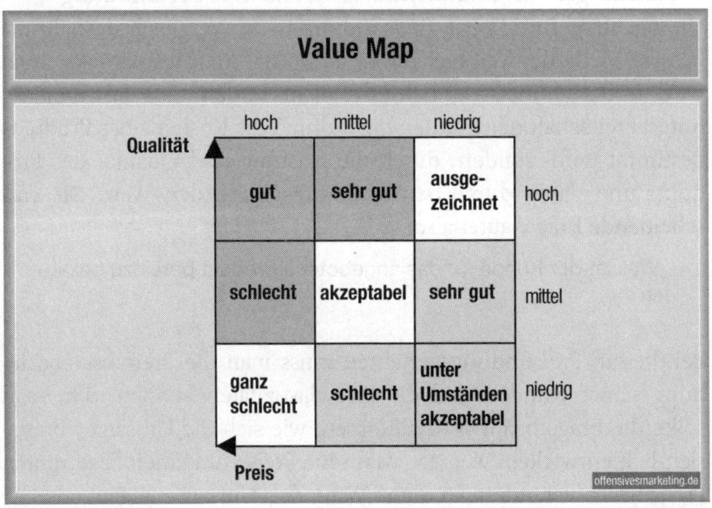

Abbildung 9-41

Cost-plus-Verfahren und nachfrageorientierte Preisfindung

Die gängigsten Verfahren zur Preisfindung sind das kosten- bzw. herstellungsorientierte und das nachfrager- bzw. kundennutzenorientierte Verfahren.

Cost-plus-Verfahren

1. Herstellungs- bzw. kostenorientierte Preisfindung

Mit dem herstellungsorientierten oder Cost-plus-Verfahren wird der Verkaufspreis ermittelt, indem man auf die Stückkosten einen festen Prozentsatz als Gewinnspanne aufschlägt. Dieser Ansatz ist einfach und verhindert einen allzu heftigen Preiswettbewerb unter den Unternehmen. Er hat jedoch insbesondere für Hersteller auf Märkten mit starkem Wettbewerb erhebliche Nachteile, da bei Cost-plus die Reaktion des Wettbewerbs nicht berücksichtigt wird. Darüber hinaus gibt es bei diesem Ansatz das Problem, dass die Preisbereitschaft der Nachfrager nicht in die Preisbestimmung mit einbezogen wird. Eine Preiserhöhung infolge steigenden Kostendrucks kann bei diesem Verfahren schnell zu einem Gewinneinbruch führen, nämlich dann, wenn die Kunden nicht bereit sind, plötzlich einen höheren Preis für die gleiche Leistung zu zahlen.

2. Nachfrager- bzw. kundennutzenorientierte Preisfindung

Die nachfragerorientierte Preisfindung ist im Vergleich deshalb die bessere Methode, weil hier die Reaktion des Marktes berücksichtigt wird. In der Quintessenz heißt das nichts anderes, als dass die Zahlungsbereitschaft der Kunden nicht durch die Kosten eines Produkts bestimmt wird, sondern durch die Leistung und Qualität des Produkts und damit durch den daraus resultierenden Wert. Die entscheidende Frage lautet also:

> „Was ist der Kunde für das angebotene Produkt bereit zu bezahlen?“

Bei diesem Preisfindungsverfahren muss man die Preisabsatzbeziehung seiner Kunden und die Preiselastizitäten kennen, d.h. man sollte die Frage beantworten können, wie sich die Umsätze voraussichtlich entwickeln werden, wenn die Preise um einen bestimmten Prozentsatz verändert werden: Wird der Umsatz steigen oder so stark zurückgehen, dass eine Preiserhöhung zu Gewinneinbußen führen würde?

Definition: Preiselastizität der Nachfrage

- Preiselastizität = relative Veränderung der Nachfrage in Prozent im Verhältnis zur relativen Änderung des Preises in Prozent.

- In Worten: „Um wieviel Prozent ändert sich der Absatz, wenn der Preis um ein Prozent steigt oder sinkt?" Die Preiselastizität drückt also die Sensitivität der Nachfrager hinsichtlich Preisänderungen aus.
- Eine Marke, deren Mengenumsatz sehr stark auf Preisänderungen reagiert, verfügt über eine hohe Preiselastizität. Kunden, die sehr preisbewusst sind, sorgen für eine überaus elastische Nachfrage – ihre Kaufbereitschaft wird in hohem Maße durch den Preis bestimmt

Preisbereitschaft der Nachfrager berücksichtigen

Wenn man aufgrund der vorliegenden Daten über die Preisbereitschaft der Nachfrager davon ausgehen muss, dass eine Preiserhöhung zu Gewinneinbußen führen würde, sollte man diesen Weg besser nicht weiter verfolgen. Und wenn steigende Kosten ein Problem sind, sollte eine Kostensenkung oder eine Steigerung des Mengenumsatzes angestrebt werden. Abbildung 9-42 zeigt die Umsatzwirkung von Preisänderungen bei verschiedenen Preiselastizitäten:

Preiselastizitäten und ihre Umsatzwirkung

Elastizität / Preisänderung	$\varepsilon > -1$ $\lvert\varepsilon\rvert < 1$	$\varepsilon < -1$ $\lvert\varepsilon\rvert > 1$
Preissenkung	**Umsatzsenkung**	**Umsatzsteigerung**
Preiserhöhung	**Umsatzsteigerung**	**Umsatzsenkung**
	⇒ **Preiseffekt stärker**	⇒ **Mengeneffekt stärker**

offensivesmarketing.de

Abbildung 9-42

Preiselastizität differenziert betrachten

Es ist wichtig, die Preiselastizitäten auch nach Kundengruppen zu differenzieren. Bei der Personenbeförderung weisen beispielsweise Geschäftsreisende eine erheblich niedrigere Preiselastizität auf als Privatreisende, was daran liegt, dass Geschäftsreisende ihre Fahrt oder ihren Flug nicht selbst bezahlen müssen. Die Elastizität kann auch nach Absatzweg (Feinkostgeschäfte weisen zum Beispiel eine geringere Preiselastizität auf als Lebensmittel-Discounter) oder nach Zeitpunkt und Anlass der Verwendung variieren. Die meisten Studien gehen für den Konsumgüterbereich von einer Preiselastizität zwischen 1,5 bis 2,5 aus. Bei einer 10%igen Preissenkung würde der Umsatz also um 15 bis 25% steigen. Abbildung 9-43 zeigt eine Auswahl von empirischen Elastizitätswerten für verschiedene Produkte und Märkte:[20]

www.simon-kucher.com

Empirische Werte der Preiselastizität

Produktgruppe	*Literatur*	*Erfahrung Simon, Kucher & Partner*
Kurzlebige Konsumgüter	1,5–5	im allg. > 2
Langlebige Konsumgüter	1,5–3	große Unterschiede
Arzneimittel	ca. 0,5	innovative Prod.: 0,2–0,7 Nachahmerprodukte: 0,5–1,5 Generika: 0,7–2,5
Industriegüter – Standortprodukte – Spezialitäten		 2–100 0,3–2
Autos – Luxuswagen – Normalwagen		 0,7–1,5 > 1,5
Dienstleistungen – Fluggesellschaften – Eisenbahn – Mobiltelefon Minutenpreise Grundgebühr – Computer-Service	 > 2 1,5 0,7–1,7 	 1–5 > 1 0,3–1 2–5 0,5–1,5

Abbildung 9-43

[20] Simon, H./Dolan, R.: Profit durch Power Pricing, Frankfurt 1997, S. 91.

Methoden zur Ermittlung der Preisabsatzbeziehung

Zitat:

„Viele glauben, dass Marketing-Experten zur Preisfindung wissenschaftliche Methoden einsetzen. Nichts könnte weiter von der Realität entfernt sein." (David Ogilvy)

In der Praxis existieren häufig Informationslücken hinsichtlich der Preisreaktion der Nachfrager. Viele Manager sind sich dieser Lücken nicht ausreichend bewusst und glauben, die Preisreaktion intuitiv ausreichend beurteilen zu können. Das ist aber eine Illusion. Vier Methoden haben sich in der Praxis als sehr nützlich erwiesen, um die Preisreaktion zu ermitteln: Expertenbefragung, Kundenbefragung, Preistests und Analyse von Marktdaten. Einen Überblick hierzu liefert Abbildung 9-44, in der die Stärken und Schwächen der verschiedenen Methoden zusammenfassend dargestellt sind:

Methoden zur Ermittlung der Preisabsatzfunktion[21]

Methode / Kriterium	Expertenbefragung	Kundenbefragung: Direkte Kundenbefragung	Kundenbefragung: Conjoint Measurement	Preistests	Analyse von Marktdaten
Kosten	Sehr niedrig	Niedrig–mittel	Mittel	Mittel–hoch	Abh. von Verfügbarkeit
Anwendbarkeit auf neue Produkte	Ja	Fragwürdig	Ja	Ja	Nein
Anwendbarkeit auf etablierte Produkte	Ja	Ja	Ja	Ja	Ja
Gesamtbewertung	Nützlich für neue Produkte und neue Situationen	Eingeschränkt geeignet	Sehr nützlich	Geeignet	Nützlich für eingeführte Produkte

Abbildung 9-44

[21] Simon, H./ Dolan, R.: Profit durch Power Pricing, Frankfurt 1997, S. 89.

6.2 Prinzipien der Offensiven Preisgestaltung

Entwickeln Sie ein Gefühl für die Preise.

Auch ohne detaillierte Analysen kann man recht schnell ein Gefühl für die Preisdynamik der Märkte entwickeln, wenn man Folgendes beachtet:

- Die **Kaufhäufigkeit** hat erheblichen Einfluss darauf, wie stark einzelne Produkte oder Dienstleistungen auf Preisänderungen reagieren. Produkte bzw. Dienstleistungen auf Märkten, in denen die Kaufhäufigkeit recht hoch ist, wie zum Beispiel Babynahrung, Tierfutter, Friseurleistungen oder Telefongebühren, sind in der Regel sehr preisempfindlich.

- Der **Grad der Notwendigkeit** der angebotenen Leistungen beeinflusst eher die Märkte, nicht so sehr die Produkte, die auf diesen Märkten angeboten werden. Wenn eine Produktkategorie für die Kunden unbedingt notwendig ist, wird sich eine Preisänderung bei sämtlichen Produkten dieser Kategorie kaum auf den Mengenumsatz auswirken. Ein gutes Beispiel hierfür ist der Benzinpreis oder der Preis für Tabakwaren.

- Auch der **Preis selbst** ist ein wichtiger Faktor. Bei hochpreisigen Produkten wie Ferienreisen, Autos, Möbeln oder Unterhaltungselektronik handelt der Kunde in der Regel eher preisbewusst als bei Produkten und Leistungen, die grundsätzlich das Budget nicht so sehr belasten. Die Frage, ob der neue Videorekorder 150 Euro oder 200 Euro kostet, ist für den Kunden also tendenziell wichtiger als die Frage, ob eine Packung Cornflakes 2 Euro oder 2,20 Euro kostet.

- Auch der **Grad der Vergleichbarkeit** wirkt sich auf die Preisempfindlichkeit von Produkten aus – Kunden zeigen sich beispielsweise beim Abschluss von privaten Versicherungen weniger preisbewusst als beim Lebensmittelkauf, ganz einfach deshalb, weil das Angebot verschiedener Versicherungsgesellschaften schlechter miteinander vergleichbar ist als z.B. der Preis für einen Liter Milch in verschiedenen Supermärkten.

- **Mode oder Image** beeinflussen das *pricing* ebenfalls, manchmal allerdings in umgekehrter Richtung: Bei Kleidung, Kosmetika oder Lederwaren vermittelt ein hoher Preis auch ein bestimmtes Image und „Qualität".

In Abbildung 9-45 wird anhand verschiedener Beispiele die Wirkungsweise dieser Grundsätze erläutert.

Faktoren, die die Preisempfindlichkeit eines Marktes beeinflussen

	Massemärkte			
Kriterien	Babynahrung	Kleidung	Kfz-Versicherung	Neuwagen
Kaufhäufigkeit	Sehr hoch	Mittel	Niedrig	Niedrig
Notwendigkeit	Hoch	Mittel	Hoch	Mittel
Stückpreis	Niedrig	Mittel	Hoch	Hoch
Vergleichbarkeit	Hoch	Mittel	Mittel	Mittel
Mode	Niedrig	Hoch	Niedrig	Hoch
Wirkung der Preise: *auf Märkte*	Mittel	Mittel	Niedrig	Hoch
auf Marke	Hoch	Mittel	Hoch	Mittel

offensivesmarketing.de

Abbildung 9-45

Konzentrieren Sie sich auf bestimmte Preissegmente.

Jeder Markt kann nach Preislagen segmentiert werden. Starke und bekannte Marken sind in der Regel in den oberen Preislagen angesiedelt, während Gebrauchsgüter und kleinere Marken in den unteren Preislagen zu finden sind.

Preis- oder Qualitätswettbewerb?

Klassischerweise gibt es hier zwei Hebel oder Mechanismen der Marktbeeinflussung: Der klassische Preiswettbewerb vertraut auf die Wirksamkeit eines möglichst niedrigen Preises als Lenkungsmittel, er ist typisch für das untere Marktsegment. Der Qualitätswettbewerb ist dagegen charakteristisch für mittlere und hohe Preislagen. Sie sind gekennzeichnet durch Produkte, die sich durch ihre Zusatzleistungen oder Zusatznutzen voneinander unterscheiden. Die Wettbewerbsform des Qualitätswettbewerbs zielt auf die Schaffung von Qualitäts- und Markenpräferenzen beim Abnehmer, dadurch wird der Preis in seiner Bedeutung für die Kaufentscheidung relativiert, es sind hohe oder überdurchschnittliche Preisstellungen möglich. Insofern können Unternehmen hier zwischen zwei grundlegenden Strategiemustern wählen:[22]

- **Präferenzstrategie** (= Hochpreis- bzw. Markenartikelkonzept)
- **Preis-Mengen-Strategie** (Niedrigpreis- oder Discount-Konzept)

Für hohe und mittlere Preislagen ist der sogenannte Markenkäufer typisch, der in der Regel über die präferenz-strategischen Konzepte zu mobilisieren ist, während im unteren Markt der sogenannte Preiskäufer dominiert, der eher über Preis-Mengen-orientierte Konzepte zu erreichen ist. Bei der geeigneten Strategiewahl gilt es, Folgendes zu beachten:

- **Rentabilität.** Einige Preissektoren sind deutlich rentabler als andere. Ein Beispiel: Auf dem Automobilmarkt sind die oberen 10 bis 15% äußerst rentabel, während die unteren 20% durch ein Überangebot gekennzeichnet sind und nur magere Gewinne abwerfen.
- **Abstimmung auf das Unternehmen.** In welchen Preissektoren wird Ihr Unternehmen am besten von seinen Stärken profitieren? Kann Ihr Unternehmen auf starke Marken und den Rückhalt durch eine hervorragende F&E vertrauen? Oder liegen die Kompetenzen eher in einem kostengünstigen Betrieb, einer schnellen Reaktion und einem begrenzten Sortiment aus Massenprodukten?
- **Wettbewerber.** Als japanische Hersteller sich zunächst mit kleinen Maschinen auf dem Markt für Motorräder engagierten, sah ***Harley-Davidson*** mit seinen Supermaschinen, die einen Hubraum von 750 bis 1000 cc hatten, darin keine Bedrohung. Inzwischen liefert sich Harley-Davidson mit ***Honda*** einen erbitterten Kampf auch in den oberen Preisklassen, in denen das Unternehmen früher beinahe eine Monopolstellung hatte.

---

[22] Vgl. Becker, J.: Marketing-Konzeption, 6. Aufl., München 1998, S. 179ff.

Sorgen Sie für Preistransparenz.

Wenn die Kunden Ihr Preissystem nicht verstehen oder es für verwirrend oder unlogisch halten, wirkt sich dies in der Regel gleich in zwei Bereichen aus. Erstens vertrauen die Kunden Ihrer Marke oder Ihrem Unternehmen weniger und zweitens halten sie den Preis für höher als er eigentlich ist.

Die ersten Geschäfte von ***Marks & Spencer*** sorgten bereits um 1890 für ultimative Preistransparenz. Sie wurden „Penny Bazaars" genannt und warben mit dem Slogan: „Fragen Sie nicht nach dem Preis, jeder Artikel kostet 1 Penny."

www.marks-and-spencer.co.uk

Zielgruppenspezifische Preisstrategie

Stimmen Sie die Preisstrategie auf die entsprechenden Zielgruppen ab. Die Preiselastizität variiert nach Kundentyp, spezifischer Kaufsituation und Verwendungsanlass. Loyale Kunden sind quasi per Definition weniger preisempfindlich als Gelegenheitskäufer. Wenn jemand ohne Stress in angenehmer Atmosphäre oder im Urlaub einkauft, ist er in der Regel weniger preisbewusst als eine gehetzte Hausfrau mit knappem Haushaltsgeld, die den wöchentlichen Großeinkauf im nächsten Supermarkt erledigt. Erfolgreiche Marketer müssen die unterschiedlichen Preiselastizitäten ihrer Kunden kennen und diese bei der Preissetzung entsprechend berücksichtigen.

Muss man Preisvorteile ausgerechnet an loyale Kunden weitergeben, wenn loyale Kunden doch wenig preisempfindlich sind?

Ja. Loyale und gebundene Kunden sind der Lebensnerv Ihres Geschäftes! Wenn man die loyalen Kunden vernachlässigt, schadet man sich damit nur selbst. Darüber hinaus sollten Preisvorteile gerecht verteilt werden. Langfristig gesehen erwarten treue Kunden, dass man sie wertschätzt und für ihre Treue belohnt. Wenn diese Kunden das Gefühl haben, dass Preissenkungen vor allem Neukunden ansprechen sollen, werden sie nicht gerade erfreut darüber sein, und vielleicht sogar den Anbieter wechseln, nur um selbst einmal wieder in den Genuss eines „Neukunden-Bonus" zu gelangen.

Nachdem Sie sich jetzt auch mit den wesentlichen Preisentscheidungen auseinander gesetzt haben, sind die Eckpunkte des Leistungsprogramms festgelegt. Bevor Sie sich im Anschluss über die richtige Positionierung der Leistungen Gedanken machen, sollten Sie abschließend nochmals kritisch hinterfragen, ob Sie auch aussagekräftige Antworten auf die folgenden entscheidenden „W-Fragen" geben können: Was biete ich der definierten Zielgruppe an? oder genauer: Wie ist mein Leistungsprogramm richtig strukturiert und wie sieht die Gestaltung der einzelnen Leistungen aus?

Flow-Chart Kapitel IX	
Wichtige Leitlinien zur Strukturierung des Leistungsprogramms	■ Ist Basis für den detaillierten Marketing-Plan ■ Ressourcenorientierung ■ Kundenorientierung ■ Wettbewerbsorientierung
Offensive Leistungsprogrammstruktur festlegen	■ Breite und Tiefe des Leistungsprogramms bestimmen ■ Handlungsoptionen zur Veränderung festlegen
Offensive Entwicklung neuer Leistungen	■ Zentrale Grundsätze beachten ■ Innovationsmanagementprozess definieren ■ Produkte und Dienstleistungen differenziert betrachten ■ Erfolgsfaktoren identifizieren
Offensive Ausgestaltung neuer Leistungen	■ Kern-, Grund- und Zusatzmerkmale der einzelnen Leistungen und Produkte gestalten ■ Durch Value Added-Services Leistungen offensiv ausrichten
Offensives Markenmanagement	■ Der Wert einer Marke ensteht im Kopf des Verbrauchers. ■ Marken sind viel mehr als Namen. ■ Setzen Sie verschiedene Markenstrategien situationsabhängig ein. ■ Beachten Sie wichtige Richtlinien zur Erweiterung vohandener Marken.
Offensive Preisgestaltung	■ Zielgruppenspezifische Preisstrategie erarbeiten ■ Erfolgsfaktoren der Preisgestaltung beachten

Lese-Tipp:

- Aaker, D. / Joachimsthaler, E.: Brand Leadership: Building Assets in the Information Society, New York u. a. 2000.
- Aaker, D.: Building Strong Brands, New York 1997.
- Esch, F.-R. (Hrsg.): Moderne Markenführung, Wiesbaden 1999.
- Meyer, A. (Hrsg.): Handbuch Dienstleistungs-Marketing, Stuttgart 1999.
- Simon, H. / Dolan, R.: Profit durch Power Pricing, Frankfurt 1997.
- Urban, G. / Hauser, J.: Design and Marketing of New Products, 2nd ed., Prentice Hall, Englewood Cliffs, New Jersey 1993.
- www.globalbrands.org

X. Leistungen offensiv positionieren

Kapitelüberblick

POISE		
P	Profitabel	Ausgewogenes Verhältnis zwischen den Gewinnzielen des Unternehmens einerseits und den Kundenbedürfnissen andererseits herstellen
O	Offensiv	Marktführerschaft anstreben, Risikobereitschaft zeigen und Konkurrenten in die Nachahmerposition zwingen
I	Integrativ	Marketing-Ansatz verfolgen, der das gesamte Unternehmen einbezieht
S	Strategisch	Entwicklung Offensiver Strategien und entsprechender Marketing-Pläne
E	Effektiv umgesetzt	Die Umsetzung Offensiver Strategien effektiv managen

offensivesmarketing.de

Abbildung 10-1

An was denkt man zuerst, wenn man an ein Unternehmen, eine Marke oder ein Produkt denkt? Mit welchen Eigenschaften verbinden wir bestimmte Leistungen, bestimmte Marken, bestimmte Geschäfte? Wie grenzt ein Konsument verschiedene Marken voneinander ab? Über welche Eigenschaften bewerten wir Kopierer, Softdrinks, TV-Shows, Supermärkte? Oder kürzer: Wie denken Konsumenten über bestimmte Angebote?

Mit solchen Fragen hat sich jeder Marketer zwingend auseinander zu setzen. Wir bewegen uns dabei im Dreieck Unternehmen – Konkurrenz – Kunde und sind bei der so genannten Positionierung von Leistungen gelandet.

Eine gelungene Leistungspositionierung hilft Ihnen, zentrale Fragen beantworten zu können. Die Positionierung schafft eine Grundlage um festzustellen, …

- … in welchen Markt oder in welches Marktsegment Sie mit einem neuen Produkt eintreten wollen.
- … mit welchen Wettbewerbern Sie es zu tun haben. Wer ist die Konkurrenz im ausgewählten Markt oder Marktsegment? (Denken Sie nicht nur an die direkten Wettbewerber, sondern auch an die Hersteller von Ersatzprodukten!)
- … ob im ausgewählten Markt oder Marktsegment noch Platz für ein zusätzliches Produkt ist.
- … über welche Image- oder Einstellungsdimensionen ein Wettbewerbsvorteil aufgebaut werden soll? Welche Eigenschaften/ Dimensionen sind im ausgewählten Teilmarkt für den Kunden besonders wichtig?
- … wie die Konkurrenzprodukte und wie Ihre eigene Leistung in den relevanten Dimensionen vom (potenziellen) Kunden wahrgenommen werden.

Bei der Positionierung geht es um Differenzierung, um Kundennutzen und um Zielsegmente. Die Positionierung ist die vierte zentrale Stellschraube, wenn Sie sich über die Entwicklung eines Offensiven Leistungsprogramms Gedanken machen.

1 Grundlagen der Positionierung

Das Konzept der Positionierung

Kein Unternehmen, kein Geschäft, kein Produkt ist seinen Konkurrenten in allen Belangen überlegen. Überall der Beste zu sein ist fast unmöglich. Selbst Zehnkämpfer haben Schwachpunkte.
Gerade in einer Welt riesiger Produktvielfalt und zunehmender Informationsüberlastung ist mehr denn je entscheidend, welchen (Netto-)Eindruck (potenzielle) Kunden von einem Produkt haben. D.h. wodurch unterscheidet sich dieses Produkt von allen anderen? Warum soll man gerade dieses Produkt kaufen?

Idealprodukt vs. Realprodukt

Deshalb sind es nur wenige wichtige Kriterien, anhand derer Konsumenten Leistungen wahrnehmen und beurteilen. In der Regel haben Konsumenten eine Vorstellung von einem „Idealprodukt" im Kopf, das die Erwartungen an Produkte dieser Art widerspiegelt. Je näher nun ein reales Produkt in der Wahrnehmung des Konsumenten diesem Ideal kommt, desto größer ist die Wahrscheinlichkeit des Kaufes. Dies ist die zentrale Annahme der Positionierung.

Was heißt Positionierung konkret?

Bei der Positionierung geht es um die zielgruppenspezifische Festlegung der nachfragerelevanten Nutzenversprechungen der eigenen Leistungen im Vergleich zu denen der Konkurrenz sowie denen eines Idealobjektes. Im Gegensatz zur Zielgruppensegmentierung (vgl. Kapitel VIII) hat die Positionierung keinen Subjektbezug, sondern einen Leistungs- oder Produktbezug.

Oder einfacher formuliert:

Unter Positionierung versteht man den Vorgang, bei dem der Verbraucher ein Produkt geistig auf ganz bestimmte Weise einordnet, oder anders, dass sich das Produkt im Geiste des Verbrauchers einen bestimmten Platz sucht. Die Positionierung ist das erste, woran der Verbraucher denkt.[1]

Und in einem „Klassiker" der Positionierungsliteratur heißt es:

„Positioning starts with a product ... But positioning is not what you do to the product. Positioning is what you do with the mind of the prospect. That is you position the product in the mind of the prospect ... You're not really doing something to the product itself ... Positioning is the first body of thought that comes to grips with the difficult problem of getting heard in our overcommunicated society."[2]

Der Begriff der Positionierung ist also eng mit der Frage verbunden, welche Einstellung der Konsument gegenüber dem Angebot hat bzw. welches Image ein Produkt oder ein Unternehmen beim Konsumenten erreicht. Eine eindeutige Positionierung spiegelt also letztlich nichts anderes wider als den Eindruck, den ein Nachfrager von einer bestimmten Leistung hat. Das ist ein ganz entscheidender Punkt:

Nur wenn Sie es schaffen, eine scharf umrissene, also klare und eindeutige Positionierung herauszuarbeiten, ist der Nachfrager überhaupt in der Lage, einen Unterschied zwischen den im Grundnutzen ja oft austauschbaren Produkten zu erkennen und Präferenzen zu entwickeln. Eine Offensive Positionierung will möglichen Konkurrenten bestenfalls die Nachahmerposition ermöglichen. Entspre-

[1] Peddie, R., in: Der Kontakter, 38/1983, S. 22.

[2] Ries, A. / Trout, J.: Positioning – The battle for your mind, New York 1986, S. 2f.

chend differenziert und vorausgreifend muss eine Positionierung sein. Das bedeutet:

Anforderungen an eine Offensive Positionierung

- Eine Positionierung muss stark sein, das heißt: Bei ein oder zwei besonders nachfragerelevanten Gründen sollte sie klare Vorteile gegenüber der Konkurrenz bieten.
- Eine Positionierung muss widerspruchsfrei sein, d.h. die Positionierungsmerkmale und die werblichen Positionierungsaussagen sollten sich nicht widersprechen; sie sollten sich sogar verstärken.
- Eine Positionierung muss über längere Zeit tragfähig, also strategisch vorausschauend und nicht zu eng sein. Das bedeutet auch, dass latent vorhandene Kundenwünsche im Sinne einer aktiven Positionierung frühzeitig besetzt werden sollten.
- Für eine dauerhaft Erfolg versprechende Positionierung sollten die fünf Schlüsselprinzipien von POISE beachtet werden.

Positionierungsarten

Wie können Sie Ihre Leistungen nun unter Beachtung der POISE-Anforderungen positionieren? Hierfür stehen Ihnen grundsätzlich folgende Positionierungsarten zur Verfügung:

Positionierungsarten

- Positionierung über sachlich nachprüfbare Produkteigenschaften oder -nutzen
- Value-Positionierung (über das Preis-Leistungs-Verhältnis)
- Verwendungs-/anwendungsorientierte Positionierung
- Verwender(gruppen)orientierte Positionierung
- Kategorie-Positionierung
- Kommunikative Positionierung
- Konkurrenzorientierte Positionierung

offensivesmarketing.de

Abbildung 10-2

Positionierung über sachlich nachprüfbare Produkteigenschaften oder -nutzen:

Die älteste Brauerei, der größte Freizeitpark, der kleinste Camcorder, das sicherste Auto, das Waschmittel, das am besten reinigt und das schnellste Flugzeug sind Beispiele für solche Positionierungen, die nur dann sinnvoll sind, wenn sie nicht nur „nachprüfbar" sind und über längere Zeit Bestand haben, sondern vor allem auch in einen wichtigen Kundennutzen umgesetzt werden können.

Value-Positionierung (über das Preis-Leistungs-Verhältnis):

Für die meisten Konsumenten sind der Preis bzw. der „Wert" ganz entscheidende Kaufkriterien. „Was bekomme ich für mein Geld?" ist eine zentrale Frage. Für viele Anbieter kann es interessant sein, den Wert, den *value*, als Positionierungskriterium besonders herauszustellen. Fünf *value*-Positionen können unterschieden werden[3]:

- **Mehr für Mehr**: Automobile von ***Mercedes***, Schreibgeräte von ***Mont Blanc*** oder Lederwaren von ***Gucci***. Diese Produkte zeichnen sich nicht nur durch eine hohe Qualität aus, sie bieten auch Zusatznutzen in Form von Prestige. Sie sind berühmte Zeichen für einen exklusiven Lebensstil. Für den höheren Preis wird den Kunden also nicht nur eine etwas höhere Qualität geboten, sondern auch Status und Prestige. Die sogenannte „soziale Qualität" des Angebots wird in der Positionierung herausgestellt.
- **Mehr für das Gleiche**: *„Perhaps the first time in history that trading a $ 72,000 car for a $ 36,000 car could be considered trading up"*. So führte ***Toyota*** die neue Marke ***Lexus*** ein. Die höhere Qualität wurde deutlich herausgestellt. Beispielsweise in Videos, die den Lexus Seite an Seite mit einem Mercedes zeigten und dabei die Überlegenheit des Lexus demonstrierten. Damit konnte man in den USA große Erfolge feiern. Die Wiederkaufsrate liegt beim Lexus bei ca. 60% – und ist damit deutlich höher als der Durchschnitt aller übrigen Marken in den USA.
- **Das Gleiche für Weniger:** Wer ist nicht glücklich, wenn er ein qualitativ gleichwertiges Produkt zum günstigeren Preis bekommt? Hier setzt die *„same for less"*-Positionierung an. Viele PC-Anbieter nutzen diese Möglichkeit und bieten ihre Modelle um 20 bis 30% günstiger an als ***IBM***, ***Compaq*** oder ***Apple***.

[3] Vgl. Kotler, P.: Kotler on Marketing, London/Sydney 1999, S. 59ff.

- **Weniger für viel Weniger:** Leider kann man meistens nicht in ein Hotel gehen und sagen „Nehmen Sie doch den Fernseher und die Minibar aus meinem Zimmer und geben Sie mir das Zimmer dafür billiger". Sie bezahlen das TV-Gerät und die Minibar (indirekt) mit, obwohl Sie sie vielleicht gar nicht brauchen. An solchen (Frill-)Attributen (vgl. Kapitel IX) setzen Unternehmen wie ***Aldi*** oder ***Southwest Airlines*** an, indem sie auf solche Merkmale verzichten und dafür einen deutlich niedrigeren Preis für ihr Angebot verlangen.

- **Mehr für Weniger:** Dies ist natürlich eine besonders Erfolg versprechende Positionierung. **Toys'R'Us** z.B. bietet das größte Angebot an Spielzeug zu einem äußerst günstigen Preis.

Verwendungs-/anwendungsorientierte Positionierung:

Der Konsument soll das Produkt mit einer bestimmten Situation verbinden, z.B.: „Darauf einen Dujardin" oder „... der Tag geht, Jonny Walker kommt". Der Slogan *„The Brand More Dentists Use"* unterstreicht die Tradition der Marke Oral-B als altbewährten und qualitätsbewussten Mundpflegespezialisten.

Das Beispiel Xerox – Die „X-Pansion" einer Marke

www.xerox.com

THE DOCUMENT COMPANY XEROX

Die Firma ***Xerox*** steht für mehr als nur Kopiergeräte. Um die neue Positionierung des Unternehmens zu erweitern, entwickelte man ein Identitätssystem, symbolisiert zum einen durch ein dickes, partiell digitalisiertes, rotes X, um die Sichtbarkeit von Xerox in allen Anzeigen, Verpackungen und Werbematerialien zu erhöhen. Zum anderen sollte der Slogan „The Document Company" die erweiterte Rolle von Xerox bei der Erstellung, Nutzung und Übermittlung von Geschäftsdokumenten und -daten zum Ausdruck bringen

Verwender(gruppen)orientierte Positionierung:

Zur Positionierung wird hier das Produktimage an das Image bzw. an die Bedürfnisse bestimmter Verwender (z.B. „***Apple*** Computer sind ideal für Grafikdesigner") oder Testimonials gebunden. Steffi Graf steht beispielsweise mit hoher Glaubwürdigkeit als Symbol für die 24-Stunden-Wirkung der ***Rexona*** Deodorants.

Kategorie-Positionierung:

Manchen Unternehmen und Marken gelingt es, für eine ganze Kategorie zu stehen. Wir verlangen nicht nach einem Papiertaschentuch, sondern nach einem „Tempo". Wir kleben mit „Tesa" und auch „Post-It" steht für eine ganze Kategorie, nämlich für Haftnotizen. Solche Anbieter sind also sogar bei den Kunden im Kopf, die andere Produkte oder Marken nutzen. Gelingen wird eine solche Positionierung in der Regel nur dann, wenn man der erste Anbieter – quasi der Innovator – ist und es dadurch gelingt, die Kategorie im Kopf der Kunden zu besetzen.

Kommunikative Positionierung:

Welches Produkt oder welche Leistung verfügt denn überhaupt noch über einen entscheidenden Vorteil gegenüber der Konkurrenz, was seinen Grundnutzen betrifft? Im „Kopf" der potenziellen Kunden geschieht vieles nicht auf Basis rein rationaler Erwägungen; vielmehr entstehen Präferenzen häufig durch irrationale und emotional gefärbte Entscheidungen. Deshalb sind für die Positionierung häufig nicht nur objektive Unterscheidungskriterien von Bedeutung; es sind häufig auch emotionale Komponenten, die im Rahmen aller Kommunikationsmaßnahmen herausgestellt werden, um so eindeutige, erkennbare Positionierungen aufzubauen.
Gerade **Marken** übernehmen für viele Konsumenten eine präferenzprägende Funktion. Dies kann beispielsweise ein Vergleich der Ergebnisse von Blindtests mit den Ergebnissen offener Tests bei bekannten Marken aufzeigen. Meistens schneidet das Produkt einer bekannten und beliebten Marke in Tests *mit* Darbietung des Markennamens wesentlich besser ab als bei entsprechender Blinddarbietung. Als Grund wird in der Marketing-Welt der **Haloeffekt** genannt. Das gute Image einer Marke bewirkt, dass einzelne Leistungseigenschaften – wie beispielsweise der Geschmack der Cola (vgl. Abbildung 10-3) – besser eingeschätzt werden.

Die Ergebnisse sind ein Beleg dafür, dass sich Investitionen in den Aufbau einer starken Marke auszahlen, dass sich eine emotionale Aufladung und damit Positionierung von Marken – getreu dem Motto *„you can't beet the feeling"* – also wirklich lohnt (vgl. zum Beispiel Coca-Cola auch Kapitel I – Punkt 2).

Abbildung 10-3

Das Paradebeispiel für eine kommunikativ aufgeladene Positionierung, die die Emotionen der Konsumenten ansprechen soll, ist das Unternehmen ***McDonald's***:

Kommunikative Positionierungen von McDonald's seit 1971:

www. mcdonalds.de

McDonald's kam 1971 als Inbegriff amerikanischer Lebensart und mit einem damals neuartigen, völlig einzigartigen Produktangebot nach Deutschland. Die Einzigartigkeit wurde in den Slogans des Unternehmens – „Die neue Art preiswert zu essen" oder „Das etwas andere Restaurant" (vgl. Abbildung 10-4) – auch deutlich herausgestellt. McDonald's hat sich durch stetiges Wachstum und innovatives und vorausschauendes Handeln zum größten Unternehmen der Systemgastronomie in Deutschland entwickelt. McDonald's ist ein Teil unseres täglichen Lebens geworden.

Als Synonym für schnelle Mahlzeiten zu vertretbaren Preisen in angenehmer Umgebung umschreibt man seine Zielgruppe gerne mit der Formel „alle jungen Leute egal welchen Alters". Dies soll implizieren, dass ein Besuch bei McDonald's eher eine Frage der jugendlichen Einstellung denn des tatsächlichen Alters ist.

---

[4] Binder, C. / Esch, F.-R. / Wicke, A.: Herausforderungen & Aufgaben des Markenmanagements, in: Moderne Markenführung, hrsg. v. F.-R. Esch, Stuttgart 1999, S. 7.

McDonald's hat sich in seinen verschiedenen Entwicklungsstufen jeweils unterschiedlich gegenüber seinen Wettbewerbern positioniert. Diese Positionierungen waren immer von der jeweiligen Stellung im Markt abhängig. Insgesamt wurden vier kommunikative Positionierungen verwendet, die mit kurzzeitigen temporären Ergänzungen über emotionale Bilder und eine prägnante Musik, die jeder mitpfeifen konnte, aufgeladen wurden. Folgende Varianten waren im Einsatz:

Positionierung von McDonald's seit 1971

Jahr	Kommunikative Positionierung	Temporäre Ergänzung
1971–77	„Die neue Art preiswert zu essen"	■ 1971-77: „Leg mal eine Pause ein…"
1978–81	„Essen mit Spaß"	–
1982–98	„Das etwas andere Restaurant"	■ 1982–84: „Gut, dass es McDonald's gibt" ■ 1985–86: „Ich hab' heute Lust auf McDonald's" ■ 1987–90: „Wo Du gern bist, weil man gut isst" ■ 1991–98: „McDonald's ist einfach gut"
Seit 1999	„McDonald's – every time a good time"	

offensivesmarketing.de

Abbildung 10-4

Ein weiteres Paradebeispiel für eine emotionale, kommunikative Positionierung war die Werbekampagne von ***Opel*** mit Louis Armstrongs Song „*What a wonderful world*". Obwohl das Unternehmen als einer der letzten Anbieter serienmäßig Katalysatoren eingeführt hat, konnte sich das Unternehmen in der Wahrnehmung der Kunden innerhalb kürzester Zeit als „sehr umweltorientiert" positionieren.

www.opel.de

Konkurrenzorientierte Positionierung:

Falls ein Verfolger im Vergleich zum Marktführer in wichtigen kaufentscheidenden Kriterien besser ist, kann es auch sinnvoll sein, sich an die erfolgreiche Positionierung des Marktführers anzuhängen, um so von dessen bestehender Positionierung zu profitieren. ***Avis*** hat mit seiner Positionierung *„we try harder"* versucht, diesen Vorteil gegenüber ***Hertz*** herauszustellen.

www.avis.com

2 Elemente der Positionierungsentscheidung

Die Positionen von Unternehmen, von Marken und von Produkten im Wahrnehmungsraum der Kunden versucht man im Marketing grafisch darzustellen. Für eine solche Visualisierung sind mehr-, in der Regel aber zweidimensionale Darstellungen so genannter „Positionierungsräume" üblich (vgl. beispielsweise Abbildung 10-5).

Grafische Darstellung der Positionierung

Aus der grafischen Darstellung lassen sich Informationen für die Entwicklung von Produktvariationen oder -innovationen gewinnen. Konkurrenzbeziehungen können – über die Positionierung von auf dem Markt existierenden Leistungen und (aus den Kundenpräferenzen abgeleiteten) Idealleistungen – aufgedeckt und Marktnischen identifiziert werden.

Oft stellt man bei dieser Gelegenheit auch fest, dass es nötig ist, sich mit den eigenen Leistungen noch stärker von der Konkurrenz abzugrenzen und damit im Positionierungsraum zu „wandern", um letztlich eine neue Position einzunehmen. Wie sieht ein solcher Positionierungsprozess nun konkret aus? Man geht am besten in mehreren Schritten vor:

- Eine erste, und ganz zentrale Aufgabe ist es, den Positionierungsraum aufzuspannen, d.h. technisch gesprochen, die Achsen des Modells festzulegen. Damit gehen wir der Frage nach der „Begrenzung unseres Spielfelds" nach. Die Achsenbezeichnungen des Positionierungsraumes zeigen diejenigen Leistungseigenschaften an, die für die Kaufentscheidung besonderes bedeutsam sind.
- Nachdem die Achsen des Positionierungsraumes aufgespannt sind, werden alle, den Konsumenten bekannten, realen Leistungen anhand ihrer wahrgenommenen Ausprägungen in den relevanten Eigenschaften im Positionierungsraum eingeordnet (Realleistungswahrnehmung). Über diese Leistungspositionen kann die Differenzierungsfähigkeit der eigenen Leistungen im Vergleich zu denen der Hauptwettbewerber ermittelt werden. Und natürlich kann man auch Anregungen für Produktmodifikationen ableiten.

- Jeder Kunde wird nach seinen individuellen Erwartungen an ein Idealprodukt ebenfalls in den Positionierungsraum eingeordnet (Kundenpositionen). Personen mit ähnlichen Erwartungen können zu Marktsegmenten zusammengefasst werden. In unserem Beispiel (Abbildung 10-5) verdeutlichen die Kreuze die zusammengefassten Idealerwartungen (-anforderungen) der Marktsegmente (Idealleistungswahrnehmung).
- Die räumliche Distanz zwischen den Leistungs- und Kundenpositionen bestimmt nun die Kaufwahrscheinlichkeit. Dazu können verschiedene Distanzmaße eingesetzt werden.

Abbildung 10-5 ist ein einfaches Beispiel für ein solches Positionierungsmodell:

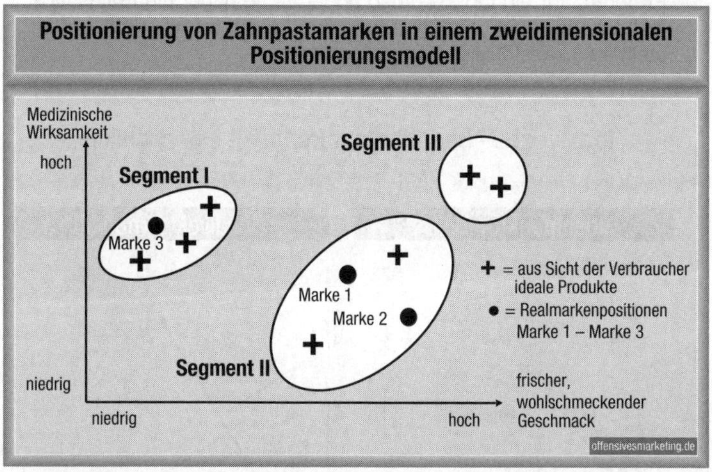

Abbildung 10-5

Was können wir aus der Abbildung erkennen? Grundsätzlich gibt die Größe der Segmente I-III einen Anhaltspunkt über die Anzahl der Nachfrager im jeweiligen Teilsegment des relevanten Gesamtmarktes. Wir können also drei Teilsegmente identifizieren, die bezüglich der relevanten Eigenschaftsdimensionen relativ homogen sind. Man spricht deshalb auch von sogenannten „Clustern". Anhand der Abstände zwischen den Segmenten lassen sich die unterschiedlichen Gewichtungen der relevanten Eigenschaften aus Kundensicht und gleichzeitig auch die Positionierungsunterschiede der real existierenden Marken 1 bis 3 erkennen.

Besonders interessant ist das Segment III, das aus potenziellen Nachfragern besteht, für die sowohl die medizinische Wirksamkeit als auch der Geschmack von hoher Relevanz sind. Dieses Segment ist noch unbesetzt. Es gibt noch keine Marke, die mit den Idealanforderungen dieser Nachfrager übereinstimmt. Diese Nachfrager werden ihren Bedarf zwangsläufig durch den Kauf anderer Marken abdecken müssen. Wahrscheinlich werden sie sich für Marke 1 entscheiden, da dieses Produkt den Nutzenanforderungen dieses Marktsegments noch am ehesten gerecht wird. Für einen Anbieter, der eine neue Zahnpasta einführen will, bieten sich hier die besten Möglichkeiten. In diese Nische zu stoßen ist eine Erfolg versprechende Option.

Idealvektor- und Idealpunktmodell

Im obigen Positionierungsmodell haben wir unterstellt, dass die Präferenz für ein Objekt umso höher ist, je näher ein reales Objekt am Idealpunkt liegt. Ein solches **„Idealpunktmodell"** unterstellt also kreisförmige Nutzenindifferenzen.

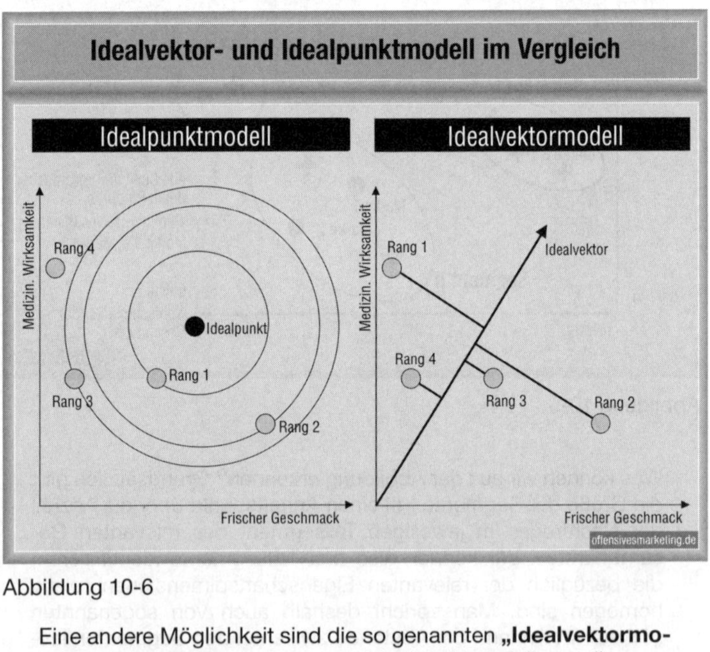

Abbildung 10-6

Eine andere Möglichkeit sind die so genannten **„Idealvektormodelle"**, die, im Unterschied zum Idealpunktmodell, von linearen Nutzenindifferenzkurven ausgehen. Eine solche Modellierung würde beispielsweise auch bedeuten, dass der frische Geschmack voll durch die medizinische Wirksamkeit substituiert werden könnte. Je weiter außerhalb in Richtung des Pfeils ein Objekt liegt, desto höher ist der Präferenzwert. Entscheidend ist also nicht die Nähe eines Objekts zum Vektor, sondern nur die Richtung.

Es stehen also mehrere Positionierungsmodelle zur Verfügung[5]. Sollten Sie einmal ein Positionierungsmodell erarbeiten müssen oder vorgesetzt bekommen, ist es ganz entscheidend zu wissen, welches Modell verwendet wurde. Nur dann lässt sich eine konkrete Position auch wirklich bewerten.

Positionierungsmodellen soll es gelingen, die Positionierung möglichst rasch, prägnant und gleichzeitig umfassend darzustellen. Aufgrund der einfachen Handhabung sind deswegen auch zweidimensionale Raster in der Praxis sehr beliebt. Allerdings verkürzen sie die Realität. Die Bedürfnisvielfalt lässt sich meist einfach nicht zweidimensional einfangen. Zudem sind die einzelnen Dimensionen häufig nicht unabhängig voneinander (z.B. Erlebnisorientierung und Preis) und nicht zuletzt führt der Einsatz ähnlicher Dimensionen bei konkurrierenden Unternehmen auch noch zu austauschbaren Profilierungskonzepten.

Mehrdimensionale Positionierungsmodelle

Ein Ausweg können **mehrdimensionale Positionierungsmodelle**[6] sein, die das Kaufverhalten und den Entscheidungsraum des Konsumenten besser abbilden. Ihnen soll es gelingen, alle wichtigen Bedürfnisse bzw. Dimensionen zu erfassen und abzubilden, um damit genauere Positionen und Nischen von Angeboten zu bestimmen.

Mehrdimensionales Positionierungsraster: Ist-Positionierung in der schweizerischen Gastronomiebranche

In einem Expertengespräch wurden die Positionen der unterschiedlichen Restaurantbetreiber festgelegt. Diesem Raster (vgl. Abbildung 10-7) gelingt es nun, entscheidende Fragen zu beantworten:

- Welche Ansatzpunkte eignen sich zur Generierung von Zusatznutzen?
- Welche Position nehmen die Wettbewerber im psychologischen Merkmalsraum ein? Als Ordnungskriterien dienen das Preisimage und der subjektiv empfundene Kundennutzen.

[5] Vgl. hierzu und zu weiteren Modellen: Woratschek, H.: Positionierung – Analysemethoden, Entscheidungen, Umsetzung, in: Handbuch Dienstleistungs-Marketing, hrsg. v. A. Meyer, Stuttgart 1998, S. 698ff.

[6] Vgl. Rudolph, T.: Profilieren mit Methode, Frankfurt/New York 1997, S. 41ff.

- Welchen Zusatznutzen offerieren die Restaurantkonzepte? Die Klammerhinweise beschreiben die Bedeutung der potenziellen Profilierungsansatzpunkte aus der Sicht des Anwenders. Beispielsweise gewichtet ***McDonald's*** die Faktoren Zeit, Bequemlichkeit und Ort am höchsten, um einen Vorteil aufzubauen.
- Und schließlich kann auch die Frage beantwortet werden, welche Ansatzpunkte der Profilierung möglich sind. Die am rechten Rand aufgeführten Kategorien zeigen mögliche Ansatzpunkte auf. Damit wird auch die Erweiterung des Modells gegenüber rein zweidimensionalen Modellen deutlich.

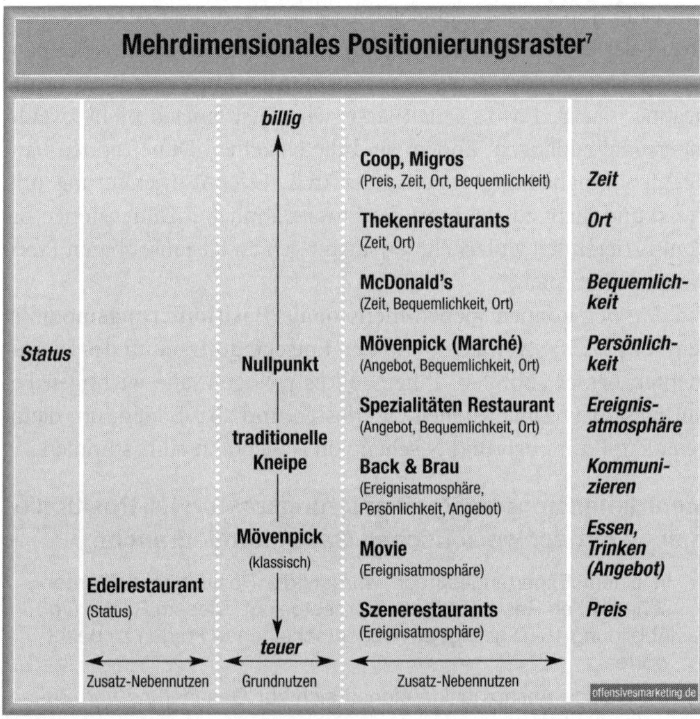

Abbildung 10-7

Die Festlegung der relevanten Eigenschaftsdimensionen sowie der Real- und Idealobjektpositionierung erweist sich in der Praxis als äußerst schwierig. Marktforschungsuntersuchungen sind hierfür zwingend erforderlich.

[7] Rudolph, T.: Profilieren mit Methode, Frankfurt/New York 1997, S. 43.

3 Methoden zur Positionierungsanalyse

Wie geht man bei einer Positionierung konkret vor? Welche Methoden stehen hier zur Verfügung? Welche Dimensionen sind für die (potenziellen) Kunden wirklich relevant? Bei der Beantwortung dieser Fragen und damit der konkreten Umsetzung einer Positionierung kommt man an gewissen Marktforschungsmethoden nicht vorbei.

Bestimmung von Dimensionen und Positionierung von Leistungen

Zur Bestimmung von Dimensionen der Wahrnehmungsräume und zur endgültigen Positionierung von Marken, Leistungen oder Personen sind zwei verschiedene Verfahren besonders interessant: Zum einen Verfahren der Eigenschaftsbeurteilung (Kompositionsverfahren) und zum anderen die Multidimensionale Skalierung MDS (Dekompositionsverfahren).

Verfahren der Eigenschaftsbeurteilung

Bei diesen so genannten Kompositionsverfahren wird dem Befragten eine Liste kaufrelevanter Eigenschaftskriterien vorgegeben, anhand derer die ausgewählten Leistungen oder Marken bewertet werden sollen. Beispielsweise steht der Proband vor der Aufgabe, unterschiedliche Automarken zu beurteilen. Er wird gebeten, die Marken hinsichtlich wichtiger Eigenschaften wie beispielsweise Schnelligkeit, Sportlichkeit, Sicherheit, Bequemlichkeit oder Verbrauch zu beurteilen.

Verdichtung durch Faktorenanalyse

Diese unterschiedlichen Kriterien (auch Items oder Eigenschaften genannt) werden anschließend mit Hilfe eines spezifischen multivariaten Analyseverfahrens, der so genannten Faktorenanalyse, auf zwei oder drei Dimensionen verdichtet.

Das heißt, dass alle Eigenschaften, mit deren Hilfe der Befragte die Marken beurteilt hat, auf einige wenige – am besten zwei oder drei – „Überbegriffe“, die sogenannten Faktoren, zusammengefasst werden. Diese Faktoren stellen nun die Achsen des Beurteilungsraumes dar. Der Beurteilungsraum ist somit, je nach Anzahl der Faktoren, zwei- bzw. dreidimensionaler Art.

Dieses Verfahren ist besonders dann geeignet, wenn die kaufrelevanten Entscheidungskriterien der Konsumenten ex ante relativ zuverlässig bestimmt werden können und den Probanden mehrheitlich ein kognitiv kontrolliertes Entscheidungsverhalten unterstellt werden kann. Der Marketer geht jedoch das Risiko ein, nicht alle für den Verbraucher relevanten Beurteilungskriterien in diesem Kriterienkatalog erfasst zu haben. Hierfür ist eine ausführliche und intensive qualitative Voruntersuchung, beispielsweise mittels Gruppendiskussionen oder Einzelinterviews, notwendig.

Das Hauptziel der Faktorenanalyse ist somit die Ableitung einiger weniger Faktoren aus einer Menge beobachteter Variablen. Die Faktoren sollen möglichst einfach sein und die Beobachtungen hinreichend genau beschreiben und erklären.

Vorgehensweise bei Kompositionsverfahren

Das Ergebnis dieser Analyse sind Lageparameter, also Werte, mit deren Hilfe die beurteilten Marken in den Raum positioniert werden können. Die folgende Abbildung stellt die zugrunde gelegte Vorgehensweise einfach und anschaulich dar:

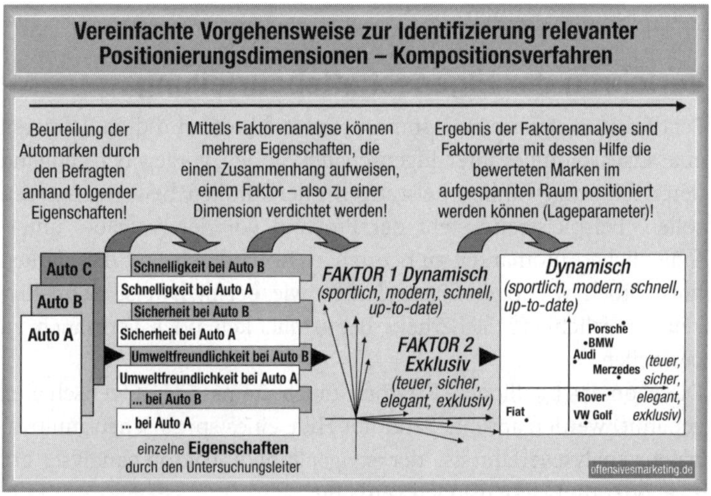

Abbildung 10-8

Multidimensionale Skalierung (MDS)

Eine andere Möglichkeit zur Ermittlung von Wahrnehmungsräumen bietet die Multidimensionale Skalierung. Hierbei werden die zu untersuchenden Objekte von den Befragten auf ihre Ähnlichkeit bzw. Unähnlichkeit hin beurteilt. Diese Ähnlichkeiten resp. Unähnlichkeiten entsprechen den Entfernungen bzw. Distanzen der einzelnen Marken im Kopf des Verbrauchers.

Mittels statistischer Analysetools kann, basierend auf den ermittelten Distanzmaßen, die „Lage" der zu untersuchenden Objekte im Wahrnehmungsraum der Person modellhaft abgeleitet werden. Der Ausdruck „Entfernung" ist also durchaus kartografisch zu verstehen.

Bei diesem Verfahren muss kein Kriterienkatalog zusammengestellt und den Befragten zur Beurteilung vorgelegt werden, so dass die Gefahr der Unvollständigkeit ausgeschlossen werden kann. Die Dimensionen, die sich bei der MDS herauskristallisieren, bestehen nicht aus typischen Eigenschaften, sondern eher aus Regionen, in denen die Punkte bzw. Vektoren – also die beurteilten Objekte – positioniert werden. Hieraus ergibt sich eine zusätzliche Schwachstelle der MDS: Es ist so nicht eindeutig klar, auf welchen Eigenschaften die Punktekonfiguration basiert. Die Interpretation der Dimensionen ist somit nicht einfach, oft muss sie auf rein subjektivem Empfinden beruhen. Um den Unsicherheitsbereich bei der Benennung der Dimensionen zu reduzieren, können als Interpretationshilfe Expertenurteile eingeholt werden.

Vorgehensweise bei Dekompositionsverfahren

Zufrieden stellende Ergebnisse liefert das Verfahren der MDS erst bei Einbeziehung von acht bis zehn Objekten. Bei weniger Objekten liefert das Verfahren der MDS keine zuverlässigen Ergebnisse. Auch hier haben wir versucht, das Konzept der MDS mittels einer Abbildung anschaulich darzustellen:

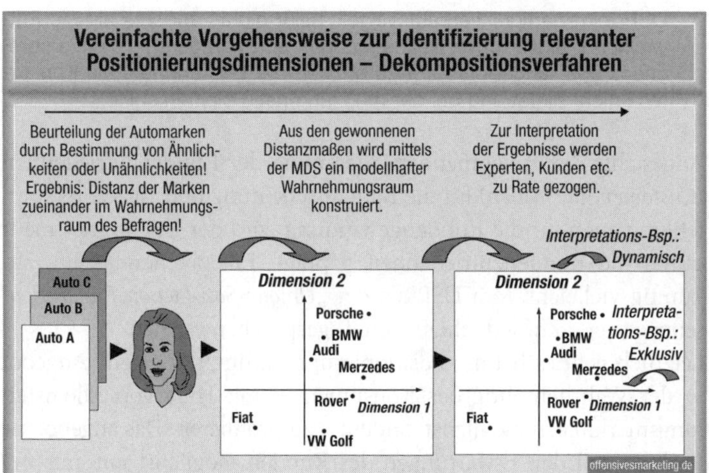

Abbildung 10-9

4 Offensive Positionierungsstrategien

Positionierung betrifft nicht nur die oben beschriebene grafische Darstellung der aktuellen Positionierungen. Viel entscheidender als die Analyse ist die Frage nach den Strategien, die aus einer Positionierungsstudie abgeleitet werden können: Soll ich versuchen meine Position im Wahrnehmungsraum aktiv zu verändern oder entspricht meine aktuelle Positionierung den strategischen Vorgaben des Unternehmens? Zur konkreten Positionierung eines Angebotes steht eine Vielzahl von strategischen Varianten zur Verfügung. Grundsätzlich kann zwischen Abhebungsstrategien, so genannten *me-too*-Strategien und Nischenstrategien unterschieden werden.

1. Abhebungsstrategien zum Aufbau eines USP

Unique Selling Proposition

Abhebungsstrategien werden durch eine eigenständige Positionierung im Konkurrenzfeld erreicht. Ziel dieser Offensiven Variante ist der Aufbau einer so genannten „Unique Selling Proposition", kurz USP genannt.

Unique Selling Proposition – USP

USP (einzigartiger Verkaufsvorteil) heißt nichts anderes als die Entwicklung eines unverwechselbaren, einzigartigen Nutzenversprechens und -angebots für jede Marke oder Leistung, die die Konkurrenz nicht bietet und bei der man langfristig bleiben sollte.

Unique Satisfaction Proposition

Angesichts der zunehmenden Bedeutung der Kundenzufriedenheit *(Customer Satisfaction)* für die Kaufentscheidung und via Weiterempfehlung auch für die Kundengewinnung wird der USP immer mehr durch die Kundenzufriedenheit geprägt. Entsprechend sollte zukünftig vielleicht vom USP als der *„Unique Satisfaction Proposition"* (einzigartiger Zufriedenheitsvorteil) gesprochen werden.

Letztlich geht es bei der Positionierung darum, das eigene Angebot in der Wahrnehmung des Konsumenten mit Hilfe von Alleinstellungsmerkmalen möglichst eindeutig zu profilieren. Das angebotene Produkt soll den Erwartungen des Kunden möglichst gut entsprechen und in seiner Wahrnehmung eine unverwechselbare Alleinstellung erhalten, die von der Konkurrenz nicht ohne weiteres nachgeahmt werden kann. Der Prozess der Positionierung kann also auch als Suche nach einer Erfolgsposition im Markt verstanden werden. Nehmen wir einmal ein Misserfolgsbeispiel, und zwar den Telekommunikationsdienst ***Iridium***.

Das Beispiel Iridium

www.iridium.com

Als der erste, wahrhaft globale drahtlose Telekommunikationsdienst wollte sich 1998 ***Iridium*** positionieren. Iridium wollte ein weltweites Publikum bedienen und hat sich der Entwicklung und Implementierung mobiler Telekommunikation verschrieben. Durch die Konstellation von 66 Satelliten ermöglichte Iridium seinen Kunden den Zugang zu seinem System, wo und wann immer nötig.

Der Slogan *„Freedom to Communicate, Anytime, Anywhere"* sollte zusätzlich deutlich die Vorzüge von Iridium aufzeigen und positioniert das Unternehmen „himmelhoch über seinen Mitbewerbern". Aus heutiger Sicht betrachtet, steht Iridium als Beispiel für eine gigantische Investitionsruine in Milliardenhöhe. Wo war das Problem? Hat die Positionierung versagt? Wir denken ja:

Wahrscheinlich hat man das Kundenpotenzial der identifizierten Nische deutlich überschätzt; oder aber das beworbene zentrale Alleinstellungsmerkmal „Kommunikationsmöglichkeit von jedem Ort der Welt zu jeder Zeit" war zu dieser Zeit für den hart umkämpften Telekommunikationsmarkt nicht „scharf" und „eindeutig" genug.

2. Imitationsstrategien (*me-too*-Strategien)

me-too-Strategie

Häufig setzen Unternehmen auch auf Imitationsstrategien, die auch als *me-too*-Strategien bezeichnet werden. D.h. sie hängen sich an eine bereits erfolgreiche Positionierung der Konkurrenz an. Ein Beispiel hierfür stellte am Anfang ihres Produktlebenszyklus die Zigarettenmarke ***West*** als *me-too* zum Marktführer ***Marlboro*** dar. Erst als die Marke West im weiteren Verlauf umpositioniert wurde, stellte sich der Erfolg ein. Ihre jetzige Positionierung lässt sich mit Begriffen wie „Weltoffenheit", „Toleranz" umschreiben und ist deutlich preiswerter als Marlboro. Aus Sicht des Offensiven Marketing ist eine solche Positionierung nur sinnvoll, wenn die Absicht und Chance auf Übernahme der Führungsposition zumindest mittelfristig besteht.

3. Nischenstrategien

Nischenstrategie

Als Marktnische wird ein Teilmarkt bezeichnet, der durch das vorhandene Produktangebot nur unzureichend bedient wird und der potenzielle Nachfrage(r) für ein Produkt enthält. Eine solche Marktnische entsteht,

- wenn es auf dem Markt Nachfrager gibt, die ein Bedürfnis nach einem bestimmten Produkt haben, das vorhandene Angebot aber als nicht befriedigend ansehen und deshalb nicht kaufen (manifeste Nische) oder
- wenn die Konsumenten die angebotenen Marken zwar kaufen, aber zu einem Markenwechsel sofort bereit wären, gäbe es nur eine neue Marke, die ihrer Vorstellung von einem Idealprodukt näher käme, als die bisherigen Marken (latente Nische).

Hier gilt es nun zu prüfen, ob mit den vorhandenen Kompetenzen des Unternehmens diese Nische besetzt werden kann.

www.kraftfoods.de

Beispielsweise hat es ***Kraft Foods*** geschafft, mit der Marke Milka-Diät in das Nischensegment der Diätprodukte einzudringen, da sie einen deutlichen Geschmacksvorteil gegenüber den Konkurrenzprodukten aufzuweisen hatte. Auch im Printmedienbereich werden verstärkt Zeitschriften entwickelt, die spezifische Nischen („Special-Interest-Leser") ansprechen.

Kommen wir noch einmal auf das weiter oben beschriebene Positionierungsmodell für Zahnpasta in Abbildung 10-5 zurück. Was lässt sich zu den Positionierungsstrategien der Anbieter der Marken 1, 2 und 3 sagen?

Nachfrager im Segment III, für die sowohl die medizinische Wirksamkeit als auch der Geschmack von hoher Relevanz sind, decken ihren Bedarf mangels besserer Alternativen gegenwärtig noch mit einer Marke ab, die ihren Idealanforderungen nicht wirklich gerecht wird (wahrscheinlich Marke 1). Das Segment III bietet also eine Marktnische für eine Zahncreme, die die gewünschten Eigenschaften aufweist. Vor einem Markteintritt in diese Nische wäre allerdings noch zu prüfen, ob diese Nische auch ein genügend großes Potenzial für eine eigenständige Positionierung aufweist.

Das Segment I besteht aus Nachfragern, die besonderen Wert auf medizinische Wirksamkeit und eher weniger Wert auf frischen Geschmack ihrer Zahncreme legen. In diesem Segment befindet sich bisher lediglich eine Marke (Marke 3). Diese Marke 3 hat eine Alleinstellung (USP) in ihrem Segment.

Die Marken 1 und 2 im Segment II hingegen haben, bezogen auf die betrachteten Merkmale, eine *me-too*-Position inne.

Erst gezielte Kommunikation macht aktuelle und potenzielle Kunden auf die Positionierung eines Unternehmens oder einer Marke aufmerksam. Die kommunikativen Marketing-Maßnamen haben daher eine hohe Bedeutung bei der Umsetzung des Positionierungsvorhabens. Abschließend noch ein Positionierungsbeispiel aus der Fernsehprogrammplanung:

Positionierung der TV-Lieblingsprogramme und Talksendungsprofile in Deutschland[8]

Der deutsche Fernsehangebotsmarkt ist der umkämpfteste in ganz Europa. Auch der Talkshowmarkt ist bereits sehr dicht besetzt und trotzdem ständig in Bewegung. Die Abbildung 10-11 zeigt die Positionierung der TV-Lieblingsprogramme und verschiedener Talksendungen der jeweiligen Senderfamilien in einem zweidimensionalen Wahrnehmungsraum. Die X-Achse lässt sich als Erlebnisorientierung interpretieren, während die Y-Achse eine Dimension widerspiegelt, die man Kulturorientierung nennen könnte.

Gleichzeitig ist in diesem Beurteilungsraum die deutsche Zuschauerschaft in Form von neun Mediennutzertypen integriert. Die folgende Abbildung zeigt eine Beschreibung dieser verschiedenen Mediennutzertypen anhand ihrer Genrepräferenzen.

[8] Vgl. zum gesamten Beispiel Buß, M. / Neuwöhner, U.: Die MedienNutzerTypologie in der Fernsehprogrammplanung, in: Media Perspektiven, 10/1999, S. 545ff.

Genrepräferenzen (Faktoren) nach Mediennutzertypologie

TV-Genres	Action	Talk	Kultur	Region
Junge Wilde	++	+	–	–
Erlebnisorientierte	++	0	–	–
Leistungsorientierte	+	–	–	–
Neue Kulturorientierte	0	–	++	–
Unauffällige	+	0	– –	0
Aufgeschlossene	0	0	–	+
Häusliche	– –	+	0	+
Klassisch Kulturorientierte	– –	–	++	+
Zurückgezogene	– –	+	+	+

++) Faktorladung > 0.5; +) Faktorladung > 0; –) Faktorladung < 0; – –) Faktorladung < 0.5

Abbildung 10-10

Diese einprägsame Typologie erleichtert den Redaktionen wie auch den Programmverantwortlichen ein gezielteres Bespielen der Sendeplätze.

Im Folgenden wird näher auf die Zusammenhänge zwischen den verschiedenen Mediennutzertypen, den Sender- und Talkshowpositionierungen eingegangen. Die Entfernung zwischen den Lieblingsprogrammen gibt die Ähnlichkeiten von Lieblingsprogrammen wieder und die Distanzen zwischen Mediennutzungstypen beschreiben die Ähnlichkeiten der Typen. Allerdings sind die Distanzen zwischen Mediennutzungstypen und Lieblingsprogrammen nicht direkt, sondern nur über die Beziehungen zu den Achsen interpretierbar. Je größer die Entfernung der Objekte vom Nullpunkt bzw. Ursprung ist, desto schärfer ist sein Profil bezogen auf die entsprechende Achse. Folglich können Objekte, die nahe am Nullpunkt liegen, durch die sie beschreibenden Dimensionen weniger gut erklärt werden. Z.B. sind Zuschauer, die ProSieben als Lieblingsprogramm nennen, im Vergleich zu RTL-Fans moderner, mobiler, freizeitaktiver und erlebnisorientierter.

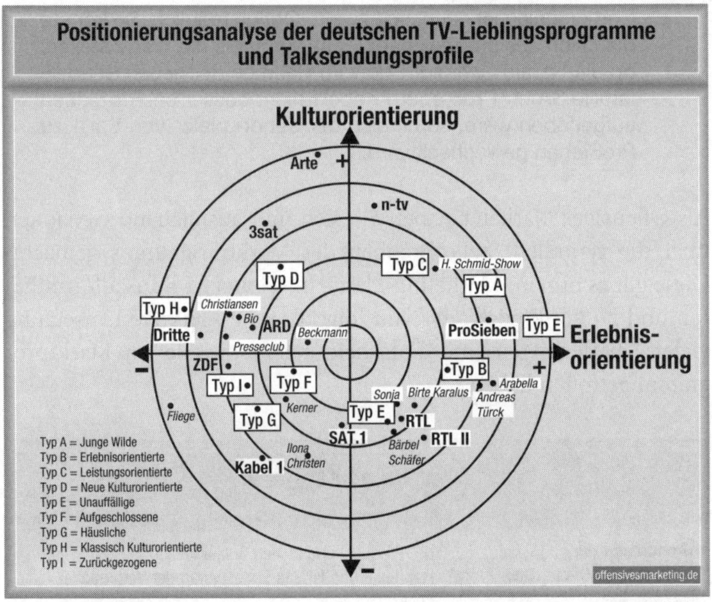

Abbildung 10-11

Aus dieser Darstellung ergeben sich einige sehr interessante Sichtweisen in Bezug auf die Abstimmung zwischen dem Talkangebot eines Senders und dem Senderprofil an sich, die für die Programmplanung und das Marketing sehr wichtig sind:

- Man sieht auf den ersten Blick, dass ARD-Talkangebote mit dem Senderprofil des Ersten sehr gut übereinstimmen und am ehesten die Mediennutzertypen „neue Kulturorientierte", „klassisch Kulturorientierte", „Zurückgezogene" und „Aufgeschlossene" ansprechen. Lediglich ein „Ausrutscher" ist im Talkangebot dabei: „Fliege" erreicht eine etwas andere Nutzerklientel, die mehr von Häuslichen und Zurückgezogenen dominiert ist.
- Bei RTL ist das Sendungsprofil von „Ilona Christen" und „Hans Meiser" nicht unbedingt deckungsgleich mit dem RTL-Programmimage.
- Sehr auffällig ist, dass das Nutzerprofil der „Harald Schmidt-Show" sehr stark vom SAT.1-Senderimage abweicht und somit möglicherweise dazu beiträgt, andere Zuschauergruppen an den Sender heranzuführen. Vielleicht gelingt es ja, durch die „Harald Schmidt-Show" das Gewicht von SAT.1 bei den „Leistungsorientierten" – einer besonders attraktiven Zielgruppe – zu vergrößern.

- Und natürlich ist auch eine zweite Option möglich. So könnte man sich aus strategischer Sicht durchaus die Frage stellen, ob die Harald Schmidt Show im Rahmen der neuen Senderfamilie SAT.1 / ProSieben / Kabel1 nicht besser bei ProSieben aufgehoben wäre, somit also der Sende„platz" von Sat.1 zu ProSieben gewechselt wird.

Als Offensiver Marketer haben Sie sich nun ausreichend Gedanken über die zentralen Stellschrauben des Marktprogramms gemacht. Diese gilt es nun im Marketing-Plan – in Kapitel XI – auszuformulieren und zu konkretisieren. Nun folgt also die konkrete Umsetzung vieler Überlegungen und Entscheidungen, die Sie im Marktprogramm getroffen haben.

Flow-Chart Kapitel X	
Grundlagen der Leistungspositionierung	■ Hat Produkt- und keinen Subjektbezug ■ Positionierung ist das Erste, woran der Verbraucher denkt ■ Verschiedene Positionierungsarten berücksichtigen
Zentrale Elemente der Positionierung	■ Relevante Eigenschaften identifizieren ■ Eigene Leistung im Vergleich zum Idealprodukt und zu den Wettbewerbsprodukten positionieren
Methoden zur Positionierungsanalyse	■ Verfahren der Eigenschaftsbeurteilung ■ Multidimensionale Skalierung (MDS)
Offensive Positionierungsstrategien	■ Abhebungs(USP)-, *mee-too-* oder Nischenstrategie wählen

Lese-Tipp:

- Backhaus, K. u.a.: Multivariate Analysemethoden, Eine anwendungsorientierte Einführung, 8. Aufl., Berlin, Heidelberg 1996.
- Rudolph, T.: Profilieren mit Methode. Von der Positionierung zum Markterfolg, Frankfurt 1997.
- Schnell, R. u.a.: Methoden der empirischen Sozialforschung, 4. Aufl., München, Wien 1993.
- Trout, J. / Rifkin, S.: Differentiate or die. Survival in our era of killer competition, New York 2000.
- Trout, J. / Rifkin, S.: New Positioning, München 1996.

XI. Strategien in einem Offensiven Marketing-Plan konkretisieren

Kapitelüberblick

Dieses Kapitel ist das letzte, das sich mit dem „S"– Strategisch – von POISE auseinandersetzt :

POISE		
P	Profitabel	Ausgewogenes Verhältnis zwischen den Gewinnzielen des Unternehmens einerseits und den Kundenbedürfnissen andererseits herstellen
O	Offensiv	Marktführerschaft anstreben, Risikobereitschaft zeigen und Konkurrenten in die Nachahmerposition zwingen
I	Integrativ	Marketing-Ansatz verfolgen, der das gesamte Unternehmen einbezieht
S	Strategisch	Entwicklung Offensiver Strategien und entsprechender Marketing-Pläne
E	Effektiv umgesetzt	Die Umsetzung Offensiver Strategien effektiv managen

offensivesmarketing.de

Abbildung 11-1

Was helfen die besten strategischen Entscheidungen, wenn sie nicht effektiv umgesetzt werden? Und andererseits ist die beste Umsetzung wenig hilfreich, wenn es das Falsche war, das perfekt umgesetzt wurde, d.h. wenn die Umsetzung nicht strategisch orientiert war.

Die erste Stufe dieser Kanalisierungs- und Integrationsaufgabe erfolgt durch die eng miteinander verzahnten Zielgruppen-, Objektprogramm- sowie Positionierungsentscheidungen. Deren Abstimmung und Detaillierung erfolgt im Rahmen der Erstellung eines Marketing-Plans und wird in diesem Kapitel erläutert. Hierzu wer-

den Inhalte aus den vorangegangenen Kapiteln nochmals aufgegriffen, vertieft und nötigenfalls zusammengefasst. Sie finden hier auch Querverweise auf andere Kapitel, die die Marketing-Planung in einen größeren Zusammenhang stellen.
Marketing-Pläne sollten für jede größere Marketing-Aktivität erstellt werden. Dies gilt insbesondere bei Neuprodukteinführungen, Börsengängen oder Unternehmensgründungen, der Fortschreibung bestehender Marketing-Pläne auf Produkt- oder Produktkategorieebene, für unterschiedliche Marktsegmente oder Geschäftsfelder, für geografische Einheiten (Länder, Regionen) ebenso wie für Großkunden (globale oder nationale Key-Accounts) oder interne Marketing-Aktivitäten bei Fusionen oder Übernahmen.
Entsprechend gibt es nicht „den" Marketing-Plan, aber alle Marketing-Pläne sollten aufeinander abgestimmt sein. Exemplarisch wird die Marketing-Planung im Folgenden an zwei umfangreichen Marketing-Plänen veranschaulicht: der Marke ***Milka Schoko&Keks*** von ***Kraft Foods*** und am Beispiel ***Dr. Best*** von ***SmithKline Beecham***.

1 Der Offensive Marketing-Plan

Steuerungs- und Koordinationsfunktion des Marketing-Plans

Ohne eine gewissenhafte Planung im Unternehmen kann bei der Vielzahl der im Unternehmen zu treffenden Entscheidungen schnell Chaos entstehen.

Planung

„Planung" kann als systematische Entscheidungsvorbereitung verstanden werden, die das Setzen von Zielen und den „gedanklichen" Weg ihrer Realisierung beinhaltet.

Wenn die Marketing-Abteilung unsystematisch arbeitet, führt dies im täglichen Geschäft zu einer in der Regel nicht zielführenden Anhäufung von Improvisationen und Ad-hoc-Entscheidungen. Ein systematischer Marketing-Plan dagegen übernimmt eine Steuerungs- und Koordinationsfunktion für die einzelnen zu treffenden Entscheidungen. Daneben erhöht er auch noch die Effizienz der Umsetzung und reduziert das Entscheidungsrisiko für das Management.
Die Basis und das „Gerüst" für den Offensiven Marketing-Plan haben die Kapitel VII (Ausarbeitung Offensiver Strategien) und vor allem

die Kapitel VIII bis X (Definition des Offensive Marktprogramms) bereits gestellt. Der Offensive Marketing-Plan entspricht nun der Detailplanung dieser Entscheidungsbereiche und legt selbst wiederum – im Sinne einer integrativen Vorgehensweise – wichtige Vorgaben für die nachgelagerte Gestaltung der Kommunikation und der Absatzkanäle fest[1] bzw. definiert weitere Aufgaben für die Marktforschung.

Häufige Fehler

Ein Fehler, der bei der Marketing-Planung gerne gemacht wird, ist z.B. die fehlende Integration der Pläne anderer Abteilungen. Ein Marketing-Plan für ***Pampers*** (Babywindeln) in Deutschland müsste beispielsweise in den Europaplan für Papierprodukte und den Länder-Business-Plan für Deutschland integriert und mit den Plänen von Vertrieb, Beschaffung, Produktion, Finanzen und Personal abgestimmt werden. Ein weiterer Fehler ist auch die zu starke Fokussierung auf quantitative Analysen, die zu einer erdrückenden Zahlenflut führt. Abbildung 11-2 zeigt einige Merkmale gelungener und schlechter Marketing-Pläne:

Gelungene und schlechte Pläne

Gelungene Marketing-Pläne	Schlechte Marketing-Pläne
Kurz und präzise	Uninteressant
Setzen klare, quantifizierbare Marketing-Ziele und definieren damit auch Controllinggrößen	Endlose, wenig zielorientierte und nicht controllingfähige Analysen
Größter Teil des Arbeitsaufwands für Identifizierung von Chancen, Entwicklung von Strategien, Maßnahmen	90% der Arbeitszeit müssen für Business-Reviews und allgemeine Diskussionen aufgewendet werden
Fokus auf Wettbewerbsvorteil	Fokus auf Ausfüllen komplexer Formate
Abteilungsübergreifende Mitarbeit	Planung im „Elfenbeinturm" der Marketing-Abteilung
Pläne werden umgehend umgesetzt	Pläne liegen in der „Schublade"
Strategisch und durchführbar	In hohem Maße taktisch und kurzfristig
Werden regelmäßig aktualisiert	Werden bis zum nächsten Plan ignoriert
Kontinuierliche Überwachung	Keine Überwachung
Motivierend	Frustrierend

offensivesmarketing.de

Abbildung 11-2

[1] Kommunikation und Gestaltung der Absatzwege werden im Abschnitt 5 „Effektiv umgesetzt" ausführlich erläutert.

Aufgaben der Marketing-Planung

Bei der Marketing-Planung geht es darum, ein optimales Verhältnis von gründlicher Analyse und kreativer Ideengenerierung zu erreichen. Sowohl „Zahlenfriedhöfe" wie auch ausschließlich kreative Pläne ohne stichhaltige Informationsgrundlage sind zu vermeiden. Gute Marketing-Pläne dienen vor allem den folgenden Aufgaben:

- Aus der Vergangenheit lernen
- Die Zukunft richtig einschätzen
- Relevante Chancen erkennen und Prioritäten dafür setzen
- Erfolgreiche Strategien entwickeln
- Ressourcen optimal einsetzen
- Erfolgreiche Umsetzung planen

Ein Offensiver Marketing-Plan umfasst im Wesentlichen die folgenden sieben Schritte, die wir nachfolgend noch ausführlich erläutern werden:

Die sieben Schritte der Marketing-Planung	
1. Schritt:	Geschäftsanalyse
2. Schritt:	Prognose
3. Schritt:	Identifikation von Chancen
4. Schritt:	Festlegung von Zielen
5. Schritt:	Ableitung von Strategien
6. Schritt:	Entwicklung von Plänen
7. Schritt:	Kontrolle der Ergebnisse

offensivesmarketing.de

Abbildung 11-3

1.1 In welchem Kontext sind Offensive Marketing-Pläne zu sehen?

Bestandteile eines Business-Plans

Offensive Marketing-Pläne sollten grundsätzlich immer vor dem Hintergrund eines zuvor ausgearbeiteten Business-Plans reflektiert werden. Ein Business-Plan setzt sich hierbei aus der Analyse und Darstellung der folgenden Kategorien zusammen:

Grobgliederung eines Business-Plans
1. Produkte und Dienstleistungen
2. Branche und Markt
3. Management und Organisation
4. Geschäftssystem
5. Marketing und Vertrieb
6. Realisierungsfahrplan
7. Finanzierung

Abbildung 11-4

Beispiel

Zur besseren Veranschaulichung wird dieses Strukturierungsraster im Folgenden am Business-Plan der fiktiven Firma ***Study & Save.com*** vorgestellt. Hierbei werden insbesondere die Anknüpfungspunkte für den sich daraus ableitenden Marketing-Plan hervorgehoben.

Das Beispiel Study & Save.com

1. Produkte und Dienstleistungen

Das Dienstleistungsangebot von ***Study & Save.com*** (S&S) ist exklusiv auf studentische Internetnutzer zugeschnitten. Den Kern des Produktes stellt eine sogenannte S&S-Card dar. Die S&S-Card ist eine persönliche virtuelle Kundenkarte, die Studenten die Möglichkeit bietet, bei führenden Online- und Offline-Marken im World Wide Web (WWW) zu Studentenpreisen einzukaufen. Die Studentenpreise liegen dabei zwischen 10 und 25% unter dem normalen Verkaufspreis der Onlineshops.

Zu diesem Zweck wird von S&S eine „Studenten-Mall" eingerichtet. In dieser Studenten-Mall wird durch Partnerschaften mit namhaften Unternehmen eine umfangreiche Angebotspalette an Markenartikeln geschaffen. Diese umfasst vom Buch über Kleidung bis hin zu Reiseangeboten alles, was Studenten während ihrer Studienzeit benötigen. Um Einkäufe innerhalb der Mall zu tätigen, muss sich der Student durch die vorher beantragte S&S Card legitimieren. Die Legitimation beinhaltet eine Benutzerkennung und ein dazugehöriges Passwort. Die virtuelle S&S-Card ist für die Nutzer kostenlos.

Um den Kunden besser kennen zu lernen, wird auf Basis der Registrierungsdaten jedes einzelnen Nutzers ein sogenanntes S&S-Profilingsystem angewandt. Die damit generierten individuellen Kaufverhaltensprofile bieten eine exzellente Grundlage für *One-*

to-One-Marketing-Maßnahmen der beteiligten Unternehmen. Darüber hinaus ist es möglich, die Zielgruppe der Studenten ohne jeglichen Streuverlust anzusprechen. S&S erhält pro Transaktion von den beteiligten Unternehmen eine Vermittlungsprovision, die sich um die 3% vom Verkaufspreis bewegt.

Neben der S&S-Card gibt es eine S&S-Community. Das Angebot der Community umfasst hierbei Diskussions- und Chatforen zu studentischen Themen wie „Biete und Suche", „Tipps und Tricks von und für Studenten", Kontaktbörse, Newsletter etc. Außerdem gibt es für die Nutzer kostenlose E-Mail-Postfächer, Homepages und Speicherplatz. Sonderaktionen wie Gewinnspiele, Auktionen etc. und ein Firmeninformationsdienst runden das Angebot für Studenten ab. Letzterer umfasst die Möglichkeit, sich umfassend über Unternehmen zu informieren. Die S&S-Community trägt über Bannerwerbung zur Finanzierung von S&S bei.

Anknüpfungspunkte für die Marketing-Planung: Aus diesem Punkt eines Business-Plans leitet sich insbesondere das Brand Positioning Statement ab. Außerdem fließen aus diesem Bereich Teilaspekte in die Punkte „Chancen identifizieren" und „Strategien entwickeln" mit ein.

2. Industrie und Markt

Der Onlinemarkt unterliegt einem hochdynamischen Trend mit enormen Steigerungsraten bei Internetnutzern und Umsätzen. Nach Schätzungen des EITO-Instituts wird sich die Zahl der Netzzugänge in Europa von 47,9 Mio. im Jahr 1999 bis zum Jahr 2002 auf 93,3 Mio. knapp verdoppeln. Des Weiteren werden sich die Umsätze im Online-Shopping in Europa von 37 Mrd. DM 1999 auf 105 Mrd. DM im Jahr 2001 fast verdreifachen. Außerdem werden große Absatzpotenziale in naher Zukunft neben EDV-Produkten und Büchern ebenfalls bei Finanzdienstleistern, Produkten der Unterhaltungselektronik, der Tourismusbranche und Veranstaltungstickets erwartet.

Gerade der Wettbewerb in der Telekommunikationsbranche, die Etablierung von Standards (vor allem bei Zahlungsmodalitäten) sowie technische Innovationen werden die momentan geäußerten Hindernisse des Online-Shopping reduzieren.

In Westeuropa studierten 1999 ca. 10,9 Mio. Studenten. Die Verteilung auf die einzelnen Länder ist der Abbildung 11-5 zu entnehmen.

Nach eigenen Schätzungen wird von einer überdurchschnittlichen Penetrationsrate der Internetnutzung von Studenten im Vergleich zur Gesamtbevölkerung ausgegangen. Denn gerade Studenten profitieren vom Angebot eines kostenfreien Internetzuganges durch die jeweilige Hochschule. Dieser Trend wird sich

Verteilung westeuropäischer Studenten auf Länder und Anteile mit Internetzugang (1999)			
Land	Anzahl der Studenten nach Ländern absolut (n = 10.900.000)	Penetrationsrate der Internetnutzung 1999 bezogen auf die Gesamtbevölkerung in %	Anteilige Internetnutzung der Studenten 1999 absolut (= Spalte 1*2)
Großbritannien	3.000.000	18	540.000
Frankreich	2.000.000	5,2	104.000
Deutschland	1.800.000	10,0	180.000
Italien	1.500.000	4,1	62.100
Spanien	1.400.000	6,6	92.400
Schweden	400.000	33	132.000
Österreich	212.000	5,5	11.660
Norwegen	180.000	13,6	24.480
Niederlande	160.000	10,7	17.120
Finnland	140.000	27,9	39.060
Schweiz	108.000	16,2	17.496
Gesamt	10.900.000 (= 100%)		1.220.316 (= 11%)

offensivesmarketing.de

Abbildung 11-5

nach eigener Prognose in Zukunft weiter verstärken, so dass bei nahezu gleichbleibenden Studentenzahlen der Anteil der Studierenden, die das WWW in Westeuropa über Hochschulen nutzen können, im Jahr 2000 auf 34% und im Jahr 2001 auf 41% steigen wird. Für das Jahr 2002 wird mit einer Penetrationsrate von 48% gerechnet (siehe Abbildung 11-6).

Nach Erhebungen des Deutschen Studentenwerkes lässt sich ein durchschnittliches monatliches Einkommen deutscher Studenten in Höhe von 1.392 DM ermitteln. Nach Abzug der Fixkosten verbleibt ein Drittel, knapp 465 DM zur freien Verfügung. Somit ergibt sich jährlich eine potenzielle Kaufkraft deutscher Studenten, die einen Internetzugang haben, in Höhe von 3,01 Mrd. DM bei einer angenommenen Online-Penetrationsrate von 30%.

Im Rahmen der Wettbewerbsanalyse haben sich in Europa bis dato noch keine direkten Konkurrenten ermitteln lassen, die ein vergleichbares Angebot wie die S&S bieten, so dass man vorerst von einer Alleinstellung sprechen kann. Lediglich in den USA konnte ein potenzieller Konkurrent namens www.Studentadvantage.com ausgemacht werden.

Geschätzte Penetrationsrate westeuropäischer Studenten (online)

Land	Penetrationsraten Studenten online (Schätzung)			
	1999	**2000**	**2001**	**2002**
England	1.200.000 (40%)	1.500.000 (50%)	1.800.000 (60%)	1.950.000 (65%)
Frankreich	300.000 (15%)	400.000 (20%)	500.000 (25%)	700.000 (35%)
Deutschland	540.000 (30%)	720.000 (40%)	900.000 (50%)	1.080.000 (60%)
Italien	180.000 (12%)	240.000 (16%)	315.000 (21%)	375.000 (25%)
Spanien	210.000 (15%)	280.000 (20%)	350.000 (25%)	420.000 (30%)
Schweden	200.000 (50%)	240.000 (60%)	280.000 (70%)	300.000 (75%)
Österreich	31.800 (15%)	48.760 (23%)	57.240 (27%)	74.200 (35%)
Norwegen	54.000 (30%)	72.000 (40%)	90.000 (50%)	99.000 (55%)
Niederlande	32.000 (20%)	48.000 (30%)	56.000 (35%)	64.000 (40%)
Finnland	56.000 (40%)	77.000 (55%)	91.000 (65%)	98.000 (70%)
Schweiz	32.400 (30%)	43.200 (40%)	48.600 (45%)	54.000 (50%)
Gesamt	**2.836.200 (26%)**	**3.668.960 (34%)**	**4.487.840 (41%)**	**5.214.200 (48%)**

offensivesmarketing.de

Abbildung 11-6

Als Wettbewerber für Einnahmen aus Bannerwerbung und Sponsoring sind Homepages der führenden kommerziellen Studentenzeitungen wie auch reine studentische Onlinemagazine zu sehen, die den Studenten umfassende Informationsmöglichkeiten rund um das Studium bieten. Als weitere potenzielle Wettbewerber sind so genannte *price engines* und *intelligent agents* zu nennen, die einem Nutzer aus der Vielzahl der Einkaufsangebote im WWW den billigsten Anbieter herausfiltern.

Anknüpfungspunkte für die Marketing-Planung: Der Bereich „Industrie und Markt“ ist von hoher Bedeutung für die Identifikation von Stärken und Schwächen des Unternehmens. Darüber hinaus leiten sich aus diesem Teil die Bereiche „Geschäftsanalyse“, „Prognose“ und „Chancen identifizieren“ ab.

3. Unternehmensmanagement und Organisation

Das Unternehmen S&S wird als kleine AG mit Firmensitz in München gegründet. Das Gründerteam besteht aus vier Mitgliedern, wobei zwei für das Marketing, einer für die Finanzen und Organisation und einer für Entwicklung und Personal verantwortlich sind. Darüber hinaus wird zur Komplettierung des Unternehmerteams ein Informatiker eingestellt.

4. Geschäftssystem

Das Geschäftssystem von S&S ist im Prinzip das eines Handelsmittlers. S&S bietet seinen Kunden (Studierenden) Produkte von Partnerunternehmen zu einem Preis an, der unter dem Ladenpreis für diese Produkte liegt. S&S bewirbt diese Studentenpreise, generiert Umsatz für die Partnerunternehmen und erwirtschaftet dadurch Provisionen. Zusätzlicher Umsatz wird durch Werbeeinnahmen geschaffen. Die wichtigsten Aufgaben für S&S sind die Akquisition kompetenter Partnern für die S&S Mall, die Akquisition neuer Kunden und die Betreuung der Community.

Ziel ist es, namhafte Unternehmen als Partner zu gewinnen, die ihre Leistungen in der S&S Mall zu Studentenpreisen anbieten. Die Vorteile für die Partnerunternehmen sind vor allem ein frühzeitiger Aufbau von langanhaltender Kundenloyalität und die Nutzung der Daten des Profilingsystems, welches ein gezieltes *One-to-One*-Marketing erlaubt. Außerdem werden von S&S die Produkte und Dienstleistungen der Partnerunternehmen kostenlos beworben.

5. Marketing und Vertrieb

- **Zielgruppensegmentierung:** Die S&S-Card ist eine virtuelle Einkaufsberechtigungskarte für Studenten, mit der die von S&S ausgehandelten Sonderkonditionen beim Online-Einkauf in Anspruch genommen werden können. Eine Untergliederung der Zielgruppe „Studenten“ (z.B. nach Studienfächern) erscheint im ersten Schritt nicht sinnvoll. Dies liegt hauptsächlich an der relativ hohen Homogenität der Zielgruppe bezogen auf Kriterien wie Alter, Bildungsniveau, Einkommen etc. und der daraus resultierenden Kongruenz der Bedürfnisse. Im zweiten Schritt lassen sich durch das Profilingsystem Konsumententypen ableiten, die dann als Teilzielgruppen mit speziellen Marketing-Maßnahmen angesprochen werden können.

- **Preisstrategie:** Hauptziel für S&S nach dem Markteintritt ist das schnellstmögliche Erreichen einer kritischen Masse von Kunden. Grund hierfür ist, dass das Netzwerk um S&S für potenzielle Teilnehmer mit steigender Kundenzahl interessanter wird und somit die Akquise von Partnerunternehmen erheblich erleichtert. Umgekehrt hat eine steigende Zahl an beteiligten Unternehmen ein größeres Angebot zur Folge, welches wiederum einen positiven Effekt auf die Kundenzahlen bewirkt. Aus diesen Gründen heraus verfolgt S&S eine Extremform der Pentrationsstrategie, das *„follow the free"*. Dies bedeutet, dass die Kernleistung, die virtuelle Kundenkarte, kostenlos an Studenten abgegeben wird. Auch die zusätzlichen Services wie Chats, Newsletter, Diskussionsforen etc. sind kostenlos. Mittelfristiges Unternehmensziel ist, sich als führendes europäisches Studentenportal zu etablieren und durch die Verankerung in den Köpfen der Kunden die Markteintrittsbarrieren für Nachahmer zu erhöhen. Ein hoher Marktanteil ist hierbei eine wichtige Voraussetzung.

- **Werbemaßnahmen:** Das zentrale Marketing-Ziel für S&S, besonders in der Anfangsphase, ist es, den *traffic* auf den Webseiten des Unternehmens zu generieren und somit Aufmerksamkeit und Bekanntheit bei der Zielgruppe zu erreichen. Der Marketing-Auftritt lässt sich grob in zwei Teile gliedern, nämlich den Offline- und den Online-Bereich. In beiden Bereichen soll die Unternehmensvision, durch die Mitgliedschaft bei S&S „Zeit, Geld und Nerven" zu sparen, als zentrales Element kommuniziert werden. Im Offline-Bereich werden unter anderem die klassischen Werbemedien genutzt. Da die Zielgruppe klar umrissen ist, kann sie gezielt und ohne bedeutende Streuverluste angesprochen werden. Insbesondere vor Semesterbeginn müssen die ganzjährigen Werbekampagnen intensiviert werden, um speziell Studienanfänger sofort erreichen und binden zu können. Im Bereich der Printwerbung kommen Anzeigen in Hochschulteilen von Tageszeitungen, in Lifestylemagazinen, in Vorlesungsverzeichnissen der Universitäten etc. in Frage. Darüber hinaus werden Gratispostkarten in Bars und Restaurants etc. angeboten. Zusätzlich werden zu Semesterbeginn Plakataktionen in der Nähe der Universitäten durchgeführt. Das Online-Marketing verfolgt vor allem das Ziel, bereits im Netz befindliche potenzielle Kunden auf die Seite der S&S zu bekommen. Zum einen geschieht dies über entsprechende Einträge in Suchmaschinen. Ebenfalls eine wichtige Werbemaßnahme ist die Schaltung von Bannerwerbung auf Seiten mit für Studenten wichtigem Inhalt. Neben der Bannerwerbung ist auch der Link-Exchange, d.h. der Austausch von Schaltflächen und/oder Hyperlinks, mit denen direkt auf eine andere Seite verwiesen wird, ein wichtiges Instrument für S&S. Ein weiteres Instrument zur Förderung der Bekanntheit und der Vertrauensbildung beim Kunden sind gezielte PR-Maßnahmen durch die kontinuierliche Versorgung der Presse mit aktuellem Informationsmaterial über das Unternehmen.

- **Vertrieb:** Der Vertrieb aller Leistungen von S&S erfolgt ausschließlich über das Internet. Da die Online-Durchdringungsrate bei den Studenten im Vergleich zu anderen Bevölkerungsgruppen überproportional hoch ist und der Internetzugang für einen Großteil der Studenten sogar kostenfrei möglich ist, kann ein ausreichend großer Teil der Zielgruppe bereits auf diesem Wege angesprochen werden.

Anknüpfungspunkte für die Marketing-Planung: Dieser Teil eines Business-Plans ist das zentrale Element aus dem sich wichtige Teile des Marketing-Planes ableiten. Hier werden die Maßnahmen aufgelistet, die innerhalb des Marketing-Planes detaillierterer Planung bedürfen. Insbesondere die strategische und zeitliche Planung der einzelnen Aktivitäten spielt hier eine überaus bedeutende Rolle.

6. Realisierungsfahrplan

Zu Beginn wird die Geschäftstätigkeit auf Deutschland konzentriert. Im Halbjahreszyklus, d.h. jeweils zu Beginn eines neuen Semesters im Mai und November, wird die Geschäftstätigkeit auf weitere europäische Länder ausgedehnt. Geplant sind Großbritannien ab November 2000, Frankreich ab Mai 2001 sowie weitere Staaten Westeuropas ab November 2001 (Italien, Schweiz, Spanien, Skandinavien, Österreich und Benelux). Je nach Erfolg der S&S-Card besteht auch die Möglichkeit, das Konzept auf einen globalen Einsatz zu übertragen und die Strategie entsprechend anzupassen.

7. Finanzierung

Basierend auf einer konservativen Rechnung kann erwartet werden, dass S&S innerhalb von drei Jahren 650.000 registrierte Kunden für die S&S-Card, 1,1 Mio. monatliche Besucher auf der Homepage, sowie 750.000 registrierte Newsletter-Kunden akquirieren wird. Bei einem Umsatz von 35,5 Mio. DM kann mit einem Nettogewinn nach Steuern von 11,3 Mio. DM im dritten Geschäftsjahr gerechnet werden. Der Umsatz setzt sich folgendermaßen zusammen: 8% stammen aus den Einnahmen des Provisionsgeschäft, weitere 8% werden aus den Werbeeinnahmen des wöchentlichen Newsletters generiert und 23% steuert die Bannerwerbung der Homepage bei. Den größten Anteil zum Umsatz wird die Bannerwerbung der Unterseiten mit 61% beitragen.

(Auf eine detailliertere Übersicht des Finanzplans in Form von Erfolgsrechnung, Bilanz, Cash Flow-Rechnung, Investitionen und Finanzierung soll an dieser Stelle aus Platzgründen verzichtet werden.)

Die anfängliche Finanzierung ist durch Gründerkapital in Höhe von 100.000 DM und externe Kapitalgeber (Venture Capital) sowie durch stille Beteiligungen von staatlichen Förderbanken geplant. Der geplante Finanzierungsbedarf für das Jahr beläuft sich auf 3,9 Mio. DM. Dieser Betrag wird hauptsächlich zur Betriebs- und Geschäftsausstattung bzw. in die Gewinnung von potenziellen Partnerunternehmen sowie in die Bekanntmachung des eigenen Internetangebotes investiert. Im Jahr 2000 werden 2,5 Mio. DM Fremdkapital, speziell für die geplante Expansion, benötigt.

Der gesamte Kapitalbedarf wird anhand des kumulierten Liquiditätstandes in den ersten drei Geschäftsjahren in drei verschiedenen Ausprägungen dargestellt: Best Case-Szenario, Normal Case-Szenario und Worst Case-Szenario. Die wichtigsten Hebel der Finanzrechung sind der Aufwand (Kosten), die Erstinvestitionen sowie die Umsätze in Abhängigkeit des Preises und der Wachstumsrate der Nutzerzahl. Investitionen und Aufwendungen wurden für die drei Szenarien auf gleichem Niveau gehalten.

- **Normal Case:** Die Annahmen für den Normalfall basieren auf einer kontinuierlichen Steigerung der Nutzer der Dienste von S&S. Jeweils zu Beginn der Semester erfährt diese Entwicklung einen überproportionalen Wachstumsschub. Am Ende des Jahres 2002 werden 650.000 registrierte S&S-Card-Kunden, 1,1 Mio. monatliche Besucher auf der S&S-Homepage erwartet, welche im Durchschnitt fünfmal pro Monat die Hauptseite aufrufen. Dabei wird von einer durchschnittlichen Zahl von fünf besuchten Unterseiten pro Nutzer ausgegangen. Zu diesem Zeitpunkt werden insgesamt 750.000 Kunden mit dem Newsletter erreicht. Dies führt zu einem Gesamtumsatz im Jahre 2002 von 35,5 Mio. DM. Die laufenden Kosten im Jahr 2002 betragen 9,7 Mio. DM, die Projektinvestitionen 0,7 Mio. DM. Der Break-Even wird im Januar 2001 erwartet, der Payback spätestens im Oktober 2001.

- **Best Case:** Der Best Case beschreibt den Geschäftserfolg bei einer 20% höheren Nachfrage als im Normal Case. In diesem Szenario besitzen im Dezember 2002 780.000 registrierte Studenten eine S&S-Card. 1,32 Mio. Studenten rufen monatlich die Homepage auf, 900.000 erhalten den wöchentlichen Newsletter. Der Gesamtumsatz im Jahre 2002 beträgt 42,7 Mio. DM, der Finanzierungbedarf im vergleichbaren Zeitraum 5,5 Mio. DM. Der Break-Even wird im Dezember 2000 erwartet. In diesem Szenario wird der Payback schon spätestens September 2001 erwartet.

- **Worst Case:** Im Worst Case wird von einer um 40% reduzierten Nachfrage ausgegangen. Somit besitzen nur noch 390.000 Studenten eine S&S-Card. Die Homepage werden nur noch 390.000 besuchen, 450.000 erhalten den wöchentlichen Newsletter. Dies führt dennoch zu einem Gesamtumsatz von 21,3 Mio. DM im Jahre 2002. Der Finanzierungsbedarf innerhalb dieses Zeitraumes beträgt 8,5 Mio. DM. Der Break-Even wird im Januar 2001 erwartet, der Payback nicht vor Ende 2002.

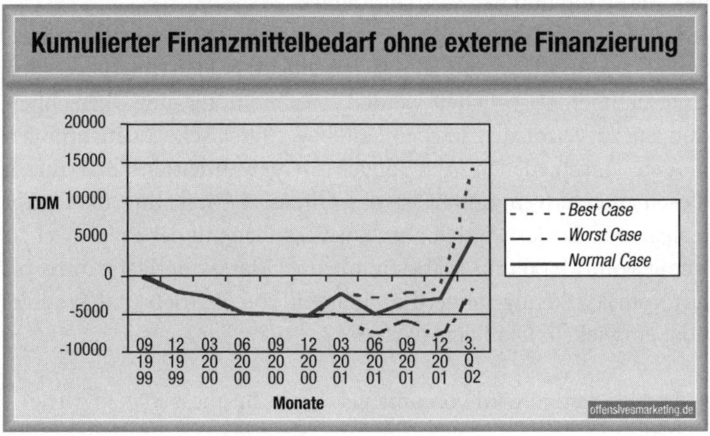

Abbildung 11-7

Mit den beschriebenen Annahmen und dem daraus resultierenden Wachstum kann Ende des dritten Jahres ein Börsengang in Erwägung gezogen werden. Wenn ein konservativ geschätztes Kurs-/Gewinnverhältnis von sieben angenommen wird, ergibt sich im dritten Jahr eine Börsenkapitalisierung von 67 Mio. DM. Der Kapitalgeber kann somit mit einem *return on investment* von 116% rechnen.

Anknüpfungspunkte für die Marketing-Planung: Aus dem Finanzierungspart werden die Kostenkomponenten mit in den Marketing-Plan aufgenommen, die für Kommunikations- bzw. anderen Marketing-Maßnahmen anfallen. Darüber hinaus finden vor allem Kennziffern wie Umsatz, Marktanteil, Gewinn zum einen Berücksichtigung in der zu treffenden Prognose bzw. den Zielvorgaben des Marketing-Plans. Zum anderen werden diese Kennziffern zur Ergebniskontrolle der geplanten und durchgeführten Maßnahmen zur Zielerreichung herangezogen.

Wie der – hier gekürzt dargestellte – Business-Plan von Study&Save.com verdeutlicht, überlappen sich Business-Plan und Marketing-Plan mehrfach. Letztlich findet sich der Marketing-Plan in den Kategorien „Produkte und Dienstleistungen“, „Branche und Markt“ und „Marketing und Vertrieb“ des Business-Plans wieder. Trotzdem sind auch andere Komponenten wie die Ertrags-, Budget- und Zeitplanungen innerhalb des Business-Plans bzw. anderer Abteilungspläne von großer Bedeutung, weil die dort getroffenen Annahmen als Rahmenbedingungen bzw. Vorgaben für einzelne Teilbereiche des Marketing und des Vertriebs dienen.

Abgleich von Business- und Marketing-Plänen

Jeder Marketing-Plan, unabhängig davon welche Bereiche er horizontal betrifft, muss vertikal mit dem Business-Plan für das gesamte Unternehmen abgeglichen werden. Dies ist nötig, um Überschneidungen zu vermeiden und einheitliche strategische Ausrichtungen in den verschiedenen Abteilungen zu gewährleisten. Erst durch diesen integrativen Ansatz ist das Offensive Marketing überhaupt realisierbar. Leider werden aber Business-Pläne in der Praxis viel zu wenig vom Marketing mitbestimmt und Marketing-Pläne allzu oft nur vom Marketing, ohne die Mitarbeit von Vertrieb und Produktion, entwickelt. Die Folge davon?

- Das Marketing wird von unrealistischen Business-Plänen getrieben.
- Account-Pläne werden nicht rechtzeitig fertig und falls man es doch einmal schafft, stimmen sie nicht mit Marketing-Plänen der jeweiligen Geschäftsbereiche überein.
- Aufgrund mangelnder Abstimmung zwischen Marketing und Produktion kommt es bei Produkteinführungen zu ungewollten Verzögerungen, weil die Produktionspläne nicht mit den Marketing-Plänen abgestimmt wurden. Z.B. werden schon Einführungskampagnen zur Produkteinführung gefahren, obwohl es noch Produktionsprobleme gibt und sich die geplante Produkteinführung verzögert.

Integrativer Marketing-Planungsansatz

Eine integrative, mit den anderen Abteilungen abgestimmte Marketing-Planung nimmt nicht mehr Zeit in Anspruch als die isolierte Entwicklung des Marketing-Plans, führt aber nicht nur zu effektiveren Strategien, sondern auch zu einer erheblich erleichterten Implementierung. Wenn die Mitarbeiter aller Abteilungen den Sinn und Zweck der Pläne verstehen und aktiv an deren Entwicklung beteiligt waren, werden sie sich auch engagierter für deren erfolgreiche Umsetzung einsetzen.

1.2 Weitere Schlüsselfragen der Marketing-Planung

Von welchem Zeithorizont soll man ausgehen?

Die meisten Unternehmen arbeiten mit einem Einjahresplan und einem Drei- oder Fünf-Jahresplan. In Branchen mit sehr langen Vorlaufzeiten bei der Produktentwicklung (wie z.B. der Pharmaindustrie) sind auch Zehnjahrespläne üblich. In anderen Branchen, wie z.B. dem IT- und E-Commerce-Bereich, sind wiederum schon Ein-Jahrespläne als langfristig anzusehen.

Zeithorizont

Die einzelnen Pläne und die entsprechenden Prozesse für deren Entwicklung unterscheiden sich stark voneinander. Ein Zehn-Jahresplan bzw. ein Plan mit einem langfristigen Zeithorizont wird in der Regel von der Geschäftsleitung erstellt. Er deckt Fragen wie zukünftige Marktprioritäten, Technologie, Marken- und Produktentwicklung oder Fusionspläne ab. Solche langfristigen Pläne liefern die Basis für den mittelfristigen Plan (drei bis fünf Jahre), der dann bereits um einiges spezifischer ausfällt und sich vor allem auf Strategien, Ziele und Pläne konzentriert.

Aus diesen Plänen wird schließlich der Einjahresplan abgeleitet, in dem es in erster Linie um Umsetzungsfragen geht. Der Einjahresplan setzt also die zuvor im mittelfristigen Plan festgelegten Strategien in kurzfristige Entscheidungen um.

Wie detailliert soll der Plan ausfallen?

Knapp und prägnant

Ein zu ausführlicher Plan hat eine ziemlich gute Chance, ungelesen in irgendeiner Schublade verschwinden. Als Richtwert sollte ein Einjahresplan für einen größeren Markt oder eine wichtige Marke einschließlich Anhang nicht mehr als zehn DIN A4-Seiten umfassen. Um auf diesen Umfang zu kommen, müssen die wichtigsten Fakten ausgewählt und in verdichteter Form dargestellt werden.

Wer ist an der Marketing-Planung beteiligt?

Abteilungs-übergreifende Projektteams

Zuständig für den Marketing-Plan ist die Marketing-Abteilung. Die Marketing-Abteilung muss aber eng mit den Kollegen aus Vertrieb und Produktion zusammenarbeiten, ihnen in den verschiedenen Phasen des Planungsprozesses kurze, präzise Zusammenfassungen zur Verfügung stellen und sie an Workshops beteiligen. In solche abteilungsübergreifenden Projektgruppen können sogar externe Berater oder Agenturmitarbeiter integriert werden. Abbildung 11-8 enthält ein Beispiel für die mögliche Zusammensetzung so einer erweiterten Projektgruppe.

Zusammensetzung einer erweiterten Projektgruppe

Kerngruppe	Erweiterte Projektgruppe
■ Marketing-Leiter	■ Führungskraft der Werbeagentur
■ Brand-Manager	■ Kreative Führungskraft der Werbeagentur
■ Senior-Produkt-Manager	■ Leiter Produktion
■ Junior-Produkt-Manager	■ Key-Account-Manager
	■ Finanzanalyst
	■ Leiter Marktforschung
	■ Leiter F&E
	■ Direkt-Marketing-Agentur
	■ Leiter IT

offensivesmarketing.de

Abbildung 11-8

Bottom-up-Planung oder Top-down-Planung?

Beide Herangehensweisen sind wichtig. In der Praxis müssen bestimmte Fragen (wie z.B. finanzielle Ziele des Unternehmens oder Gesamtstrategien) auf höchster Ebene entschieden und dann nach unten weitergeleitet werden. In einem globalen Unternehmen kann es vorkommen, dass bestimmte strategische Richtlinien zentral oder regional festgelegt werden. Bei einem Automodell zum Beispiel wäre es unwirtschaftlich, für jedes Land eine andere Karosserie zu entwickeln oder im Fall eines weltweit vertriebenen Haarpflegeprodukts für jedes Land eine ganz andere Werbekampagne zu starten. Bei der Planung von oben nach unten sollte jedoch genügend Spielraum für Anpassung und Innovation in Abhängigkeit von Märkten, Marken, Absatzwegen oder Ländern vorgesehen werden.

www.3m.com

3M **ist beispielsweise ein Unternehmen, das auf flexible, selbstständige Geschäftsbereiche baut, weltweit aber auf vier Schlüsselstrategien vertraut (vgl. Abbildung 11-9).**

Unternehmensstrategien bei 3M

- **Innovative Produkte.**
  Mindestens 30% des aktuellen Umsatzes sollen mit Produkten erwirtschaftet werden, die in den letzten vier Jahren auf den Markt gebracht wurden.
- **Überdurchschnittliche Kundenzufriedenheit.**
  Das Ziel besteht darin, auf jedem Markt der bevorzugte Hersteller zu sein.
- **Internationale Expansion.**
- **Verbesserung der Produktivität,**
  die anhand des realen Umsatzwachstums pro Mitarbeiter gemessen wird.

offensivesmarketing.de

Abbildung 11-9

2 Die sieben wichtigsten Schritte für jeden Marketing-Plan

Die sieben Schritte sind ein wesentlicher Bestandteil des Offensiven Marketing. Dabei gelten die Schritte auf jeder Unternehmensebene, gleichgültig, ob global oder lokal, auf Konzern- oder Geschäftsbereichsebene. Diese sieben Schritte werden in den nächsten Abschnitten erläutert.

Schritt 1: Geschäftsanalyse

Anhand der in Kapitel V – „Offensive Geschäftsanalyse“ – erläuterten Verfahren wird die Vergangenheit analysiert, so dass Schlussfolgerungen für zukünftige Entwicklungen gezogen werden können. Ein wichtiges Verfahren hierzu ist die in Kapitel VII vorgestellte Portfolioanalyse.

Schritt 2: Prognose

Bei diesem Schritt wird – wie in Kapitel VI beschrieben – ein Blick in die Zukunft geworfen. Dieser Schritt bezieht sich vor allem auch auf Werte und Visionen eines Unternehmens.

Die sieben wichtigsten Schritte bei der Marketing-Planung

Schritt	Themenbereiche:	Schlüsselinstrumentarien:
1. Geschäfts-analyse (vgl. Kapitel V)	■ Betriebliches Umfeld ■ Märkte ■ Absatzwege ■ Eigenes Unternehmen ■ Wettbewerb ■ Technologie ■ Kompetenzen	■ Interne Untersuchung ■ Wettbewerbsanalyse ■ Identifikation von Erfolgsfaktoren ■ SWOT-Analyse ■ Segmentierung ■ Portfolioanalyse
2. Prognose (vgl. Kapitel VI)	■ Einschätzung der Zukunft ■ Szenarioanalyse ■ Festlegung einer strategischen Richtung ■ Entwicklung einer zukunfts-orientierten Denkweise	■ Vgl. Kapitel V ■ Wahrscheinlichkeitsanalyse ■ Fünf Speichen einer Offensiven Einstellung
3. Chancen identifizieren	■ Identifikation möglicher Chancen ■ Erstellung einer Liste möglicher Chancen ■ Analyse der Chancen ■ Setzen von Prioritäten	■ Ergebnis der Schritte 1 und 2 ■ Kreative Methoden der Ideenfindung ■ Akzeptanztests
4. Zielfestlegung	■ Marktentwicklung ■ Marktanteil ■ Umsatz ■ Investitionsniveau ■ Innovation ■ Gewinn	■ Unternehmensstrategie und -plan ■ Ergebnis der Schritte 1 bis 3
5. Ableitung von Strategien (vgl. Kapitel VII)	■ Leistungsprogramm (Produkt/ Service) ■ Leistungsgestaltung (*pricing*, Markenentwicklung) ■ Zielgruppenprogramm und -bearbeitungsstrategien ■ Positionierung und -strategien ■ Kommunikation ■ Absatzkanäle/Absatzförderung ■ Internes Marketing ■ Rentabilität	■ Analyse des Leistungs-programms ■ Marken-Portfolioanalyse ■ Überwachung der Aktualität der Strategie
6. Entwicklung von Plänen	■ Pläne zur Unterstützung von Strategien ■ Entwicklungsprojekte ■ Vierteljährliche Meilensteine ■ Bewertung der Pläne	■ Monatliche Zusammen-fassung der Aktivitäten
7. Ergebnis-kontrolle	■ Überwachung der Einhaltung der Pläne ■ Zeitplan zur Überwachung	■ Formate zur vierteljährlichen Überprüfung

offensivesmarketing.de

Abbildung 11-10

Schritt 3: Chancen identifizieren

Das wichtigste Ergebnis dieses Schritts ist eine Liste der relevanten Chancen, nach Prioritäten geordnet.[2] Es sollten vor allem folgende Punkte geklärt werden:

- Identifizierung der wichtigsten Chancenbereiche. Es hat keinen Sinn, großartige Ideen zu entwickeln, die sich aufgrund fehlender Kompetenzen und Ressourcen dann nicht realisieren lassen. Bereits frühzeitig sollten daher Zielbereiche für die Ideengenerierung definiert werden.
- Ideen ergeben sich meistens durch kreative Verfahren der Ideengenerierung, wie z.B. Brainstorming-Sitzungen, aber auch bei Besprechungen der erweiterten Projektgruppen. Ideen können aber durchaus auch bei der in Schritt 1 durchgeführten Geschäftsanalyse entstehen.
- Die neuen Ideen werden dann einer Prüfung unterzogen. Z.B. auf Basis der Ergebnisse von Akzeptanztests bei potenziellen Kunden oder Lead-Usern kann dann eine Liste mit Chancen erstellt werden, die in die engere Wahl kommen.
- Das Ergebnis ist dann eine gewichtete Chancenliste. Diese Liste enthält die Ideen, die bei Prüfverfahren und Akzeptanztests hervorragend abgeschnitten haben und daher weiterentwickelt werden sollen.

Schritt 4: Ziele festlegen

Für jeden der sechs Themenbereiche in der Tabelle müssen Ziele zur Orientierung definiert werden, die mit den Oberzielen des Unternehmens sowie mit den abgeleiteten Zielen einzelner Ländern und Geschäftsbereiche harmonieren.

Schritt 5: Strategien ableiten

Bei diesem Schritt werden Marketing-Strategien entwickelt, die der Erreichung der Ziele dienen. Als Instrumente hierfür steht z.B. die

[2] Siehe hierzu auch Kapitel IX – Punkt 3: „Offensive Entwicklung neuer Leistungen“.

Portfolioanalyse zur Festlegung von Investitionsprioritäten hinsichtlich verschiedener Zielgruppensegmente, Marken und Leistungen zur Verfügung. Gerade die unterschiedlichen Perspektiven der erweiterten Projektgruppe können sich in diesem zentralen Abschnitt des Marketing-Plans als sehr hilfreich erweisen.

Drei interessante Details zur Produktentwicklung

1. Produkthistorie

In der Produkthistorie werden sämtliche Schlüsselinformationen einer Marke oder eines Produktes erfasst, wie z.B. größere Änderungen am Produkt selbst, dem Service, Verpackung, Angebot aber auch markenrelevante Testergebnisse. Auch außergewöhnliche Ereignisse wie Produktrückruf-Aktionen und kurzfristige Liefer- oder Qualitätsprobleme werden bei der Markengeschichte dokumentiert. Wichtige externe Ereignisse, wie z.B. Neuprodukteinführungen der Wettbewerber, außergewöhnliche saisonale Umstände (z.B. sehr heiße Sommer für Bier oder Eis), Deregulierungen der Märkte oder Änderungen der Steuergesetzgebung sollten ebenfalls in die Produkthistorie eingehen. Der Produkthistorie sollte auch eine Preishistorie beigefügt werden. Die Produkthistorie ist also ein genaues Protokoll der Ereignisse, die das jeweilige Produkt in der Vergangenheit beeinfliusst haben. Sie liefert daher nützliche Informationen zur Erklärung von Umsatz und Gewinnveränderungen. Dies ist vor allem bei personellen Veränderungen im Unternehmen wichtig – neue Mitarbeiter können sich mit Hilfe der Produkthistorie umfassend in den neuen Bereich einarbeiten, und bestehendes Wissen geht nicht verloren, wenn Mitarbeiter die Abteilung oder das Unternehmen verlassen.

2. Brand Positioning Statement (BPS)

Das BPS ist eine einseitige Zusammenfassung der Schlüsselelemente, die eine Marke charakterisieren und von anderen Marken abheben, sozusagen ein Verfahren zur Feststellung der Markenstärke.

BPS

Das BPS sollte mindestens einmal jährlich aktualisiert – zu Beginn der Geschäfts-Analyse für die Markenplanung in Schritt 1 – und, falls erforderlich, in Schritt 6 bei der Entwicklung von Markenplänen entsprechend geändert werden. Ein BPS besteht aus einer ganzen Reihe von Elementen:

Elemente des Brand Positioning Statement (BPS)	
Elemente	**Beschreibung**
Markenname	■ Welchen Namen verwenden Kunden oder Verbraucher?
Marktbeschreibung	■ Wie würden Kunden den Markt beschreiben?
Zielgruppe	■ An wen verkaufen wir?
Markennutzen	■ Welchen Nutzen (rational oder emotional) vermittelt die Marke?
Kernangebot für den Verbraucher	■ Emotional und funktional
Markendifferenzierung	■ Wie grenzt sich die Marke vom Wettbewerb ab?
Markenpersönlichkeit	■ Image und Assoziationen

offensivesmarketing.de

Abbildung 11-11

Das BPS sollte nicht länger als eine Seite und knapp und präzise formuliert sein. Es gibt vor allem Antwort auf die Frage „Was macht unsere Marke so besonders?" Abbildung 11-12 enthält ein Beispiel für ein BPS.

Brand Positioning Statement: IKEA	
Elemente	**Beschreibung**
Markenname	■ IKEA
Marktbeschreibung	■ Möbel und Einrichtungsideen
Zielgruppe	■ Unter 45 Jahre alt, Familien mit Kindern
Markennutzen	■ Gute Qualität, attraktiver Wert
Kernangebot für den Verbraucher	■ Qualitativ hochwertige Produkte mit gutem Design zu niedrigem Preis
Markendifferenzierung	■ Größe des Möbelgeschäfts, Design, Layout, Service-Niveau
Markenpersönlichkeit	■ Schwedisch, klassenlos, umweltpolitisch korrekt, anspruchsvoll, moralisch einwandfrei

offensivesmarketing.de

Abbildung 11-12

3. Kundenbindungs-Check

Der Kundenbindungs-Check ist ein weiteres Planungsinstrument, das in einer frühen Phase des Planungsprozesses eingesetzt werden sollte. Immer mehr Unternehmen wird klar, wie wichtig die Kundenbindung als Basis für ein profitables Wachstum ist. Diese sollte im Vergleich zu Marken des Wettbewerbs überprüft werden. Wichtig ist auch eine genaue Kenntnis der Stammkunden (vgl. Abbildung 11-13).

Check der Kundenbindung – Schlüsselfragen

- Wie hoch ist die Wiederkaufrate für Ihre Marke?
- Wie hoch ist die Wiederkaufrate im Branchenvergleich?
- Wie hoch ist der Wert eines Stammkäufers pro Jahr und Leben, ausgedrückt in Umsatz und Gewinn?
- Wie verteilen sich die Marketing-Ausgaben auf Stammkäufer und neue Käufer?
- Wie sieht das Profil Ihrer Stammkäufer aus?
- Was tun Sie, um noch mehr Stammkäufer zu gewinnen?
- Welche Anreize bieten Sie Ihren Stammkäufern?
- Welche Angebote machen Sie Stammkäufern, damit diese noch mehr kaufen oder Ihre Marke weiterempfehlen?

offensivesmarketing.de

Abbildung 11-13

Schritt 6: Pläne entwickeln

In diesem Schritt werden die festgelegten Strategien in Offensive Maßnahmenpläne umgesetzt, deren Umsetzung genau kontrolliert und bewertet werden kann. Pläne dieser Art sollten kurzfristige Maßnahmen enthalten, die sich auf das Geschäftsjahr beziehen, sowie längerfristige Entwicklungsprojekte, die sich vielleicht erst in einigen Jahren realisieren lassen. Ein weiterer wichtiger Punkt bei der Entwicklung von Plänen sind Testverfahren und -programme, mit denen neue Produktideen, Dienstleistungsinnovationen, Preise, aber auch Kommunikationsmaßnahmen geprüft werden können. Jede Marketing-Abteilung sollte hier über einen Fundus an Verfahren verfügen, die im Zeitablauf weiter ausgebaut und entwickelt werden können.

Schritt 7: Ergebniskontrolle

Dieser Schritt wird häufig vernachlässigt, wenn man unter hohem Zeitdruck steht. Im Marketing-Plan sollten jedoch auch Kontrollmaßnahmen und Bewertungsverfahren vorgesehen und einheitliche

Bewertungsmethoden festgelegt werden. Auch regelmäßige Kontrollzeitpunkte sollten hier fixiert sein. Um schnell einen Überblick über den Erfolg- bzw. Misserfolg der im Marketing-Plan festgelegten Maßnahmen zu erhalten, bietet sich ein sogenanntes Ziel-Leitliniensystem an, das die jeweils geschäftsspezifisch relevanten Werttreiber, die das Marketing in hohem Maße mitgestaltet, umfasst (vgl. hierzu auch Kapitel VII). Dazu kann aus Kenngrößen wie z.B. Kundenzufriedenheitswerten, Beschwerderaten, Neukundengewinnungsraten, dem Bekanntheitsgrad, Imagewerten, Wiederkaufraten, Weiterempfehlungsraten, kumulierten Käuferanteilen bzw. Penetration, Marktanteilen und Kundendurchdringungsgraden (*share of customer*), Umsatz oder Bruttogewinn gewählt werden.

Im nächsten Abschnitt werden wir Marketing-Pläne für die Marken ***Milka Schoko&Keks*** von ***Kraft Foods*** und ***Dr. Best*** von ***SmithKline Beecham*** vorstellen. Dazu werden wir auf den in Punkt 2 vorgestellten siebenstufigen Strukturrahmen zurückgreifen.

3 Marketing-Plan Milka Schoko&Keks[3]

3.1 Einführung und Ausgangssituation

www.kraft-foods.de

Kraft Foods gehört zu ***Philip Morris***, dem zweitgrößten Nahrungsmittelkonzern weltweit, und ist innerhalb des Deutschen Marktes mit einer Reihe führender Marken (z.B. ***Jacobs Krönung***, ***Kraft Tomaten-Ketchup*** oder ***Philadelphia***) fest etabliert. Unter der Dachmarke ***Milka*** ist Kraft Foods mit einer Reihe verschiedener Schokoladenprodukten im Markt vertreten. Ob als Tafel, Riegel oder Praliné, ob mit Joghurt, Nüssen oder Keks gefüllt – Milka bietet Schokoladengenuss für jeden Geschmack. ***Milka Schoko&Keks*** wurde Mitte der neunziger Jahre zeitversetzt in zwei verschiedenen Packungsgrößen (55g und 300g) in den deutschen Markt eingeführt. Die Umsatzzahlen entwickelten sich nach der Produkteinführung recht gut und spiegeln eine große Akzeptanz des Produktes bei den Konsumenten wider.

[3] Diese Fallstudie ist mit freundlicher Unterstützung von ***Kraft Foods*** entstanden. Konkurrenzdaten wurden verfremdet dargestellt.

Die Aufgabenstellung

Wir schreiben das Jahr 1997. Als Verantwortlicher für Milka Schoko&Keks stehen Sie vor der Aufgabe, den Marketing-Plan für das Jahr 1998 zu entwickeln. Ziel dieses Marketing-Plans ist es, entsprechende Absatz- und Preisziele für das kommende Jahr festzulegen und einen Maßnahmenplan vorzustellen, mit dem diese Ziele erreicht werden können. Bei der Ausarbeitung des Marketing-Planes setzen Sie auf den dargestellten Offensiven Marketing-Planungsprozess. Da der Plan nicht mehr als zehn Seiten Text enthalten soll, führen Sie alle sieben Schritte des Prozesses aus, verwenden aber nur diejenigen Verfahren und Instrumente, die für Ihre Aufgabe tatsächlich relevant sind.

Schritt 1: Geschäftsanalyse

Zur Beurteilung des Status quo von Milka Schoko&Keks werden im Folgenden zunächst der Markt mit den zentralen Wettbewerbern analysiert sowie eine Zielgruppen- und SWOT-Analyse durchgeführt, um in einem nächsten Schritt die Zukunft prognostizieren zu können.

Umsatz und Werbeausgaben

Entwicklung von Umsatz und Werbeausgaben seit 1995

Jahr	Umsatz in TDM	Marktanteil in %	Ausgaben für Werbung in TDM	Anmerkungen
1995	16.444	k.A.	1.034	
1996	38.246	k.A.	954	
1997	78.138	3,6	13.768	Einführung der 55g-Packung

offensivesmarketing.de

Abbildung 11-14

Da Schoko&Keks noch eine relativ junges Produkt ist, gibt es noch nicht viele Marktdaten. Insgesamt ist die Einführung aber sehr zufriedenstellend verlaufen: In den 3 Jahren seit der Einführung sind sowohl Umsatz als auch Marktanteil stetig gestiegen. Dies ist nicht zuletzt auf die Offensiven Kommunikationsmaßnahmen zurückzuführen.

Analyse der Absatzzahlen

Bei der Betrachtung der **Absatzzahlen** zeigt sich die Situation wie in Abbildung 11-14 dargestellt. Bei der Analyse der Marktdaten unterscheiden Sie als Produktmanager zwischen den Packungsgrößen 55g und 300g, weil die verschiedenen Packungsgrößen in unterschiedlichen Referenzmärkten konkurrieren. Die 55g-Packung Schoko&Keks steht in Konkurrenz zu Schokoriegeln wie Bounty, Duplo, Twix oder Mars. Bei der 300g-Packung ist die Konkurrenz dagegen eher im Bereich Tafelschokolade zu sehen.

Mengenmäßige Marktvolumina und relevante Wettbewerber von Milka Schoko&Keks

	1995	1996	1/96–6/96	1/97–6/97
Tafelschokolade (100g–300g) in Tonnen	**235.600**	**232.700**	**109.600**	**107.800**
Marktanteil Schoko&Keks (300g) in %	—	—	—	1,8
Marktanteil Konkurrenzmarke A1 (200g) in %	8,7	10,2	10,3	10,3
Marktanteil Konkurrenzmarke B (150g) in %	0,4	0,6	0,8	0,4
Schokoriegel (10g-100g) in Tonnen	**170.000**	**174.100**	**84.800**	**85.000**
Marktanteil Schoko&Keks (55g) in %	—	—	—	0,6
Marktanteil Konkurrenzmarke C (49g) in %	7,8	8,9	8,7	8,9
Marktanteil Konkurrenzmarke D (58g) in %	6,3	7,2	7,0	7,6
Marktanteil Konkurrenzmarke E (18g) in %	8,7	9,2	9,1	9,5

offensivesmarketing.de

Abbildung 11-15

Im Bereich **Schokoriegel** ist der Markt von einigen starken Marken dominiert, das zeigen die relativ hohen Marktanteile von z.T. knapp 10%. Speziell die Schokoriegel der Marken C und D entwickeln sich sehr positiv. Der Markt weist ein geringes Wachstum auf.
Der Markt für **Tafelschokolade** scheint dagegen zu schrumpfen. Unter den großformatigen Schokoladentafeln zählt die Konkurrenzmarke A zu den stärksten Wettbewerbern.

Analyse der Zielgruppen

Abbildung 11-16 zeigt die Ergebnisse der Zielgruppenanalyse. Die Konsumenten der 300g-Packung Schoko&Keks sind – verglichen mit dem Gesamtmarkt – sehr jung. Knapp die Hälfte der Schoko&

Keks-300g-Käufer ist zwischen 10 und 29 Jahre alt. Diese Käufer stellen die Kernzielgruppe für die Konzeption weiterer Marketing-Maßnahmen dar.

Käuferanteile nach Altersgruppen in % 1996

Alter (Jahre)	Markt für Tafel-schokolade	Markt für Schokoriegel	Milka Schoko& Keks 300g
10–19	6,4	7,1	12,9
20–29	19,7	23,1	33,1
30–39	20,5	23,3	22,4
40–49	15,9	16,8	14,0
50–59	16,4	15,9	10,3
>60	20,8	13,8	7,3
Geschlecht			
weiblich gesamt	51,6	50,6	49,9
männlich gesamt	48,4	49,4	50,1

offensivesmarketing.de

Abbildung 11-16

Kundenbindungs-Check

Die nächste Abbildung betrachtet die Kennzahlen der Kundenbindung:

Wiederkaufraten in %

Wiederkaufraten Deutschland	1996	1/97	2/97	3/97	4/97	5/97	6/97
Schoko&Keks 300g	31	15	21	19	25	27	28
Konkurrenzmarke A1	55	30	39	41	45	49	49
Konkurrenzmarke A2	55	26	35	43	46	46	46
Konkurrenzmarke B	35	6	12	19	20	21	20
Schoko&Keks 55g	**–**	**12**	**7**	**11**	**8**	**15**	**19**
Konkurrenzmarke C	47	17	27	29	33	39	42
Konkurrenzmarke D	44	17	24	28	31	37	40
Konkurrenzmarke E	51	19	28	34	37	43	44

offensivesmarketing.de

Abbildung 11-17

Es zeigt sich, dass sich vor allem die Wiederkaufrate der 55g-Packung auf recht niedrigem Niveau befindet. Hier besteht auf jeden Fall Handlungsbedarf. Die Wiederkaufrate bei der 300g-Packung hingegen hat sich ersten Halbjahr 1997 gut entwickelt. Ansatzpunkte zur Klärung der Gründe für die niedrigen Wiederkaufraten bei der 55g-Packung bietet eventuell die Produktqualität.

Die Ergebnisse lassen sich in einer kurzen SWOT-Analyse zusammenfassen.

SWOT-Analyse

Stärken, Schwächen, Chancen und Risiken der Milka Schoko&Keks

Stärken	Schwächen
■ Etablierter Markenname mit hoher Bekanntheit, der für hohe Qualität und ständige Produktinnovationen steht ■ Sehr starke Marktdurchdringung der Dachmarke Milka ■ Ausgeprägtes Marktwissen und Markterfahrung durch umfassende Marktforschungsaktivitäten ■ Die Schoko&Keks 300g- und 55g-Packungen und Pralinés werden mit einem einheitlichen Display vermarktet. Vorteil: Bündelung der Promotion- und Kommunikationsmaßnahmen.	■ Marktpotenzial für 300g-Packungen Tafelschokolade ist nur begrenzt. ■ Niedrige Wiederkaufrate von Milka Schoko&Keks im Vergleich zu den Konkurrenzmarken
Chancen	**Risiken**
■ Preissensitivität der typischen Milka Schoko&Keks-Käufer ist niedriger als die der Käufer der „klassischen" 300g-Milka. Somit besteht Spielraum für Preiserhöhungen. ■ Zunehmender Trend zum Konsum hochwertiger Markenschokolade	■ Sättigungserscheinungen im Schokoladenmarkt ■ Unerwartet neue Wettbewerbsprodukte, die den Wettbewerb verschärfen

offensivesmarketing.de

Abbildung 11-18

Schritt 2: Prognose

Folgende Trends ergeben sich für den Gesamtmarkt: Der Schokoladenmarkt, in dem Milka positioniert ist, ist durch starke Konkurrenten und geringe Zuwachsraten gekennzeichnet. Eine Änderung dieser Situation ist zukünftig nicht zu erwarten. Deshalb ist es umso wichtiger, durch entsprechende Produktdifferenzierungen ein möglichst breites Spektrum der Schokoladenkonsumenten anzusprechen bzw. bei der Kernzielgruppe der 10- bis 29-jährigen eine erhöhte Produkt-Awareness zu erreichen.

Schritt 3: Chancen identifizieren

Die Identifikation von Chancen erfolgt auf Basis der vorangestellten SWOT-Analyse. Hierbei werden die Chancen der SWOT-Analyse als Ausgangspunkt verwendet, um in Workshops weitere Ideen mit der erweiterten Projektgruppe zu entwickeln. Anschließend können Prioritäten zur Umsetzung einzelner Ideen festgelegt werden. Die geringe Preissensitivität der Käufer wird zum Anlass genommen, mit Hilfe der Produktinnovation Schoko&Keks-Pralinés eine höhere Preisposition durchzusetzen. Außerdem soll durch die Erweiterung der Produktpalette dem Konsumenten ein Produkt offeriert werden, das „zu jeder Gelegenheit" gekauft werden kann. Beide Maßnahmen verfolgen das Ziel, einerseits eine größere Käuferschicht anzusprechen, andererseits aber auch die angestrebten Marktanteils- und Umsatzziele zu erreichen.

Schritt 4: Ziele festlegen

Die Zielfestlegung der einzelnen Schoko&Keks-Varianten konzentriert sich im Wesentlichen auf eine volumenmäßige Absatzsteigerung, die Erhöhung des Marktanteils sowie die Festigung einer Premiumpreis-Stellung (vgl. Abbildung 11-19).

Ziele für Milka Schoko&Keks

Milka Schoko&Keks		1997	Ziel für Ende 1998
Verkaufsvolumen in Tonnen		8.900	10.100
Marktanteil in %		3%	4%
Preis der Milka Schoko&Keks pro Packung in DM	55g	1,09	1,00
	300g	2,05	2,65
	Pralinés	—	3,50

offensivesmarketing.de

Abbildung 11-19

Weiterhin werden im Marketing-Plan folgende Ziele festgeschrieben:

- Erhöhung der Distributionsdichte von Milka Schoko&Keks, um die gesteckten Umsatzziele zu erreichen.
- Bis Ende 1998 soll eine Wiederkaufsrate von 40% für Milka Schoko&Keks erzielt werden.

Schritt 5: Ableitung von Strategien

Brand Positioning Statement (BPS) für Milka Schoko&Keks

BPS für Milka Schoko&Keks	
Markenname	**Milka Schoko&Keks**
Marktbeschreibung	Schokolade
Zielgruppe	Die Zielgruppe definiert sich über den Geschmack und ist tendenziell altersunabhängig. Ein Schwerpunkt liegt dennoch auf der Altersgruppe der 10- bis 29-jährigen.
Markennutzen	Hochwertige Zutaten, einzigartiges Geschmackserlebnis.
Kernangebot für den Kunden	Qualitativ hochwertiges Produkt mit innovativem Charakter zu akzeptablen Preisen.
Markendifferenzierung	Einzigartiger Geschmack, *„cremig und knusprig zugleich"*; vielfältiges Sortiment in Form von Tafeln, Riegeln und Pralinés.
Markenpersönlichkeit	Milka Schoko&Keks – die zarteste Versuchung seit es Schokolade gibt.

offensivesmarketing.de

Abbildung 11-20

Milka Schoko&Keks offeriert dem Kunden einen einzigartigen Geschmack, der in einem cremig und zugleich knusprigen Charakter zum Ausdruck kommt. Diese gegensätzlichen Komponenten müssen in der Kommunikation im Mittelpunkt stehen.

Zur Realisierung der formulierten Ziele wurden folgende **Schlüsselstrategien** entwickelt:

Formulierung von Schlüsselstrategien

- **Allgemein:** Mit Hilfe einer Erweiterung der Produktpalette und flankierenden Kommunikationsmaßnahmen soll der Marktanteil von Milka Schoko&Keks deutlich erhöht werden. Durch eine Reduktion des Packungsvolumens soll indirekt eine Preiserhöhung durchgesetzt werden.

- **Produktverpackung:** Den Kunden soll trotz der verschiedenen Produktkategorien ein einheitliches Erscheinungsbild präsentiert werden. Darüber hinaus werden unterschiedliche Packungsgrößen angeboten, um eine Ausweitung der Verwendungsmöglichkeiten der Produkte zu erreichen.

- **Preis:** Die Neueinführung der hochwertigen Pralinés wird für eine indirekte Preiserhöhung sorgen, da mit weniger Packungsinhalt ein verhältnismäßig höherer Preis erzielt wird.

- **Kommunikation:** Mit Hilfe entsprechender Kommunikationsmaßnahmen in Verbindung mit innovativer Verpackungsgestaltung und Probepackungen sollen speziell Jugendliche angesprochen werden. Die Kernzielgruppe soll vorsichtig in Richtung „junge Erwachsene“ erweitert werden. Schlüsselelemente der Kommunikationsstrategie sind im Direkt-Marketing, in originellem, kostengünstigem Sponsoring sowie im Event-Marketing zu sehen.

- **Distribution:** Insbesondere bei der 55g-Packung ist eine Umsatzsteigerung durch Erhöhung der Impulskaufrate erreichbar. Dies kann in Supermärkten durch Platzierungen in Kassennähe erreicht werden.

- **Markenentwicklung:** Das mittelfristige Ziel der Markenentwicklung ist es, unter der Marke Milka Schoko&Keks eine Schokoladenwelt zu kreieren, die zu jeder Gelegenheit gekauft werden kann, sowohl unterwegs wie auch als Snack für zu Hause. Dieses Ziel soll durch folgende Angebote realisiert werden: Milka Schoko&Keks 300g, 55g-Einzelpackung, 55g-5er-Packung und Pralinés.

- **Absatzförderung:** Zur Absatzförderung werden verstärkt zusätzliche kassennahe Platzierungen bei den Lebensmittelhändlern akquiriert. Für die jugendliche Zielgruppe müssen darüber hinaus neue Distributionswege gefunden werden. Kinos, Diskotheken wären hierfür Beispiele.

- **Rentabilität:** Eine erhöhte Rentabilität wird durch die indirekte Preiserhöhung (Reduktion des Packungsinhaltes) und durch ein einheitliches Verpackungsdesign verbunden mit der Vermarktung als Monobrand erreicht.

Schritt 6: Pläne entwickeln

Pläne umfassen zwei Bereiche – Schlüsselaktivitäten für das kommende Jahr und Entwicklungspläne, die die nächsten ein bis zwei Jahre abdecken. Aus Platzgründen werden wir uns hier auf die Schlüsselaktivitäten für das kommende Jahr konzentrieren.

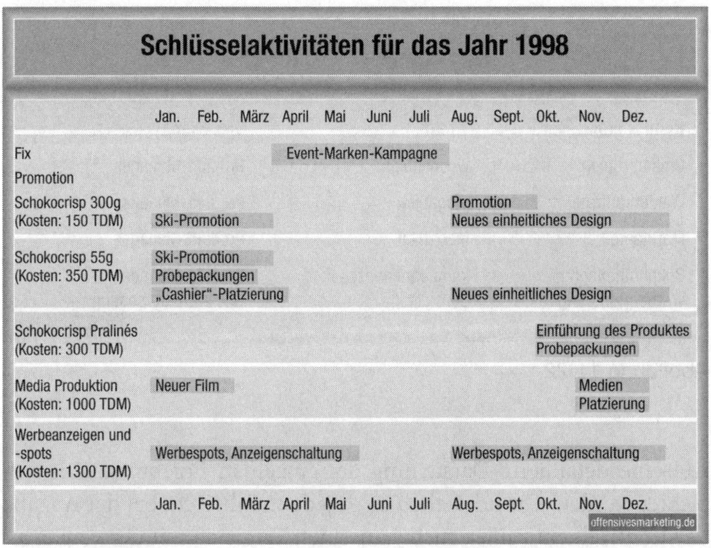

Abbildung 11-21

Zur Stärkung der Markenbekanntheit ist eine eventgestützte Markenkampagne geplant. Außerdem sollen für die einzelnen Schoko& Keks-Produktvarianten (300g, 55g, Pralinés) separate zielgruppenspezifische Absatzförderungen durchgeführt werden. Besondere Aufmerksamkeit gilt dem Ziel, eine überdurchschnittliche Zahl von Sonder- und Kassenplatzierungen in den Supermärkten zu erhalten. Das ganze soll flankierend durch eine einheitliche TV-Kampagne begleitet werden.

Für die Präsentation Ihres Plans reicht eine übersichtliche (möglichst grafische) Darstellung, um schnell die wichtigsten geplanten Maßnahmen, deren Zeitpunkt und die damit verbundenen Kosten überblicken zu können. Die Details zu den Aktivitäten verbannen Sie am besten in den Anhang.

Schritt 7: Ergebniskontrolle

Jetzt gilt es zu überprüfen, inwieweit die gesetzten Ziele tatsächlich realisiert werden können. Hierzu sollte ein fix vorgegebenes Schema angewandt werden.

Kontrolle der Ergebnisse

Kontrollkennziffer	Wann	Von wem
Umsatzzahlen	wöchentlich	Produkt-Manager
Wiederkaufrate	monatlich	Produkt-Manager
Marktanteil	monatlich	Produkt-Manager
Bekanntheitsgrad/ Werbeerinnerung	kampagnenbezogenes Controlling	Produkt-Manager/ GfK-Werbeforschung

offensivesmarketing.de

Abbildung 11-22

Auf eine detaillierte Darstellung der einzelnen Ergebnisse soll verzichtet werden. Grundsätzlich ist es jedoch hilfreich, bei der Angabe der Kontrollkennzahlen nicht nur einen Vergleich mit der vergangenen Periode, sondern auch mit den Kennzahlen des vergangenen Jahres vorzunehmen, um langfristige Trends identifizieren zu können. Inwieweit die gesetzten Ziele für das Jahr 1998 mit Hilfe des dargestellten Offensiven Marketing-Plans erreicht werden konnten, zeigt die Abbildung 11-23:

Erfolgskontrolle 1998

Milka Schoko&Keks 300g + 55g		1997	Ende 1998 (Soll)	Ende 1998 (Ist)
Verkaufsvolumen in Tonnen		8.900	10.100	9.300
Marktanteil in %		3	4	3,5
Wiederkaufrate Milka Schoko&Keks in %	55g	29	40	36
	300g	31	40	35
Preis pro Packung in DM	55g	1,09	1,00	0,96
	300g	2,05	2,65	3,06
	Pralinés	—	3,5	3,5

offensivesmarketing.de

Abbildung 11-23

Trotz Offensiver Umsetzung und Budgetierung konnte das ehrgeizige angestrebte Ergebnis nicht in allen Punkten erreicht werden.
Der Grund dafür ist darin zu sehen, dass ein Wettbewerber unvorhergesehen und mit massivem Vertriebs- und Werbedruck ein ähnliches Produkt auf den Markt brachte. Der geplante Marktanteil konnte daher nicht in vollem Umfang realisiert werden. Das gleiche gilt auch für die Wiederkaufrate der Konsumenten, die immer noch hinter den Konkurrenzwerten liegt.
Trotzdem hat der Marketing-Plan dazu beigetragen, die negativen Einflüsse des Wettbewerbers auf den eigenen Marktanteil in Grenzen zu halten – der Marktanteil ist sogar gestiegen. Positiv zu verzeichnen ist auch, dass in einzelnen Fällen höhere Preise durchgesetzt werden konnten als ursprünglich geplant war.
In der folgenden Abbildung sind die einzelnen Schritte des Marketing-Plans von Milka Schoko&Keks nochmals dargestellt.

Zusammenfassung des Milka Schoko&Keks-Marketing-Plans

Schritt	Themenbereiche:	Schlüsselinstrumentarien:
1. Geschäftsanalyse	■ Eigenes Unternehmen ■ Wettbewerb ■ Käuferstruktur ■ Kundenbindungs-Check ■ Kompetenzen	■ Umsatz und Werbeausgaben (Abbildung: 11-14) ■ Mengenmäßige Marktvolumina und relevante Wettbewerber (Abbildung: 11-15) ■ Käuferanteile nach Altersgruppen (Abbildung: 11-16) ■ Wiederkaufraten (Abbildung: 11-17) ■ SWOT-Analyse (Abbildung: 11-18)
2. Prognose	■ Einschätzung der Zukunft	■ Ergibt sich aus den Schlussfolgerungen der Geschäftsanalyse
3. Chancen identifizieren	■ Darstellung möglicher Chancen	■ Ergebnis der Schritte 1 und 2
4. Zielfestlegung	■ Verkaufsvolumen ■ Marktanteil ■ Preis ■ Innovation	■ Ergebnis der Schritte 1-3 (Abbildung: 11-19)
5. Ableitung von Strategien	■ Positionierung und -strategien ■ Produktverpackung ■ Preis ■ Kommunikation ■ Distribution ■ Absatzförderung ■ Rentabilität	■ Brand Positioning Statement (Abbildung: 11-20) ■ Formulierung der Schlüsselstrategien zu den einzelnen Themen
6. Entwicklung von Plänen	■ Pläne zur Unterstützung von Strategien	■ Monatliche Zusammenfassung der Schlüsselaktivitäten (Abbildung: 11-21)
7. Ergebniskontrolle	■ Zeitplan zur Überwachung ■ Überwachung der Einhaltung der Pläne	■ Kontrolle der Ergebnisse (Abbildung: 11-22) ■ Erfolgskontrolle der Zielvorgaben (Abbildung: 11-23)

offensivesmarketing.de

Abbildung 11-24

4 Marketing-Plan Dr. Best[4]

Einführung und Ausgangssituation

www.sb-consumer.de

Dr.BEST®

Unter der Marke *Dr. Best* wurde in Deutschland 1954 die erste Markenzahnbürste eingeführt. Nach der Übernahme durch Beecham 1974 hatte das Unternehmen mit einem rückläufigen Marktanteil zu kämpfen. 1988 lag der Marktanteil immer noch bei nur geringen 5%. Trotz dieses geringen Marktanteils besaß Dr. Best mit 72% aber eine sehr hohe Markenbekanntheit (gestützt).
Ziel des im Folgenden vorgestellten Marketing-Planes war es, Dr. Best zu einer starken Marke innerhalb des bereinigten Produktportfolios von ***SmithKline Beecham*** zu entwickeln. Dr. Best sollte sich zum Marktführer innerhalb des deutschen und später auch des europäischen Marktes entwickeln. Gleichzeitig wurde eine eigenständige Positionierung im Markt angestrebt. Hinsichtlich des Umsatzbeitrages der Marke innerhalb des Portfolios von SmithKline Beecham sollte Dr. Best einen größeren Stellenwert einnehmen.

Schritt 1: Geschäftsanalyse

Die Ausgangssituation im Jahr 1985

1985 zählte der Markt für Zahnbürsten mit einem Gesamtvolumen von 94 Mio. DM zum kleinsten Marktsegment im Bereich „Mundhygiene". In den zwei vorangegangenen Geschäftsjahren verzeichnete der Markt hohe Wachstumsraten die 1985 bei 9,9% und 1984 bei 10% im Vergleich zum Vorjahr lagen. Dr. Best konnte von den Wachstumsraten allerdings in keinster Weise profitieren. Ganz im Gegenteil, die Marke verlor ständig weiter Marktanteile an die Konkurrenz. Dem Markt wurde ein beträchtliches Potenzial prognostiziert, weil der von Zahnärzten empfohlene Pro-Kopf-Verbrauch an Zahnbürsten bei vier Stück pro Jahr lag. Die Statistiken wiesen aber lediglich einen Pro-Kopf-Verbrauch von einer Zahnbürste pro Jahr aus. Gleichzeitig war der Markt durch mehr oder minder austauschbare Produkte mit einer geringen Differenzierung gekennzeichnet, die bei den Nachfragern in die Kategorie *low interest* fiel.

---

[4] Diese Fallstudie ist mit freundlichen Unterstützung von Herrn Jürgen Reinhardt, ***SmithKline Beecham***, Bühl, entstanden.

Wettbewerbsumfeld 1985

Uneingeschränkter Marktführer im Jahre 1985 war die Marke ***Blend-a-Dent*** mit einem stabilen Marktanteil von ca. 55%. Außerdem besaß Blend-a-Dent eine sehr starke Vertriebsstruktur. Zweitstärkste Marke war ***Oral B*** mit einem Marktanteil von immerhin noch 12%. Oral B lebte von einem gewissen „Experten-Image", das durch sogenannte „Zahnarztempfehlungen" systematisch aufgebaut wurde. Der gesamte Markt war durch fehlende Innovationen gekennzeichnet. Die Gesamtwerbeausgaben im TV-Bereich, dem Hauptwerbeträger innerhalb der Branche, betrugen 1985 lediglich 5,1 Mio. DM. Diese Situation legte die Vermutung nahe, dass von den Konkurrenten keine Anstrengungen unternommen werden würden, um ihre Marktanteile auszuweiten. Die folgende Abbildung zeigt die Situation der Marke Dr. Best noch einmal im Überblick:

SWOT-Analyse

Stärken, Schwächen, Chancen und Risiken der Marke Dr. Best

Stärken	Schwächen
■ Ausreichendes Kapital zur Marktbearbeitung ■ Umfassende Markterfahrung und -kenntnis ■ Starke Marke mit hohem Bekanntheitsgrad	■ Dominierende Wetbewerber ■ Geringer Marktanteil
Chancen	**Risiken**
■ Wettbewerb ohne Innovationskraft ■ Möglichkeit der Differenzierung durch Innovationen ■ Hohe Wachstumsraten innerhalb des Marktes ■ Undifferenzierte und austauschbare low-interest-Produkte	■ Fehlende Akzeptanz von Innovationen durch die Kunden ■ Wettbewerber planen entgegen aller Erwartungen ebenfalls Produktinnovationen

offensivesmarketing.de

Abbildung 11-25

Schritt 2: Prognose

Gemäß dem ärztlich empfohlenen Zahnbürstenverbrauch pro Kopf ist ein beträchtliches unerschlossenes Marktpotenzial vorhanden. Von den Konkurrenten sind aufgrund ihrer gesicherten Wettbewerbssituation mittelfristig keine ernst zu nehmenden Innovationen zur Marktanteilserhöhung zu erwarten.

Schritt 3: Chancen identifizieren

Aus der SWOT-Analyse ergibt sich die Möglichkeit, durch eine eindeutige Differenzierung vom Wettbewerb Marktanteile zurückzugewinnen. Die Kombination aus der hohen Markenbekanntheit von Dr. Best und einer Differenzierung durch Innovationen bietet das Potenzial für eine eigenständige Positionierung im Markt, die zugleich einen Vorstoß in das Premiumpreis-Segment erlaubt.

Schritt 4: Ziele identifizieren

Mittelfristiges Ziel ist die Erreichung eines zweistelligen Marktanteils und der Marktführerschaft. Es wird eine eigenständige Positionierung angestrebt, die die Durchsetzung eines Premiumpreises innerhalb des Marktes erlaubt.

Schritt 5: Ableitung von Strategien

- **Allgemein:** Die SmithKline Beecham Consumer Healthcare-Strategie war darauf angelegt, die überlegene Markenbekanntheit mit innovativen Produktnutzen bei erlebbarer Produktdifferenzierung aufzuladen. Hierbei sollte der Markt eine Zweiteilung erfahren: starre Zahnbürsten auf der einen und innovative, flexible Zahnbürsten mit zahnmedizinisch relevantem Vorteil auf der anderen Seite. Mit hohen Werbeinvestitionen sollte der Mehrwert, den die Verbraucher aus der flexiblen Zahnbürste ziehen, durch nachvollziehbaren Umsetzungen kommuniziert werden. Letztlich sollte die gesamte Kategorie „Zahnbürste“ eine Aufwertung ihres Images erfahren: weg vom „Putzwerkzeug“ – hin zu einer intelligenten Problemlösung. Mit dieser Strategie erschien die Mobilisierung der noch ungenutzten Marktpotenziale am sichersten.
- **Produkt:** Die erste Dr. Best-Innovation kam 1988 mit der ***Dr. Best Plus*** auf den Markt. Der Zwei-Komponenten-Griff, ein Novum in der Zahnbürstentechnik, ermöglichte eine wesentlich bessere Handhabung der Zahnbürste. Das stärkste Differenzierungsmerkmal lag in einer flexiblen Zone im Bürstenstiel. Mit dieser Innovation konnte bereits eine Preisposition von 3,00 DM erreicht werden (der Marktdurchschnitt lag bei 2,10 DM). Die

zweite Innovation – die ***Dr. Best Schwingkopf*** – wurde durch einen flexiblen Bürstenkopf erreicht. Die medizinische Funktionalität der Zahnbürste wurde dadurch noch verbessert, weil durch die Kombination von flexiblem Griff und flexiblem Bürstenkopf die Reinigung der schwer erreichbaren Stellen im Mund entscheidend optimiert werden konnte. Mit diesem relevanten Zusatznutzen ließ sich eine Premiumpreis-Position von 4,50 DM durchsetzen. Die dritte Innovation setzte erneut an den Vorteilen des bereits etablierten Angebotes an: die ***Dr. Best Interdent*** mit Hoch-Tief-Borstenprofil auf den Markt gebracht wurde. Der Zusatznutzen dieser Innovation lag in der verbesserten Reinigung der Zahnzwischenräume.

- **Markenentwicklung:** Im Mittelpunkt stand das Ziel einer erlebbaren Produktdifferenzierung durch Innovation zur Ausdehnung der Marke in das Premiumsegment.
- **Kommunikation:** Einprägsame TV-Kommunikation sollte die Botschaft „medizinischer Vorteil durch Innovation" im Bewusstsein der Kunden verankern. Die reale Persönlichkeit „Prof. Dr. Best" erschien hier als optimaler Werbeträger mit hoher Glaubwürdigkeit. Darüber hinaus sollte die medizinische Produktleistung der Zahnbürste mit Hilfe der berühmten Tomate vorgeführt werden. Zusätzlicher Nutzen konnte aus der Tatsache gezogen werden, dass die klassischen „starren" Zahnbürsten praktisch ins Abseits gestellt wurden. Die Mediaspendings wurden auf das Fernsehen konzentriert, um das Massenpublikum zu erreichen.

Schritt 6: Entwicklung von Plänen

Die Maßnahmenpläne zur Umsetzung der Strategie sahen eine regelmäßige punktuelle Aktualisierung vor, um den Innovationscharakter der Marke über Jahre hinweg zu erhalten und sie konsequent in Richtung Marktführerschaft zu führen. Alle Maßnahmen wurden jeweils durch massive Fernsehkampagnen begleitet, die die jeweilige Innovation in den Vordergrund stellten. Hierbei betrug das Werbebudget 1991 knapp 10 Mio. DM pro Jahr und wurde bis 1997 kontinuierlich auf knapp 15 Mio. DM pro Jahr ausgeweitet.

Schritt 7: Ergebniskontrolle

Die durchgeführten Maßnahmen wurden kontinuierlich anhand der drei Kennzahlen Marktanteil, Werbewirkung und Umsatzentwicklung überprüft. Abbildung 11-26 zeigt sehr deutlich, wie das Innovationskonzept innerhalb kürzester Zeit Akzeptanz bei den Kunden fand. So entwickelte sich der Marktanteil von 7% im Jahre 1989 bis auf fast 40% im Jahre 1994. Damit konnte der einst dominante Marktführer überholt werden.

Marktanteilsentwicklung

Abbildung 11-26

Werbewirkung

Aus den langfristigen Aufzeichnungen der GfK über die Werbeeffizienz über verschiedene Verbrauchsgüter hinweg wird deutlich, mit welcher Intensität die starken *visuals* von Dr. Best das Marktgeschehen beeinflusst haben. Die Dr. Best-Kampagnen heben sich einer Werbeerinnerung von über 70% weit von anderen Verbrauchsgütern ab und stehen unerreicht an der Spitze. Nicht zuletzt aufgrund der sehr effizient durchgeführten Werbekampagnen konnten die entsprechenden Marktanteile und Umsatzgrößen erreicht werden.

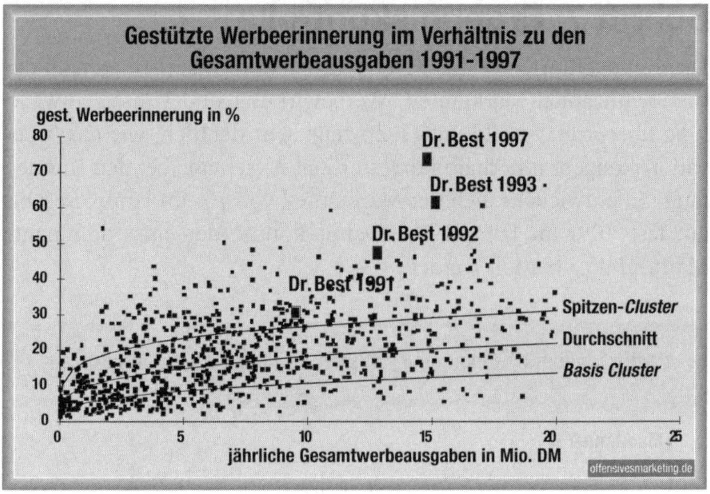

Abbildung 11-27

Umsatz

Als letzte zentrale Erfolgs- und Kontrollgröße wurde der Umsatz herangezogen. Dieser entwickelte sich parallel mit dem Marktanteil steil nach oben, was natürlich nicht zuletzt auch mit der überdurchschnittlichen Preisposition zusammenhängt.

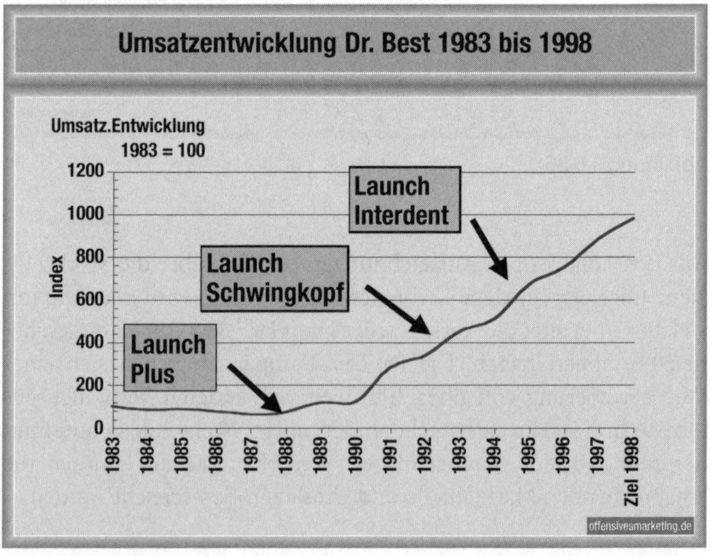

Abbildung 11-28

Fazit

SmithKline Beecham konnte durch eine konsequent Offensive Marketing-Planung und innovativen Entwicklungen den Mundhygienemarkt neu definiert. Die beinahe generalstabsmäßig langfristig angelegte Planung hat sicherlich in nicht unerheblichem Maße zum Erfolg der Marke Dr. Best beigetragen.
Auch hier finden Sie im Anschluss nochmals einen Überblick über den Marketing-Plan zur Marke Dr. Best.

Zusammenfassung des Dr. Best – Marketing-Plans

Schritt	Themenbereiche:	Schlüsselinstrumentarien:
1. Geschäftsanalyse	■ Eigenes Unternehmensumfeld ■ Wettbewerb ■ Kompetenzen	■ Wachstumsrate des Zahnbürsten-Marktes ■ Wettbewerbsanlayse ■ SWOT-Analyse (Abbildung: 11-25)
2. Prognose	■ Einschätzung der Zukunft	■ Ergibt sich aus den Schlussfolgerungen der Geschäftsanalyse
3. Chancen identifizieren	■ Darstellung möglicher Chancen	■ Ergebnis der Schritte 1 und 2
4. Zielfestlegung	■ Markenbekanntheit ■ Marktanteil ■ Preis ■ Innovation	■ Ergebnis der Schritte 1-3
5. Ableitung von Strategien	■ Produkt ■ Markenentwicklung ■ Kommunikation	■ Brand Positioning Statement ■ Formulierung der Schlüsselstrategien zu den einzelnen Themen
6. Entwicklung von Plänen	■ Pläne zur Unterstützung von Strategien	■ Darstellung der Schlüsselaktivitäten zur Zielerreichung
7. Ergebniskontrolle	■ Marktanteilsentwicklung ■ Werbeerinnerung ■ Umsatzentwicklung	■ Erfolgskontrolle der Zielvorgaben (Abbildung: 11-26/11-28)

offensivesmarketing.de

Abbildung 11-29

Flow-Chart Kapitel XI	
Kontext des Offensiven Marketing-Plans	■ Einordnung und Abstimmung des Marketing-Plans innerhalb des Business-Plans
Wichtige Aspekte des Offensiven Marketing-Plans	■ Zeithorizont ■ Umfang eines Marketing-Plans ■ Mitarbeit am Marketing-Plan
Die sieben Schritte der Offensiven Marketing-Planung	■ Geschäftsanalyse ■ Prognose ■ Chancen identifizeren ■ Zielfestlegung ■ Ableitung von Strategien ■ Entwicklung von Plänen ■ Ergebniskontrolle
Marketing-Plan Milka Schoko&Keks	■ Fallstudie zur Marketing-Planung bei Milka Schoko&Keks.
Marketing-Plan Dr. Best	■ Fallstudie zur Marketing-Planung bei Dr. Best.

Lese-Tipp:

- DellaSchiava, M.: Praktische Entwicklung des Marketing-Planes. Schritt für Schritt umsetzen, Frankfurt 1996.
- Diller, H.: Marketingplanung, München 1998.
- Kuss, A. / Tomzcak, T.: Marketingplanung, Wiesbaden 1998.
- Link, J. / Norbert, G. / Voßbeck, E.: Marketing-Controlling, München 2000.

Abschnitt 5: Effektiv umgesetzt

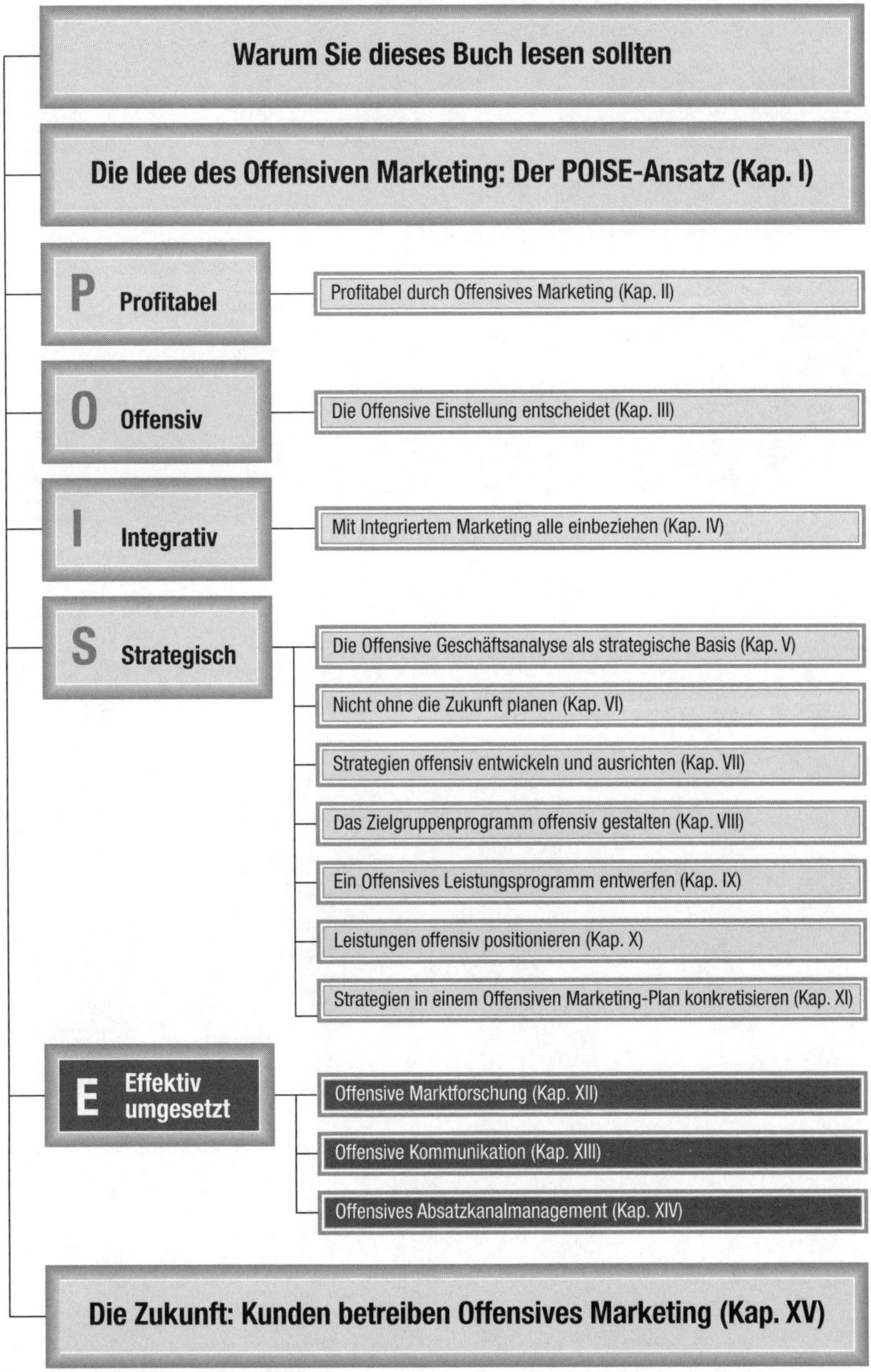

Überblick über Abschnitt „E“

In den nächsten drei Kapiteln geht es um das „E“ – effektiv umgesetzt – von POISE. Eine gut durchdachte Strategie ist wertlos, wenn sie schlecht umgesetzt wird. Und eine eher durchschnittliche Strategie kann durchaus den Wettbewerb aufrütteln, wenn sie sehr effektiv umgesetzt wird. Nachfolgend werden drei Bereiche aufgezeigt, die allesamt für eine effektive Strategieumsetzung unerlässlich sind:

Kapitel XII: Offensive Marktforschung ist unentbehrlich für die Identifikation und Entwicklung von Chancen. Marktforschung dient zudem dazu, die Ergebnisse von Offensiven Marketing-Aktivitäten zu kontrollieren. In diesem Kapitel geht es nicht darum, einzelne Methoden der Marktforschung ausführlich zu diskutieren – diese wurden nach den entsprechenden Anwendungsfeldern den jeweiligen Kapiteln zugeordnet. Ziel ist vielmehr, die effiziente Planung, Umsetzung und Kontrolle, also das gesamte Management der Marktforschung darzustellen.

Kapitel XIII: Offensive Kommunikation ist das entscheidende Instrument, um finale und subfinale Zielgruppen von den Vorteilen vorhandener und neuer Marken, Produkte und Dienstleistungen zu überzeugen. Auch die Kommunikation ist inzwischen einem schnellen Wandel unterworfen: Die Fähigkeit, unterschiedliche Kundengruppen durch geschickte Werbebotschaften und Medienauswahl zu erreichen, wird immer entscheidender.

Kapitel XIV: Offensives Absatzkanalmanagement. Genaue Kenntnisse über verschiedene Absatzwege, Neuentwicklungen in diesem Bereich und deren effektive Nutzung mit individuell zugeschnittenen Angeboten ist ein Bereich des Offensiven Marketing, der zunehmend an Bedeutung gewinnt.

POISE

P	**Profitabel**	Ausgewogenes Verhältnis zwischen den Gewinnzielen des Unternehmens einerseits und den Kundenbedürfnissen andererseits herstellen
O	**Offensiv**	Marktführerschaft anstreben, Risikobereitschaft zeigen und Konkurrenten in die Nachahmerposition zwingen
I	**Integrativ**	Marketing-Ansatz verfolgen, der das gesamte Unternehmen einbezieht
S	**Strategisch**	Entwicklung Offensiver Strategien und entsprechender Marketing-Pläne
E	**Effektiv umgesetzt**	Die Umsetzung Offensiver Strategien effektiv managen

offensivesmarketing.de

Abbildung 12-1

XII. Offensive Marktforschung

Kapitelüberblick

Mit zunehmender Komplexität und Dynamik der Umweltfaktoren wächst auch die Unsicherheit im Unternehmen und damit das Risiko von Fehlentscheidungen aufgrund unzulänglicher Informationen. Es ist daher wichtig, für alle (vor allem aber für langfristige) Marketing-Entscheidungen eine solide Grundlage zu schaffen, indem man diese Entscheidungsunsicherheit durch verlässliche Informationen möglichst weit reduziert. Ausgangspunkt vieler Unternehmensentscheidungen und aller Marketing-Entscheidungen sollte dementsprechend eine umfassende und problemorientierte Marktforschung sein.

Die Marktforschung ist einer der interessantesten Aspekte des Marketing, wird aber häufig nicht richtig genutzt. Anstatt als Grundlage für weitere Maßnahmen zu dienen verstaubt ein großer Teil der durch die Marktforschung gewonnenen Daten in den Regalen und wird nur gelegentlich zu Referenzzwecken herangezogen. Leider gibt es in der Praxis viel zu viel taktische, defensive und bestätigende Marktforschung und viel zu wenig Marktforschung, die wirklich neue Erkenntnisse über den Kunden, Märkte und Konkurrenten sucht und gewinnt. Marktforschung sollte hohe strategische Relevanz haben und in ihren Wirkungen weit über die Marketing-Abteilung hinausreichen. Schon 1951 hat William Marsteller deshalb eine ganz entscheidenden Frage formuliert: *„How does the marketing research department officially become a wing of the president's office?"* Seine Begründung hierfür: *„A versatile marketing research department is the seat of the greatest business opportunities. It is by all odds the most logical place for training young executives. It should be top management's feeding ground."*[1] Mit entsprechendem Anspruch und Sorgfalt sollten deshalb die Mitarbeiter in Marktforschungsabteilungen ausgesucht werden.

[1] Marsteller, W. A.: Putting the marketing research department on the executive level, in: Journal of Marketing, July 1951, S. 58.

Was ist Marktforschung?

Definition

Die Marktforschung ist ihrem Wesen nach eine Analyse- bzw. Diagnosefunktion in Unternehmen. Sie beinhaltet die Beschaffung, Auswertung und Interpretation von Daten. Die Ergebnisse der Marktforschung stellen nicht die eigentliche Entscheidung dar, sondern wirken in der Phase der Entscheidungsfindung beeinflussend mit. Bei der Lösung von Marketing-Problemen nimmt die Marktforschung damit einen hohen Stellenwert ein.

Die Grundsätze erfolgreicher Marktforschung lassen sich folgendermaßen zusammenfassen:

- **Kenntnisse über bestehende und potenzielle Kunden und den Markt können einen Wettbewerbsvorteil bedeuten.** Ziel ist es, dem Wettbewerb den einen entscheidenden Schritt voraus zu sein. Dieses Ziel kann erreicht werden, wenn man zur richtigen Zeit die richtigen Informationen über den Markt hat, denn genaue Informationen über die Wünsche der Kunden und die Gegebenheiten des Marktes sind die Basis eines Offensiven Marketing. Marktforschung ist der Zugang zu diesen Informationen.
- **Marktforschung muss strategisch angegangen werden.** Obwohl die meisten Unternehmen über ein Marktforschungsbudget verfügen, haben nur die wenigsten auch die Rolle der Marktforschung im Unternehmen erkannt, definiert und mit der Vision und den strategischen Zielen abgestimmt.
- **Marktforschung ist ein Wegweiser, keine Krücke.** Marktforschung liefert keine Entscheidungen, sondern Daten. Sie ist ein Instrument, mit dem die Qualität von Entscheidungen verbessert werden kann, keine Krücke für unschlüssige Entscheider, die so vorgefasste Meinungen „beweisen" möchten oder den Aufschub längst fälliger Entscheidungen rechtfertigen wollen.
- **Hinter den Zahlen stehen Menschen.** Zur Generierung von Informationen sollten sowohl professionell durchgeführte Marktforschungsstudien als auch informelle Kundenkontakte und persönliche Eindrücke genutzt werden.
- **Keine Marktforschung ohne weiterführende Maßnahmen.** Informationen müssen auch in Maßnahmen umgesetzt werden. Wenn Marktforschung nicht zu entsprechenden Maßnahmen führt, sollte sie besser gar nicht erst in Auftrag gegeben werden.

- **Die besten Informationen sind manchmal umsonst.** Jedes Unternehmen besitzt große Mengen an Daten, die bislang vernachlässigt wurden; meist deshalb, weil sie im falschen Format oder in der falschen Abteilung – und somit nicht zugänglich – vorliegen.
- **Alle Daten sind wichtig und müssen wie ein Puzzle zusammengesetzt werden.** Die verschiedenen internen und externen Daten müssen zusammengeführt werden, damit sie einen stimmigen Gesamteindruck vermitteln können. Ganz nach dem Motto: „Über integrierte Kommunikation wird viel diskutiert. Integrierte Marktforschung ist genauso wichtig!"

1 Grundlagen Offensiver Marktforschung

1.1 Warum bringt die Marktforschung manchmal nicht die gewünschten Ergebnisse?

Den Ausspruch „Ich weiß, dass die Hälfte meines Werbebudgets zum Fenster hinausgeworfen ist, aber ich bin mir nicht sicher, welche Hälfte das ist" müsste man für die Marktforschung etwas umformulieren: „Ich weiß, dass ich die Hälfte meines Marktforschungsbudgets zum Fenster hinauswerfe, aber ich weiß auch, dass ich viel zu wenig für Marktforschung ausgebe." In der Tat: Es wird zu wenig in Marktforschung investiert.

Marktforschung ist spannend!

Marktforschung sollte etwas Aufregendes sein, mit dem man sich neue Perspektiven für Innovationen und Verbesserungen eröffnen kann. Marketer sollten dem Ergebnis einer Marktforschungsstudie mit der gleichen Spannung entgegenfiebern wie dem Ausgang eines großen Sportereignisses. Welche neuen Perspektiven ergeben sich, welche Chancen können ergriffen werden? Werden unsere Erwartungen bestätigt, übertroffen oder vollständig vernichtet? Viel zu oft schlägt man bei der Marktforschung jedoch immer wieder die gleichen eingefahrenen, vorhersehbaren Wege ein, legt bereits zur Genüge bekannte Szenarien zugrunde, die nichts Neues mehr bringen und ungefähr genauso aufregend sind wie ein torloses Unentschieden beim Fußball. Stellt man den Marketing-Leitern großer Unternehmen einmal folgende Fragen, dann hört man in den meisten Fällen ein „Nein“ als Antwort.

- Weiß Ihr Unternehmen wirklich genau darüber Bescheid, welche Wünsche und Bedürfnisse die aktuellen und potenziellen Kunden haben?
- Haben Sie eine genaue Vorstellung davon, inwiefern sich die Kunden und deren Bedürfnisse auf Ihren Märkten in den nächsten fünf Jahren ändern werden?
- Basieren Ihre unternehmerischen Entscheidungen auf einer zielgruppenspezifischen Marktsegmentierung und ist diese Segmentierung mit der der Wettbewerber vergleichbar?

Für dieses „Nein“ gibt es eine ganze Reihe von Gründen, unter anderem folgende:

Die Marktforschung wird nicht strategisch genug angegangen

Gründe für schlechte Marktforschung

Sehr beliebt ist der Einsatz „taktischer“ Marktforschung. Sie beantwortet Fragen mit eher kurzfristigem Horizont – ein Geschmackstest für einen neuen Schokoriegel wäre ein Beispiel für so eine taktische Fragestellung. Die Ergebnisse geben jedoch wenig zukunftsweisende Auskünfte. Strategische Marktforschung hingegen (zum Beispiel Positionierungs-, Image- oder Einstellungsanalysen) wird von den Unternehmen häufig jahrelang hinausgeschoben, weil sie sich erst langfristig auszahlt und deshalb unterschätzt wird. Und so kann es vorkommen, dass ein Unternehmen erhebliche Mittel für (taktische) Marktforschung aufwendet, über seine bestehenden und potenziellen Zielgruppen jedoch eigentlich nichts weiß.

Schlechte Planung

Marktforschungsstudien werden von den Unternehmen oft übereilt oder ohne gründliche Vorarbeit in Auftrag gegeben. Häufig wird es versäumt, Ziele und Standards zur Methodik und zur geplanten Verwendung der Ergebnisse vor der Vergabe des Auftrags genau zu definieren.

Mangelndes methodisches Wissen

Viele Unternehmen betreiben aus Kostengründen keine eigene Marktforschungsabteilung. Nicht zuletzt deshalb fehlt in vielen Unternehmen elementares Wissen über die Grundlagen der Marktforschung. Um Marktforschungsinstitute effektiv briefen und die erhobenen Daten später bewerten zu können, muss man jedoch über Vor- und Nachteile der verschiedenen Auswahlverfahren, Möglichkeiten zur Bestimmung der Stichprobengröße und Analysemethoden Bescheid wissen.

Undifferenzierte Marktforschung

Sinn und Zweck der Investition in Marktforschung ist es, einen Wettbewerbsvorteil zu erreichen. Aber viele Unternehmen geben immer wieder die genau gleichen Studien – Untersuchungen zur Werbewirkung, Kundenpanels, Handelspanels, Qualitätskontrollen etc. – wie auch ihre Wettbewerber in Auftrag. Erfolgreiche Unternehmen sind hingegen in der Lage, selbständig Analysen zu entwickeln, in die auch eigenes Know-how mit einfließt.

Ergebnisse neuer Studien werden nicht in bereits vorhandene Ergebnisse integriert

Wenn man Unternehmen befragt, welche Marktforschungsprojekte in der Vergangenheit durchgeführt worden sind, erhält man meistens einen Berg unbearbeiteter Berichte, die von unterschiedlichen Abteilungen in Auftrag gegeben und von unterschiedlichen Marktforschungsinstituten unter Anwendung unterschiedlichster Verfahren ausgeführt wurden. Und dann stellt man fest, dass bis jetzt noch niemand versucht hat, dieses Sammelsurium an Daten zu ordnen und zu einem Gesamtbild zusammen zu fügen. Die Studien wurden meist isoliert durchgeführt und bewertet und meist nicht zusätzlich durch Datenmaterial ergänzt, das im Unternehmen bereits verfügbar gewesen wäre – wahrscheinlich wusste nur niemand davon.

So etwas kommt häufiger vor als man denkt. Erfolgreiche Unternehmen sind in der Lage, Daten aus verschiedenen Studien zu integrieren. Denn im Grunde genommen ist es das Ziel einer erfolgreichen Marktforschung, ein komplexes Porträt zu schaffen, das Daten aus mehreren Quellen im Laufe der Zeit zu einem überzeugenden Ganzen zusammenfügt und kontinuierlich ergänzt. Die so zusammengetragenen Daten können manchmal aber auch im Widerspruch zueinander stehen, da sie beispielsweise aus unterschiedlichsten Quellen stammen, die häufig schwer miteinander vereinbar sind. Der Versuch, Widersprüchlichkeiten zwischen verschiedenen Datensets aufzulösen, ist eine meist lehrreiche Erfahrung. Unternehmen, die Daten immer nur isoliert betrachten, wird dieses Vorhaben nicht gelingen.

Quellen der Marktforschung

Primär- und Sekundärforschung

Die Methoden der Informationsgewinnung lassen sich grundsätzlich in Primär- (*field research*) und Sekundärforschung (*desk research*) unterteilen. Im Falle der Beschaffung, Aufbereitung und Erschließung neuen Datenmaterials aus dem Markt spricht man von **Primärforschung**. Beschränkt man sich indessen auf die Beschaffung, Aufbereitung und Erschließung bereits vorhandenen Datenmaterials, spricht man von **Sekundärforschung**. Typischerweise handelt es sich bei Sekundärmaterial um für andere Zwecke, zu einem früherem Zeitpunkt bereits erhobene Informationen. Üblicherweise wird im Zusammenhang mit Marktforschungsprojekten sowohl Primär- als auch Sekundärforschung betrieben. Sekundärforschung stellt – trotz meist geringerer Ergiebigkeit gegenüber der Primärforschung – aus Kostengründen sowie wegen der leichten und schnellen Verfügbarkeit oft die einzige Informationsbeschaffungsmöglichkeit dar. Als Informationsquellen der Sekundärforschung lassen sich unternehmensinterne und -externe Datenquellen unterscheiden:

- **Unternehmensexterne Informationsquellen der Sekundärforschung** sind z.B. kontinuierliche oder einmalig von Marktforschungsinstituten oder Verlagen durchgeführte Marktforschungsstudien, frei verfügbare Daten von statistischen Ämtern, zugängliche Online-Datenbanken, Geschäftsberichte, wissenschaftliche Studien von Universitäten, Fachzeitschriften, Veröffentlichungen von Verbänden etc.
- Als **unternehmensinterne Informationsquellen der Sekundärforschung** kommen z.B. interne Umsatzstatistiken, Berichte der Außendienstmitarbeiter, Lagerstatistiken, Kunden- und Lieferantendatenbanken, bereits durchgeführte Kundenbefragungen oder Erfahrungen aus persönlichen Kundenkontakten in Frage.

Probleme der Sekundärforschung sind vor allem in der meist mangelnden Aktualität, aber auch in der Verwendung häufig unterschiedlicher Erhebungsmethoden und -einheiten zu sehen, so dass die einzelnen Ergebnisse nicht miteinander vergleichbar sind. Meist fehlen auch die für die Interpretation der Daten notwendigen Hinweise zur Methodik der Datenerhebung; also Antworten auf Fragen nach der expliziten Stichprobencharakteristik, der Stichprobenziehung, der statistischen Rahmendaten oder der eingesetzten Auswertungsmethoden.

Wie bereits erwähnt, geht es bei der **Primärforschung** um die Gewinnung **originärer** Daten, d.h. Informationen werden eigens für das vorliegende Untersuchungsproblem erhoben. Grundsätzlich stehen hierfür zwei methodische Vorgehensweisen zur Verfügung, nämlich die **Befragung** und die **Beobachtung**. Auch hier kann zwischen unternehmensinterner und -externer Primärforschung unterschieden werden:

- Mitarbeiterbefragungen und -beobachtungen oder auch Qualitätskontrollen in der Produktion sind Beispiele **unternehmensinterner Primärforschung**.
- Hingegen sind alle Erhebungen, die mit Personen durchgeführt werden, die nicht direkt zum Unternehmen gehören, als **unternehmensexterne Primärforschung** zu bezeichnen. Die Berücksichtigung internationaler Aspekte bei der Datenbeschaffung wird in der Marktforschung zukünftig immer mehr an Bedeutung gewinnen. Mit der Internationalisierung des Marketing steigen auch die Anforderungen an die Marktforschung: sowohl aus konzeptioneller und methodologischer wie auch aus organisatorischer Hinsicht. Solche Anforderungen sind erforderlich, um Daten vergleichbar zu machen und einheitliche Interpretationen zuzulassen.

1.2 Womit beschäftigt sich die Marktforschung?

Entscheidungsrelevantes Wissen

Bei der Marktforschung geht es um die Beschaffung, Auswertung und Interpretation von Informationen. Informationen werden somit zu entscheidungsrelevantem Wissen, d.h. sie verhelfen den Entscheidungsträgern des Unternehmens zu einer Verbesserung der Entscheidungsfindung sowie zur Fundierung ihrer Entscheidungen. Diese Informationen helfen dem Unternehmen dabei, mit den Kunden in Kontakt zu bleiben, verhelfen ihm dazu, einen Einblick darüber zu erhalten, was die Kunden beispielsweise über seine Produkte oder Dienstleistungen und die des Wettbewerbs denken, und geben ihm Auskunft über das Marktgeschehen. Natürlich ist Marktforschung per se noch kein Garant für unternehmerischen Erfolg. Aber der effektive Einsatz der Marktforschung sorgt dafür, dass der unternehmerische Erfolg wahrscheinlicher wird. Marktforschung findet die Antworten auf folgende Schlüsselfragen:

Schlüsselfragen der Marktforschung

- Wer sind die Wettbewerber auf den relevanten Märkten?
- Wo liegen die Stärken und Schwächen der Wettbewerber?
- Wie bewerten die Kunden die Leistungen des eigenen Unternehmens im Vergleich zum Wettbewerb?
- Nach welchen Kriterien agieren die Nachfrager auf den Märkten?
- Inwiefern werden die Bedürfnisse der Nachfrager befriedigt?
- Welchen Veränderungen unterliegen diese Bedürfnisse im Laufe der Zeit?
- Wie hoch sind Kundenzufriedenheit, -loyalität und -bindung, und was ist der Grund dafür?
- Wie reagieren Kunden auf neue Angebote?

Zentrale Themenkomplexe

Stark vereinfacht betrachtet gibt es also drei große Themenkomplexe, die in der Marktforschung von Bedeutung sind:

- **Wer ist mein Kunde? Was kauft er, wie lebt er, wie verbringt er seine Freizeit?** Der Begriff „Kunde" wird hier sehr allgemein verstanden, er umfasst sowohl Letztnachfrager wie auch Lieferanten, Absatzmittler, Mitarbeiter, Aktionäre etc. – kurz: alle relevanten Zielgruppen des Unternehmens.
- **Was wissen, denken, fühlen und erleben Kunden und warum?** Um das herauszufinden, muss man sich mit der Aufmerksamkeit, den Bedürfnissen, Einstellungen, (Un-) Zufriedenheiten, Images und Reaktionen der Kunden beschäftigen.
- **Wie wird mein Kunde reagieren?** Wie wird die Reaktion von Kunden auf mögliche Marketing-Maßnahmen (zum Beispiel neue Werbekampagnen, neue Produkte oder neue Services, neue Preismodelle) aussehen?

Die folgende Abbildung greift diese drei Themenkomplexe auf und zeigt jeweils einige in der Praxis häufig eingesetzte Analysemethoden. Die Themenkomplexe werden durch Methoden erweitert, die mögliche zukünftige Entwicklungen, beispielsweise Markttrends, abzuschätzen versuchen.

Gängige Analysemethoden

Gängige Analysemethoden der Marktforschung im Überblick

Analysemethode	Untersuchungsziel	Häufigste Datenquelle bzw. Auswertungsmethode
Wer ist mein Kunde?		
Sekundäranalyse	■ soziodemographische Daten ■ Kaufverhalten ■ Marktdaten ■ Branchenkennzahlen	■ Auswertung von Datenquellen u.a. Statistisches Bundesamt ■ externe Datenbanken ■ Zeitungen/Zeitschriften ■ Verbände ■ Verlage ■ Online-Dienste ■ Betriebsstatistiken
Marktsegmentierung	■ Zielgruppendefinition ■ Abgrenzung des relevanten Marktes	■ telefonische, schriftliche und persönliche Befragung ■ Einsatz von multivariaten Analysemethoden (z.B. Clusteranalyse)
Kundenbeobachtung	■ Analyse des Kundenverhaltens	■ teilnehmende oder nicht-teilnehmende Beobachtung ■ Feld- / Laborbeobachtung
Handelspanel	■ Einkäufe ■ Bestände und Abverkäufe im Handel	■ Auswertung der Scanner-Kassen-Bewegungen
Haushaltspanel	■ Einkaufsverhalten ■ Einkaufsstättenwahl	■ Erfassung durch Registrierung des Kunden an der Kasse bzw. „Heim-Scanner"
Was wissen, denken, fühlen und erleben die Kunden und warum?		
explorative Untersuchung	■ Einblicke in individuelle Verhaltensweisen, Einstellungen und Meinungen	■ Fokusgruppengespräche ■ freie qualitative Interviews
Einstellungsmessung und Imagemessung	■ Erforschung von Einstellungen und Images über Produkte, Marken oder bspw. zur Politik	■ telefonische, schriftliche oder persönliche Befragung
Präferenzforschung	■ Optimierung von Leistungen und Leistungsbündel aus Kundensicht	■ persönliche Befragung ■ Einsatz multivariater Analysemethoden (Conjoint-Analyse)

offensivesmarketing.de

Kundenzufriedenheits- und Kundenbindungsforschung	■ Kennzahlen über Zufriedenheit bzgl. einzelner Leistungen oder der Globalzufriedenheit, Analyse von zukünftigen Verhaltensabsichten u.a.	■ telefonische, schriftliche oder persönliche Befragung
Werbetracking-Studien	■ Werbeerinnerung ■ Durchsetzungsfähigkeit und Eindruckswirkung von Werbemassnahmen	■ persönliche oder schriftliche Befragung
Produkttest	■ Aktzeptanz- und Verwendungstest von Produkten	■ Feld- oder Labortest mittels persönlicher Befragung
Wie werden Kunden reagieren?		
Testmarktverfahren	■ Einkaufsverhalten von neuen Produkten bzw. Leistungen ■ zukünftiges Absatzvolumen ■ Wirkung möglicher Marketing-Maßnahmen	■ Experiment unter Feldbedingungen (regional begrenzter Testmarkt) ■ Erfassen der Einkäufe über Scanner-Kassen
Testmarkt-Simulation	■ Test von Produkt- oder Verpackungsvarianten ■ Einkaufsverhalten	■ Laborexperiment mit persönlicher Befragung und Beobachtung
Schätzung zukünftiger Entwicklungen		
Zeitreihenprojektionen	■ statistische Prognose von Marktentwicklungen	■ Einsatz von multivariaten Analysemethoden ■ Auswertung mittels spezieller Statistiksoftware (z.B. Regressionsanalyse)
Expertenbefragung (einschl. Delphi-Methode)	■ Einbezug von Experten über Markttrends und -entwicklungen	■ telefonische, schriftliche oder persönliche Befragung

offensivesmarketing.de

Abbildung 12-2

Diese Aufstellung gibt auch eine erste grobe Einschätzung der Verlässlichkeit der einzelnen Analysemethoden: Was die Kunden kaufen, ist eine Untersuchung der Vergangenheit und damit relativ einfach zu erheben. Was Kunden über die heutigen Produkte und Leistungen denken, wissen und fühlen, ist ebenfalls eine Tatsache. Allerdings sind Einstellungen und Meinungen schwieriger zu erheben und sehr volatil.

Simulierte Situationen zur Vorhersage zukünftiger Verhaltensweisen und Reaktionen sind schließlich die unsichersten Untersuchungen. Um diese drei Themenkomplexe näher zu beleuchten, gibt es in der Marktforschung sehr viele verschiedene Analysemethoden. Welches Erhebungsverfahren gewählt wird, richtet sich nach dem speziellen Untersuchungsanliegen und vor allem auch danach, wie der Informationsbedarf sinnvoll, das heißt am ergiebigsten, ökonomischsten oder schnellsten gedeckt werden kann. Im Folgenden werden die am häufigsten auftretenden Problembereiche in der Marktforschung und die jeweils eingesetzten Verfahren dargestellt.

Interviews und Gruppendiskussionen

Um ein erstes Gefühl für eine Thematik zu erhalten oder Fragestellungen für eine spätere, quantitativ angelegte Studie zu generieren, werden meist in einer explorativen Vorphase sogenannte Pilotstudien durchgeführt. Hierbei kommen zum einen **freie qualitative Interviews** und zum anderen **Gruppendiskussionen** zum Einsatz.

Freies Interview

Zur Durchführung **freier Interviews** lassen sich nur schwer generelle Aussagen treffen. Um eine allgemeine Vergleichbarkeit der einzelnen Interviews zu gewährleisten, wird in der Praxis ein gewisses Maß an Strukturierung durch einen so genannten Interviewerleitfaden erreicht. Der Leitfaden dient als grobe Skizze des Gesprächsverlaufs, die der Interviewer je nach Bedarf flexibel handhaben und verfolgen soll. Protokolliert werden solche Interviews häufig sowohl durch eine stichwortartige Mitschrift, als auch mittels Tonbandaufzeichnung. Die Auswertung des Interviews ist aufgrund der geringen Standardisierung des Gesprächs schwierig. Es können sich daher bei der Interpretation erhebliche Deutungsspielräume ergeben.

Gruppendiskussion

Im Gegensatz zum skizzierten qualitativen Interview, bei dem ein tiefer Einblick in individuelle Verhaltensweisen, Einstellungen und Meinungen gewonnen werden kann, soll die **Gruppendiskussion** ein möglichst breites Spektrum von Meinungen, Ansichten und Ideen von mehreren Personen im gemeinsamen Gespräch hervorbringen. Pro Diskussionsrunde sind sechs bis neun Teilnehmer denkbar. Gruppendiskussionen sind als Erhebungsmethode relativ preisgünstig und lassen sich ohne großen Aufwand durchführen. Bei der Zusammensetzung der Gruppen sind sowohl homogene als auch heterogene Gruppen denkbar:

Heterogene Gruppen sind vorzuziehen, wenn es darauf ankommt, möglichst viele unterschiedliche Meinungen kennenzulernen. Homogene Gruppen hingegen zeigen z.B. Beeinflussungen innerhalb der Zielgruppe auf. Problematisch sind besonders dominante Teilnehmer, da sie zu extremen Gruppenmeinungen beitragen können, aber auch Teilnehmer, die sich nicht oder kaum an der Diskussion beteiligen. Dies kann zu atypischen Resultaten führen. Es ist Aufgabe der Disskusionsleitung, diese Probleme zu mildern – beseitigen lassen sie sich nicht.

Protokolliert werden solche Diskussionsrunden am häufigsten mittels Tonband- und Videoaufzeichnung. Aufgrund der angesprochenen gruppendynamischen Effekte und der geringen Repräsentativität sollten die Resultate von Gruppendiskussionen jedoch nicht als alleinige Grundlage für wichtige Entscheidungen verwendet werden. Sie müssen durch eine quantitative Marktforschung mit einer repräsentativen Stichprobe aus der interessierenden Grundgesamtheit unterstützt werden. Fokusgruppengespräche können lediglich qualitative Anhaltspunkte, kreative Anregungen und Hinweise liefern. Hierzu ein Beispiel:

Beispiel

Der Marketing-Leiter eines führenden internationalen Unternehmens nimmt an einer Besprechung teil, auf der einer der europäischen Manager einen Wechsel der Positionierung des Unternehmens in Richtung einer stärker europäisch ausgerichteten Marke empfohlen hat. Er fragt nach, welche Informationen dieser Entscheidung zugrunde liegen. Nach einigem Hin und Her stellte sich heraus, dass lediglich drei Gruppendiskussionen geführt worden waren, und zwar in der Schweiz. Diese dienten als Basis für die strategische Entscheidung. Der Marketing-Leiter kommentierte dies folgendermaßen: „Ich bin nicht bereit, die globale Strategie dieses Unternehmens an der Meinung von 18 Schweizer Hausfrauen auszurichten."

Produkttest

Möchte ein Hersteller die Akzeptanz- und Verwendungseigenschaften seiner Produkte oder möglicher Produktideen überprüfen, kommt in der Marktforschung häufig der so genannte **Produkttest** zum Einsatz. Produkttests werden vor allem für Konsumgüter, also z.B. Lebensmittel, Haushaltswaren, Kleidung und Getränke durchgeführt (vgl. zu verschiedenen Arten von Produkttests Kapitel IX – Punkt 3.2). Der Test kann z.B. bei bereits im Markt befindlichen

Produkten eingesetzt werden. Meist wird hierbei die Gebrauchstauglichkeit und Imagewirkung im Vergleich zu Konkurrenzprodukten oder die Wirkung von Änderungen des ganzen Produktes bzw. einzelner Produktbestandteile überprüft. Zum anderen kommt der Produkttest auch bei noch nicht auf dem Markt befindlichen Produkten zum Einsatz. Hier gilt es meist, Leistungskonzepte oder Produktalternativen aus Kundensicht bzw. in Zusammenarbeit mit dem Kunden zu generieren oder ein aus Kundensicht optimal gestaltetes Produkt zu designen. Letzteres geschieht meist unter Einsatz einer **Conjoint-Analyse**, mit der versucht wird, Präferenzen bei einzelnen Produktmerkmalen und Merkmalsausprägungen zu identifizieren und durch die Berücksichtigung der Präferenzurteile den Gesamtnutzen eines Produktes für den Kunden zu erhöhen. Ziel ist es, ein Produkt zu generieren, das den Kundenvorstellungen möglichst in allen Eigenschaften am ehesten entspricht.

Zeitreihenuntersuchungen

Um Veränderungen messen zu können, sind **Zeitreihenstudien** erforderlich. Deshalb werden diese Studien in einem bestimmten Rhythmus wiederholt (z.B. kontinuierlich, täglich, wöchentlich, monatlich, quartalsweise oder jährlich). Will man beispielsweise wissen, wie viele Verbraucher über mehrere Erhebungsperioden hinweg konstant eine bestimmte Marke verwendeten oder konstant bestimmte Produkte in bestimmten Geschäften gekauft haben oder wie sich das Einkaufsverhalten der Zielgruppe oder die Verteilung der Marktanteile bestimmter Produkte im Zeitablauf entwickelt, dann sind Erhebungen mit Messwiederholung erforderlich. Auch die Frage, wie Kunden auf Veränderungen in der Kommunikation reagieren, erfordert Messwiederholungen, also wiederkehrende Befragungen (Panels). Aber auch im Handel interessieren Veränderungen von Menge und Wert im Zeitablauf. Derartige Fragestellungen versucht die Panelforschung zu beantworten.

Panel

Ein Panel kann auf unterschiedliche Art und Weise durchgeführt werden. Im Wesentlichen besteht ein Panel aus Befragungen, die in regelmäßigen (also in Abhängigkeit vom Untersuchungsgegenstand z.B. wöchentlichen, monatlichen, vierteljährlichen oder jährlichen) Abständen bei einem gleichbleibenden, repräsentativen Personenkreis durchgeführt werden.

Definition Panel

www.gfk.de

www. acnielsen.de

Von besonderer praktischer Relevanz sind das Verbraucherpanel (z.B. der GfK-BehaviorScan) und das Handelspanel (z.B. das LEH-Panel der A.C. Nielsen GmbH).

Werbe-tracking

Ein anderes Beispiel für Zeitreihenanalysen stellen so genannte Werbetracking-Studien dar. Sie beinhalten die regelmäßige Befragung wechselnder repräsentativer Personen der Zielgruppe zu ihrer Werbeerinnerung. Es handelt sich also um eine kontinuierliche Erfassung der Marktentwicklung auf Verbraucher- oder Handelsebene (z.B. mittels eines Panels) in Verbindung mit einem kontinuierlichen Recall-Test (vgl. hierzu Kapitel XIII – Punkt 6). In dieser Untersuchung soll die Eindruckswirkung der erinnerten Werbung und ihre Durchsetzungsfähigkeit im redaktionellen Umfeld erhoben werden. Dabei kann über die Zeit die Veränderung der Werbewirkung dem dazu erforderlichen Werbeaufwand gegenübergestellt werden. Ein besonders bekanntes Verfahren in diesem Zusammenhang ist der GfK-Werbemonitor, der in einer Wellenerhebung monatlich bei ca. 200 Personen die gestützte und ungestützte Werbeerinnerung abfragt.

Als bekanntes Beispiel für eine Zeitreihenanalyse kann auch der ***Kundenmonitor Deutschland*** herangezogen werden. Er gilt als wichtigste Studie in Deutschland zu den Themen Kundenzufriedenheit und Benchmarking:

Kundenmonitor Deutschland – Qualität und Kundenorientierung

www.service barometer.de /kundenmonitor

Kundenmonitor Deutschland

Die Szene dürfte wohl jedem Marketing- oder Qualitätsverantwortlichen bekannt sein: Die Geschäftsleitung hat sich nach längerer Diskussion zur Durchführung einer Zufriedenheitsbefragung bei ihren Kunden entschlossen. Es ist Projektteam gegründet worden, es wurde ein adäquater Partner auf Marktforschungsseite ausgewählt, man hat für eine nicht gerade unbedeutende Summe eine große Anzahl an Kunden befragt und nun liegen die Ergebnisse vor: Über das Unternehmen hinweg sind 40% der Kunden „vollkommen" oder „sehr zufrieden"! 50% der Kunden sind immerhin „zufrieden". Das Unternehmen hat somit 90% Kundenzufriedenheit! Ein großer Erfolg? Reicht das? Können die übrigen 10% unzufriedener Kunden die weitere positive Entwicklung des Unternehmens gefährden? Sind das nun eigentlich gute oder schlechte Werte?

Dies ist eine typische Situation, in der Projektverantwortliche für Qualität und Kundenzufriedenheit nach weiteren Informationen suchen, die ihnen helfen, den bereits initiierten *customer-focus*-Prozess am Laufen zu halten, die bei den Mitarbeitern im Kundenkontakt mühsam aufgebaute Motivation zu mehr Kundenorientierung im Tagesgeschäft zu erhalten oder das Unternehmen auf die steigenden Erwartungen der Kunden und zunehmende Konkurrenz durch Service-Spitzenreiter vorzubereiten.

Zur Relativierung der im eigenen Unternehmen erhobenen Daten stehen meist nur vage Vergleichswerte aus Untersuchungen befreundeter Unternehmen oder in Artikeln bzw. auf Kongressen veröffentlichte Werte von Wettbewerbern (mit den bekannten Schwächen der methodischen Vergleich- bzw. Übertragbarkeit) zur Verfügung.

Zentrale Entwicklungen

Aus einer solchen Situation heraus ist der ***Kundenmonitor Deutschland*** als wissenschaftliches Lösungsangebot für konkreten Marktbedarf entstanden. Der konzeptionelle Ansatz des Kundenmonitor Deutschland leitet sich u.a. aus folgenden **zentralen Entwicklungen** ab:

- Neue, vornehmlich ausländische Anbieter mit neuen Dienstleistungskonzepten oder für deutsche Verhältnisse neuem Serviceverständnis drängen in den deutschen Markt und entwickeln sich aus anfangs (im Sinne der Marktbedeutung) kaum wahrnehmbaren Keimzellen zu bedeutenden Marktteilnehmern (z.B. Citibank, Dell, Gateway 2000, Lands' End, Wal Mart, UPS).
- Klassische Branchenbilder (im Sinne der Zuordnung im Rahmen statistischer bzw. volkswirtschaftlicher Systematiken) verwischen durch die konsequente Erweiterung des Leistungsangebotes bzw. der Sortimentsbereiche der Anbieter (z.B. drängen Lebensmitteldiscounter in den Markt für freiverkäufliche Medikamente, Möbelhäuser erweitern um Bekleidungsbereiche, Pkw-Hersteller um Finanzdienstleistungen).
- Die zunehmende Globalisierung auch auf Kundenseite (z.B. über Reisen und Medien) führt zu neuen Einflüssen auf Zufriedenheitsvariablen wie die Kundenerwartung und -wahrnehmung selbst sowie auf den anschließenden Entscheidungsprozess hinsichtlich Zufriedenheit und Kundentreue.
- Deregulierung und Privatisierung in immer mehr Branchen wecken Erwartungen, erfordern umfassende Reorganisationsprozesse und Vergleiche mit wettbewerbsintensiven Branchen (z.B. Bahn, Post, Telekom, Stromversorgungsunternehmen).

- Kunden vergleichen Leistungen aus ihrem täglichen Erwartungshorizont heraus. Verstärkt durch die oben genannten Entwicklungen erfolgen Leistungsvergleiche aus Kundensicht zunehmend auch funktions- und weniger branchenbezogen.

Zentrale Anforderungen

Als **zentrale Anforderungen** an eine branchenübergreifende Benchmarking-Studie wurden seit 1992 in über 200 Einzelgesprächen mit Experten aus Geschäftsleitung, strategischer Planung, Controlling, Marktforschung oder Qualitätsmanagement unter anderem folgende Punkte genannt:

- Hohe Methodentransparenz, somit direkte Nachvollziehbarkeit der Ergebnisse und Methodik auch durch Nichtspezialisten der Marktforschung.
- Vergleichende Gegenüberstellung von Ergebnissen heruntergebrochen auf einzelne Anbieter und Angebotssysteme.
- Weitgehende Ausschaltung von methodischen Einflüssen (z.B. durch Gewichtungsverfahren, Indexberechnungen, Schätzverfahren) auf die zur Verfügung gestellten Ergebnisse.
- Nach Möglichkeit keine Vorgabe von Anbietern bei der Datenerhebung, so dass die Branchen durch Kunden konfiguriert werden, Branchengrenzen offen sind und einzelne Anbieter in Teilsegmenten aggregiert werden können.
- Hohe Originalität/Reinheit der Ergebnisse, damit die Nutzer einerseits entsprechend ihren Zielvorgaben eigene strategische Gewichtungen vornehmen können. Andererseits soll damit eine hohe Integrierbarkeit und Vergleichbarkeit der Daten in eigene Controllingsysteme ermöglicht werden.
- Hoher Detaillierungsgrad in Erklärungs- und Interpretationsbereichen der Globalzufriedenheit und Kundenbindung (beispielsweise Zuverlässigkeit und Individualität der Leistungen, Freundlichkeit, Schnelligkeit, fachliche Kompetenz, Preis-Leistungs-Verhältnis).
- Hohe methodische Flexibilität zur laufenden Anpassung des Untersuchungsdesigns an Marktveränderungen.

Nach detaillierter Analyse und Abwägung der wissenschaftlichen Anforderungen an ein nationales Kundenbarometer einerseits sowie der praxisgetriebenen Anforderungen von Unternehmensvertretern andererseits wurden in einer Arbeitsgemeinschaft aus Wissenschaft und Praxis folgende **fünf zentrale Zielsetzungen** für den Kundenmonitor Deutschland festgelegt:

Zentrale Zielsetzungen

1. Bereitstellung von qualitätsbezogenen Kennziffern für Führungskräfte, Entscheider und Aufsichtsgremien in Unterneh-

men, Verbänden, Organisationen, Institutionen und Gesellschaft.

2. Identifikation von Bestleistungen und Champions der Kundenorientierung in einzelnen Branchen und Leistungsbereichen – Voraussetzung für Benchmarking schaffen.
3. Sensibilisierung schlecht bewerteter Branchen und Anbieter für Kundenorientierung durch Aufzeigen der Leistungsdefizite aus Kundenperspektive.
4. Steigerung von Qualität und Kundenzufriedenheit durch das Bewusstmachen der Unterschiede zwischen Markt- und Selbsteinschätzung.
5. Schnelle und flexible Anpassung an die Erwartungen und Wünsche der Nutzer des Kundenmonitors und damit Unterstützung bei der Realisierung von mehr Kundennähe.

Der ***Kundenmonitor Deutschland*** ist die einzige Längsschnittstudie zur breiten und branchenübergreifenden Messung der Kundenorientierung in Deutschland und zugleich das weltweit umfassendste nationale Kundenbarometer. Seit 1992 erhebt die Längsschnittstudie alljährlich Kundenorientierung und Wettbewerbsfähigkeit von Unternehmen und Organisationen in Deutschland. Maßstab dafür sind repräsentativ für die deutschsprachige Bevölkerung erhobene Kundenzufriedenheits- und Kundenbindungsdaten für das Angebot und die Leistungen von Anbietern von Produkten und Dienstleistungen aus inzwischen über 70 Branchen.

Eckdaten

Als wichtige **Eckdaten des Marketing- und Qualitätsmanagements** werden im Kundenmonitor Deutschland wesentliche Kenngrößen der Kundenorientierung von Branchen und Anbietern ausgewiesen. Zentraler Maßstab hierfür ist die Globalzufriedenheit eines Kunden. Diese umfasst im Kundenmonitor Deutschland die Zufriedenheit mit den Leistungen des von einem Kunden hauptsächlich genutzten Anbieters insgesamt.

Die in Abbildung 12-3 dargestellten Werte geben einen Überblick über die Rangfolge einiger ausgewählter 2000 untersuchter Branchen hinsichtlich des Mittelwertes der Globalzufriedenheit sowie der Entwicklung zum Vorjahr. Die Mittelwerte repräsentieren den Durchschnittswert der von den Kunden der jeweiligen Anbieter einer Branche abgegebenen Urteile auf die Frage: „Wie zufrieden sind Sie mit den Leistungen Ihres hauptsächlich genutzten Unternehmens/Anbieters dieser Branche insgesamt?" Diese Urteile werden anhand einer 5er-Skala abgegeben, die von vollkommen zufrieden (= 1), sehr zufrieden (= 2), zufrieden (= 3), weniger zufrieden (= 4) bis unzufrieden (= 5) reicht.

Globalzufriedenheit 1999 und 2000				
Branche	**Basis 2000**[1]	**Topwerte 2000**[2]	**Mittelwert 2000**[3]	**Mittelwert 1999**[3]
Otiker	1.997	75,0	2,00	2,02
Friseure	1.007	72,5	2,07	2,10
Apotheken	1.002	71,0	2,08	2,07
Kfz-Versicherungen	7.324	60,5	2,22	2,20
Hörfunksender	4.936	60,2	2,24	2,26
Mobilfunktelefone	2.982	62,2	2,25	2,25
Versandhandel (Bücher, CD, Medien)	3.024	60,0	2,26	2,33
Krankenkassen/ -versicherungen	7.895	54,3	2,32	2,29
Drogeriemärkte/ -geschäfte	4.993	52,5	2,34	2,42
Banken/ Sparkassen	11.469	53,4	2,36	2,31
Lebensmittelmärkte/ -geschäfte	11.991	51,0	2,39	2,41
Fluggesellschaften	4.454	53,5	2,39	2,37
Mobilfunk (Netzbetreiber)	2.479	52,0	2,44	2,48
Stromversorgungsunternehmen	7.772	42,3	2,44	2,58
Bausparkassen	4.839	44,1	2,49	2,49
Mobilfunk (Serviceprovider)	2.347	42,4	2,53	2,54
Lebensversicherungen	4.681	39,6	2,54	2,49
Internet (Suchmaschinen)	2.008	42,3	2,55	2,58
Flughäfen	7.900	41,2	2,60	2,55
Telefondienste (Festnetz)	1.023	36,9	2,60	2,63
Internet (Provider)	1.810	41,1	2,61	2,63
Briefpost	4.465	35,9	2,71	2,67
Postfilialen	5.407	35,6	2,75	2,77
Polizei (Öffentliche Sicherheit)	1.016	25,2	2,95	3,05
Bahnfernverkehr	4.037	19,6	3,11	3,04

[1] Basis = gültige Antworten ohne 'keine Angabe'
[2] Anteil der Befragten, welche die Frage *„Wie zufrieden sind Sie mit den Leistungen dieses Anbieters insgesamt?"* mit vollkommen zufrieden bzw. sehr zufrieden beantwortet haben
[3] Mittelwerte sind auf zwei Nachkommastellen gerundet

offensivesmarketing.de

Abbildung 12-3

Der seit 1997 beobachtbare Aufwärtstrend im Kundenmonitor Deutschland hat sich in leicht abgeschwächter Form auch 2000 weiter fortgesetzt. Damit hat die Kundenzufriedenheit in Deutschland einen neuen Höchststand erreicht. Dies zeigen die Vergleiche der Globalzufriedenheitswerte seit 1995 für die jeweils untersuchten Branchen. Auch der penetrationsgewichtete Kundenzufriedenheitsindex (vgl. Abbildung 12-4) über die seit 1995 erhobenen 33 Kernbranchen hat sich auf 62,7 verbessert (Vorjahr: 62,3) und damit seinen bisher höchsten Stand erreicht.

Abbildung 12-4

Für die Interpretation der Ergebnisse und die Entwicklung konkreter Maßnahmen ist es wichtig, das Gesamturteil zur Zufriedenheit des Kunden weiter zu differenzieren und dieses auf der Ebene einzelner Leistungsmerkmale des jeweils genutzten Anbieters bzw. Angebotes zu messen. Die deshalb ebenfalls erhobenen Subdimensionen der Zufriedenheit betreffen insbesondere die Art und Weise der Leistungserstellung bzw. des Kundenkontaktes und angebotstypische Serviceleistungen. Nachfolgend beispielhaft einige Fragen zu diesen Subdimensionen der Zufriedenheit:

- „Wie zufrieden sind Sie mit der Zuverlässigkeit der Aussagen der Mitarbeiter?"
- „Wie zufrieden sind Sie mit der fachlichen Kompetenz der Mitarbeiter?"
- „Wie zufrieden sind Sie mit der Verständlichkeit der schriftlichen Unterlagen bzw. der Korrespondenz?"

Dabei sind für die Analyse vor allem auch die Top-Werte und die Korrelationen zwischen Globalzufriedenheit und den o.g. Subdimensionen wichtig.

Der Kundenmonitor Deutschland soll darüber hinaus einen grundlegenden Beitrag zur Identifikation von Zusammenhängen zwischen Kundenzufriedenheit und Kundenbindung leisten, da die Wettbewerbsfähigkeit von Unternehmen bzw. Institutionen insbesondere dadurch bestimmt wird, inwieweit es ihnen gelingt, auch die vorhandenen Kunden an das Unternehmen zu binden bzw. die abgewanderten Kunden wiederzugewinnen. Hierzu werden Parameter der zukünftigen Kundenbeziehung erhoben.

2 Grundsätze erfolgreicher Marktforschung

Kenntnisse über Kunden und Markt können ein Wettbewerbsvorteil sein

Für die meisten Unternehmen lassen sich Wettbewerbsvorteile am ehesten durch relevante und kontinuierlich aktualisierte Informationen und Kenntnisse über Kunden, Wettbewerber, Märkte und Mitarbeiter erreichen. Denn mit diesen Informationen sind Unternehmen in der Lage, eigenständig Produkte und Dienstleistungen zu entwickeln, die bedarfsgerecht und kundenorientiert auf dem Markt positioniert werden können. In der Tat liegen Welten zwischen dem Erkennen einer Chance und ihrer aktiven Nutzung.

Chancen erkennen und nutzen

Um den ersten, entscheidenden Schritt in Richtung Markterfolg zu gehen, ist es unabdingbar, kontinuierlich relevante Informationen über aktuelle und potenzielle Kunden, Mitarbeiter und andere Anspruchsgruppen zu erheben und weiterzuverarbeiten. Effektiv eingesetzte Marktforschung ist eine der besten Möglichkeiten, um sich diese Informationen zu verschaffen. Trotzdem nutzen nur wenige Unternehmen das volle Potenzial der Marktforschung.

Alle Mitarbeiter integrieren

Wenn ein Unternehmen eine eigene Marktforschungsabteilung unterhält, ist deren Fokus oft zu beschränkt. Häufig werden nur die Marketing-Abteilung und die Geschäftsleitung als interne Kunden angesehen. Nur selten wird aus den Ergebnissen der Studien ein stimmiges Gesamtbild entwickelt, das für *jeden* Mitarbeiter zugänglich und verständlich ist. Nach dem Verständnis des Offensiven Marketing müssten jedoch alle Mitarbeiter des Unternehmens, die von den Ergebnissen betroffen sind, einbezogen werden. Interne Marktforschungsabteilungen unterliegen darüber hinaus der Gefahr einer zunehmenden „Betriebsblindheit“ und verfügen dann oft nur über begrenzte methodische Kenntnisse. Wenn ein Unternehmen dagegen erst keine eigene Marktforschungsabteilung unterhält, sind oft die einzelnen Geschäftsbereiche selbst für die Marktforschung verantwortlich. Das führt in den meisten Unternehmen zu einer unklaren Aufgabenverteilung, fehlender Übereinstimmung und einer ungesunden Abhängigkeit von externen Marktforschungsinstituten.

Marktforschung muss strategisch angegangen werden

Die meisten Unternehmen haben ein Marktforschungsbudget. Aber nur wenige haben auch eine Marktforschung, die wirklich einer strategischen Planung unterliegt. Oder haben Sie schon einmal ein Strategiepapier für den Bereich Marktforschung zu Gesicht bekommen? Strategien in der Marktforschung sind ungefähr so selten wie ein Ferrari F40 im Straßenverkehr.

Inhalt einer Marktforschungsstrategie

In einer Marktforschungsstrategie wird festgelegt, auf welche Weise die notwendigen Informationen – die letzten Endes zu einem Wettbewerbsvorteil führen sollen – gewonnen werden können. Hierzu sollten folgende Fragen beantwortet werden:

- **Welche Rolle spielt die Marktforschung im Unternehmen?** Warum geben wir Geld dafür aus? Welche Vorteile wollen wir dadurch erreichen? Wie können wir Marktforschung dazu nutzen, einen langfristigen Wettbewerbsvorteil aufzubauen?
- **Wer steht im Fokus der Marktforschung?** Aktuelle und potenzielle Kunden, Mitarbeiter, Wettbewerber, Aktionäre? Wie sollen die einzelnen Untersuchungen auf die verschiedenen Anspruchsgruppen ausgerichtet werden?
- **Welche Prioritäten werden gesetzt?** Soll Marktforschung ständig oder nur in Form einzelner abgeschlossener Projekte betrieben werden? Soll sie strategisch oder taktisch erfolgen?
- **Wie werden die Ergebnisse der Marktforschung innerhalb des Unternehmens verbreitet?** Wie können wichtige Informationen zu besonders interessanten Themen in einfacher Form zusammengefasst und an alle internen Kunden verteilt werden? Er-

gebnisse der Marktforschung sollten jedem Mitarbeiter zugänglich gemacht werden. Wie kann dies gewährleistet werden?

- **Wie kann festgestellt werden, ob die Ausgaben für Marktforschung gerechtfertigt sind und ob die gewünschten Ergebnisse daraus resultieren?** Wird die richtige Form von Marktforschung betrieben, und entsprechen die Ausgaben dafür der definierten Strategie? Werden die Ergebnisse gründlich analysiert oder lediglich überflogen? Wo sind die Analysen und werden darin auch entsprechende Handlungsempfehlungen formuliert? Und am wichtigsten: Welche Maßnahmen sind als Reaktion auf die Ergebnisse der Marktforschung angestoßen worden?
- **Welche Strategie verfolgen wir, um bei der Marktforschung eine Differenzierung zu erreichen?** Wo liegen die Bestleistungen im Bereich Marktforschung und wie können wir noch besser werden? Welche Möglichkeiten gibt es, interne Umsatz- und Gewinndaten, Ergebnisse von Kundenbefragungen und Verkaufszahlen bei Key-Accounts zu integrieren? Arbeiten wir mit den neuesten und effizientesten Verfahren?
- **Ist es sinnvoll, mit ausgewählten Marktforschungsinstituten zu kooperieren?** Sollen langfristige Partnerschaften mit einer geringen Anzahl an externen Marktforschungsinstituten aufgebaut werden? Falls ja, welche Vorteile bringt uns das hinsichtlich der Kosten, der Kontinuität und im Hinblick auf neue Methoden der Marktforschung? Ist die Vertraulichkeit unserer Daten gewährleistet?

Marktforschung ist ein Wegweiser, keine Krücke

Marktforschung liefert Informationen, keine Entscheidungen

Marktforschung zeigt Ihnen zwar den Weg in die Zukunft, aber Sie bekommen nur Informationen über die Teile des Weges, die Sie explizit beleuchten – den ganzen Weg werden Sie nie überblicken können. Marktforschung liefert Ihnen Informationen und Einblicke, aber keine Entscheidungen. Es kann lediglich eine verlässliche Datenbasis zur Fundierung der unternehmerischen Entscheidungen geschaffen werden. Manche Führungskräfte halten die Marktforschung zuweilen fälschlicherweise für eine Art „Antwortmaschine", in die sie Fragen oder Probleme hineinrufen und die dann auf Kommando eine Antwort auf das jeweilige Problem ausspuckt. So etwas kann die Marktforschung beim besten Willen nicht leisten.

Gefühl für den Markt und Marktforschung

Andere Führungskräfte, die sich selbst für sehr entscheidungsfreudig halten, hört man gelegentlich ganz selbstbewusst sagen: „Wenn man etwas von seinem Markt versteht, braucht man keine Marktforschung." oder „Für Marktforschung haben wir keine Zeit." Instinkt kann und darf jedoch keinen Ersatz für fundierte Marktforschung darstellen: Man braucht ein Gefühl für den Markt *und* Marktforschung – sie ergänzen sich gegenseitig. Selbst Unternehmen, die ihre Kunden sehr gut zu kennen glauben, werden von den Ergebnissen einer Marktforschungsstudie manchmal überrascht. Den Kunden zu verstehen ist eine Kunst, die niemand in der Vollendung beherrscht. Hier lernt man in der Tat nie aus.

Hinter den Zahlen stehen Menschen

Informelle Kundenkontakte

Auch ein Marktforschungsbericht kann von der Marketing-Abteilung nur dann richtig genutzt werden, wenn aktuelle und genaue Informationen über die relevanten Zielgruppen vorliegen. Man wirft dem Marketing manchmal zu Recht vor, es hätte den Kontakt zur Basis verloren. Man muss sich aus seinem Elfenbeinturm herauswagen und sich oft und nach Möglichkeit gern mit Kunden und dem Handel unterhalten, um ein Gefühl für den Markt zu bekommen. Das erleichtert die Interpretation der Ergebnisse der Marktforschung oft ganz erheblich.

Professionell durchgeführte Marktforschung und informelle Kundenkontakte sollten gleichzeitig erfolgen, denn beides hat für sich allein genommen nur einen beschränkten Nutzen. Darüber hinaus sollte auch die Geschäftsführung Zugang zu den erhobenen Rohdaten haben. In großen Unternehmen erhalten die Marketing-Leiter Ergebnisse aus der Marktforschung meistens nur in Form verarbeiteter Berichte, die bereits mehrere Managementebenen hinter sich haben, in denen die Daten jeweils mehrfach getrennt, gefiltert, neu zusammengesetzt und verschieden interpretiert wurden. Viele solcher Berichte gewinnen wieder an Inhalt, wenn man zusätzlich auch einmal die unbearbeiteten Informationen zu Gesicht bekommt, wie z.B. ungeschnittene Videoaufzeichnungen von Gruppendiskussionen, statistische Auswertungen oder Berichte von Mitarbeitern aus der Marktforschung.

Keine Marktforschung ohne weiterführende Maßnahmen

Jeder Markt wirft Fragen auf, die ausführliche Untersuchungen rechtfertigen würden. Marktforschung liefert hier einen entscheidenden Erklärungsbeitrag. Die erhobenen Daten geben Aufschluss darüber, welche Position das jeweilige Unternehmen auf dem Markt einnimmt, wie stark oder schwach der Wettbewerb ist oder wie sich der Markt im Allgemeinen entwickelt. Sie liefern auch Hinweise darauf, warum gewisse Kennzahlen sich verändern: Ist der gestiegene Marktanteil das Resultat verstärkter Werbung, Resultat von Preisänderungen, Absatzförderung oder ein Zusammenspiel all dieser Faktoren?

Maßnahmen festlegen

Marktforschung wird betrieben, um eine Antwort auf diese oder ähnliche Fragen zu finden, sollte aber auch zu konkreten Maßnahmen führen. Um sicherzustellen, dass Marktforschungsuntersuchungen auch in Maßnahmen resultieren, wird in den meisten Unternehmen eine entsprechende Anweisung geschrieben. Einige Unternehmen fordern Berichte der Marketing-Abteilung an, in denen die eingeleiteten Maßnahmen ausführlich erläutert werden.

Es sollte darauf geachtet werden, dass das Briefing für größer angelegte Untersuchungen (z.B. Kundenzufriedenheitsbefragungen) mindestens genauso viel Aufmerksamkeit erhält wie das Briefing einer Werbeagentur. Wenn das Projekt abgeschlossen ist, sollten anschließend von dem zuständigen Marketing-Mitarbeiter eine interne Zusammenfassung und ein Maßnahmenbericht verfasst werden. Wichtig ist es, zu erkennen, dass auch dem „Nicht-Handeln" eine Entscheidung zugrunde liegt. Wahrscheinlich sind sich viele Manager der Tatsache gar nicht bewusst, dass sie eine Entscheidung fällen, wenn sie nicht handeln.

Die besten Informationen sind manchmal umsonst

Die nächstliegenden und kostengünstigsten Informationsquellen werden häufig übersehen oder nicht richtig verarbeitet.

Ein Beispiel: Nach zwei relativ stabilen Jahren bricht der Umsatz für ein Produkt eines bekannten Küchengeräte-Herstellers plötzlich ein. Zwischen Januar und Juni werden 16% weniger Geräte verkauft als im vorangegangenen Jahr. Dem Unternehmen liegen detaillierte interne Umsatzstatistiken vor, außerdem wurde der

Umsatz nach Verkaufsgebieten aufgeschlüsselt. Dadurch ließ sich feststellen, dass für insgesamt 75% der nationalen Umsatzverluste mit diesem Produkt gerade fünf Verkaufsgebiete (von insgesamt 80) verantwortlich zu machen waren. Die Vertriebsmitarbeiter, die für diese Gebiete zuständig waren, hatten aufgrund eines Bonusprogramms im Dezember des letzten Jahres die Händler mit dem besagten Produkt völlig überladen und mussten daher im Zeitraum Januar bis Juni viele Retouren annehmen. In den übrigen Gebieten lag das Produkt lediglich 3% hinter dem Umsatz des letzten Jahres und verkaufte sich im Verhältnis zu dem äußerst niedrigen Werbeaufwand, der betrieben wurde, eigentlich recht gut.

Informelles Wissen nutzen

Ebenso können Informationen von Mitarbeitern aus dem direkten Kundenkontakt dem Unternehmen wertvolle Hinweise geben. Hier sind verschiedenste Beispiele denkbar: Beschwerden, die vor Ort telefonisch oder persönlich an die Mitarbeiter gerichtet werden, Erfahrungen der Mitarbeiter über das Informationsverhalten der Kunden oder auch Erfahrungen aus Beratungsgesprächen. Meist gelangen diese nahe liegenden, kostengünstigen und häufig essenziellen Informationen entweder an die falschen Personen im Unternehmen oder verschwinden unbeachtet in einer Schublade, ohne weitergeleitet bzw. -verarbeitet zu werden.

Alle Daten sind wichtig und müssen wie ein Puzzle zusammengesetzt werden

Informationssysteme einrichten

Die Marketing-Abteilung wird täglich – bildlich gesprochen – mit einer Flut von Daten geradezu überschwemmt. Es wäre ein Leichtes, sich auch noch mehr Daten zu beschaffen. Gerade große, international tätige Unternehmen verfügen in der Regel über riesige Datenmengen, die ein oder mehrere Länder betreffen. Man muss aufpassen, dass man von dieser Datenflut nicht mitgerissen wird. Ein Unternehmen muss deshalb einfache, aber effiziente Informationssysteme einrichten, die für jeden Mitarbeiter zugänglich gemacht werden. Somit können die Daten problemspezifisch beschafft, ausgewertet und als Informationsbasis für Entscheidungen fungieren.

Sinnvoll sind solche Informationssysteme aber nur, wenn alle vorhandenen Datenbanken aufeinander abgestimmt werden, so dass ein logisches Ganzes entsteht, das wiederum kontinuierlich aktualisiert und allen Mitarbeitern zugänglich gemacht wird. In vielen Unternehmen müssen sich die Mitarbeiter jedoch ihren Weg durch den Informationsdschungel mühsam selbst erarbeiten und die Integration der verschiedenen Daten selbst in Angriff nehmen.

Problemen auf den Grund gehen

Offensive Marketer entscheiden zunächst, welche Daten sie wirklich brauchen, sorgen dann dafür, dass ihnen diese in einfacher, sofort nutzbarer Form zugehen, validieren die Fakten, indem sie Informationen aus unterschiedlichen Quellen miteinander vergleichen, fragen sich und andere ständig nach dem *Warum* und treffen erst dann ihre Entscheidung. Sie haben ein gutes Zahlenverständnis, erkennen Widersprüche zwischen unterschiedlichen Datenquellen, lernen ständig etwas dazu und wollen jedem wichtigen Problem auf den Grund gehen, um es dann zu lösen. Abbildung 12-5 zeigt exemplarisch verschiedene Kategorien von Daten auf. Diese hängen eng miteinander zusammen und sollten somit auch integrativ betrachtet werden. Die Aufgabe eines Offensiven Marketer ist es schließlich, aus den gegebenen Informationen das angestrebte Gesamtbild – das fertige Puzzle – zu schaffen.

Beispiele für unterschiedlichstes Datenmaterial

externe Daten	■ allgemeine Marktdaten aus Panelerhebungen ■ Berichte von Verbänden etc. ■ Aktivitäten der Wettbewerber ■ Ergebnisse aus Kundenbefragungen ■ Beschwerdeanalysen ■ Beiträge in Fachzeitschriften ■ Produkttests ■ Prüfung der Werbewirkung ■ etc.
interne Daten	■ Umsatzstatistiken ■ Deckungsbeitragsrechnungen ■ Serviceniveau im Call Center ■ Berichte der Außendienstmitarbeiter ■ Ergebnisse von Mitarbeiterbefragungen ■ etc.

offensivesmarketing.de

Abbildung 12-5

Beispiel

Ein Beispiel: Nehmen wir an, Sie haben gerade die Betreuung eines Produktes übernommen, dessen Marktanteil in den letzten sechs Monaten stark zurückgegangen ist. Was unternehmen Sie, um den Grund dafür herauszufinden? Zuerst überprüfen Sie die Fakten, z.B. anhand der folgenden Daten:

Fallbeispiel – Rückgang des Marktanteils	
externe Daten	■ Daten aus allgemeinen Panels prüfen ■ Marktstatistiken prüfen ■ Gibt es neue Wettbewerber auf dem Markt? ■ Relevante Kundendaten beschaffen ■ Durchführung einer Kundenbefragung ■ etc.
interne Daten	■ interne Umsatzdaten mit externen Kundendaten vergleichen ■ Lagerbestand der Kunden überprüfen ■ Berichte der Außendienstmitarbeiter analysieren ■ etc.

offensivesmarketing.de

Abbildung 12-6

Nun können Sie Hypothesen darüber entwickeln, warum der Marktanteil gesunken ist, und diese Hypothesen dann anhand der vorhandenen und evtl. zusätzlich zu erhebenden Daten überprüfen

.

Arbeiten Sie mit erstklassigen Marktforschern zusammen und bauen Sie Partnerschaften auf

make or buy-Entscheidung

Der Marktforscher steht häufig vor der Entscheidung, die Untersuchung oder einzelne Teile der Untersuchung von einem beauftragten Institut oder ganz vom Unternehmen selbst durchführen zu lassen (*make or buy*-Entscheidung). Voraussetzung für diese Entscheidung ist die Kenntnis und die Bewertung der personellen, zeitlichen und sachlichen Ressourcen im Unternehmen.

Die größten Vorteile bei der Vergabe von Aufträgen an Institute liegen darin, dass so eine gewisse Objektivität bei der Durchführung des Forschungsvorhabens gewährleistet ist. Darüber hinaus kann über Spezialisten verfügt werden und die Wahrscheinlichkeit, dass aktuellste Analysemethoden zum Einsatz kommen, ist – je nach Qualität des beauftragten Instituts – auch recht hoch.

Jedoch kann bei der Durchführung des Marktforschungsprojektes durch das Unternehmen selbst ein besserer Daten- und Informationsschutz nach Abschluss des Projektes gewährleistet werden, eine bessere Koordination und Kontrolle oder auch eine schnellere Reaktion stattfinden.

In Marktforschung investieren

Im Gegensatz zur Werbebranche, wo gute wie schlechte Agenturen in der Regel die gleichen Honorare verlangen, kostet besonders gute Marktforschung manchmal etwas mehr, aber der höhere Preis ist in der Regel auch gerechtfertigt. Wenn Sie ein erstklassiges Marktforschungsinstitut gefunden haben, zahlt es sich aus, eine langfristige Partnerschaft zu entwickeln, genau wie auch bei der Auswahl einer Werbeagentur. Das Marktforschungsinstitut lernt Ihr Unternehmen und Ihre Branche mit der Zeit immer besser kennen und wird so langfristig zum strategischen Partner. Um einen Eindruck über die herrschenden Preise am Markt zu bekommen, ist es trotzdem sinnvoll, anstehende Projekte von Zeit zu Zeit auszuschreiben und die Marktforschungsinstitute vorab genau zu prüfen – Konkurrenz belebt schließlich das Geschäft.

Erstklassige Marktforschungsinstitute erkennen

Nehmen wir an, Sie haben für drei Marktforschungsinstitute ein Briefing für eine anstehende Untersuchung verfasst – wie wählen Sie das richtige Institut aus? Abbildung 12-7 enthält einige hilfreiche Fragestellungen, die Sie bei der Entscheidungsfindung unterstützen können.

Anforderungen an die Auswahl eines Marktforschungsinstituts
■ Macht das Institut einen professionellen Eindruck? Versteht das Institut Ihr Geschäft und denkt es nicht nur methodisch, sondern auch strategisch und management-orientiert?
■ Hat das Marktforschungsinstitut Ihre Anweisungen voll und ganz verstanden? Wurde das gestellte Untersuchungsproblem erfasst? Sind die Ziele der Untersuchung klar?
■ Entspricht der daraufhin gemachte Vorschlag Ihren Anforderungen?
■ Hat das Institut einzelne Aspekte Ihrer Anweisungen hinterfragt und verbessert?
■ Welche Qualifikation besitzen die Mitarbeiter des Instituts, die Ihren Auftrag bearbeiten werden?
■ Wie ist das Projektteam besetzt? Über welche Erfahrungen verfügt das Projektteam?
■ Welche Qualität wird die Primärforschung haben? Wie kann sie überprüft werden?
■ Schlägt das Institut kreative neue Ansätze und Verfahren vor?
■ Hat das Institut mehrere Methodiken in Erwägung gezogen und dann die beste Alternative ausgewählt?
■ Wie genau sind einzelne Methoden und Projektschritte beschrieben?
■ Ist das Institut bereit und fähig, Probleme gemeinsam zu lösen?
■ Welche Maßnahmen werden zur Qualitätssicherung eingesetzt (Datenkontrolle, Interviewerkontrolle, Pretests, Stichprobendesign...)?
■ Wie hoch sind die Kosten pro Interview? Wie detailliert ist die Kostenaufstellung des Instituts? Wie lassen sich diese Kosten mit denen des Wettbewerbs vergleichen? Falls überdurchschnittlich viel verlangt wird, gibt es eine Erklärung dafür?
■ Überzeugt das Preis-Leistungsverhältnis?
■ Für welche Unternehmen in Ihrer Branche arbeitet das Institut noch? Überprüfen Sie Referenzen und stellen Sie wenn möglich fest, ob der Kunde mit der Arbeit des Instituts zufrieden war.

offensivesmarketing.de

Abbildung 12-7

3 Prozess der Offensiven Marktforschung

Schritt 1: Erstellen Sie eine Liste der bisherigen Projekte

Die bisherigen Aufwendungen werden nach Art der Marktforschung aufgegliedert, wobei zwischen kontinuierlicher und projektbezogener sowie zwischen strategischer und taktischer Marktforschung unterschieden werden sollte. Hinsichtlich dieser Kriterien kann anschließend eine Aufstellung über bisherige vom Unternehmen selbst durchgeführte oder in Auftrag gegebene Untersuchungen erfolgen. In der Regel wird dabei der Titel der Studie, das Datum und der Ort, manchmal auch der Stichprobenumfang angegeben. Mitarbeiter der Marketing-Abteilung sollten jede Untersuchung kennen, die in den letzten Jahren durchgeführt wurde. Wenn Sie eine neue Stelle im Marketing antreten, ist es sinnvoll, sich gleich zu Beginn diese Liste genau anzusehen und alle Studien durchzuarbeiten, die für Sie von Interesse sein könnten.

Schritt 2: Fassen Sie die Ergebnisse aller relevanten Studien kurz zusammen

Schreiben Sie für alle relevanten Untersuchungen eine kurze Zusammenfassung von fünfzig bis hundert Worten. Abbildung 12-8 zeigt, wie so eine Zusammenfassung exemplarisch aussehen könnte.

Beispiel für eine mögliche Zusammenfassung einer Untersuchung	
Titel der Studie:	Zufriedenheit der Passagiere in den Zügen der **Bahn Express AG**
Datum der Studie:	Januar 2000
Struktur:	schriftliche persönliche Befragung mit 4.000 Fragebögen, die in den Zügen verteilt wurden.
Wichtige Ergebnisse:	wichtige Leistungsmerkmale aus Sicht der Fahrgäste in der Reihenfolge ihrer Wichtigkeit: 1. Bequeme Sitze 2. Pünktlichkeit 3. Kurze Reisezeit 4. Sauberkeit der Toiletten 5. Klimaanlage 6. Preis der Fahrkarte
Anmerkungen:	Methodisch nicht überzeugend. Keine Angaben darüber, ... ■ ... nach welchem Auswahlverfahren bzw. -kriterien die befragten Passagiere ausgewählt wurden, ■ ... auf welchen Strecken befragt wurde, ■ ... wie das Nutzungsverhalten der Passagiere aussieht, also keine Segmentierung nach Geschäftsreisenden, Privatreisenden oder Pendlern, ■ ... zum Statement „Gewissheit, einen Sitzplatz zu finden" – Statement war in anderen Studien zum Themengebiet als wichtigstes Kriterium aufgeführt; bei dieser Studie nicht einmal im Fragebogen bei geschlossener Fragestellung erwähnt.

offensivesmarketing.de

Abbildung 12-8

Schritt 3: Identifizieren Sie noch bestehende Wissenslücken

Welche Schlussfolgerungen ziehen Sie aus den vorhanden Untersuchungen? Welche wichtigen Informationen vermitteln Ihnen diese Untersuchungen? Vermitteln Ihnen die vorliegenden Daten besondere Kenntnisse über den Markt, Ihre Kunden und andere relevante Anspruchsgruppen? Falls nicht: Welche Schritte müssen Sie unternehmen, um diese Kenntnisse zu erlangen, und welcher finanzielle und zeitliche Aufwand ist dafür voraussichtlich anzusetzen? Sind größere Wissenslücken vorhanden, die geschlossen werden müssen? Unter Umständen werden Sie Widersprüchlichkeiten zwischen einzelnen vorhandenen Untersuchungen feststellen. Diese können beispielsweise durch unterschiedliche eingesetzte Methodiken oder unterschiedliche Stichproben der Fall begründet sein. Aufbauend auf den gewonnenen Erkenntnissen müssen Sie entscheiden, welche der vorliegenden Studien verlässlich ist und welche nicht.

Beispiel

In unserem (fiktiven) Beispiel der ***Bahn Express AG*** wurde ein halbes Dutzend Untersuchungen durchgeführt, in der jeweils die Fahrgäste bewerten sollten, welche Faktoren ihnen wichtig seien. Bei jeder Studie wurden jeweils andere methodische Ansätze und Stichproben verwendet und natürlich sieht die Rangliste der einzelnen bewerteten Merkmale immer anders aus. Nachdem Sie sich jede der vorliegenden Untersuchungen genau angesehen und miteinander verglichen haben, kommen Sie vielleicht zu dem Schluss, dass das überzeugendste Ranking einzelner Leistungsmerkmale die in Abbildung 12-9 dargestellte Reihenfolge ist.

Das Ranking läßt sich beispielsweise wie folgt interpretieren: Privatreisende und Pendler zahlen ihre Fahrkarte selbst, Geschäftsreisende nicht – dies erklärt die großen Unterschiede in der Einstellung zum Preis.

Außerdem haben Sie aus den gesichteten Untersuchungen noch drei weitere Schlüsse gezogen:

- Sämtliche Studien wurden in den Zügen selbst durchgeführt – das ist kostengünstig und bequem. Allerdings ist dadurch eine Wissenslücke entstanden – der Auftraggeber weiß nichts über die potenziellen Kunden, die eben gerade nicht mit dem Zug fahren, und vor allem nichts über die Gründe, die diese Menschen vielleicht davon abhalten, mit dem Zug zu fahren.

Bedeutung einzelner Leistungsmerkmale (nach Fahrgasttyp)			
Leistungsmerkmal	Langstrecke/ Geschäftsreisende	Privatreisende	Pendler
Pünktlichkeit	2	4	3
direkte Verbindungen (ohne Umsteigen)	1	2	1
Gewissheit, einen Sitzplatz zu finden	3	3	5
Preis	7	1	3
Reisedauer	5	5	7
Takt (Häufigkeit der Verbindungen)	6	7	2
Bequemlichkeit der Sitze	4	6	6

Legende: 1 = sehr wichtig; 7 = überhaupt nicht wichtig offensivesmarketing.de

Abbildung 12-9

- Im Rahmen der Studien wurde nur die Zugfahrt selbst untersucht. Über die gesamte Reiseerfahrung ist aber nichts bekannt – angefangen von der ersten Überlegung, eine Reise anzutreten, über den Fahrkartenkauf und die Sitzplatzreservierung bis hin zur Fahrt zum Bahnhof und der Ankunft am Zielort.
- Gleichzeitig haben Sie erkannt, dass Kunden ihre Erwartungen und Erfahrungen mit Bahnleistungen immer mehr mit den Erfahrungen in anderen Branchen vergleichen. Die Kundenerwartungen entstehen sozusagen immer mehr branchenübergreifend (z.B. wird die Telefonauskunft der Bahn mit dem Telefonkontakt bei einer Telefongesellschaft, einem Versandhaus, einer Fluggesellschaft oder einer Bank verglichen).

www.servicebarometer.de/kundenmonitor

Solche funktionalen Benchmarking-Daten liefern Ihnen branchenübergreifende Studien wie z.B. der Kundenmonitor Deutschland (Vergleichsdaten zu 47 Branchen und mehr als 1.000 marktbedeutenden Unternehmen).

Schritt 4: Definieren Sie Ziele und Maßnahmen für die Marktforschung

In Abbildung 12-10 finden Sie ein Beispiel zur Definition von Zielen und Strategien für die Marktforschung. Es bezieht sich zwar auf

Unternehmen mit eigener Marktforschungsabteilung, die meisten Strategien lassen sich jedoch auch von Unternehmen ohne eigene Marktforschungsabteilung umsetzen. Darauf aufbauend können Sie einen detaillierten Plan und das Budget für Ihre Marktforschung erarbeiten.

Beispiel zur Definition von Zielen und Strategien für eine Offensive Marktforschung

Ziele:

Durch die Marktforschung sollen Kenntnisse über aktuelle und zukünftige Wünsche und Erwartungen potenzieller und aktueller Kunden, anderer Marktteilnehmer (z.B. Meinungsbildner) und Mitarbeiter erlangt und im ganzen Unternehmen verbreitet werden. So können die Leistungen des Unternehmens auf diese Bedürfnisse und Erwartungen ausgerichtet und Ressourcen so effektiv wie möglich genutzt werden.

Schlüsselstrategien zur Realisierung dieser Ziele:

- Fokus vor allem auf den Markt richten, dabei Mitarbeiter und andere relevante Zielgruppen nicht vernachlässigen.
- Mehr Informationen über Gewohnheiten, Bedürfnisse, Einstellungen und zukünftige Wünsche der Verbraucher sammeln als der Wettbewerb.
- Eigene Ansätze zur Segmentierung von Märkten, Absatzwegen und Kunden entwickeln.
- Durch objektive Wert- und Leistungsvergleiche (z.B. Preis- oder Servicevergleiche, Warentests, Wartezeitanalysen) und Vergleiche der subjektiven Wert- und Leistungswahrnehmung (z.B. Kundenzufriedenheits- oder Testkaufstudien) über die Zeit (Längsschnittvergleiche) und nach Regionen, Vertriebswegen, im Verhältnis zum Wettbewerb (Querschnittsvergleiche) ein Monitoringsystem aufbauen und kontinuierlich Verbesserungsmöglichkeiten identifizieren.
- Überlegene Verfahren zur Entwicklung neuer Konzepte und Markttests erarbeiten, so dass zukünftige Gewinner ihr volles Potenzial nutzen können und Verlierer frühzeitig erkannt werden.
- Kontinuierlich nach neuen Verfahren suchen und diese exklusiv auf den wichtigsten Märkten des Unternehmens anwenden. Wert der verschiedenen Marketing-Aufwendungen für das Unternehmen objektiv bewerten und Verbesserungsmöglichkeiten identifizieren.
- Überdurchschnittliche interne Kompetenzen und Prozesse entwickeln, damit die Marktforschung gut geplant und implementiert werden kann und effektive Maßnahmen möglich sind.
- Wann immer möglich, langfristige Partnerschaften mit führenden Marktforschungsinstituten aufbauen.
- Sicherstellen, dass die Marktforschungsdaten integriert und in verständlichen, auf einzelne Abteilungen oder Mitarbeiter zugeschnittenen Formaten im Unternehmen verteilt werden.

offensivesmarketing.de

Abbildung 12-10

Schritt 5: Definieren Sie einen Drei-Jahresplan für die Marktforschung

Folgende Fragen sollte ein Drei-Jahresplan für die Marktforschung beantworten können:

- **Wieviel soll für die Marktforschung ausgegeben werden, und zwar in absoluten Zahlen wie auch in Prozent des Umsatzes?** Die Grundsätze für die Festlegung von Marktforschungsbudgets sind in etwa die gleichen wie bei der Festlegung der Werbebudgets. Das Budget sollte in Abhängigkeit von den angestrebten Zielen und den zur Realisierung nötigen Maßnahmen festgelegt werden. Als Faustregel gilt z.B. für Konsumgüterhersteller, dass mindestens 0,5% des Umsatzes für Marktforschung aufgewendet werden sollte. Besser wäre allerdings 1,0%.
- **Auf welche Art von Marktforschung wollen Sie sich in Zukunft konzentrieren?** Ein guter Ausgangspunkt für diese Frage ist die bei Schritt 1 durchgeführte Analyse der bisher durchgeführten relevanten Untersuchungen und die erfolgte Analyse der bisherigen Aufwendungen für die Marktforschung. Der Schwerpunkt sollte auf strategischer Marktforschung liegen. Falls notwendig, sollte die taktische Marktforschung eingeschränkt werden, um die strategische Marktforschung zu finanzieren.
- **Wie bleiben Sie stets auf dem aktuellsten Stand?** Welche vielversprechenden neuen Verfahren oder Ansätze werden gerade getestet? Inwiefern tragen die Marktforschungsinstitute, mit denen Sie zusammenarbeiten, zur Weiterentwicklung der Marktforschung bei? Sind im Marktforschungsbudget Beträge für die Erprobung neuer Methoden und Verfahren vorgesehen?
- ***Make or buy*? Inwieweit soll die Marktforschung in den nächsten drei Jahren von Ihrem Unternehmen selbst oder von externen Instituten durchgeführt werden?** Die Ziele und Strategien der Marktforschung müssen natürlich immer intern durch das Unternehmen selbst festgelegt werden. Außerdem sollten auch alle Bereiche der Marktforschung, in denen sich Kernkompetenzen oder Wettbewerbsvorteile aufbauen lassen, vorrangig intern bearbeitet werden. Wenn Ihr Unternehmen beispielsweise bei der Integration von internen und externen Daten in eine Da-

tenbank oder bei Konzeptentwicklungen und Akzeptanztests besondere Fähigkeiten entwickelt hat, sollten Sie diese Untersuchungen falls möglich auch intern durchführen. Darüber hinaus muss festgelegt werden, wie die Marktforschung intern organisiert werden soll.

- **Wie sieht Ihr Drei-Jahresplan bezüglich der externen Kooperationen aus?** Wollen Sie langfristige Partnerschaften mit externen Instituten aufbauen und dem Institut eine bestimmte Mindestauftragssumme garantieren, um im Gegenzug wettbewerbsfähige Preise und ein erstklassiges Team für Ihre Projekte zu bekommen? Oder wollen Sie den größten Teil der anstehenden Untersuchungen ausschreiben? Mit welchen Anbietern arbeiten Sie bevorzugt zusammen? Wie wird bei diesen Instituten die Vertraulichkeit gewahrt? Kommen die von Ihnen bevorzugten Anbieter mit neuen Ideen und Ansätzen zuerst zu Ihnen?
- **Wer sind Ihre wichtigsten internen Kunden und wie erfüllen Sie deren Anforderungen?** Wie wird festgestellt, ob Ihnen das auch gelingt?
- **Welche internen Prozesse für Planung und Durchführung der Maßnahmen als Reaktion auf die Marktforschung gibt es in Ihrem Unternehmen?** Wie effektiv sind diese Prozesse und wie können sie noch weiter verbessert werden?
- **Wie wollen Sie die Implementierung des Drei-Jahresplans überwachen?** Dazu sollten Sie vierteljährliche Meilensteine und eine Überprüfung des Plans durch den Marketing-Leiter vorsehen.

Schritt 6: Einrichten eines Controlling-Systems

Mit diesem System wird die Realisierung der geplanten Ziele, Maßnahmen und Pläne ständig kontrolliert. Außerdem lässt sich so feststellen, ob die verschiedenen Erhebungen auch einen konkreten Nutzen haben und welche Maßnahmen in Folge der abgeschlossenen Untersuchungen eingeleitet wurden.

Schritt 7: Wissen allen Mitarbeitern zugänglich machen

Es macht keinen Sinn, wenn die gewonnenen Erkenntnisse über Marktentwicklungen, Kundenverhalten, -bedürfnisse und -wünsche in der Marketing- bzw. Marktforschungsabteilung verbleiben. Es ist notwendig und für die marktorientierte Ausrichtung des Unternehmens essenziell, die gewonnenen Informationen allen Mitarbeitern zugänglich zu machen.

Wie bereits angesprochen, ist es Aufgabe der Marktforschung, alle relevanten Daten zu einem Gesamtbild zu integrieren und eine Wissensdatenbank aufzubauen, die allen Mitarbeitern zugänglich ist. Die Vermittlung und Weiterleitung der relevanten Informationen kann zum einen im Rahmen persönlicher Kommunikation, also z.B. in einem persönlichen Gespräch zwischen Mitarbeitern und Vorgesetzen oder während eines Workshops erfolgen. Auch die Implementierung eines eigenen Business-TV, eines Intranet oder die Nutzung firmeninterner Printmedien (Firmenzeitschrift, Geschäftsbericht, Memoranden etc.) ist denkbar. Ziel ist es, die relevanten Informationen den Mitarbeitern problemspezifisch und individuell zur Verfügung zu stellen.

Flow-Chart Kapitel XII

Definition der Offensiven Marktforschung	■ Analyse- und Diagnosefunktion ■ Beschaffung, Auswertung und Interpretation von Daten ■ Basis der Entscheidungsfindung ■ Hoher Stellenwert bei Lösung von Marketing-Problemen
Grundsätze Offensiver Marktforschung	■ Kenntnisse über bestehende und potenzielle Kunden und den Markt können einen Wettbewerbsvorteil bedeuten ■ Marktforschung muss strategisch angegangen werden ■ Marktforschung verstanden als Wegweiser ■ Keine Marktforschung ohne weiterführende Maßnahmen ■ Die besten Informationen sind manchmal umsonst ■ Alle Daten müssen zu einem Gesamtbild integriert werden
Prozess Offensiver Marktforschung	■ Bisherige Aufwendungen für Marktforschung analysieren und eine Liste bisheriger Projekte erstellen ■ Alle Ergebnisse prägnant zusammenfassen ■ Noch bestehende Wissenslücken identifizieren ■ Ziele und Maßnahmen für die Marktforschung definieren ■ Drei-Jahresplan für die Marktforschung erstellen ■ Einrichten eines Controlling-Systems ■ Wissen allen Mitarbeitern zugänglich machen

Lese-Tipp:

- Berekoven, L./ Eckert, W./ Ellenrieder, P.: Marktforschung: Methodische Grundlagen und praktische Anwendung, 8. überarb. Aufl., Wiesbaden 1999.
- Herrmann, A./ Homburg, C.: Marktforschung: Methoden, Anwendung, Praxisbeispiele, Wiesbaden 1999.
- Homburg, C./ Werner, H.: Kundenorientierung mit System. Mit Customer Orientation Management zu profitablem Wachstum, Frankfurt 1998.
- Meyer, A./ Dornach, F.: Kundenmonitor Deutschland – Qualität und Kundenorientierung, Jahrbuch der Kundenorientierung in Deutschland 1999, München 1999.

XIII. Offensive Kommunikation

Kapitelüberblick

POISE		
P	**Profitabel**	Ausgewogenes Verhältnis zwischen den Gewinnzielen des Unternehmens einerseits und den Kundenbedürfnissen andererseits herstellen
O	**Offensiv**	Marktführerschaft anstreben, Risikobereitschaft zeigen und Konkurrenten in die Nachahmerposition zwingen
I	**Integrativ**	Marketing-Ansatz verfolgen, der das gesamte Unternehmen einbezieht
S	**Strategisch**	Entwicklung Offensiver Strategien und entsprechender Marketing-Pläne
E	**Effektiv umgesetzt**	Die Umsetzung Offensiver Strategien effektiv managen

offensivesmarketing.de

Abbildung 13-1

Im Anschluss an die Festlegung der strategischen Ausrichtung des Unternehmens und die Festschreibung der wichtigsten Ziele und Vorgehensweisen im Marketing-Plan muss das Unternehmen mit allen relevanten Zielgruppen auf Absatz- bzw. Beschaffungsmärkten ebenso wie mit den internen Zielgruppen und der Öffentlichkeit Beziehungen anbahnen. Diese Aufgabe bezeichnet man ganz allgemein als Marketing-Kommunikation.

Beispiele dafür sind TV-Spots, Plakatwerbung, Sponsoring-Aktivitäten, Event-Marketing, *infomercials*, Mund-zu-Mund-Werbung, bestimmte Arten der Absatzförderung, Direkt-Marketing und der Einsatz von Vertriebsmitarbeitern als *part-time*-Marketer. Man könnte diese Aufstellung ohne weiteres auch um die Bereiche Public Relations oder die Verpackung erweitern, mit denen sich (intendiert oder zufällig) ebenfalls eine enorme Publizität erzielen lässt. Dennoch wollen wir uns in diesem Kapitel vor allem auf den Themenbereich der klassischen Werbung konzentrieren. Abbildung 13-2 zeigt, dass die Werbung auch gesamtwirtschaftlich gesehen von hoher Bedeutung ist. Die Werbeinvestitionen in Deutschland wachsen seit fünf Jahrzehnten stetig an und sind alleine in den letzten sechs Jahren um über 22% gestiegen.

www.zaw.de

Abbildung 13-2

Die Begriffe „Werbung" und „Marketing" werden oft miteinander gleichgesetzt – was sicherlich an der hohen Außenwirkung der Werbung liegt. Werbung oder Kommunikation ist aber nur eine von vielen Aufgaben des Offensiven Marketing und aggressive Werbung macht aus normalen Unternehmen schon gar keine Offensive Marketer. Was ist also Kommunikation? Folgende Fragestellungen sollen in diesem Kapitel geklärt werden:

- Wie funktioniert Kommunikation?
- Wo liegen die Grenzen der Werbung?
- Wie führt man eine Mediaplanung durch?
- Wo liegen die Besonderheiten der Online-Kommunikation?
- Welche besonderen Formen der Kommunikation gibt es?

- Wie legt man eine Copy-Strategie fest?
- Wie geht man mit externen Kommunikationsagenturen um?
- Wie erzielt man eine integrierte Kommunikation?
- Wie bestimmt man das Werbebudgets?
- Wie kann man die Ergebnisse der Kommunikation bewerten?
- Wie betreibt man dauerhaft erfolgreiche Kommunikation?

Anschließend wird ein Prozess zur Entwicklung Offensiver Kommunikation vorgestellt, der auf den zuvor erläuterten Grundlagen basiert und diese in die Praxis umsetzt. Abschließend wird das Offensive Kommunikationskonzept von McDonald's vorgestellt.

1 Grundlagen Offensiver Kommunikation

Allgemeiner Kommunikationsprozess

Die Kernaufgabe der Marketing-Kommunikation liegt in der Aufnahme und Gestaltung von Beziehungen zwischen einem Unternehmen und seiner Umwelt. Der allgemeine Prozess der Kommunikation, der für die klassische Werbung genauso gilt wie für den Online-Bereich oder die Öffentlichkeitsarbeit, kann wie folgt dargestellt werden:

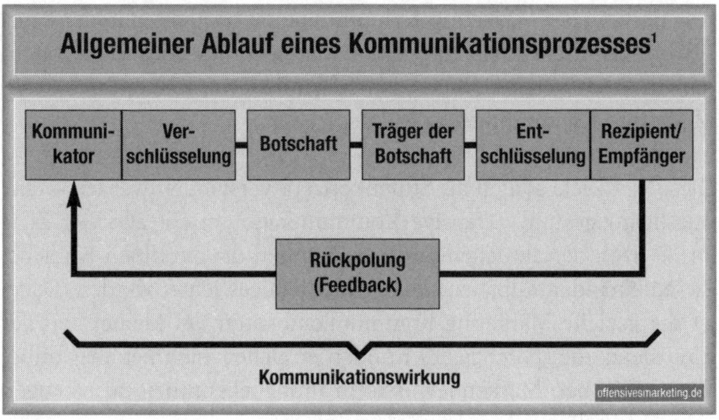

Abbildung 13-3

[1] Meyer, P.W./Hermanns, A.: Theorie der Wirtschaftswerbung, Stuttgart 1981, S. 37.

Interpretation des Kommunikationsprozesses

Übertragen auf die Werbung lässt sich dieser Prozess folgendermaßen interpretieren:
Der Werbetreibende (Kommunikator) stellt den Auslöser für den Kommunikationsprozess dar. Sein Gegenstück bildet der Umworbene (der so genannte Rezipient), d.h. die Personen oder Zielgruppen, an die sich die jeweilige Werbebotschaft richtet. Auf diese Werbebotschaft reagieren die Umworbenen auf bestimmte Art und Weise (Feedback). Beispiele für so eine Reaktion sind z.B. die Bildung von Einstellungen, Weiterempfehlung, die Anforderung weiterer Informationen oder auch der Kauf eines Produktes. Allerdings ist auch ein bewusstes Nicht-Reagieren des Umworbenen als Reaktion zu werten. Dieses Modell lässt sich noch dahingehend erweitern, dass natürlich auch der Umworbene den Kommunikationsprozess in Richtung des Unternehmens eröffnen kann.
Wenn man den Kommunikationsprozess auf den Punkt bringen will, um sich zu verdeutlichen, welche Elemente entscheidend sind, bietet folgende leicht einprägsame Formel einen guten Ansatzpunkt:

Kommunikationsformel nach Laswell:

Wer sagt was in welcher Weise zu wem mit welchem Effekt?

Ziele der Offensiven Kommunikation

Alle Formen der Marketing-Kommunikation beinhalten in der Regel sowohl informative als auch emotional-beeinflussende Komponenten, die sich vereinfacht in den folgenden vier Generalzielen der Marketing-Kommunikation widerspiegeln.

Stufenkonzept

Diese vier Ziele sollten als Stufenkonzept verstanden werden – eine durchgängige und Offensive Kommunikation strebt alle vier Ziele an. Je nach der aktuellen Situation können die einzelnen Bereiche, die aufeinander aufbauen, unterschiedlich gewichtet werden. Dabei ist die gezielte Marketing-Kommunikation nur ein kleiner Teil der Eindrücke, die (potenzielle) Kunden erreichen; sie trägt aber unbedingt dazu bei, Markenbewusstsein und -bekanntheit zu erzeugen sowie Einstellungen und Images zu prägen.

Die vier Generalziele der Werbung Stufenkonzept	
1. Bekanntmachung	■ des Unternehmens ■ der Produkte und Dienstleistungen des Unternehmens
2. Information	■ über die Leistungen ■ über die Anwendungsmöglichkeiten ■ über die technischen Daten ■ über den Preis ■ über die Bezugsquellen
3. Imagebildung	■ positive Beeinflussung der Einstellung von Nachfragern durch gezielte Marketing-Kommunikation ■ Verstärkung positiver Eindrücke ■ Abschwächung negative Eindrücke
4. Handlungsauslösung	■ Beschaffung weiterführender Informationen ■ Test der Leistung ■ Kauf der Leistung ■ Weiterempfehlung

offensivesmarketing.de

Abbildung 13-4

Alternative Werbewirkungspfade

Abbildung 13-5 zeigt verschiedene mögliche Abläufe der Werbewirkung:

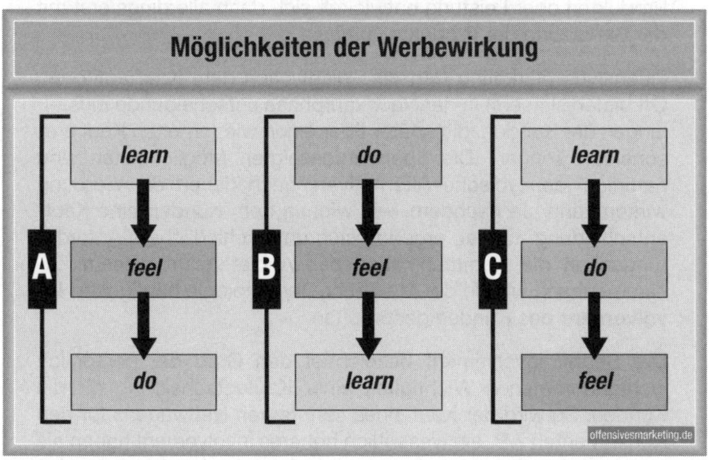

Abbildung 13-5

learn-feel-do

Traditionell geht man davon aus, dass die Werbung dem Konsumenten eine Botschaft vermittelt, die er, indem er sich mit ihr auseinandersetzt, verinnerlicht *(learn)*. Auf Basis dieser Informationen entwickelt er eine konkrete Einstellung *(feel)* zu der Leistung oder dem Produkt und diese führt schließlich zum Kauf *(do)*. Dieser Vorgang – hier mit A bezeichnet – ist idealtypisch zu sehen und setzt ein hohes Interesse des Konsumenten und eine vorangegangene Auseinandersetzung mit Informationen über das Produkt voraus. Aber gerade in der heutigen Zeit mit der gestiegenen Informationsüberlastung und der immer knapper werdenden Zeit werden eher die Modelle B oder C zutreffen.

do-feel-learn

Der Ablauf B geht von einem spontanen Kauf *(do)* aus. Dieser führt häufig zu einer Art innerem Zweifel darüber, ob die Entscheidung für dieses Produkt wirklich die richtige war *(feel)*. Um dieses Gefühl wieder abzubauen, macht sich der Kunde aktiv auf die Suche nach Informationen, die seine Entscheidung bekräftigen *(learn)*. In dieser Situation ist ein Offensives Nachkauf-Marketing („Wir gratulieren zum Kauf Ihres neuen ... Sie haben ein qualitativ herausragendes Produkt erworben!") äußerst wichtig, um bestehende Zweifel bei den Kunden auszuräumen.

learn-do-feel

Der Ablauf C stellt den Wirkungsprozess bei Kunden dar, die sich eher von der Werbung „berieseln" lassen. Das führt zwar nicht zu einer wirklich intensiven Auseinandersetzung mit der Werbebotschaft, aber wiederholter Kontakt führt schließlich zu einer Verinnerlichung der Werbebotschaft *(learn)*. Wenn diese Kunden vor einer Kaufentscheidung stehen, werden sie – sofern sie keine anderen Präferenzen haben – die Produkte wählen, deren Namen sie aus der Werbung bereits kennen *(do)*. Die Einstellung zu den Produkten oder Leistung entwickelt sich dann allerdings erst mit der Benutzung der Produkte *(feel)*.

Offensives Marketing darf also nicht nach dem Kauf aufhören. Oft bilden sich erst in der Nachkaufphase entscheidende Einstellungen der Kunden, die später über einen wiederholten Kauf entscheiden können. Die oben aufgezeigten Möglichkeiten sind natürlich idealtypische Alternativen, nach denen die Werbung wirken kann. Je nachdem, wie wichtig dem Kunden eine Kaufentscheidung nun ist, ergeben sich unterschiedlichste Anforderungen an die Kommunikation des Anbieters. In diesem Zusammenhang wird in der Marketing-Terminologie häufig vom **Involvement** des Kunden gesprochen.

Involvement

Der Begriff Involvement bezeichnet den Grad der persönlich wahrgenommenen Wichtigkeit einer Kaufentscheidung für die Kunden. So wird der Kauf eines sehr teuren Neuwagens für den Konsumenten z.B. ein wesentlich höheres Involvement haben als der Kauf einer Tafel Schokolade. Der Grad des Involvements des Kunden bei einer Kaufentscheidung wird entscheidend durch verschiedene Einflussfaktoren geprägt. Solche Einflussfaktoren können z.B. der Preis einer Leistung, die soziale Sichtbarkeit, der Bezug zum Lebensstil oder das wahrgenommene Kaufrisiko sein. Je nach Grad des Involvements für die jeweilige Kaufentscheidung sind für den Konsumenten auch unterschiedliche Informationen relevant (vgl. Abbildung 13-6).

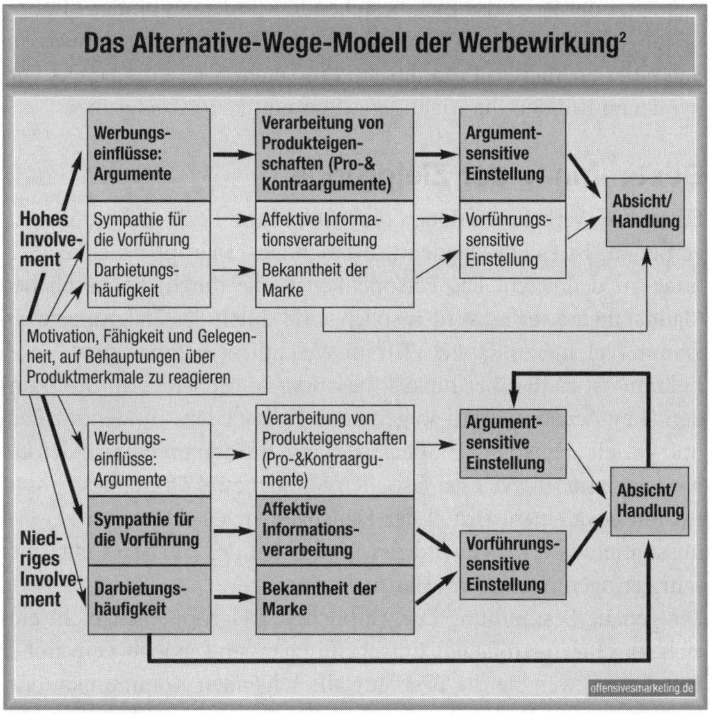

Abbildung 13-6

Kommunikation für Produkte und Leistungen mit einem hohen Involvement sollte tendenziell eher den oberen Weg in der Abbildung 13-6 wählen (fette Pfeile), weil Personen mit hohem Involvement sachliche Informationen über die Produkteigenschaften benötigen und aufgrund der genauen Auseinandersetzung mit dem Kauf auch für sachlich begründete Argumente empfänglich sind.

Bei Produkten und Leistungen mit einem niedrigen Involvement wird eher die Sympathie und die Häufigkeit der Werbeschaltung für den Erfolg des Kommunikationskonzepts ausschlaggebend sein. Hier bilden sich die konkreten argumentativ begründbaren Einstellungen vermutlich erst durch die Verwendung des Produkts nach dem Kauf. Versuchen Sie also Ihre Kommunikationsaktivitäten auf den Grad des Involvements Ihrer Kunden abzustimmen, um sie immer zur richtigen Zeit mit den richtigen Informationen zu versorgen.

---

[2] Moser, K.: Sex-Appeal in der Werbung, Göttingen 1997, S. 29.

Prioritäten setzen

Bei der Auswahl der Kommunikationsziele muss man sich zunächst über die Prioritäten klar werden. Sollen neue Kunden gewonnen werden, oder ist es das Ziel, bestehende Kunden zu binden? Für eine junge Marke ist es sicher wichtig, neue Kunden zu gewinnen, im Fall eines etablierten Produkts sind möglicherweise die bereits vorhandenen Kunden die wichtigere Kommunikationszielgruppe.[3]

Bestimmung der Zielgruppe

Damit die Werbeinvestitionen (vgl. Abbildung 12-2) nicht ungenutzt verpuffen, ist es entscheidend, die richtige Zielgruppe für die Werbung zu definieren. Die Personenkreise, die durch die werblichen Maßnahmen erreicht werden sollen, sind durch das Zielgruppenprogramm (vgl. hierzu Kapitel VIII) im Wesentlichen vorbestimmt.

Heavy Users

Lukrativ ist es darüber hinaus, besonders entscheidende Großkunden (Key-Accounts) und so genannte Heavy Users zu identifizieren und gezielt anzusprechen. Beispielsweise werden im Bereich der *fast moving consumer goods* bei fast allen Marken zwei Drittel des Umsatzes mit etwa einem Drittel der Haushalte erzielt und selbst bei Genussmitteln wie Kaffee wird der größte Teil des Umsatzes mit einer sehr geringen Anzahl von Haushalten erreicht.

Meinungsbildner

Die genaue Bestimmung der werblichen Zielgruppen ist nicht einfach, die hier getroffenen Entscheidungen sind jedoch von großer Bedeutung, weil sie die Basis für alle folgenden Kommunikationsmaßnahmen, z.B. Kreation, Mediaplanung etc., bilden. Entsprechend sorgfältig sollte die Zielgruppenbestimmung durchgeführt werden. Auf vielen Märkten, insbesondere den *Business-to-Business*-Märkten gehören z.B. auch Meinungsbildner, *gate keeper*, Beschaffer und Verwender zu den relevanten Zielgruppen der Kommunikation. Häufig sind solche Zielgruppen nur mit einem mehrstufigen Kommunikationskonzept zu erreichen und zu erschließen.

www.zaw.de

Die Grenzen der Werbung

www.acnielsen.com

www.gfk.de

www.mgmuc.de

In Deutschland werden jährlich ca. 1,5 Millionen Fernsehspots gesendet. Der durchschnittliche Verbraucher nimmt allerdings nur ca. 1% aller Werbespots, also etwa 15.000 Werbespots pro Jahr, wahr.

[3] In den letzten Kapiteln wurde ja bereits erwähnt, dass für die meisten Marken der Weg zu profitablem Umsatzwachstum darin besteht, bereits vorhandene Kunden zu binden, zu pflegen und die Geschäftsbeziehungen mit ihnen auszubauen.

Das ist ein sehr geringer Anteil, wenn man bedenkt, dass im Markt für TV-Werbung jährlich ca. 12,8 Mrd. DM (Brutto-Umsatz) für 3.168 beworbene Marken aufgewendet werden. Alleine bei der TV-Werbung werden durchschnittlich ca. 4 Mio. DM pro Jahr und Marke aufgewendet. Werbung muss daher schon sehr genau auf die jeweilige Zielgruppe zugeschnitten sein, um im Gedächtnis haften zu bleiben.

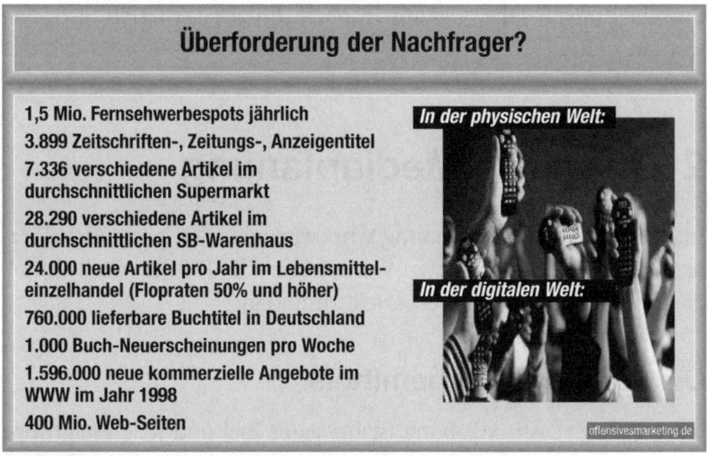

Abbildung 13-7

Die Aufmerksamkeit des Kunden gewinnen

Damit sich eine Investition also überhaupt lohnt, muss man dafür sorgen, dass die zu bewerbende Marke im Kopf der Nachfrager auch tatsächlich präsent ist. Und wenn in Ländern wie Spanien und Italien Fernsehzuschauer im Schnitt über 20.000 Werbespots pro Jahr sehen, ist die Lage noch drastischer. Um aufzufallen, buhlen die Unternehmen immer lauter um Aufmerksamkeit der Kunden:

> Sie bombardieren die Verbraucher aus allen Richtungen mit Werbeaussagen. In den USA werden täglich 18 Millionen unverlangte Telefonanrufe getätigt, was pro Haushalt etwa einen unverlangten Werbeanruf pro Woche ergibt. Amerikanischen Haushalten werden pro Jahr 3.000 Coupons zugeschickt.[4]

Einige Unternehmen wenden bis zu 30 Millionen Euro jährlich für Kommunikation auf und verlieren trotzdem Marktanteile. Anderen wiederum gelingt es, auch mit verhältnismäßig geringem Mittelein-

[4] Hallberg, G.: All Consumers Are Not Created Equal, New York 1995, S. 134.

satz hohe Bekanntheit und Aufmerksamkeit zu erreichen. Beispiele hierfür sind ***The Body Shop***, ***Starbucks*** oder **Virgin**. Werbung und Werbewirkung sind damit offenbar weit komplexere Themenbereiche als es zunächst den Anschein hat. Entsprechend sollte mit erfahrenen Experten mit kreativen Ideen zusammengearbeitet werden. Dies ist beileibe keine Selbstverständlichkeit, weil gerade die Kommunikation ein Themenbereich ist, von dem jeder etwas zu verstehen glaubt. Viel zu häufig beeinflussen deshalb Geschmacksfragen Entscheidungen, die eigentlich nach Effizienzkriterien getroffen werden sollten.

2 Offensive Mediaplanung

Im Rahmen der Mediaplanung wird versucht, den passenden Werbeträger bzw. den geeigneten Werbeträger-Mix für das Werbemittel, die Zielgruppe und die Werbeziele zu finden.

Auswahl der Werbemittel

Die Wahl des Werbemittels

Nicht jede Art von Werbung ist für jedes Ziel und jede Zielgruppe gleich gut geeignet. Nachdem man sich also im Klaren darüber ist, an welche Zielgruppe sich die Werbung jeweils richtet, folgt die Auswahl der geeigneten Werbemittel und -träger. Werbemittel können Plakate, Rundfunk- oder Fernsehspots und Anzeigen sein.

Definition Werbemittel:

Werbemittel dienen zur Konservierung und Übermittlung der Werbebotschaft.

Die Auswahl der jeweils richtigen Werbemittel wird durch eine Vielzahl unterschiedlicher Faktoren beeinflusst, z.B. durch die umworbene Zielgruppe, das zu bewerbende Produkt oder die jeweils verfolgten Werbeziele.
Um ein adäquates Werbemittel zu finden, sollte man zunächst über seine Zielgruppe, die Medien, die sie hauptsächlich nutzt und über ihren Bedarf an Informationen informiert sein. Außerdem ist zu beachten, dass die verschiedenen Werbeträger ganz unterschiedliche

Möglichkeiten der Gestaltung der Werbebotschaft (akustisch, visuell etc.) bieten, was im Hinblick auf die Zielgruppe und die beworbenen Objekte wichtig ist. Das Werbemittel sollte auch so gewählt werden, dass es auf die Erklärungsbedürftigkeit des Produktes oder der Dienstleistung, die benötigten Darstellungsmöglichkeiten und mögliche rechtlichen Restriktionen hin (z.B. Werbeverbote für Tabak in bestimmten Medien) abgestimmt werden kann.

Die Auswahl der Werbeträger

Auswahl der Werbeträger

Ist erst einmal über die Art der Werbemittel, die in der Kampagne verwendet werden sollen, entschieden, wird der passende Werbeträger ermittelt.

Definition Werbeträger:

Werbeträger dienen der Übermittlung der Werbemittel an den Umworbenen. Werbeträger lassen sich wie folgt systematisieren:

- Print- oder Insertionsmedien (z.B. Zeitungen, Publikumszeitschriften, Fachzeitschriften etc.)
- Elektronische Medien (z.B. Fernsehen, Funk, Film etc.)
- Medien der Außenwerbung (z.B. Litfaßsäule, Verkehrsmittel, Banden in Sportstadien etc.)

Die Wahl von Werbemedium und Werbeträger ist in engem Zusammenhang zu sehen: Ist beispielsweise die nationale Erreichung der Umworbenen angestrebt, wird meistens auf das Fernsehen als Werbeträger zurückgegriffen. Als passendes Werbemittel kommt damit natürlich nur der TV-Spot in Frage.

Die Auswahl der Werbeträger ist auch für die Wirtschaftlichkeit einer Kampagne entscheidend, weil erfahrungsgemäß ein Großteil des gesamten Werbebudgets für die Belegung der einzelnen Werbeträger aufgewendet werden muss. Um bei der Vielzahl möglicher Werbeträger nicht den Überblick zu verlieren, ist es sinnvoll, nach folgendem Dreistufen-Konzept für die Werbeträgerplanung vorzugehen:

- Auswahl der Trägermedienkategorie
- Auswahl spezieller Trägermedien innerhalb einer Trägermedienkategorie
- Auswahl von Trägermedienkombinationen

www.ivw.de
www.zaw.de
www.gwa.de

Bevor wir uns nun der Auswahl spezieller Werbeträger zuwenden, soll die Abbildung 13-8 die Kriterien für die Auswahlentscheidungen für Werbemittel und Werbeträger verdeutlichen.

Beeinflussungsfaktoren bei der Wahl der Werbemittel und Werbeträger[5]

Bewertungskriterium	Publikumszeitschriften	Tageszeitungen	Fernsehen	Hörfunk	Plakat
Wirkung des Mediums	Unterhaltung Information Lebenshilfe Expertenstatus Leser-Blatt-Bindung Heftumfang Anzeigenumfang	Information Aktualität Unterhaltung Glaubwürdigkeit Leser-Blatt-Bindung	Realitätsnähe Autorität Glaubwürdigkeit Aktualität Information Unterhaltung	Aktualität Information Unterhaltung	Standortqualität
Wirkung des Werbemittels	Format Farbe Bildanteil	Format Farbe Plazierung Texteil-Anzeigenteil	Spotlänge Farbe Bewegung Musik Ton Sprache Geschwindigkeit Kontrast zum Umfeld	Spotlänge Musik Ton Sprache Geschwindigkeit	Format Farbe Textmenge
Ort der Nutzung des Werbemittels	beliebig vorwiegend zu Hause	beliebig vorwiegend zu Hause am Arbeitsplatz	vorwiegend zu Hause	beliebig	außer Haus
Mögliche Nutzungsdauer	unbeschränkt	während eines Tages	eine Spotlänge	eine Spotlänge	bis 10 Tage
Kontaktchance des Werbeträgers	von Produktbereich und Gestaltung abhängig	von Produktbereich und Gestaltung abhängig	unabhängig von Produktbereich und Gestaltung	Wirkungssteigerung durch die Häufigkeit	zufällig, flüchtig, selten intensiv
Inhalte	rationale und/ oder emotionale Übermittlung von Sachverhalten und Argumentationen	rationale Übermittlung von Sachverhalten und Argumentationen	rationale und emotionale Handlungsabläufe, Demonstrationen, Argumentationen	rationale und emotionale Handlungsabläufe, Argumentationen	rationale und emotionale Produktdarstellung, Schlagworte

[5] Abbildung in Anlehnung an: Meffert, H.: Grundlagen marktorientierter Unternehmensführung, Wiesbaden 1998, S. 752 ff.; gwa Service mbH (Hrsg.): Zahlen und Daten für die Werbe-Planung 1994, Frankfurt a.M. 1994, S. 58 f.

Lernerfolg	langfristig und nachhaltig wirksam, Imageaufbau	kurzfristig, stimulierend und informierend	kurzfrstig, aktualisierend, informierend Imageaufbau teilweise	kurzfristig, aktualisierend, und unterstützend	kurzfristig, aktualisierend, unterstützend
Selektionsmöglichkeit	nach Zielgruppen und Teilregionen	regional (Orte, Regionen) und Zielgruppen (Titel)	regional (z.B. ARD, RTL etc.) und Zielgruppen (Uhrzeit, Sender)	regional (Sendegebiete) und Zielgruppe (Uhrzeit, Sender)	regional (Ort)
Zeitlicher Einsatz	hängt stark mit der Erscheinungsweise zusammen; aber sowohl für lang- als auch kurzfristige Kampagnen einsetzbar	sehr aktuell, wegen täglicher Erscheinungsweise, bei regelmäßiger Nutzung kann hohe Kontaktdichte erzielt werden	aktuelle Informationen möglich, bei sporadischer Nutzung und einer großen Programm- und Sendervielfalt können kurzfristig keine wirksamen Kontakte erzielt werden	aktuelle Informationen möglich, bei sporadischer Nutzung und einer großen Programm- und Sendervielfalt können kurzfristig keine wirksamen Kontakte erzielt werden	schwer steuerbar, dient eher als Ergänzungsmedium

offensivesmarketing.de

Abbildung 13-8

Informationen über einzelne Werbeträger werden in Deutschland z.B. von der IVW (Informationsgesellschaft zur Feststellung der Verbreitung der Werbeträger) zur Verfügung gestellt. Solche Werbeträgerstatistiken enthalten Informationen über Auflagengrößen von Zeitungen und Zeitschriften oder die Zahl der angemeldeten Funk- und Fernsehgeräte in den einzelnen Sendegebieten. Diese Daten sind wichtig für die Mediaplanung, reichen aber noch nicht aus. Denn nicht nur die Zahl der verkauften Exemplare, z.B. einer Zeitschrift ist wichtig, sondern auch die Zahl der Mediennutzer. Sie sollten also versuchen, die Reichweite der Werbeträger und gleichzeitig auch die Struktur der Mediennutzer zu ermitteln.

www.media line.de

Die wichtigsten Quellen für Zahlen dieser Art sind in Deutschland die MA (Media-Analyse) sowie die AWA (Allensbacher Werbeträger-Analyse), die auch direkt über das Internet abgefragt werden können. Neben den Reichweiten und der Struktur des Publikums der jeweiligen Werbeträger interessieren auch z.B. das Image eines Werbeträgers in der Öffentlichkeit, das Beziehungsverhältnis des Werbeträgers zu seinen Nutzern und auch die Glaubwürdigkeit, Seriosität und Aufbau eines Werbeträgers. Positive Werte, die ein Werbeträger in dieser Beziehung hat, können sich günstig auf die in diesem Werbeträger platzierte Werbung auswirken.

Auswahl der Trägermedienkategorie

Sind diese Daten erst einmal vorhanden, kann man die Werbeträgerkategorie bestimmen, in der geworben werden soll (**Intermediavergleich**). Hier werden die Werbeträger auf ihre spezifische Eignung zur Erreichung der Werbeziele überprüft, z.B. Vor- und Nachteile der Printmedien im Vergleich zu den elektronischen Medien. Die Entscheidung für einen bestimmten Werbeträger oder einen Werbeträger-Mix hat einen langfristigen Charakter, da eine grundsätzliche Neuorientierung im Rahmen der Intermediaselektion mit hohen Planungs-, Organisations- und Durchführungskosten verbunden ist und entsprechende Anpassungen von nachfolgenden taktisch-operativen Entscheidungen (z.B. über Werbemittelgestaltung) nach sich zieht. Auch im Sinne einer integrierten Unternehmenskommunikation kann man von einem häufigen Wechsel der Werbeträger nur abraten, da dies eine diffuse Wahrnehmung der Werbebotschaft zur Folge hat.

Auswahl bestimmter Trägermedien

Als nächster Schritt folgt der **Intramediavergleich**. Hier wird versucht, innerhalb einer Medienkategorie den richtigen Werbeträger zu ermitteln, also z.B. eine einzelne Zeitschrift oder den geeigneten TV-Sender. Es geht um die Auswahl spezieller Werbeträger innerhalb ausgewählter Mediagattungen, Mediasegmenten und Mediagruppen (z.B. Auswahl der FAZ, des Manager-Magazin, SAT 1, RTL). Neuorientierungen im Rahmen der Intramediaselektion bewirken viel geringere Anpassungskosten als Entscheidungen im Rahmen der Intermedienselektion. z.B. ist ein Werbeträgerwechsel von SAT 1 zu RTL im Rahmen einer TV-Kampagne weitgehend ohne Auswirkungen auf die übrigen Bestandteile der Kampagne wie z.B. Zielgruppenplanung, Strategiefestlegung und Zielgruppenplanung. Die folgende Abbildung 13-9 verdeutlicht noch einmal die Auswahl der Werbeträger.

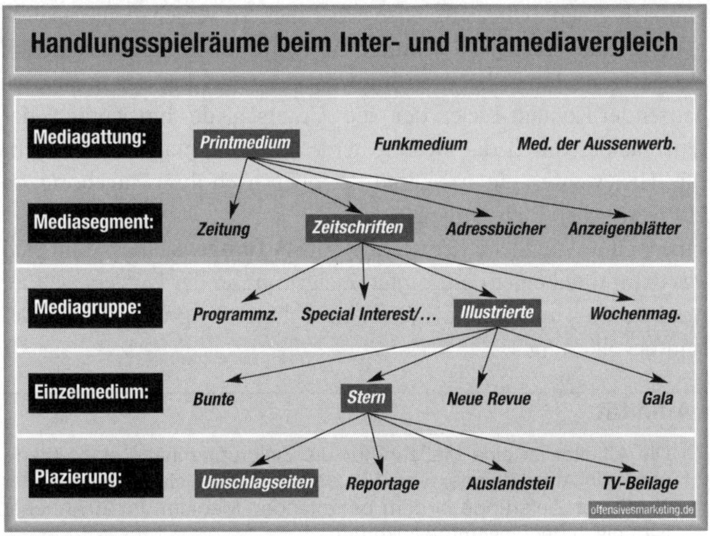

Abbildung 13-9

Kennziffern zur Beurteilung der Werbeträger

Nachdem man nun den Ablauf des Auswahlverfahrens vor Augen hat, ist es interessant, sich noch mit den wichtigsten Kennziffern zu beschäftigen. Für eine objektive Bewertung der Werbeträger nach Kostengesichtspunkten stehen eine Reihe von Kennziffern zur Verfügung. Das sicherlich wichtigste Kriterium ist die Beurteilung der Wirtschaftlichkeit eines Werbeträgers. Die Kennzahl, die hier am häufigsten genutzt wird, ist der so genannte **Tausender-Kontakt-Preis (TKP).** TKP

Tausender-Kontakt-Preis

Diese Kennzahl gibt den Preis für die Erreichung von tausend Nutzern bei der Verwendung dieses Werbeträgers an.

Damit werden die Anzahl der Nutzer bzw. der Kontakterfolg oder die Reichweite zu den maßgeblichen Größen in der Bewertung der Werbeträger. Das Problem dieser Kennzahl ist, dass sie auf die reine Reichweite abstellt und nicht auf die Qualität der Kontakte. Es erfolgt also keine Aussage darüber, wie viele der tausend Nutzer des Mediums auch tatsächlich zur gewünschten Zielgruppe gehören.

Um sich einen ersten schnellen Überblick zu verschaffen, ist diese gängige und einfach zu ermittelnde Kennzahl trotzdem sicherlich gut geeignet. Einen höheren Informationsgehalt hat der qualitative Tausender-Kontakt-Preis, der die Unterschiede hinsichtlich der Qualität der durch die Medien hergestellten Kontakte berücksichtigt. Hier werden die erreichten Personen nach ihrer Zugehörigkeit zur werblichen Zielgruppe gewichtet.

Zielgruppenaffinität der Werbeträger

Eine weitere nützliche Kennzahl ist die **Affinität**. Sie bestimmt sich aus dem Anteil einer bestimmten Zielgruppe an der Nutzerschaft eines Mediums im Verhältnis zum Anteil dieser Zielgruppe an der Gesamtbevölkerung.

Affinität

Die Affinität ist eine Maßzahl für die Zielgruppennähe eines Mediums. Ein Affinitätsindex von 120 bedeutet beispielsweise, dass der Anteil der Zielgruppe in dem betreffenden Medium um 20% höher liegt als in der Gesamtbevölkerung.

Mit dieser Maßzahl erhalten Sie also eine gute Aussage über die Zielgruppenabdeckung Ihrer Werbeträger.
Im Rahmen der Intramediaselektion ist die Anzahl der Kontakte zwischen den Werbeträgern und deren Nutzern ein wichtiges Selektionskriterium. Interessant für die Trägerplanung ist natürlich nicht ein einzelner Kontakt, sondern die **Kontaktsumme** eines Mediums.

Kontaktsumme

Kontaktsumme

Die Kontaktsumme ist die Summe aller Kontakte aller Personen mit einem Werbeträger. Die Kontaktsumme umfasst damit sämtliche Kontakte aller Personen mit dem Werbeträger.

Leider sagt die Kontaktsumme nichts darüber aus, wie viele Personen mit einer bestimmten Werbeträgerkombination erreicht werden können. So kann eine bestimmte Kontaktsumme durch viele Kontakte mit wenigen Werbeträgern oder durch wenige Kontakte mit vielen Werbeträgern erzielt werden.
Daher verwendet man in der Mediaplanung den Begriff der **Reichweite**, der im Allgemeinen ausdrückt, wie viele Personen von den belegten Werbeträgern mindestens einmal erreicht wurden.

Reichweite

Reichweite

Es lassen sich vier unterschiedliche Reichweitenbegriffe unterscheiden:

Nutzer pro Ausgabe: Bei einer Einschaltung in einem Medium besteht die Reichweite in der Zahl der Nutzer (Seher, Leser, Hörer) pro Ausgabe des Mediums. Es werden also nicht nur Kontakte mit Käufern dieses Mediums erfasst.

Kumulierte Reichweite: Bei mehrfacher Einschaltung in einem Medium kommt es bei den unregelmäßigen Nutzern des Mediums zu Neukontakten, bei regelmäßigen Nutzern kommt es hingegen zu Wiederholungskontakten („interne Überschneidungen“). Letztere werden bei der kumulierten Reichweite nicht berücksichtigt. Mit der Zahl der Einschaltungen vergrößert sich daher die kumulierte Reichweite unterproportional.

Nettoreichweite: Bei einer Einschaltung in mehreren Medien, ergeben sich bei Personen, die nicht nur ein Medium nutzen, „externe Überschneidungen“, d.h. sie werden mit der Werbebotschaft nicht nur in diesem Medium, sondern auch in anderen Medien in Berührung kommen. Diese Überschneidungen werden bei der Nettoreichweite herausgerechnet.

Kombinierte Reichweite/Kumulierte Nettoreichweite: Bei mehrfacher Einschaltung in mehreren Medien ergeben sich interne und externe Überschneidungen. Die Gesamtzahl der mindestens einmal erreichten Personen heißt „kumulierte Nettoreichweite“ oder „kombinierte Reichweite“.

Bruttoreichweite

Eine weitere Kontaktmaßzahl ist die **Bruttoreichweite**. Sie ergibt sich aus der Summe der Einzelreichweiten aller Werbeträger. Neben der Reichweite sind die Kontakthäufigkeit und die Verteilung der Kontakte bei der Bewertung der Werbeträger wichtig. Die Kontakthäufigkeit gibt an, wie oft die Zielgruppe Kontakt mit den Werbeträgern hat, in denen die Werbebotschaft geschaltet wird.

Das Internet als Werbeträger

Besonderheiten der Online-Werbung

Einige Besonderheiten ergeben sich bei der Konzeption von Online-Werbung, also kommerzieller Kommunikation, die das Medium Internet als Trägermedium nutzt. Dies beginnt bereits bei den generellen Zielsetzungen: Zielsetzung jedes Web-Auftrittes muss es zunächst sein, den User dazu zu bringen, die Site regelmäßig zu besuchen, d.h. eine Bindung des Users zu erzielen. Dies ist besonders unter dem Gesichtspunkt äußerst wichtig, dass im E-Commerce-

Markt relativ niedrige Eintrittsbarrieren herrschen. Die Grundvoraussetzung dafür ist jedoch, dass der User zunächst überhaupt auf die Site findet. Dafür sind folgende Instrumente von Bedeutung:

- Bekanntmachung über Online-Werbung,
- redaktionelle Promotion auf anderen Sites,
- Integration der Werbung mit Werbung in klassischen Offline-Medien.

Die Wahl der Domain

Darüber hinaus ist natürlich der richtige Domain-Name entscheidend. Insbesondere wenn die Marke schon erfolgreich etabliert ist, stellt die Wahl des Domain-Namens die Grundvoraussetzung für einen erfolgreichen Online-Auftritt dar. So sollte jeder Anbieter auch unter dem entsprechenden Markennamen (www.ihremarke.de) bzw. Firmennamen (www.ihrefirma.de) im World Wide Web erreichbar sein.
Unter dem Begriff der Online-Werbung lassen sich mittlerweile eine Fülle unterschiedlicher Werbeformen (Werbemittel) subsumieren, die aufgrund der technologischen Veränderungen in diesem Bereich einer ständigen Entwicklung unterliegen (vgl. Abbildung 13-10).

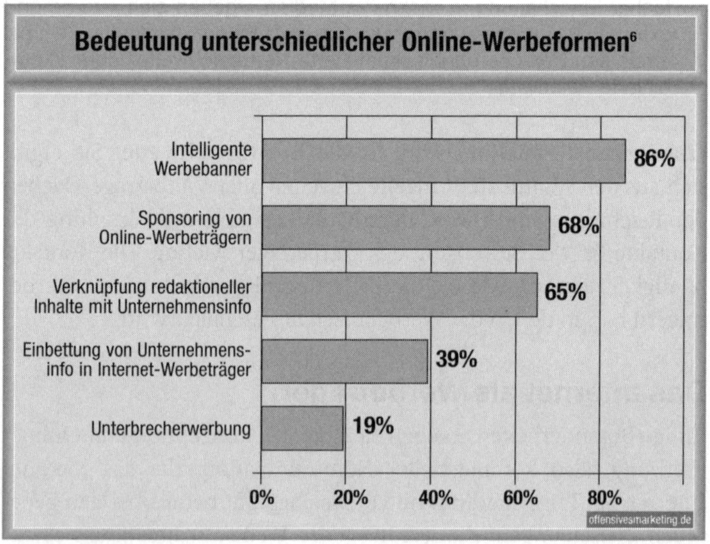

Abbildung 13-10

[6] Studie GWP-Werbeklima II/99, hrsg. v. GfK Gesellschaft für Konsumforschung, Nürnberg 1999.

Dennoch gibt es einige Standards, auf die sich die Branche weitestgehend geeinigt hat. Dazu gehört beispielsweise eine Standardgröße der Internet-Anzeigen, der so genannten Banner (Voll-Banner im Format 468 x 60 Pixel). Banner

Banner-Werbung

Obwohl die Online-Werbebranche ständig über neue Werbeformen *beyond the banner* nachdenkt und neue Technologien fordert, ist der Banner derzeit die Online-Werbeform Nummer eins im World Wide Web. Es sind eine Reihe von „Bannerarten" entstanden, die verschiedene Möglichkeiten der grafischen Darstellung und Interaktivität bieten. Ihnen gemeinsam sind jedoch folgende Grundmerkmale:

- Integration in eine Website (Werbeträger)
- rechteckiges Format
- Interaktionsmöglichkeit durch den Betrachter

Grundsätzlich birgt die Integration eines Banners auf einer Website das Problem, dass die Aufmerksamkeit des Betrachters vom eigentlichen Inhalt weg auf den Banner gelenkt werden soll, um ihn zum Anklicken des Banners zu verleiten. Deshalb werden immer neue Bannerarten entwickelt, die mit Hilfe bewegter Bilder oder Ton die Aufmerksamkeit noch stärker auf sich ziehen und damit die Klickwahrscheinlichkeit *(click rate)* erhöhen sollen (vgl. auch Abbildung 13-11).

www.werbeformen.de

Unterschiedliche Bannerarten	
■ statische Banner	■ getarnte Banner
■ animierte Banner	■ HTML-Banner
■ Nanosite-Banner	■ Transactive Banner
■ Interstitials	■ Pop-ups

offensivesmarketing.de

Abbildung 13-11

Eine besondere Rolle nimmt auch die E-Mail als Werbeform ein. E-Mails sind ein außergewöhnlich schnelles und kostengünstiges Medium und ermöglichen die direkte und interaktive Ansprache der Kunden bzw. Interessenten. Gerade personalisierten E-Mails kommt E-Mail ein hoher Aufmerksamkeitsgrad zu und dies vor allem dann, wenn der Nutzer diese Informationen durch Registrierung auf einer Website explizit bestellt hat (*opt-in*-Variante). Die massenhafte und unverlangte Versendung von werblichen E-Mails *(spamming)* wird von der Internet-Community dagegen weitestgehend abgelehnt. Dem Empfänger spricht der Gesetzgeber hier ähnlich wie beim Faxversand einen Unterlassungsanspruch zu.

Effizienzmessung bei Online-Werbung

Hits

Hits (Abrufe): In der Anfangszeit der Online-Werbung zählten viele Anbieter einfach die Zeilen ihrer Logfiles, also die Anzahl der Dateien, die vom Web-Server abgerufen wurden. Hits sind aber in keiner Weise zur vergleichenden Beurteilung von Werbeträgerleistung geeignet. So kann eine (Bildschirm-)Seite im Web-Format HTML neben Text auch diverse grafische Elemente (z.B. Bilder) enthalten. Der Abruf dieser Elemente taucht aber im Logfile ebenso auf, wie der Abruf der eigentlichen Seite. Die Messung von Hits verschafft also einem Angebot mit vielen grafischen Elementen stets höhere Zugriffszahlen gegenüber einem Angebot mit schlichterem Design.

Page Impressions

Page Impressions: Um diese Probleme zu vermeiden, wurde eine Leistungsmessung eingeführt, die unabhängig von Layout und der grafischen Aufbereitung einer Seite ist. Bei einer *page impression* wird der Abruf einer einzelnen HTML-Seite (unabhängig von der Anzahl der Zusatzelemente, die sie enthält) gezählt. Um die Attraktivität eines Gesamtangebots zu beurteilen, eignet sich die Summe der Page Impressions. Sie bezieht sich nur auf Abrufe von inhaltlichen Seiten, alle Werbe-, Navigations- und sonstigen Page Impressions zählen nicht mit. In Kombination mit der Zahl der Visits vermittelt sie einen guten Eindruck von der Intensität und Dauer, mit der ein redaktionelles Online-Angebot genutzt wird.

Visits

Visits: Visits (Besuche, Nutzungsvorgänge) definieren den Werbeträgerkontakt im Internet und von Online-Diensten. Im Moment des Zugriffs von einer externen Seite auf ein Online-Angebot zählt dies als neuer Nutzungsvorgang. Dabei entspricht der Begriff des Nutzers nicht dem Leser oder Zuschauer aus Print und TV, weil sich „echte Personen" *(„unique visitors")* aus datenschutzrechtlichen Gründen nur sehr schwierig bestimmen lassen. Dies ist nur dann möglich, wenn der Online-Dienst eine Registrierung seiner Nutzer verlangt und sich diese bei jedem Nutzungsvorgang über ein Passwort auf der Web-Site anmelden. Dies bietet darüber hinaus den Vorteil, dass eine differenzierte und zielgruppengerechte Gestaltung der Inhalte möglich wird.

Sonderwerbeformen

Neben der „klassischen" Werbung über Print, Radio und TV und der Online-Werbung gibt es noch weitere Formen der Werbung. Die wichtigsten Rollen unter den Sonderwerbeformen nehmen wahrscheinlich das Product Placement, Sponsoring und die Direktwerbung ein.

Product Placement

Ein Grund für den verstärkten Einsatz des Product Placement ist in der ständig zunehmenden Reaktanz der Verbraucher auf die Fernsehwerbung und häufige Programmwechsel bei Werbeeinblendungen (Zapping) zu sehen.

Product Placement

Product Placement bedeutet die bewusste Plazierung eines markierten Produkts, einer Dienstleistung oder einer Firma im Rahmen eines Spielfilms, einer Fernsehsendung oder ähnlichen Darbietungen.

Mit dem Product Placement wird versucht, die Abwehrreaktionen der Verbraucher zu umgehen und das Produkt in seinem Gebrauchsumfeld in Verbindung mit berühmten Darstellern zu zeigen. Gleichzeitig wird das Produkt in eine emotionale Erlebniswelt eingebettet und damit als ein Teil der realen Handlung präsentiert. Je nach der Intensität und der Art des präsentierten Produkts lassen sich unterschiedliche Spielarten des Product Placement unterscheiden.

Formen des *Product Placement*

Placement-Form:	*Intensität:*	*Beispiele:*
• ***Product Placement*** **i.e.S.**	*On-Set-Placement*	Z8 im James Bond Film
Kommunikation für Produktmarken	*Creative-Placement*	Ferrari bei Magnum
• **Corporate-Placement**	*On-Set-Placement*	TUI/LTU in TV-Serien
Platzierung eines ganzen Unternehmens	*Creative-Placement*	MS Astor als Traumschiff
• **Generic Placement**	*On-Set-Placement*	starkes Zigarettenrauchen
auf Darstellung einer Marke wird verzichtet; Kommunikation für Warengruppe, z.B. Zigaretten / Alkoholika	*Creative-Placement*	Götterspeise in Liebling Kreuzberg

offensivesmarketing.de

Abbildung 13-12

Bei einem *On-Set-Placement* wird das Produkt nur statisch und requisitenhaft einbezogen. Das *Creative-Placement* dagegen versucht das Produkt kontinuierlich in den Mittelpunkt des Zuschauerinteresses zu stellen. Damit kann das Produkt fast eine Haupt- oder Nebenrolle in dieser Spielhandlung erlangen. Es können natürlich nicht nur einzelne Produkte effektiv in Szene gesetzt werden, sondern auch das ganz Unternehmen (Corporate-Placement) oder eine ganze Warengruppe (Generic-Placement).

Sponsoring

Neben dem Product Placement bietet auch das **Sponsoring** interessante Möglichkeiten. Für einige Branchen wie die Zigarettenindustrie ist dies sogar die einzige Möglichkeit, Bekanntheit aufzubauen oder zu erhöhen.

Sponsoring

Sponsoring bezeichnet die bewusste, meist finanzielle Unterstützung des Gesponserten, wofür sich der Sponsor im Gegenzug eine kommunikative Wirkung erhofft.

Sponsoring ermöglicht es dem Unternehmen, seine Zielgruppen gezielt über den Freizeitbereich, aber dennoch massenhaft durch die Medien anzusprechen. In den 80er Jahren haben Unternehmen ihr Sponsoringengagement im Sport systematisch ausgebaut; erste Aktivitäten in den Bereichen Kultur, Soziales und Umwelt waren ebenfalls festzustellen (in dieser Phase glich Sponsoring oft noch eher einem altruistischen Mäzenatentum, d.h. die Vereinbarung einer konkreten Gegenleistung wurde z.T. unterlassen). Mit dem zunehmenden Kultur-, Sozial- und Umweltsponsoring seit Beginn der 90er Jahre werden nun neue Förderbereiche entwickelt und professionalisiert. Seit wenigen Jahren sind schließlich verstärkt Wissenschaftssponsoring, Medien- bzw. Programmsponsoring zu beobachten. Die vielfältigen Einsatzmöglichkeiten machen das Sponsoring zu einem attraktiven Instrument für eine Offensive Kommunikation.

Direktwerbung

Allen bisher beschriebenen Kommunikationsformen ist eines gemeinsam: Sie schaffen es nicht, den Umworbenen gezielt persönlich anzusprechen. Dies kann nur durch eine Offensive **Direktwerbung** erreicht werden.

Direktwerbung

Direktwerbung ist die personifizierte Ansprache (Einzelansprache) von Umworbenen, die durch einzelwirtschaftsbezogene Merkmale definiert sind, unabhängig von den dabei eingesetzten Werbemitteln und Werbeträgern. Die Grundvoraussetzung für den Einsatz der Direktwerbung ist damit die namentliche Bekanntheit der Zielgruppe.

Zu den wichtigsten Zielen, die mit den Instrumenten der Direktkommunikation verfolgt werden, gehört neben der Gewinnung von Neukunden die intensivere Betreuung der aktuellen Kunden. Dabei wird eine Verbesserung der Kundennähe und die Erhöhung der Kundenbindung angestrebt, wodurch letztlich die Effizienz der Kundenansprache verbessert werden soll. Direktwerbung ermöglicht es dem Unternehmen darüber hinaus, seine Streuverluste zu minimieren und die Werbung effizient zu nutzen und sogar zeitlich präzise zu steuern. Während die klassischen Massenmedien bisher die am intensivsten diskutierten Werbemöglichkeiten geboten haben, werden sich die Kommunikationsschwerpunkte zukünftig sicher in Richtung Individualkommunikation oder Direktkommunikation verschieben. Hierzu steht den Unternehmen ein ganzes Spektrum neuer Medien, von Disketten, über die CD-Rom, interaktives Fernsehen, Business TV bis hin zu Online-Diensten zur Verfügung.

Einer Studie des Direkt-Marketing Verbandes (DDV) zufolge enthalten bereits 71% aller Printanzeigen Dialogelemente, die eine Rückkoppelung zum Anbieter ermöglichen. Der Spitzenreiter in der Direktwerbung ist mit einem Investitionsvolumen von rund 6 Mrd. Euro allerdings immer noch die adressierte Werbesendung. Den höchsten Zuwachs in den letzten Jahren konnte der Bereich der interaktiven Dienste, mit einem Anstieg der Investitionen von 0,7 Mrd. Euro auf ein Investitionsvolumen 1998 von 1,2 Mrd. Euro verzeichnen.

www.ddv.de

www.dima.com

Der Business Club der Deutschen Post

www.deutschepost.de

Eines der größten Dienstleistungsunternehmen im Bereich der Direktwerbung und -marketing ist die ***Deutsche Post AG*** mit Direkt-Marketing Centern in allen wichtigen deutschen Städten und dem ***Business Club***.

Der Business Club ist das Partnerschaftsprogramm der Deutschen Post für Führungskräfte aus Industrieunternehmen, Banken und dem Versandhandel sowie Agenturen und Lettershops. Er bietet ein attraktives Leistungs- und Servicepaket, das die

Marketing-Entscheider in ihrem Tagesgeschäft unterstützen soll. Er ist eine Quelle für aktuelle Informationen der Deutschen Post und der Dialog-Marketing-Branche. Den Mitgliedern des Business Clubs werden News über nationale und internationale Trends direkt zugesandt, Expertenwissen wird auf Seminaren und Fachtagungen praxisnah vermittelt.

www.deutsche-post.de/direktmarketing

Deutsche Post

Direkt Marketing Center (DMC)

Das Direkt Marketing Center der Deutschen Post AG bietet in über 30 Städten Produkte und Dienstleistungen rund um das Direkt-Marketing an. Damit ist das DMC die Anlaufstelle für alle Fragen, die sich mit einem Offensiven Direkt-Marketing ergeben. Die Ansprechpartner in den Direkt Marketing Centern stehen nicht nur für telefonische Auskünfte zur Verfügung, sondern auch für persönliche Beratungsgespräche, und das kostenlos und unabhängig von der Größe eines Unternehmens. Vor allem kleine und mittelständische Unternehmen mit oft schmalen Werbebudgets will die Deutsche Post so beim Einstieg ins Direkt-Marketing unterstützen. Zwar setzen 82% dieser Firmen schon Direkt-Marketing ein, doch das eher ungeplant und „aus dem Bauch heraus". Zu den wichtigsten Serviceleistungen der Direkt Marketing Center gehören die Hilfe bei der kompletten Planung von Werbeaktionen, die Vermittlung an geeignete Partner für die Umsetzung sowie Seminarangebote, Informationsmedien und Software. Will ein Kunde ein Mailing verschicken, beraten ihn die Fachleute zu Wahl der Zielgruppe, Timing, grafischer und inhaltlicher Gestaltung des Schreibens genauso wie hinsichtlich der Frage, wie man an zuverlässige Adressen kommt. Für die Realisierung der Werbeaktion vermittelt das Center die Kunden an regionale Dienstleister weiter, die Texten, Gestalten, Adressrecherche und Druck übernehmen. Auch wer sein Know-how zum Direkt-Marketing vertiefen möchte, ist bei den Centern der Deutschen Post an der richtigen Adresse. In Grundlagen-, Aufbau- und Spezialseminaren lernt man Direktwerbe-Aktionen zu planen und zu verwirklichen.

www.deutsche-post.de/direktmarketing

Deutsche Post

Der Direkt Marketing Monitor der Deutschen Post AG

Der Direkt Marketing Monitor hilft mit umfassendes Datenmaterial sich in der Branche zurechtzufinden und liefert den Entscheidern eine fundierte Informationsgrundlage. Der Direkt Marketing Monitor besteht aus drei wissenschaftlichen Studien mit Hintergründen, Zahlen, Daten und Fakten rund um das Direkt-Marketing und Werben per Post. Für Profis und Neueinsteiger finden sich darin eine Fülle von Tipps, wie Aktionen mit adressierten Werbebriefen und Postwurfsendungen noch effektiver konzipiert werden können. Die Stichprobe des Direkt Marketing Monitor umfasst 3.000 Interviews, was einer repräsentativen Befragung entspricht. In dieser Studie wird die Direkt-Marketing-Struktur der Unternehmen in Deutschland ab einem Umsatz von 0,5 Mio DM abgeildet. Zusätzliche Experteninterviews mit Marketing-Leitern und Geschäftsführern verstärken noch die Qualität der Ergebnisse. Damit ist diese Studie die ideale Informationsgrundlage für alle die sich über den Bereich Direkt-Marketing etwas genauer informieren wollen, oder dort bereits voll tätig sind.

Database-Marketing

Eine der wichtigsten Voraussetzungen für eine erfolgreiche Direktwerbung ist eine aktuelle Datenbank mit allen relevanten Kundendaten. Eine moderne Database ist damit mehr als eine reine Kundenliste mit Namen, Adressen und Telefonnummern. Sie muss vielmehr eine Vielzahl von demographischen, psychographischen Daten, Mediennutzungsdaten und Daten über das frühere Kaufverhalten beinhalten.

3 Zusammenarbeit mit der Werbeagentur

Der Umgang mit externen Agenturen

Jedes Jahr werden Dutzende von Seminaren veranstaltet, in denen es um den Umgang mit Werbeagenturen und die Beziehung zwischen Agentur und Unternehmenskunden geht. Es scheint, als werde über das Verhältnis Unternehmen-Agentur besonders gerne gesprochen. Dies liegt sicherlich auch daran, dass die Zusammenarbeit zwischen dem Unternehmen und den beauftragten Agenturen ein entscheidender Erfolgsfaktor der Offensiven Kommunikation ist.
Viele Marketing-Fachleute verbringen viel Zeit mit Agenturen und vernachlässigen darüber die interne Kommunikation mit Mitarbeitern und Kollegen und den Kontakt zum Kunden. Nachfolgend finden Sie einige Grundprinzipien für den sinnvollen, effektiven und zeitsparenden Umgang mit externen Agenturen.

Grundsätze für den Umgang mit Agenturen
■ Legen Sie die Anforderungen an die einzelnen Agenturen genau fest.
■ Vereinbaren Sie ein Basishonorar und Erfolgsboni.
■ Vereinbaren Sie Anzahl und Qualifikation der für Sie tätigen Agentur-Mitarbeiter.
■ Vereinbaren Sie für jede Agentur detaillierte Jahresziele.
■ Entwickeln Sie in Zusammenarbeit mit den Agenturen gemeinsame Arbeitsprozesse.
■ Motivieren Sie die Agenturen so, als seien diese Ihre Kunden.
■ Bewerten Sie den Erfolg anhand zuvor festgelegter Ziele. offensivesmarketing.de

Abbildung 13-13

Abstimmung und Integration

Legen Sie die Anforderungen an die einzelnen Agenturen genau fest. Es ist nicht ungewöhnlich, dass ein Unternehmen gleich mit mehreren Agenturen für Werbung, Medien, Event-Marketing, Sponsoring, PR, Absatzförderung oder Direktwerbung zusammenarbeitet. Nicht zu vergessen die Kommunikation gegenüber Zielgruppen auf Kapitalmärkten, Personalmärkten und internen Zielgruppen, die oft wieder von anderen Agenturen gestaltet wird. In diesem Fall muss jeder Agentur absolut klar sein, wie die jeweilige Kommunikationsstrategie angelegt ist und was im Einzelnen von ihr erwartet wird. Bei gelungener Koordination ist das Ergebnis eine einheitliche, klar verständliche Aussage für die jeweilige Zielgruppe, die auch zur Unternehmenskommunikation und zur kommunikativen Ansprache der anderen Zielgruppen passt, und zwar auch dann, wenn diese von mehreren externen Agenturen entwickelt wurde.

Erfolgsbezogenes Honorar

Vereinbaren Sie ein Basishonorar und Erfolgsboni. Als Agenturhonorar kann ein bestimmter Prozentsatz der Medienausgaben oder ein Pauschalhonorar, das vom Umfang der geplanten Arbeiten abhängt, vereinbart werden. In der Regel wird ein Pauschalhonorar vereinbart, wobei vor allem Medienagenturen, aber auch einige Werbeagenturen eine Ausnahme bilden. Die Qualität der von einer Werbeagentur erbrachten Arbeit kann je nach Kunde und Zeitraum erheblich variieren, weshalb ein erfolgsabhängiger Bonus, der zusätzlich zum vereinbarten Honorar ausbezahlt wird, sinnvoll erscheint.

Hierarchien vermeiden

Vereinbaren Sie Anzahl und Qualifikation der für Sie tätigen Mitarbeiter. Es sollten so viele Agenturmitarbeiter für einen Unternehmenskunden tätig sein, dass der Auftrag effektiv und effizient erledigt werden kann. Vermeiden Sie unnötige Hierarchien, die Entscheidungsprozesse erheblich verzögern und die Flexibilität mindern können. Wenn das Verhältnis zwischen dem Unternehmen und der verpflichteten Agentur stimmt und der Informationsaustausch zwischen den beiden Unternehmen funktioniert, sind auch die Aussichten auf eine hervorragende Werbung gut.

Jahresziele vereinbaren

Vereinbaren Sie für jede Agentur detaillierte Jahresziele. Diese werden je nach Art der Agentur unterschiedlich sein. Um Missverständnisse zu vermeiden, sollten Unternehmen die gewünschten Ergebnisse so detailliert wie möglich festlegen, so z.B. Anzahl der Kampagnen, Qualitätsstandards oder Bewertungsverfahren.

Prozesse definieren

Entwickeln Sie in Zusammenarbeit mit den Agenturen gemeinsame Prozesse. Agentur und Unternehmen sollten festlegen, welche Aufgaben sie jeweils einzeln und welche sie in Kooperation zu erledigen haben. Ist beispielsweise das auftragserteilende Unternehmen selbst für die Entwicklung der Kommunikationsstrategie zuständig und falls ja, welchen Beitrag dazu soll die Agentur leisten? Wie viel Zeit steht für die verschiedenen Aufgaben jeweils zur Verfügung? Zwischen welchen Entscheidungsträgern hat eine Abstimmung zu erfolgen? Wie schnell und auf welcher Basis wird das Unternehmen auf Agenturvorschläge antworten? Wie oft soll die Agentur eine Rechnung stellen, und wie schnell wird diese bezahlt? Welche Daten werden der Agentur zur Verfügung gestellt und wie sollen vertrauliche Informationen behandelt werden? Sollen eventuell Vertraulichkeitserklärungen unterzeichnet werden? Fragen dieser Art sollten bereits in der Anfangsphase diskutiert werden, damit sich Auftraggeber und Agentur rechtzeitig auf bestimmte Verfahrensweisen und deren Umsetzung einigen können.

Professionell arbeiten

Motivieren Sie die Agenturen so, als seien diese Ihre Kunden. Anspruchsvolle Unternehmen, die klare Vorgaben machen und Vorschläge der Agentur objektiv und effizient bewerten, die Agentur also als Partner behandeln, können die Agenturmitarbeiter auf diese Weise zusätzlich motivieren. Unmotivierend wirken dagegen Kunden, die unhöflich und unprofessionell vorgehen, sich nicht entscheiden oder festlegen können. Ein guter Ansatzpunkt für eine produktive Zusammenarbeit besteht darin, der Werbeagentur zu verdeutlichen, dass gerade ihre Unabhängigkeit und vom Auftraggeber deutlich unterscheidbare Denkweise geschätzt wird und die Hoffnung besteht, dass diese Objektivität zur Entwicklung neuer, origineller Ideen eingesetzt werden kann.

Das heißt nun nicht, dass das auftragserteilende Unternehmen den Agenturen einen Freibrief für revolutionäre Ideen ausstellen soll – vielmehr sollten sie ihr Wissen über die potenziellen Nachfrager bzw. ihre Kunden in den Prozess der Kommunikationsstrategie-Entwicklung und Kommunikationsumsetzung einbringen. Insgesamt sollte die optimale Abstimmung und Nutzung der Unternehmenskenntnisse mit den Agenturkompetenzen angestrebt werden.

Erfolgskontrolle

Bewerten Sie den Erfolg anhand zuvor festgelegter Ziele. Erfahrene Unternehmen arbeiten hinsichtlich der Erfolgskontrolle häufig mit den Agenturen Hand in Hand. Das auftragserteilende Unternehmen bewertet anhand der vereinbarten Jahresziele die Leistung der Agentur und identifiziert Bereiche, in denen Verbesserungen erforderlich sind. Die Agentur geht genauso vor, analysiert allerdings den Auftraggeber. In einem dritten Schritt werden schließlich die jeweiligen Beobachtungen und Argumente auf konstruktive Weise ausgetauscht.

Die Copy-Strategie

Die Copy-Strategie dient der Agentur als Richtlinie für den Inhalt der Werbekampagne – sie soll die Arbeit der Agentur so disziplinieren, dass der kreative Output in die richtigen Bahnen gelenkt wird. Die Copy-Strategie bildet damit den Orientierungsrahmen für die visuelle, verbale oder akustische Umsetzung der Werbemittel und kann am Ende des kreativen Prozesses auch als Messlatte für die Beurteilung der Werbung verwendet werden.

Copy-Strategie

Copy-Strategie

Eine Copy-Strategie umfasst alle diejenigen Entscheidungen, die zusammen betrachtet als Anleitung oder Bezugsrahmen für die Gestaltung der konkreten Werbebotschaft gelten.

Kern des Agenturbriefings

Es geht hier also um gestaltungsrelevante Informationen und Vorgaben für die Gestalter von Werbebotschaften (Texter, Zeichner, Regisseure ...), die als Basis für die Exekution dienen sollen. Die Copy-Strategie kann daher auch vereinfacht als Agenturbriefing bzw. als Aufgabenstellung für die gestalterische Umsetzung gesehen werden, da sie die wesentlichen Fakten zur geplanten Werbekampagne in komprimierter Form enthält.

Die Copy-Strategie sollte sechs Bereiche abdecken, mit der Positionierung übereinstimmen und damit eine Fixierung der inhaltlichen Grundkonzeption der Werbung darstellen.

Elemente einer Copy-Strategie

- Zielgruppe
- Werbeziel
- Positionierung
- Consumer Benefit
- Reason Why
- Tonalität

offensivesmarketing.de

Abbildung 13-14

Im Folgenden werden die einzelnen Elemente der Copy-Strategie erläutert und jeweils anhand eines Beispiels aus dem Markt für Haarcoloration veranschaulicht.

Zielgruppe

Zielgruppe. Die Bedeutung und die Bestimmung der Zielgruppe wurde bereits ausführlich im Kapitel VIII besprochen. Auch zu Beginn dieses Kapitels wurde darauf hingewiesen, dass die Werbung immer genau auf die Zielgruppe abgestimmt werden muss, die angesprochen werden soll.

> „Besonders Frauen, die an sanfter Pflege und Bequemlichkeit in Kombination mit natürlichen Inhaltsstoffen und modernen Technologien interessiert sind."

Werbeziel

Werbeziel. Die vier grundlegend verschiedenen Werbeziele haben wir zu Beginn des Kapitels erläutert. Es steht wohl außer Frage, dass eine Offensive Kommunikation sich an den Zielen orientieren muss, die für diese Kampagne abgesteckt worden sind.

> „Die Kampagne dient zur Produkteinführung auf dem deutschen Markt und sollte die Bekanntheit in die Nähe unseres stärksten Konkurrenten bringen."

Positionierung

Positionierung. Wie man Leistungen Offensiv positioniert, wurde im Kapitel X ausführlich beschrieben. Die Positionierung dient zusammen mit der richtigen Zielgruppe und den Werbezielen als grundlegender Rahmen für alle Kommunikationsinstrumente.

> „*Country Colors* ist das erste sanfte und lang anhaltende Haarfärbemittel, das die wunderschönen Farben der Natur mit aktiven natürlichen Inhaltsstoffen verbindet."

Consumer Benefit

Consumer Benefit. Hier werden die zentralen Nutzenversprechen festgelegt, die für die Zielgruppe von besonderer Bedeutung sind. Die Frage, die man sich hier stellen sollte, lautet: „Warum werden meine Produkte gekauft?“ Um eine Verwässerung der Strategie zu vermeiden, sollte man sich bei der Formulierung des Consumer Benefit auf einige wenige Nutzenversprechungen konzentrieren. Am Besten arbeitet man nur mit einem zentralen Nutzenversprechen; zwei Nutzenversprechen können in der Kommunikation bereits problematisch sein. Komplexe oder unklare Versprechen sind zu vermeiden.

> „Langanhaltende natürliche leuchtende Farben die mit guten Gewissen leicht angewendet werden können.“

Reason Why

Reason Why. Hier sollten Begründungen und Fakten genannt werden, die die zentralen Nutzenversprechungen untermauern und, falls möglich, auch eine Alleinstellung begründen. Mit der Begründung für das zentrale Nutzenversprechen liefern Sie also dem (potenziellen) Nachfrager wichtige Argumentationshilfen. Gleichzeitig wird die Glaubwürdigkeit der Positionierungsaussage gestützt.

> „Bienenwachs, Weizenproteine, kein Ammoniak, nur wenig Peroxyde und ein einfaches Farbsystem“

Tonalität

Tonalität bzw. Kommunikationsstil. Hier wird der Stil, die Art der Ansprache, die die Kommunikation ausstrahlen soll, festgelegt. So kann der Grundton der Werbung z.B. eher sachlich, eher emotional, kühl, arrogant, verspielt oder frech kommuniziert werden. Die Tonalität wird durch das angestrebte Image (Markenpersönlichkeit) geprägt.

> „Natürliche, einfühlsam, verlässlich, modern, von hoher Qualität zeugend und wettbewerbsfähig“

www.sb-consumer.de

Gut nachvollziehbar ist die Copy-Strategie (vgl. hierzu auch den Marketing-Plan in Kapitel XI – Punkt 4) für die ***Dr. Best Zahnbürste*** von ***SmithKline Beecham:***

> Mitte der 80er Jahre wies der Markt für Zahnbürsten in Deutschland zweistellige Zuwachsraten und Aussicht auf ein enormes Zukunftspotenzial auf. Die Gesamtwerbeausgaben lagen im Zahnbürstenbereich bei ca. 5 Mio. DM, mit einem noch sehr geringen TV-Werbeanteil. Anstrengungen zur Markterweiterung durch Innovationen oder Erhöhung des Werbedrucks waren bei den Anbietern kaum zu erkennen.

Der Marktanteil von ***Dr. Best*** Zahnbürsten war rückläufig und lag 1988 bei ca. 5%. Die Werbestrategie von Dr. Best wurde darauf angelegt, die überlegene Markenbekanntheit mit innovativem Produktnutzen bei erlebbarer Produktdifferenzierung aufzuladen. Vor allem sollte in der Werbung verstärkt der Mehrwert der neuen Zahnbürste mit flexiblem Bürstenkopf für die (potenziellen) Nachfrager kommuniziert werden. Vor allem die TV-Kommunikation verankerte diese Botschaft mit beeindruckender Effizienz im Kundenbewusstsein.

Copy-Strategie der Dr. Best Zahnbürsten	
Zielgruppe	hygienebewusste, „moderne" Menschen
Werbeziele	Information über den Mehrwert flexibler Zahnbürsten anhand einer Expertenmeinung
Positionierung	innovative flexible Zahnbürste, mit zahnmedizinischen Vorteilen, die eine intelligente Lösung für die Oralhygiene bereithält
Consumer Benefit	klinisch optimale und schonende Zahnreinigung
Reason Why	überlegenes Zahnbürstenkonzept mit flexiblem Bürstenstiel- und Bürstenkopf-System
Tonalität	medizinisches Ambiente; für jedermann leicht nachvollziehbarer und dennoch wissenschaftlich wirkender Nachweis für Überlegenheit des Produktes

offensivesmarketing.de

Abbildung 13-15

Dass die gründliche Entwicklung einer Copy-Strategie unbedingt notwendig ist, zeigt folgender Kommentar zur Fernsehwerbung:

Zitat

„Viel zu viel davon ist bombastisch aufgemachter Unsinn, völlig abgehoben und unverständlich. Werbetexter und Art-Direktoren ... sehen Werbung als Unterhaltung an – oder als Kunstform ... dabei müssen wir verkaufen und nichts anderes."

Dieser Kommentar stammt übrigens nicht von einem verärgerten Agenturkunden, sondern von David Ogilvy, einem der kreativsten Werbetexter unserer Zeit. Man muss sich also darüber im Klaren sein, was man mit der Werbung erreichen will, und man darf der Kreativität nicht unbedingt freien Lauf lassen. Wirtschaftlich erfolgreichen Werbekampagnen gehen in aller Regel intensive Strategieentwicklungsprozesse voraus.

4 Integrierte Kommunikation

Im Abschnitt 3 über den richtigen Umgang mit externen Agenturen ist bereits angeklungen, dass es nicht immer einfach ist, unterschiedliche Agenturen und die verschiedenen Wünsche des Unternehmens aufeinander abzustimmen.

Nehmen wir an, Sie sind Marketing-Manager einer mittelgroßen Automarke. Ihr Kommunikationsbudget liegt bei 50 Millionen Euro und soll auf verschiedene Werbeträger, z.B. TV, Radio, Zeitschriften, Internet und Tageszeitungen aufgeteilt werden, wobei die Kampagnen in den einzelnen Medien von jeweils darauf spezialisierten Agenturen betreut werden sollen. Wie kann man nun angesichts der verschiedenen Medien einerseits den Ansprüchen der Zielgruppen gerecht werden und andererseits dennoch eine einheitliche Werbeaussage vermitteln?

Im Sinne einer integrierten Kommunikation versteht es sich von selbst, dass es zu vermeiden ist, in der TV-Kampagne die Eigenschaften „viel Platz“ und „Zuverlässigkeit“ in den Vordergrund zu stellen, in den Printmedien aber die „sportliche Fahrweise“ zu betonen. Also muss von vornherein ein abgestimmter Kommunikationsplan entwickelt und jede Agentur genau darüber informiert werden, welche Aufgaben sie innerhalb dieses Plans zu erfüllen hat. Zentrale Markenaussagen wie „viel Platz“ und „Zuverlässigkeit“ könnten z.B. in *allen* eingesetzten Medien vermittelt werden, weitere Vorteile (z.B. „elegantes Design“) können dann einzelnen Zielgruppen, z.B. den Lesern von Fachzeitschriften, *zusätzlich* vermittelt werden.

Besondere Vorteile sind von einer Kombination der Massenkommunikation mit personifizierter Kundenansprache zu erwarten. So können auf diese Weise z.B. in einem exklusiven Mailing zur Modellneueinführung gezielt gewinnträchtige Kunden informiert und angesprochen werden, ohne die einheitliche Aussage für das breite Publikum zu gefährden.

Kommunikation zwischen den Zielgruppen

Schon an diesem einfachen Beispiel lässt sich die Problematik einer Integrierten Kommunikation erkennen. Man sollte sich stets vor Augen halten, dass die (potenziellen) Kunden bei verschiedensten Gelegenheiten in Kontakt mit einem Unternehmen kommen. Zum anderen stehen viele unterschiedliche Zielgruppen mit einem Unternehmen in Kommunikationsverbindung. Zwischen diesen Zielgruppen findet ebenfalls Kommunikation statt (vgl. Abbildung 13-16). Auch deshalb ist eine einheitliche und stimmige Kommunikation von größter Bedeutung.

Integrierte Kommunikation

Integrierte Kommunikation umfasst die Koordination aller kommunikativen Maßnahmen nach innen und außen durch kommunikationsstrategische Leitkonzepte und fordert damit insbesondere die formale und inhaltliche Abstimmung aller Kommunikationsmaßnahmen mit dem Ziel, ein konsistentes Erscheinungsbild bei allen relevanten Zielgruppen zu erreichen.

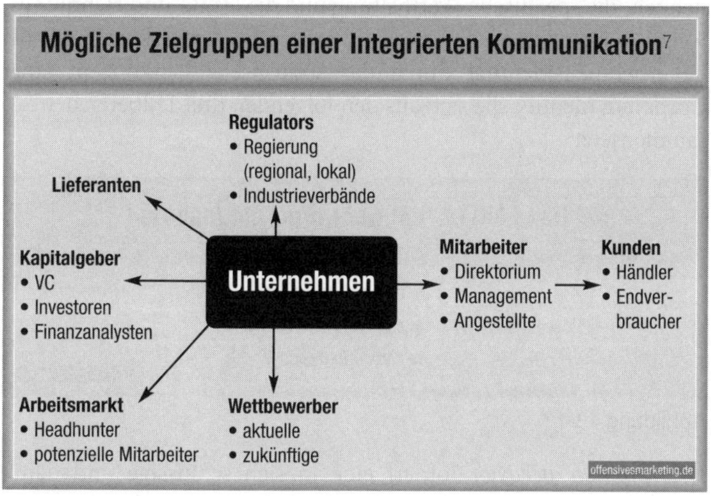

Abbildung 13-16

Die Integrierte Kommunikation kennzeichnet also die durchgängige Umsetzung eines Kommunikationskonzeptes durch die Abstimmung der Kommunikation im Zeitablauf und der eingesetzten Kommunikationsaktivitäten. Die Vielfalt an Zielgruppen, Kommunikationszielen und -situationen sowie Maßnahmen machen eine Abstimmung nicht einfacher. Aber die konsequente Verfolgung des Konzepts der Integrierten Kommunikation verbessert die Effizienz und Effektivität der Kommunikation. Dieses Konzept ist sicherlich einleuchtend, aber immer wieder taucht die Frage nach seiner Umsetzung auf.

Generell ist dazu eine inhaltliche Abstimmung aller Kommunikationsaktivitäten die Basis, um langfristig Konsistenz, Eigenständikeit und Kongruenz zu gewährleisten. Verstärkt wird dies durch die

Abstimmung der Kommunikation

[7] In Anlehnung an Rossiter, J.R.: Corporate Advertising Communications, in: Advertising, Communications & Promotion Marketing, Boston 1997, S. 333.

zeitliche Abstimmung aller Kommunikationsmaßnahmen und deren formaler Abstimmung über einheitliche Gestaltungsprinzipien, um durch Identifikation und Wiedererkennung Verstärkungseffekte zu erreichen.

Corporate Identity

Als weitere maßgebliche strategische Leitlinie und strategisches Orientierungskonzept für die Integrierte Kommunikation wird insbesondere die Unternehmensidentität angesehen, die die Persönlichkeit, die spezifische Werthaltung und die Denk- und Handlungsweisen eines Unternehmens widerspiegelt. Umgesetzt wird die Unternehmensidentität durch das strategische Leitkonzept einer Corporate Identity, die sich aus den folgenden drei Teilbereichen zusammensetzt:

Das Leitkonzept der Corporate Identity

- *corporate behavior*
- *corporate communication*
- *corporate design*

offensivesmarketing.de

Abbildung 13-17

corporate behavior

Die *corporate behavior* fordert eine in sich schlüssige und damit widerspruchsfreie Ausrichtung aller Verhaltensweisen der Unternehmensmitglieder (vom Manager zum Pförtner). Das umfasst das Auftreten der Mitarbeiter und das Verhalten der Mitarbeiter untereinander und gegenüber dem Kunden.

corporate communication

Die *corporate communication* soll den systematisch kombinierten Einsatz aller Kommunikationsinstrumente gewährleisten und auf diesem Weg zu einem einheitlich gestalteten Unternehmensbild beitragen.

corporate design

Das *corporate design* schließlich dient der symbolischen Identitätsvermittlung durch den systematisch aufeinander abgestimmten Einsatzes aller visuellen Elemente der Unternehmenserscheinung. Wenn es einem Unternehmen gelingt, eine stimmige Corporate Identity aufzubauen, ist ihm der Erfolg seiner integrierten Kommunikation so gut wie sicher.

Durch die Installation einer zentralen Unternehmenskommunikation kann das Konzept und die Umsetzung einer integrierten Kommunikation organisatorisch abgesichert werden.

5 Werbebudgetierung

Zitat

„Ich weiß, dass die Hälfte meines Werbebudgets zum Fenster hinaus geworfen ist, aber ich bin mir nicht sicher, welche Hälfte das ist." (Lord Leverhulme)

Werbeerfolg ist schwer messbar

Dieser Kommentar ist bereits einige Jahre alt und in der Werbebranche ein Standardzitat. Aber auch das Controlling zitiert ihn immer wieder gern und einige sind sogar der Meinung, dass 50% noch zu niedrig gegriffen sind – geradezu typisch für den unverbesserlichen Optimismus der Marketer.

Theoretisch ist die Lösung aller Probleme einfach: Idealerweise sollten Kommunikationsbudgets wirkungsgestützt festgelegt werden. Über eine Messung und Prognose der Werbewirkung sollte der Zusammenhang zwischen Budgethöhe und Zielerreichung in einer so genannten Prognosefunktion abgebildet und entsprechend das optimale Werbebudget bestimmt werden können.

Mittlerweile existiert eine Reihe solcher Verfahren zur Festlegung und Bestimmung des „optimalen" Werbebudgets, die jedoch zum Teil noch erhebliche Schwächen aufweisen. Darüber hinaus wird der Erfolg von Werbung durch verschiedene Faktoren beeinflusst, was eine Bewertung und exakte Zurechnung zusätzlich erschwert. Die meisten Unternehmen würden einiges dafür geben, exakt zu wissen, welche Auswirkung eine intendierte Werbekampagne auf den Umsatz haben wird. Leider lassen sich diese Wirkungszusammenhänge oft nicht sehr genau bestimmen, sieht man einmal vom Bereich der Direktwerbung ab.

Externe Einflussfaktoren

Dieses Problem hängt entscheidend damit zusammen, dass der Umsatz eines Unternehmens neben der Werbung von weiteren Faktoren wie z.B. der Saison, der vorhandenen Kaufkraft, der Wirkung von Konkurrenzwerbung, der Wirkung von anderen Marketing-Maßnahmen wie z.B. Preissetzung etc. beeinflusst wird. So liefern viele Instrumente zur Bewertung von Kommunikationsmaßnahmen in Wahrheit nur grobe Schätzungen. Am schwierigsten lässt sich die Kommunikation auf Märkten bewerten, in denen mehrere starke Marken massiv beworben werden und ein erheblicher Werbeaufwand schon allein dafür anfällt, den bestehenden Marktanteil eines Unternehmens auch nur zu halten. Problematisch sind auch die eher langfristig wirkenden Kommunikationsaktivitäten wie Sponsoring oder PR, deren Auswirkung nur schwer von anderen Bereichen der Kommunikation getrennt werden kann. Im Ergebnis verwenden nicht wenige Unternehmen erfahrungsgestützte und nicht wirkungsgestützte Verfahren, um ihr Kommunikationsbudget festzulegen. Im Einzelnen sind dies:

Ansätze zur Bestimmung des Werbebudgets

Gängige Ansätze zur Bestimmung des Kommunikationsbudgets

- zielorientierte Festlegung
- vergangenheitsorientierte Festlegung
- Prozent-vom-Umsatz-Methode
- konkurrenzorientierte Methode
- *all-you-can-afford*-Methode

offensivesmarketing.de

Abbildung 13-18

Zielorientierte Budgetfestlegung

Zunächst werden hier die Kommunikationsziele möglichst detailliert aus den Marketing-Zielen abgeleitet. Als zentrale Kommunikationsziele gelten dabei z.B. Aufbau und Erhöhung der Bekanntheit, die Verbreitung von Informationen, positive Imagebildung und die Hinstimmung zum Kauf sowie schließlich die Handlungsauslösung, beispielsweise in Form von Kauf oder Weiterempfehlung. Operationalisieren lassen sich solche Ziele in Form von Umsatzvorgaben oder als Zustands- oder Verhaltensänderung, z.B. als Grad der angestrebten Markenbekanntheit bei einer festgelegten Zielgruppe. Auf der Basis solcher Zielfestlegungen wird dann aufgrund von Erfahrungswerten ein Budgetrahmen bestimmt, der für die Erreichung der Ziele angemessen und ausreichend erscheint.

Vergangenheitsorientierte Budgetfestlegung

Bei diesem Verfahren orientiert sich das Kommunikationsbudget für das nächste Jahr an den Ausgaben der letzten Jahre.

Prozent-vom-Umsatz-Methode

Bei diesem Verfahren wird jeweils ein bestimmter Prozentsatz des Umsatzes einer Marke für die Kommunikation aufgewendet. Wenn das Umsatzvolumen einer Marke steigt, steigen also auch die Ausgaben für die Kommunikation und umgekehrt. Bei der Anwendung dieser Methode ist Vorsicht geboten, denn sie führt dazu, dass erfolgreiche Marken oder Produkte durch intensive Werbung weiter gefördert und Problembereiche quasi „ausgehungert" werden. Das kann – je nach Blickwinkel – ein Vor- oder ein Nachteil sein. In der Praxis wird dieses Prinzip der „zyklischen" Werbung jedoch kritisch gesehen.

Konkurrenzorientierte Methode

Hierbei wird für Werbung soviel eingeplant wie die Konkurrenz ebenfalls dafür aufwendet bzw. wie viel branchenüblich in der Vergangenheit ausgegeben wurde. Offensichtlich ist ein solches Vorgehen kaum zu begründen und auch nicht offensiv. Allerdings lässt sich dieses Verfahren durch eine kleine Erweiterung bereits erheblich verbessern: die Orientierung an den Kennzahlen *share of advertising*, *share of voice* oder *share of mind*.

share of advertising

Dabei bezeichnet der ***share of advertising*** (Werbeanteil) den eigenen Anteil an den statistisch ermittelbaren Werbeausgaben aller Wettbewerber am Markt. Leider sind oft jedoch nur die gesamten Mediaausgaben statistisch verfügbar. Ziel ist es, das Werbebudget der Höhe des angestrebten Marktanteils anzupassen. Soll also beispielsweise ein Marktanteil von 20% erzielt werden, soll der Werbeetat ebenfalls bei 20% der gesamten Werbeausgaben im betreffenden Markt liegen. Hierzu ein Beispiel:

Marktanteil und Werbebudget	
Geschätzte Werbeausgaben für das nächste Jahr/gesamter Markt	25 Mio. Euro
Angestrebter Marktanteil der Marke	10%
Geplantes Werbebudget für die Marke im nächsten Jahr (10% von 25 Millionen EUR)	2,5 Mio. Euro

offensivesmarketing.de

Abbildung 13-19

share of voice

Der ***share of voice*** umfasst den eigenen Anteil an der Summe aller Kontakte (Bruttoreichweite) eines definierten Gesamtmarktes mit dem Werbeträger. Die Bruttoreichweiten gelten hier als Vergleichswert.

share of mind

Der ***share of mind*** hingegen bezeichnet den eigenen Anteil an der Summe aller erreichten Personen eines definierten Gesamtmarktes und entspricht damit eher einer Nettobetrachtung der Kontakte (Netto-Reichweite: d.h. Summe aller erreichten Personen über alle Werbemittel; jede Person wird, unabhängig wie oft sie erreicht wurde, nur einmal gezählt). Damit ist diese Kennzahl natürlich am aussagekräftigsten, aber auch am schwersten zu erheben.

In vielen Produktmärkten korreliert insbesondere der *share of advertising* mit dem Marktanteil, so dass dieser als Anhaltspunkt für die Bestimmung der Budgethöhe herangezogen werden kann.[8]

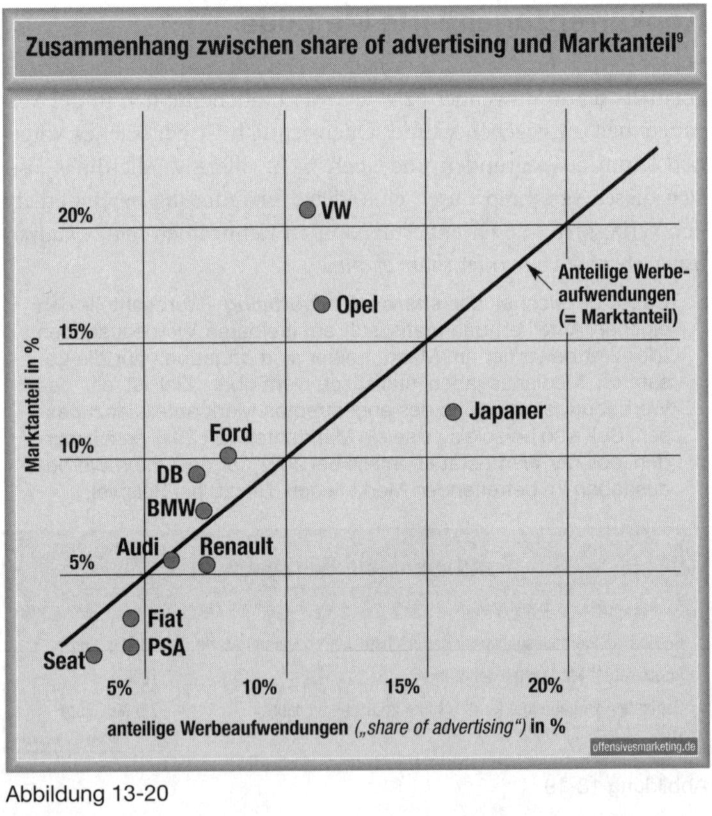

Abbildung 13-20

[8] Vgl. Meffert H. : Marketing: Grundlagen marktorientierter Unternehmensführung, Wiesbaden 1998, S. 729.

[9] ebenda, S. 1290.

Das Problem dieser Methode liegt in der genauen Kenntnis der gesamten Werbeaufwendungen im Markt, und natürlich setzt man auch immer mit voraus, dass die Konkurrenz ihr Budget sinnvoll festgelegt hat.

all-you-can-afford-Methode

Hier handelt es sich um ein sehr weit verbreitetes Verfahren: Die Unternehmen sehen in diesem Fall diejenigen Mittel für die Kommunikation vor, die nach Planung aller anderen Marketing-Aktivitäten noch zur Verfügung stehen. Das Kommunikationsbudget kommt auf diese Weise also beinahe zufällig zustande. Werbebudgets, die nach dieser Methode festgelegt worden sind, werden im Zeitablauf nicht selten ständig weiter gekürzt.

Keines der hier erläuterten Verfahren ist damit ideal. Am sinnvollsten erscheint eine Kombination aus Zielorientierung, vergangenheitsorientierter Betrachtung und Orientierung am angestrebten Marktanteil. Angesichts der Tatsache, dass für die Kommunikation Mittel in erheblicher Höhe aufgewendet werden und es in diesem Bereich sehr schwierig ist, Erfolge festzustellen und zuzurechnen, überrascht es auch, wie wenig investiert wird, um die Wirksamkeit der Werbung festzustellen – in der Regel weniger als 1% der gesamten Werbeausgaben.

6 Werbekontrolle

Investition in die Zukunft

In gewisser Weise kann Kommunikation oder Werbung als Investition betrachtet werden, entsprechend werden Werbeausgaben auch meist als Werbeinvestitionen bezeichnet. Problematisch dabei ist, dass die Ausgaben für Werbung in der betrachteten Rechnungsperiode anfallen, sich die Werbeerfolge jedoch in der Regel erst mit einer gewissen Verzögerung einstellen. Und selbst diese Erfolge lassen sich nur schwer objektiv bewerten:

www.effie.org
www.canneslions.com

So kann ein Werbespot zwar außergewöhnlich und auffallend gestaltet sein, die Zielgruppen ansprechen und in der „Cannes-Rolle" prämiert werden und trotzdem sein Ziel verfehlen.

Kommunikation ist noch in anderer Hinsicht ungewöhnlich, sind doch die Aktivitäten anderer Unternehmen im Bereich der Massenkommunikation im Grunde für alle sichtbar. Wenngleich detaillierte Angaben über Werbeausgaben und -konzepte von den Unternehmen nicht gerne veröffentlicht werden, kann über die Werbemarktforschung doch sehr genau ermittelt werden, wie stark eine bestimmte Marke in einem festgelegten Gebiet beworben wird und welche Markenbekanntheit damit erreicht wird.

www.nielsen.com

Kaum ein anderer Bereich ist also so deutlich öffentlich einsichtig wie die Kommunikation und dennoch lassen sich Erfolge in kaum einem anderen Bereich so schwer zurechnen und kontrollieren wie in der Werbung. Die Verfahren zur Erfolgskontrolle sind leider weit davon entfernt, perfekt zu sein.

Verfahren zur Werbeerfolgskontrolle

Kampagnen können grundsätzlich bewertet werden, bevor sie eingesetzt werden (Pretest) oder danach (Posttest). Viele Marktforschungsinstitute bieten ihre Dienstleistungen in diesem Bereich an und haben eine Menge unterschiedlicher Messverfahren entwickelt, um aussagekräftige Zahlen zu ermitteln.

Pretests

Im Rahmen von **Pretests** werden z.B. kreative Gestaltungen oder die Texte von Direktmails untersucht, Alternativen verglichen und danach Detailverbesserungen durchgeführt. Der Marketer kann so seine Ideen direkt an ausgewählten Vertretern der Zielgruppen testen und mit diesen in einen – an dieser Stelle noch kostengünstigen – Dialog treten. Einige der effektivsten Pretests, bei denen das Konzept verbal erläutert wird oder einfache Bilder bzw. Bildtafeln verwendet werden, können bereits in einem sehr frühen Stadium durchgeführt werden.

Posttests

Posttests werden hingegen durchgeführt, wenn Anzeigen oder Spots bereits fertig gestellt sind und die Kampagne angelaufen ist. Man könnte jetzt argumentieren, dass Tests in dieser Phase nicht mehr viel nutzen. Aber Marketing-Experten, die Werbung als eine Art kontinuierliche, langfristige Investition ansehen, können durch solche Posttests überprüfen, ob ihre Strategie insgesamt stimmig ist, und sogar Hinweise darauf erhalten, wie sich die Werbung nun tatsächlich auf den Umsatz auswirkt. Einige Posttestverfahren werden nachfolgend im Detail vorgestellt:

Das ***recall*-Verfahren** beinhaltet die Aufforderung zur Nennung von Werbemitteln, Marken oder Firmen. Es wird versucht, die Erinnerung an diese Werbemittel bzw. die Bekanntheit von Marken oder Firmennamen zu messen. Grundsätzlich kann der *recall*-Test sowohl ungestützt (Messung der aktiven Bekanntheit) als auch gestützt (Messung der passiven Bekanntheit) durchgeführt werden. Der ungestützte *recall*-Test versucht, die spontane Bekanntheit von Marken, Werbung, oder Firmen ausfindig zu machen. Hierbei gelten die beiden zuerst genannten Begriffe als *„top of mind"*. Bei diesen Marken wird eine starke Beziehung zum Kaufverhalten unterstellt. Bei einem gestützten *recall*-Test werden den Testpersonen im Rahmen der Befragung verschiedene Erinnerungshilfen wie z.B. einzelne Anzeigenausschnitte oder Markennamen geboten. Aus den Angaben kann dann u.a. ermittelt werden, welche Bestandteile einer Werbebotschaft generell wahrgenommen wurden und welche Elemente besonders aufgefallen sind. *recall*

Die Messung der ***recognition*** beinhaltet die Vorlage eines Werbemittels und die Frage, ob dieses schon einmal gesehen wurde. Damit soll die Aufmerksamkeitswirkung bzw. die Wahrnehmung des Werbemittels geprüft werden. Dieses Verfahren wird hauptsächlich im Printmedienbreich eingesetzt. Den Versuchspersonen werden Zeitschriften vorgelegt und mit ihnen zusammen durchgeblättert, wobei nach jeder Seite gefragt wird, ob die Testperson die Anzeige wiedererkennt. Bei den Ergebnissen werden die Messgrößen *noted* (= Anzeige bereits früher schon gesehen), *associated* (= teilweise gesehen und Erinnerung an den Namen des Produkts) und *read most* (=mehr als die Hälfte des Textes gelesen) verwendet. *recognition*

Kontrollverfahren zur Messung von **Veränderungen der Produkt- oder Markenbekanntheit** oder **Einstellungen** erfordern eine ausführlichere Befragung, ermöglichen aber den Vergleich zwischen konkurrierenden Marken sowohl vor als auch nach dem Start einer neuen Werbekampagne. Die Untersuchungen können in regelmäßigen Abständen wiederholt werden, um Trends und Entwicklungen zu erkennen.

Interessant zur Überprüfung der Werbewirkung ist schließlich auch der **Einsatz von Testmärkten**. Hierbei wird eine konzipierte Werbung nur in einem abgegrenzten räumlichen Gebiet geschaltet und die darauffolgende Veränderung der Umsätze mit den Umsätzen in anderen Gebieten verglichen. Die Ergebnisse erlauben Schlüsse auf die Wirksamkeit einer Kampagne. Testmärkte

Das häufigste Problem beim Versuch, die Werbewirkung im Nachhinein festzustellen, ist die Zeitverzögerung (***time-lag*-Effekt**), mit *time-lag*-Effekt der die Wirkung einsetzt. Eine Veränderung der Bekanntheit oder der Einstellung lässt sich nicht nach einer Woche feststellen, sondern erst oft nach einem viel längeren Zeitraum.

spill-over Effekt

In diesem Zeitraum wirken auch noch eine Vielzahl anderer Einflüsse auf die eigene Kampagne. Ein Offensiver Marketer ist sich dessen immer bewusst. Man muss sich im Klaren darüber sein, dass auch die Werbung für andere Produkte des Unternehmens oder die Werbung der Konkurrenz auf das Ergebnis der eigenen Kampagne einen entscheidenden Einfluss haben kann. Besonders bei Dach- oder Familienmarken ist dieser so genannte ***spill-over*-Effekt** häufig zu beobachten.

carry-over-Effekt

Genauso kann auch eine frühere Kampagne des eigenen Unternehmens immer noch nachwirken und damit das Wirkungsergebnis der aktuellen Werbekampagne nachhaltig beeinflussen, obwohl diese vielleicht noch gar keine Wirkung gezeigt hat. Dies wird in der Werbefachsprache oft auch als ***carry-over*-Effekt** bezeichnet.

Wirkung der Marketing-Instrumente

Zum Abschuss dieses Punktes wollen wir noch eine Übersicht über die Wirkung der unterschiedlichen Marketing-Instrumente geben. Die folgende Abbildung fasst eine Vielzahl von Studien über die Wirkung der unterschiedlichen Marketing-Maßnahmen zusammen.

Zum Zwecke einer besseren Vergleichbarkeit der Ergebnisse der unterschiedlichen Studien wird die Nachfrageelastizität als Vergleichs-Kennzahl verwendet. Die Instrumente werden also nach der relativen Nachfrageveränderung im Vergleich zur relativen Veränderung des Instrumenteneinsatzes bewertet. Die Standardabweichung wird als Gütemaß für die Qualität der Daten verwendet. Eine sehr hohe Standardabweichung bedeutet, dass die einzelnen ausgewerteten Studien in diesem Bereich keine einheitlichen Ergebnisse aufweisen (die Daten haben eine hohe Streuung) und damit eine generelle Aussage schwierig machen.

Übersicht über die Elastizitäten der absatzpolitischen Instrumente[10]

absatzpolitisches Instrument	kurzfristige Elastizität	Standardabweichung	Anzahl der untersuchten Studien	langfristige Elastizität	Standardabweichung	Anzahl der untersuchten Studien
Kommunikationspolitik						
Werbung (gesamt)	0,21	0,40	776	0,79	2,52	824
Fernsehwerbung	0,05	0,13	380	0,13	0,28	398
Radiowerbung	0,00	0,00	7	0,00	0,00	7
Pressewerbung	0,23	0,32	157	0,35	0,51	157
Werbung in Zeitschriften Magazinen	0,50	0,33	60	0,68	0,45	60
Werbung in Tageszeitungen	0,03	0,01	3	0,00	0,02	3
Verkaufsförderung	0,14	0,06	3	0,14	0,06	3
persönlicher Verkauf	0,10	0,01	54	0,13	0,01	54
Mailings	0,02	0,01	57	0,03	0,01	58
Seminare	4,12	3,39	2	6,12	0,56	2
Messen	2,24	1,30	2	2,90	0,36	2
Verteilung kostenloser Proben	0,01	0,00	5	0,09	0,02	5
Telefonverkauf	-0,15	0,00	1	-0,53	0,00	1
Qualität der Werbung (gesamt)	0,54	0,48	4	2,52	3,77	4
Qualität der Pressewerbung	0,10	0,02	5	0,12	0,05	5
Distributionspolitik						
Distributionsdichte	0,70	0,81	275	1,15	1,40	275
Regalplatzgröße im Supermarkt	0,23	0,15	543	0,23	0,15	543
Produkt- und Sortimentspolitik						
Produktqualität	0,31	0,50	35	0,94	1,75	35
Sortimentstiefe	1,27	0,44	3	1,27	0,44	3
Preispolitik						
Preis	-1,88	2,11	1173	-2,57	3,50	1173

offensivesmarketing.de

Abbildung 13-21

[10] Leicht verändert nach: Mauerer, N.: Die Wirkung absatzpolitischer Instrumente, Metaanalyse empirischer Forschungsarbeiten, Wiesbaden 1995, S. 86.

Bei einem Vergleich der lang- und kurzfristigen Elastizität lässt sich gut erkennen, dass die Wirkung der Werbung im Allgemeinen mit einer Zeitverzögerung eintritt. Denn im Vergleich zur kurzfristigen Absatzwirkung ist die langfristige Wirkung der Werbung (gesamt) mit einer Elastizität von 0,79 wesentlich höher. Dies bedeutet also, dass der zusätzliche Einsatz von 1 DM bei der Werbung zu einem Return von 79 Pfennigen führen wird. Allerdings ist hier auch die Standardabweichung relativ hoch, was auf eine Uneinigkeit der Ergebnisse in den einzelnen ausgewerteten Studien schließen lässt und daher Zweifel an der Richtigkeit dieser Schlussfolgerung zulässt. Besonders die langfristige Wirkung von Seminaren fällt hier deutlich ins Auge. Hier herrscht eine hohe Absatzwirkung bei einer annehmbaren Standardabweichung vor, d. h. der Aufwand von 1 DM in ein Seminar führt zu einem gesteigerten Absatz von 6,12 DM. Auf die Absatzwirkung des Preises soll hier nicht näher eingegangen werden (vgl. hierzu die Ausführungen im Kapitel IX – Punkt 6.1).

Wie Kampagnen dauerhaft erfolgreich bleiben

Ist eine erfolgreiche Kampagne entwickelt worden, sollte man diese auch beibehalten. Genau wie ein erfolgreiches Produkt sollte aber auch eine erfolgreiche Kampagne kontinuierlich verbessert und aktualisiert werden. Führen Sie Änderungen jedoch erst durch, wenn eindeutige Indikatoren vorliegen, die durch eine qualifizierte Marktforschung bestätigt werden. Falls Sie für eine bekannte Kampagne verantwortlich sind, die jemand ändern oder absetzen will, sollten Sie kritisch folgende Fragen stellen:

- Gibt es Probleme mit der Strategie selbst oder mit der Art und Weise der Umsetzung? Ändern Sie eine Strategie nicht nur deshalb, weil die Umsetzung Schwächen aufweist!
- Aus welchem Grund sollen Änderungen erfolgen? Ist die betreffende Kampagne vielleicht nur einigen Mitarbeitern des Unternehmes zu langweilig geworden? Ist sichergestellt, dass ein neuer Ansatz besser wäre als der altbewährte? Sind die Vorteile des neuen Ansatzes gründlich untersucht und getestet worden?

Offensive Marketer versuchen kontinuierlich, die Leistung ihrer Produkte weiter zu verbessern. Für die Werbung gilt dieses Prinzip ebenfalls. Der Beginn einer erfolgreich getesteten, neuen Werbekampagne ist nie das Ende eines Projekts, sondern Teil eines kontinuierlichen Prozesses, in dessen Verlauf die Werbung laufend weiterentwickelt werden sollte. Es lohnt sich immer, eine Menge für zukünftige Kampagnen lernen. Als „krönenden" Abschluss nun eine kurze Fallstudie zur Werbekampagne von ***McDonald's***.

McDonald's – Ein Paradebeispiel für Offensive Kommunikation[11]

www.mc donalds.com

Wettbewerb

McDonald's definiert seinen Markt relativ breit. Im Bereich des *„informal eating out"* stellte McDonald's fest, dass die Wettbewerber bezüglich Distribution und der Angebotsvielfalt mittlerweile ziemlich stark sind, aber vorwiegend sehr spezifische Marktbereiche bearbeiten. Burger King, der stärkste Wettbewerber aus dem Fast Food Sektor, hat sich im Gegensatz zu McDonald's auf eine Zielgruppennische spezialisiert und bearbeitet einen sehr engen Markt. Unternehmen wie ***Pizza Hut*** und ***Nordsee*** werden von den Kunden eher der klassischen Gastronomie zugerechnet und schaffen es damit auch nicht, den Bereich der Erlebnisgastronomie in seiner ganzen Breite erfolgreich zu besetzen. Weitere Anbieter wie Bäckereien, Metzgereien, Lebensmitteleinzelhandel, Imbiss-Stände etc. besitzen kaum starke Marken und haben aufgrund ihrer Zersplitterung nur geringe Marktmacht.

Historische Entwicklung der Positionierung „McDonald's"

Wie sieht nun die Kommunikationsstrategie aus? Als Einstieg bietet sich ein kurzer Abriss der historischen Entwicklung der Markenpositionierung von McDonald's an:

Die bisher eingesetzte kommunikative Positionierung von McDonald's entstand unter folgenden Voraussetzungen:

[11] Für die freundliche Unterstützung danken wir Herrn Thomas von Wichert, Management Representative Heye & Partner GmbH, Werbeagentur GWA.

Rahmenbedingungen für die Entwicklung der Kommunikationsstrategie bis heute				
Jahr	**Kommunikative Positionierung**	**Status McDonald's Distribution**	**Status Wettbewerb**	**Aufgabe**
1971	Die neue Art preiswert zu essen	im Aufbau	unterentwickelt	■ Kategorieerklärung ■ Systemetablierung ■ Abgrenzung nach unten (Imbiss-Stand, Kiosk)
1978	Essen mit Spaß	in regionalen Schwerpunkten etabliert	im Erwachen	■ Systemerklärung ■ Emotionalisierung ■ Abgrenzung auf gleicher Ebene
1982	Das etwas andere Restaurant	beginnende flächendeckende Distribution	im Aufbau	■ Systemerklärung ■ Kompetenzübernahme von „oben" aus der klassischen Gastronomie ■ Abgrenzung nach unten

offensivesmarketing.de

Abbildung 13-22

Der Kampagnenwechsel, der hier dargestellt werden soll, basiert auf der Erkenntnis, dass sich das Unternehmen und das Unternehmensumfeld entscheidend gewandelt haben. Denn sowohl die Kategorie *„informal eating out"* als auch die Wettbewerbskategorie *„quick-service-Restaurants"* und das McDonald's-System sind heute in Deutschland beim Kunden etabliert, gehören inzwischen zum modernen täglichen Leben und bedürfen keiner strukturellen Erklärung mehr. Dies hatte auch eine Verlagerung der Unternehmenseinstellung von der Produktorientierung zur Serviceorientierung zur Folge.

Slogan

Rechtzeitig zur Eröffnung des 1.000. Restaurants wurde am 8.10.1999 in Deutschland die neue Kampagne mit dem Slogan **„McDonald's – every time a good time"** eingeführt. Dieser Kampagnenwechsel wurde ohne Druck von außen durchgeführt – das Unternehmen wollte sich die Möglichkeit offen halten, den Zeitpunkt des Kampagnenwechsels selbst zu bestimmen. Die Kommunikation sollte den neuen Marktgegebenheiten flexibel und adäquat angepasst werden können.

Werbeziel

Aus der Sicht von McDonald's beginnt die Lust auf ein Essenserlebnis in ihrem Restaurant im Kopf des Kunden. Das Unternehmen legte daher folgendes **Werbeziel** für die neue Kampagne fest: „Den Wunsch nach McDonald's schaffen!" Damit werden Markenpersönlichkeit, emotionaler und funktionaler Kundennutzen neben den Dienstleistungen und Kernkompetenzen des Unternehmens zu den wichtigsten Unternehmenswerten und müssen auch in der Kommunikation in den Mittelpunkt gerückt werden. Hierbei handelt es sich nicht um eine produktspezifische Werbekampagne, sondern um eine Kampagne zum Image- und Markenaufbau.

„We are no longer in the hamburger business, serving people. We are in the people business, serving hamburgers." Diese Aussage zeigt, wie McDonald's sich den Anforderungen der Märkte gestellt hat und sich von einem auf seine Produkte ausgerichteten Unternehmen zu einem Serviceunternehmen entwickelt hat, das den Kunden in den Mittelpunkt aller Handlungen stellt.

Zielgruppe

Zur Bestimmung der **Zielgruppe** dient McDonald's die Formel „Alle jungen Leute, egal welchen Alters". Ein Besuch bei McDonald's ist also eher die Frage einer jugendlichen Einstellung als die des tatsächlichen Alters. Der Schwerpunkt der Aktivitäten liegt jedoch auf der Altersgruppe der 14- bis 49jährigen, die Kernzielgruppe dabei ist die Altersklasse der 14- bis 25jährigen.

Creative Brief

Wie sah nun der **Creative Brief** von McDonald's an die Werbeagentur Heye & Partner aus? Aufgrund der Verlagerung von der Produktorientierung zur Service- und Erlebnisorientierung wurde das Briefing wie folgt zusammengefasst: „McDonald's ist die beste Alternative im *informal eating out*-Markt" oder, anders formuliert: „Eine gute Zeit bei McDonald's verbringen". Deshalb soll im Mittelpunkt aller Spots auch der moderne Mensch stehen. Dessen Wunsch nach einer „guten, unbeschwerten Zeit bei McDonald's" sollte in unterhaltsamen Geschichten rund um die Kernprodukte Big Mac, Pommes Frites, Coca-Cola, Happy Meal und Frühstück porträtiert werden. Alle Spots sollen die Markenpersönlichkeit „Freude und Spaß" widerspiegeln.

Werbeerfolgskontrolle

Die Kampagne wurde zunächst in **Pretests** ausführlich auf ihre Eignung überprüft. Dabei wurden unterschiedliche Slogans, sowohl auf Deutsch als auch auf Englisch, unterschiedliche Musikalternativen und Geschichten getestet. Anschließend wurden die Einsatzzeiträume festgelegt und die TV-Sender ausgewählt, die eine optimale Zielgruppenerreichung ermöglichen. Natürlich wurde im Rahmen einer professionellen Betreuung der Kampagne auch ein ausführlicher **Posttest** durchgeführt, um Eindrücke über die Werbewirkung zu gewinnen.

Für die Offensive Ausrichtung der Werbekampagne von McDonald's gibt es zwei zentrale Treiber. Zum einen die sehr breite Definition des relevanten Marktes und der Zielgruppe, die nicht nur die klassische Systemgastronomie einschließt, sondern auch entferntere Wettbewerber berücksichtigt. Zum anderen agiert McDonald's im Rahmen der Weiterentwicklung seiner Kommunikationsstrategie immer proaktiv, d.h. neue Marktentwicklungen werden frühzeitig und schnellstmöglich in die Strategie einbezogen.

7 Prozess zur Entwicklung einer Offensiven Kommunikation

Nachfolgend werden die wichtigsten Grundlagen Offensiver Kommunikation in einem Prozess mit acht Schritten umgesetzt, bei dem einige der bereits erläuterten Instrumente zum Einsatz kommen:

Prozess zur Entwicklung einer Offensiven Kommunikation	
Schritt 1 Ziele festlegen	■ auf Marketing-Ziele und -Pläne abstimmen ■ auf Zielgruppen und Positionierung abstimmen
Schritt 2 Medienstrategie entwickeln	■ Auswahlkriterien festlegen ■ Medien auswählen ■ Gesamt-Strategie definieren
Schritt 3 Kommunikationsstrategie entwickeln	■ Aufgaben der Agentur festlegen ■ Copy-Strategie erarbeiten
Schritt 4 Kampagne entwickeln	■ Gestaltung der Werbung ■ Abstimmung der einzelnen Teile der Kampagne zu einer integrierten Kommunikation
Schritt 5 Objektive Bewertung der Kampagne	■ Pretests durchführen ■ Erkenntnisse einbringen und Kampagne verbessern
Schritt 7 Kampagne produzieren und umsetzen	■ nach Plan produzieren ■ an den Kundenbedürfnissen ausrichten
Schritt 7 bewerten und verbessern	■ Posttests durchführen ■ Ergebnisse analysieren und Verbesserungen einleiten offensivesmarketing.de

Abbildung 13-23

Flow-Chart Kapitel XIII	
Grundlagen Offensiver Kommunikation	■ Werden Sie sich über die grundsätzlichen Wirkungsprinzipien und die Bedeutung der Kommunikation klar. ■ Legen Sie die Zielgruppe und Ziele der Kommunikation klar fest.
Offensive Mediaplanung	■ Werbemittel und Werbeträger festlegen ■ Kennzahlen zur Wirtschaftlichkeit und Reichweite der Werbeträger überprüfen ■ Besonderheiten der einzelnen Werbeformen beachten ■ Nach alternativen Wegen suchen, um Ihre Zielgruppe zu erreichen
Zusammenarbeit mit externen Agenturen	■ Entwickeln Sie eine Offensive Strategie für Ihre Kommunikation. ■ Setzen Sie die richtigen Signale für die Zusammenarbeit mit Ihren Agenturen.
Integrierte Kommunikation	■ Kommunikationsstrategie für das gesamte Unternehmen aufstellen ■ Orientierung an den Unternehmensgrundsätzen
Werbebudgetierung	■ passende Methode zur Bestimmung des Werbebudgets auswählen
Werbekontrolle	■ Kampagnen schon vor dem Einsatz testen ■ Ergebnisse der Werbung überprüfen ■ Einflüsse auf die Werbewirkung berücksichtigen und Kommunikation kontinuierlich verbessern
Prozess zur Entwicklung einer Offensiven Kommunikation	■ Ziele festlegen ■ Medienstrategie entwickeln ■ Kommunikationsstrategie entwickeln ■ Kampagne entwickeln ■ Kampagne bewerten Kampagne produzieren und umsetzen ■ erneut bewerten und ggf. verbessern

Lese-Tipp:

- Pepels, W.: Kommunikations-Management, Stuttgart 1996.
- Rossiter, J.R./ Percy, L.: Advertising Communications & Promotion Management, Boston Massachusetts 1996.
- Shapiro, C./ Varian, H. R.: Information rules: A Strategic Guide to The Network Economy, Boston Massachusetts 1998.
- Meffert, H. Marketing: Grundlagen marktorientierter Unternehmensführung, Wiesbaden 1998.

XIV. Offensives Absatzkanalmanagement

Kapitelüberblick

Dies ist das letzte Kapitel im Abschnitt „E " zur Effektiven Umsetzung des Offensiven Marketing.

POISE		
P	Profitabel	Ausgewogenes Verhältnis zwischen den Gewinnzielen des Unternehmens einerseits und den Kundenbedürfnissen andererseits herstellen
O	Offensiv	Marktführerschaft anstreben, Risikobereitschaft zeigen und Konkurrenten in die Nachahmerposition zwingen
I	Integrativ	Marketing-Ansatz verfolgen, der das gesamte Unternehmen einbezieht
S	Strategisch	Entwicklung Offensiver Strategien und entsprechender Marketing-Pläne
E	Effektiv umgesetzt	Die Umsetzung Offensiver Strategien effektiv managen

offensivesmarketing.de

Abbildung 14-1

Die Grundlagen des Offensiven Absatzkanalmanagements lassen sich folgendermaßen zusammenfassen:

1. **Vertriebswege müssen einen Vorteil für den Kunden bedeuten.** Vertriebswege haben eine ähnliche Aufgabe wie Marken. Beide dienen dazu, „auf effiziente Art und Weise einen attraktiven Wert für den Kunden zu schaffen und überdurchschnittliche Gewinne zu erzielen."
2. **Unterschiedliche Vertriebswege erfüllen unterschiedliche Bedürfnisse.** Über eine geeignete Segmentierung wird eine Differenzierung erreicht, darüber hinaus können unterschiedliche Kundenbedürfnisse befriedigt werden.

3. **Vertriebswege können den Wert eines Angebots erhöhen**, wenn Image, Service und POS-Einfluss entsprechend genutzt werden.
4. **Der Einfluss auf den Kunden hat Auswirkungen auf die Verteilung der Branchenrentabilität.** Sowohl Hersteller wie auch Einzelhändler sehen den Kunden als ihr persönliches „Eigentum" an und wetteifern darum, wer den größten Einfluss auf ihn hat, denn beim Verkauf der Leistung zeigt sich der Erfolg aller Marketing-Maßnahmen – er ist damit der Schlüssel zur Verteilung der Gewinne innerhalb einer Branche.
5. **Hersteller können eigene Absatzwege etablieren** und damit in direkten Kundenkontakt treten. Hersteller erhalten durch eigene Absatzwege die Möglichkeit, den Handel zu umgehen und zeigen deshalb auch immer mehr Interesse dafür.
6. **Der Wettbewerb wird immer stärker.** Hersteller und Händler konkurrieren innerhalb der verschiedenen Vertriebswege und vertriebswegübergreifend.
7. Zur Gestaltung der Vertriebswege gehört auch entsprechendes **Know-how im *Business-to-Business*-Marketing**.

Die wichtigsten Grundsätze für ein Offensives Absatzkanalmanagement:

- Legen Sie fest, welche Anforderungen die Vertriebswege erfüllen müssen.
- Legen Sie auf der Grundlage einer Portfolioanalyse die Strategien für die einzelnen Vertriebswege fest.
- Stimmen Sie Strategien und Pläne für Vertriebswege und Märkte aufeinander ab. Dazu ist eine enge Zusammenarbeit zwischen Marketing und Vertrieb erforderlich.
- Suchen Sie nach Möglichkeiten, um Ihren Einfluss in den Vertriebswegen zu erhöhen. Verbessern Sie Ihre Verhandlungsposition im Wettbewerb mit den direkten Konkurrenten und dem Handel.
- Stimmen Sie Ihre Leistungen auf die Besonderheiten der einzelnen Vertriebswege ab. Absatzmittler und Key-Accounts verdienen eine besondere Betreuung.
- Achten Sie auf eine einheitliche Präsentation Ihrer Marke über die verschiedenen Vertriebswege hinweg.

- Versuchen Sie, neue Vertriebswege zu entwickeln. Dadurch können Sie unter Umständen Ihre Verhandlungsposition in den bereits vorhandenen Vertriebswegen stärken und nebenbei auch die Verfügbarkeit Ihres Angebotes erhöhen.

1 Der Weg zum Kunden

Absatzwege können sich sowohl als sehr einfache und übersichtliche als auch sehr komplexe Verbindungen zwischen Zulieferer, Hersteller und Kunde darstellen.

Absatzkanal

Definition

Absatzkanäle (auch Vertriebswege, Absatzwege, Distributionswege genannt) entscheiden über den Weg, auf dem Produkte und Dienstleistungen zum Kunden gelangen. Im Mittelpunkt steht dabei die Beantwortung der Frage, wer welche Aufgaben im Absatzkanal übernimmt, um die Verfügbarkeit einer Leistung für den Kunden sicherzustellen.

Je komplexer der Weg zwischen dem Hersteller und seinen Kunden wird, umso wichtiger wird die Sichtweise eines integrierten Marketing. Denn nur wenn alle Anspruchgruppen proaktiv in den Vertriebsprozess einbezogen und alle Aktivitäten aufeinander abgestimmt werden, kann ein Offensives Absatzkanalmanagement erfolgreich zu sein.

Absatzkanäle und Integratives Marketing:

Der höchste Integrationsbedarf besteht beim Absatz über mehrere (Handels-)Stufen (Marktketten-Marketing).

Um diesen Integrationsbedarf optimal erfüllen zu können, benötigt ein Unternehmen ein Offensives Absatzkanalmanagement, das alle Funktionen und Aufgaben des Vertriebs abstimmt und steuert.

Offensives Absatzkanalmanagement:

Ein Offensives Absatzkanalmanagement erschließt und integriert alle Absatzwege eines Unternehmens und versucht, ihr volles Potenzial auszuschöpfen, so dass die Leistungen des Unternehmens überall und zu jeder Zeit erhältlich sind.

Es gilt also, den vollen Nutzen der Absatzkanäle und der Kundenbeziehungen offensiv zu erschließen. So dienen die Absatzkanäle eines Unternehmen nicht nur dazu, das Produkt bereit zu stellen, sondern auch dazu, Informationen über die (potenziellen) Kunden zu sammeln, die Weiterempfehlungsraten der Kunden zu erhöhen, das *cross-buying*-Potenzial voll zu auszuschöpfen, die Kundenbedürfnisse zu antizipieren etc. Schließlich ist der Vertrieb die Schnittstelle des Unternehmens zum Kunden. Dabei darf man als Offensiver Marketer nicht unbedingt davon ausgehen, dass zu diesem Zeitpunkt das Produkt oder die Dienstleistung bereits fertiggestellt ist. So erfolgen zum Beispiel bei Dienstleistungen die Erstellung und der Absatz zeitgleich und können daher nicht getrennt voneinander betrachtet werden. Dagegen wird bei der kundenindividuellen Auftragsfertigung in einer ersten Stufe nur der Auftrag abgesetzt, in dem das zu erstellende Produkt näher spezifiziert ist. Dann erfolgt erst die eigentliche Leistungserstellung und daran anschließend der konkrete Absatz des fertigen Produkts.
Um einen ersten Überblick über die vielfältigen Verbindungsstufen zwischen Unternehmen und Kunden zu erhalten, bietet sich das Konzept der Marktkette an, das sämtliche Stufen des Herstellungsprozesses bis hin zum Kunden abbildet.

Absatzkanäle als Wertketten

Wertkette des Absatzkanals

Die Wertkette des Absatzkanals stellt den Absatzweg eines Produktes oder einer Dienstleistung als Kette von wertsteigernden Aktivitäten dar. Um einen Wettbewerbsvorteil zu erlangen, muss ein Unternehmen diese wertschöpfenden Absatzaktivitäten entweder zu geringeren Kosten ausführen oder sie so gestalten, dass sie zu einem größeren Kundennutzen führen.

In diesem Wertschöpfungsprozess entsteht auch die so genannte „Handelsspanne", die je nach Produkt, Absatzweg bzw. Wertschöpfungstiefe und Branche zwischen 15 und 40% des endgültigen Verkaufspreises einer Leistung ausmachen kann.

Handelsspanne:

Die Handelsspanne ist die Differenz zwischen Einstands- und Verkaufswerten der von einem Handelsbetrieb umgesetzen Waren. Sie ist das Entgelt für die Handelsleistung, die Zusammenstellung eines Sortimentes und die Überbrückung von räumlichen, zeitlichen, qualitativen und quantitativen Spannungen zwischen Herstellern und den Anforderungen der Kunden.[1]

Die nachfolgende Abbildung 14-2 zeigt die verschiedenen Stufen einer typischen Wertkette.

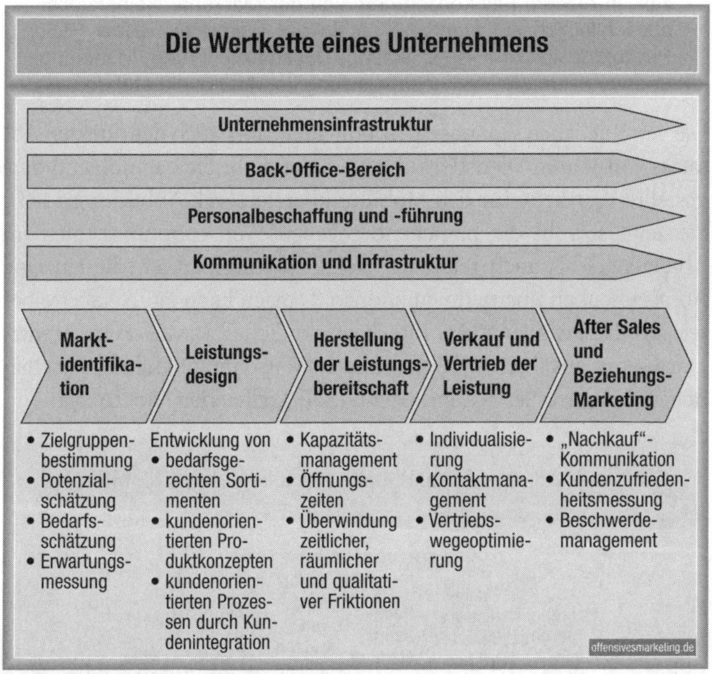

Abbildung 14-2

Aus der Wertkette wird auch ersichtlich, dass ein Anbieter nicht jede dieser Wertschöpfungsstufen selbst übernehmen muss, sondern in jeder Stufe überprüfen sollte, ob es nicht eventuell sinnvoller ist, die jeweilige Aktivität im Rahmen so genannter Wertschöpfungsallianzen an geeignete Wertschöpfungspartner zu vergeben.

Wertschöpfungsallianzen schaffen

Ein Weinerzeuger beispielsweise besitzt in der Regel eigene Weinberge, kauft leere Flaschen und Korken zu, fertigt eigene Etiketten an, füllt den Wein selbst in die Flaschen („Erzeugerabfüllung") und übernimmt den Versand an ausgewählte Großhändler. Damit übernimmt er den Großteil der Wertschöpfung selbst und überlässt lediglich die letzten Stufe des Absatzkanals

[1] Behrends, C.: Handelsspanne, in: Vahlens großes Marketing-Lexikon, hrsg. v. H. Diller, München 1994, S. 408 f.

einem dritten Unternehmen (wie z.B. dem Einzelhandel), der den Wein dann an den Kunden verkauft.

Unternehmen wie ***Adidas*** oder ***Nike*** dagegen lassen ihre Produkte normalerweise in Asien fertigen und liefern sie an Groß- und Einzelhändler aus, die dann an den Letztnachfrager absetzen. In diesem Fall konzentriert sich der Markenartikelhersteller ausschließlich auf wenige Stufe in der Wertkette, wobei F&E, Produktdesign und -spezifikation, Qualitätssicherung, Marketing und vor allem die Markenentwicklung im Mittelpunkt stehen.

Die verschiedenen Optionen des indirekten, aber auch des direkten Absatzes von Waren/Dienstleistungen verdeutlicht die nachfolgend dargestellte Wertkette für den Mobilfunkbereich (vgl. Abbildung 14-3). Sie zeigt sowohl die branchenbezogenen Wertschöpfungsstufen im Absatzkanal als auch relevante Wertschöpfungspartner, die einzelne Absatzaufgaben übernehmen können. Danach kann ein Netzbetreiber wie z.B. ***E-Plus*** oder ***VIAG Interkom*** sämtliche Aktivitäten im Absatzkanal selbst ausüben und/oder, je nach Wertschöpfungsstufe, verschiedenen Partnern (Service-Provider oder Einzelhändler) übertragen.

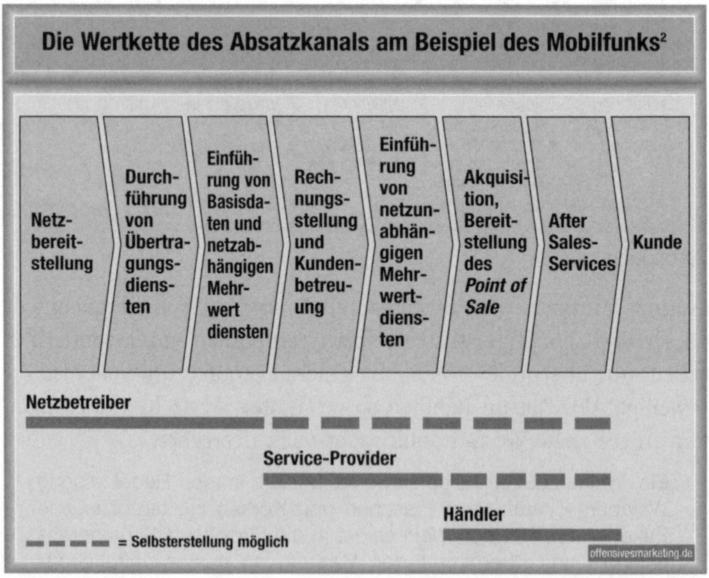

Abbildung 14-3

[2] In Anlehnung an Zerdick, A./ Picot, A./ Schrape, K.: Die Internet-Ökonomie, Berlin 1998, S. 98.

Absatzwege-Mix

Warum brauchen Unternehmen häufig verschiedene Absatzkanäle? Kunden erwarten je nach spezifischer Nachfragesituation einen angepasste Vertriebsweg, der ihren Bedürfnissen optimal entspricht. Aus Sicht der Hersteller müssen die unterschiedlichen Absatzkanäle im Wesentlichen vier Aufgaben erfüllen:

- **Kundenzugang.** Die wichtigste Aufgabe eines Absatzkanals besteht darin, dem Kunden einen problemlosen Zugang zu Produkten und Dienstleistungen zu ermöglichen. Dabei ist es entscheidend, dass das Produkt am Point of Sale für den Kunden verfügbar ist. Ein Offensiver Marketer denkt aber noch einen Schritt weiter und verschafft dem Kunden auch dort Zugang zu dem Produkt, wo er mit ihm in Berührung kommt. Also direkt dort, wo das Kundenbedürfnis entsteht – am Point of Contact.
- **Präsentation.** Die Leistungen des Herstellers sollten entsprechend dem Unternehmensbild und der Marke präsentiert werden. Dass leicht verderbliche und empfindliche Waren nur frisch und in einwandfreiem Zustand zum Kunden gelangen sollten, ist ohnehin selbstverständlich.
- **Imagebildung.** Die Wahl des Absatzkanals sagt schon viel über das Selbstverständnis des Herstellers aus und hat erheblichen Einfluss auf die Produktwahrnehmung beim Kunden.
- **Zusatzleistungen/Service.** Abbildung 14-4 enthält einige Beispiele für Zusatzleistungen, die von den verschiedenen Absatzmittlern übernommen werden können.

Beispiele für Serviceleistungen der Absatzmittler	
Überbrücken quantitativer Spannungen	Großhandel zerlegt große Lieferungen in kleinere Teillieferungen und distribuiert an Einzelhändler und /oder Endkunden
Möglichkeit zum Ausprobieren	Probefahrten, Anhören von CDs vor dem Kauf, Probepackungen von Kosmetika etc.
Beratung	z.B. bei Finanzberatern, im Kosmetikstudio
Garantien	Umtausch- und Reklamationsrecht, Garantien auf Niedrigstpreise
Finanzdienstleistungen	Finanzkauf, Zielkauf
Lieferkonditionen	Lieferung frei Haus bei größeren Haushaltsartikeln, Elektrogeräten oder Möbeln
Kundendienst	Hotlines, Reparaturleistungen etc.

Abbildung 14-4

1.1 Arten von Absatzkanälen

Die meisten Angebote erreichen den Kunden über mehr als einen Absatzkanal:

- Süßwaren und Snacks können in Supermärkten, an Kiosken, Bahnhöfen, Tankstellen, aus Verkaufsautomaten und auch in einigen Bars und Cafés erworben werden.
- Freizeitkleidung wird in Kaufhäusern, Sportgeschäften, Boutiquen und über den Versandhandel angeboten.
- Versicherungen kann man direkt telefonisch, zu Hause von einem Versicherungsvertreter, in Agenturen, über unabhängige Makler oder bei Banken und Bausparkassen abschließen.

Auch wenn in den meisten Branchen ein bestimmter Absatzweg vorherrscht, können – wie obige Beispiele zeigen – durchaus mehrere Absatzwege gleichzeitig genutzt und auch geschickt kombiniert werden. Die gebräuchlichsten sind der Direktabsatz, der Absatz über Vertragshändler, über den angestellten Außendienst, Makler, Groß- und Einzelhändler oder Franchise-Unternehmen.

Direktabsatz

Beim Direktabsatz wird das Produkt vom Hersteller direkt an den Verbraucher verkauft.

B2B-Bereich

Im *Business-to-Business*-Bereich (B2B) ist der direkte Verkauf von Leistungen schon lange gebräuchlich. Dies zeigt z.B. die Vielzahl der in Internet entstandenen *Business-to-Business*-Plattformen, die schon lange eine Institution sind. Aber nicht nur im Online-Bereich, sondern auch in der „Offline-Welt" ist der Direktabsatz zwischen Unternehmen völlig normal.

B2C-Bereich

Aber auch im *Business-to-Consumer*-Bereich (B2C) lassen sich auf diese Weise z.B. Haushaltswaren, Kosmetikartikel und auch bestimmte Finanzdienstleistungen verkaufen.

www.vorwerk.de
www.avon.com

Beispiele für Unternehmen, die ihre Produkte ausschließlich direkt an den Endkunden absetzen sind ***Tupperware***, ***Avon*** oder ***Vorwerk***. Als Absatzkanäle werden Internet, Telefon, Direktversand oder Verkaufsveranstaltungen in Privatwohnungen („Tupperparties") genutzt. Das Konzept dieser Tupperparties ist zwar nicht einzigartig, aber das Unternehmen ***Tupperware*** hat dieses Konzept so perfektioniert, dass es in diesem Bereich nahezu eine Monopolstellung erreicht hat.

Das Beispiel Tupperware:

www.tupperware.de

Tupperware

Tupperware gilt als eines der erfolgreichsten Direktvertriebsunternehmen der Welt. Der große Erfolg ist zu einem großen Teil auf das bis heute einzigartige Vertriebskonzept gepaart mit der Spitzenqualität der Produkte zurückzuführen. Jeder kennt die berühmten Tupperparties, bei denen die neuesten Produkte vorgestellt, Tipps und Tricks ausgetauscht werden und Gleichgesinnte in einer entspannten Atmosphäre zusammentreffen.

Vertriebskonzept

Schon wenige Jahre nach der Erfindung der so genannten „Tupperboxen" durch Earl S. Tupper 1944 stellte das Unternehmen fest, dass sich seine Produkte nur äußerst schwierig über die klassischen Absatzkanäle wie Kaufhäuser, Haushaltswarenhandlungen etc. verkaufen ließ. Die Verkäufer waren einfach nicht dazu in der Lage, den Kunden die enormen Vorteile der Tupperschüssel richtig zu erklären.

Also entwickelte man ein „Heimvorführungssystem", um so dem Kunden im Anwendungsbereich der Produkte, dem eigenen Haushalt, die Vorteile der Tupperschüssel ausführlich erläutern und vorführen zu können. Das System hatte so großen Erfolg, dass man die Ware schließlich aus dem Handel zurückziehen konnte. Seit 1951 wird Tupperware ausschließlich über die eigene Organisation, über Beraterinnen und Gruppenberaterinnen vorgeführt und angeboten.

Seit 1962 sind Tupperware-Produkte in Deutschland weder über den Einzelhandel noch über Versand erhältlich, denn auch hier ist Tupperware mit dem Heimvorführungskonzept äußerst erfolgreich. **60.000** Tupperware-Beraterinnen und **16 Millionen** Gäste auf fast 2 Millionen Tupperparties pro Jahr sind für einen Jahresumsatz von ca. **einer Milliarde DM** verantwortlich. Alle Produkte werden umfassend erläutert, dazu gibt es jede Menge Tipps zur Verwendung.

Tupperparty

Das Konzept der Tupperparty ist dabei ganz einfach. Als Gastgeberin lädt man ein paar Freundinnen ein, die Tupperware-Beraterin kommt dazu, und in fröhlicher Runde werden Tupperware-Produkte vorgeführt, vielleicht mit ein paar Kostproben – ganz nach Wunsch. Die vorgestellten Tupperware-Produkte können dann von den Gästen der Party bestellt werden. Nach der Tupperparty liefert die Beraterin die Ware an die Gastgeberin aus, die dann für die Verteilung der Waren an die Gäste der Party sorgt und für die Inkasso-Verwaltung zuständig ist. Damit entledigt sich die Firma fast aller administrativen Aufgaben rund um den Versand und die Rechnungsstellung – ein aus Sicht des Unternehmens äußerst effizientes System. Und alle Prozessbeteiligten haben eine hohe Produktaffinität und kennen Ihre Kunden sehr genau.

Multiplikationseffekte und Sterne

Die Gastgeberinnen sind in diesem System von entscheidender Bedeutung, denn sie schaffen den Kundenkontakt und sorgen mit der Einladung ihrer Bekannten für hohe Multiplikationseffekte. Das diese Multiplikationseffekte für den Erfolg des Vertriebssystems äußerst entscheidend sind, weiß auch das Unternehmen und honoriert daher die Bemühungen der Gastgeberin, entsprechend dem Umsatz ihrer Tupperparty mit einer Anzahl von „Sternen". Bei 99 Sternen – auch über mehrere Vorführungen erreichbar – wird die Gastgeberin in den Loyalitäts-Club aufgenommen und ihr steht eine Vielzahl an attraktiven Auswahlgeschenken und Tupperware-Produkten gegen die sie ihre Sterne einlösen kann.

Tupper-Community

Durch die hohe Produktaffinität der Beteiligten und den Beziehungen zwischen den Kunden, der Gastgeberin und den Beraterinnen entsteht eine große **Tupperware Community** mit zur Zeit ca. **16 Millionen Partygästen**. Diese Community basiert auf den engen Beziehungen aller Beteiligten, denn jede Gastgeberin kennt die Bedürfnisse ihrer Gäste ganz genau und kann diese an die Beraterinnen weiterleiten.

Die Tupperparty ist aber erst der letzte Schritt in der wohl einmaligen Vertriebsorganisation. Geleitet wird das Geschäft durch die Regionaldirektion Tupperware Deutschland in Frankfurt. Die Region ist in verschiedene Bezirke aufgeteilt, die durch Bezirksleiter/innen bearbeitet werden, die auf der Basis eines Franchise-

Vertrages mit dem Unternehmen verbunden sind. Bis zu dieser Verwaltungsebene wird das Geschäft hauptberuflich ausgeübt. Dagegen wird die Tätigkeit der Gruppenleiter/innen und Berater/innen weitestgehend nebenberuflich ausgeübt.

So wie die Gastgeberinnen durch die Beraterinnen unterstützt werden ist die Gruppenberaterin für eine bestimmte Menge an Beraterinnen verantwortlich, an die sie ihre Erfahrungen weitergibt und am Gruppenumsatz beteiligt ist. Der nächste Schritt in der Tupperware-Organisation ist die Leitung einer eigenen Bezirkshandlung, die als Anlaufstelle für die Gruppenberaterinnen und als Auslieferungslager dient. Dabei gilt stets das Prinzip, Führungspositionen aus den eigenen Reihen zu besetzen.

Neue Absatzstrukturen

Gerade in den letzten Jahren gewinnt der Direktabsatz über das Internet (E-Commerce) an erheblicher Bedeutung. Ein erstes Beispiel für die Möglichkeiten des Direktvertriebs über die neuen Informations- und Kommunikationstechnologien zeigt die nachfolgende Abbildung 14-5. So könnten z.B. Autoren ihre Werke direkt über das Internet veröffentlichen und absetzen.

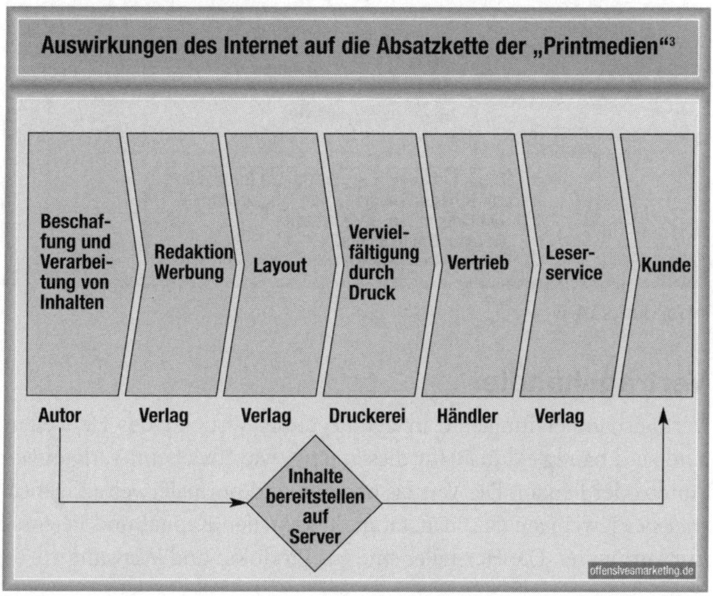

Abbildung 14-5

[3] In Anlehnung an Sennewald, N.: Massenmedien und Internet, Wiesbaden 1998, S. 58.

Veränderung etablierter Absatzstrukturen

Ein anderes Beispiel aus der Reise- und Touristikbranche verdeutlicht, dass durch die neuen Informations- und Kommunikationstechnologien auch über Jahrzehnte hinweg gewachsene und wohlbekannte Absatzstrukturen in dramatischer Weise verändert werden können.

www.lufthansa.com

Zum einen drängt eine Vielzahl neuer Unternehmen in den Markt für Reisemittler, weil sie vom hohen Volumen der Provisionszahlungen der Leistungsanbieter angezogen werden und/oder ihr Kerngeschäft durch das Angebot von Reisen stärken wollen. Zum anderen verkaufen aber auch zunehmend mehr Leistungsanbieter ihre Leistungen über entsprechende Internet-Plattformen direkt an den Endkunden, wie z.B. die ***Deutsche Lufthansa*** AG mit dem „Lufthansa InfoFlyway" (vgl. Abbildung 14-6).

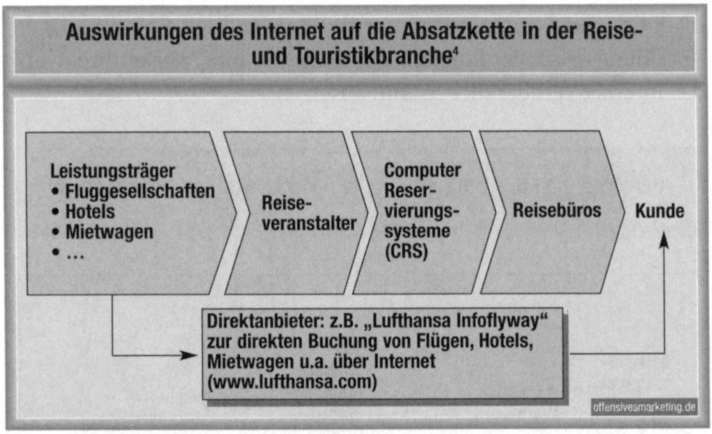

Abbildung 14-6

Vertragshändler

Vertragshändler fungieren in der Regel als Vertreter des Herstellers und sind häufig exklusiv für diesen tätig, wie etwa beim Verkauf von Autos oder Benzin. Die Vertragshändler sind normalerweise Eigentümer der jeweiligen Geschäftsräume und stellen Kapital und Personal zur Verfügung. Die Hersteller sind für Produkte und Werbung zu-

[4] In Anlehnung an Conrady, R./ Orth, M.: Der Lufthansa InfoFlyway im Rahmen der Direktvertriebsstrategie der Deutschen Lufthansa AG, in: Erfolgreiche Praxisbeispiele im Online Marketing, hrsg. v. J. Link und D. Tiedtke, Berlin 1999, S. 23-48.

ständig. Manchmal unterstützen sie die Vertragshändler auch durch Mitarbeiterschulungen, technische Beratung oder Finanzierungen.

Franchising

Das Franchising als Vertriebsform ist in vielen Branchen zu finden und besonders populär z.B. in den Branchen Erfrischungsgetränke (z.B. *Coca-Cola*), Gastronomie und Hotellerie (z.B. *McDonald's*), im Handel (z.B. *OBI*) oder im Dienstleistungsbereich (z.B. *Mister Minit*, *Toni & Guy*). Franchising hat für den Hersteller (als Franchise-Geber) den Vorteil, dass schnell und kostengünstig ein flächendeckender Vertrieb aufgebaut werden kann.

www.franchise-net.de
www.franchise-world.de

Franchising

Franchising ist eine vertraglich genau geregelte Form der vertikalen Kooperation zwischen zwei Unternehmen unterschiedlicher Wirtschaftsstufen. Aufgrund des Franchise-Vertrages erhält der Franchise-Nehmer gegen Zahlung eines einmaligen Betrages oder laufender Beträge die Genehmigung, unter genau festgelegten Bedingungen über bestimmte Rechte des Franchise-Gebers (z.B. Nutzung von Marke und Logo, Erzeugung und/oder Vertrieb bestimmter Waren, Anwendung bestimmter Produktionsverfahren oder Rezepturen) zu verfügen. In der Regel hilft der Franchise-Geber dem Franchise-Nehmer beim Aufbau und der Führung des Betriebes.[5]

Nach den Erhebungen und Schätzungen des Deutschen Franchising Verbandes waren im Jahr 1999 in Deutschland 720 Franchise-Geber branchenübergreifend am Markt tätig, von denen 395 dem DFV angeschlossen waren; dies entspricht einer Quote von 55%. Mit ihren insgesamt 34.000 Franchise-Nehmern erwirtschafteten die Franchise-Systeme einen Umsatz von rund 38 Mrd. DM. Der Franchise-Wirtschaft gehörten 1999 etwa 330.000 Beschäftigte an.

Nach wie vor sprechen die meisten Franchise-Systeme in erster Linie Existenzgründer als Franchise-Nehmer an. Aber auch das *Business-to-Business*-Franchising erfährt eine immer stärkere Verbreitung: mehr als die Hälfte der Franchise-Geber sucht auch oder ausschließlich bestehende Unternehmen als Partner.

Die Hitliste der Top Ten-Franchise-Systeme in Deutschland sieht folgendermaßen aus:

Top Ten der Franchising-Systeme

[5] Vgl. Tietz, B.: Franchising, in: Vahlens großes Marketing-Lexikon, hrsg. v. H. Diller, München 1994, S. 336f.

Rang	Franchise-System	Branche	Anzahl Franchise-Nehmer
1	Photo Porst	Fotohandel	1.946
2	Schülerhilfe	Nachhilfe	700
3	McDonald's	Fast Food	556
4	First Reisebüro	Reisebüros	583
5	Quick-Schuh	Schuhhandel	500
6	Ad-Auto Dienst	Autoreparatur	500
7	Studienkreis	Nachhilfe	482
8	Musikschule Fröhlich	Musikpädagogik	461
9	Sunpoint	Sonnenstudios	446
10	Datac	Buchhaltungsservice	401

Top-10-Franchise-Systeme in Deutschland 1998[6]

offensivesmarketing.de

Abbildung 14-7

Makler

Makler sind unabhängige Handelsmittler, die Kunden beraten und ihnen aus einer Auswahl von Leistungen mehrerer Hersteller die jeweils beste anbieten. Makler werden im Auftrag des Kunden tätig und sind verpflichtet, die Kunden „nach bestem Wissen und Gewissen" zu beraten. Über Makler vertreiben solche Firmen ihre Leistungen, die so klein sind, dass sich eine eigene Vertriebsorganisation für sie nicht lohnt oder größere Unternehmen, die vorübergehend mit dem Makler zusammenarbeiten, um ein zeitlich begrenztes Vertriebsproblem zu lösen.

Makler

Nach § 93, Absatz 1 HGB ist ein Makler, „wer gewerbsmäßig für andere Personen, ohne von ihnen aufgrund eines Vertragsverhältnisses ständig damit betraut zu sein, die Vermittlung von Verträgen über die Anschaffung oder Veräußerung von Waren oder Wertpapieren, über Versicherungen, Güterbeförderungen, Schiffsmiete oder sonstige Gegenstände des Handelsverkehrs übernimmt ...".

[6] http://www.franchise-world.de/news/news.htm#Franchising in Deutschland; Quelle: U. Kessler Verlag, Lohmar und ADVISA Beratungsgruppe, Monheim.

Groß- und Einzelhandel

Handelsfunktionen

Der Absatz über Groß- und Einzelhandel ist wohl die gebräuchlichste Form des Absatzes. Sowohl Groß- wie auch Einzelhandel nehmen die Handelsfunktionen wahr, also die Überbrückung räumlicher, zeitlicher, quantitativer und qualitativer Spannungen zwischen Angebot und Nachfrage. Der Unterschied zwischen Groß- und Einzelhandel liegt darin, dass der Großhandel nicht an den Endkunden absetzt, sondern ausschließlich gewerblichen Bedarf deckt, z.B. den Bedarf von kleineren Einzelhändlern, von weiterverarbeitenden Betrieben oder von Selbstständigen mit angemeldetem Gewerbe. Der Einzelhandel dagegen setzt sein Sortiment an den Endverbraucher ab. Durch mangelnde Zugangskontrollen und durch die Deckung auch privaten Bedarfs der gewerblichen Verwender verschwimmen die Grenzen zwischen Groß- und Einzelhandel jedoch teilweise.

Der Absatzweg muss dem Kunden einen Vorteil bieten

Differenzierung durch den Absatzweg

Absatzwege haben in gewisser Weise eine ähnliche Aufgabe wie Marken. Beide dienen dazu, Differenzierung zu schaffen und dem Kunden einen besonderen Nutzen zu stiften. Selbstverständlich dienen sie dazu, die vom Anbieter erstellten Leistungen zum Kunden zu bringen, aber letztlich müssen sie dem Kunden auch einen besonderen Nutzen bieten können. Dass das nicht immer ganz einfach ist, zeigt noch einmal das Beispiel der Mobiltelefone.

- Mobiltelefone werden vor allem von global tätigen Herstellern wie z.B. ***Ericsson***, ***Nokia***, ***Motorola***, ***Panasonic*** oder ***Siemens*** hergestellt und in der Regel auch unter dem Namen des Herstellers vertrieben.
- Die verschiedenen Mobilfunknetze werden wiederum von Betreibern wie ***D1***, ***D2*** oder ***E-Plus*** oder ***VIAG Interkom*** unterhalten.
- Verkauf und Kundendienst werden normalerweise von einem weiteren Anbieter, den lokalen „Service-Providern" übernommen.
- Verträge können direkt beim Netzbetreiber (z.B. im ***VIAG Interkom-Shop***), über die Service-Provider (z.B. ***Cellway***) oder aber im Einzelhandel (z.B. ***Saturn Hansa*** oder ***Media Markt***) abgeschlossen werden.

- Accessoires wie Freisprecheinrichtungen, Schutzhüllen oder Austausch-Oberschalen werden von spezialisierten Herstellern produziert und vertrieben.

Kein Wunder, dass viele Kunden verwirrt sind.

Welche grundlegenden Kundenbedürfnisse muss ein Vertriebsweg erfüllen? Natürlich hat jeder Kunde andere Erwartungen an einen Vertriebsweg, aber im Grunde dreht sich fast alles um die in der nächsten Abbildung genannten Faktoren.

Was Kunden von einem Absatzkanal erwarten

Kriterium	Beispiele
Bequemlichkeit	■ Öffnungszeiten ■ Telefonische und persönliche Erreichbarkeit ■ Parkmöglichkeiten
Auswahl	■ Breites oder schmales Sortiment ■ Tiefes oder flaches Sortiment
Preis	■ Sonderangebote ■ Zahlungskonditionen (Rabatte, Boni, Skonti) ■ Finanzierungsangebote (Ratenkauf, Zielkauf)
Qualität	■ Angemessenes Preis-Leistungs-Verhältnis ■ Frische der Waren
Service	■ Freundlichkeit, Entgegenkommen ■ Persönliche Beratung ■ Garantien ■ Umtauschrecht ■ Kinderbetreuung o.ä.
Image	■ Fit von angesprochener Kundengruppe und angebotener Leistung

offensivesmarketing.de

Abbildung 14-8

Unterschiedliche Kunden – unterschiedliche Absatzkanäle

Den Einkauf von Lebensmitteln tätigen einige Familien ausschließlich auf Wochenmärkten, in Bio-Läden oder im Reformhaus, andere hetzen nach Büroschluss eilig in die Lebensmittelabteilungen der großen Kaufhäuser und kaufen nur schnell das Nötigste; wieder andere vergleichen die Preise bei verschiedenen Händlern und kaufen dann ganz bewusst einige Lebensmittel beim Discounter und andere beim Fachhandel, also z.B. Milch und Zucker bei ***Aldi***, Fleisch und Wurst beim Metzger und das Brot beim Bäcker, und manche lassen sich die Waren sogar von einem Heimdienst nach Hause liefern.

Hybrides Kundenverhalten

Bestimmte Absatzwege sprechen bestimmte Kundengruppen an. Erschwerend kommt noch hinzu, dass es verschiedene Kaufsituationen gibt: Derselbe Kunde kann heute bei Aldi kaufen und morgen trotzdem und genauso überzeugt im teuersten Feinkostgeschäft der Stadt einkaufen – abhängig beispielsweise vom Anlass des Einkaufs. Je nach spezifischer Situation können auch unterschiedliche Beschaffungs- und Einkaufssituationen für den Kunden relevant sein.

Typologie verschiedener Einkaufssituationen[7]

Kauftyp	Nutzenkategorie
„Plan- oder Routinekauf"	■ Leistungen an bekannten Orten in gewohnter Qualität kaufen
„Eilkauf"	■ Wenige, aber notwendige Leistungen schnell und ohne Probleme kaufen
„Preiskauf"	■ Leistungen zu einem günstigen Preis kaufen
„Beziehungskauf"	■ Einkaufen mit der Pflege sozialer Kontakte verbinden
„Beratungskauf"	■ Vor dem Kauf umfassend informiert und bei der Entscheidung unterstützt werden; nach dem Kauf Services erhalten

offensivesmarketing.de

Abbildung 14-9

Deshalb ist es für die Hersteller so wichtig, den oder die Vertriebswege sorgfältig auszuwählen und genau auf die jeweilige Zielgruppe und die jeweilige Kaufsituation auszurichten.

Zusammenhang von Absatzkanal und Markenimage

Verfügbarkeit

Für viele Angebote ist eine hohe Verfügbarkeit („Ubiquität") ein wesentliches Erfolgskriterium. ***Coca-Cola, Nestlé*** oder ***Ferrero*** verfolgen z.B. seit Jahrzehnten eine Strategie, die auf eine hohe allgemeine Verfügbarkeit ihrer Produkte abgestellt ist. Bei Luxus- und Trendmarken wie ***Chanel*** oder ***Gucci*** führt dagegen gerade eine nur eingeschränkte Verfügbarkeit zur Verstärkung der Exklusivität.

[7] Schögel, M.: Mehrkanalsysteme in der Distribution, Wiesbaden 1997, S. 49.

Der Vertriebsweg wirkt aber noch auf andere Weisen auf Image und Wahrnehmung der Marke ein. Einige Beispiele:

Einzelhändler können mit der Wahl ihres Standortes, der Ladengestaltung sowie der Auswahl von Personal und Musik eine Atmosphäre schaffen, die Rückwirkungen auf die Wahrnehmung der im Sortiment angebotenen Marken hat.

Die Frage, ob ein Unternehmen im Internet präsent ist und wie diese Website gestaltet ist, hat Einfluss darauf, wie durchgängig die Marke sich bei den Kunden präsentiert.

Die Wahl der Vertriebswege hat per se Einfluss auf das Image. Es macht durchaus einen Unterschied, ob eine Marke über Discounter, Supermärkte und Tankstellen, ausschließlich „im exklusiven Fachhandel" oder über eigene Kanäle vertrieben wird.

Das Beispiel Nestlé

www.nestle.de

Nestlé

Die ***Nestlé AG*** ist eines der weltweit führenden Unternehmen der Nahrungsmittelindustrie. Mit einem Jahresgesamtumsatz von ca. 6 Mrd. DM alleine in Deutschland und über 11.000 Mitarbeitern ist es sicherlich einer der wichtigsten Markenartikelhersteller in Deutschland. Die Nestlé AG hat früh erkannt, dass Markenimage und die Produktverfügbarkeit eng zusammenhängen. Daher ist das Unternehmen ständig bemüht, die Distribution seiner Produkte zu optimieren. Unter dem Schlagwort der „Neuen Ubiquität" – also der hohen Verfügbarkeit von Produkten – werden zur Zeit intensive Überlegungen zu neuen Distributionsmöglichkeiten angestellt, die in der folgenden Abbildung dargestellt sind.

Abbildung 14-10

Ziel dieser Überlegungen ist es, das Unternehmen in die Lage zu versetzen die Kundenbedürfnisse dort zu befriedigen wo sie auftreten. So wurde das Nestlé-Mobil entwickelt, das eine Möglichkeit des mobilen Straßenverkaufs darstellt, aber auch die Möglichkeit einer Distribution der Produkte in Zügen und Flugzeugen wird in Erwägung gezogen. Die Überlegungen gehen ganz klar in die Richtung, die Marke Nestlé durch innovative Distribution an den Ort des Entstehens der Kundenbedürfnisse zu stärken.

Die Erwartungen, die Kunden an die Vertriebswege haben, sind gleichzeitig die Bereiche, in denen der Wert einer Marke auch durch den Vertriebsweg erhöht werden kann.

Wem gehört der Kunde?

Machtverschiebung

Die Machtverhältnisse haben sich in den letzten Jahren nicht nur in der Beziehung zwischen Hersteller und Kunden geändert, sondern auch in der Beziehung zwischen Hersteller und Handel.

Zitat:

Inzwischen betrachtet der Handel den „Endkunden" des Herstellers als seinen eigenen Kunden. Der Handel ist heute „der Einkaufsagent des Kunden, nicht der Verkaufsagent des Herstellers". (J. Allen, Chief Executive, Ocean Group)

Früher lag die Macht beim Hersteller, der Handel war dankbar, wenn der Hersteller Waren lieferte, die der Handel dann an den Kunden weitergeben durfte. Mit wachsenden Konzentrationstendenzen im Handel, einer gestiegenen Austauschbarkeit der Angebote und zunehmenden Preisbewusstsein vieler Kunden sieht die Situation heute jedoch ganz anders aus. Einzelhändler wie ***Tengelmann*** oder ***Aldi*** entwickeln und vermarkten Produkte unter ihrem eigenen Namen („Handelsmarken") und nutzen Hersteller als anonyme Zulieferer.

Handelsmarken

Handelsmarken sind die „Markenartikel" des Handels. In der Praxis sind verschiedene Spielarten der Handelsmarke zu beobachten.

- **Firmen- oder Sortimentsmarken** decken ganz unterschiedliche Sortimentsbereiche ab (z.B. Revue/Quelle, Elite/Karstadt).
- **Individualmarken** werden nur von einer Produktgruppe getragen (z.B. „Naturkind" für Bioprodukte von Tengelmann, „Privileg" für Elektrogeräte von Quelle).

Während viele Markenartikel beinahe überall erhältlich sind – und die Sortimente der Einzelhändler dadurch austauschbar werden – gelingt es dem Handel durch eigene Marken, sich zu differenzieren und vom Preiswettbewerb abzukoppeln.

Handelsmarken können als eindeutiges Indiz dafür gewertet werden, dass der Handel sich vom reinen Verteiler zum Verkäufer gewandelt hat und eigenständiges Marketing betreibt.[8]

Die Frage, wem der Kunde gehört, ist durchaus von praktischer Bedeutung und keine theoretische Spielerei, weil sie die Branchenrentabilität grundlegend beeinflusst. Den Markenartikelherstellern stehen im Kampf um den Einfluss auf den Kunden gegenüber dem Handel zwei probate Mittel zur Verfügung – starke Marken und Werbung. Und sie können Verfügbarkeit, Preis und Präsentation der Waren beeinflussen. In den meisten Branchen sitzt allerdings inzwischen der Handel am längeren Hebel: Die Markenartikelhersteller müssen dem Handel so genannte Listungsgebühren bezahlen, damit ihre Produkte überhaupt in die Sortimente aufgenommen werden.

Eigenvertrieb oder Fremdvertrieb?

Anbieter verfügen hinsichtlich der Frage nach Eigen- oder Fremdvertrieb über verschiedene Optionen:

[8] Oehme, W.: Handelsmarken, in: Vahlens großes Marketing-Lexikon, hrsg. v. H. Diller, München 1994, S. 401f.

Vertriebsalternativen			
Wessen Marke?	**Art des Vertriebs**	**Beispiele**	**Kommentar**
Hersteller	über den Handel	■ „Mars" von Mars Inc. ■ „Always" von Procter & Gamble ■ „Marlboro" von Phillip Morris	traditionelles Modell für Hersteller von Konsumgütern
Hersteller	Eigenvertrieb	■ Dell ■ Avon ■ Vorwerk ■ Tupperware ■ Yves Rocher ■ Ikea	Ikea-Möbel gibt es nur bei Ikea.
Hersteller	Kombination aus Eigen- und Fremdvertrieb	■ Levi's	Levi's Jeans gibt es in Kaufhäusern, aber auch in eigenen Levi's Stores.
Handel	Eigenvertrieb (des Handels)	■ Tengelmann ■ Marks&Spencer	Marks&Spencer verkauft in seinen Geschäften ausschließlich die eigene Marke „St. Michael".
Dienst-leister	Eigenvertrieb	■ Pit Stop ■ Toni & Guy	traditionelles Modell für Dienstleister
Dienst-leister	(auch) über den Handel	■ Lufthansa ■ FC Bayern	Eintrittskarten zu den Heimspielen des deutschen Rekordmeisters erhält man sowohl direkt beim FC Bayern als auch bei ausgewählten Ticketshops

offensivesmarketing.de

Abbildung 14-11

Welches dieser Modelle hat Ihr Unternehmen im letzten Jahrzehnt verfolgt, und welche Änderungen werden Sie oder Ihre Wettbewerber im nächsten Jahrzehnt vermutlich einführen?

Verstärkter Wettbewerb

Hersteller versuchen, immer mehr Einfluss auf den Verbraucher zu gewinnen und investieren zunehmend in den direkten Kontakt zum Kunden. Sie entwickeln Direktvertriebswege, richten Call-Center und Beratungsstellen ein. Der Handel wiederum versucht, seine

Handelsmarken zu stärken, verstärkten Nutzen aus den Kundendaten zu gewinnen, die ihm zur Verfügung stehen, und entwickelt laufend neue Zusatzleistungen – alles mit dem Ziel, den Kunden stärker an den Handel zu binden.
Die Folge ist ein intensiver Wettbewerb, da zu dem ohnehin breiten Angebot an Produkten und Dienstleistungen auch noch der Wettbewerb zwischen den Absatzwegen kommt, über die sie vertrieben werden. Abbildung 14-12 zeigt einige Entwicklungstendenzen im Wettbewerb.

Entwicklungstendenzen im Wettbewerb der Vertriebswege

Gestern	Morgen	Tendenz
Markenhersteller dominieren die Hochpreissektoren, Handelsmarken sind auf untere Preissegmente beschränkt	Handelsmarken werden zu einer ernst zu nehmenden Konkurrenz in allen Preissegmenten	Handelsmarken gewinnen an Bedeutung
Supermärkte konkurrieren mit anderen Supermärkten	Supermärkte konkurrieren mit Banken, Gaststätten, Tankstellen, Restaurants, Heimlieferservices.	Wettbewerb wird branchenübergreifend
Markenartikelhersteller vertreiben hauptsächlich über Dritte	Hersteller vertreiben ihre Produkte zunehmend direkt	Distanz zwischen Herstellern und Kunde wird geringer
Nur für hochpreisige Artikel oder im *Business-to-Business*-Bereich	Direktvertrieb in allen Preissegmenten	Direktvertrieb gewinnt an Bedeutung

offensivesmarketing.de

Abbildung 14-12

In diesem wettbewerbsintensiven Umfeld, in dem die Grenzen zwischen Herstellern und Handel immer mehr verschwimmen und Unternehmen gleichzeitig sowohl konkurrieren als auch kooperieren, ist ein Trend zu Partnerschaften zwischen Herstellern und Händlern festzustellen.

Co-Opetition

Es handelt sich dabei meistens um kooperative Maßnahmen zwischen Industrie und Handel, die sich z.B. auf Qualitätseigenschaften der Produkte und Verpackung erstrecken können.[9] Im Konsum-

[9] Vgl. Müller-Hagedorn, L.: Der Handel, Stuttgart 1998, S. 495.

güterbereich hat in den letzten Jahren das Konzept des *efficient consumer response* (ECR) breite Beachtung erfahren. ECR kann größeren Herstellern durch effizientere Informations- und Logistikprozesse Kosten- und Wettbewerbsvorteile gegenüber kleineren Konkurrenten ermöglichen; insbesondere dann, wenn der Hersteller den Einzelhändler an den erzielten Kostenvorteilen teilhaben lässt.

Efficient consumer response – ECR

Abstimmungen zwischen Industrie und Handel haben in letzter Zeit unter dem Stichwort *efficient consumer response* verstärkt Bedeutung erhalten. Es geht dabei u.a. darum, Informationen über das Einkaufsverhalten der Kunden möglichst schnell an die Industrie zu leiten, aber auch darum, gemeinsame Aktivitäten bei der Entwicklung von Produkten, Verkaufsförderung, Werbeaktionen und Planung logistischer Prozesse voranzutreiben. [10]

Als Ausgangspunkt für das Konzept der ECR gilt eine Situation steigender Ineffiziez in der US-amerikanischen Distribution zu Beginn der 90er Jahre. Das erste ECR Projekt wurde 1992 durch das *Food Marketing Institute* (FMI) initiiert. Nach Berichten über die Anfangserfolge des ECR wurde auch in Europa eine ECR-Initiative gegründet, das ECR-*European Executive Board*.

www.fmi.org
www.ehi.org

Aber selbst Kooperationen und Partnerschaften können nichts an der Tatsache ändern, dass Hersteller und Handel immer miteinander im Wettbewerb stehen werden.

Know-how im *Business-to-Business*-Marketing

Während die Erfüllung der Wünsche und Bedürfnisse der Kunden immer das oberste Ziel aller Marketer ist, ebnen die Absatzkanäle den Weg zur Erreichung dieses Ziels. Damit Sie den Kunden auch erreichen, müssen Sie Absatzkanal-Marketing betreiben, also Marketing gegenüber Geschäftspartnern.

Als Hersteller einer Kosmetikserie beispielsweise eine Parfümerie-Kette wie ***Douglas*** dafür zu begeistern, eben diese neue Kosmetikserie (aus Sicht der Parfümeriekette nur eine weitere unter vielen) in ihr Sortiment mit aufzunehmen, ist viel eher mit dem Verkauf einer Flotte von Boeing-Flugzeugen an die Swissair zu vergleichen, als etwa der Verkauf eben dieser Kosmetikserie an den Endkunden.

[10] Vgl. Müller-Hagedorn, L.: Der Handel, Stuttgart 1998, S. 495.

Das folgende Beispiel in Abbildung 14-13 verdeutlicht die notwendigen Kompetenzen für Offensives und erfolgreiches Absatzkanal-Marketing – und Sie sehen, wie sehr die Anforderungen dem *Business-to-Business*-Marketing bei Fluggesellschaften ähneln.

Erforderliche Kompetenzen im Absatzkanal-Marketing

Erforderliche Kompetenzen des Herstellers	Marketing-Aktivitäten im Absatzkanal	
	Verkauf einer neuen Kosmetikserie an Douglas (Geschäftspartner)	Verkauf von Boeing Flugzeugen an Swissair (Geschäftspartner)
Klares Verständnis der Strategie des Geschäftspartners	✓	✓
Positionierung der Vorteile des eigenen Produkts	✓	✓
Wissen um die Angebote der Wettbewerber	✓	✓
Wirtschaftliche Kenngrößen des eigenen Produkts für den Geschäftspartner	✓	✓
Kontakt zu den Key-Account-Managern	✓	✓
Fähigkeit, die eigenen Produkte auf die Anforderungen und Systeme der Geschäftspartner anzupassen	✓	✓
„Fit" des neuen Produktes zum bestehenden Angebot des Geschäftspartners	✓	✓
Überzeugendes Konzept für das Nachkauf-Marketing	✓	✓

offensivesmarketing.de

Abbildung 14-13

Natürlich unterscheiden sich die nötigen Marketing-Fähigkeiten und das Produkt-Know-how für den Absatz einer Kosmetikserie und eines Flugzeuges erheblich. Aber noch stärker sind die Unterschiede zwischen Absatzkanal- und Massen-Marketing, wo es auf der einen Seite darum geht, Millionen von Einzelkunden zu verstehen, und es auf der anderen Seite gilt, eine kleine Zahl von Einkaufsexperten zu überzeugen.

Ein Offensiver Marketer sollte daher auf jeden Fall ein tiefgehendes Verständnis für das *Business-to-Business*-Marketing entwickeln – auch wenn das von ihm völlig neuer Fähigkeiten erfordert.

2 Grundsätze für ein Offensives Absatzkanalmanagement

Legen Sie fest, welche Anforderungen ein Absatzkanal erfüllen muss

Bei der Entscheidung über die Absatzkanäle für neue Produkte oder Dienstleistungen sind einige wichtige Punkte zu beachten. Hierzu zählen z.B.:

- **Kundenbezogene Faktoren.** Vertriebswege haben in erster Linie die Aufgabe, den Kunden die jeweiligen Produkte oder Dienstleistungen zugänglich zu machen. Ein gutes Produkt kann unter Umständen floppen, wenn der falsche Absatzweg gewählt wurde und das Produkt die vorgesehene Zielgruppe nicht erreicht. Dazu ist es wichtig, Vertriebswege und Zielgruppen aufeinander abzustimmen. Man muss also die Erwartungen der Kunden an die Produkte und damit auch an die Absatzkanäle (pro-)aktiv erkennen und anschließend auch erfüllen, damit sie dem Kunden optimal zugänglich gemacht werden können. Hierzu sind Informationen über die Kunden nötig, wie z.B. geografische Verteilung der Zielgruppe, Kaufkraft, Affinität gegenüber bestimmten Medien, Technikakzeptanz, Einkaufsgewohnheiten, Kaufhäufigkeit, Kaufzeitpunkt, Informationsverhalten etc.
- **Produktbezogene Faktoren.** Der Hersteller will natürlich, dass die Produkte in einwandfreiem Zustand beim Verbraucher ankommen. Darüber hinaus sind bestimmte gebrauchstechnische Eigenschaften der Produkte zu beachten, z.B. Verderblichkeit, Lebensdauer, Transportempfindlichkeit, Lagerfähigkeit, Erklärungsbedürftigkeit, Wartungsbedürftigkeit, Installationsanforderungen etc.

- **Absatzmittlerbezogene Faktoren.** Hierzu zählen Merkmale wie die Anzahl, der Standort oder Größe des durchschnittlich erreichten Marktes der Absatzmittler, aber auch machtpolitische Fragen. Wieviel Einfluss ein Hersteller in seinen Vertriebskanälen hat, kann z.B. davon abhängen, über wieviele verschiedene Vertriebswege er seine Leistungen absetzt oder wie attraktiv seine Produkte für den Kunden sind. Große und bekannte Unternehmen wie z.B. ***BMW*** oder ***Coca-Cola*** haben relativ viel Einfluss auf ihre Vertragshändler oder Franchise-Nehmer, weil die hohe Attraktivität der Produkte für den Kunden auch hohe Gewinnchancen für den Absatzmittler bedeutet.
- **Unternehmens- und konkurrenzbezogene Faktoren.** Einfluss auf die Wahl der Vertriebswege hat auch die Frage, über welche Vertriebswege die Konkurrenz ihre Leistungen absetzt. Wollen Sie sich bewusst über andere Vertriebswege differenzieren oder ist es sinnvoller, die gleichen Vertriebswege zu nutzen wie Ihre Wettbewerber?

Strategien für einzelne Absatzkanäle festlegen

Verschiedene Absatzwege erfordern unterschiedliche Strategien und Vorgehensweisen. Es ist deshalb wichtig, die verschiedenen Vertriebswege getrennt zu betrachten und jeweils passende Strategien für die einzelnen Vertriebswege festzulegen. Hilfreich hierbei ist zum Beispiel das Aufstellen einer Matrix, die eine Einschätzung der Attraktivität des Vertriebsweges in Verbindung mit den eigenen Kompetenzen erlaubt. Mit der Einordnung der verschiedenen Vertriebswege in eine solche Matrix erhält man recht schnell einen Überblick über sein „Portfolio" an zur Verfügung stehenden Vertriebswegen.

Stimmen Sie Unternehmens- und Vertriebsstrategien aufeinander ab

Die Vertriebsstrategie wird in den meisten Unternehmen von der Vertriebsabteilung entwickelt; die Strategie zur Markenentwicklung, bzw. die Marketing-Strategie von der Marketing-Abteilung. Es sollte bereits klar geworden sein, dass es nicht sinnvoll ist, diese Strategien getrennt zu entwickeln. Vertrieb und Marketing müssen die Vertriebs- und Marketing-Ziele bereits in einer möglichst frühen Phase des Planungsprozesses diskutieren und eventuelle Widersprüche aus dem Weg räumen. Die nachfolgende Abbildung 14-14 zeigt diesen Zusammenhang auf und hebt die Bedeutung der Verkaufsprozesse im Rahmen einer Offensiven und integrierten Marketing- und Vertriebs-Planung hervor.

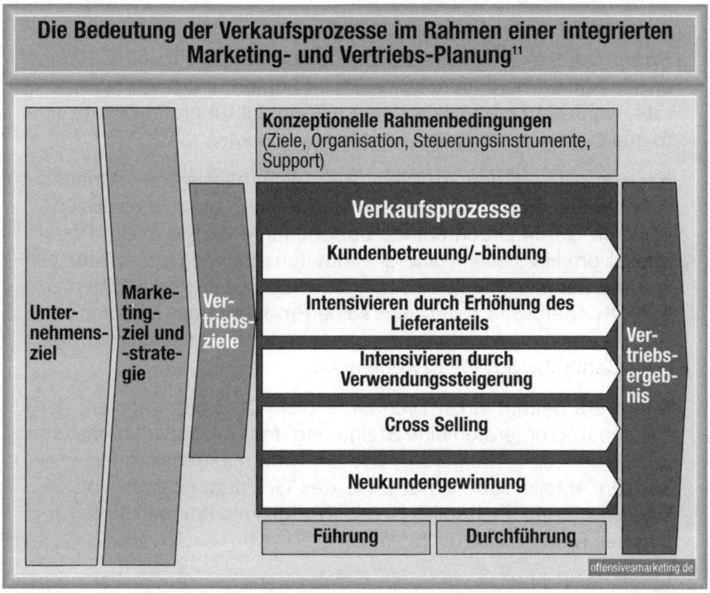

Abbildungen 14-14

Suchen Sie nach Möglichkeiten, den Einfluss in den jeweiligen Absatzkanälen zu erhöhen

Einfluss ist gleichbedeutend mit Verhandlungsstärke. Eine hohe Verhandlungsstärke ermöglicht es den Herstellern, ihre Vertriebsziele zu möglichst geringen Kosten zu realisieren. Die beste Karte, die ein Hersteller im Machtspiel mit dem Handel ausspielen kann, ist eine hohe Nachfrage nach seinem Produkt. Gelingt es einem Hersteller, den Nutzen seines Angebotes für den Kunden zu steigern, hat er damit ein gutes Argument in der Hand. Eine andere Möglichkeit zur Stärkung der Position im Vertrieb besteht darin, diese so weit wie möglich zu unterstützen, so wie ***Sharp*** es getan hat:

[11] In Anlehnung an einen Vortrag der Mercuri International Deutschland GmbH an der Ludwig-Maximilians-Universität München.

www.sharp.co.uk

Das Beispiel Sharp

Auf dem britischen Kopiergerätemarkt sind kaum Umsatzzuwächse zu verzeichnen. Der Markt wird nach Größe der Geräte segmentiert, wobei die größten Kopiergeräte in Großunternehmen mit einem hohen Kopierbedarf und die kleinsten in Privathaushalten eingesetzt werden.

Marktführer in Großbritannien ist ***Canon***, gefolgt von ***Xerox*** und ***Sharp***. Weitere Wettbewerber sind unter anderem Toshiba, Ricoh und Minolta. Sharp ist relativ stark im Sektor für kleine Kopiergeräte, während Xerox besonders im Segment für große Geräte erfolgreich ist. Canon ist in allen Marktsegmenten stark.

Kopiergeräte werden vor allem über zwei Absatzwege vertrieben – entweder direkt an die Endkunden oder über spezialisierte Händler. Große Unternehmen beziehen ihre Geräte in der Regel direkt vom Hersteller. Händler verkaufen überwiegend an kleinere Unternehmen, zählen aber auch einige Großunternehmen zu ihren Kunden. Sharp vertreibt seine Produkte über Händler, Xerox vor allem direkt über eine eigene Vertriebsorganisation, während Canon beide Absatzwege nutzt.

Sharp erarbeitete einen Drei-Jahresplan für Großbritannien, der bei den Kopiergeräten eine Steigerung des Umsatzvolumens um 285% und eine Steigerung des an Unternehmenskunden verkauften Anteils von 15 auf 26% des Gesamtumsatzes vorsah. Das ehrgeizige Ziel sollte durch Produktinnovationen und verstärktes Marketing erreicht werden.

Eines der Probleme, mit denen sich Sharp bei der Realisierung seiner hoch gesteckten Ziele auseinander setzen musste, war der Absatzweg. Sharp vertrieb ausschließlich über den Handel und wollte aus einer ganzen Reihe von Gründen nicht direkt verkaufen. Die Händler von Sharp waren zum größten Teil unabhängig, relativ hemdsärmelig in ihrer Geschäftsführung und gerade für Firmenkunden nicht sonderlich attraktiv. Sharp beschloss daher, ein Management-Programm für Händler zu entwickeln und eine Qualitätszertifizierung auf hohem Niveau durch unabhängige Berater durchzuführen. Das Programm wurde *Sharp Integrated Quality Standard* (SIQS) genannt.

In Zusammenarbeit mit einer Unternehmensberatung, dem Unternehmensbereich *Business Development* und einer ganzen Reihe von Instituten überarbeitete Sharp sämtliche Standards über acht Geschäftsbereiche hinweg, unter anderem Marketing, Vertrieb, Rechnungswesen, Personal, Gesundheit und Sicherheit. Daraus wurde dann der Sharp IQS entwickelt, der Standards wie ISO 9002, TQM und MBNQA sowie andere, von Sharp festgelegte Standards für Qualität, Ethik, Service und Kundenzufriedenheit miteinander kombinierte.

Sharp arbeitete in Großbritannien mit 70 Händlern zusammen und ging davon aus, dass viele von ihnen dem neuen Programm verhältnismäßig skeptisch gegenüberstehen würden. Sharp agierte daher zunächst sehr zurückhaltend und führte einen Pilottest mit drei Händlern durch. Die Ergebnisse waren vielversprechend und zur landesweiten Einführung des Programms wurden alle Händler zu Gesprächen eingeladen, die an vier verschiedenen Orten stattfanden. 52 Händler nahmen teil. Nach der Vorstellung des Programms wurden die Händler aufgefordert, sich für die erste Phase des Sharp IQS zu melden, die aus einer dreitätigen Bewertung der einzelnen Betriebe bestand. Diese sollte durch unabhängige Berater erfolgen, die jedes Projekt vertraulich behandeln würden. Die erste Phase wurde von Sharp teilweise subventioniert, aber der Händler hatte umgerechnet etwa 1500 Euro für das Audit zu zahlen. 49 Händler waren einverstanden. Von diesen machten vierzig mit Phase 2 und den übrigen Phasen des Programms weiter.

Sharp musste für das gesamte Programm umgerechnet etwa 1,5 Millionen Euro aufwenden, während die einzelnen Händler umgerechnet 9.000 bis 16.000 Euro zahlten. Die meisten der teilnehmenden Händler haben inzwischen die Zertifizierung nach dem Sharp IQS erhalten. Sharp steht kurz davor, seinen Drei-Jahresplan zu erfüllen – das Unternehmen hat auf einem statischen Markt sein Umsatzvolumen fast verdreifacht und 40% des Gesamtumsatzes wird inzwischen mit Firmenkunden gemacht.

Beachten Sie die Anforderungen einzelner Vertriebswege an Ihre Leistungen

Viele Hersteller vertreiben ihre Produkte über mehrere Absatzwege, die oft ganz unterschiedliche Ansprüche haben. Ein Offensiver Marketer wird feststellen, welche besonderen Anforderungen die einzelnen Vertriebswege an unterschiedliche Produkte, Verpackungen, Größen, Serviceleistungen und Lieferkonditionen haben und stellen einem potenziellen Einnahmenplus die Mehrkosten gegenüber, die entstehen, wenn auf solche Wünsche eingegangen wird. In Abbildung 14-15 sind einige der Probleme zusammengefasst, mit denen man rechnen muss.

Was bei der Vertriebswegewahl sonst noch zu beachten ist

Strategischer Bereich	Problem
Produkt	■ Welche Produkte passen am besten zum Kundenstamm des Absatzweges bzw. des Einzelhändlers? ■ Welches Sortiment kann der Vertriebsweg verkraften und verkaufen?
Verpackung und Präsentation	■ Welche Packungsgrößen braucht der Absatzweg? ■ Welche Verpackungsgrößen bevorzugen die Zwischenhändler?
Preisbildung	■ Inwieweit stimmen Preisstrategie des Absatzweges und des Herstellers überein? ■ Wie können Preiskonflikte zwischen verschiedenen Vertriebskanälen gelöst werden?
Verbraucherservice	■ Welche Zusatzleistungen bietet der Vertriebsweg seinen Kunden? ■ Wie kann der Hersteller diese Leistungen noch verbessern?
Anforderungen des Absatzweges	■ Entsprechen die Produkte den Verarbeitungsystemen und der Verkaufsfläche des Vertriebskanals? ■ Welchen Lieferrhythmus benötigt dieser Absatzweg? ■ Mit welchem Vorlauf werden neue Sortimente zusammengestellt? ■ Wann wird geordert?
Markenstrategie	■ Welche Rolle spielen die Handelsmarken des Absatzweges? ■ Welche Marken sind sonst noch im Sortiment?

offensivesmarketing.de

Abbildungen 14-15

Achten Sie auf eine einheitliche Präsentation des Markenkerns und entwickeln Sie neue Vertriebswege

Die Anpassung von Marken an verschiedene Vertriebswege darf den Markenkern nicht gefährden. Kunden nutzen oft unterschiedliche Vertriebswege und reagieren verunsichert, wenn sie Widersprüche feststellen. Sie verstehen zwar, dass sie eine Marke bei einem Discounter billiger bekommen als in einem exklusiven Kaufhaus, werden aber verärgert sein, wenn sie nach dem Kauf von Aktienfonds bei ihrer Hausbank feststellen, dass es billiger für sie gewesen wäre, wenn sie den Fonds direkt beim Anbieter via Telefon geordert hätten. Wenn es etwas gibt, das zur Differenzierung Ihrer Marke beiträgt – und dazu gehört auch die Entwicklung innovativer Vertriebswege – sollten Sie das nutzen.

3 Prozess des Offensiven Managements der Absatzwege

Der Prozess zur Offensiven Gestaltung der Absatzkanäle

Stufen	Aufgaben	Inhalte
Schritt 1	Bestehende Absatzwege analysieren	■ Wachstum, Rentabilität ■ Wettbewerbsposition
Schritt 2	Zukünftige Trends prognostizieren	■ Langfristige Trends ■ Neue Absatzwege
Schritt 3	Prioritäten für Absatzwege festlegen	■ Anwendung der Portfolio-Analyse
Schritt 4	Drei- bis Fünf-Jahrespläne für Absatzwege entwickeln	■ Ziele ■ Strategien
Schritt 5	Vertriebswege- und Markenstrategien aufeinander abstimmen	■ Vertriebs- und Marketing-Abteilungen
Schritt 6	Pläne für Kunden entwickeln	■ Großkunden nach Absatzweg ■ Abstimmung mit Markenplänen
Schritt 7	Kontrolle	■ Kontrollsystem

offensivesmarketing.de

Abbildung 14-16

Schritt 1: Bestehende Vertriebswege analysieren

In diesem Schritt werden die bestehenden Vertriebswege definiert, die Umsätze je Vertriebsweg ermittelt und Anteil, Umsatz und Gewinnspanne des Unternehmens pro Absatzweg bestimmt.

Rentabilität der Vertriebswege

In vielen Unternehmen liegen nur wenige Daten über die Gewinne nach Vertriebswegen vor. Sinnvolle Investitionen in die Vertriebswege sind aber erst dann möglich, wenn tatsächlich genügend Informationen zur Beurteilung der Rentabilität der einzelnen Vertriebswege vorliegen. Oft sind gerade die am schnellsten wachsenden Absatzwege weniger rentabel als vermutet, weil sie sehr viel Wettbewerb anziehen. Ein offensiv geführtes Unternehmen wird die Rentabilität der Vertriebswege mindestens halbjährlich überprüfen und anhand der Ergebnisse entscheiden, auf welche Vertriebswege es sich zukünftig konzentrieren will. Eine sinnvolle Methode zur Analyse Ihrer Vertriebswege ist die Zerlegung der bestehenden Vertriebswege in ihre Teilprozesse. Abbildung 14-17 zeigt Ansatzpunkte für die Verbesserung eines Vertriebsprozesses.

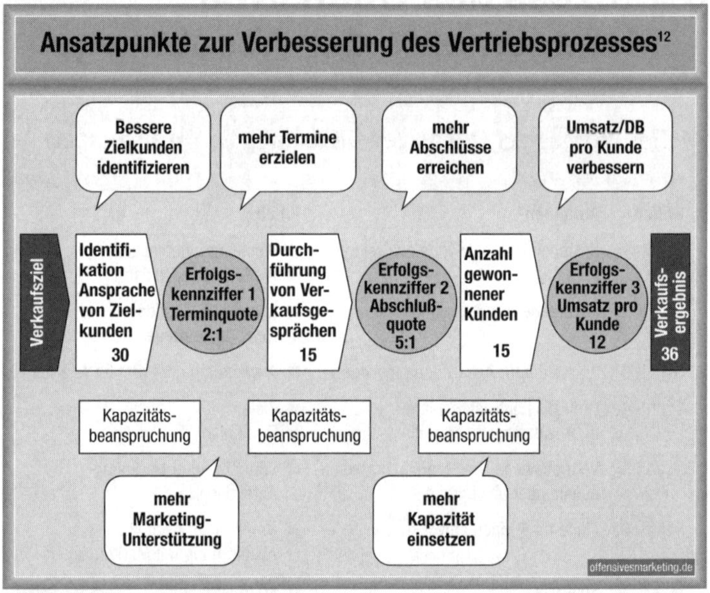

Abbildung 14-17

Man sollte bei einer umfassenden Analyse der Vertriebsprozesse also den Gesamtprozess in überschaubare Schritte zerlegen und für jeden dieser Schritte die Effizienz bestimmen. Daraus lassen sich dann erste Ansatzpunkte für Verbesserungsvorschläge erarbeiten.

So ist es z.B. sinnvoll, sich konkrete Verkaufsziele zu setzen und die zur Erfüllung der Ziele notwendigen Kunden genau zu identifizieren. Kalkulieren Sie auch mit ein, dass nicht jeder angesprochene Kunde auch tatsächlich bei Ihnen kauft! Daher sollte man sich schon im Vorfeld über mögliche Erfolgskennziffern Gedanken machen. Wenn etwa von ursprünglich 30 angesprochenen Kunden nur 15 Interesse zeigen, kann es äußerst schwierig werden, die gesetzten Verkaufsziele auch zu erfüllen.

[12] In Anlehnung an einen Vortrag der Mercuri International Deutschland GmbH an der Ludwig-Maximilians-Universität München.

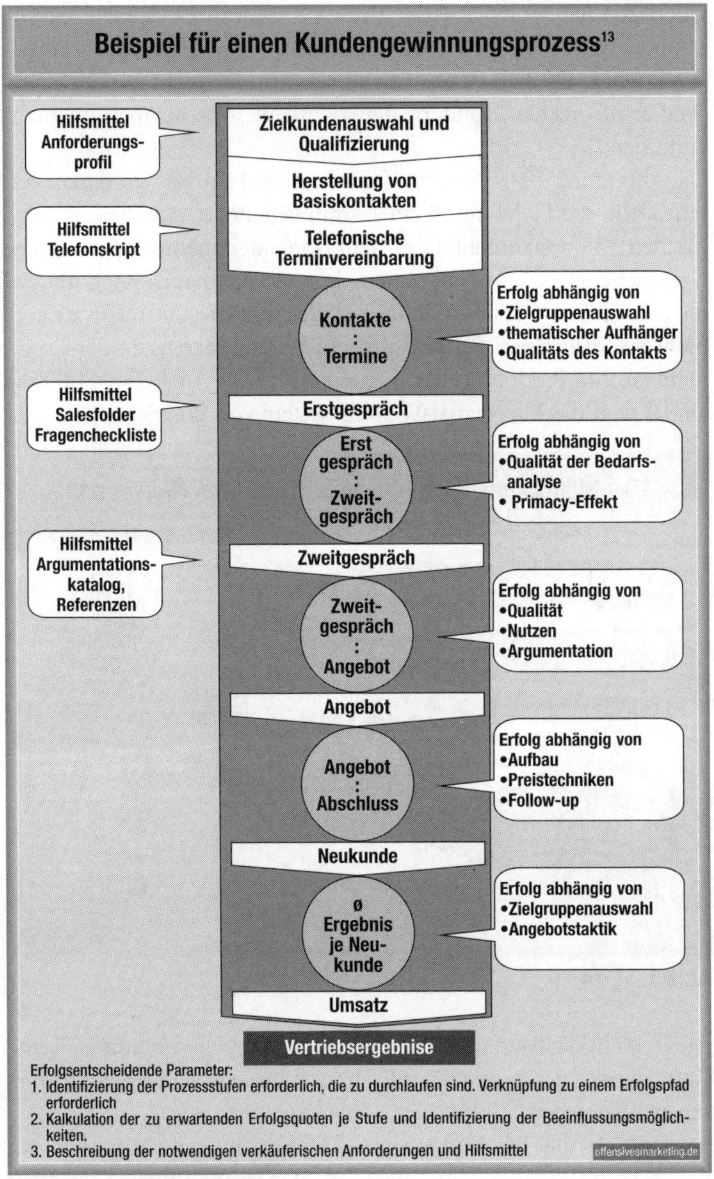

Abbildung 14-18

[13] In Anlehnung an einen Vortrag der Mercuri International Deutschland GmbH an der Ludwig-Maximilians-Universität München.

Mix bei der Ansprache

Überlegen Sie bei der Analyse Ihres Vertriebprozesses auch, welche Methoden, Mittel und Wege Sie zur Ansprache der Kunden einsetzen können. Oftmals ist es sinnvoll den Kunden nicht nur auf einem Weg anzusprechen, sondern den richtigen „Mix an Instrumenten“ zu finden.

Die Abbildung 14-18 veranschaulicht diesen Prozess. In einem ersten Schritt wird telefonisch ein Termin vereinbart. Auf diesen telefonischen Kundenkontakt folgt dann ein oder mehrere persönliche Gespräche. Diese Kundenkontakte können dann auch noch mit unterschiedlichen Hilfsmitteln ausgestaltet werden. Oft reicht es aber nicht aus, nur einen Vertriebsprozess zu analysieren, da die Unternehmen ihre Produkte über mehrere Kanäle vertreiben. Abbildung 14-19 zeigt das Mehrkanal-Vertriebssystem von IBM Schweiz.

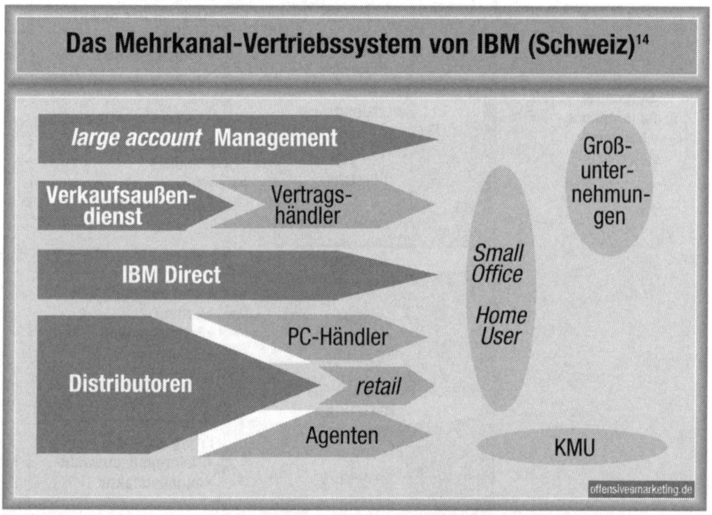

Abbildung 14-19

Diese Mehrkanalsysteme erlauben es einem Unternehmen, seine Kunden sehr zielgruppenspezifisch nach ihren jeweiligen Bedürfnissen anzusprechen.

So wird für die Top-Kunden eines Unternehmens vermutlich ein Key-Account-Management eingeführt, der Vertrieb für die „weniger wichtigen“ Kunden dagegen einfacher, z.B. über eine Bestellmög-

[14] Tomczak, T. / Schögel, M.: Management von Distributionssystemen, in: Marktbearbeitung und Distribution, hrsg. v. C. Belz und T. Tomczak, St. Gallen 1997, S. 218.

lichkeit im Internet realisiert werden. Diese unterschiedlichen kombinierten Vertriebswege müssen allerdings noch nach den oben aufgezeigten Kriterien analysiert werden, um ein wirklich umfassendes Bild des Vertriebs zu erhalten. Denn nur dann lassen sich Schwachstellen identifizieren und geeignete Maßnahmen einleiten.

Systematische Kundenrückgewinnung

Einen weiteren wesentlichen Aspekt stellt in diesem Zusammenhang auch die systematische Kundenrückgewinnung dar. Diese kann den Erfolg von Vertriebswegen zusätzlich beeinflussen. So lässt sich durch effektives ***recovery management*** die Erfolgsquote z.B. im Direktvertrieb nachhaltig verbessern (vgl. Abbildung 14-20).

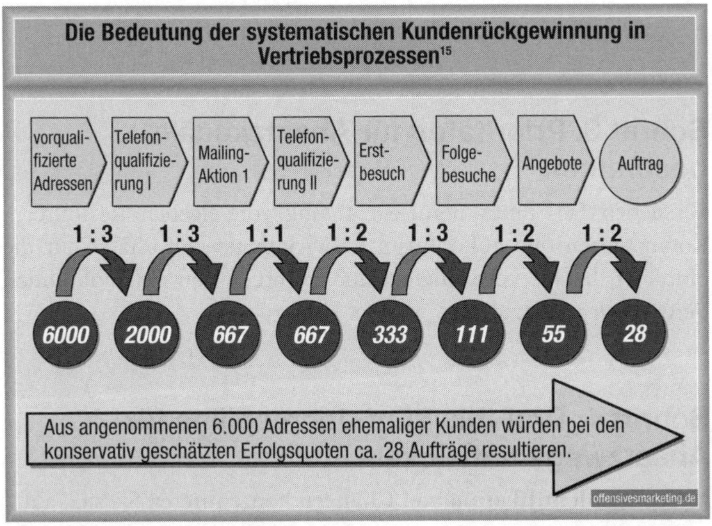

Abbildung 14-20

Schritt 2: Zukünftige Trends prognostizieren

Werfen Sie einen Blick in die Zukunft. Wie wird die Situation in drei, fünf oder zehn Jahren aussehen? Bewerten Sie jeden wichtigen Absatzweg einzeln. Die wichtigsten Trends für fast alle Vertriebswege sind z.B.

[15] In Anlehnung an einen Vortrag der Mercuri International Deutschland GmbH an der Ludwig-Maximilians-Universität München.1997, S. 218.

- der Trend zu kürzeren Marktketten und Ausschaltung von Zwischenhändlern,
- die Zunahme des Direktabsatzes an den Kunden,
- technologische Entwicklungen, z.B. E-Commerce, *mobile commerce*,
- die Deregulierung von Märkten, z.B. der Versicherungsmärkte, Telekommunikationsmärkte und Märkte für Energieversorgung,
- bessere Kenntnisse über den Kunden durch bessere Datenbanken und
- größere Konzentration auf Eigenvertrieb der Hersteller.

Schritt 3: Prioritäten für Absatzkanäle bestimmen

Versuchen Sie, unter Berücksichtigung von eigenen Ressourcen, Kompetenzen und zukünftigen Entwicklungen, Prioritäten für die einzelnen bereits vorhandenen und eventuell neu einzuführenden Vertriebswege festzulegen.

Schritt 4: Drei- bis Fünf-Jahrespläne für Absatzwege entwickeln

- Bei der **Identifikation von Chancen** konzentrieren Sie sich auf Maßnahmen, mit denen Sie wichtige Absatzwege ausbauen und die Position Ihres Unternehmens darin verbessern können.
- **Definition von Zielen** bedeutet, dass Sie kurz- und langfristige Umsatzvorgaben sowie Anteil- und Gewinnziele nach Absatzweg festlegen müssen.
- **Festlegung von Strategien** umfasst unter anderem die Nutzung von Chancen in wichtigen Absatzwegen und genaue Angaben darüber, wie Sie Ihre Absatzwegziele erreichen wollen.
- **Entwicklung von Plänen** bezieht sich auf spezielle Pläne, die Strategien, Entwicklungsprojekte und vierteljährliche Meilensteine betreffen.

Der größte Teil dieser Aufgaben wird in der Regel von der Vertriebsabteilung erledigt. Sie muss jedoch genauestens über Pläne informiert sein, die parallel dazu von der Marketing-Abteilung entwickelt werden. Eine enge Zusammenarbeit zwischen den beiden Abteilungen und ein kontinuierlicher Informationsfluss sind unerlässlich.

Schritt 5: Vertriebswege- und Markenstrategien aufeinander abstimmen

Idealerweise sind Absatzwegpläne ein integrativer Bestandteil von Marketing-Plänen. Wenn nicht, sollten sie zumindest parallel und in enger Zusammenarbeit entwickelt werden. Die vernünftigste Vorgehensweise besteht in der Regel darin, dass sich Führungskräfte aus Vertrieb und Marketing zu Beginn der Planungsphase einen halben Tag lang zusammensetzen und ihre Meinung bei einem Workshop einbringen. Wenn Ziele und Strategien in ihren Grundzügen entwickelt sind, sollten Marketing- und Vertriebs-Abteilung einen ersten Entwurf austauschen und sich erneut zu einem Workshop treffen. Das Ergebnis des Workshops sollten Marktziele, -strategien und -pläne für einzelne Vertriebswege und Vertriebsziele, -strategien und -pläne für einzelne Märkte sein.

Schritt 6: Pläne für Kunden entwickeln

Im nächsten Schritt werden die Pläne für einzelne Großkunden entwickelt. Dies fällt in den Aufgabenbereich der Key-Account-Manager. Auch diese Pläne müssen in enger Zusammenarbeit mit der Marketing-Abteilung entwickelt werden. Abbildung 14-21 zeigt, wie so ein Plan aussehen könnte.

Beispiel für einen Kundenplan

1. Name des Kunden
2. Angaben zum Kunden: Gesamtumsatz, Gewinn und Trend; Anzahl der Verkaufsstellen nach Typ; Wettbewerbssituation
3. Strategien des Kunden: allgemein, nach Kategorie; Einstellung zu Lieferanten; Schlüsselstärken, Differenzierung
4. Kundenposition in den Kategorien Kundenumsatz und Anteil an der Gesamtkategorie in den wichtigsten Märkten
5. Unsere Position beim Kunden: nach größerer Marktkategorie, unser Umsatz, Marktanteil, Nettogewinn; wichtige Marken und Trends
6. SWOT-Analyse unseres Unternehmens für diesen Kunden.
7. Schlüsselprioritäten für die Zukunft und Ziele für diesen Kunden. Welche Priorität wird dieser Kunde in Zukunft haben? Welche Ziele für Umsatz, Gewinn, Marktanteil, Partnerschaft, Joint Ventures, Service-Niveau etc. haben wir in den nächsten drei bis fünf Jahren für diesen Kunden?
8. Schlüsselstrategien zur Realisierung der Ziele: Teilstrategien für Markenführung, Markenentwicklung, Produktsortiment, Kundenservice usw.
9. Plan für das nächste Jahr: Unter anderem Gesamtumsatz nach Marke, Marketing-Unterstützung nach Account und angestrebte Gewinnspanne. Für jede Marke sollte der Gesamtumsatz nach Absatzweg und Großkunde mit den Umsatzvorgaben für die Marke übereinstimmen.
10. Aktivitäten für das nächste Jahr. Zu diesem Punkt gehören auch gemeinsame Absatzprognosen, Engagement in einer wichtigen neuen Kategorie oder gemeinsame Direktvertriebsprogramme.

Abbildung 14-21

Schritt 7: Kontrolle

Entwickeln Sie ein einfaches Kontrollsystem, mit dem Sie die Erfüllung der Vorgaben aus dem Jahresplan, dem Drei- oder Fünf-Jahresplan bewerten können.

Flow-Chart Kapitel XIV

Grundlagen für ein Offensives Absatzkanalmanagement	■ Aufgaben der Absatzkanäle ■ Verschiedene Arten von Absatzkanäle ■ Absatzwege müssen Vorteile für den Kunden bedeuten ■ Absatzwege sind segmentiert ■ Absatzwege erhöhen den Wert von Marken ■ Wem gehört der Kunde? ■ Markenhersteller können eigene Absatzwege besitzen ■ Wettbewerb über Absatzwege hinweg wird stärker ■ Fähigkeiten im Business-to-Business-Marketing
Grundsätze für Offensives Absatzkanalmanagement	■ Anforderungen für die Absatzwege festlegen ■ Auf der Grundlage einer Portfolioanalyse Prioritäten für einzelne Absatzwege festlegen ■ Strategien und Pläne für Absatzwege und Märkte aufeinander abstimmen ■ Einfluss auf die Absatzwege ausüben ■ Angebot auf Besonderheiten der einzelnen Absatzwege abstimmen ■ Auf einheitliche Präsentation der Marke über die verschiedenen Absatzwege hinweg achten ■ Neue Absatzwege entwickeln
Prozess für Offensives Absatzkanalmanagement	■ Vorhandene Absatzwege analysieren ■ Trends für die Zukunft prognostizieren ■ Prioritäten für Absatzwege festlegen ■ Drei- bis Fünf-Jahresplan für Absatzwege entwickeln ■ Absatzweg- und Marktpläne abstimmen ■ Kunden- oder Account-Pläne entwickeln ■ Ergebnisse überwachen

Lese-Tipp:

- Link, J. / Tiedtke, D. (Hrsg.): Erfolgreiche Praxisbeispiele im Online Marketing. Strategien und Erfahrungen aus unterschiedlichen Branchen, Berlin u.a. 1999.
- Meyer, A. / Fend, L. / Specht, M. (Hrsg.): Kundenorientierung im Handel. Von Globus, Lands´ End, Streamline, Tesco & Co. lernen, Frankfurt a.M. 1999.
- Müller-Hagedorn, L.: Der Handel. Stuttgart u.a. 1998.
- Zerdick, A. et al.: Die Internet-Ökonomie. Strategien für die digitale Wirtschaft, Berlin 1998.

XV. Die Zukunft: Die Kunden betreiben Offensives Marketing

Kapitelüberblick

„New Economy“, „E-Commerce“, „Informationsgesellschaft“, „Reverse Economy“ – an diesen Begriffen kommt heute keiner mehr vorbei. Sie machen deutlich, dass Wirtschaft und Gesellschaft vor neuen Herausforderungen stehen. Und diese Herausforderungen bieten gerade für das Marketing neue Chancen, aber auch Risiken. Worin diese bestehen und wie diese offensiv genutzt werden können, skizziert dieses Kapitel.

1 Das Offensive Marketing und die New Economy

Informationsgesellschaft

Was versteht man unter der „neuen Ökonomie“? Zunächst einmal wurde die New Economy bzw. die ihr zugunde liegende „Informationsgesellschaft“ als technische Herausforderung interpretiert. Und natürlich prägt die Entwicklung der modernen Informationstechnik und der modernen Informationsmedien bereits heute das Bild unserer Wirtschaft und Gesellschaft ganz entscheidend – hervorzuheben ist hier vor allem das Internet, das als zentrale Infrastruktur Informationen und Meinungen global, jederzeit verfügbar und nach individuellen Anforderungen konfigurierbar macht.
Viel zu oft allerdings werden dabei die vielfältigen Veränderungen der sozialen, geistigen, politischen und institutionellen Sphäre, die mit dem Übergang in die Informationsgesellschaft untrennbar verbunden sind, übersehen. Geprägt wird dieser Übergang vor allem durch den Aufbau von Netzen, die Verschmelzung von Informationsverarbeitung, Telekommunikation, Unterhaltungselektronik,

Informationsdiensten und Medien mit den entsprechenden gesellschaftlichen, sozialen und wirtschaftlichen Verwerfungs- und Veränderungsprozessen. Die zunehmende Kompatibilität und Konvergenz von Hardware und Software, die damit verbundene Integration von TV, PC, Handy, Audio- und Videogeräten, die Digitalisierung der Information, aber auch die fortschreitende Globalisierung sind weitere ganz entscheidende Kennzeichen und Treiber der New Economy.
Nicht zuletzt aber prägen die vielfach dominanten Finanzmärkte, und deren „Top-Player" (Kapitalanlagegesellschaften und Pensionsfonds) als „neue Bosse" in zunehmendem Maße das Gesicht der Wirtschaft.

Konsequenzen

Der aus diesen Entwicklungen insbesondere auf den Kapitalmärkten und den genannten Technologien resultierende zunehmende Globalisierungs-, Geschwindigkeits- und Innovationsdruck hat dazu geführt, dass

- bestehende Branchen-, Wettbewerbs- und Wertschöpfungsstrukturen der „Old Economy" und die damit verbundenen Ineffizienzen in Frage gestellt werden,
- von jungen, engagierten Unternehmensgründern mit Hilfe der Kapitalmärkte neue Geschäftsmodelle entwickelt werden und sich diese als Herausforderer der etablierten Strukturen präsentieren,
- damit auch bestehende Wettbewerbsvorteile schneller in Frage gestellt werden, weil neue Wettbewerbsvorteile schneller aufgebaut werden können. Der mit dem zunehmendem Konkurrenzdruck verbundene Selektionsprozess zwischen nachhaltigen Geschäftsmodellen und „Strohfeuern" erfährt eine neue Dynamik.

Das Cluetrain-Manifest:

Warum kommen die Menschen zu Abertausenden ins Netz? „Doch nicht wegen der bunten Browser. Sie hungern nach Gemeinsamkeit, die unsere kommerzielle Kultur des 20. Jahrhunderts nicht geboten hat. Dass uns im Mittelpunkt etwas fehlt, ist eine spirituelle Wahrnehmung. Dass es um etwas Reichhaltigeres geht als um unser Dasein als eindimensionale Glieder" [1] einer Zielgruppe.

[1] Christopher Locke, Mitbegründer des Cluetrain-Manifests, im Interview mit brandeins: www.brandeins.de/06/magazin/cluetrain.

Die Welt verändert sich, die Menschen verändern sich, das Marketing verändert sich. Auf diesen einfachen Nenner können wir eine viel diskutierte Debatte zurückführen. Vier amerikanische Internet-Experten haben sich zusammengeschlossen und ein Manifest zur Neuen Ökonomie verfasst. In 95 Thesen versuchen sie, ein Bild dieser New Economy zu zeichnen, und haben damit eine breite Diskussion ausgelöst, an der auch Sie sich jederzeit beteiligen können (www.cluetrain.com).

www.cluetrain.com

www.brandeins.de/06/magazin/cluetrain

Am Cluetrain-Manifest kommt heute niemand vorbei, der sich mit dem Internet, der New Economy und Marketing beschäftigt. Auch wir werden im Folgenden einige der Thesen einstreuen.

Was bedeutet das nun für das Offensive Marketing?

Entwicklungspotenziale

Soweit absehbar, eröffnet die New Economy dem Offensiven Marketing einige grundlegende, strukturelle und inhaltliche Entwicklungspotenziale, die offensiv genutzt werden sollten:

- **Inhaltlich:**
  Quantensprung in der Effizienz und Effektivität des Marketing.
- **Strukurell:**
  Neuausrichtung der Marktbearbeitungssysteme.

2 Inhaltliche Entwicklungspotenziale

Die inhaltlichen Entwicklungspotenziale können direkt aus den Kerneigenschaften der neuen Medien, insbesondere des Internets, abgeleitet werden:

Interaktivität:

Die Interaktivität des Web ermöglicht dem Kunden eine weit größere Steuerung und Kontrolle der Kommunikation zwischen Anbieter und Nachfrager, sowohl inhaltlich als auch hinsichtlich einzelner Prozesse. Das multipersonale (*many-to-many*) Kommunikationsmodell des Internet ermöglicht es jedem einzelnen Kunden, nur mit den Anbietern in Kontakt zu treten, die seinen Anforderungen auch wirklich entsprechen.

Gleichzeitig geht die Kommunikationsaktivität immer mehr vom bisherigen Adressaten (also dem Kunden) aus, der diese zunehmend auch stärker steuern und sein eigenes Angebot bzw. seine eigene Meinung aktiv (bzw. in Form einer eigenen Homepage oder mittels Agenten) platzieren kann. Der User kann sich jetzt jederzeit mit anderen Konsumentengruppen über Newsgroups, Chat-Foren oder etwa Bulletin-Boards austauschen. Diese virtuelle Mund-zu-Mund-Propaganda spiegelt nicht nur eine der ursprünglichsten und effektivsten Nutzungsformen des Internet wider, sondern kann sich durch die Schnelligkeit und Vielzahl der Kontakte zu einer echten Bedrohung für viele Anbieter entwickeln.

Das Beispiel Napster.com:

www.napster.com

Die „Online-Tauschbörse" ***Napster*** wurde von einem 19-jährigen Informatikstudenten aus den USA gegründet und dient dem Austausch von MP3-Musikdateien unter mittlerweile 20 Millionen Nutzern. Die direkt schnelle Verbindung, die einfache Nutzung und das riesige Angebot an Musik machen dieses Online-Angebot für viele Nutzer äußerst attraktiv.

Die wirkliche Tragweite dieser Erfindung ist aber viel größer: Es wird geschätzt, dass täglich über 17 Millionen MP3-Dateien aus dem Internet heruntergeladen werden, was ungefähr 3 Milliarden Musiktiteln in einem Halbjahr entspricht. Durch die Möglichkeit, alle Festplatten der angemeldeten User nach Musik zu durchsuchen und sich praktisch jedes verfügbare Lied herunterzuladen, entstehen ganz neue Möglichkeiten der Musikvermarktung. Vielen Plattenfirmen und Bands fehlten bislang die Mittel, um bekannt zu werden oder *„on air"* zu kommen.

Neue Vermarktungswege

Eine Einrichtung wie Napster bietet diesen Unternehmen nun eine Plattform für ihre Marketing-Aktivitäten und damit natürlich auch ein enormes Disintermediationspotenzial in diesem Markt. So entstehen ganz neue Vertriebs- und Vermarktungswege. Auch die Künstler haben das Internet zum Teil schon als Medium angenommen und vermarkten sich nun selber und ihre Musik direkt ohne den Umweg über die Musikindustrie. So war David Bowies Album „Hours" eine Zeitlang nur über das Internet erhältlich und auch der Künstler *„formerly known as Prince"* hat seinen Plattenvertrag gekündigt und vermarktet sich selbst über das Internet. Wie man an diesen Beispielen sieht, kann ein neues Konzept eine ganze Industrie verändern. Die Künstler erlangen mehr Freiheit und der Kunde erlangt mehr Macht, indem er selber entscheiden kann, ob er ein CD kaufen will oder sich nur kurz ein oder zwei Lieder aus dem Netz auf seinen Computer überspielt.

Was als alternativer Abatzkanal begonnen hat, ist durch die Besonderheiten des Internets (Interaktivität zwischen den Usern, Integration in eine Community, Individualisierung und Unmittelbarkeit) zu einem ganz neuen Modell geworden, in dem die User sowohl als Lieferanten als auch gleichzeitig als Abnehmer auftreten können und das Konzept durch ihre Interaktivität und Integration in die Community noch verbessern können. Was allerdings von den Konsumenten so geschätzt wird, ist der internationalen Musikindustrie ein großer Dorn im Auge. Denn durch dieses Netzwerk wird ihre Machtstellung auf dem Musikmarkt ernsthaft gefährdet und besonders der Musikhandel fürchtet um seine Umsätze.

Daraus entstehen für die Musikproduzenten und den Handel neue Herausforderungen, die bis vor wenigen Monaten kaum vorhersehbar waren und auf die nun in angemessener Weise reagiert werden muss. Wenn man allerdings die aktuelle Entwicklung verfolgt, fehlen der Industrie noch die richtigen Antworten auf diese Herausforderungen, und anstatt sich mit eigenen Konzepten am Markt zu etablieren, wird fieberhaft versucht, diese Bedrohung auf rechtlichem Wege auszuschalten. Egal wie sich dieses Konzept weiterentwickeln wird, in Zukunft müssen ganz neue Fragen beantwortet werden:

- Wer hat das Recht an der Information (z.B. auch Musik), die Plattenfirmen, die Künstler, oder die Allgemeinheit? Oder anders: Wer ist eigentlich der Eigentümer eines Werkes?
- Welche Auswirkungen hat dies auf die Plattenfirmen und für die Vermarktung der Künstler?
- Welche Auswirkungen ergeben sich für den Musikhandel?
- Welche Auswirkungen ergeben sich für andere digitalisierbare Produkte (z.B. Bücher)?
- Können sich die Künstler in Zukunft selber vermarkten?

Neue Web-Angebote, die Konsumentenmeinungen bündeln (z.B. ***consumerreports.com***, ***epinions.com*** bzw. ***ciao.de*** oder ***dooyou.de*** in Deutschland) unterstützen die Dynamik der Machtverschiebung zwischen Anbietern und Nachfragern zusätzlich.

Permission-Marketing

Kommunikationsaktivitäten bzw. -angebote von Anbietern werden deshalb immer mehr nur noch „mit Zustimmung des Empfängers/ Kunden" möglich bzw. effizient sein. Viele sprechen bereits von **Permission-Marketing**[2] und meinen damit den Aufbau von Beziehungen durch aufeinander aufbauende Dialogketten mit ausdrücklicher Einwilligung und unter Mitwirkung beider Partner.

[2] Godin, S.: Permission Marketing, München 2000.

Solche interaktiven Kommunikationsformen können die Effizienz der Kommunikation im Vergleich zur herkömmlichen Einwegkommunikation über die Massenmedien deutlich steigern. Die Folge: interaktive Kundenbeziehungen.

Cluetrain-Manifest These 12

Es gibt keine Geheimnisse. Der vernetzte Markt weiß mehr über die Produkte als der Hersteller. Ob gut, ob schlecht, das Wissen spricht sich herum.

Cluetrain-Manifest These 25

Unternehmen tun gut daran, ihren „Elfenbeinturm" zu verlassen und das Gespräch mit den Menschen zu suchen.

Vom Interruption- zum Permission-Marketing

Interruption-Marketing	***Permission-Marketing***
Sie gehen in die nächstbeste Singles-Bar und halten bei der ersten Frau, die Sie sehen, um die Hand an. Wenn Sie nicht erfolgreich sind, wiederholen Sie diesen Vorgang solange bis endlich eine auf Anhieb „Ja" sagt. Wenn es dann immer noch nicht klappt machen Sie Ihren Schneider dafür verantwortlich. (Godin, Seth: Permission Marketing 1999, S. 44f.)	Wenn die erste Verabredung mit der Frau Ihrer Wahl gut verlaufen ist arrangieren Sie das nächste Date. Und das nächste ... usw. Nach dem vielleicht zwanzigsten Treffen – beide Seiten kennen jetzt die Vorlieben und Bedürfnisse des Partners – lernen Sie die Familie der Partnerin kennen. Schließlich, nach vielen Monaten, halten Sie um die Hand an.

Abbildung 15-1

Integration:

Wenn man sich besser kennt und mehr übereinander weiß, steigt die Bereitschaft zur Partizipation. Deshalb ist die Interaktivität die Voraussetzung für eine umfassende Integration von Kunden. Die aktive Beteiligung und Mitwirkung von Kunden in den unterschiedlichen Wertschöpfungsstufen ermöglicht kundenbedarfsgetriebene Innovationen und Prozesse, mehr Kundennähe, aber auch Kosteneinsparungen durch eine zunehmende Kundenbeteiligung.

So ist ***Netscape*** nach der Veröffentlichung des Navigator-Quelltextes dazu übergegangen, so genannte *„source consolidators"* zu beschäftigen, welche die Verbesserungen der Entwickler auf Konsumentenseite zu neuen Versionen des Produkts „zusammenfassen".

Integrative Kundenbeziehungen

Beim Online-Dienst ***AOL*** werden mittlerweile 50% der Inhalte in Form von Beiträgen in Chat-Foren, Empfehlungen und Berichten durch die User selbst generiert.

Entscheidend für eine hohe Kundenorientierung bei der Integration ist aus unserer Sicht die Frage, inwiefern sich der Kunde freiwillig integriert und inwieweit damit die Eigentumsrechte der Nachfrager an ihren persönlichen Informationen anerkannt werden.

Aktive und passive Integration

So können die User im Electronic Commerce häufig passiv (und damit ohne ihr Wissen) beispielsweise über den Einsatz von so genannten „*cookies*" integriert werden (vgl. Abbildung 15-2). Doch diese Form der Integration stößt oft auf Widerwillen beim User. Viel besser ist da ein Modell, das eine sogenannte *opt-in*-Lösung verfolgt, also vom User verlangt, dass er sich aktiv integriert. Dazu muss er seine Daten zur Verfügung stellen und das in dem Bewusstsein, dass seine Daten beim Anbieter gespeichert, aktualisiert und zu einem späterem Zeitpunkt eventuell wieder verwendet werden. Der Anbieter wird also vom User quasi zur Nutzen steigernden Verwendung persönlicher Daten autorisiert, er erhält das Einverständnis, die *permission* des Kunden.

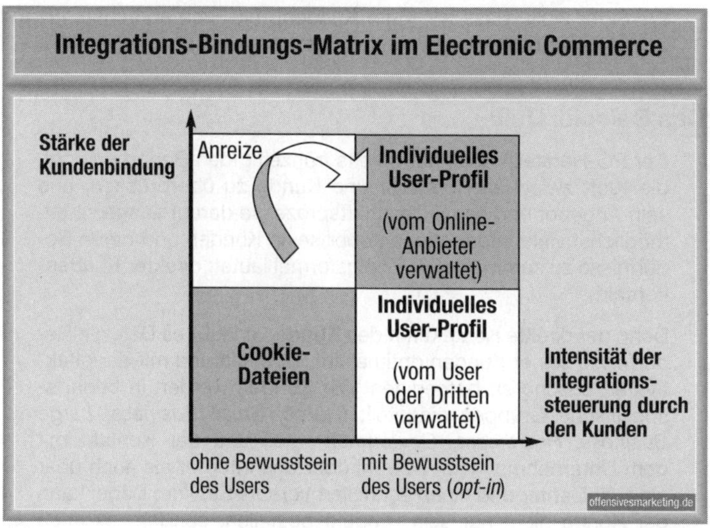

Abbildung 15-2

Das gewählte Instrument zur Kundenintegration beeinflusst damit die Stärke des entstehenden *lock-in*-Effektes bzw. der Kundenbindung maßgeblich.
Denn wenn der Kunde einmal sein Profil zur Verfügung gestellt hat, wird er diesem Anbieter eher treu bleiben, als zu einem andern Anbieter zu wechseln und seine Daten noch einmal neu einzugeben. Wenn der Anbieter es schafft, genau die Sprache des Nachfragers zu sprechen, ihn von der Leistung zu überzeugen und schließlich sein Vertrauen zu gewinnen, dann ist die Chance groß, dass er aktuell, umfassend und exklusiv über die relevanten Bedarfsinformationen des Kunden verfügt. Dadurch steigt der Nutzen der Kundenbindung und es entsteht eine Partnerschaft zum beiderseitigen Nutzen.

Cluetrain-Manifest These 32

Intelligente Märkte finden Partner, die ihre Sprache sprechen.

Cluetrain-Manifest These 38

Communities gründen sich auf Diskurse – auf Gespräche über die Belange, Interessen und Sorgen von Menschen.

Cluetrain-Manifest These 75

Wenn Ihr wollt, dass wir [Eure Kunden] mit Euch sprechen, erzählt uns etwas. Aber bitte etwas, das uns auch wirklich interessiert.

Das Beispiel Dell:

www.dell.com

DELL COM

Der PC-Hersteller ***Dell*** hat bereits frühzeitig den Bedarf erkannt, die Kluft zwischen Hersteller und Kunde zu überbrücken, und sein Angebot und seine Geschäftsprozesse darauf ausgerichtet, möglichst viele Informationen über seine Kunden und deren Bedürfnisse zu sammeln. Die Erfolgsformel lautet: direkter Kundenkontakt.

Denn der direkte Kontakt mit den Kunden erlaubt es Dell, die Bedürfnisse seiner Kunden optimal zu verstehen und mit der effektivsten Lösung zu befriedigen. Die Kunden werden in bedarfsspezifische Gruppen eingeteilt (*Home, Small Business, Large Business, Healthcare, Government* etc.) und der Kontakt mit dem Unternehmen läuft sowohl über das Internet als auch über ein Call-Center und einen schnellen Vor-Ort-Service. Dabei kann der Kunde nicht nur sein Produkt bestellen, sondern es auch nach seinen individuellen Bedürfnissen konfigurieren.

Dass dieses Konzept funktioniert, zeigen die Zahlen. Vierteljährlich besuchen mehr als 40 Millionen Menschen die Dell-Website, bereits 75% aller Bestellungen gehen über das Internet ein und ein Großteil der Produkte wird in enger Zusammenarbeit mit den Kunden entwickelt. Dell ist stets bemüht, die Kunden in den Wertschöpfungsprozess zu integrieren – beispielsweise durch die Möglichkeit Produkte zu bewerten, Preisvorschläge für Produkte zu machen, sich die einzelnen Komponenten eines PC selber zusammenzustellen, online zu bestellen und den Fertigungs- und Auslieferungsprozess durch ein Tracking-System zu verfolgen. Das Unternehmen bezieht aber auch seine anderen Anspruchsgruppen aktiv in die Geschäftsprozesse mit ein. Informationen über Qualitätsstandards und Lagerbestände werden beispielsweise mit den Zulieferern geteilt und auch den Shareholdern werden ausführliche Informationen zur Verfügung gestellt.

Individuelle Kundenbeziehungen

Individualisierung:

Auf Basis der Integration können Angebote und Leistungen für Kunden „maßgeschneidert“ werden und damit zusätzliche Kundennutzen und Differenzierungsvorteile gegenüber dem Wettbewerb generiert werden (*One-to-One*-Marketing). Gleichzeitig sinkt damit das Absatzrisiko (vgl. hierzu auch Kapitel I).

Das Beispiel: Reflect.com

www.reflect.com

Das Internetangebot ***Reflect.com*** ist ein Musterbeispiel dafür, wie Kunden ihre eigenen Produkte kreieren und das Angebot auf ihre ganz persönlichen Bedürfnisse abstimmen können. Bei diesem Online-Kosmetik-Anbieter hat der Kunde die Möglichkeit, eigene Kosmetikprodukte zu erstellen, die bis zu diesem Zeitpunkt so noch nicht existierten.

Nach der Eingabe des Namens kann der Nutzer ein ganz persönliches Profil erstellen und dem Anbieter persönliche Daten übermitteln. Dann muss er einige Fragen beantworten, die seine Einstellung zu Mode, aktuellen Trends, Vorlieben etc. ermitteln und dem Unternehmen ein ausführliches Bild des Kunden vermitteln. Daraufhin wird dem Kunden seine persönliche Reflect.com-Website vorgestellt, die auf seine Bedürfnisse zugeschnitten ist. Von dort aus können dann individuelle Produkte entwickelt, kundenspezifische Informationen verwaltet und individuelle Neuigkeiten und Trends abgefragt werden. Weil dadurch jedes Angebot direkt auf den jeweiligen Kunden zugeschnitten ist, gibt es keine völlig gleichen Angebote mehr.

Abbildung 15-3

Unmittelbarkeit (*in-time*):

Verstärkt durch die

- zunehmende Überall- und Jederzeit-Verfügbarkeit (via Handy und TV) bzw. -Erreichbarkeit des Internets (falls wir via PC und Handy immer online sind),
- Lokalisierbarkeit (GPS) der Nutzer sowie
- verbesserten Daten-, Musik- und Videoqualitäten und Ladezeiten (durch UMTS- und Nachfolgetechnologien)

Echtzeit-Marketing

werden immer mehr Inhalte und Angebote im Internet für die Nachfrager individuell, direkt, sofort und überall verfügbar sein. Gleichzeitig ermöglicht diese Mobilitäts- und Erreichbarkeitssteigerung des Internet verbunden mit der Lokalisierbarkeit und Identifizierbarkeit der Kunden (über die Einbuchung in die Telefonnetze) ein individuelles „Echtzeit-Marketing" auf Basis sofortiger Analyse, Personalisierung und Individualisierung von Angeboten sowie deren Abrechnung (Bezahlfunktion). Für das Push-Marketing ergeben sich damit ganz neue Möglichkeiten für gezielte Just-in-Time-Promotion und -Leistungen.

Als Konsequenz (vgl. Abbildung 15-4) ermöglichen diese Kerneigenschaften des Internet und die damit einhergehenden technologischen Entwicklungen einen Quantensprung in der Effizienz und Effektivität des Marketing.

Just-in-Time-Kundenbeziehungen

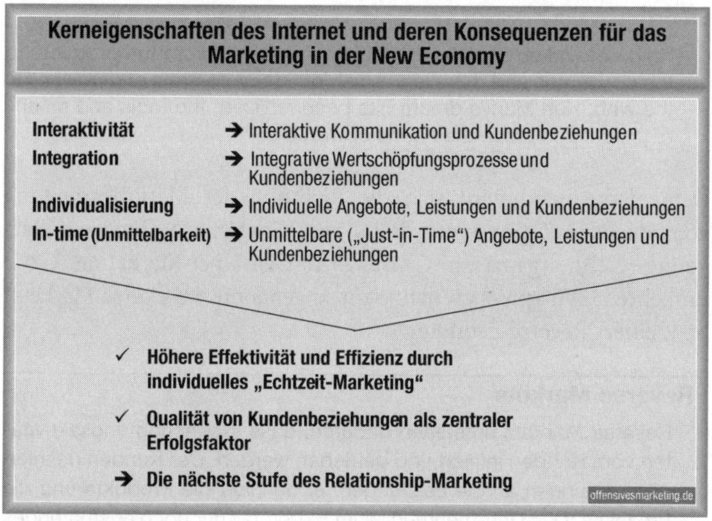

Abbildung 15-4

3 Strukturelle Entwicklungspotenziale

Im Zusammenhang mit den oben skizzierten Entwicklungen sind auch bereits die ersten strukturellen Veränderungen in den etablierten Systemen der Marktbearbeitung erkennbar. Um diese zu skizzieren, eignet sich z.B. die von Paul Werner Meyer entwickelte Systematik zur Analyse von Marktbearbeitungssystemen[3].

Richtung der Marktbearbeitung

Der Kunde hat die Macht

Ausgestattet mit Kaufkraft und als Folge der zunehmenden Wissensparität können Kunden auf vielen Märkten durch die niedrigen Informations- und Kommunikationskosten des Internet immer mehr

[3] Meyer, P.W.: Die machbare Wirtschaft – Grundlagen des Marketing, Essen 1973, S. 107ff.

die Initiative übernehmen. Die Folge: Das bislang vielfach dominierende Absatz-Marketing der Anbieter wird zunehmend abgelöst bzw. „überlagert“ durch ein aktives Beschaffungs-Marketing der Nachfrager. Oder anders formuliert: Der Kunde hat die Macht!

Zitat

"In a networked society, the real power shift is from the producer to the consumer, and there is a redistribution of controls and power. On the web, Karl Marx's dream has been realized: the tools and means of production arc in tho hands of workers."[4]

Reverse Markets

Dementsprechend wird sich die Richtung der Marktbearbeitung vom *Business-to-Consumer* (B2C) zum *Consumer-to-Business*-Marketing (C2B), ergänzt um *Consumer-to-Consumer*-Marketing (C2C) umkehren. Wir sprechen dann von so genannten „Reverse Markets“ bzw. einer „Reverse Economy“:

Reverse Markets

Reverse Markets entstehen dadurch, dass Wertschöpfungsaktivitäten vom Kunden initiiert und getrieben werden. Der Kunden definiert Anforderungen an die Leistungen, er definiert die Produkte und die Prozesse. Das Unternehmen ist im Extremfall nur noch ausführendes Organ mit der Aufgabe, Kundenwünsche optimal zu antizipieren und durch entsprechende Leistungskonfigurationen optimal zu befriedigen (vgl. Abbildung 15-5).

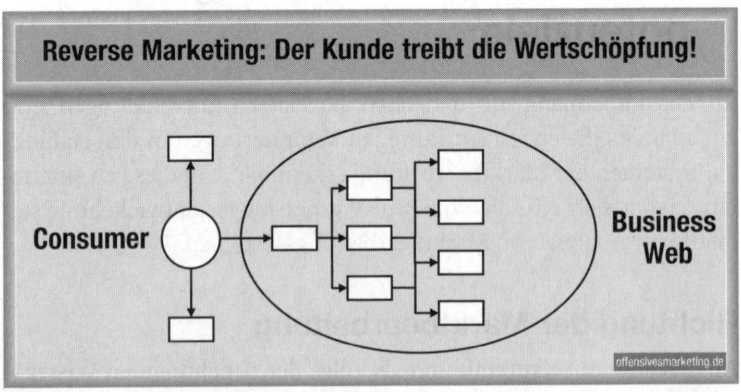

Abbildung 15-5

[4] de Kerckhove, D.: McLuhan Program in Culture and Technology at the University of Toronto.

Gründe für das Entstehen der Reverse Economy

Kosten: Die Entwicklung der Informations- und Kommunikationstechnologie führt zu einer Senkung von Transaktionskosten und ermöglicht damit den jederzeitigen und unmittelbaren Kontakt der Nachfrager untereinander und zu den Anbietern.

Bewusstsein: Bei den Konsumenten entwickelt sich zunehmend ein kritisches Bewusstsein für den Nutzen der Problemlösungen, die ihnen von Unternehmen angeboten werden.

Wissen: Neue Medien führen zu einer Wissensparität zwischen Anbieter und Nachfrager. Der Kunde kann gezielt und kostengünstig aktives Beschaffungs-Marketing betreiben.

Nutzen: Die aktive Auswahl des Anbieters, der die beste individuelle Problemlösung anbietet, erhöht den Nutzen der einzelnen Transaktion für jeden einzelnen Verbraucher und steigert damit seine Zufriedenheit.

Der Kunde treibt die Wertschöpfung und betreibt Offensives Marketing

Wenn Verbraucher (Kunden) immer offensiver agieren, werden Unternehmen immer mehr in die Defensive gedrängt. Kunden agieren und Unternehmen reagieren!
Im Ergebnis geht die Informations- und Kommunikationsaktivität immer mehr vom Kunden aus – und der Kunde ist es, der die Wertschöpfungskette dadurch immer mehr treibt, antreibt oder mitbestimmt. Der einzelne Kunde kontrolliert auf diesem Weg Art, Umfang und Zeitpunkt der Kommunikation und der Informationen, die er an den Anbieter weiterzugeben bereit ist.

Cluetrain-Manifest These 89

Am längeren Hebel sitzen wir [Eure Kunden]. Wenn Ihr das noch nicht geschnallt habt, kommt ein anderer Anbieter, der aufmerksamer ist und nicht so öde.

Unternehmen sollten deshalb Kundeninformationen den entsprechend hohen Stellenwert einräumen:

www.freepc.com

Free PC bezahlte jeden Kunden, der drei Seiten persönliche Informationen weitergab und ein Aufzeichnungssystem akzeptierte, das die Internet-Navigation auf dem PC verfolgt – und zwar mit einem Compaq PC im Wert von rund 870 DM.

Das Beispiel macht deutlich, dass „Kunden“ in die Rolle des Anbieters schlüpfen: und zwar in die Rolle eines Anbieters von Informationen, dem zentralen Rohstoff der Informationsgesellschaft.

Zitat

„Consumers have become aware that the ability of companies to collect information far outstrips their ability – or inclination – to deliver meaningful value in return."[5]

Wenn Konsumenten den wahren Wert ihrer Informationen für die Marktforschungs- und F&E-Abteilungen der Anbieter erkennen und wenn auch die entsprechende Technologie zur Verfügung steht, um selbstständig diese Informationen zu sammeln, dann werden Kunden vor allem mit solchen Unternehmen „zusammenarbeiten", die ihnen einen entsprechend hohen Nutzen bieten. Mit Unternehmen also, die wirklich kundenorientiert Denken und Handeln; mit Unternehmen, in denen Marketing groß geschrieben wird.

Cluetrain-Manifest These 78

Ihr wollt, dass wir bezahlen? Wacht auf: Wofür eigentlich?

Profilierung im Markt

Während ***MCI*** bis vor wenigen Jahren nur eine Variante der Calling Card im Angebot hatte, kann der Kunde heute aus 450 verschiedenen Varianten seine Auswahl treffen. Auch offensichtlich hoch standardisierte Konsumgüter wie ***Coca-Cola*** bieten neben einer Fülle von Geschmacksvarianten über fünfzig verschiedene Verpackungen ihres Produkts an. Und auch in der rein digitalen Welt sieht sich der User einer ähnlichen Fülle von Alternativen gegenüber. Allein im Jahr 1998 machten über 1,5 Millionen neue kommerzielle Anbieter den Schritt in das World Wide Web und trugen damit zur Erhöhung der Anzahl an Web-Seiten bei, die derzeit bei über 400 Millionen liegt.

Wie findet sich der Kunde in einer solchen Welt zurecht? Wie viele Wahlmöglichkeiten, Informationen und auch Macht verträgt der Kunde überhaupt? Viele Indizien sprechen dafür, dass wir Kunden immer mehr überfordern, indem wir ihnen zu viele Wahlmöglichkeiten und zu viele Informationen anbieten.

Zu viel Information

In den Regalen von Supermärkten und Drogeriemärkten finden wir heute bis zu fünfzig verschiedene Angebote von Windeln.

[5] Hagel, J./ Rayport, J.: The New Informediaries, in: The McKinsey Quarterly, 4/1997, S. 71.

Stellen Sie sich nun vor, Sie wollen zum ersten Mal eine Windel kaufen. Für welches Produkt, für welche Marke, für welches Angebot sollen Sie sich entscheiden? Wie sollen Sie aus fünfzig verschiedenen Angeboten das gerade für Sie – oder genauer: für Ihr Kind – passende herausfinden? Sicherlich ist die passende Windel im breiten Angebot enthalten. Nur welche?

Procter & Gamble, der Produzent des Marktführers „Pampers", hat diese Überforderung des Konsumenten in einer Studie nachgewiesen. Man stellte fest, dass knapp die Hälfte der potenziellen männlichen Erstkäufer den Laden wieder verlassen, ohne eine Windel zu kaufen. Und das nicht etwa, weil die „passende" Windel nicht verfügbar wäre, sondern weil es zu viele Windeln gibt und die Entscheidung für den Kunden viel zu schwierig ist.

Noch dramatischer ist die Überforderung, wenn es um Informationsangebote an die Kunden geht. In vielen Fällen ist es nämlich nicht der Nutzen der Information, der unsere Epoche prägt, sondern die in weiten Bereichen nicht mehr zu bewältigende Flut an Informationen mit der Folge von Stress, Frustration, Erinnerungsfehlern und schweren Aufmerksamkeitsstörungen.

Informationsüberlastung

Aufmerksamkeit als knappe Ressource

Die Informationsüberlastung hat Professor Werner Kroeber-Riel einmal auf ca. 98% taxiert. Mit anderen Worten: Unsere Kunden können nur ca. zwei Prozent der täglich angebotenen Information aufnehmen und auch verarbeiten. Es ist also nicht die Information, die knapp ist; die Knappheit liegt vielmehr beim Rezipienten und seiner Aufmerksamkeit begründet. Aus diesem Grunde wird die Informationsgesellschaft/ -ökonomie auch als „Ökonomie der Aufmerksamkeit"[6] bezeichnet.

Profilierung als Erfolgsfaktor

Die entscheidende Frage für einen Anbieter lautet also: Wie lassen sich in einer Welt, die durch weitgehende „Gleichheit" und „Austauschbarkeit" gekennzeichnet ist und die eine kaum zu bewältigende Flut an Informationen bereitstellt, Angebote überhaupt profilieren? Wie gelingt es, in der Fülle der Angebote aufzufallen? Haben die (potenziellen) Kunden eine klare, eindeutige Meinung über unsere Produkte? Und wie unterscheiden wir uns in relevanten Dimensionen von der Konkurrenz? Kurz: Wie lassen sich Angebote profilieren?

[6] Vgl. hierzu das „Standardwerk" von Franck, G.: Ökonomie der Aufmerksamkeit, München, Wien 1998.

„Powerbrands“

Wenn wir diese Fragen beantworten wollen, so stoßen wir auf eine ganz zentrale Strategie: Die Entwicklung von starken, zunehmend marktübergreifenden, wertschöpfungskettenbezogenen „Powerbrands“ wird zum zentralen Erfolgsfaktor (vgl. Kapitel IX). Es wird nur einigen wenigen „Superstars“ gelingen, den Großteil der Aufmerksamkeit auf sich zu ziehen. Denn in der New Economy können deutliche Konzentrationsprozesse auf einige wenige Angebote beobachtet werden.
In Anlehnung an einen alten ABBA-Song kann man das auch als das „*the-winner-takes-it-all*-Phänomen“[7] bezeichnen. Und die Gewinner sind die starken, profilierten, prägnanten und oft auch globalen Marken.

Globale Marken als Gewinner der Aufmerksamkeitsökonomie:

Nike und ***Nokia***, ***Gucci*** und ***Pampers***, ***Marlboro*** und ***Coca-Cola***, ***American Express*** und ***McDonald's***: Diese Marken sind fast auf der ganzen Welt bekannt. Ihnen gelingt es – bei aller Heterogenität der unterschiedlichen Kulturen, Gesellschaften, Wirtschaftssysteme und Zielgruppen –, Menschen auf dem gesamten Erdball anzusprechen. Und egal wo man sich auch befindet, eine Coke und Pampers gibt es auch in den entlegensten Winkeln der Welt zu kaufen. Keine wirkliche Weltstadt kommt ohne einen Gucci-Store aus, bezahlt wird dort selbstverständlich mit American Express und weltweit sind wir mit unseren Nokias erreichbar.
Der Wert dieser Marken (vgl. hierzu insbesondere auch Kapitel IX) liegt also nicht nur in ihren Philosophien und der Qualität der jeweiligen Objekte begründet. Allein die breite Aufmerksamkeit, die hohe Bekanntheit und weltweite Erhältlichkeit sind maßgebliche Erfolgstreiber.

Will man solch starke, globale Marken aufbauen und damit auch eine solch hohe Aufmerksamkeit erreichen, sind große Anstrengungen im Marketing nötig. Die hohe Kunst des Offensiven Marketing ist gefordert. Und natürlich wird es nicht jedem Unternehmen gelingen, eine globale Marke aufzubauen. Aber dann bietet sich ja immer noch die Möglichkeit, Teil einer aufmerksamkeitsstarken, globalen Marke zu werden – indem man sich nämlich über Lizenzen unter ein solch starkes Markendach begibt.

[7] Vgl. Frank R./ Cook, P.: The Winner-Takes-All-Society, New York u.a. 1996; Blümelhuber, C.: Rechte als zentrale Wirtschaftsgüter der e-conomy, München 2000, Kap. 1.

Dieses gerade in der New Economy so interessante Feld des „global branding" erforscht das **Center on Global Brand Leadership**, eine Forschungsinitiative, die von Prof. Bernd Schmitt (Columbia Business School, New York) und Prof. Anton Meyer (Universität München) gegründet wurde. Wenden Sie sich an das Center, wenn Sie weitere Fragen haben oder Projekte in diesem so wichtigen Bereich planen.

www.globalbrands.org

Eine Offensive, integrierte Branding-Strategie verlangt eindeutige Aussagen, eine Integration und Abstimmung aller Kommunikationsaktivitäten und nicht zuletzt eine medienübergreifende Strategie. Eine Powerbrand muss in allen relevanten Medien – offline und online – erlebbar und vorhanden sein:

Das Beispiel Victoria´s Secret:

www.victoriassecret.com

Nehmen wir das Beispiel des US-amerikanischen Dessous-Anbieters ***Victoria's Secret***. Die Übertragung einer Dessous-Modenschau im Internet hat dazu geführt, dass sich innerhalb von zwei Stunden über 1,5 Millionen Web-Surfer auf eine Site klickten, die bis dato praktisch unbekannt war. Unterstützt durch einen 30-Sekunden-Werbespot während der Übertragung des amerikanischen Super-Bowl-Finales konnte Victoria's Secret schließlich über 200 Millionen Hits innerhalb von vier Tagen verbuchen. Die Kombination der emotionalen Kraft einer Marke mit der Unmittelbarkeit und globalen Verfügbarkeit des Internet haben etwas ermöglicht, das bisher in der realen Welt nicht denkbar war: Innerhalb von nur zwölf Stunden betreten zwei Millionen Menschen eine Filiale.

Auftreten im Markt

Netzwerke

Horizontale und vertikale Verbünde, Allianzen, Kooperationen und auch Fusionen zwischen Wettbewerbern, aber vor allem auch enge Partnerschaften (vgl. auch Kapitel I: *learning relationships*) zwischen Unternehmen und Kunden prägen die Wirtschaft in zunehmenden Maße. Deshalb wird es zukünftig immer schwieriger werden, zentrale Unternehmenswerte autonom aufzubauen.

Immer mehr Unternehmen – und das Paradebeispiel hierfür ist sicherlich ***Cisco*** (vgl. das Cisco-Beispiel in Kapitel VII) – schließen sich zu Netzwerken zusammen, bauen Netzwerke auf oder versuchen, sich in Netzwerke zu integrieren. Das heißt Anbieter, Lieferanten, Kunden und vielleicht auch Wettbewerber schaffen gemeinsam eine Struktur, um hohen Nutzen zu bieten und gleichzeitig hohe Gewinne zu erzielen. Man tritt also im Verbund, evtl. unter der Klammer einer starken Marke, auf. Erfolg versprechend sind solche Strukturen vor allem wegen der zunehmend sinkenden Koordinationskosten – die neuen Informations- und Kommunikationsmöglichkeiten verstärken diesen Trend.

Aufgaben beim Management von Netzwerken

Eine zentrale Marketing-Aufgabe im Management solcher Netzwerke ist zunächst einmal die Auswahl der jeweiligen Partner. Partner-Profile, Selektionskriterien und Selektionsprozesse sind zu erarbeiten. Dabei wird man sich insbesondere an den Leistungsfähigkeiten der Partner und ihrer Bereitschaft, im Sinne der Kooperationsziele tätig zu werden, orientieren.

Als zweite wesentliche Aufgabe können wir dann die Koordination und kontinuierliche Führung des Netzwerkes anführen. Dies wird sich auf zwei Ebenen vollziehen: zum einen auf der Ebene des Technokratisch-Strukturellen, also beispielsweise über Verträge, und zum anderen über die Ebene des „Personellen", also über gegenseitiges Vertrauen und Commitment.

Wer übernimmt nun diese Aufgaben? Wer selektiert die Partner? Und schließlich: Wer führt das Netzwerk? Auch wenn diese Fragen nicht generell beantwortet werden können – mit der Möglichkeit, dass dies zunehmend die Kunden sein werden, hat sich jeder Marketer auseinander zu setzen. Darauf sollte nicht nur reagiert werden: Jedes Unternehmen sollte offensiv wirkungsvolle Instrumente entwickeln, die helfen, seine Kunden stärker zu integrieren.

Das Beispiel Yahoo!:

www.yahoo.com

Gerade das Medium Internet sorgt dafür, dass die Bedeutung von Kooperationen und Netzwerken enorm gestiegen ist. Wertschöpfung für den Kunden lässt sich häufig nur noch in Zusammenarbeit mit einer Vielzahl von Geschäftspartnern organisieren, denn nur so kann ein umfassendes Leistungsangebot geschaffen werden.

Eines der Unternehmen, das sich durch die virtuelle Einbindung von Partnern auszeichnet, ist ***Yahoo!***. Mit Hilfe einer Vielzahl komplementärer Angebote ist aus einer einfachen Suchmaschine eines der weltweit bedeutendsten Internet-Angebote geworden, das sich neben umfangreichen Shopping-Möglichkeiten auch durch die Einbindung von Partnerangeboten in den Bereichen Finanzen, Wetter, Sport u.v.a. auszeichnet. Dabei schafft es Yahoo!, seine Partner so einzubinden, dass der User den Absender des Informationsangebots nicht mehr identifizieren kann. Die Information erscheint im *„look and feel“* von Yahoo!, die Marke des Unternehmens, welche das Angebot tatsächlich zur Verfügung stellt, erscheint nur am Rande.

Da Yahoo! als globales, digitales Warenhaus immer mehr Online-*traffic* auf sich vereint, sind mehr und mehr Anbieter von großen Sites wie Yahoo! abhängig, um auch mehr *traffic* für ihre eigene Site zu generieren. Der Gewinner bleibt jedoch letztlich Yahoo! als dominante Marke mit dem höchsten Bindungspotenzial für eine Wiederkehr des Users. Und viele kleinere Anbieter sind sogar bereit, ihr Angebot gratis bei Yahoo! einzubinden oder dafür sogar zu bezahlen, denn nur so können sie schließlich auch die Nachfrage nach Ihrem Angebot erhöhen. Die Bedeutung dieser Portale für das gesamte Internet nimmt weiter zu und verdrängt die Nachzügler, die von dem Erreichen einer kritischen Masse weit entfernt sind. Reichweiten unter allen Internet-Usern von knapp 90% für Yahoo![8] bestätigen auch hier: *„The winner takes it all!“*

Cluetrain-Manifest These 95

Wir sind aufgewacht und verbinden uns miteinander. Wir beobachten. Wir warten nicht.

4 Ergebnis

Marktübergreifende Verzahnung und Verflechtung zwischen Konkurrenten, Wertschöpfungs- und Wertsteigerungspartnerschaften, grenzenlose Unternehmen, ***learning relationships***, Powerbrands: Vor dem Hintergrund dieser zentralen Herausforderungen und Trends wird die Integrations- und Koordinationsaufgabe des Marketing immer wichtiger: Das Marketing steuert den Umfang und die Intensität der Integration zwischen Kunden und Unternehmen. Die an den Schnittstellen generierten Informationen müssen als Kundenwissen in das Unternehmen hineingetragen und dort verfügbar gemacht werden. Damit erfüllt das Marketing eine doppelte Koordinationsfunktion: Einerseits als „Relais“ zum Markt und andererseits zur Koordination zwischen den einzelnen Funktionen innerhalb der eigenen Organisation bzw. des gesamten Netzwerkes.

[8] Quelle: MMXI Europe, Mai 2000, www.mediametrix.com

Abbildung 15-5

Die in diesem Schlusskapitel naturgemäß nur kurz angesprochenen Punkte sollten Ihnen verdeutlichen, dass das Offensive Marketing vor immer neuen Herausforderungen steht. Vielleicht bekommen Sie damit auch noch mehr Appetit auf noch mehr Offensives Marketing! Die Welt steht einfach nicht still und gerade wir Offensiven Marketer müssen uns als „Veränderungsmanager" verstehen, die nicht nur Schritt halten mit den Evolutionen und Revolutionen, sondern diese auch maßgeblich bestimmen und gestalten. Bleiben Sie am Ball. Integrieren Sie sich in ein Netzwerk von Offensiven Marketern! Die Plattform dafür steht bereit:

www.offensivesmarketing.de

Herzlich Willkommen!

Literatur-Tipp:

- Blümelhuber, C.: Rechte als zentrale Wirtschaftsgüter der e-conomy, München 2000.
- Drucker, P.: Management im 21. Jahrhundert, München 1999.
- Meyer, A. / Pfeiffer, M.: Kundenbindung im Electronic Commerce – oder: Wie man mit der neuen Macht des Kunden umgeht, in: Zukunftsperspektiven für das Handelsmanagement: Konzepte – Instrumente – Trends, hrsg. v. Th. Foscht / G. Jungwirth / P. Schnedlitz, Frankfurt 2000, S. 289–313.

- Picot, A. / Reichwald, R. / Wigand, R.T.: Die grenzenlose Unternehmung, Wiesbaden 2000.
- Ridderstråle, J. / Nordström, K.: Funky Business, München 2000.
- Zerdick, A. et al.: Internet-Ökonomie. Strategien für die digitale Wirtschaft. Berlin u.a. 1999.
- www.globalbrands.org

PS: Wie Sie ein vorbildlicher Offensiver Marketer werden!

Der Zeitpunkt dafür ist so günstig wie noch nie, weil viele heute schon absehbare Entwicklungen die Bedeutung des Marketing weiter stärken werden. Auf vielen Märkten wird der Wettbewerb noch härter werden und die Kunden werden noch mehr fordern. Das Internet, die Kapitalmärkte und die zunehmende Globalisierung auf der Anbieter- wie auch auf der Nachfragerseite und vor allem der globale Siegeszug der Marktwirtschaft werden diesen Trend verstärken und beschleunigen. Aufgrund der zunehmenden Verlagerung des Wertschöpfungswettbewerbs auf immaterielle Werte wie Marken, Rechte, Kunden- und Mitarbeiterbindung wird noch mehr Marketing-Kompetenz nachgefragt werden, um diese Werte zu erschließen, auszuschöpfen und zu pflegen. Wie können Sie diese Chancen optimal für sich nutzen?

1. Wenden Sie das Konzept des Offensiven Marketing umfassend an!

Schöpfen Sie das gesamte Potenzial des Marketing aus, indem Sie Offensives Marketing in all seinen Facetten anwenden. Setzen Sie das Konzept und die Idee dieses Buches voll um und betreiben Sie keine Rosinenpickerei. Es kommt auf alle fünf Elemente von POISE an!

2. „Verkaufen" Sie das Offensive Marketing an alle Nicht-Marketer!

Offensives Marketing ist ein abteilungsübergreifendes Konzept, weil Marketing vor allem eine Querschnittsfunktion im Unternehmen ist. Deshalb sollte jeder Mitarbeiter wie ein Offensiver Marketer denken. Es ist nun Ihre Aufgabe, alle Mitarbeiter über dieses Konzept zu informieren, sie zu schulen und zu überzeugen. Nur so kann das gesamte Potenzial des Offensiven Marketing ausgeschöpft werden.

3. Erweitern Sie Ihr Wissen und Ihre Kompetenzen!

Mit diesem Buch wollten wir Ihre Marketing-Kompetenz umfassend stärken. Als Offensiver Marketer sollten Sie Ihr Wissen in Zukunft aber auch in den Bereichen Finanzen und Produktion vertiefen, Ihr Technikverständnis ausbauen und Projekt-Managementerfahrung in abteilungsübergreifenden Projekten erlangen. Nur so können Sie und das Marketing die Führungsrolle in Fragen der Unternehmensentwicklung und -strategie übernehmen.

4. Sichern Sie sich die Unterstützung der Entscheider!

Die wichtigsten Entscheidungen, die das Marketing betreffen, werden von den Aufsichts- und Führungsgremien sowie den Investoren getroffen. Deshalb müssen Sie diese Entscheider vom Konzept des Offensiven Marketing überzeugen und sie mit Rat und Tat bei ihren Entscheidungen unterstützen.

5. Fordern Sie aussagekräftige Controllingsysteme!

Das klassische Finanzcontrolling greift zu kurz und ist zu vergangenheitsbezogen. Dies gilt insbesondere für Marketing-Ausgaben und -investitionen in Marken, Kunden-, Mitarbeiter- und Kapitalmarktbeziehungen.
Die Finanz- und Controllingabteilung sollte Ihnen – als Kunde – bessere Systeme vorschlagen. Wenn nicht, fordern Sie sie dazu auf. Balanced Scorecards sind ein erster Schritt in die richtige Richtung.

6. Betreiben Sie ein prozessorientiertes Marketing!

Prozess-Management bedeutet, in Ablaufschritten zu denken und zu planen und aus guten und schlechten Erfahrungen zu lernen. Deshalb enthält dieses Buch viele Beispiele, Checklisten und „Step-by-Step"-Flow-Charts. Das Marketing hat, was Prozessorientierung angeht, vielfach noch einiges dazu zu lernen. Richtig umgesetzt wird das Management von Marketing-Prozessen sowohl die Kreativität und Qualität als auch die Geschwindigkeit von Vermarktungsprozessen erhöhen. Gleichzeitig wird das Credo des Offensiven Marketing aufgrund der abteilungsübergreifenden Natur dieser Prozesse noch wichtiger werden.

7. Verwenden Sie mehr Zeit auf Entwicklungsaufgaben, weniger für das Tagesgeschäft!

Die meisten Marketer verbringen zumindest 80% ihrer Arbeitszeit mit Umsetzungs- und Verwaltungsaufgaben. Für die wirklich wichtigen Dinge, insbesondere die Kernaufgaben des Offensiven Marketing wie Strategiefragen, interne Kontakte und Kundenkontakte sollten aber zumindest 40% der Zeit zur Verfügung stehen. Delegieren Sie deshalb einen Teil des Alltagsgeschäftes auf Spezialisten oder externe Dienstleister, damit Sie mehr Zeit für das haben, was wirklich wichtig ist!

Literaturverzeichnis

Aaker, D. / Joachimsthaler, E.: Brand Leadership: Building Assets in the Information Society, New York u. a. 2000.

Aaker, D.: Building Strong Brands, New York 1997.

Ahlert, D.: Distributionspolitik, Stuttgart 1996.

Andresen, T. / Esch, F.-R.: Messung der Markenstärke durch den Markeneisberg, in: Moderne Markenführung, hrsg. v. F.-R. Esch, Wiesbaden 1999.

Backhaus, K. / Bonus, H. (Hrsg.): Die Beschleunigungsfalle oder: Der Triumph der Schildkröte, 3. Aufl., Stuttgart 1998.

Backhaus, K.: Industriegütermarketing, 6., erw. und überarb. Aufl., München 1999.

Backhaus, K., u.a.: Multivariate Analysemethoden, Eine anwendungsorientierte Einführung, 8. Aufl., Berlin, Heidelberg, 1996.

Ballwieser, W.: Marketingausgaben im Bilanzrecht, in: Handbuch Dienstleistungs-Marketing, hrsg. v. A. Meyer, Stuttgart 1998.

Baruch Lev-Homepage: www.stern.nyu.edu /~blev.

Becker, J.: Marketing-Konzeption. Grundlagen des strategischen Marketing-Managements, 6. Aufl., München 1998.

Becker, J.: Einzel-, Familien- und Dachmarken als grundlegende Handlungsoptionen, in: Moderne Markenführung, hrsg. von F.-R. Esch, Wiesbaden 1999.

Behrends, C.: Handelsspanne, in: Vahlens großes Marketing-Lexikon, hrsg. v. H. Diller, München 1994.

Berry, L.: Der Bravo-Faktor: Leadership in Dienstleistungs-Organisationen, in: Handbuch Dienstleistungs-Marketing, hrsg. v. A. Meyer, Stuttgart 1998.

Berry, L.: Top-Service. Im Dienst am Kunden, Stuttgart 1995.

Berekoven, L. / Eckert, W. / Ellenrieder, P.: Marktforschung: Methodische Grundlagen und praktische Anwendung, 8. überarb. Aufl., Wiesbaden 1999.

Binder, C. / Esch, F.-R. / Wicke, A.: Herausforderungen & Aufgaben des Markenmanagements, in: Moderne Markenführung, hrsg. v. F.-R. Esch, Stuttgart 1999.

Blümelhuber, C.: Rechte als zentrale Wirtschaftsgüter der e-conomy, München 2000.

Boston Consulting Group: E-Commerce in Deutschland: Vom Goldrausch zur Goldgewinnung, München 1999.

Buß, M. / Neuwöhner, U.: Die MedienNutzerTypologie in der Fernsehprogrammplanung, in: Media Perspektiven, 10 / 1999.

Buzzell, R. / Bradley, T.: The Pims Principles: Linking Strategy to Performance, Boston 1987.

Conrady, R. / Orth, M.: Der Lufthansa InfoFlyway im Rahmen der Direktvertriebsstrategie der Deutschen Lufthansa AG, in: Erfolgreiche Praxisbeispiele im Online Marketing, hrsg. v. J. Link / D. Tiedke, Berlin 1999.

de Kerckhove, D.: McLuhan Program in Culture and Technology at the University of Toronto.

DellaSchiava, M.: Praktische Entwicklung des Marketing-Planes. Schritt für Schritt umsetzen, Frankfurt 1996.

Diller, H.: Marketingplanung, München 1998.

Donnelly, J. H. / Berry, L. L.; Thompson, T. W.: Marketing Financial Services, Homewood 1985.

Drucker, P.: Management im 21. Jahrhundert, München 1999.

Edvinsson.L / Brüning, G.: Aktivposten Wissenskapital. Unsichtbare Werte bilanzierbar machen, Wiesbaden 2000.

Esch, F.-R. (Hrsg.): Moderne Markenführung, Wiesbaden 1999.

Franck, G.: Ökonomie der Aufmerksamkeit, München / Wien 1998.

Frank R. / Cook, P.: The Winner-Takes-All-Society, New York u.a. 1996

Freiberg, K. / Freiberg, J.: Nuts! Southwest Airlines' Crazy Recipe for Business and Personal Success, Austin 1996.

Freter, H.: Marktsegmentierung, Stuttgart 1983.

Gausemeier, J. / Fink, A. / Schalke, O.: Szenario-Management: Planen und Führen mit Szenarien, München 1996.

Godin, S.: Permission Marketing, München 2000.

Graf, H.-G.: Prognosen und Szenarien in der Wirtschaftspraxis, München 1999.

Gfk (Hrsg.): Werbeklima II / 99, hrsg. v. GfK Gesellschaft für Konsumforschung, Nürnberg 1999.

gwa Service mbH (Hrsg.): Zahlen und Daten für die Werbe-Planung 1994, Frankfurt a.M. 1994.

Hagel, J. / Rayport, J.: The New Informediaries, in: The McKinsey Quarterly, 4 / 1997.

Hallberg, G.: All Consumers Are Not Created Equal, New York 1995.

Hamel, G. / Prahalad, P.: Competing for the Future, HBS Press 1994.

Herrmann, A. / Homburg, C.: Marktforschung: Methoden, Anwendungen, Praxisbeispiele, Wiesbaden 1999.

Herrmann, A.: Produktmanagement, München 1998.

Hippel, E. / Churchill, J. / Sonnack, M.: Breakthrough Productc and Services with Lead User Research, Cambridge, Minneapolis 1998.

Homburg, C. / Werner, H.: Kundenorientierung mit System. Mit Customer Orientation Management zu profitablem Wachstum, Frankfurt 1998.

Horx, M.: Die acht Sphären der Zukunft. Ein Wegweiser in die Kultur des 21. Jahrhunderts, Wien 2000.

Jensen, S. / Rieker, J. / Schäfer, A.: Arme Leuchten, in: Manager Magazin, 1 / 1999.

Kahn, J.: Presto, Chango! Sales are Huge!, in: Fortune, March 20, 2000.

Kaplan, R. / Norton, D.: Balanced Scorecard, Boston, 1996.

Kaplan, R. / Norton, D.: Balanced Scorecard – Strategien erfolgreich umsetzen, Stuttgart 1997.

Kaplan, R.: An Interview with Larry D. Brady: Implementing the Balanced Scorecard at FMC Corporation, in: Harvard Business Review, 5 /1993.

Kaufmann, L.: Balanced Scorecard, in: Zeitschrift für Planung, 8 /1997.

Kotler, P.: Kotler on Marketing – How to create, win and dominate markets, New York, London / Sydney 1999.

Kotler, P. / Bliemel, F.: Marketing-Management. Analyse, Planung, Umsetzung und Steuerung, 9. Aufl., Stuttgart 1999.

Kotter, J.P.: Chaos, Wandel, Führung, 2. Aufl., Düsseldorf, München 1998.

Kreikebaum, H.: Strategische Unternehmensplanung, 6. Aufl., Stuttgart 1997.

Kuß, A. / Tomczak, T.: Marketingplanung, Wiesbaden 1998.

Link, J. / Norbert, G. / Voßberg, E.: Marketing-Controlling, München 2000.

Link, J. / Tiedtke, D. (Hrsg.): Erfolgreiche Praxisbeispiele im Online Marketing. Strategien und Erfahrungen aus unterschiedlichen Branchen, Berlin u. a. 1999.

Marsteller, W.A.: Putting the marketing research department on the executive level, in: Journal of Marketing, July 1951.

Mauerer, N.: Die Wirkung absatzpolitischer Instrumente, Metaanalyse empirischer Forschungsarbeiten, Wiesbaden 1995.

Meffert, H.: Marketing – Grundlagen marktorientierter Unternehmensführung, 8. Aufl. Wiesbaden 1998.

Meyer, A.: Das Absatzmarktprogramm, in: Integrierte Marketingfunktionen, hrsg. v. P.W. Meyer, 3.Aufl., Stuttgart 1992.

Meyer, A.: Integriertes Marketing: Abschied vom Marketing-Mix und Ressortdenken, Teil 1 und 2, in: absatzwirtschaft, 9 / 1994, S. 94–101 und 10 / 1994, S. 102–106.

Meyer, A.: Kommunikationspolitik von Dienstleistungs-Anbietern, in: Handbuch Dienstleistungs-Marketing, hrsg. v. A. Meyer, Stuttgart 1998.

Meyer, A. (Hrsg.): Handbuch Dienstleistungs-Marketing, Stuttgart 1998.

Meyer, A. / Blümelhuber, C.: Marketing orientiert sich zu wenig am Kunden, in: Marketingtransfer, hrsg. v. C. Belz, St. Gallen 1997.

Meyer, A. / Blümelhuber, C.: Dienen, Kultur und Leadership: Drei Thesen zur Basis der Kundenorientieung, in: Servicekultur in der Sparkassenfinanzgruppe, hrsg. v. H. Sauer, Stuttgart 1998.

Meyer, A. / Blümelhuber, C.: Dienstleistungs-Innovation, in: Handbuch Dienstleistungs-Marketing, hrsg. v. A. Meyer, Bd. 1, Stuttgart 1998.

Meyer, A. / Blümelhuber, C.: Kundenbindung durch Services, in: Handbuch Kundenbindungsmanagement, hrsg. v. M. Bruhn / C. Homburg, Wiesbaden 1998.

Meyer, A. / Blümelhuber, C.: No Frills – oder wenn auch für Dienstleister gilt: Less is more, in: Handbuch Dienstleistungs-Marketing, hrsg. v. A. Meyer, Stuttgart 1998.

Meyer, A. / Dornach, F.: Kundenmonitor Deutschland – Qualität und Kundenorientierung, Jahrbuch der Kundenorientierung in Deutschland 1999, München 1999.

Meyer, A. / Dullinger, F.: Methoden zur Planung und Kontrolle von Leistungsprogrammen, in: Handbuch Dienstleistungs-Marketing, hrsg. v. A. Meyer, Stuttgart 1998.

Meyer, A. / Fend, L.: Streamline – Das Leben einer Zielgruppe vereinfachen, in: Kundenorientierung im Handel, hrsg. v. A. Meyer / L. Fend / M. Specht, Frankfurt 1999.

Meyer, A. / Fend, L. / Specht, M. (Hrsg.): Kundenorientierung im Handel. Von Globus, Lands' End, Streamline, Tesco & Co. lernen, Frankfurt a.M. 1999.

Meyer, A. / Pfeiffer, M.: Kundenbindung im Electronic Commerce – oder: Wie man mit der neuen Macht des Kunden umgeht, in: Zukunftsperspektiven für das Handelsmanagement: Konzepte – Instrumente – Trends, hrsg. v. Th. Foscht / G. Jungwirth / P. Schnedlitz, Frankfurt 2000.

Meyer, P. W.: Die machbare Wirtschaft – Grundlagen des Marketing, Essen 1973.

Meyer, P. W. / Hermanns, A.: Theorie der Wirtschaftswerbung, Stuttgart 1981.

Meyer, P. W. / Mattmüller, R.: Strategische Marketingoptionen, Stuttgart u.a. 1993.

Mintz, S.L.: The Second Annual Knowledge Capital Scoreboard, CFO Magazine, Feb. 2000, www.cfonet.com / html / Articles / CFO / 2000 / 00Feakno.html.

Moser, K.: Sex-Appeal in der Werbung, Göttingen 1997.

Müller-Hagedorn, L.: Der Handel, Stuttgart 1998.

Oehme, W.: Handelsmarken, in: Vahlens großes Marketing-Lexikon, hrsg. v. H. Diller, München 1994.

o.V.: Customer Profitability. The Value of Established Customers: Nothing to Sneeze At, in: Profit Management, 4 / 1991.

Pascale, R.T: Surfing the Edge of Chaos, in: Sloan Management Review, Spring 1999.

Peddie, R., in: Der Kontakter, 38 / 1983.

Pepels, W.: Kommunikations-Management, Stuttgart 1996.

Peppers, D. / Rogers, M.: The One to One Future, New York 1997.

Picot, A. / Reichwald, R. / Wigand, R.T.: Die grenzenlose Unternehmung, Wiesbaden 2000.

Piller, F.T.: Kundenindividuelle Massenproduktion – Die Wettbewerbsstrategie der Zukunft, München 1998.

Reichheld, F.: The Loyalty Effect, Harvard 1996.

Reichheld F. / Sasser, W.: Zero-Migration, Dienstleister im Sog der Qualitäts-Revolution, in: Harvard-Manager, 4 / 1991.

Ridderstrale, J. / Nordström, K.: Funky Business, München 2000.

Riess, A. / Trout, J.: Positioning – The battle for your mind, New York 1986.

Rossiter, J.R.: Corporate Advertising Communications, in: Advertising, Communications & Promotion Marketing, Boston 1997.

Rossiter, J.R. / Percy, L.: Advertising Communications & Promotion Management, Boston Massachusetts 1996.

Rudolph, T.: Profilieren mit Methode. Von der Positionierung zum Markterfolg, Frankfurt 1997.

Rust, R. / Zeithaml, V. / Lemon, K.: Driving Customer Equity, The Free Press, New York 2000.

Schemuth, J.: Möglichkeiten und Grenzen der Bestimmung des Wertes eines Kunden für ein Unternehmen der Automobilindustrie, München 1996.

Schiemann, W. / Lingle, J.: Bullseye! Hitting your strategic targets, New York u.a. 1999.

Schnell, R., u. a.: Methoden der empirischen Sozialforschung, 4. Aufl., München, Wien 1993.

Schögel, M.: Mehrkanalsysteme in der Distribution, Wiesbaden 1997.

Scott-Morgan, P. / Maira, A.: Unternehmen auf der Überholspur; Führung von Mitarbeitern und Teams im beschleunigten Wandel, Frankfurt 1997.

Sennewald, N.: Massenmedien und Internet, Wiesbaden 1998..

Shapiro, C. / Varian, H.R.: Information rules: A Strategic Guide to The Network Economy, Boston Massachusetts 1998.

Simon, H. / Dolan, R.: Profit durch Power Pricing, Frankfurt 1997.

Sonderberg, L. G.; O`Halloran, J. D.: „Heroic“ engineering takes more than heroes, in: The McKinsey Quarterly, 1 /1992.

Sun Tsu: Die Kunst des Krieges, München 1999.

Tietz, B.: Franchising, in: Vahlens großes Marketing-Lexikon, hrsg. v. H. Diller, München 1994.

Trout, J. / Rifkin, S.: New Positioning, München 1996.

Trout, J. / Rifkin, S.: Differentiate or Die: Survival in Our Era of Killer Competition, New York 2000.

Urban, G. / Hauser, J.: Design and Marketing of New Products, 2nd ed., New Jersey 1993.

Wayland, R.E. / Cole, P.M. (1997): Customer Connections: New Strategies for Growth, Boston, 1997.

Webber, A. M.: New Math for a New Economy, in: Fast Company, Jan. / Feb. 2000.

Woratschek, H.: Positionierung – Analysemethoden, Entscheidungen, Umsetzung, in: Handbuch Dienstleistungs-Marketing, hrsg. v. A. Meyer, Stuttgart, 1998.

Zerdick, A. et al.: Internet-Ökonomie. Strategien für die digitale Wirtschaft. Berlin u.a. 1999.

Firmen- und Markenverzeichnis

Verzeichnis der Internetadressen

Stand: September 2000

Stichwortverzeichnis